U0506673

中文社会科学引文索引（CSSCI）来源集刊（2017–2018）

STUDIES ON THE MONGOL – YUAN AND CHINA'S BORDERING AREA

元史及民族与边疆研究

集刊

（第三十五辑）

刘迎胜／主编

高荣盛 华 涛 姚大力／副主编

南京大学元史研究室／民族与边疆研究中心
中 国 南 海 研 究 协 同 创 新 中 心 主办

上海古籍出版社

《元史及民族与边疆研究集刊》编委会

目　录

特约稿件

元史研究

海疆与海洋活动史研究

民族、宗教与边疆研究

读史札记

译文

书评

综述

《混一疆理历代国都之图》的绘制与李朝太宗登基和迁都事件

汪前进

提　要： 在古代东方，一国总图乃至世界全图的绘制，不仅仅是绘制者的个人行为，它与主持绘制地图的人的身份与地位有密切关系，也与当时国家的政治背景和社会需求有密切关系。《混一疆理历代国都之图》的绘制不仅仅是绘制者李荟的个人行为，它直接反映了主持绘制此图的朝鲜李朝重臣金士衡和李茂的政治意图，即为太宗李芳远建立新政权而献礼并为李朝迁都和沿袭与完善道制而提供历史与理论依据。

关键词： 地图绘制　李朝太宗　登基　迁都

过去学者们研究《混一疆理历代国都之图》时大多是就图论图，①所以有些疑案无法解决，譬如说图上为什么要用“混一”二字，它有什么特殊含义？为什么《混一疆理历代国都之图》图名要特别标上“历代国都”四个字？这里的“历代国都”是指朝鲜的国都还是指中国的国都？如果是指中国的历代国都，那为什么要放在朝鲜人自己所绘制的当代地图上？在图名上特别标出中国“历代国都”对当时的朝鲜人来说有什么特殊意义？

本文通过对朝鲜历史文献尤其是对《朝鲜李朝实录》②和相关资料的检读，发现《混一疆理历代国都之图》与李朝太宗即位和迁都有内在的密切关系。

一、《混一疆理历代国都之图》中为何称“混一”

“混一”不仅具有“统一”之意，而且也含有“开国”和“创立”之意。元代用“混一”主要用在元太祖、世祖和成宗，更多的是用在世祖身上，对其他皇帝未见使用。

（一）太　祖

《元史・文宗纪》天历元年云：

> （九月）壬申，帝即位于大明殿，受诸王、百官朝贺，大赦，诏曰：
>
> 洪惟我太祖皇帝混一海宇，爰立定制，以一统绪，宗亲各受分地，勿敢妄生觊觎，此不易之成规，万世所共守者也。世祖之后，成宗、武宗、仁宗、英宗，以公天下之心，

---

①　宫纪子《〈混一疆理历代国都之图〉への道——14 世纪四明地方の“知”の行方》，载藤井让治等编《绘图・地图からみた世界像》，日本京都大学大学院文学研究科发行，2004 年 3 月 31 日；刘迎胜主编《〈大明混一图〉与〈混一疆理图〉研究——中古时代后期东亚的寰宇图与世界地理知识》，凤凰出版社，2010 年。

②　《朝鲜王朝实录》数据库，http://sillok.history.go.kr/main/main.jsp。

以次相传,宗王、贵戚,咸遵祖训。至于晋邸,具有盟书,愿守藩服,而与贼臣铁失、也先帖木儿等潜通阴谋,冒干宝位,使英宗不幸罹于大故。朕兄弟播越南北,备历艰险,临御之事,岂获与闻!① ……

《元史·礼乐志》宗庙乐章云:

至元四年至十七年,八室乐章:……

太祖第二室,奏武成之曲:

无射宫

天扶昌运,混一中华。爰有真人,奋起龙沙。际天开宇,亘海为家。肇修禋祀,万世无涯。②

(二) 世　祖

《元史·仁宗纪》延祐六年云:

(六年春正月)己卯,禜星于司天台。……又顾谓侍臣曰:"卿等以朕居帝位为安邪?朕惟太祖创业艰难,世祖混一疆宇,兢业守成,恒惧不能当天心,绳祖武,使万方百姓乐得其所,朕念虑在兹,卿等固不知也。"③

《元史·泰定帝纪》泰定二年云:

(春正月)庚戌,诏谕宰臣曰:"向者卓儿罕察苦鲁及山后皆地震,内郡大小民饥。朕自即位以来,惟太祖开创之艰,世祖混一之盛,期与人民共享安乐,常怀祗惧,灾沴之至,莫测其由。岂朕思虑有所不及而事或僭差,天故以此示儆?卿等其与诸司集议便民之事,其思自死罪始,议定以闻,朕将肆赦,以诏天下。"④

《元史·祭祀志》郊祀上云:

(至顺元年)十月辛酉,始服大裘衮冕,亲祀昊天上帝于南郊,以太祖配。自世祖混一六合,至文宗凡七世,而南郊亲祀之礼始克举焉,盖器物仪注至是益加详慎矣。⑤

《元史·舆服》仪卫附云:

---

① 《元史》卷三二《文宗纪一》,中华书局点校本,1976 年,第 707 页。

② 《元史》卷六九《礼乐志三》,第 1718 页。

③ 《元史》卷二六《仁宗纪三》,第 587 页。

④ 《元史》卷二九《泰定帝纪一》,第 653 页。

⑤ 《元史》卷七二《祭祀志一》,第 1781 页。

元初立国，庶事草创，冠服车舆，并从旧俗。世祖混一天下，近取金、宋，远法汉、唐。①

《元史·兵志》镇戍云：

元初以武功定天下，四方镇戍之兵亦重矣。然自其始而观之，则太祖、太宗相继以有西域、中原，而攻取之际，屯兵盖无定向，其制殆不可考也。世祖之时，海宇混一，然后命宗王将兵镇边徼襟喉之地，而河洛、山东据天下腹心，则以蒙古、探马赤军列大府以屯之。淮、江以南，地尽南海，则名藩列郡，又各以汉军及新附等军戍焉。皆世祖宏规远略，与二三大臣之所共议，达兵机之要，审地理之宜，而足以贻谋于后世者也。②

《元史·刑法志》云：

元兴，其初未有法守，百司断理狱讼，循用金律，颇伤严刻。及世祖平宋，疆理混一，由是简除繁苛，始定新律，颁之有司，号曰至元新格。③

《元史·牙忽都传》云：

至大三年，察八儿来归，宗亲皆会。牙忽都进曰："太祖皇帝削平四方，惟南土未定，列圣嗣位，未遑统一。世祖皇帝混一四海，顾惟宗室诸王，弗克同堂而燕。今陛下洪福齐天，拔都罕之裔，首已附顺，叛王察八儿举族来归，人民境土，悉为一家。地大物众，有可恃者焉，有不可恃者焉。昔我太祖有训，世祖诵之，臣与有闻，治乱国者，宜以法齐之，所以辨上下，定民志。今请有以整饬之，则人将有所劝惩，惟陛下鉴之。"帝嘉纳其言。④

《元史·阿鲁图传》云：

（至正）五年，三史成。十月，阿鲁图等既以其书进，帝御宣文阁，阿鲁图复与平章政事帖木儿塔识、太平上奏："太祖取金，世祖平宋，混一区宇，典章图籍皆归秘府。今陛下以三国事绩命儒士纂修，而臣阿鲁图总裁。臣素不读汉人文书，未解其义。今者进呈，万机之暇，乞以备乙览。"⑤

---

① 《元史》卷七八《舆服志一》，第 1929 页。
② 《元史》卷九九《兵志二》，第 2538 页。
③ 《元史》卷一〇二《刑法志一》，第 2603 页。
④ 《元史》卷一一七《牙忽都传》，第 2907 页。
⑤ 《元史》卷一三九《阿鲁图传》，第 3361 页。

《元史·吴澄传》云:

泰定元年,初开经筵,首命澄与平章政事张珪、国子祭酒邓文原为讲官。在至治末,诏作太庙,议者习见同堂异室之制,乃作十三室。未及迁奉,而国有大故,有司疑于昭穆之次,命集议之。澄议曰:"世祖混一天下,悉考古制而行之。古者,天子七庙,庙各为宫,太祖居中,左三庙为昭,右三庙为穆,昭穆神主,各以次递迁,其庙之宫,颇如今之中书六部。夫省部之设,亦仿金、宋,岂以宗庙叙次,而不考古乎!"有司急于行事,竟如旧次云。①

《元史·兵志》兵制云:

(至元)十七年七月,诏江淮诸路招集答剌罕军。初平江南,募死士愿从军者,号答剌罕,属之刘万户麾下。南北既混一,复散之,其人皆无所归,率群聚剽掠。至是,命诸路招集之,令万奴部领如故,听范左丞、李拔都二人节制。②

《元史·陈思谦传》云:

(至顺元年)明年二月,迁太禧宗禋院都事。九月,拜监察御史,首陈四事,言:"上有宗庙社稷之重,下有四海烝民之生,前有祖宗垂创之艰,后有子孙长久之计。中论秦、汉以来,上下三千余年,天下一统者,六百余年而已。我朝开国百有余年,混一六十余年,土宇人民,三代、汉、唐所未有也。民有千金之产,犹谨守之,以为先人所营,况君临天下,承祖宗艰难之业,而传祚万世者乎!臣愚以兴亡恳恳言者,诚以皇上有元之圣主,今日乃皇上盛时图治之机,兹不可失也。"③

(三)明代使用时均指明开国皇帝太祖朱元璋

《明史·冯胜传》云:

(洪武三年)明年正月复以右副将军同大将军出西安,捣定西,破扩廓帖木儿,获士马数万。分兵自徽州南出一百八渡,徇略阳,擒元平章蔡琳,遂入沔州。遣别将自连云栈取兴元,移兵吐番,征哨极于西北。凯旋,论功授开国辅运推诚宣力武臣、特进荣禄大夫、右柱国、同参军国事,封宋国公,食禄三千石,予世券。诰词谓胜兄弟亲同骨肉,十余年间,除肘腋之患,建爪牙之功,平定中原,佐成混一。所以称扬之者甚至。五年,以胜宣力四方,与魏国公达、曹国公文忠各赐彤弓。④

---

① 《元史》卷一七一《吴澄传》,第4011页。
② 《元史》卷九八《兵志一》,第2518页。
③ 《元史》卷一八四《陈思谦传》,第4237页。
④ 《明史》卷一二九《冯胜传》,中华书局点校本,1974年,第3795页。

《明史·廖永安传》云：

洪武六年，帝念天下大定，诸功臣如永安及俞通海、张德胜、耿再成、胡大海、赵德胜、桑世杰皆已前没，犹未有谥号，乃下礼部定议。议曰："有元失驭，四海糜沸。英杰之士，或起义旅，或保一方，泯泯棼棼，莫知所属。真人奋兴，不期自至，龙行而云，虎啸而风。若楚国公臣永安等，皆熊罴之士，膂力之才，非陷坚没阵，即罹变捐躯，义与忠俱，名耀天壤。陛下混一天下，追维旧劳，爵禄及子孙，烝尝著祀典，易名定谥，于礼为宜。臣谨按谥法，以赴敌逢难，谥臣永安武闵；杀身克戎，谥臣通海忠烈；奉上致果，谥臣张德胜忠毅；胜敌致强，谥臣大海武庄；辟土斥境，武而不遂，谥臣再成武壮；折冲御侮，壮而有力，谥臣赵德胜武桓。臣世杰，业封永义侯，与汉世祖封寇恂、景丹相类，当即以为谥。"诏曰："可。"①

《明史·胡俨传》云：

当是时，海内混一，垂五十年。帝方内兴礼乐，外怀要荒，公卿大夫彬彬多文学之士。俨馆阁宿儒，朝廷大著作多出其手，重修《太祖实录》、《永乐大典》、《天下图志》皆充总裁官。居国学二十余年，以身率教，动有师法。洪熙改元，以疾乞休，仁宗赐敕奖劳，进太子宾客，仍兼祭酒。致仕，复其子孙。②

《明史·忠义列传》云：

牟鲁，乌程人，为莒州同知。洪武三年秋，青州民孙古朴为乱，袭州城，执鲁欲降之。鲁曰："国家混一海宇，民皆乐业。若等悔过自新，可转祸为福。不然，官军旦夕至，无遗种矣。我守土臣，义唯一死。"③

《明史·土司列传·云南土司·大理》云：

洪武十四年，征南将军傅友德克云南，授段明为宣慰使。明遣都使张元亨贻征南将军书曰："大理乃唐交绥之外国，鄯阐实宋斧画之余邦，难列营屯，徒劳兵甲。请依唐、宋故事，宽我蒙、段，奉正朔，佩华篆，比年一小贡，三年一大贡。"友德怒，辱其使。明再贻书曰："汉武习战，仅置益州。元祖亲征，祇缘鄯阐。乞赐班师。"友德答书曰："大明龙飞淮甸，混一区宇。陋汉、唐之小智，卑宋、元之浅图。大兵所至，神龙助阵，天地应符。汝段氏接武蒙氏，运已绝于元代，宽延至今。我师已歼梁王，报汝世仇，不降何待？"④

---

① 《明史》卷一三三《廖永安传》，第 3873 页。
② 《明史》卷一四七《胡俨传》，第 4127 页。
③ 《明史》卷二八九《忠义传》，第 7412 页。
④ 《明史》卷三一三《土司传》，第 8067 页。

《明史·外国列传·三佛齐》云:

(洪武)三十年,礼官以诸蕃久缺贡,奏闻。……于是部臣移牒曰:"自有天地以来,即有君臣上下之分,中国四裔之防。我朝混一之初,海外诸蕃,莫不来享。岂意胡惟庸谋乱,三佛齐遂生异心,绐我信使,肆行巧诈。我圣天子一以仁义待诸蕃,何诸蕃敢背大恩,失君臣之礼。倘天子震怒,遣一偏将将十万之师,恭行天罚,易如覆手,尔诸蕃何不思之甚。我圣天子尝曰:'安南、占城、真腊、暹罗、大琉球皆修臣职,惟三佛齐梗我声教。彼以蕞尔之国,敢倔强不服,自取灭亡。'尔暹罗恪守臣节,天朝眷礼有加,可转达爪哇,令以大义告谕三佛齐,诚能省愆从善,则礼待如初。"①

(四)朝鲜李朝也认同"混一"的含义

《李朝实录》卷三文宗即位年[1450 庚午/(景泰)元年]八月二十九日(庚子)云:

尹凤往见所赐第,谓崔伦曰:"今日得家,何喜如斯?"谓馆伴曰:"此家稳便。"馆伴曰:"本士族所居,岂不好哉?"凤喜溢于面。凤又曰:"太宗皇帝时,有一太监,与我同坐曰:'朝鲜人与达子无异。'予内怀怒意曰:'达达亦知琴棋、书画乎?'其人赧然曰:'我失言矣。'"郑善曰:"达达与狗无异,父则狼,母则白鹿,只食牛马乳,牛马乃达达父母也。"安崇善曰:"达达人中,岂无豪杰?元世祖混一天下,共称圣人,又其臣有如脱脱太师。"凤曰:"安宰相言是也。中国亦称元世祖,与尧、舜同。"②

《李朝实录》卷四七世宗十二年[1430 庚戌/(宣德)五年]二月十九日(庚寅)云:

礼曹与仪礼详定所议奉常判官朴堧上书条件以启:……

堧又云:"风云雷雨之祀,今与山川城隍共为一坛行事,然风云雷雨,天神之属;山川城隍,地祇之类。其气类不同,尊卑有别,故古人于风云、雷雨、山林、川泽等六神,皆别立坛壝祭之,城隍之神则州县所祭外国都之制,未有所考也。我朝同坛之制,乃仿《洪武礼制》为之也。然《洪武礼制》,非天子、诸侯、国都之制,乃诸路、府、州、县之仪耳。皇明混一之初,新立府州县之仪,酌州县经费之宜,权时从简,器用瓷瓦,陈设极简,而乃曰同坛祭之,则国都之祭,其不同坛必矣。"③

《李朝实录》卷一三太宗七年[1407 丁亥/(永乐)五年]五月一日(甲寅)云:

(甲寅朔)内史郑升、行人冯谨,赍平安南诏来,结山棚,陈百戏,上率百官具朝服,

① 《明史》卷三二四《外国传》,第 8406 页。

② 《朝鲜文宗实录》卷三文宗元年八月庚子条。

③ 《朝鲜世宗实录》卷四七世宗十二年二月庚寅条。

迎于盘松亭。前导至景福宫,使臣宣诏,命郑矩以乡音,曹正以汉音读之。诏曰:

奉天承运,皇帝诏曰:朕祗奉皇图,恪遵成宪。弘敷至化,期四海之乐康;永保大和,俾万物之咸遂。夙夜兢业,不敢怠荒。仰惟皇考太祖高皇帝,混一天下,怀绥远人,安南陈日煃,慕义向风,率先职贡,嘉其勤悃,颁赐鸿恩,封为安南王,长有其土,子孙世袭,与国咸休。……①

这里的"皇考太祖高皇帝"指的是明太祖朱元璋。

二、《混一疆理历代国都之图》中《历代帝王国都》表一研究

《混一疆理历代国都之图》图名下列有《历代帝王国都》表,根据内容它可以分为两个部分:前一部分是在元代政区下列出各朝各代的都城,后一部分则是在元代行省体制下列出宣慰司及其所在地。因而只有前一部分才能称之为真正意义上的"历代帝王国都",而后一部分只是当时的地方都会。故此,本文将两部分分开讨论。

本文以《混一疆理历代国都之图》龙谷大学藏本(简称龙谷本)为主要依据进行研究,以岛原本光寺藏本(简称本光寺本)校补。

(一)《历代帝王国都》表一考证

历代帝王国都　所据附

按:龙谷本为"所据附"三字,而本光寺本为"□**为所据附**"。

都省

大都　即襄国。后赵石勒、前燕慕容儁所都,辽为南京,金始都此,后迁汴。

按:襄国,今河北邢台。前燕都蓟。《旧唐书·地理志》云:"蓟,州所治。古之燕国都。汉为蓟县,属广阳国。晋置幽州,慕容儁称燕,皆治于此。自晋至隋,幽州刺史皆以蓟为治所。"②辽南京,即幽都府,在今北京城西南隅。金都,中都,今北京市。

涿州　即涿鹿。黄帝所都。

按:涿鹿,今河北涿鹿。

彰德路　殷王河亶甲居湘,曹魏都邺,皆此地。又东魏北齐所都。

按:湘,应为相,今河南安阳。《史记·殷本纪》云:"中宗崩,子帝中丁立。帝中丁迁于隞。河亶甲居相。祖乙迁于邢。帝中丁崩,弟外壬立,是为帝外壬。仲丁书阙不具。帝外壬崩,弟河亶甲立,是为帝河亶甲。河亶甲时,殷复衰。"③邺,今河北省临漳县。

晋宁路　即平阳。尧所都。

按:平阳,今山西临汾西南。

冀宁路　即太原。后唐、后晋、后汉皆自此迁汴。又北汉刘崇据。

按:太原,今山西太原。汴,今河南开封。刘崇,原名崇,后改名旻。

---

① 《朝鲜太宗实录》卷一三太宗七年五月甲寅条。

② 《旧唐书》卷三九《地理志》,中华书局点校本,1975 年,第 1516 页。

③ 《史记》卷三《殷本纪第三》,中华书局点校本,1975 年,第 91 页。

河中府　即蒲坡。舜所都。

按:蒲坡,应为"蒲阪"。《史记集解·五帝本纪》云:"皇甫谧曰:舜所都,或言蒲阪,或言平阳,或言潘。潘,今上谷也。"①《史记正义·秦本纪》云:"《括地志》云:蒲阪故城在蒲州河东县南二里,即尧舜所都也。"②又作蒲反,《史记·魏世家》云:"(哀王)十六年,秦拔我蒲反、阳晋、封陵。十七年,与秦会临晋。秦予我蒲反。"③在今山西运城永济市西南蒲州镇。

大同路　即平城。拓跋氏据此称代,后迁盛乐。拓跋珪又迁此称魏。

按:平城,今山西大同东北。拓跋氏,即拓跋猗卢氏。代,代国。盛乐,今内蒙古和林格尔北。拓跋珪,《晋书·郗鉴传》云:"时魏氏强盛,山陵危逼,恢遣江夏相邓启方等以万人距之,与魏主拓跋珪战于荥阳,大败而还。"④魏,即北魏。

卫州　即牧野。殷纣所都。

按:牧野,应为朝歌。今河南淇县。殷末帝乙、帝辛(纣)的陪都。《史记正义·周本纪》云:"二月甲子昧爽,武王朝至于商郊牧野,乃誓。……《括地志》又云:纣都朝歌在卫州东北七十三里朝歌故城是也。"⑤由此可知牧野不为殷都。

中山府　后燕慕容垂所据。

按:中山府,即中山尹,治弗违县,在今河北定州市。

永平　即龙城、昌黎。北燕慕容盛所据,冯跋继之。

按:龙城,今辽宁朝阳。昌黎,今辽宁义县。慕容盛,不为北燕,为后燕。迁都龙城在后燕永康二年,在位为后燕烈宗慕容宝,相继即位者为慕容盛、慕容熙。冯跋始建北燕。

解州　即安邑。夏所都。

按:安邑,今山西夏县西北。《史记正义·封禅书》云:"夏禹都阳城,避商均也。又都平阳,或在安邑,或在晋阳。"⑥

潞州　即长子。西燕慕容永所都。

按:长子,今山西长治长子西南。

兖州　即曲阜。神农、少昊所都。

按:曲阜,今山东曲阜。

濮州　即帝丘。颛顼所都。

按:帝丘,今河南濮阳市西南。

河南省

汴州　古嚣地。殷仲丁所迁,五代梁、唐、汉、周,宋、金所都。

按:汴州,今河南开封。嚣,或作敖、隞,今河南郑州西北、荥阳东北。仲丁,姓子名庄。

许州　汉献帝徙都此。

按:许州,今河南许昌市东。

---

① 《史记》卷一《五帝本纪第一》引《集解》,第44页。

② 《史记》卷五《秦本纪第五》引《正义》,第210页。

③ 《史记》卷四四《魏世家第十四》,第1835页。

④ 《晋书》卷六七《郗鉴传》,中华书局点校本,1974年,第1796页。

⑤ 《史记》卷四《周本纪第四》引《正义》,第122页。

⑥ 《史记》卷二八《封禅书第六》引《正义》,第1371页。

河南府　古亳地。帝喾、商、周、东汉所都。曹魏自邺徙都。西晋、元魏所都。唐昭宗、五代梁亦徙都此。

按：河南府，今河南洛阳市。亳，即西亳，在今河南洛阳偃师西。帝喾，姓姬，名俊，号高辛氏。

陈州　伏羲、神农所都。

按：此条龙谷本有，而本光寺本无。陈州即宛丘，今河南淮阳。

归德府　即商丘。夏王相徙都。

按：商丘，今河南商丘。相，即相土。商族先祖。

徐州　即彭城。项羽居，称西楚。

按：彭城，今江苏徐州市。

江陵　后梁、高季兴所都。

按：江陵，今湖北江陵。后梁，南北朝时建，又称西梁。高季兴，五代十国之南平创建者。

淮南省

杨州　即江都。炀帝亡此。杨行密所据。

按：江都，今扬州。杨行密，五代时吴王。

陕西省

按：龙谷本"陕"为"峡"，误。

奉元　周文王都酆，武王都鄗，秦都咸阳，皆此地。西汉、秦、西魏、周、隋、唐皆都此。

按：酆，即丰京，在今西安长安区。鄗，即镐京，在今西安长安区。咸阳，在今陕西咸阳市东北。秦，应指前秦、后秦。周，即北周。

邠州　周公刘所都。

按：邠州，今陕西郴县。

庆阳府　周之先不窟所居。

按：庆阳府，今甘肃庆阳市。不窟，当为"不窋"。《史记·周本纪》云："后稷卒，子不窋立。不窋末年，夏后氏政衰，去稷不务，不窋以失其官而犇戎狄之间。不窋卒，子鞠立。鞠卒，子公刘立。公刘虽在戎狄之间，复修后稷之业，务耕种，行地宜，自漆、沮度渭，取材用，行者有资，居者有畜积，民赖其庆。百姓怀之，多徙而保归焉。周道之兴自此始，故诗人歌乐思其德。公刘卒，子庆节立，国于豳。"①

秦州　秦之先非子所封。

按：秦州，在今甘肃张家川回族自治县东。

凤翔　李茂贞据此所封。

按：凤翔，在今陕西凤翔县。李茂贞，五代时人，曾据此为岐王。

兴元　高祖封汉王所都。

按：兴元，今陕西汉中。高祖，即汉高祖刘邦。

兰州　即金城、广武。乞伏国仁据此称西秦。秃发乌孤据此称南凉。

按：金城，今甘肃兰州市西北。广武，今甘肃省永登县。乞伏国仁，应为乞伏乾归。

---

① 《史记》卷四《周本纪第四》，第112页。

南漆,应为“南凉”。

朔方　大夏赫连勃勃所据。

按:朔方,即统万城,今陕西省靖边县红墩界乡白城则村。大夏,即胡夏,又称铁弗匈奴。

商州　商契始封于此。

按:商州,即今商洛。契,即子契。

甘肃省

西凉　即姑臧。前凉张轨、后凉吕光所据。

按:姑臧,在今甘肃武威市。

甘州　即张掖。北凉沮渠蒙游所据。

按:张掖,在今甘肃张掖市西北。沮渠蒙游,当为“沮渠蒙逊”。

沙州　即敦煌。西凉李嵩所据。

按:敦煌,今甘肃敦煌。李嵩,当为“李暠”。

肃州　即酒泉。西凉徙居此。

按:酒泉,今甘肃酒泉。西凉所都一般认为是敦煌,也有说是酒泉。

兴州　大夏赵元昊所据。

按:兴州,今宁夏银川。西夏都城称兴庆。大夏,即西夏。赵元昊,即李元昊。

辽阳省

大宁路　辽为中京,金为北京。

按:辽中京,大定府,在今内蒙古宁城县西大明城。金北京,大定府,在今内蒙古宁城县西大明城。

辽阳路　辽为东京。

按:辽东京,辽阳府,今辽宁辽阳市。

江浙省

杭州　吴越王钱、南宋齐(亦)所都。

按:杭州,今浙江杭州。

建康　吴、东晋、宋、齐、梁、陈、南唐所都。

按:建康,今江苏南京。

福建省

福州　闽王王审知据此。

按:龙谷本无此条。据本光寺本补。王审知,五代十国之闽国太祖(862—925)。福州,今福州市。

湖广省

按:龙谷本无此条,据本光寺本补。

武昌　吴孙权始居此,后迁建康。

按:武昌,今湖北鄂州。建康,今江苏南京。

潭州　马殷据此称楚。

按:潭州,今湖南长沙市。楚,即五代楚国。

西江省

按:西江,当为“江西”。

广州　刘陟据此称汉。

按：广州，今广东广州。刘陟，《旧五代史·刘陟传》云："刘陟，即刘龑，初名陟。其先彭城人，祖仁安，仕唐为潮州长史，因家岭表。父谦，素有才识。唐咸通中，宰相韦宙出镇南海，谦时为牙校，职级甚卑，然气貌殊常，宙以犹女妻之。妻以非其类，坚止之，宙曰：'此人非常流也，他日我子孙或可依之。'谦后果以军功拜封州刺史兼贺水镇使，甚有称誉。"① 汉，即五代南汉。

四川省

成都　三国蜀汉所都。李氏蜀、前蜀王氏、后蜀孟氏所都。

按：成都，今四川成都。李氏，即五胡十六国成汉李氏。前蜀王氏，即王建及其子。后蜀孟氏，即孟知祥及其子。

(二)《历代帝王国都》表一中元代行政地理考

此表在历代帝王国都之上标有元代当时的政区名称，这些名称对于我们今天研究作者取材的时间具有重要意义。

1. 都省

《元史·地理志一》云：

> (世祖至元二十七年)立中书省一，行中书省十有一：曰岭北，曰辽阳，曰河南，曰陕西，曰四川，曰甘肃，曰云南，曰江浙，曰江西，曰湖广，曰征东，分镇藩服，路一百八十五，府三十三，州三百五十九，军四，安抚司十五，县一千一百二十七。②

元代行省制度由金代行省制度发展而来，各行省由半固定到固定。到了元世祖至元二十七年(1290)已经有十一个行中书省。在管理路、府、州等下级地方政区时，实行的是中书省和行中书省分管的体制。《元史·地理志一》云：

> 中书省统山东、西，河北之地，谓之腹里，为路二十九，州八，属府三，属州九十一，属县三百四十六。③

2. 大都

《元史·地理志一》云：

> 大都路，唐幽州范阳郡。辽改燕京。金迁都，为大兴府。元太祖十年，克燕，初为燕京路，总管大兴府。太宗七年，置版籍。世祖至元元年，中书省臣言："开平府阙庭所在，加号上都，燕京分立省部，亦乞正名。"遂改中都，其大兴府仍旧。四年，始于中

---

① 《旧五代史》卷一三五《刘陟传》，中华书局点校本，1976年，第1807页。

② 《元史》卷五八《地理志一》，第1346页。

③ 《元史》卷五八《地理志一》，第1347页。

都之东北置今城而迁都焉……九年,改大都。①

3. 涿州

《元史·地理志一》云:

涿州,下。唐范阳县,复改涿州。宋因之。元太宗八年,为涿州路。中统四年,复为涿州。②

4. 彰德路

《元史·地理志一》云:

彰德路,下。唐相州,又改邺郡。石晋升彰德军。金升彰德府。元太宗四年,立彰德总帅府,领卫、辉二州。宪宗二年,割出卫、辉,以彰德为散府,属真定路。至元二年,复立彰德总管府,领怀、孟、卫、辉四州,及本府安阳、临漳、汤阴、辅岩、林虑五县。四年,又割出怀、孟、卫、辉,仍立总管,以林虑升为林州,复立辅岩县隶之。③

5. 晋宁路

《元史·地理志一》云:

晋宁路,上。唐晋州。金为平阳府。元初为平阳路,大德九年,以地震改晋宁路。④

6. 冀宁路

《元史·地理志一》云:

冀宁路,上。唐并州,又为太原府。宋、金因之。元太祖十三年,立太原路总管府。大德九年,以地震改冀宁路。⑤

7. 河中府

《元史·地理志一》云:

河中府,唐蒲州,又改河中府,又改河东郡,又仍为河中府。宋为护国军。金复为河中府。元宪宗在潜,置河解万户府,领河、解二州。河中府领录事司及河东、临晋、

① 《元史》卷五八《地理志一》,第1347页。
② 《元史》卷五八《地理志一》,第1348页。
③ 《元史》卷五八《地理志一》,第1360页。
④ 《元史》卷五八《地理志一》,第1392页。
⑤ 《元史》卷五八《地理志一》,第1377页。

虞乡、猗氏、万泉、河津、荣河七县。至元三年，省虞乡入临晋，省万泉入猗氏，并录事司入河东，罢万户府，而河中府仍领解州。八年，割解州直隶平阳路，河中止领五县。十五年，复置万泉县来属。①

8. 大同路

《元史·地理志一》云：

大同路，上。唐为北恒州，又为云州，又改云中郡。辽为西京大同府。金改总管府。元初置警巡院。至元二十五年，改西京为大同路……大德四年，于西京黄华岭立屯田。六年，立万户府，所属山阴、雁门、马邑、鄯阳、洪济、金城、宁武凡七屯。②

9. 卫州

只有在元初时提到"卫州"，政区上不见有"卫州"。《元史·地理志一》云：

真定路，唐恒山郡，又改镇州。宋为真定府。元初置总管府，领中山府，赵、邢、洺、磁、滑、相、浚、卫、祁、威、完十一州。后割磁、威隶广平，浚、滑隶大名，祁、完隶保定，又以邢入顺德，洺入广平，相入彰德，卫入卫辉；又以冀、深、晋、蠡四州来属。③

用得较多的是卫辉路。《元史·地理志一》云：

卫辉路，下。唐义州，又为卫州，又为汲郡。金改河平军。元中统元年，升卫辉路总管府，设录事司。④

10. 中山府

《元史·地理志一》云：

中山府，唐定州。宋为中山郡。金为中山府。元初因之。旧领祁、完二州，太宗十一年，割二州隶顺天府，后为散府，隶真定。⑤

11. 永平

虽然元代建置中还有永平县，但笔者认为这里的永平应指"永平路"。因为表中一般用的是路、府、州建置的地名，很少用到县级地名。《元史·地理志一》云：

---

① 《元史》卷五八《地理志一》，第1380页。
② 《元史》卷五八《地理志一》，第1375页。
③ 《元史》卷五八《地理志一》，第1356页。
④ 《元史》卷五八《地理志一》，第1363页。
⑤ 《元史》卷五八《地理志一》，第1357页。

永平路,下。唐平州。辽为卢龙军。金为兴平军。元太祖十年,改兴平府。中统元年,升平滦路,置总管府,设录事司。大德四年,以水患改永平路。①

12. 解州

《元史·地理志一》云:

解州,下。本唐蒲州之解县。五代汉乾祐中置解州。宋属京兆府。金升宝昌军。元至元四年,并司候司入解县。②

13. 潞州

《元史·地理志一》云:

潞州,下。唐初为潞州,后改上党郡,又仍为潞州。宋改隆德军。金复为潞州。元初为隆德府,行都元帅府事。太宗三年,复为潞州,隶平阳路。至元三年,以涉县割入真定府,以录事司并入上党县。③

14. 兖州

《元史·地理志一》云:

兖州,下。唐初为兖州,复升泰宁军。宋改袭庆府。金改泰定军。元初复为兖州,属济州。宪宗二年,分隶东平路。至元五年,复属济州。十六年,隶济宁路总管府。④

15. 濮州

《元史·地理志一》云:

濮州,上。唐初为濮州,后改濮阳郡,又仍为濮州。宋升防御郡。金为刺史州。元初隶东平路,后割大名之馆陶、朝城,恩州之临清,开州之观城来属。至元五年,析隶省部。⑤

16. 河南省

河南省即河南江北等处行中书省。至元二十八年(1291)置。《元史·地理志二》云:

---

① 《元史》卷五八《地理志一》,第1385页。
② 《元史》卷五八《地理志一》,第1381页。
③ 《元史》卷五八《地理志一》,第1380页。
④ 《元史》卷五八《地理志一》,第1368页。
⑤ 《元史》卷五八《地理志一》,第1369页。

河南江北等处行中书省，为路十二、府七、州一，属州三十四，属县一百八十二。①

17. 汴州

元代无汴州建置，此处当为汴梁路。《元史·地理志二》云：

汴梁路，上。唐置汴州总管府。石晋为开封府。宋为东京，建都于此。金改南京，宣宗南迁，都焉。金亡，归附。旧领归德府，延、许、裕、唐、陈、亳、邓、汝、颍、徐、邳、嵩、宿、申、郑、钧、睢、蔡、息、卢氏行襄樊二十州。至元八年，令归德自为一府，割亳、徐、邳、宿四州隶之；升申州为南阳府，割裕、唐、汝、郑、嵩、卢氏行襄樊隶之。九年，废延州，以所领延津、阳武二县属南京路，统蔡、息、郑、钧、许、陈、睢、颍八州，开封、祥符倚郭，而属邑十有五。旧有警巡院，十四年改录事司。二十五年，改南京路为汴梁路。二十八年，以濒河而南、大江以北，其地冲要，又新入版图，置省南京以控治之。三十年，升蔡州为汝宁府，属行省，割息、颍二州以隶焉。②

18. 许州

《元史·地理志二》云：

许州，下。唐初为许州，后改颍川郡，又仍为许州。宋升颍昌府。金改昌武军。元初复为许州。③

19. 河南府

《元史·地理志二》云：

河南府路，唐初为洛州，后改河南府，又改东京。宋为西京。金为中京金昌府。元初为河南府，府治即周之王城。旧领洛阳、宜阳、永宁、登封、巩、偃师、孟津、新安、渑池九县，后割渑池隶陕州。④

20. 陈州

《元史·地理志二》云：

陈州，下。唐初为陈州，后改淮阳郡，又仍为陈州。宋升怀德府。金复为陈州。元初因之。旧领宛丘、南顿、项城、商水、西华、清水六县。至元二年，南顿、项城、清水皆废，后复置南顿、项城。⑤

---

① 《元史》卷五九《地理志二》，第1401页。
② 《元史》卷五九《地理志二》，第1401页。
③ 《元史》卷五九《地理志二》，第1402页。
④ 《元史》卷五九《地理志二》，第1403页。
⑤ 《元史》卷五九《地理志二》，第1403页。

21. 归德府

《元史·地理志二》云：

归德府，唐宋州，又为睢阳郡。后唐为归德军。宋升南京。金为归德府。金亡，宋复取之。旧领宋城、宁陵、下邑、虞城、谷熟、砀山六县。元初与亳之酂县同时归附，置京东行省，未几罢。岁壬子，又立司府州县官，以绥定新居之民。中统二年，审民户多寡，定官吏员数。至元二年，以虞城、砀山二县在枯黄河北，割属济宁府，又并谷熟入睢阳，酂县入永州，降永州为永城县，与宁陵、下邑隶本府。八年，以宿、亳、徐、邳并隶焉。壤地平坦，数有河患。府为散郡，设知府、治中、府判各一员，直隶行省。①

22. 徐州

《元史·地理志二》云：

徐州，下。唐初为徐州，又改彭城郡，又升武宁军。宋因之。金属山东西路。金亡，宋复之。元初归附后，凡州县视民多少设官吏。至元二年，例降为下州。旧领彭城、萧、永固三县及录事司，至是永固并入萧县，彭城并录事司并入州。②

23. 江陵

这里的江陵有可能指府，也可能指路。《元史·地理志二》云：

中兴路，上。唐荆州，复为江陵府。宋为荆南府。元至元十三年，改上路总管府，设录事司。天历二年，以文宗潜藩，改为中兴路。③

24. 淮南省

《元史·顺帝本纪》至正十二年云：

(闰三月)戊戌，诏淮南行省设官二十五员，以翰林学士承旨晃火儿不花、湖广平章政事失列门并为平章政事，淮东元帅蛮子为右丞，燕南廉访使秦从德为左丞，陕西行台侍御史答失秃、山北廉访使赵琏并为参知政事。④

又云：

---

① 《元史》卷五九《地理志二》，第1407页。

② 《元史》卷五九《地理志二》，第1408页。

③ 《元史》卷五九《地理志二》，第1417页。

④ 《元史》卷四二《顺帝纪五》，第894页。

辛丑，命淮南行省平章政事晃火儿不花提调镇南王傅事。①

又云：

(是月)命典瑞院给淮南行省银字圆牌三面、驿券五十道。诏江西行省左丞相亦怜真班、淮南行省平章政事晃火儿不花、江浙行省左丞左答纳失里、湖广行省平章政事也先帖木儿、四川行省平章政事八失忽都及江南行台御史大夫纳麟与江浙行省官，并以便宜行事。②

又云：

(八月)丙辰，以秃思迷失为淮南行省平章政事。③

又云：

(冬十月)甲寅，拜知行枢密院事阿乞剌为太尉、淮南行省平章政事。④

《元史・顺帝纪》至正十二年云：

(冬十月)乙巳，皇太子奏以淮南行省平章政事王信为山东行省平章政事兼知行枢密院事。立中书分省于真定路。

丙午，加司徒、淮南行省平章政事王宣为沂国公。⑤

25. 杨州

古代“杨”与“扬”有时通用。元代无扬州建置，这里的扬州是指“扬州路”。《元史・地理志二》云：

扬州路，上。唐初改南兖州，又改邗州，又改广陵郡，又复为扬州。宋为淮南东路。元至元十三年，初建大都督府，置江淮等处行中书省。十四年，改为扬州路总管府。十五年，置淮东道宣慰司，本路属焉。十九年，省宣慰司，以本路总管府直隶行省。二十一年，行省移杭州，复立淮东道宣慰司，止统本路并淮安二郡，而本路领高邮府及真、滁、通、泰、崇明五州。二十三年，行省复迁，宣慰司遂废，所属如故。后改立

① 《元史》卷四二《顺帝纪五》，第898页。
② 《元史》卷四二《顺帝纪五》，第898页。
③ 《元史》卷四二《顺帝纪五》，第901页。
④ 《元史》卷四二《顺帝纪五》，第903页。
⑤ 《元史》卷四二《顺帝纪五》，第981页。

河南江北等处行中书省,移治汴梁路,复立淮东道宣慰司,割出高邮府为散府,直隶宣慰司。①

26. 陕西省

陕西省即陕西等处行中书省。至元二十三年(1286)分陕西四川等处行中书省置。《元史·地理志三》云:

陕西等处行中书省,为路四、府五、州二十七,属州十二,属县八十八。②

27. 奉元

此奉元为奉元路。《元史·地理志三》云:

奉元路,上。唐初为雍州,后改关内道,又改京兆府,又以京城为西京,又曰中京,又改上都。宋分陕西永兴、秦凤、熙河、泾原、环庆、鄜延为六路。金并陕西为四路。元中统三年,立陕西四川行省,治京兆。至元初,并云阳县入泾阳,栎阳县入临潼,终南县入盩厔。十六年,改京兆为安西路总管府。二十三年,四川置行省,改此省为陕西等处行中书省。大德元年,移云南行台于此,为陕西行台。皇庆元年(1312),改安西为奉元路。③

28. 邠州

《元史·地理志三》云:

邠州,下。唐豳州,以字类幽,改为邠。宋、金以来皆因之。④

29. 庆阳府

《元史·地理志三》云:

庆阳府,唐庆州。宋环庆路,改庆阳军,又升府。金为庆原路。元初改为庆阳散府,至元七年,并安化、彭原入焉。⑤

30. 秦州

《元史·地理志三》云:

---

① 《元史》卷五九《地理志二》,第1414页。
② 《元史》卷六〇《地理志三》,第1423页。
③ 《元史》卷六〇《地理志三》,第1423页。
④ 《元史》卷六〇《地理志三》,第1428页。
⑤ 《元史》卷六〇《地理志三》,第1430页。

秦州，中。唐初为秦州。宋为天水郡。金为秦州。旧领六县。元至元七年，并鸡川、陇城入秦安，治坊入清水。①

31. 凤翔

此处凤翔当指“凤翔府”。《元史·地理志三》云：

凤翔府，唐为扶风郡，又为凤翔府，号西京。宋、金因其名。元初割平凉府、秦、陇、德顺、西宁、镇原州隶巩昌路，废恒州，以所领盩厔县隶安西府路，寻立凤翔路总管府。至元九年，更为散府。②

32. 兴元

此兴元指“兴元路”。《元史·地理志三》云：

兴元路，下。唐为梁州，又改汉中郡，又为兴元府。宋仍旧名。元立兴元路总管府，久之，以凤、金、洋三州隶焉。宋时领南郑、西县、褒城、廉水、城固五县，后废廉水入南郑。元初割出西县属沔州，以洋州西乡县来属。③

33. 兰州

《元史·地理志三》云：

兰州，下。唐初置，后改金城郡，又仍为兰州。宋、金因之。元初领阿干一县及司候司，至元七年并司县入本州。④

34. 商州

《元史·地理志三》云：

商州，下。唐初为商州，又改上洛郡，又复为商州。宋及元皆因之。⑤

35. 甘肃省

甘肃省即甘肃等处行中书省。《元史·地理志三》云：

甘肃等处行中书省，为路七、州二，属州五。⑥

① 《元史》卷六〇《地理志三》，第1430页。
② 《元史》卷六〇《地理志三》，第1427页。
③ 《元史》卷六〇《地理志三》，第1426页。
④ 《元史》卷六〇《地理志三》，第1431页。
⑤ 《元史》卷六〇《地理志三》，第1425页。
⑥ 《元史》卷六〇《地理志三》，第1449页。

36. 西凉

此处西凉可以指“西凉府”,也可指“西凉州”。《元史·地理志三》云:

> 永昌路,下。唐凉州。宋初为西凉府,景德中陷入西夏。元初仍为西凉府。至元十五年,以永昌王宫殿所在,立永昌路,降西凉府为州隶焉。①

《元史·地理志三》又云:

> 西凉州。下。②

37. 甘州

《元史·地理志三》云:

> 甘州路,上。唐为甘州,又为张掖郡,宋初为西夏所据,改镇夷郡,又立宣化府。元初仍称甘州。至元元年,置甘肃路总管府。八年,改甘州路总管府。十八年,立行中书省,以控制河西诸郡。③

38. 沙州

《元史·地理志三》云:

> 沙州路,下。唐为沙州,又为敦煌郡。宋仍为沙州,景祐初,西夏陷瓜、沙、肃三州,尽得河西故地。金因之。元太祖二十二年,破其城以隶八都大王。至元十四年,复立州。十七年,升为沙州路总管府,瓜州隶焉。沙州去肃州千五百里,内附贫民欲乞粮沙州,必须白之肃州,然后给与,朝廷以其不便,故升沙州为路。④

39. 肃州

肃州即肃州路。《元史·地理志三》云:

> 肃州路,下。唐为肃州,又为酒泉郡。宋初为西夏所据。元太祖二十一年,西征,攻肃州下之。世祖至元七年,置肃州路总管府。⑤

40. 辽阳省

辽阳省即辽阳等处行中书省,至元二十四年(1287)置。《元史·地理志二》云:

① 《元史》卷六〇《地理志三》,第1450页。
② 《元史》卷六〇《地理志三》,第1450页。
③ 《元史》卷六〇《地理志三》,第1450页。
④ 《元史》卷六〇《地理志三》,第1450页。
⑤ 《元史》卷六〇《地理志三》,第1450页。

辽阳等处行中书省，为路七、府一，属州十二，属县十。①

41. 大宁路

《元史·地理志二》云：

大宁路，上。本奚部，唐初其地属营州，贞观中奚酋可度内附，乃置饶乐郡。辽为中京大定府。金因之。元初为北京路总管府，领兴中府及义、瑞、兴、高、锦、利、惠、川、建、和十州。中统三年，割兴州及松山县属上都路。至元五年，并和州入利州为永和乡。七年，兴中府降为州，仍隶北京，改北京为大宁。二十五年，改为武平路，后复为大宁。②

42. 辽阳路

《元史·地理志二》云：

辽阳路，上。唐以前为高句骊及渤海大氏所有。梁贞明中，阿保机以辽阳故城为东平郡。后唐升为南京。石晋改为东京。金置辽阳府，领辽阳、鹤野二县；后复改为东京，宜丰、澄、复、盖、沈、贵德州、广宁府、来远军并属焉。元初废贵德、澄、复州、来远军，以广宁府、婆娑府、懿州、盖州作四路，直隶省。至元六年，置东京总管府，降广宁为散府隶之。十五年，割广宁仍自行路事，直隶省。十七年，又以婆娑府、懿州、盖州来属。二十四年，始立行省。二十五年，改东京为辽阳路，后废婆娑府为巡检司。③

43. 江浙省

江浙省即江浙等处行中书省。《元史·地理志五》云：

江浙等处行中书省，为路三十、府一、州二，属州二十六，属县一百四十三。④

44. 杭州

此处杭州即杭州路。《元史·地理志五》云：

杭州路，上。唐初为杭州，后改余杭郡，又仍为杭州。五代钱镠据两浙，号吴越国。宋高宗南渡，都之，为临安府。元至元十三年，平江南，立两浙都督府，又改为安抚司。十五年，改为杭州路总管府。二十一年，自扬州迁江淮行省来治于杭，改曰江浙行省。⑤

---

① 《元史》卷五九《地理志二》，第 1395 页。
② 《元史》卷五九《地理志二》，第 1397 页。
③ 《元史》卷五九《地理志二》，第 1395 页。
④ 《元史》卷六二《地理志五》，第 1491 页。
⑤ 《元史》卷六二《地理志五》，第 1491 页。

45. 建康

此处建康即建康路。《元史・地理志五》云:

集庆路,上。唐武德初,置扬州东南道行台尚书省。后复为蒋州,罢行台,移扬州江都,改金陵曰白下,以其地隶润州。贞观中,更白下曰江宁。至德中,置江宁郡。乾元中,改昇州。其后杨氏有其地,改为金陵府。南唐李氏又改为江宁府。宋平南唐,复为昇州。仁宗以昇王建国,升建康军。高宗改建康府,建行都,又为沿江制置司治所。元至元十二年归附。十四年,升建康路。初立行御史台于扬州,既而徙杭州,又徙江州,又还杭州;二十三年,自杭州徙治建康。天历二年(1329年),以文宗潜邸,改建康路为集庆路。①

46. 福建省

治泉州路,今福建泉州市。

47. 福州

大德三年(1299年)省罢。《元史・地理志五》云:

福州路,上。唐为闽州,后改福州,又为长乐郡,又为威武军。宋为福建路。元至元十五年,为福州路。十八年,迁泉州行省于本州。十九年,复还泉州。二十年,仍迁本州。二十二年,并入杭州。②

48. 湖广省

《元史・地理志六》云:

湖广等处行中书省,为路三十、州十三、府三、安抚司十五、军三,属府三,属州十七,属县一百五十,管番民总管一。③

49. 武昌

此处"武昌"为"武昌路"。

《元史・地理志六》云:

武昌路,上。唐初为鄂州,又改江夏郡,又升武昌军。宋为荆湖北路。元宪宗末年,世祖南伐,自黄州阳罗洑,横桥梁,贯铁锁,至鄂州之白鹿矶,大兵毕渡,进薄城下,围之数月,既而解去,归即大位。至元十一年,丞相伯颜从阳罗洑南渡,权州事张晏然以城降,自是湖北州郡悉下。是年,立荆湖等路行中书省,并本道安抚司。十三年,设录事司。十四年,立湖北宣慰司,改安抚司为鄂州路总管府,并鄂州行省入潭州行省。十八年,迁潭州行省于鄂州,移宣慰司于潭州。十九年,随省处例罢宣慰司,本路隶行

① 《元史》卷六二《地理志五》,第1501页。
② 《元史》卷六二《地理志五》,第1503页。
③ 《元史》卷六三《地理志六》,第1513页。

省。大德五年，以鄂州首来归附，又世祖亲征之地，改武昌路。①

50. 潭州

《元史·地理志六》云：

天临路，上。唐为潭州长沙郡。宋为湖南安抚司。元至元十三年，立安抚司。十四年，立行省，改潭州路总管府。十八年，迁行省于鄂州，徙湖南道宣慰司治潭州。天历二年，以潜邸所幸，改天临路。②

51. 西江省

西江省，应为江西省之误。江西省即江西等处行中书省。至元十四年(1277)置。《元史·地理志五》云：

龙兴路，上。唐初为洪州，又为豫章郡，又仍为洪州。宋升隆兴府。元至元十二年，设行都元帅府及安抚司，仍领南昌、新建、丰城、进贤、奉新、靖安、分宁、武宁八县，置录事司。十四年，改元帅府为江西道宣慰司，本路为总管府，立行中书省。十五年，立江西湖东道提刑按察司，移省于赣州。十六年，复还隆兴。十七年，并入福建行省，止立宣慰司。十九年复立，罢宣慰司，隶皇太子位。二十一年，改隆兴府为龙兴。二十三年，丰城县升富州，武宁县置宁州，领武宁、分宁二县。大德八年，以分宁县置宁州，武宁县隶龙兴路。③

52. 广州

《元史·地理志五》云：

广州路，上。唐以广州为岭南五府节度五管经略使治所，又改南海郡，又仍为广州。宋升为帅府。元至元十三年内附，后又叛。十五年克之，立广东道宣慰司，立总管府并录事司。④

53. 四川省

四川省即四川等处行中书省。至元二十三年(1286)置。《元史·地理志三》云：

四川等处行中书省，为路九、府三，属府二，属州三十六，军一，属县八十一。蛮夷种落，不在其数。⑤

---

① 《元史》卷六三《地理志六》，第1523页。
② 《元史》卷六三《地理志六》，第1582页
③ 《元史》卷六二《地理志五》，第1507页。
④ 《元史》卷六二《地理志五》，第1514页。
⑤ 《元史》卷六〇《地理志三》，第1434页。

54. 成都

此处成都也可能指"成都路",也可能指"成都府"。《元史·地理志三》云:

成都路,上。唐改蜀郡为益州,又改成都府。宋为益州路,又为成都府路。元初抚定,立总管府,设录事司。至元十三年,领成都、嘉定、崇庆三府,眉、邛、隆、黎、雅、威、茂、简、汉、彭、绵十一州,后嘉定自为一路,以眉、雅、黎、邛隶之。二十年,又割黎、雅属吐蕃招讨司,降崇庆为州,隆州并入仁寿县,隶本府。①

(三)《历代帝王国都》表一评述

1. 正统史观

中国古代有一种"五德终始"的理论,它是用金、木、水、火、土五行相克的原理揭示朝代更迭的规律,将五行纳入政治领域。这个理论是邹衍一派提出的,《吕氏春秋·应同》对"五德终始说"作了较为详细的叙述,清马国翰《玉函山房辑佚书》认为这就是邹衍的佚说:

凡帝王之将兴也,天必先见祥乎下民。黄帝之时,天先见大螾大蝼。黄帝曰土气胜。土气胜,故其色尚黄,其事则土。及禹之时,天先见草木秋冬不杀。禹曰木气胜。木气胜,故其色尚青,其事则木。及汤之时,天先见金刃生于水。汤曰金气胜。金气胜,故其色尚白,其事则金。及文王之时,天先见火赤乌衔丹书集于周社。文王曰火气胜。火气胜,故其色尚赤,其事则火。代火者必将水,天且先见水气胜。水气胜,故其色尚黑,其事则水。水气至而不知,数备,将徙于土。②

这里的土、木、金、火、水五气即五行。按邹衍的理论,虞舜为土德,夏为木德,商为金德,周为火德。《史记·封禅书》中也有同样的记载,只是文字有所不同,其云:"黄帝得土德,黄龙地蚓见。夏得木德,青龙止于郊,草木畅茂。殷得金德,银自山溢。周得火德,有赤乌之符。"③可列表如下:

帝　王	德	前　　兆	
		《吕氏春秋·应同》	《史记·封禅书》
黄帝	土	大蚓大蝼	黄龙地蚓现
夏禹	木	草木秋冬不杀	青龙止于郊
商汤	金	金刃生于水	银自山溢
周文王	火	火赤乌集于周社	赤乌
新兴朝代	水		

① 《元史》卷六〇《地理志三》,第1434页。
② 吕不韦等著《吕氏春秋》,徐小蛮标点,上海古籍出版社,2014年,第251页。
③ 《史记》卷二八《封禅书第六》,第1366页。

在王莽篡汉之前，一般采用这种五行相克说，交替顺序为：虞（土）→夏（木）→商（金）→周（火）→秦（水）→汉（土）。王莽篡汉后为了证明其政权的合法性，采用了刘向的五行相生说，并修改汉朝以前诸朝代的德性，交替顺序为：

伏羲（木）→炎帝（火）→黄帝（土）→颛顼（金）→帝喾（水）→尧（木）→舜（火）→夏（土）→殷（金）→周（水）→秦（木）→汉（火）；①

虽然宋代欧阳修的《正统论》在理论上宣告了五德转移政治学说的终结，朱熹也提出"无统"（"凡正统，谓周、秦、汉、晋、隋、唐列国谓正统所封之国。……无统，谓周秦之间、汉晋之间、晋隋之间、隋唐之间、五代；不成君，谓仗义承统而不能成功者。"②）的概念，但是朝野仍然流行此说。宋太祖即位大赦诏，开宗明义："五运推移，上帝于焉眷命；三灵改卜，王者所以膺图。"并且就在太祖即位的当年，即开始讨论德运问题，有司上言："国家受禅于周，周木德，木生火，合以火德王，其色尚赤，仍请以戌日为腊。"于是赵宋王朝便自命为火德。③

一直到元代皆采此说：

汉（火）→曹魏（土）→晋（金）→北魏（水）→北周（木）→隋（火）→唐（土）→后梁（金）→后汉（水）→后周（木）→宋（火）→金（土）→元（金）

那么，以此为顺序排列王朝的就是正统论，饶宗颐先生还专门写了一本名称《中国史学上之正统论》的专著。④

我们再来分析地图中所叙述的内容：

1）起自三皇、五帝、三王

三皇：一种说法是指燧人氏、伏羲氏、神农氏；另一种说法是指伏羲氏、女娲氏、神农氏。本表列有伏羲氏和神农氏的都城。

五帝：根据不同史料记载，有六种说法：(1) 黄帝、颛顼、帝喾、尧、舜（《史记》）；(2) 庖牺、神农、黄帝、尧、舜（《战国策》）；(3) 太昊、炎帝、黄帝、少昊、颛顼（《吕氏春秋》）；(4) 黄帝、少昊、颛顼、帝喾、尧（《资治通鉴外纪》）；(5) 少昊、颛顼、帝喾、尧、舜（《伪尚书序》），此说引用多；(6) 黄帝（轩辕）、青帝（伏羲）、赤帝又叫炎帝（神农）、白帝（少昊）、黑帝（颛顼）（五方上帝）。本表列出黄帝、少昊、颛顼、帝喾、唐尧、虞舜六人的都城，相当于(4)与(5)的结合。

三王：指夏禹、商汤、周武王。

本表中提到夏都安邑，即为大禹所都。

商汤：商代的都城除了列出了大乙（汤）都亳外，还列有仲丁都嚣、河亶甲居湘（相）和帝辛（纣）都牧野（应为朝歌）。

周武王：本表列有武王都镐。

2）商、周、秦均追溯先祖

商：本表列出商族祖先子契、相土、王亥所居地商丘。

---

① 杨权《新五德理论与两汉政治——"尧后火德"说考论》，中华书局，2006年，第138页。

② 《朱子全书》第11册《资治通鉴纲目》附录一，上海古籍出版社、安徽教育出版社点校本，2002年，第3476—3477页。

③ 转引自刘浦江《"五德终始"说之终结——兼论宋代以降传统政治文化的嬗变》，《中国社会科学》2006年第2期。

④ 饶宗颐《中国史学上之正统论》，上海远东出版社，1996年。

周：本表先列周的先祖不窋居庆阳，后列周文王都酆、武王都鄗。

秦：本表列有秦先祖非子都秦。

3）战国时期各国都城不列

本表中对于战国各诸侯国的都城如鲁都曲阜（今山东曲阜市）；燕都蓟（今北京市）；卫都朝歌（今河南淇县）、楚丘（今河南滑县）和野王（今河南沁阳县）；曹都陶丘（今山东定陶区西南）；蔡都上蔡（今河南上蔡县西）和州来（今安徽寿县北）；吴都吴（今江苏苏州市）；陈都宛丘（今河南淮阳县）；宋都商丘（今河南商丘市）和彭城（今江苏徐州市）；齐（田齐）都营丘（后称临淄，今山东淄博市）；楚都郢（今湖北江陵县）和寿春（今安徽寿县）；秦都雍（今陕西凤翔县）和咸阳（今陕西咸阳市东）；晋都翼（今山西翼城县）和绛（今山西翼城县东南）；郑封于郑（今陕西华县）、都新郑（今河南新郑市）；杞都杞（今河南杞县）、缘陵（今山东昌乐县东南）和淳于（今山东安丘市东北）；许都许（今河南许昌市）、叶（今河南叶县）、城父（今安徽亳县东南）和白羽（今河南内乡县）；邾（邹）都邹（今山东邹县东南）；滕都滕（今山东滕县）；莒都莒（今山东莒县）；薛都薛（今山东滕县东南）；越都会稽（今浙江绍兴市）；赵都晋阳（今山西太原市）和邯郸（今河北邯郸市）；魏都安邑（今山西夏县）和大梁（今河南开封市）；韩都平阳（今山西临汾市）、阳翟（今河南禹县）和新郑（今河南新郑县）等均未列出。①

4）对于秦汉以后各朝各代，本表中仅将正史中确定的正统传承者列出，而对非正统传承者则不予列出

本表中对于正史中未公认为正统传承的地方政权均不予列出，如：

秦汉之交的张楚（都陈，今河南淮阳县）、楚（都盱台，今江苏盱眙县）、南越（都番禺，今广东广州市）和匈奴（都漠北）等所都。

与西汉同时代的乌孙（都赤谷城，今新疆温宿县西北纳伦河上游）所都。

与东汉同时代的北匈奴（漠北）、南匈奴（西河美稷，今内蒙古准格尔旗一带）、烧当羌（大允谷，今青海湖南；大小榆谷，今青海东北部和甘肃西部）、鲜卑（弹汗山，今内蒙古商都县附近）、上谷乌桓（今河北怀来县一带）、辽西乌桓（今辽宁锦州市一带）、辽东乌桓（今辽宁辽阳市一带）和右北平乌桓（今河北丰润区一带）等所都。

与魏晋南北朝同时代的铁弗匈奴（新兴郡虑虒县，今山西五台县北；朔方，今河套一带；肆卢川；代来城，今内蒙古伊盟界内）、百顷氐王—仇池公（仇池，今甘肃成县西仇池山）、徒何（居令支，今河北迁安市）、翟魏（都滑台，今河南滑台县）、宇文鲜卑（居紫蒙川，今辽宁朝阳县西北）、吐谷浑（都伏俟城，今青海湖西；伏罗川，今青海湖西南）、柔然（汗庭在弱落水畔）、高昌（都高昌，今新疆吐鲁番东亦低库特舍利城）、突厥（汗庭在于都斤山，今鄂尔浑河上游杭爱山之北山）和西突厥（冬都在鹰娑川，今新疆库车县西北之小裕勒都斯河；夏都在碎叶河流域之千泉，今哈萨克斯坦共和国楚河西岸）等所都。

与唐同时代的吐蕃（都逻娑城，今西藏拉萨市）所都。

与唐朝同时代的薛延陀（牙帐建于郁军山下，今鄂尔浑河上游杭爱山之北山；后迁独逻河，今土拉河）、南诏（都巍山，今地不详；大和城，今云南大理市太和村）、后突厥（牙帐建于乌德鞬山，即郁军山，今鄂尔浑河上游杭爱山之北山）、渤海（初据东牢山，今辽宁沈阳市东；后都忽汗州，今吉林敦化市境）、回鹘（又称回纥，牙帐建于乌德鞬山，今鄂尔浑河上游

---

① 林幹、陆峻岭合编《中国历代各族纪年表》，内蒙古人民出版社，1980 年。

杭爱山之北山)、于阗(都于阗,今新疆于田县)等所都。

与宋朝同时代的唃厮罗(都宗歌,今青海西宁市)和西辽(都虎思斡耳朵)等所都。

与元代同时代的天完(都蕲水,今湖北蕲春县;汉阳,今湖北汉阳)、周(即大周,都隆平府,今江苏苏州市)、宋(即小明王,都亳州,今安徽亳县;又都汴梁,今河南开封市)、大汉(都江州,今江西九江市)和大夏(都成都,今四川成都市)等所都。①

由此可见,此表有很强的"正统观"观念。

2. 作者对中国古代的沿革地理尤其是都城变迁较为熟悉,但也有失误和缺憾

总的来说作者对于中国古代政区沿革十分熟悉,尤其是对于各朝各代的都城几乎是了如指掌,能按照意图列出朝代、都城与当时所属地区。但也有以下失误。如:

1) 地点有误

"卫州　即牧野。殷纣所都。"

按:纣王所都(陪都)不是牧野,而为朝歌(今河南淇县)。牧野是朝歌的郊区。

2) 朝代有误

"永平　即龙城、昌黎。北燕慕容盛所据,冯跋继之。"

按:慕容盛,不为北燕,为后燕。迁都龙城在后燕永康二年,在位为后燕烈宗慕容宝,相继即位者为慕容盛、慕容熙。冯跋始建北燕。

3) 该列而未列上

按照本表的标准,还有一些都城应列上,但没有列上,如:

夏代:禹都阳翟,今河南禹县。

商代,盘庚迁都殷(今河南安阳市小屯村)后,商遂改称殷。

秦国在秦德公元年(前677)曾自平阳迁都至雍(今陕西凤翔县西南),至灵公又徙都泾阳(今陕西泾阳县西北)。《史记·秦始皇本纪》云:"肃灵公,昭王子也,居泾阳。"②即此。

前赵都平阳,在今山西临汾市。

蒙古,上都开平府,在今内蒙古正蓝旗东闪电河北岸。

3. 作者对国都的理解比较宽泛,将一些不是严格意义上的都城列入

都城指封"邑"之城。而大城称为"都",小城称"邑"。所以,古代都城指国家(包括诸侯国)的首都及较大的城市。后人亦称国都(各国及诸侯国首都)为"都城"。本表作者将皇帝或王封王时的封地——邑作为都城列入。

1) 将封邑当都城列上

"兴元　高祖封汉王所都。"按:兴元,今陕西汉中。为汉高祖刘邦所封之地。

"杨州　即江都。炀帝亡此。杨行密所据。"按:江都,今扬州。为五代吴王杨行密所居之地。

"凤翔　李茂贞据此称秦。"按:凤翔为五代时岐王(也称秦王)李茂贞所居之地。

2) 列有陪都,但不全面

列上的有:

① 林幹、陆峻岭合编《中国历代各族纪年表》,内蒙古人民出版社,1980年。

② 《史记》卷六《秦始皇本纪第六》,第288页。

“辽阳路　辽为东京。”按：辽东京，辽阳府，今辽宁辽阳市。

“大宁路　辽为中京，金为北京。”按：辽中京和金北京，均为大定府，在今内蒙古宁城县西大明城。

没有列上的还更多，如：宋有四京，即东京开封府、西京河南府、南京应天府、北京大名府，本表中未列北京大名府。金有五京，即上京会宁府、东京辽阳府、北京大定府、西京大同府、南京开封府，本表中未列上京会宁府。

4. 表述上存在问题，容易引起误解

本表以元代的政区名称为地域范围，凡属此地域的都城都放在一起叙述，而不列出都城名称与具体所在地。如：

“大都　即襄国。后赵石勒、前燕慕容儁所都，辽为南京，金始都此，后迁汴。”按：在“大都”之下，列了四个政权的都城。其实这四个都城不在一地：后赵都襄国(今河北邢台)，前燕都蓟，辽南京为幽都府(在今北京城西南隅)，金在此的都城为中都(今北京市)。

“兰州　即金城、广武。乞伏国仁据此称西秦。秃发乌孤据此称南漆(凉)。”按：金城，今甘肃兰州市西北；广武，今甘肃省永登县。西秦都苑川(今甘肃榆中县东北)；南凉都乐都，在今青海乐都区。四个都城不在一个地方。

5. 与《事林广记》比较

《事林广记·历代国都》云：

> 《帝王世纪》曰：伏羲，都陈(今陈州宛丘县)；神农，都曲阜(在鲁城中，今兖州仙源县)；黄帝，都涿鹿(山名也，在涿州)；少昊，自穷桑(在东蒙山，属鲁)，都曲阜；颛帝，都帝丘(东都濮阳)；帝喾，都西亳(今西京偃师县)；尧，都平阳(在河东郡，今晋州)；舜，都蒲阪(今河东郡河东县)；禹，都安邑(今蒲州禹都县)；帝相，徙都商丘(在太华之阳，今上洛县是也)；少康，中兴复还旧都；汤，都南亳(今南京大梁谷熟县)；仲丁，迁于嚣(今开封府陈留浚仪)；河亶甲，都相(在河北相州)；祖乙，都耿(河东皮氏县耿乡)；盘庚，复归于亳；文王，都丰(京兆府鄠县东有灵台)；武王，都镐(在上林昆明北有镐洮，去丰二十五里，皆在长安南数十里)；平王东迁(今西京)；秦，都咸阳(今京兆府咸阳县)；汉，初欲都洛阳，以娄敬之言，遂迁长安(京兆府长安县)；东汉，都洛阳(今西京)；三国魏，都长安。
>
> 蜀，都成都(今成都府)；吴，都鄂，再都建邺(今建康府)；晋，都洛阳；东晋，都建康(即建康府)；南朝宋、齐、梁、陈，并都建邺；北朝后魏，都平城(今云中郡云中县)；西魏，都长安；东魏、北齐，并都于邺(相州临章县)；后周，都长安；隋、唐，并都长安；五代梁、汉、周，都汴(梁太祖升汴为开封府，建为东都。晋高祖升为东京，置开封府)；晋，都洛(今商州上洛县)；唐，都邺，迁洛；十国僭伪悉归于宋；宋，都汴京，至高宗，迁都杭州；大元皇帝，奄有天下，混一南北。建国定都，以燕山府为大兴府，号称中都。山河之固、都邑之盛、宫室之美，前古之所未有。美哉！万世帝王子孙之基业也。①

此段文字中引《帝王世纪》非该书原文，而是摘录与都城相关内容排列在一起的。《帝

① 陈元靓编《事林广记》前集卷三《历代国都》，中华书局影印本，1963年，第114页。

王世纪》为晋朝皇甫谧所撰，都城只叙述到魏，故《事林广记》书中魏以后的内容应从他书转引。在《帝王世纪》一书之前有《世本》一书的“居篇”专门论述历代都城，今所见辑本内容起于黄帝，止于战国中山国，因其内容不全，故此处不作讨论。现将《事林广记》中的“历代国都”与《混一疆理历代国都之图》中的“历代帝王国都”进行比较：

1）这个表与《混一疆理历代国都之图》中的《历代帝王国都》表一内容基本相同。

2）《历代帝王国都》表一的内容略多于此表。如果说《历代帝王国都》表一参照过此表的话，那还增加了少量的内容。

3）《历代帝王国都》表一与此表最大不同之处是：前者按地域来排列，后者按朝代来排列。

4）《历代帝王国都》表一没有列当朝元代的都城，而此表列有元代的都城。

三、《混一疆理历代国都之图》中《历代帝王国都》表二研究

（一）《历代帝王国都》表二考证

由于《混一疆理历代国都之图》中《历代帝王国都》表二在书写和摹写上存在一些错误与不明确的地方，因而必须通过具体的考证，才能弄清真实的情况。

1. 都省　大都

考证见上文表一。

2. 直隶省部

直隶省部是指直属中书省。《元史・地理志一》云：

> 中书省统山东西、河北之地，谓之腹里，为路二十九，州八，属府三，属州九十一，属县三百四十六。①

3. 河东山西道　大同

河东山西道，即河东山西道宣慰使司（初称西京宣慰司）。至元十五年十月已置西京宣慰司，十九年十月罢；至元二十三年十二月复置河东道宣慰司，至大元年十二月一度罢。原治大同，至元二十三年到至元二十六年治太原。②

4. 河东东西道　益都

河东东西道，当为山东东西道宣慰司。至元二十三年十二月置，至正六年十二月兼都元帅府。原治济南，至元二十四年五月徙益都。③

5. 河南行省

河南行省，即河南江北行省。至元二十八年立，治汴梁路（今河南开封）。④

---

① 《元史》卷五八《地理一》，第 1347 页。

② 李治安《元代行省制度》下，附“元行省及宣政院等所属宣慰司一览表”，中华书局，2011 年，第 624 页。

③ 李治安《元代行省制度》下，附“元行省及宣政院等所属宣慰司一览表”，中华书局，2011 年，第 625 页。

④ 李治安《元代行省制度》上，中华书局，2011 年，第 181—189 页。

6. 荆湖北道　江陵

荆湖北道,即荆湖北道宣慰司。初隶湖广行省,至元二十九年正月改隶河南行省;至正十一年兼都元帅府。①

7. 陕西行省

陕西行省,至元十八年(1281)陕西四川行省一分为二。治安西路,后改奉元路(今陕西西安)。②

8. 便宜都总帅府　巩昌

便宜都总帅府,也称巩昌宣慰司,至元二十五年十一月置,至元二十八年五月废罢。③《元史・地理志三》云:

> 巩昌府,唐初置渭州,后曰陇西郡,寻陷入吐蕃。宋复得其地,置巩州。金为巩昌府。元初改巩昌路便宜都总帅府,统巩昌、平凉、临洮、庆阳、隆庆五府及秦、陇、会、环、金、德顺、徽、金洋、安西、河、洮、岷、利、巴、沔、龙、大安、褒、泾、邠、宁、定西、镇原、阶、成、西和、兰二十七州,又于成州行金洋州事。至元五年,割安西州属脱思麻路总管府。六年,以河州属吐蕃宣慰司都元帅府。七年,并洮州入安西州。八年,割岷州属脱思麻路。十三年,立巩昌路总管府。十四年,复行便宜都总帅府事。④

9. 甘肃行省　甘

甘肃行省,即甘肃等处行中书省。至元二十三年(1286)由西夏中兴行省改称,徙治所于甘州路(今甘肃张掖)。⑤

10. 宁夏府

宁夏府,即宁夏府路。至元二十五年(1288)置,明洪武三年(1370)改为宁夏府。《元史・世祖本纪》云:

> (至元二十五年二月)丙寅,赐云南王涂金驼钮印。改南京路为汴梁路,北京路为武平路,西京路为大同路,东京路为辽阳路,中兴路为宁夏府路。改江西茶运司为都转运使司,并榷酒醋税。改河渠提举司为转运司。⑥

11. 辽阳行省　懿

辽阳行省,原称东京行省,旋罢。至元二十四年(1287)复置,改称辽阳行省,治辽阳路(今辽阳市)。曾多次迁往懿州。《元史・地理志二》云:

---

① 李治安《元代行省制度》下,附"元行省及宣政院等所属宣慰司一览表",中华书局,2011 年,第 618 页。

② 李治安《元代行省制度》上,中华书局,2011 年,第 324—330 页。

③ 李治安《元代行省制度》下,附"元行省及宣政院等所属宣慰司一览表",中华书局,2011 年,第 619 页。

④ 《元史》卷六〇《地理志三》,第 1429 页。

⑤ 李治安《元代行省制度》上,中华书局,2011 年,第 450—459 页。

⑥ 《元史》卷一五《世祖十二》,第 307 页。

辽阳等处行中书省，为路七、府一，属州十二，属县十。徒存其名而无城邑者，不在此数。①

12. 辽阳道　庆宁

辽阳道，当为辽阳路。元明时期没有辽阳道的建置，但元代设有辽阳路。《元史·世祖纪》云：

(至元二十五年二月)丙寅，赐云南王涂金驼钮印。改南京路为汴梁路，北京路为武平路，西京路为大同路，东京路为辽阳路，中兴路为宁夏府路。改江西茶运司为都转运使司，并榷酒醋税。改河渠提举司为转运司。②

13. 镇东道

镇东道，当为辽东道宣慰司。元代没有镇东道。辽东道宣慰司，至元十五年四月置，大德七年七月罢。治大宁路。《元史·地理志二》云：

(开元路)至元四年，更辽东路总管府。二十三年，改为开元路，领咸平府，后割咸平为散府，俱隶辽东道宣慰司。③

又云：

(咸平府)元初因之，隶开元路，后复割出，隶辽东宣慰司。④

14. 岭北行省

岭北行省，即岭北等处行中书省，统和宁路总管府。皇庆元年(1312)改和林行省，治和林(1235 年后窝阔台汗至蒙哥汗时代的蒙古国都城)。⑤

15. 淮南行省　扬

《元史·地理志二》云：

扬州路，上。元至元十三年，初建大都督府，置江淮等处行中书省。十四年，改为扬州路总管府。十五年，置淮东道宣慰司，本路属焉。十九年，省宣慰司，以本路总管府直隶行省。二十一年，行省移杭州，复立淮东道宣慰司，止统本路并淮安二郡，而本路领高邮府及真、滁、通、泰、崇明五州。二十三年，行省复迁，宣慰司遂废，所属如故。后改立河南江北等处行中书省，移治汴梁路，复立淮东道宣慰司，割出高邮府为散府，

---

① 《元史》卷五九《地理志二》，第 1395 页。
② 《元史》卷一五《世祖十二》，第 307 页。
③ 《元史》卷五九《地理志二》，第 1400 页。
④ 《元史》卷五九《地理志二》，第 1400 页。
⑤ 《元史》卷九一《百官七》，第 2307 页。

直隶宣慰司。①

16. 淮西道　庐

淮西道,即淮西道宣慰使司都元帅府,至元十二年置,初隶江淮行省,至元二十九年正月改隶河南行省,大德三年二月罢。治庐州。②

17. 江浙省　杭

江浙省,即江浙等处行中书省。至元二十一年改江淮行省为江浙行省,徙治杭州。至元二十三年还治扬州,复称江淮行省。至元二十六年再徙杭州。至元二十八年(1291)割江北州郡隶河南行省,改称江浙行省。大德三年(1299)罢福建行省,以其地并江浙行省。③

18. 浙东道　庆元

浙东道,即浙东道宣慰司都元帅府。至元十三年十二月置,大德六年兼都元帅府。原治婺州,大德六年徙庆元。④《元史·地理志五》云:

> 浙东道宣慰司都元帅府,元治婺州,大德六年移治庆元。⑤

19. 江东道　宁国

江东道,即江东道宣慰司。至元十三年十二月置,大德三年二月罢。治建康路。而江东建康道肃政廉政司治宁国路。⑥ 说明表二有误。

20. 福建行省　福

福建行省,治泉州路(今福建泉州市),大德三年(1299)省罢。《元史·地理志五》云:

> 福州路,上。唐为闽州,后改福州,又为长乐郡,又为威武军。宋为福建路。元至元十五年,为福州路。十八年,迁泉州行省于本州。十九年,复还泉州。二十年,仍迁本州。二十二年,并入杭州。⑦

《元史·地理志五》又云:

> 泉州路,上。唐置武荣州,又改泉州。宋为平海军。元至元十四年,立行宣慰司,

① 《元史》卷五九《地理志二》,第1414页。

② 李治安《元代行省制度》下,附"元行省及宣政院等所属宣慰司一览表",中华书局,2011年,第618页。

③ 《元史》卷六二《地理志五》,第1491页。

④ 李治安《元代行省制度》下,附"元行省及宣政院等所属宣慰司一览表",中华书局,2011年,第621页。

⑤ 《元史》卷六二《地理志五》,第1496页。

⑥ 李治安《元代行省制度》下,附"元行省及宣政院等所属宣慰司一览表",中华书局,2011年,第622页。

⑦ 《元史》卷六二《地理志五》,第1503页。

兼行征南元帅府事。十五年，改宣慰司为行中书省，升泉州路总管府。十八年，迁行省于福州路。十九年，复还泉州。二十年，仍迁福州路。①

21. 湖广行省　武昌

湖广行省，即湖广等处行中书省。原治潭州路（今湖南长沙），至元十八年移治鄂州，后改武昌路（今湖北武汉市武昌）。《元史・地理志六》云：

武昌路，上。唐初为鄂州，又改江夏郡，又升武昌军。宋为荆湖北路。元宪宗末年，世祖南伐，自黄州阳罗洑，横桥梁，贯铁锁，至鄂州之白鹿矶，大兵毕渡，进薄城下，围之数月，既而解去，归即大位。至元十一年，丞相伯颜从阳罗洑南渡，权州事张晏然以城降，自是湖北州郡悉下。是年，立荆湖等路行中书省，并本道安抚司。十三年，设录事司。十四年，立湖北宣慰司，改安抚司为鄂州路总管府，并鄂州行省入潭州行省。十八年，迁潭州行省于鄂州，移宣慰司于潭州。十九年，随省处例罢宣慰司，本路隶行省。大德五年，以鄂州首来归附，又世祖亲征之地，改武昌路。②

22. 湖南道　潭

湖南道，即湖南道宣慰司。至元十五年置，顺帝至元元年兼都元帅府。原治衡州，至元十八年徙潭州。《元史・地理志六》云：

天临路，上。唐为潭州长沙郡。宋为湖南安抚司。元至元十三年，立安抚司。十四年，立行省，改潭州路总管府。十八年，迁行省于鄂州，徙湖南道宣慰司治潭州。天历二年，以潜邸所幸，改天临路。③

23. 海南海北道　雷

海南海北道，当为海北海南道宣慰司都元帅府。至元十五年置。治雷州。《元史・地理志六》云：

雷州路，下。唐初为南合州，又更名东合州，又为海康郡，又改雷州。元至元十五年，平章政事阿里海牙南征海外四州，雷州归附，初置安抚司。十七年，即此州为海北海南道宣慰司治所，改安抚司为总管府，隶宣慰司。④

24. 广西两江道　静江

广西两江道，即广西两江道宣慰使司都元帅府。至元十四年五月置广西道宣慰司，元贞元年与左右两江宣慰使司都元帅府合并。《元史・地理志六》云：

---

① 《元史》卷六二《地理志五》，第 1505 页。
② 《元史》卷六三《地理志六》，第 1523 页。
③ 《元史》卷六三《地理志六》，第 1527—1528 页。
④ 《元史》卷六三《地理志六》，第 1537 页。

静江路,上。唐初为桂州,又改始安郡,又改建陵郡,又置桂管,又升静江军。宋仍为静江军。元至元十三年,立广西道宣抚司。十四年,改宣慰司。十五年,为静江路总管府。元贞元年,并左右两江宣慰司都元帅府为广西两江道宣慰司都元帅府,仍分司邕州。①

25. 八番顺元等处

八番顺元等处,即八番顺元宣慰司都元帅府,至元十六年置八番宣慰司,至元十九年置顺元路宣慰司,至元二十九年三月并为八番顺元宣慰司都元帅府。初隶四川行省,至元二十八年改隶湖广行省。治顺元。《元史·地理志六》云:

八番顺元蛮夷官。至元十六年,潭州行省遣两淮招讨司经历刘继昌招降西南诸番,以龙方零为小龙番静蛮军安抚使,龙文求卧龙番南宁州安抚使,龙延三大龙番应天府安抚使,程延随程番武盛军安抚使,洪延畅洪番永盛军安抚使,韦昌盛方番河中府安抚使,石延异石番太平军安抚使,卢延陵卢番静海军安抚使,罗阿资罗甸国遏蛮军安抚使,并怀远大将军、虎符,仍以兵三千戍之。……二十八年,从杨胜请,割八番洞蛮,自四川行省隶湖广行省。三十年,四川行省官言:"思、播州元隶四川,近改入湖广,今土人愿仍其旧。"有旨遣问,还云,田氏、杨氏言,昨赴阙廷,取道湖广甚便,况百姓相邻,驿传已立,愿隶平章答剌罕。②

26. 江西行省

江西行省,即江西等处行中书省。治隆兴路(今江西南昌)。

27. 广东道　广

广东道,即广东道宣慰使司都元帅府。至元十五年置。治广州路。《元史·地理志五》云:

广州路,上。唐以广州为岭南五府节度五管经略使治所,又改南海郡,又仍为广州。宋升为帅府。元至元十三年内附,后又叛。十五年克之,立广东道宣慰司,立总管府并录事司。③

28. 四川行省　成都

四川行省,即四川等处行中书省。至元十八年(1281)分立。治成都路(今四川成都)。④

29. 云南行省　中庆

云南行省,即云南诸路行中书省。至元十三年(1276)设,辖大理国故地,治中庆路(今云南昆明)。《元史·地理志四》云:

---

① 《元史》卷六三《地理志六》,第1532页。

② 《元史》卷六三《地理志六》,第1539页。

③ 《元史》卷六二《地理志五》,第1514页。

④ 李治安《元代行省制度》上,中华书局,2011年,第395—404页。

至元七年，改为路。八年，分大理国三十七部为南北中三路，路设达鲁花赤并总管。十三年，立云南行中书省，初置郡县，遂改善阐为中庆路。①

(二)《历代帝王国都》表二评述

1. 选择了一些省份和宣慰司，但有不少没有列上

表二列举大都、直隶省部、行中书省十二、宣慰司十三、路二；但还有不少没有列上，详见下表：

表 《历代帝王国都》表二未列的宣慰司

行 省	宣 慰 司	设 立	出 处
直隶省部（中书省直辖区“腹里”）	燕南道宣慰司	至元二十三年十二月置，成宗后罢。治真定路	李治安《元代行省制度》下，附“元行省及宣政院等所属宣慰司一览表”，第625页
河南江北行省	河南道宣慰司（又名南京宣慰司）	至元十五年十月已置，十九年五月罢；翌年十一月复立，二十九年正月罢。治汴梁	同上，第618页
	淮东道宣慰司	至元十三年置，初隶江淮行省，至元二十九年二月改隶河南行省；至正十五年兼都元帅府，治扬州	
陕西行省	陕西汉中宣慰司	至元二十一年见于记载，后未见	同上，第619页
	察罕脑儿宣慰使司都元帅府	至大三年九月罢，泰定元年三月罢；天历元年十一月复立	
四川行省	四川南道宣慰使司都元帅府	至元十六年正月置。治重庆，大德二年一度徙成都	同上，第619页
	四川西道宣慰司	至元十六年正月置，至元二十年二月罢。治成都	
	四川东道宣慰司	至元十六年正月置，至元二十年二月罢。治顺庆	
	四川北道宣慰司	至元十六年正月置，至元二十年二月罢。治广元	

① 《元史》卷六一《地理志四》，第1457页。

续　表

行　省	宣　慰　司	设　　立	出　　处
甘肃行省(及西夏中兴行省)	永昌等处宣慰使司都元帅府	至正三年七月罢。治永昌	同上,第620页
	河西道宣慰司	至元十五年置,十八年七月罢;至元二十二年三月复置,旋罢	
云南行省	云南宣慰司	至元十年前置,至元十九年九月罢	同上,第620—621页
	曲靖宣慰司兼管军万户府	至元二十八年二月罢。治曲靖	
	罗罗斯宣慰使司兼管军万户府	至元十二年置,至元十九年二月改隶云南行省。治建昌	
	八百等处宣慰司都元帅府	泰定四年闰九月置蒙庆宣慰司都元帅府,至正二年后改置八百等处宣慰司	
	临安元江宣慰司兼管军万户府	至顺二年五月置。建水州	
	大理金齿等处宣慰司都元帅府	至元二十八年二月置。永昌府	
	乌撒乌蒙等处宣慰司	至元二十四年置。乌撒路	
	银沙罗甸宣慰司	天历二年二月置,至顺二年五月改军民府	
	邦牙等处宣慰司都元帅府	后至元四年十二月置,至正二年罢	
	平缅路宣慰司	至正十五年八月置	
江浙行省	浙西道宣慰司	至元十三年十二月置,至元二十六年二月罢。治杭州	同上,第621—622页
	福建道宣慰司都元帅府	至元十四年置司,十五年置,大德元年复立。原治泉州,后徙福州	
江西行省	江西道宣慰司	至元十四年置,至元十九年罢。治隆兴	同上,第622页
湖广行道	湖北宣慰司	至元十四年置,至元十九年罢。原治鄂州(武昌)	同上,第622—624页
	沿边溪洞宣慰使司	至元二十八年置。治播州	
	荆南道宣慰司	至元二十年已置,大德三年罢	

续　表

行　省	宣　慰　司	设　　立	出　　处
辽阳行省(及北京行省,东京行省)	咸平道宣慰司	至元二十三年复置,旋废	同上,第624页
	开元等路宣慰司	至元十五年七月置,至元二十三年罢。治开元路	
	肇州宣慰司	至元三十一年七月罢	
岭北行省	称海等处宣慰司都元帅府	大德十一年七月置,至治三年罢,旋复置。治称海	同上,第624页
	和林宣慰使司都元帅府	至元二十年前已置司,大德二年五月兼都元帅府,大德十一年七月罢。治和林	
宣政院	吐蕃等处宣慰使司都元帅府	至元初。治河州	同上,第625页
	吐蕃等路宣慰使司都元帅府		
	乌·思藏·纳里速古鲁孙三路宣慰使都元帅府	至元十六年(1279)置。治萨斯迦	
西北地区	别失八里、和州等处宣慰使司都元帅府	至元二十年四月置。治别失八里	同上,第625页
	斡端等处宣慰使司都元帅府	至元二十六年九月罢。治斡端	

2. 标出了一些省份和宣慰司的治所,但有一些缺漏

没有列出治所的省份有:河南、陕西、岭北和江西;没有列出治所的宣慰司和路有:镇(辽)东、八番顺元等处和宁夏府路。

3. 政区名称出现了一些错误

河东东西道应为“山东东西道”,镇东道应为“辽东道”,辽阳道应为“辽阳路”。

4. 治所错误

江东道宣慰司的治所应该是建康路,而宁国路是江东建康道肃政廉政司治所。江东建康道肃政廉政司是另一监察系统,肃政廉政司的治所有时与同地的宣慰司的治所相同,有的不同,因而不能等同。

5. 用的是地名专名,而省略地名通名

宁夏府,在元代只有宁夏府路,而没有宁夏府。所以此处应是只用了地名专名,而未写地名通名。没写通名的还有“八番顺元等处”,它的通名应为宣慰使司都元帅府。

6. 没有提到征东行省

征东行省(朝鲜语:정동 행성),全称应是征东等处行中书省。一般简称为征东行中书省或征东行省,又称日本行省或征日本行省。它是元朝政府曾经在朝鲜半岛设立的一个特殊的行省。高丽国并没有因征东行省的设立而消失,因此保持很强的独立性。行省丞相由高丽国王兼任,自辟官属,以高丽官吏为行省主要官员,因高丽国俗而统治之,与高丽政权的官僚机构分署办公,且财赋不入中央都省。因此,征东行省仅在名义上受到元朝

的直接管辖,与元朝其他行省性质不同。

作为行政建置的征东行省存在于元世祖至元二十二年(1285)至元顺帝至正十六年(1356),使高丽国成为元朝的一个特殊行政区,强化了元朝对高丽国的统治关系,故《元史·地理志》云:"高丽守东藩,执臣礼惟谨,亦古所未见。"①

《元史·世祖纪》至元二十二年又云:

> (冬十月)癸丑,立征东行省,以阿塔海为左丞相,刘国杰、陈岩并左丞,洪茶丘右丞,征日本。赐脱里察安、答即古阿散等印,令考核中书省,其制如三品。②

《元史·地理志》又云:

> 征东等处行中书省,领府二、司一、劝课使五。大德三年,立征东行省,未几罢。至治元年复立,命高丽国王为左丞相。③

《元史·百官志》行中书省也云:

> 征东等处行中书省。至元二十年,以征日本国,命高丽王置省,典军兴之务,师还而罢。大德三年,复立行省,以中国之法治之。既而王言其非便,诏罢行省,从其国俗。至治元年复置,以高丽王兼领丞相,得自奏选属官,治沈阳,统有二府、一司、五道。④

上述史料足以说明征东等处行中书省在元朝的存在,但为什么表中没有列呢? 究竟是遗漏了,还是忌讳? 不得而知。

7. 资料的年代

1) 表二所使用的材料为元代,约在至正十二年至十六年间(1352—1356)

表中没有明洪武二年(1369)所设"北平等处行中书省"。《明史·地理志一》云:

> 京师 《禹贡》冀、兖、豫三州之域,元直隶中书省。洪武元年四月分属河南、山东两行中书省。二年三月置北平等处行中书省,治北平府。⑤

表中没有明洪武元年(1368)八月改的北平府。《明史·地理志一》云:

> 顺天府 元大都路,直隶中书省。洪武元年八月改为北平府。十月属山东行省。二年三月改属北平。三年四月建燕王府。永乐元年正月升为北京,改府为顺天府。⑥

---

① 《元史》卷五八《地理志一》,第 1346 页。
② 《元史》卷一三《世祖纪》,第 271 页。
③ 《元史》卷六三《地理志一》,第 1562 页。
④ 《元史》卷九一《地理志一》,第 2305 页。
⑤ 《明史》卷四〇《地理志一》,第 883 页。
⑥ 《明史》卷四〇《地理志一》,第 933 页。

表中没有明洪武元年(1368)五月所置中书分省。《明史·地理志三》云:

河南 《禹贡》豫、冀、扬、兖四州之域。元以河北地直隶中书省,河南地置河南江北行中书省。治汴梁路。洪武元年五月置中书分省。治开封府。①

表中没有洪武元年(1368)四月所置山东等处行中书省。《明史·地理志二》云:

山东 《禹贡》青、兖二州地。元直隶中书省,又分置山东东西道宣慰司治益都路属焉。洪武元年四月置山东等处行中书省。治济南府。②

表中没有元至正末改宣慰使司为广西等处行中书省。《明史·地理志六》云:

广西 《禹贡》荆州之域及荆、扬二州之徼外。元置广西两江道宣慰使司,治静江路。属湖广行中书省。至正末,改宣慰使司为广西等处行中书省。洪武二年三月因之。③

表中没有明太祖戊戌年(1358)十二月置中书分省。《明史·地理志五》云:

浙江 《禹贡》扬州之域。元置江浙等处行中书省,治杭州路。又分置浙东道宣慰使司,治庆元路。属焉。太祖戊戌年十二月置中书分省。治宁越府。癸卯年二月移治严州府。丙午年十二月罢分省,置浙江等处行中书省。治杭州府。④

表中没有明太祖丙申年(1356)七月所置江南行中书省。《明史·地理志一》云:

南京 《禹贡》扬、徐、豫三州之域。元以江北地属河南江北等处行中书省,又分置淮东道宣慰使司治扬州路属焉;江南地属江浙等处行中书省。明太祖丙申年七月置江南行中书省。治应天府。洪武元年八月建南京,罢行中书省,以应天等府直隶中书省,卫所直隶大都督府。⑤

表中有元至正十二年(1352)所设淮南行省。

2) 也用了过时的资料

表中还使用了已经过时的数据。如:

岭北行省,即岭北等处行中书省,统和宁路总管府。皇庆元年(1312)改和林行省,治

① 《明史》卷四二《地理志三》,第977页。
② 《明史》卷四一《地理志二》,第937页。
③ 《明史》卷四五《地理志六》,第998页。
④ 《明史》卷四四《地理志五》,第1101页。
⑤ 《明史》卷四〇《地理志一》,第910页。

和林（1235年后窝阔台汗至蒙哥汗时代的蒙古国都城）。① 表中仍称“岭北行省”。

福建行省，治泉州路（今福建泉州市），大德三年（1299）省罢。《元史·地理志五》云：

> 福州路，上。唐为闽州，后改福州，又为长乐郡，又为威武军。宋为福建路。元至元十五年，为福州路。十八年，迁泉州行省于本州。十九年，复还泉州。二十年，仍迁本州。二十二年，并入杭州。②

表中仍有“福建行省”。

江东道，即江东道宣慰司。至元十三年十二月置，大德三年二月罢。治建康路。③ 表中仍有“江东道”。

淮西道，即淮西道宣慰使司都元帅府，至元十二年置，初隶江淮行省，至元二十九年正月改隶河南行省，大德三年二月罢。治庐州。④ 表中仍有“淮西道”。

便宜都总帅府，也称巩昌宣慰司，至元二十五年十一月置，至元二十八年五月废罢。⑤ 表中仍有“便宜都总帅府”。

8. 着重列举宣慰司

表中着重列举宣慰司，为什么会这样？是否与李朝地方行政制度改革——实行“道”有关？

《元史》卷九〇《百官七》“宣慰司”条在记述宣慰司的职能时云：

> 宣慰司，掌军民之务，分道以总郡县，行省有政令则布于下，郡县有请则为达于省。有边陲军旅之事，则兼都元帅府，其次则止为元帅府。其在远服，又有招讨、安抚、宣抚等使，品秩员数，各有差等。
>
> 宣慰使司，秩从二品。每司宣慰使三员，从二品；同知一员，从三品；副使一员，正四品；经历一员，从六品；都事一员，从七品；照磨兼架阁管勾一员，正九品。凡六道：山东东西道，益都路置。河东山西道，大同路置。淮东道，扬州置。浙东道，庆元路置。荆湖北道，中兴路置。湖南道，天临路置。⑥

这里重点在“道”。元朝设有六道：即山东东西道、河东山西道、淮东道、浙东道、荆湖北道、湖南道。这个可能是高丽与李朝效仿的对象。

《高丽史·地理志》云：

---

① 《元史》卷九一《百官志七》，第2307页。

② 《元史》卷六二《地理志五》，第1503页。

③ 李治安《元代行省制度》下，附“元行省及宣政院等所属宣慰司一览表”，中华书局，2011年，第622页。

④ 李治安《元代行省制度》下，附“元行省及宣政院等所属宣慰司一览表”，中华书局，2011年，第618页。

⑤ 李治安《元代行省制度》下，附“元行省及宣政院等所属宣慰司一览表”，中华书局，2011年，第619页。

⑥ 《元史》卷九一《百官志七》，第2308—2309页。

兴于高勾丽之地，降罗灭济，定都开京，三韩之地归于一统。然东方初定，未遑经理。至二十三年始改诸州府郡县名，成宗又改州府郡县及关驿江浦之号，遂分境内为十道就十二州，各置节度使。

其十道：一曰关内、二曰中原、三曰河南、四曰江南、五曰岭南、六曰岭东、七曰山南、八曰海阳、九曰朔方、十曰浿西，其所管州郡共五百八十馀。东国地理之盛极于此矣。

显宗初，废节度使，置五都护、七十五道安抚使，寻罢安抚使，置四都护、八牧。

自是以后定为五道、两界：曰杨广、曰庆尚、曰全罗、曰交州、曰西海，曰东界、曰北界。京四、牧八、府十五、郡一百二十九、县三百三十五、镇二十九。

其四履，西北自唐以来以鸭绿为限，而东北则以先春岭为界。盖西北所至不及高勾丽，而东北过之。①

这种地方制度，实即仿照唐太宗将全国分为十个道的做法。十道之下，再立府、郡、县三级行政区划。而且，高丽的道，最初也具有监察区划的性质，各道置有按察使等职官。②

高丽朝已经设有“道”，但全国并不统一，如后来的平安道和咸镜道所在当时分别称为西北面、东北面“两界”，只是到了朝鲜李朝时期才统一称“道”。李朝仍然沿袭道制。

朝鲜李朝太祖四年(1395)改杨广道为忠清，西海道为丰海，合交州、江陵道为江原；次年(1398)以东北面安边以北、青州(今咸镜道北青)以南称永兴道，端州(今咸镜道端川)以北、孔州(今咸镜道庆源)以南称吉州道，总为京畿左、京畿右、忠清、庆尚、全罗、丰海、江原、永兴、吉州九道和西北面一界。历定宗(1400—1401)不改。太宗十三年(1413)合永兴道、吉州道为永吉道，以西北面为平安道；十四年(1414)并京畿左、右道为京畿道；十六年(1416)改永吉道为咸吉；次年又改丰海道为黄海。至此全国始定为京畿、忠清、庆尚、全罗、黄海、江原、平安、咸吉八道。③

高丽时期行政区划略表

<table>
<tr><th>九州</th><th>行政区划</th><th>成宗至显宗初年(981—1018)诸道</th><th>显宗九年(1018)后诸道</th><th>朝鲜半岛现代行政区划</th></tr>
<tr><td rowspan="5">汉州</td><td>京　畿</td><td>京畿道</td><td>京畿道</td><td>开城(朝)</td></tr>
<tr><td>黄州牧</td><td rowspan="3">关内道</td><td rowspan="2">西海道</td><td>黄海北道(朝)</td></tr>
<tr><td>海州牧</td><td>黄海南道(朝)</td></tr>
<tr><td>广州牧</td><td rowspan="4">杨广道</td><td>京畿道(韩)</td></tr>
<tr><td>忠州牧</td><td rowspan="2">中原道</td><td rowspan="2">忠清北道(韩)</td></tr>
<tr><td rowspan="2">熊州</td><td>清州牧</td></tr>
<tr><td>公州牧</td><td>河南道</td><td>忠清南道(韩)</td></tr>
</table>

① 《高丽史》卷五六《地理志》，https://ctext.org/wiki.pl? if = gb&chapter = 406950&remap = gb。

② 陈尚胜《论高丽王朝对中国典制文化的吸收问题》，载于北京大学韩国学研究中心编《韩国学论文集》第 8 辑，民族出版社，2000 年。

③ 魏嵩山《朝鲜八道建置沿革考》，载于复旦大学韩国研究中心编《韩国研究论丛》第二辑，上海人民出版社，1996 年。

续　表

<table>
<tr><th>九州</th><th>行政区划</th><th>成宗至显宗初年(981—1019)诸道</th><th>显宗九年(1019)后诸道</th><th>朝鲜半岛现代行政区划</th></tr>
<tr><td>全州</td><td>全州牧</td><td>江南道</td><td rowspan="3">全罗道</td><td>全罗北道(韩)</td></tr>
<tr><td rowspan="2">武州</td><td>罗州牧</td><td rowspan="2">海阳道</td><td rowspan="2">全罗南道(韩)</td></tr>
<tr><td>升　州</td></tr>
<tr><td>尚州</td><td>尚州牧</td><td>岭南道</td><td rowspan="2">庆尚道</td><td>庆尚北道(韩)</td></tr>
<tr><td>康州</td><td>晋州牧</td><td>山南道</td><td>庆尚南道(韩)</td></tr>
<tr><td>朔州</td><td></td><td rowspan="2">朔方道</td><td>交州道</td><td>江原道(韩)</td></tr>
<tr><td>溟州</td><td></td><td>东界(双城总管府)</td><td>江原道(朝)</td></tr>
<tr><td rowspan="7">——</td><td rowspan="7">——</td><td rowspan="7">浿西道</td><td rowspan="7">北界(东宁府)</td><td>平安北道(朝)</td></tr>
<tr><td>平安南道(朝)</td></tr>
<tr><td>慈江道(朝)</td></tr>
<tr><td>咸镜北道(朝)</td></tr>
<tr><td>咸镜南道(朝)</td></tr>
<tr><td>两江道(朝)</td></tr>
<tr><td>济州特别自治道(韩)</td></tr>
</table>

朝鲜八道一直延续到李氏朝鲜末年,现在朝鲜和韩国的行政区划仍然各为八道。

由此可以看出,李朝太祖和太宗完善的道制其影响之深远。那么,李朝太祖和太宗在沿袭与完善这一道制时的依据是什么?是不是与中国的道制尤其是元朝的道制有密切的关系呢?既然《历代帝王国都》表二所列举的道与"历代帝王国都"无关,那么它可能是借此向李氏朝鲜宣传中国的道制以支持李朝初期完善道制的主张。

四、李朝迁都与《混一疆理历代国都之图》的绘制

(一)问题的提出

1)《混一疆理历代国都之图》非历史地图,为什么却以"历代国都"为图名?

2)《混一疆理历代国都之图》上的"历代帝王国都"表与地图本身有什么关系?

"历代帝王国都"表详列了中国历代帝王之都,但地图上并没有多少表中的内容。这是不是说明此表是独立存在的,如果没有此表本图就不能称其为"历代国都之图"?

(二)《混一疆理历代国都之图》绘制前一年,金士衡与李茂参与太宗迁都讨论

根据权近①的题跋,②《混一疆理历代国都之图》绘制于明建文四年(1402),也就是李

① 权近传记见《朝鲜太宗实录》卷一七太宗九年二月丁亥条:

(丁亥)吉昌君权近卒。是日晓,上闻近病革,命世子视疾,临发闻近已卒,乃止。近字可远,后改思叔,号阳村,安东府人,高丽政丞溥之曾孙,检校政丞僖之子。少读书孜孜不辍,洪武己酉年十八,擢丙科,拜春秋检阅,为王府阏者赤。癸丑,中科举乡试第三名,以年未满二十五,不赴京师。甲寅,拜成(转下页)

朝太宗李芳远登基的第三年。《李朝实录》太宗恭定大王卷第四云：

(接上页)均直讲、艺文应教。恭愍王暴薨，元朝遣使颁赦令，国家欲礼接之。近与郑梦周、郑道传等上书都堂，请毋纳元使，其言切直不小讳。当国者皆诬以罪逐之，近以年少不解事得免。壬戌，拜左司议大夫。伪主禑在位久，淫戏无度，上疏极谏，禑乃听纳，命写谏草，贴诸屏障。甲子冬，代言有阙员，时宰拟进近名，禑曰："此人尝为谏官，使我不得有为。"乃取笔周其名。戊辰春，崔莹当国，有抗中国之志，凡申朝廷之事，不用事大旧例，欲以草檄移之。近面斥其非，竟不用草檄。夏，太祖举义回军，执退莹，拜左代言，寻迁知申事，同知贡举，取李垠等三十三人。己巳春，进拜签书密直司事，夏，与门下评理尹承顺奉表如京师，秋，赍礼部咨一道还国。国舅李琳，时为左相坐庙堂，以其咨付之。我太祖为右相，适违豫在邸，或乘间进言于太祖曰："礼部咨，乃责异姓为王。近独与琳拆视。"十月，台谏劾李崇仁奉使如京货殖之罪而贬之。近继崇仁朝京，故知崇仁被诬，上书明其无罪，台谏以近党罪人毁言官，劾贬牛峰。及恭让君即位，台谏劾近私拆咨文，先示李琳，是党于异姓也，论罪移贬宁海。庚午春，台谏更论劾，欲置极刑，赖太祖申救，决杖量移兴海。其年夏，李穑以下诸在贬所者，俱逮系清州狱。天忽大雨，水涨入城中，公廨皆没，诸问事官至上树得免，被系者亦皆走避，近独坚坐，神色自若曰："我若有罪，当伏天诛，若无罪，则天岂死我于水哉！"于是免归汉阳，徙益州，著《入学图说》。辛未春，得自便归忠州，定礼经而未就，至是乃得立稿。癸酉春，太祖幸鸡龙山，特召近赴行在，命与郑摠撰定陵墓碑。甲戌秋，拜中枢院使，丙子夏，大明太祖高皇帝怒表笺有戏侮字，遣使征撰表人郑道传。道传称疾，来使日督之。近自请曰："撰表之事，臣亦与知，愿随使赴京。"太祖以非有征命止之，近复启曰："臣于前朝之季，身被重谴，几不保首领，幸赖殿下钦恤之仁，获保性命及今，国初又蒙收用，再造之恩，如天罔极，而臣未有报效。愿乞赴京，如天之福，庶得辨明，少答圣恩之万一。"太祖密赐黄金以赆行。及渡鸭绿江，使臣李罗与诸宰相问入对之辞，而不问于近。近曰："大人何独不与我言？"李罗改容曰："今子无征命而自往，国之忠臣也。帝有何所问，子亦何所对？"九月，入朝。翌日，礼部钦奉圣旨，为留撰(表人)〔表文〕，移咨本国，敕召近视咨草，近叩头曰："小国事大，不因表文，无以达情，而臣等生于海外，学不通方，使我王之忠诚，不能别白于黈纩，诚臣等之罪耳。"帝然其言，待以优礼。命题赋诗十八篇，每进一篇，帝嘉叹不已，仍敕有司，备酒馔，具妓乐，使之游观三日，亦命赋诗以进。帝乃亲制长律诗三篇赐之，敕仕文渊阁，得与翰林学士刘三吾、许观、景清、张信、戴德彝相周旋，每称美我太祖回军之义、事大之诚，帝闻而嘉之，特称老实秀才，乃命遣还。既还，道传嗾台谏，劾以郑摠等皆被拘留，独得放还之故，申请其罪，太祖曰："当天子震怒之时，挺身自往，善辞专对，能霁天威，功实不细，反加罪乎？"近亦上书，自叙微劳，于是称下元从功臣。戊寅秋，丁外忧，己卯，起复拜签书，再上笺乞终制，不允。俄迁政堂文学兼大司宪，上疏罢私兵。庚辰十一月，上即位，赐推忠翊戴佐命功臣之号。壬午春，以参赞议政府事知贡举，取申晓等三十三人。中国使臣必先问近动静，及相接，加以礼貌。御史俞士吉、内史温不花，奉使而来，亦于鸭绿江问安否。及至都，殿下慰宴使臣，诸宰相以次行酒礼，及近行礼，士吉、不花皆起坐，殿下曰："天使何至是也？"士吉曰："何敢慢斯文老成君子乎？"不花曰："太祖皇帝之所致敬者也。"不花，即李罗也。癸未，上表乞解仕就闲，终考礼经节次，上不许曰："昔宋司马光编《资治通鉴》，未尝解职。"乃命三馆士二人，日就近第，供翰墨。及成，缮写一本以进。乙酉春，拜议政府赞成事，冬，居内忧。丙戌春，命起复拜大提学，再上笺乞终制，不允。其秋，上将禅于世子，上书请停禅位，又舆疾诣阙启之，上谓左右曰："吾固知其非常人，然其胸中断事，不谓如此精确也。"丁亥夏，上亲试文士，命近与左政丞河仑读卷，取艺文馆直提学卞季良等十人。戊子冬，疾笃，闻上怒台谏官，将置极刑，上书切谏，上乃释之。自寝疾，赐药问安无虚日，卒年五十八。上闻而震悼，辍朝三日，命有司治丧事，赐祭吊诔赙赠甚厚。中宫亦遣中使致奠，世子亲临柩祭之，成均大司成崔咸等领三馆士，祭以小牢。赠谥文忠。近自检阅，至为宰相，常任文翰，历扬馆阁，未尝一补外寄。天资精粹温雅，深于性理之学，平居虽甚仓卒，未尝疾言遽色，至于摈斥废黜，死生在前，处之泰然，曾不陨获。凡经世之文章，事大之表笺，亦皆撰述。有集若干卷行于世。其将卒也，聚子若婿，遗命不作佛事。其子婿治丧，一依《家礼》，不用浮屠法云。子四，践、蹈、跬、蹲。

② 权近跋："天下至广也，内自中国，外薄四海，不知其几千万里也。约而图之于数尺之幅，其致详难矣。故为图者，率皆疏略。惟吴门李泽民《声教广被图》，颇为详备；而历代帝王国都沿革，则天台僧清浚《混一疆理图》备载焉。建文四年夏，左政丞上洛金公士衡，右政丞丹阳李公茂，燮理之暇，参究是图，命检详李荟，更加详校，合为一图。其辽水以东及本国疆域，泽民之图，亦多阙略，方特增广本国地图，而附以日本，勒成新图，井然可观。诚可以不出户而知天下也。夫观图籍而知地域之遐迩，亦为治之一助也。（转下页）

(太宗)二年(1401)秋七月壬辰,御经筵有不豫色然,召(河)仑等至,使朴锡命传旨曰:定都之事,一定以闻。文武各司陈言,或言当还新都,或言当在旧都,或言移都毋岳,议论纷纭。三府拟议以闻,以在旧都为可,还新都为不便。上以新都太上王创建之地,旧都人心所安,意未决,见三府之议,心不便,问近臣曰:成王在镐,宗庙在丰乎?在洛乎?皆不能对。又召金瞻问之,亦不能对。上曰:周公成洛邑,而祭文王骍牛一,武王骍牛一,则宗庙必洛矣。金科曰:成王居镐,有大事则至丰,宗庙必在丰矣。未能决之。上意以为若成王居镐,宗庙在洛邑,则今予在旧都,而宗庙在新都亦宜。河仑、金士衡、李茂、赵英茂等议定都事,日将半,未定而罢。①

其实,远在李朝太祖时代,金士衡发表了见解,《李朝实录》太祖三年(1394)八月辛卯云:

都评议使司所申:"左政丞赵浚、右政丞金士衡等:窃惟自古王者受命而兴,莫不定都,以宅其民。故尧都平阳,夏都安邑,商都亳,周都丰、镐,汉都咸阳,唐都长安。或因初起之地,或择形势之便,无非所以重根本而镇四方也。……窃观汉阳,表里山河,形势之胜,自古所称,四方道里之均,舟车所通。定都于兹,以永于后,允合天人之意。"王旨依申。②

这里用中国尧都、夏都、商都、周都、汉都和唐都的历史典型实例来说明选择国都的基本条件,深得李朝太祖李成桂的赞许,为迁都汉阳一锤定音。李成桂依照都评议使司意见设置新都宫阙造成都监,以青城伯沈德符等人为判事,营造汉阳的城郭宫室。

(三)关于迁都的理由讨论远在李朝太祖年间就很激烈

迁都是因为气数已尽。

《李朝实录》卷四太祖二年[1393,癸酉/(洪武)二十六年]九月六日(戊申)云:

戊申/书云观上言:"道诜云:'松都五百年。'又曰:'四百八十年基。'且王氏绝祀之地,而今方兴土工。请新都造成之前,移幸吉方。"下都评议使司议之。③

松都的气数只有五百年。《李朝实录》卷六太祖三年[1394甲戌/(洪武)二十七年]十二月三日(戊辰)云:

(接上页)二公所以拳拳于此图者,其规模局量之大可知矣。近以不才,承乏参赞,以从二公之后,乐观此图之成而深幸之。既偿吾平日讲求方册而欲观之志,又喜吾他日退处环堵之中而得遂其卧游之志也,故书此于图之下云。是年秋八月日志。"此跋既载于《混一疆理历代国都之图》上,又以《历代帝王混一疆理图志》之名收入权近《阳村先生文集》之中。本处文字转引自杨晓春《〈混一疆理历代国都之图〉相关诸图间的关系》,载刘迎胜前揭书。

① 《朝鲜太宗实录》卷四太宗二年七月壬辰条。

② 《朝鲜太祖实录》卷六太祖三年八月辛卯条。

③ 《朝鲜太祖实录》卷四太祖二年九月戊申条。

上斋宿。命判三司事郑道传，祭于皇天后土之神，以告兴役之事。其文曰：

朝鲜国王臣【上讳。】率门下左政丞赵浚、右政丞金士衡、判三司事郑道传等，一心斋沐，敢明告于皇天后土。伏以乾覆坤载，遂万物之生成；革古鼎新，作四方之都会。窃念臣【上讳。】，猥以庸愚之质，获荷阴骘之休，值高丽将亡之时，受朝鲜维新之命。顾以付畀之甚重，常怀危惧而未宁，永图厥终，不得其要。日官告曰："松都之地，气久而向衰；华山之阳，形胜而协吉，宜就是处，庸建新都。"……①

太祖告祭皇天后土之神时仍称迁都的理由是"松都之地，气久而向衰"。

后"草贼"起事，也因迁都而起。《李朝实录》卷三太祖二年[1393 癸酉/(洪武)二十六年]二月一日(丙子)云：

丙子朔/昧爽，上命驾，知中枢院事郑曜赍都评议使司启本，来自京城，以显妃未宁，平州、凤州等处，又有草贼闻。上不悦曰："草贼有边将报欤？何者来告欤？"曜无以对。上曰："迁都，世家大族所共恶，欲籍以止之也。宰相久居松京，安土重迁，迁都岂其意耶？"左右皆无以对。南訚曰："臣等滥与功臣，蒙恩上位，虽迁新邑，有何不足，松京田宅，岂足惜耶？今此行已近鸡龙，愿上往观营都之地，臣等留击草贼。"上曰："迁都，卿等亦不欲也。自古易姓受命之主，必迁都邑。今我急观鸡龙者，欲于吾身亲定新都也。孺子虽欲继志迁都，大臣沮以不可，则孺子何能哉？"乃命还驾。訚等令李敏道卜之，曰："病必瘳，草贼亦不足虑。"相会议请往，上曰："然则必罪曜，而后行。"訚曰："何必罪之！"上遂行，至青布院之郊留宿。②

《李朝实录》卷六太祖三年[1394 甲戌/(洪武)二十七年]八月十一日(戊寅)云：

戊寅/上至毋岳，相定都之地。判书云观事尹莘达、书云副正刘旱雨等进曰："以地理之法观之，此地不可为都。"上曰："汝等妄相是非。此地若有不可，则考诸本文以闻。"莘达等退，相与论议。上召旱雨问之曰："此地竟不可乎？"对曰："以臣所见，实为不可。"上曰："此地既不可，何地为可？"旱雨对曰："臣不知。"上怒曰："汝为书云观，谓之不知，欺谁欤？松都地气衰旺之说，汝不闻乎？"旱雨对曰："此图谶所说。臣但学地理，未知图谶。"上曰："古人图谶，亦因地理而言，岂凭虚无据而言之？且言汝心所可者。"旱雨对曰："前朝太祖相松山明堂，作宫阙，而中叶已后，明堂久废，君王屡徙离宫。臣疑明堂地德不衰，宜复作阙，仍都松京。"上曰："予将决意迁都。若曰近境之内，更无吉地，则三国所都，亦为吉地，宜合议以闻。"乃谓左侍中赵浚、右侍中金士衡曰："书云观在前朝之季，谓松都地德已衰，数上书请迁汉阳，近以鸡龙为可都，动众兴役，劳扰生民，今又以此地为可都，及其来观，则旱雨等曰不可，反以松都明堂为可，互相争论，以诬国家，是曾无所惩故也。卿等趣令书云员吏，各陈可都之地以闻。"兼判书云观事崔融及尹莘达、刘旱雨等上书以为："一国之内，扶苏明堂为上，南京次之。"

---

① 《朝鲜太祖实录》卷六太祖三年十二月戊辰条。

② 《朝鲜太祖实录》卷三太祖二年二月丙子条。

是夕,上次于毋岳下。①

太祖三年(1394)八月君臣的讨论,参与者有《混一疆理历代国都之图》的绘制者之一的金士衡,②他是知道太祖李成桂的旨意的。

次日,太祖还主持了一场关于迁都的大讨论,《李朝实录》太祖三年(1394)八月己卯(十二日)云:

上命诸宰相,各上书议迁都之地。判三司事郑道传曰……

一、臣不学阴阳术数之说,而今者众多之论,皆不出阴阳术数之外,臣固不知所言。孟子曰:"幼而学之,壮而欲行之。"请以平日所学言之。武王定鼎于郏鄏,即关中也。卜年八百,传祚三十。至十一代孙平王,乃周兴四百四十九年,迁于洛阳,而秦人都于西周旧地;周至三十代赧王乃亡,秦人代之。由是观之,所谓三十代八百年周家之数,无系于地也。汉高祖与项羽同伐秦,韩生劝羽留都关中,羽见宫室焚烧、人民屠杀,不乐。有人以术数说羽曰:"隔壁扬铃,喜听其声,不见其形,曰是祖宗山川,思欲见之。"羽信之,东还彭城。汉高用刘敬之言,即日西都关中,羽乃灭亡,汉德配天。自是宇文周、杨隋相继都关中,唐亦因之,德与汉配。由是言之,人有治乱,地无盛衰,可知矣。

一、中国之为天子多矣。所都之地,西则关中,如臣所言;东则金陵,而晋、宋、齐、梁、陈,以次都之;中则洛阳,梁、唐、晋、汉、周继都此地,宋又因之,而大宋之德,不下汉、唐;北则燕京,而大辽、大金、大元皆都之。且以天下之大,历代所都,不过数四处,其当一代之兴,岂无明术者乎?诚以帝王都会之地,自有定处,非可以术数计度得之也。

一、东方三韩旧都,东有鸡林,南有完山,北有平壤,中有松京。然鸡林、完山,僻处一隅,岂可使王业偏安于此乎?平壤逼近北方,臣恐非所宜都也。③

---

① 《朝鲜太祖实录》卷六太祖三年八月戊寅条。

② 金士衡传记见《朝鲜太宗实录》卷一四太宗七年七月辛巳条:

上洛府院君金士衡卒。士衡字平甫,安东府人,奕世贵显。高祖方庆,佥议中赞上洛公,有文武全才,为时贤相;祖永煦,佥议政丞(上洛侯)〔上洛侯〕。士衡少历华要,所至称职。戊辰秋,太上当国,一新庶政,分遣大臣,专制方面,以士衡为交州·江陵道都观察黜陟使,部内以治。庚午,以知密直司事兼大司宪,俄升知门下府事,在台逾岁,朝廷肃然,累转三司左使。壬申七月,与诸将相推戴太上,进门下侍郎赞成事,兼判尚瑞司事,兼兵曹典书、鹰扬卫上将军,录功一等,赐奋义佐命开国功臣之号。十二月,拜门下右侍中,爵上洛伯,食邑一千户,食实封三百户。丁丑,加兼判司宪府事。戊寅之变,士衡偕赵浚赴阙,率百官请立嫡长为嗣,上王既受内禅,录功又在一等,加功臣号曰同德靖难定社。入贺建文皇帝登极。己卯十二月,自陈盛满,累乞避位,上王久乃许之。士衡与赵浚并相八年,浚刚果不疑,专断国政;士衡以宽简济之,坐镇庙堂,物议归重。及上即位,辛巳三月,复左政丞,壬午十月,罢为领司平府事,逾月,以府院君就第。士衡深沈有智,静重寡言,内无城府,外无圭角,不营财产,不喜声色,自筮仕至属纩,未尝一见弹劾,善始令终,罕有其比。卒年六十七。辍朝三日,遣左副代言尹须祭于殡,谥翼元公。二子,升、陆。

③ 《朝鲜太祖实录》卷六太祖三年八月己卯条。

郑道传是用中国历代都城的变迁来驳斥阴阳术数之说，强调帝王立都在“德”不在“地”。

十三日确定迁都汉阳。《李朝实录》卷六太祖三年[1394甲戌/(洪武)二十七年]八月十三日(庚辰)云：

上相宅于旧阙之基，观望山势，问尹莘达等曰：“此地何如?”对曰：“我国境内，松京为上，此地为次。所可恨者，乾方低下，水泉枯涸而已。”上悦曰：“松京亦岂无不足处乎？今观此地形势，可为王都。况漕运通道里均，于人事亦有所便乎?”上问王师自超：“此地如何?”超对曰：“此地，四面高秀，中央平衍，宜为城邑。然从众议乃定。”上令诸宰相议之，佥曰：“必欲迁都，此处为可。”河仑独曰：“山势虽似可观，然以地法论之则不可。”上以众人之言，定都汉阳。前典书杨元植进曰：“臣之所藏密书，前者承命已进。积城广实院东有山，问其居人，名曰鸡足。相其地，密书所说，似相近也。”上曰：“漕运不通，安敢为都会之处乎?”元植对曰：“自临津至长湍，水深可以行舟。”上遂上辇，相营宗庙之地，次于卢原驿郊。①

(四) 李朝初年几次讨论都直接与中国历史上的迁都相联系

《李朝实录》太祖三年(1394)八月己卯云：

中国之为天子多矣。所都之地，西则关中，如臣所言；东则金陵，而晋、宋、齐、梁、陈，以次都之；中则洛阳，梁、唐、晋、汉、周继都此地，宋又因之，而大宋之德，不下汉、唐；北则燕京，而大辽、大金、大元皆都之。②

此处所言说明中国历代都城既非一地，但也非遍布全国，而是集中在几个特定的区域。

《李朝实录》卷四太宗恭定大王云：

(太宗)二年(1401)秋七月壬辰，上意以为若成王居镐，宗庙在洛邑，则今予在旧都，而宗庙在新都亦宜。③

此言都城可以分主都与陪都。这其实是一种折中的办法。

(五)《混一疆理历代国都之图》题跋作者权近作迁都贺喜之诗——《华岳诗》

《李朝实录》卷十太宗恭定大王云：

---

① 《朝鲜太祖实录》卷六太祖三年八月庚辰条。

② 《朝鲜太祖实录》卷六太祖三年八月己卯条。

③ 《朝鲜太宗实录》卷四太宗二年七月壬辰条。

五年(冬十月,大明永乐三年)壬午,御离宫,汉京父老献歌谣于道左。世子率百官行贺礼,议政府献寿,亲勋、政府、六曹咸与焉。议政府赞成事权近撰《华岳诗》以献。其序曰:

臣近伏睹主上、殿下,驾还都城,以莅新宫,上敦继述之孝,下慰来苏之望,宅中图治,迓续永命社宗,以光,国步载安,朝野臣民,罔不欢庆,况以臣(权)近,备员政府,亲睹盛美,抃跃之情,倍万常品。窃伏惟念,古昔帝王,建国迁都,莫不各有咏歌之词,以美其功,被诸律吕,垂示罔极,考之周《诗》,公刘迁豳、大王迁丰、武王迁镐,靡不有诗,编为雅颂,遂使数千载之下,得以想见当时君上治功之盛,与夫臣子爱君归美之诚,而皆有所感之诚之发而兴起焉,则歌诗之效为不浅矣。今我主上、殿下,聪明圣智,仁孝温文,夙夜惟寅,动法古昔,锄去敝蛊,登崇俊良,治功灼著,中外靖嘉,天子锡命而嘉赏,岛夷输贡而来朝,隆功伟烈,视古无让,顾我汉城之都,实膺图箓,太上王之所定也,宗庙社稷之所在也。民乃重迁,不适有居,殿下乃以宗庙之重、堂构之义,不可不迁,告庙获吉,营室而还,所以尊宗社定民志,而奉太上之欢心也。其视古昔迁徙之举,义尤重焉。是宜奋肆欣歆、手足蹈舞、长言之于康衢,播扬休声,以永阙闻,岂可喑然无诗,以泯其传哉?是故臣(权)近不揆鄙拙,僭献诗章,欲形容圣德之万一。虽其辞语粗浅,声律舛戾,不足以铺张盛朝功德之懿,然于臣子区区归美之诚,亦所不能自已者也,伏惟圣慈垂采焉。其词曰:

嵩嵩华岳,滔滔汉江。环拱完固,天作之邦。
淑气攸积,启我有德。诞膺贞符,九变之局。
维神斯基,维圣斯复。神圣相承,永保民极。
华山嵩嵩,汉江滔滔。流峙旋绕,天作之都。
龙孙讫箓,仙李敷荣。先乎千载,其征孔明。
天之所启,我后其贞。于万斯年,以开太平。
滔滔汉江,嵩嵩华岳。舟车所会,天作之国。
都人遑遑,苦傒我后。王曰旋归,以重堂构。
乃作新宅,乃张治具。来燕来宁,福禄是聚。
汉江滔滔,华岳嵩嵩。金汤其固,天作之宫。
天作伊何,启我朝鲜。笃生圣哲,世德相传。
严恭夙夜,永畏于天。子孙绳绳,弥亿万年。

酒酣,上与诸臣联句唱和,上有"在位何忘履薄心"之句。①

而后左政丞河仑也进《汉江诗》,其序云:

臣伏值主上、殿下,还都汉城,臣民咸悦,云会影从,惟恐或后,汉之父老,至有垂泣相感者。苟非深仁厚泽、洽于民心,安能至此?臣窃闻周之太王,去邠居歧(岐),民之从者如归市。臣幸亲见盛事,不胜庆抃之至。谨和赞成事权近所进歌诗,为《汉江诗》一篇,缮写以献。臣窃念宣王中兴,周室尹吉甫作《江汉诗》,编诸

① 《朝鲜太宗实录》卷一〇太宗五年十月壬午条。

简册，被诸金石，传之至今，一时君臣之美，愈久愈显。臣不才，安敢自比古之作者！诚愿殿下之美，垂于无穷，歌咏盛德之光辉，傥蒙燕闲之暇，赐一睿览焉，则臣之为幸至矣。

其诗曰：

维汉之水，振古泱泱。惟华之山，倚天苍苍。
维圣勃兴，奄有东方。乃定国都，维汉之阳。
宗社乃安，景运灵长。维汉之江，浩乎朝宗。
维华之山，郁乎葱茏。维圣继作，经始新宫。
视民如子，民乐赴功。不日有成，万福攸同。
我后来业，路车皇皇。卫仗整齐，维德之光。
骏奔后前，济济英良。民心载悦，歌咏康庄。
我后至止，堂陛巍巍。威仪肃穆，维德之辉。
揖让周旋，蔼蔼贤才。嘉言日进，公道天开。
勉勉我后，孝友纯至。不惟述事，于以继志。
宗亲克睦，内助允美。既齐其家，国随以治。
明明我后，克笃纲常。天鉴厥德，俾炽而昌。
缉熙安安，寿考而康。祚胤万世，其永无疆。①

河仑在短短的“江汉诗”序中两次引用中国周代的典故，可以想见他崇儒尊周的心态。

力排众议，执着以求，离开高丽旧朝之都松京，迁往新都汉阳，这是李朝初年的一大胜利。故重臣权近、金士衡等为其出谋划策应是责无旁贷，这就不难解释为什么权近要为《混一疆理历代国都之图》作题跋。

（六）是李泽民《声教广被图》上而非僧清浚《混一疆理图》上标有“历代帝王国都”

权近“题跋”中提道：“惟吴门李泽民《声教广被图》，颇为详备；而历代帝王国都沿革，则天台僧清浚《混一疆理图》备载焉。”②但是，清浚的《混一疆理图》图名中没有用“历代国都”四字；它是一幅中国当代地图，不是历史地图；现在发现的《混一疆理图》的简绘本《广轮疆理图》（载明叶盛《水东日记》③）中一个中国古都城也没有。

恰巧元代乌斯道《刻舆地图序》云：

① 《朝鲜太宗实录》卷一〇太宗五年十月壬午条。

② 权近“题跋”。

③ 元至正二十年（1360）天台僧清浚《广轮疆里图》明改绘本，见于《水东日记》，美国国会图书馆藏本。

地理有图尚矣。本朝李汝霖《声教被化图》最晚出……兹图水依《禹贡》所导次第而审其流塞,山从一行《南北两戒》而别其断续,定州郡所属之远近,指帝王所居之故都,详之于各省,略之于遐荒,广求远索,获成此图。庶可以知王化之所及,考职方之所载,究道里之险夷,亦儒者急务也。所虑缪戾尚多,俟博雅君子正焉。①

李汝霖即李泽民,所绘《声教被化图》即《声教广被图》。此序中说"定州郡所属之远近,指帝王所居之故都",这里非常明确地指出图中有"帝王所居之故都";且"详之于各省,略之于遐荒",这与下文的分析相吻合。

从中文史料来看,释清浚《混一疆理图》上没有"历代帝王国都",明朝叶盛《水东日记》卷十七"释清浚《广舆疆里图》"条云:

予近见《广舆疆里》一图,其方周尺仅二尺许,东自黑龙江西海祠,南自雷、廉特磨道站至歹滩、通西,皆界为方格,大约南北九十余格,东西差少。

又云:

此图乃元至正庚子台僧清浚所画。中界方格,限地百里,大率广袤万余。其间省路府州,别以朱墨,仍书名山大川水陆限界。予喜其详备,但与今制颇异,暇日因摹一本,悉更正之。黄圈为京,朱圈为藩,朱竖为府,朱点为州,县繁而不尽列。若海岛、沙漠道里绝远莫可稽考者,略叙其概焉。②

这里根本没有提到图中有"历代帝王国都"。由此可见是李泽民的《声教广被图》中有"历代帝王国都",而非僧清浚的《混一疆理图》。

那为什么权近要讲"而历代帝王国都沿革,则天台僧清浚《混一疆理图》备载焉"?我们推测:权近并没有亲眼见过僧清浚的《混一疆理图》,关于图中的内容是听金士衡和李茂说的,但是他张冠李戴,将两图的内容搞混淆了。

(七)两幅中国地图是通过精心挑选的

我们还可以推测:朝鲜国内因迁都问题争论不休,莫衷一是。而金士衡和李茂③为了支持国王的迁都计划,由从中国带回的地图中挑出两幅:一幅是讲一统江山的,一幅是讲历代帝王国都的,将两幅图的内容标绘在一起,冠名为《混一疆理历代国都之图》,既对太宗掌权表达了祝贺之意,又为李朝迁都提供了宗主国的历史依据。

---

① 转引自杨晓春前揭文。

② 转引自杨晓春前揭文,词条史料由杨在宫纪子校正的基础上又做了订正。

③ 1394年十一月,李茂(其时身份为知门下府事)曾出使中国。参见张辉《韩半岛与洪武朝的通使》,载复旦大学韩国研究中心编《韩国研究论丛》第九辑,中国社会科学出版社,2002年。

故此，权近①在"题跋"中云："诚可不出户而知天下也。夫观图籍而知地域之遐迩，亦为治之一助也。"②这里的"治"应该就是指"治理国家"，这里应该暗含"迁都、稳定局势、巩固政权"的特殊含义。

The relationship between drawing of *Kangnido* and the establishment of new capital city of Korea's *Joseon Taejong*

Wang Qianjin　University of Chinese Academy of Social Sciences

Abstract: In ancient East Asia, it was not an individual action to draw a national map or a world map. It could only because of political need of states and empires. The production of *Kangnido* [*Honil Kangni Yŏktae Kukto Chi To*] was not because of the author Yi Hoe (李荟) but was for the present to celebrate the new reign of Yi Bang-won (李芳远), i.e., Korea's Joseon Taejing (朝鲜太宗).

Key words: Mapping, Korea's Joseon Taejing, Enthronement, Moving Capital

（本文作者系中国科学院大学人文学院教授）

① 1389年九月，权近(其时身份为签书密直司事)曾出使中国，同上。

② 权近"题跋"。

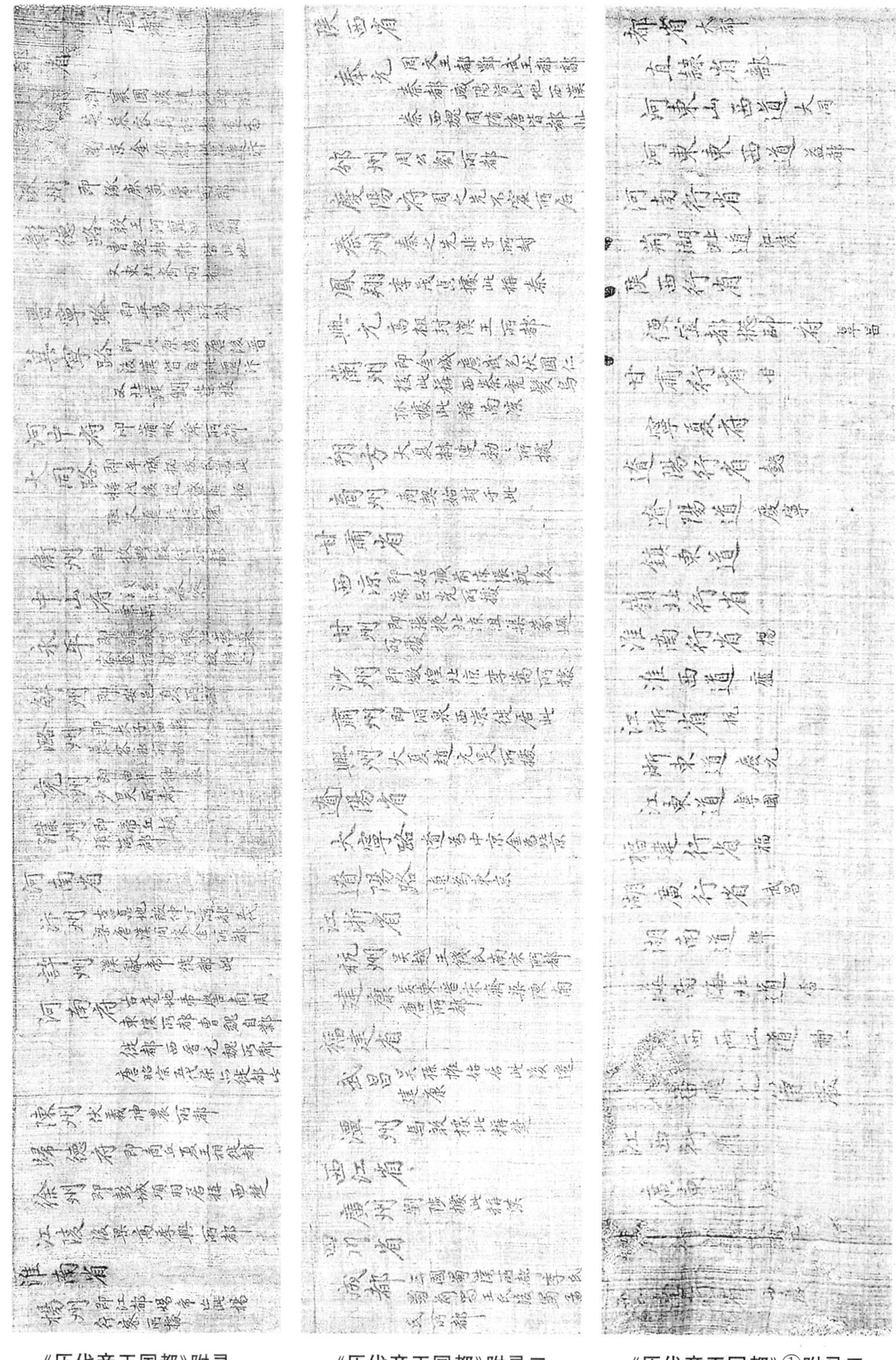

《历代帝王国都》附录一　　《历代帝王国都》附录二　　《历代帝王国都》①附录三

① 见龙谷大学图书馆藏的"混一疆理历代国都之图",http://www.afc.ryukoku.ac.jp/kicho/cont_13/pages/1390/1390_L.html? l=1,1&b=1&p=1&c=31&q。

邓光荐史学著述杂考*

熊燕军

提　要：邓光荐是南宋亡国的亲历者和纪录者，曾撰有《文丞相传》、《文丞相附传》（《文丞相督府忠义传》）、《填海录》等史著。这批史著，因多系其亲闻亲见，向来评价甚高，诸书也多有引用。但这些著作都未能传世，其成书和流传也语焉不详。本文认为，《丞相传》、《附传》、《祥兴本纪》为《续宋书》之一篇；《德祐日记》非邓光荐所作；《附传》与今本《文丞相督府忠义传》内容并不完全一致，《文丞相督府忠义传》很可能是后人的整理本；《填海录》非据《陆秀夫日记》而成；今见《文丞相传》文字有后人窜改的成分；邓光荐相关史著在《宋史》修成前即上送史馆。

关键词：邓光荐　《填海录》　《文丞相督府忠义传》　晚宋

邓光荐，原名刿，字中甫，一字中斋，江西庐陵人，丞相文天祥门友也。少负才气，以诗名世。登进士第，江万里屡荐不就，后客文氏，赞募勤王。德祐二年（1276），挈家入闽，一门十二口死贼火中。景炎后乃随驾厓山。不数月，厓山覆亡，光荐蹈海者再，为北军钩致，元帅张弘范改容相待。后与天祥共押赴燕京，至建康时，因病留寓，为张弘范子师，后以黄冠放归，大德七年（1303）卒。

邓光荐是南宋亡国的亲历者和纪录者。其在厓山时，陆秀夫曾以《日记》相托，"君后死，幸传之"。① 北上燕京途中，邓光荐与文天祥同行达二月之久。② 两人志同道合，相互激励，文天祥至以身后碑铭事相托。③ 入元后，"以所闻见，集录野史若干卷，藏不示人"。④ 龚开撰《陆君实传》时，"尝托黄唐佐圭从中甫取册（此指陆秀夫日记），不得"。⑤ 至正三年（1343），元廷开馆正式修辽金宋三史。四年，太史危素奉使江南，搜求遗书，邓氏后人始抱书上进，这批著作才为人所知。

邓光荐所写的这批史著，因多系其亲闻亲见，向来评价甚高，诸书也多有引用。⑥ 但

---

* 本文系广东省哲学社会科学"十三五"规划 2016 年度一般项目"宋季忠义的历史书写研究（宋末—清初）"（项目编号：GD16CLS03）及全国高等院校古籍整理工作委员会 2014 年度课题"黄淳撰赵允闲补《厓山志》点校"的阶段成果。

① 脱脱《宋史》卷四五一《陆秀夫传》，中华书局，1976 年，第 13276 页。

② 四月二十二日从广州出发，六月十二日到达金陵。

③ 至元十八年，文天祥给文璧的信中曾说："自广达建康，日与中甫邓先生居。具知吾心事，吾铭当以属之。"可见文天祥一定将宋末的许多故事都告诉了邓光荐。见文天祥《文天祥全集》卷一七《纪年录》，熊飞点校，江西人民出版社，1987 年，第 709 页。

④ 刘诜《桂隐文集》卷四《题危大（太）朴与邓子明书后》。

⑤ 程敏政《宋遗民录》卷一〇录龚开《陆君实传》，丛书集成初编本，中华书局，1991 年。

⑥ 比如明黄淳《厓山志》中就大量引用《填海录》。

可惜的是,这些著作都未能传世,其成书和流传也语焉不详,前辈学者虽有涉及,①但仍有一些问题尚未弄清,不能不影响到相关材料的价值及使用,故略作考证。不足之处,还望方家批评指正。

1.《丞相传》、《附传》、《祥兴本纪》为《续宋书》之一篇

邓光荐,《宋史》无传,其著述情况不详。《文山先生纪年录》卷首小注首次提到邓光荐撰有史著三种,分别是《丞相传》、《附传》、《海上录》。② 黄溍《陆君实传后叙》提到邓还撰有《祥兴本纪》。③ 明黄虞稷《千顷堂书目》则记光荐著有《续宋书》、《德祐日记》二种。④ 清钱大昕《补元史艺文志》记其有"《德祐日记》、《填海录》、《续宋书》"三种史著。⑤

危素《西台恸哭记注跋》云:"文丞相忠义明白,世多为之记载,礼部侍郎邓公光荐作《续宋书》,最为详备。文公之将校名姓,往往在焉。"⑥则邓光荐所作《文丞相传》及《文丞相附传》,皆在《续宋书》中。清吴嵩梁《香苏山馆诗集》卷八《明阁部史忠正公家书》文后小注云:"先祖讳名扬,宋江西制幹兼礼兵部架阁,文公三札皆托筹军饷事,见邓光荐《续宋书·文丞相附传》。"又,《续宋书》既然收录《文丞相传》、《文丞相附传》,考虑《续宋书》这一书名,《续宋书》应该是一部纪传体史书,故黄溍所引《祥兴本纪》亦应是其中之一篇,可能还有一篇《景炎本纪》。

2.《德祐日记》非邓光荐所作

上列诸书中,《德祐日记》应非邓光荐所作。日记作为一种文体,发轫于唐代,正式命名与全面兴盛则是在宋代。日记的全面兴起,是受宋代私人修史之风盛行的影响;日记文体的命名,则由官修日历衍生而来。⑦ 作为一种私修史书,《德祐日记》所述当为德祐年间时政要事。文天祥《回邓县尉中甫》:"前年足下以书议礼。"⑧"以书议礼"实指咸淳元年文天祥"承心制"事件,⑨则邓光荐咸淳三年时只是县尉。《新修香山县志》卷一"黄杨山条"下收录有光荐《至乌岩山赠赵承节诗》,内云:"顾我早师梅子真。"⑩梅子真,即梅福,寿春人,曾为南昌尉。西汉元始年间,王莽篡汉,梅福便弃妻子隐居宜丰山中。此指邓光荐后来又弃官隐居。文天祥《东海集序》:"自丧乱后,友人(邓光荐)挈其家避地,游宦岭海。"⑪

---

① 饶宗颐《补宋史邓光荐传》,氏著《饶宗颐史学论著选》,第594—602页。饶宗颐《九龙与宋季史料》第二节"《宋史》《元经世大典》《填海录》《二王本末》《厓山集》五种史料所记二帝行踪撰异",氏著《饶宗颐二十世纪学术文集》卷六(第八册),新文丰出版股份有限公司,2003年,第1152—1163页。

② 文天祥《文天祥全集》卷一七,第685页。

③ 黄溍《黄溍全集》,王颋点校,天津古籍出版社,2008年,第222页。

④ 黄虞稷《千顷堂书目》卷五,瞿起凤整理,上海古籍出版社,2001年,第140页。

⑤ 钱大昕《补元史艺文志》卷二《杂史类》,中华书局,1985年,第19页。

⑥ 《宋遗民录》卷三,第24页。

⑦ 邓建《从日历到日记:对一种非典型文章的文体学考察》,《中山大学学报》2014年第3期。

⑧ 《文天祥全集》卷五,第165页。

⑨ 咸淳元年,文天祥的伯祖母梁夫人去世。梁夫人是文天祥的父亲文仪的生母,文仪后来过继给叔父,梁夫人就从生母变成了伯母。文仪的生父去世后,梁夫人又改嫁刘氏。刘氏死后,文天祥申请解除官职"承心制",即只服心丧,不穿丧服。这在当时是符合相关规定的,但是文天祥的政敌却攻击他隐瞒事实,不为亲人服丧,诬蔑他"违礼""不孝"。这件事在当时闹得很大,许多人都站出来为文天祥申辩。最终文天祥赢得了这场官司,朝廷下令准许他承心制。

⑩ 祝淮《新修香山县志》卷一《山川》,台湾学生书局,1965年,第88页。

⑪ 《文天祥全集》卷一四,第552页。

《新修香山县志》卷一“浮虚山条”下，录有邓光荐《浮虚山记》全文，其中云：“光荐避地三年，崎岖海岸，何所不至。丙子夏挈家潮居，冬赴辟于广，尝过其下……次年(丁丑)，随承节客香山数月。……今年(戊寅)既丧家，诣府城，始获一拜殿庑，时暑方剧。”①指出德祐二年元军进入临安后，邓光荐避地于外。又，明黄佐《广州人物传》卷二四《邓光荐传》：“乙亥冬，携家避地于闽，次年景炎，阃帅赵总卿以书币辟幹官。丁丑四月，驾至，除宣教郎、宗正寺簿。元兵至，自虏围中度岭入广。及广陷，避地香山县之黄梅山。”②则德祐元年冬，邓光荐即避地于外。以邓光荐当时的身份和经历，他对德祐年间的时政大事不可能非常熟稔，应该没有条件撰写《德祐日记》。

《德祐日记》会不会是邓光荐厓山时或入元后的作品呢？前面说到，景炎后，邓光荐随驾厓山，是时他固然可以接触到一些元老重臣，打听到一些德祐故事，但由于史馆制度废弛，基本没有档案资料可参考。又陆秀夫曾据其目见，撰有《陆秀夫日记》，在其投海前交付邓氏保管，但此书内容集中于二王行朝之事，也不可能成为《德祐日记》的史料来源。事实上，德祐年间，南宋官方已经编纂有《德祐事迹日记》。至元十三年(德祐二年，1276)，元军攻破临安，董文炳谓“国可灭，史不可没”，收宋史馆诸国史、注记五千余册，归之国史院。其中有“《度宗时政记》七十八册，《德祐事迹日记》四十五册”。③ 这种情况下，邓光荐实在没有重修《德祐日记》的必要。

又，危素《昭先小录序》云：“宋德祐元年十月乙卯，通判常州陈炤死城守。后六十九年，为大元至正三年，皇帝诏修辽、金、宋史，其曾孙显曾以书告史官翰林直学士王公沂师鲁、翰林修撰陈君祖仁子山、经筵检讨危素太朴，请录公死节事。陈君及素复书曰：史官修撰余君廷心实当纪公事，而慎重不轻信。于是显曾又亟以书告余君，反覆哀痛。余君虽爱其词，然犹难之。后从国史院史库得《德祐日记》，载公授官岁月与夫复城、城守、两转官、城破死节、褒赠等事甚悉，始为立传。而显曾未知也，遂走京师，伏谒余君以请。今其传既上进矣，显曾退而辑次诸公为公所著文字，及其前后所与书问，题曰《昭先录》，使素叙其端。……此录盖不待序而传者。然素读宋礼部郎官邓公光荐《续宋书》，谓常之天庆观道士收城内外积骸万数，至不可计，井池沟堑无不充满，仅余妇女婴儿四百而已。大军入江南，屠戮未有如此者，则常之事，史家尤当尽心焉。”④危素在提到余阙以《德祐日记》核实陈炤常州死节事后，又引邓光荐《续宋书》以明常州城破惨状，若《德祐日记》与《续宋书》一样，同为邓光荐编纂，则两书关于常州之战的记载当大体一致，不需要重复引用。《德祐日记》应即上述官方所修《德祐事迹日记》。事实上，宋元文献均未提及邓光荐编纂《德祐日记》，不知黄虞稷、钱大昕所述出自何处？

① 《新修香山县志》卷一《山川》，第165页。
② 黄佐《广州人物传》，陈宪猷疏注，广东高等教育出版社，1991年，第633页。
③ 《宋史》卷二〇三《艺文志二》，第5091页。
④ 陈显曾致信余阙后，余阙曾有回信，对陈炤立传一事详加说明，强调“近书库中始得《德祐日记》数册……谨以载入史中，不敢遗落”。见清光绪七年刻本《无锡金匮县志》卷三六，转引自《全元文》(第49册)卷一四九四，凤凰出版社，2004年，第117—118页。此信题为《复陈景忠修撰书》，景忠为显曾字，危素《昭先小录序》：“显曾之生，协禀命其父以制名字，以景忠训之，曰：‘显曾者，欲其显其曾祖也，景忠者，欲汝景慕曾祖之忠烈也。”莫息、潘继芳《锡山遗响》卷二、《(万历)无锡县志》卷一六、《元诗选·癸集》已集上有其生平事迹。

3.《附传》与今本《文丞相督府忠义传》内容并不完全一致,《文丞相督府忠义传》很可能是后人的整理本

上述诸书中,《附传》一名《文丞相附传》,通常认为即《文丞相督府忠义传》。然笔者发现,《附传》与今本《文丞相督府忠义传》内容并不完全一致。清乐钧《青芝山馆诗集》卷一四《题文信国与吴新溪先生手札卷后》录有文天祥写给吴新溪(名扬)的三通文札,文后并附有吴名扬小传:"宋礼部郎中邓光荐《续宋书·文丞相附传》云:吴名扬,字叔瞻,金溪人。丞相起兵,踊跃赴义,率巨室积钱粟备军需,意甚感激,倾动一时,辟礼兵部架阁。文公空坑之败,浮沉乡里,计今尚存。先生裔孙嵩梁补家传。其略云:公宋景定甲子举乡贡进士,咸淳辛未擢第,授吉州永丰县尉,德佑乙亥丞相文公辟署府尉帅佥郎中,次年奏补。"清吴嵩梁《香苏山馆诗集》卷八《明阁部史忠正公家书》文后小注云:"先祖讳名扬,宋江西制幹兼礼兵部架阁,文公三札皆托筹军饷事,见邓光荐《续宋书·文丞相附传》。"清秦瀛《小岘山人集·续文集》卷二《架阁吴公祠堂记》:"全谢山祖望尝言:鼎革之际,不事二姓,以遗民终者应入忠节传。余于宋架阁金溪吴公而有感也。公以德祐元年从文信国起兵江西,为司饷籴,及空坑之败,护其部曲以归。宋亡终隐不出,其事《宋史》不载,仅见邓光荐《续宋书·文丞相附传》,而《续宋书》又不概见。公十五世孙嵩梁采辑家乘及郡县志,补撰事状,并乞翁覃溪方纲摹信国与公手札刻之。"但今本《文丞相督府忠义传》却无吴名扬此人。

又明黄虞稷《千顷堂书目》卷一〇有邓光荐《督府忠义传》一卷的记载,好像曾经有过单行本。可惜的是,类似记录只见于此处,孤证难从。此外,《千顷堂书目》编次亦有问题,难以确定是否系现实藏书。著名目录学家王重民先生说:"(黄氏)所使用的材料不都是现实藏书,有许多是从地方志、史传和私人记载中抄来的,由于他所根据的材料极其复杂而不统一,这就使他的著录也就不能一致,如有些书名不够正确,还有些书没有卷数,甚至有一些书连卷数带撰人都没有。"①该书又载嘉靖时司马泰《古今说汇》录有邓光荐《督府忠义传》,惜此书已失传。

今本《文丞相督府忠义传》是作为《文天祥全集》"附录"而流传至今。《文天祥全集》版本众多,最早的元贞大德道体堂本搜访有限,遗佚众多,并无"附录"之分类,甚至连《年谱》(即《纪年录》)、《指南录》、《集杜诗》都没有收录。② 明初,尹凤歧将"道体堂本"重加编次为诗文17卷,景泰六年(1455)陈价将尹凤歧本刻印,名《文山先生文集》,并附《指南录》1卷,《指南后录》2卷,《纪年录》1卷。正德九年(1514),张祥在景泰本基础上重刻。是集为今四库本《文山集》底本,由后者可知,景泰本没有附录《督府忠义传》。嘉靖三十一年(1552),鄢懋卿刻梓《文山先生全集》二十八卷,这是第一种真正意义上的"全集"。嘉靖三十九年(1560),张元谕在鄢懋卿本的基础上,重加编校,于吉安刻行《文山先生全集》二十卷。是集为四部丛刊本《文山先生全集》的底本,由后者知,已收入《督府忠义传》。联系前引司马泰《古今说汇》,《文丞相督府忠义传》应该是嘉靖年间才收入《全集》,此时距离邓光

---

① 王重民《〈明史·艺文志〉与补史艺文志的兴起》,见氏著《中国目录学史论丛》,中华书局,1984年,第217页。

② 道体堂本《文山先生文集序》:"自宝祐乙卯后,至咸淳甲戌止,随门类略谱其先后,以成此编。……又如《年谱》、《集杜》、《指南录》,则甲戌以后之笔,不在此编。"见《文天祥全集》,第804页。

荐撰写《文丞相督府忠义传》已经过去二百余年了，不免有散佚的情况发生。

事实上，现存《文丞相督府忠义传》虽皆出自《文天祥全集》，但《全集》历史上版本众多，版本不同，《督府忠义传》内容也有差异。《文天祥全集》通行本有二，一为嘉靖三十一年鄢懋卿刻本《文山先生全集》，一为雍正三年文天祥十四世孙的家刻本《庐陵宋丞相信国公文忠烈先生全集》。两本所录《督府忠义传》除文字差异外，后书较前多出胡文静、胡文可二传，亦证《督府忠义传》在后世流传中有散逸的情况出现。

又《文丞相督府忠义传·赵时赏传》："空坑之败，走三吴溪，被执，其事见丞相年谱，至隆兴遇害。"按：赵时赏空坑被执一事见于《纪年录》"景炎二年"条下小注，非正文文天祥手书。前已述及，《纪年录》小注乃后人所加，其参考诸书中即有邓光荐撰《附传》，若《文丞相督府忠义传》即《附传》，则不当言"事见丞相年谱"，《文丞相督府忠义传》很可能是后来的整理本，与原本稍有差异。

4.《填海录》非据《陆秀夫日记》而成

《海上录》即《填海录》，通常认为《填海录》系据《陆秀夫日记》而成。笔者以为，邓光荐撰写《填海录》时，《陆秀夫日记》应该已经失传，故《填海录》与《陆秀夫日记》无关。第一，邓光荐携《陆秀夫日记》回庐陵一事存在诸多疑点。《宋史·陆秀夫传》："方秀夫海上时，记二王事为一书甚悉，以授礼部侍郎邓光荐曰：'君后死，幸传之。'其后崖山平，光荐以其书还庐陵。大德初，光荐卒，其书存亡无从知，故海上之事，世莫得其详云。"按：厓山覆亡时，邓光荐两次跳水自尽，自然不会将《陆秀夫日记》带在身边。后虽被元军救起，恐怕也没有哪个元军记得将《陆秀夫日记》取回还给邓光荐。在激烈的海战中，《陆秀夫日记》很可能随着南宋小朝廷沉入茫茫大海中。龚开后撰《陆君实传》，曾托人从邓光荐处取《陆秀夫日记》，不得，应该就是遗失了。

第二，邓光荐没有藏匿《陆秀夫日记》的动机。前引《宋史·陆秀夫传》提到，陆秀夫将《日记》传给邓光荐，希望他能将此书传下去。龚开《陆君实传》："君实在海上，与青原人邓中甫光荐善，尝手书《日记》授中甫，曰：足下若后死，以此册传。"邓光荐不可能不知道《日记》的重要性，作为陆秀夫的好朋友，他没有理由违背陆的遗愿，将《日记》藏匿起来。

第三，《填海录》在内容上并没有大大超出其他文献。前引《宋史·陆秀夫传》提到"方秀夫海上时，记二王事为一书甚悉"，如果《填海录》参考《陆秀夫日记》，那么《填海录》在内容上一定会大大超出其他文献。按：《填海录》今虽不传，但诸书多有引用，饶宗颐先生曾将《宋史》、《元经世大典》、《填海录》、《二王本末》、《厓山集》五种史料所见二帝行踪进行文字比勘，可以发现，四种宋元文献中（《厓山集》除外），《填海录》在内容上并没有大大超出其他文献，所述同样较为简略，也没有多少不见于他书的记载。其他引用，大体类似，不一一列出。

事实上，也的确有人怀疑《填海录》出自《陆秀夫日记》。明陈霆《两山墨谈》卷一六："新安程克勤（敏政）尝预修《续通鉴纲目》，其于文宋瑞、陆君实死节，书文为枢密使，陆为签书院事，谓一以《填海录》等书为据。予前既论之矣，始君实居厓山时，日记二王事为一书甚悉，以授礼部侍郎邓光荐，曰：'君后死，幸传之。'后厓山平，光荐以其书还庐陵，大德初，光荐死，其书存亡无从知，故海上之事后罕能详者。今得《填海录》，阅其间数事，与《番禺客语》、《行朝录》等书参差不协，是知此书不无舛误，计非陆记手笔之比，程氏乃据以废正史,不知其何见也。”①

5. 今见《文丞相传》文字有后人窜改的成分

《丞相传》即《文丞相传》,这是文天祥的第一个传记。《丞相传》全文今已不存,《文山先生纪年录》在景炎三年、祥兴元年及辛巳年(元世祖至元十八年)下各注引“《邓传》”一段,此三段文字皆极翔实,许多内容为他书所无。《纪年录》卷首言“正文乃公狱中手书,附归全文集注,杂取宋礼部侍郎邓光荐中甫所撰《丞相传》、《附传》、《海上录》……”此《邓传》应指邓光荐撰《文丞相传》。又,《纪年录》“景炎三年”条下引《邓传》云:“五月,公始闻端宗皇帝晏驾于化州之硇川(洲),今上即位,以明年为祥兴。初三日,硇川(洲)神龙见祥,臣庶咸睹,合议优异,硇川(洲)可升为祥龙县。”诸书皆记升硇川(洲)为翔龙县,独《填海录》亦为祥龙县,此亦证《邓传》确系邓光荐文字。

要说明的是,《纪年录》所引《邓传》可能并非《文丞相传》原文。《纪年录》“辛巳”下引《邓传》一段,内云:“后至治三年癸亥,吉安郡庠奉公貂蝉冠法服像,与欧阳文忠公修、杨忠襄公邦乂、胡忠简公铨、周文忠公必大、杨文节公万里、胡刚简公梦昱,序列祠于先贤堂。”大德七年(1303),邓光荐卒,②如何能记载至治三年(1323)吉安士人奉文天祥入祠先贤堂之事?

上文提到,《纪年录》卷首有注引诸书的说明:“正文乃公狱中手书,附归全文集注,杂取宋礼部侍郎邓光荐中甫所撰《丞相传》、《附》、《海上录》,宋太史氏管发《国实》、《至元间经进甲戌、乙亥、丙子、丁丑四年野史》,平庆安刊行《伯颜丞相平宋录》,参之公所著《指南前后录》、《集杜句诗》前后卷,旁采先友遗老话旧事迹,列疏各年之下。”《纪年录》注引他书,除《四年野史》、《平宋录》外,其余成书时间皆不详。从行文看,似以《平宋录》为最晚,③则《纪年录》集注应不早于大德八年。又今本《纪年录》注引材料不仅有大德九年、至治三年的内容,还有至正元年辛巳(1341)文天祥女儿环小娘居河州养老的记载,则集注不早于顺帝至正元年出现。又元统元年(1333),文天祥裔孙文富刊行刘岳申《文丞相传》。此传文字极为详尽,④又镂板刊行,《纪年录》注引邓撰《文丞相传》、《附传》等书,皆极稀见,⑤却未引刘岳申《文丞相传》,则集注应出现于元统元年前。这样一来,那些元末的材料应该是后人整理时窜乱所致。

6. 邓光荐相关史著在《宋史》修成前即上送史馆

黄溍《陆君实传后叙》:“(宋)史既成,而邓氏光荐家始以其《填海录》等书上进。”认为邓光荐相关史著在《宋史》修成后才上送史馆。笔者以为,《填海录》等书在《宋史》修成前

① [明]陈霆《两山墨谈》卷一六,丛书集成初编本,中华书局,1991年,第137页。

② 程钜夫《雪楼集》卷二四《书邓中斋名谢氏三子后》:“至元戊子,余官南台时,邓公客于昇(昇州即建康)。倾盖剧谈,互有所发。别去十五年,闻讣于武昌。”据此跋,邓光荐卒于大德七年。

③ 平庆安刊行《平宋录》的时间在大德八年。见熊燕军《〈平宋录〉的版本与作者》,《元代文献与文化研究》第二辑。

④ [明]胡广《文丞相传》:“乡先生前辽阳提举儒学副提举刘岳申,为《丞相传》,比国史为详。大要其去丞相未远,乡邦遗老犹有存者,得于见闻为多。又必参诸丞相年谱,及《指南录》诸编,故事迹核实可征。”见《文天祥全集》卷一九《碑传》,第783页。

⑤ 许有壬《文丞相传序》:“三十年前游京师,故老能言公者尚多,而讶其传之未见于世也。”见《文天祥全集》卷二〇《序跋》,第802页。

即上送史馆。

至正三年三月，元顺帝下《修三史诏》："这三国实录、野史、传记、碑文、行实，多散在四方，交行省及各处正官提调，多方购求，许诸人呈献，量给价直，咨达省部，送付史馆，以备采择。"①诏令下达以后，朝廷派遣使者分行郡国，网罗遗文逸事，但江南诸处南宋遗民后裔"尚多畏忌"，其所藏之书送官者甚少。在这种情势下，至正四年，中书省又派史官危素前往河南、江浙、江西诸地，宣传朝廷纂修旨意，访摭遗阙。在江西时，危素曾亲赴庐陵邓家，求光荐所撰书。因邓家"值有祖母之丧，不即送上"。② 不久后，危素再次致书邓家，对献书的意义特加说明："先礼部著述，更望慨然助成国家之制作，使宋三百年之有其终，与夫陆丞相之所以付托、礼部公之所以论录，不至掩抑于九京，则兄之功，其何可忘？朝廷不远数千里，令仆备一介之使，专诣门墙，优赏之恩，不日即下。宰相执政所以待遇兄者，不可谓薄矣。兄果进此书，岂独足以慰礼部公之志，实为纲常重也。"③不久邓光荐裔孙邓晋（子明）"抱其所祖所著，上进史馆"。④

要说明的是，诸书皆未提及邓晋献书日期。从逻辑分析，光荐所撰诸史意义正在订正《宋史》之不足，若《宋史》修成后才上进史馆，则意义不大，这一点邓氏家人应该是很清醒的。刘诜《桂隐文集》卷四《题危太朴与邓子明书后》："圣朝修辽、金、宋三史，诏求天下故史遗文。太朴实衔朝命来江西，至庐陵，求礼部所为书。子明虽谊不敢秘，值有祖母之丧，不即送上……子明不隳世学，抱其先祖所著，上进史馆，以成前代之书。"从上下文看，"以成前代之书"应指补充订正《宋史》一事，则邓光荐所撰史著上进史馆时间当在《宋史》修成前。又徐规《厘正乡贤祠记》："乡贤有祠，其权舆于古先生殁而祭于社，与今天下学庙先圣祠先贤，有自来矣。信永丰县学由唐相柳浑祠祀唐校书郎王贞白以下诸贤，历年滋久，学官视为故常，听讹承舛，往往以己见傅会其间，殊失尊贤之初意。至正乙酉（五年），里士舒彬游京师，谒太史危素，获睹宋史全文及宋礼部侍郎邓光荐所撰《填海录》诸书，知诸贤德业著在史册，班班可考。"⑤则至正五年时，《填海录》即已在史馆之中，而《宋史》恰成书于至正五年十月。又，前引危素《昭先小录序》有"素读宋礼部郎官邓公光荐《续宋书》"语，此文标题下注明作于"至正六年四月"，则至迟在至正六年四月前，《续宋书》就已上送史馆。综合来看，邓光荐相关史学著述应上于《宋史》修成前。

要强调的是，《填海录》诸书上进时间出自黄溍《陆君实传后序》。黄氏为元著名史家，谙于史学，故一直未有人怀疑此点。至正三年，有旨令黄溍预修辽金宋三史，因母丧未赴。至正六年，服除，再召为翰林直学士、知制诰、同修国史，同知经筵事。也就是说，至正三年至五年期间，黄溍并不在史馆任职，危素访书及《填海录》等上进史馆之事，他可能并不知情。

---

① 《辽史》附录《修三史诏》，中华书局，1974 年，第 1554 页。

② 刘诜《桂隐文集》卷四《题危太朴与邓子明书后》。

③ 危素《危太朴文续集》卷八《与邓子明书》。

④ 刘诜《桂隐文集》卷四《题危大（太）朴与邓子明书后》。

⑤ 危素《广信文献录序》云："（危素）被命修《宋史》，信独无一字送官，捃拾他书，仅成数传，其间阙遗固亦多矣。"舒彬"时客京师，睹其事而慨然。乃发愤还其乡，网罗散逸，得昔人所为文辞，久而荟萃成编，题曰《广信文献录》"。"及再游京师，假公私书补其未备，而所得益富……"舒彬借阅宋史全文及《填海录》当即此事。

论者或以为,若《宋史》修成前,《填海录》诸书即已上进史馆,为何《宋史》未加参考?笔者以为,元修三史时间仓促,有些史著虽然征集到了,但来不及参考。危素《故宋秘书监毛公墓表》:"奉使访匡山遗事,于故礼部郎官邓光荐家,得南恩公兄弟(毛沆、毛演)死事。"①危素明言其奉使求书之时,于邓光荐家得泸州忠义毛沆、毛演兄弟死事,但《宋史》却无一字述及,想必是时间来不及。刘咸炘《推十书》:"太朴因修《宋史》,访得毛氏兄弟事于邓中斋,而复修《宋史》,太朴乃不及策笔。"②也认为是时间来不及。

A study on the historical works of Deng Guangjian 邓光荐

Xiong Yanjun　Hanshan Normal Universuty

Abstract: Deng Guangjian 邓光荐, who experienced the end of the Southern Song Dynasty, had written many related historical works such as *The Biography of the Prime Minister Wen Tianxiang* 文丞相传, *The Attached Biography of the Prime Minister Wen Tianxiang* 文丞相附传, *Tian Hai Lu* 填海录. These famous books were always highly appraised and quoted because of the author first hand records. However, these books were never handed down, even the completion and circulation of those works were not clear. The discoveries of this paper are as following: *the Biography of the Prime Minister Wen Tianxiang*y 文丞相传, *the Attached Biography of the Prime Minister Wen Tianxiang* 文丞相附传 and *The lineage of xianxing* 祥兴本纪 are indeed the chapters of Deng Guangjian's book *the Continuation of Song Shu* 续宋书[*Xu Song-shu*]; the *Diary in the Deyou's Age* 德祐日记 was not the literary work by Deng Guangjian; *the Attached Biography of the Prime Minister Wen Tianxiang* 文丞相传 was not coincided exactly with today's *The biography of hero loyalty of Wen Tianxiang's dudufu* 文丞相督府忠义传, which is probably a classification book by later people; *Tian Hai Lu* 填海录 was not written according to Diary of Lu Xiufu 陆秀夫日记; the words in the *The Biography of the Prime Minister Wen Tianxiang* 文丞相传 may be tempered by later people; those related books of Deng Guangjian were handed in the office of historiography institution of the Yuan Dynasty before *the History of Song* 宋史 was completely edited in the late Yuan era.

Key words: Deng Guangjian 邓光荐; *Tian Hai Lu* 填海录; *The biography of hero loyalty of Wen Tianxiang's dudufu* 文丞相督府忠义传; the Late Song Dynasty

(本文作者系广东潮州韩山师范学院历史文化学院副教授)

---

① 危素《危太朴文续集》卷四《故宋秘书监毛公墓表》。

② 刘咸炘《推十书(丙辑3)》,上海科学技术文献出版社,2009年,第902页。

危机即转机：金蒙之际华北新家族史的建构*

洪丽珠

提　要：本文以入元后因重建家族史而产生的碑、铭、状、记资料为本，以三个家族(豪侠、商贾、小吏)为例，呈现从贞祐南迁到壬辰北渡这近廿年，动荡于河东、河南、河北地区，处于核心政治、文化菁英圈外围的家族，如何应对改朝换代之际的政治信息、家庭生命财产的威胁以及新时代的挑战。首先，无论家族背景为何，都以祖、父、己身构成线状描述核心，对于追溯宋以前的先祖或地望兴趣不大。再者，强调自己现今的成就与祖、父在金蒙之际的应对之道有紧密关系，更彰显父、祖在当时的危机中采取的策略，成为家族的转机。最后，朝代更迭的家国悲怆与对前朝的忠诚问题，淡薄到难以察觉，与透过中州士人之眼所看到的金蒙之际，俨然是另外一种认识，不仅是乱中求存的面貌，更是机会的到来与边缘家族向核心流动的过程。

关键词：金蒙之际　贞祐南迁　北渡　家族史建构

一、前　　言

在金、元史料中，“壬辰”纪年几乎是金朝灭亡的代称。确切指涉的是1232年钧州(今河南禹州)三峰山之役，金军大败，导致汴京围城年余，因饥荒、瘟疫与兵祸，造成河南人口大量死亡与迁徙的事件。在元人的回忆中，提起这一段史事，通常都用“壬辰之祸(变)”四字。1229年窝阔台汗(1229—1241在位)即位，拖雷的西路军受阻于黄河天险，改采迂回战略，从陕西南下汉中，史载“壬辰，天兵次唐(今河南驻马店)、邓(今河南南阳)……与金兵战于钧之三峰山，大破之，河南震恐”，①显示河南地区在汴京围城之前已遍地兵烽，②军队的行进造成河东、河南人户流离，随之而来的汴京围城，以及蒙军北返刻意掳掠人口，促成被动或主动的巨量难民潮，当时河南人口北渡黄河的规模，几乎让人怀疑蒙古有意在河南造就暂时的无人区。汉军将领史天泽(1202—1275)“(壬辰)招降老幼十万余口，将护北渡，使其自便处所，或使归乡里”，③这仅是其中一部分。如果将时间往前推移，1214年金政府迫于蒙古军势，将国都南迁至汴京，也仅是18年前的事，河东、河北、河南地区许多家族与人口，就在不到20年间，辗转流离于黄河两岸。元人郝经(1223—1275)回忆“贞祐

---

* 本文为四川大学一流学科“区域历史与边疆学”学科群成果，同时受四川大学中央高校基本科研业务费专项资助(项目号：YJ201716)。初稿修改期间承台北“科技部”“近世士人与社会”标杆计划成员、四川大学历史文化学院钱云博士与匿名审查学者诸多赐正，谨此一并致谢。

① ［元］魏初《青崖集》卷五《故征行都元帅五路万户梁公神道碑铭》，《文渊阁四库全书》，第7页下。

② 赵琦《金元之际的儒士与汉文化》，人民出版社，2004年，第910页。

③ ［元］迺贤《河朔访古记》卷上，《石刻史料新编》，台北新文丰出版社，1979年，第8页上。

南迁”的景况道：

> 贞祐初，人争南渡而厄于河，河阳三城至于淮、泗上下千余里，积流民数百万，饥疫荐至，死者十七八。①

贞祐南迁时，河朔(今黄河以北的山西、河北与山东部分地区)大乱，人民只有两种选择，跟随旧政府与人群南迁或留下听天由命。在旧政权尚存之时，河北甫接蒙古兵锋，民众对蒙军恐惧较深，“人争南渡”，元人描述“河朔震动，金主南徙，都汴，衣冠士族亦皆南渡，设科选士，如平时”。② 今人往往将贞祐南迁视为金朝亡国之路的开端，但对当时的士庶来说，迁都之后，亡国的疑虑似乎暂时消退了，勋旧权贵与政府官员居住于汴京城中，士庶百姓则根据自身条件，聚居于附近大小城镇。但壬辰北渡，景况完全不同，“侯王家世之旧、忠贤名士之裔，不颠仆于草野，则流离于道路者，多矣”。③ 京城以外的周边地区，人口被席卷而北，汴京成为一座孤岛，史载“壬辰、癸巳岁，河南饥馑，大元兵围汴，加以大疫，汴城之民死者百余万”。④ 与此同时，河北、河东、山东已受大蒙古国间接统治多年，虽遍布大小军阀，但社会趋向稳定，汉军将领竞相招士纳贤，即使逃过成为军队俘虏的命运，靠近黄河边的民众，也将北渡视为较好的选择。

金朝长期统治之下，华北社会中的某些家族与政权之间早已建立颇为稳固的利益结构，壬辰之祸冲击的就是“侯王世家、忠贤名士”所代表的政治、文化菁英家族，当这些人际网络松动乃至产生破洞时，就会带动横向与纵向交织的社会流动。这也是元好问(1190—1257)等金末士人的焦虑，他们深恐中州名士湮没于史，故急于保留群体传记与学脉记录，⑤除了是学术传承的悬念，也是政治能量的护持。

故此，金蒙之际的研究还是偏重于儒学存续，士人群的处境等，⑥优点是能凸显身处易代的文化菁英焦虑，缺点则限于其所设下的视野框架，如将时间轴往后移动 20—30 年左右，所谓的遗民现象已淡去，崛起并活跃在蒙元政坛上的一些人物，回忆其父、祖也经历过的南迁与北渡，所谓菁英的儒学传承焦虑与个人的出处抉择纠葛，几乎难以察觉，更多是家族生存与延续的现实奋斗。这些北渡家族的后人，在元朝的政坛上积极利用自身的人际资源，重构家族史，化为大量的家传、行状、墓志与神道碑。对这一类史料固然要心存警惕，但元人的追忆，是易代历史的再诠释与对金末遗士史观的另一种补充，其意义在于可发掘当时迁徙于黄河两岸的非文化菁英家族对改朝换代的反应，以及兵荒马

---

① ［元］郝经《陵川集》卷三六《先大父墓铭》，《四库荟要》，第 4 页上。

② ［元］安熙《默庵集》卷五《石峰府君行状》，《文渊阁四库全书补遗》，北京图书馆出版社，1997 年。

③ ［金］元好问《遗山先生文集》卷四〇《毛氏家训后跋语》，《四部丛刊》，第 7 页下。

④ 《金史》卷六四《后妃下・宣宗皇后王氏》，中华书局点校本，1976 年，第 1533 页。

⑤ 陈蕾安《试论金代“中州”与“国朝文派”的定义》，《东亚汉学研究》2012 年第 2 号，第 350—360 页。近期较为系统性的专著有胡传志《宋金文学的交融与演进》，北京大学出版社，2013 年，对于金朝“国朝文派”的发展与演变，文化与政治属性等，皆有专章讨论。

⑥ 孟繁清《金元时期的燕赵文化人》，河北人民出版社，2004 年。前引书赵琦《金元之际的儒士与汉文化》较全面地探讨金蒙之际士人、儒学在政权转移过程中的种种问题，同样聚焦于儒士的处境，新政权对士人的态度，以及易代之际汉文化的保存与发展等。

乱的危机所带来社会流动的转机。借由这些元廷新贵讲述其父、祖在动荡中的事迹，联系其今日之所以立足元廷的原因，不仅展现战乱中的横向地理移动，也演示了纵向的社会流动。

二、豪强之家：河阳苟氏

元人苟宗道，字正甫，落籍河北清苑（今河北保定），仕至国子祭酒。“中统元年（郝经）持节使宋……河阳苟宗道以门生从行，为行府都事，治书状、都管二事，缱绻淹抑，日夕相从。”郝经拘于南宋境内十余年间，宗道某日书其先人之事以请，曰“不孝瞢昧，不能备述先德，惟是先人之事所见闻者，敢请一言半辞，以贲冢木”。①

苟宗道原出身河阳（今河南焦作孟州市），入元以郝经门生，随行出使，历劫归来，终以真传弟子得机缘成为元朝国子祭酒。苟氏一家本为黄河边上豪侠富户，在贞祐南迁之前，家族中未有官宦经历，与金朝政治、文化菁英圈缺乏联系，其家族自不在元好问等名士的视野之中。苟宗道借郝经之手撰写其父苟士忠（1200—1258）的墓志铭，以勾勒其家族的流离史，②也由于郝经之撰文，得以流传至今，初步看来，是苟宗道与郝经之间的师生情谊所致，但以苟宗道的背景，究竟是如何与郝经这样的儒学世家产生联系？可以透过两家的先人碑铭，交互印证，揭露一段儒士与豪侠世交往来的事实。

南迁之前，苟家在黄河北岸的孟州“以赀食豪乡土”，（苟士忠）“知世将乱，乃侠游京都，结纳豪右，以观时变”。地理上，孟州对岸为孟津县，属于洛阳管辖，孟州与孟津分别南北控扼著名的孟津渡。后来蒙古对南宋的战争中，孟州是张柔用以训练渡河攻宋水军的基地，在南岸则设有孟津河渡司，是忽必烈从陕西到安徽沿黄河南岸所设八处提举河渡司之一。③

孟津渡更是渡河后，离汴梁与洛阳最近的渡口。在决定南迁前夕，金朝政府的准备工作早已展开，因应政府与皇室贵族、官宦迁徙渡河，工程浩大。但在消息传递上，苟家为孟津渡北岸巨富，“知世将乱”自有其道理，在地理位置上，更是正常不过的事情。苟士忠亲自到燕京打探消息，是慎重之举，也是朝中无人的地方富家于乱局中应对之道。当他回到孟州，金朝政府正开始南迁，中央积极在黄河两岸布防，孟州官府征召苟士忠任义兵都统，这是苟氏首次进入官场，担当要角。士忠被要求先行渡河，驻守南岸青龙山（今河南巩义一带），是金朝政府渡河之后前往汴梁必经之处。郝经描述“时金迁汴，限河以国，流民南渡，为北兵所挤而阨于河，孟津渡尤为要塞，而津吏因缘为奸，名为守法而控勒纳贿，积流

① ［元］蒋易辑《皇元风雅》卷二《苟宗道　国子祭酒保定苟正甫》，《四部丛刊》本。

② ［元］郝经《陵川集》卷三五《河阳遁士苟君墓铭》，第17下—18页。本节所引文如为《河阳遁士苟君墓铭》，不再赘注。

③ 刘晓《元代军事史三题——〈元典章〉中出现的私走小路军、保甲丁壮军与通事军》，《中国史研究》2013年第3期，第133—150页。八处河渡司分别为潼关、大洋、中滦、孟津、八柳、太皇寺、三汊、蕲县，其中八柳（树）河渡司为刘晓于《元典章》中发掘，补充前辈学者的研究成果。此八河渡司分布于陕西以东、安徽以西的黄河南岸，功能除了水军训练，亦有研究者指出为纠察马匹走私与防备南宋间谍之用。武波《忽必烈时期提举河渡司设置考》，《史林》2009年第5期，第101—105页、192—193页。最新的相关研究有舩田善之《孟津河渡司から沿海万戸府へ—ある水军指挥官の履歴からみたモンゴル帝国の水运と戦争—》，（日本）《史渊》2016年3月153册，第1—30页。

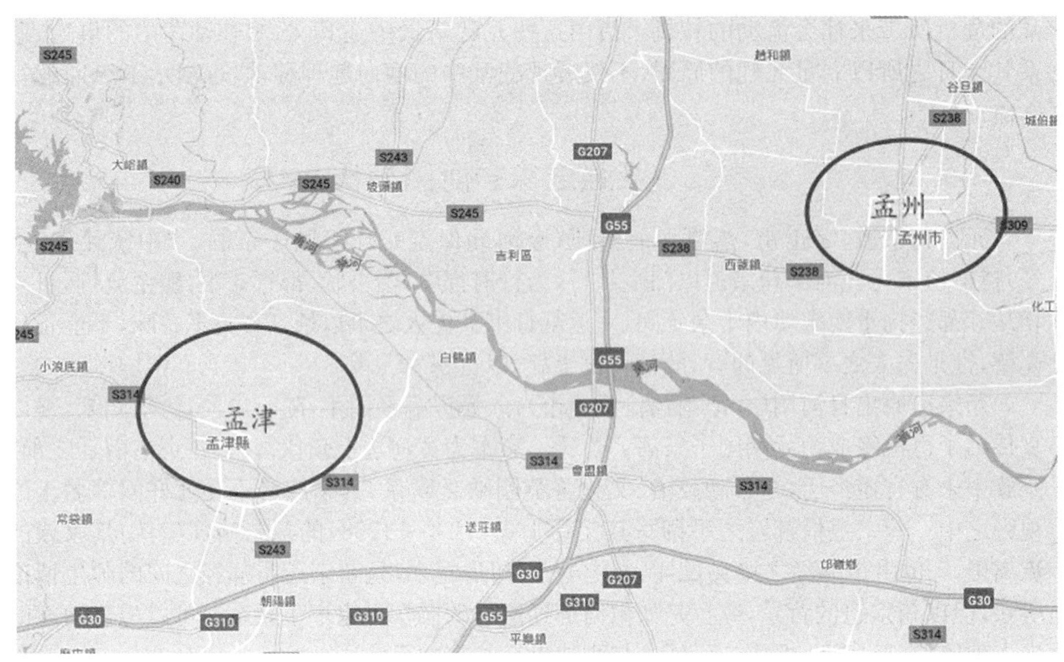

图一　孟州(河阳)与孟津位置图

民数十万,蹈藉以死”。① 在苟士忠的墓铭中,提及其无法坐视这样的惨况,“于是列津吏罪状,请于机察使而闻诸朝,即诏不拘常例,命曰‘海放流民’,济以全活”。为流民请命之事,在郝经述其先大父郝天挺的墓志中,有着几乎如出一辙的描述,提供了拾掇苟宗道与郝经师生关系之外,两家早已往来的线索。

金朝南迁之后的十八年间,苟士忠在官场进展不多,墓志云:

> 壬辰,河南亡。(士忠)知不可为,乃散所保,各归乡里,兵锋方南,遂北首以辟之,居燕赵之间。

说明贞祐南迁之际,苟士忠身为义兵统领为金朝扼守黄河南岸,似乎持续了几年,但三峰山之役后,河南失陷,汴京被围,他决定散去义兵,北渡黄河成为蒙古统治之下的子民。“燕赵”是元人惯用为保定(顺天)的另称。值得注意之处是,苟士忠原是远离政治核心的地方豪强,他对易代的反应务实而平和,虽曾护卫金朝南迁,却未有如文化、政治菁英般的忠诚挣扎。兵锋方南,就散去义兵,北渡于新朝之下,过着一般富家翁的日子,以至于苟宗道日后就落籍保定。为什么苟士忠北渡之后选择保定安家?几乎可以肯定与郝经家族有关。先说入元之后,苟士忠未能出仕,原因是“告讦猬兴,更相诬陷,往往破家”,换言之,他本不排斥食新朝之禄,但其家族之根基在河阳(孟州),强龙难压地头蛇,为避祸计,“(士忠)称疾不出二十余年,不视户外,以绝辟召。或者又欲相授,遂称疾笃,舁归河阳”,这也是其“河阳遁士”之称所由,如果从遗民研究的角度来说,苟士忠似乎选择了“隐”,但事实

① 《陵川集》卷三六《先大父墓铭》,第 4 页上。

上，苟宗道并不认为其父亲不仕与忠于金朝有关，而是保定当地的势力纠葛所致。保定为张柔家族与相关势力笼罩，①苟士忠与张家找不到任何渊源，他最终坚持回到河阳，显示其家族基础与孟州相始终。苟士忠曾言："养生、丧死，余无憾矣。汝曹（子孙）有业，足以树立；有田，足以衣食。"郝经诗曰：

> 昔曾拔剑倚太行，种花酾酒家河阳。濡如裘马年少场，南入巩洛东汴梁。
> 任侠尚气修髯张，四方有志歌慨慷。大河谁意忽祸裳，沈济一夜水满箱。
> 沸鼎不敢还探汤，长材逸器都卷藏。九牛欲挽从尔强，欲我妄动君荒唐。
> 落日倒景明榆桑，桑梓奕奕生辉光。始终全归计亦良，有子有禄君不亡。

一首诗，浓缩了苟士忠的一生，以前半生的张扬对比入元后的卷藏。郝家与苟氏不仅是郝经与苟宗道的师生关系，郝经用颇为隐晦的方式，透露了两家的交往。郝经之父郝思温（1191—1258）行状中，并无只言片语提及苟家之人，②却可以在《河阳遁士苟君墓铭》中，看到郝思温与苟士忠"游处里闬，相得而甚相洽也"，交情不浅。苟家虽为河阳富室，但非宦非儒，苟宗道从未隐瞒其家族背景，也不以豪侠家世为耻，苟家北渡后选择保定落籍，可能需要从郝天挺（郝经祖父）身上说起。郝天挺从河东避兵，先南渡黄河，在北渡保定之前，早已是华北士人圈的意见与学术领袖之一，郝经曾说"家君曰'郝氏儒业四世矣，名士如元遗山者，我之自出'"。又云"河东元好问从之最久，而得其传，卒为文章伯，震耀一世"。③ 地方上不知名豪强与身为元好问之师的大儒，看似方枘圆凿，如果不是苟宗道借郝经重建其家族史，两家的关系必定湮没。苏天爵（1294—1352）撰写郝经生平事略，提到他参考的是"保定苟公"所撰写的《（郝经）行状》，④说明郝、苟两家互为对方立史的厚谊，虽然郝经选择只在苟士忠的墓志铭中披露郝温思与苟士忠相得相洽之事，但为流民请命之事，也透露出线索。郝经曰：

> 先大父（郝天挺）曰："坐视天民之毙，仁者不为！"乃贻书机察使范元直，使闻诸朝，曰："昔昭烈当阳之役，既窘甚，犹徐其行以俟荆襄遗民。……今国家比之昭烈不至于窘，河朔之民，独非国家赤子乎？夫人心之去就即天命之绝续也，乞诏沿河诸津聚公私船，宽其限约，昼夜放渡，以渡人多寡第其功过，以救遗民。结人心、固天命，中兴之期，庶几可望！"书奏即日，中使告谕，令疾速放渡河朔之民，全活者众。⑤

上述事迹，似曾相识，除了主角换成郝天挺之外，其余与苟士忠为流民请命过程，几乎雷

① 萧启庆《元代几个汉军世家的仕宦与婚姻——元代统治菁英研究之二》，收入中研院史语所主编《中国近世社会文化史论文集》，南港中研院史语所，1992 年，第 213—277 页。同时收入氏著《蒙元史新研》，允晨文化事业公司，1994 年；《内北国而外中国》，中华书局，2007 年。

② 《陵川集》卷三六《先君行状》，第 6 页下—8 页上。

③ 《陵川集》卷三六《先妣行状》，第 9 页上；《先大父墓铭》，第 4 页上。

④ ［元］苏天爵《元朝名臣事略》卷一五《国信使郝文忠公经》，姚景安点校，中华书局，1996 年，第 295 页。

⑤ 《陵川集》卷三六《先大父墓铭》，第 4 页上。

同,应当如何看待这两段纪录?当时郝天挺名重士林,长年在陵川治经教学;荀士忠为孟州大侠,因缘际会成为金义兵都统,他们同时看到黄河北岸的惨况,皆曾上书金朝机察使,吁请海放流民,更主要的是,相关记载出于同一作者之手,最大的可能即这本是同一事件。机察使之名范元直,仅出现于郝天挺的墓志铭中,荀士忠的墓铭内则隐去,郝经宣称范元直曾受业于郝天挺。① 当时金政府甫落脚于汴京,随后而来的难民潮拥挤于黄河北岸,没有官员敢作主以官船渡民,可能是担心蒙军间谍混于其中,郝天挺亦是从晋城渡河的广义上的难民,名气较大,但他当时无有官身,书信如何直达天听?荀士忠身为驻守南岸的义兵统领,是适合传递上书的中间人。从这些蛛丝马迹,或可架构此一推论:为流民请命之事,是郝天挺与荀士忠合力完成,以郝天挺之名撰书,由荀士忠透过义兵都统的身份送达范元直,再由范元直转达天听,郝与荀二家的关系,最早可以追溯至此。

图二　郝家由陵川(今山西晋城)南迁路线示意图

如郝、荀合作救民于水火之事为真,郝经为何采用此显彼隐之法?这或许与荀家的背景有关。郝经的生平事略提到,其家于“金亡,北渡保定,乱后生理狼狈”,②“家贫,(思温)昼则负薪米为养”,③所谓负薪米为养,是常见用以夸饰儒士家贫的说法,但郝家经历两次迁徙,在保定的经济状况可能不如在晋城时殷实,元好问曾说“(天挺)为人有崖岸,耿耿自信,宁落薄而死,终不一傍富儿之门”,④与郝思温相得的河阳大侠荀士忠却在保定“有业,足以树立;有田,足以衣食”,两人的交往于郝思温行状中也只字不提,却选择于荀士忠墓铭中揭露,这显得郝氏祖、父两代与荀士忠的往来,似乎对郝经来说,有陈述上的心理障碍,确切原因无法得知,只能从家世背景上的南辕北辙推想。待荀宗道以儒学起家,与郝经两人的关系,则枝附叶着、腹背相亲,毫无遮掩。

综言之,贞祐南迁造就了孟州豪侠荀士忠的官场发展,而他本该湮没于历史之中,却因郝家而复存。他与郝天挺皆曾同时为流民请命。金亡后北渡,皆在保定落脚,郝经也证实士忠与其父郝思温相得相洽,这是日后荀宗道从学郝经,并以第一幕僚随之出使南宋,朝夕相处,成为郝经真传门生的情谊基础,最终造就荀宗道成为元朝的国子祭酒,豪强之家成功转化为儒学之门,或许正因为荀宗道的业儒,故郝经才愿意在荀士忠的墓铭中隐约揭露两家的世交,但在郝家的资料中,就完全看不到关于荀家的任何记载。《宋元学案》中,荀宗道名列“陵川门人”,曰:“祭酒荀先生宗道……伯常门人也。伯常使宋,先生弱冠

① 郝经云:“时金国弃河朔,限河为守,诸津要皆禁……适有受业先大父者为机察使……”《陵川集》卷三六《先妣行状》,第 8 页下。

② 《元朝名臣事略》卷一五《国信使郝文忠公经》,第 295 页。

③ 《元史》卷一五七《郝经传》,中华书局点校本,1976 年,第 3698 页。

④ [金]元好问《中州集》壬集第九《郝先生天挺》,《四部丛刊》景元刊本,第 5 页下。

从往，为书佐。及归，竟以儒名，官至国子祭酒。"①苟家的历史，正是危机即转机的一个例子，改朝换代带来的不仅是地理上的动荡流离，也提供了政治、文化边缘的家族成员向中心流动的机缘。

三、商贾之家：临漳王氏

王可与，字晋卿，号濯缨，入元落籍汤阴（今河南安阳），历南台监察御史、江东建康道提刑按察司佥事。其父亲的神道碑由胡祗遹（1227—1293）撰写，不书名而称"王隐士"，即王可与之父王政之碑。碑名有两点怪异之处，一为墓主王隐士之上冠以"王晋卿父"的身份说明；二为既是隐士，并无官职，为何墓志以神道碑为名？根据元人所撰碑铭之制，"三品以上神道碑……五品以下不名碑，谓之墓碣"，②王政终身布衣，即便是王可与，其最高散官阶仅从五品奉训大夫，官职至提刑按察司（肃政廉访司）佥事，职品为正五品，何以其父得立神道碑？此篇《王晋卿父王隐士神道碑》之形制，至少在元人文集中，属于较奇特的例子。碑云：

> 特以子孙之不肖，友朋之不能文，有国者不尚贤，是以不得褒美称扬，使后世泯没无闻，为可伤悼。……得名于后者，多挟权处势，高明之徒；而不获见称者，类皆无势位，侧陋隐微之士。于是而得一贤子孙，继志述事，不灭前人，光广其声，增其大业，请文于朋友，请传于国史，得谥于太常，刻之金石，播之无穷……③

胡祗遹点出如非权要，本就容易隐没于史，无势无位者，就必须得一贤子孙，才能播之无穷。王可与在自己任官之后，重构其家族史的企图与苟宗道类似，他们都是自家的贤子孙，后者得力于金元交替的时机以及与郝经家族的三代世交，当然更有几分机运所致。王可与的政治发展，同样为乱世中的流动，更与其父王政的刻意"投资"有关。王家在金朝仅为一般民间富户，相较苟士忠家族来说，更显低微，既无地缘政治的条件，也没有武装力量可凭借，与元遗山视野中的名人、节士、巨儒与达官之流相差甚远，④其史料能重构再流传，受惠于改朝换代之背景，也因王政化危机为转机，着意为儿铺路，颇符合其商人本色。

王可与在父亲王政死后，由邯郸同乡监察御史张之翰（1243—1296，字周卿）先书行状后，持状拜见胡祗遹，⑤曰"此先君（王政）生平之大略，愿吾子铭其墓碑"。⑥ 亦即胡祗遹的《王晋卿父王隐士神道碑》，是以张之翰所书行状为据。

---

① ［明］黄宗羲《宋元学案》卷九〇，《海王邨古籍丛刊》，北京中国书店，1990年，第16页。

② ［元］潘昂霄《金石例》卷一《碑碣制度》，《石刻史料新编》，台北新文丰出版社，1986年，第3页。

③ ［元］胡祗遹《紫山大全集》卷一六《王晋卿父王隐士神道碑》，《文渊阁四库全书》补配《文津阁四库全书》，第9—11页。以下本节引文出于《王晋卿父王隐士神道碑》者，不另赘注。

④ ［元］家铉翁《题中州诗集后》，收入［元］苏天爵编《国朝文类》卷三八，《四部丛刊》景元至正本，第11页下。

⑤ ［元］陶宗仪《南村辍耕录》卷二七《桃符谶》，中华书局点校本，1997年，第342页。［元］张之翰《西岩集》卷二〇《王君行状》，《文渊阁四库全书》，第3—5页。

⑥ 毕丽坤《张之翰与元初北宗文派三家交往考》，《牡丹江师范学院学报（哲学社会科学版）》2014年第3期，第68—70页。

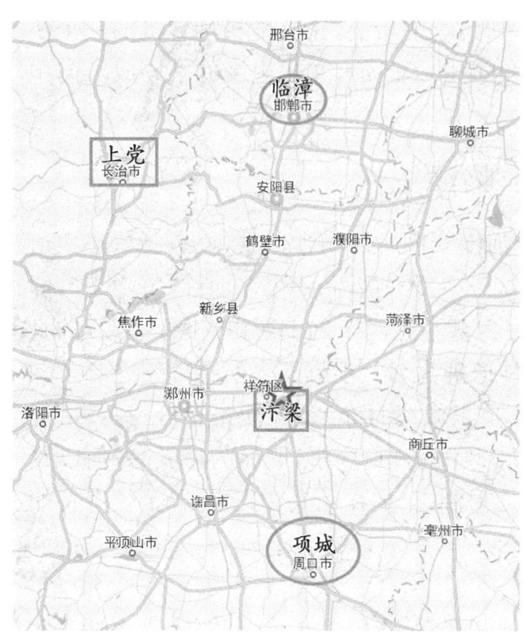

图三　临漳王氏 1127—1232 间迁徙路线图

王可与祖上本为上党人(今山西长治),靖康之乱时迁至相州临漳(今河北邯郸),曾祖王庭、祖父王元"潜德不耀",至王政已是三世布衣,临漳成为新故乡。贞祐南迁时,王政奉父母渡黄河南徙,至陈之项城(今河南周口市),胡祇遹曰"众以避兵失乡井,例不聊生,公(王政)买田千顷,因以致富",亦即王家在贞祐南迁时,依然拥有巨资浮财,故能在项城重起炉灶,也因时局而凭借土地更加富有,但十几年后,"金亡北渡",王家应是自主决定迁回临漳,其间"流离顿挫之际,罄囊橐以济贫乏,亲戚乡里老幼困病,难于徒步者,车载以归",北渡临漳,本是归乡,"时移世变,田园庐舍已为豪强之所有",王可与宣称王政只能舍本逐末,"因余赀以通有无",以商贾再度兴家,显见北渡的冲击确实远过于南迁。王政之父王元北渡后尚存,由于"洊经丧乱……不事家人生产,日招亲友饮食,欢笑道旧",过着及时行乐的日子,将家计重担都托付给王政经营,他也不负众望,家业兴盛,王氏再度成为临漳巨富,"晚岁货殖充足,乐复于农,耕田凿井,相依者成市,乡人目之曰:'王氏井。'"

王政曾告诫王可与"吾不幸生长乱离,不得读书以儒学起宗,又不获务本力田,晨昏具甘旨、夏秋供赋役以循天,吾不忍复置汝于垄断之间,汝当力学以成吾志"。这段训示是典型的不得已从商,致富后期待子孙回归"正途"的固定叙事模式。虽说强调乱世以致无法读书业儒,但事实上如果没有这场离乱危机,王可与恐怕难有机缘成为转商贾为学宦的贤子孙。王政不仅是口头训诫,行动上更为积极,他着意替王可与"求师取友","卒成其子为名士材大夫"。据张之翰的《王君行状》,王可与之子王默,仅仕至后卫亲军都指挥使司令史,虽是高级文吏,但未能出职为官,①故王家仕宦发展的高峰,仅在王可与一代。

张之翰所撰写的《王君行状》,虽为《王隐士神道碑》之本,但内容不尽相同。其中详于王家在贞祐南迁后,于项城买地致富的过程。曰"君(王政)甫十八,独于县之梅亭里置田千余亩,应县首户,凡佃客不下数十辈","壬辰,汴梁破,人皆北渡,君辄罄家之产,以济贫病",张之翰与胡祇遹都把王家北渡之后,被迫从商的背景,归结于他们罄囊救济难民,以致家产告罄。但这无法说明王政为何北渡临漳之后,尚有余赀可为从商之本。张之翰宣称当他们回到河北故里,"回看曩昔之田园,已无余业,遂作往来之商贾"。由此看来,南迁让王家更富,北渡则颇伤元气,但尚保有部分资产。王可与请人撰写父亲的历史,毫无隐去商贾背景之意,甚至特别彰显其父志在学儒,但时不我予,故致力栽培下一代,弥补其生于动乱的遗憾。呈现的是一个三代无学无宦的普通富家,在改朝换代的横向流离中,如何

① 《西岩集》卷二〇《王君行状》,第 3—5 页。以下本节引文出于《王君行状》者,不另赘注。

把握家族转向的机会。张之翰描述王政：

> 吾不幸生长乱离中，以致南奔北走，易农作商，虽不敢外乎四民之列，竟不能以儒术起家，是所恨也。故不忍再置汝（可与）于贩鬻间，汝当力学以成我志。遂从府教刘梨庄学，弱冠果有声。其诗文议论，往往为辈行推许。君又恐其师友之不广，交游之不多，故每至则必待，待则无不欢。如龙溪孟内翰先生，应召过相，相之诸君相陪者固多，后稍稍意怠，君惜其贫，独饭奴刍马于其家，临行又以礼赆，仍遣可与送至大名而还。其于乡中文人胜士与子游从者周恤可知，议者咸以可与齿髪方锐，富贵未涯。而天不假君之年，使至耄期得尽其荣养为可憾。

行状的记载详于神道碑许多。孟内翰何人？应非金朝大定三年（1163）连中四元的状元孟宗献，虽其亦有内翰之称，但未仕元朝。① 较有可能是另外一位前金进士孟攀鳞（1204—1267，原名璘，字驾之），②他被称为"龙溪孟驾之"，③中统三年（1262）授翰林待制、同修国史，故有内翰之称，至元初应召入觐忽必烈，④时间上符合"应召过相"。孟攀鳞早中进士，壬辰前夕在汴京供职，城破之后"随回军渡北"，显然是曾沦为俘虏的前金儒士。他与三世布衣的商贾王家本无交集。就在壬辰北渡的流离中，金朝名士、巨儒落尘，王政这样的家庭得以有"惜其（孟攀鳞）贫"之契机，以雄厚的经济力量结交这些名儒，为儿子王可与铺下学宦的人际网。张之翰对王政的商贾性格描述入微：孟攀鳞应召到大都之前，曾在临漳停留，他不锦上添花，而是待众人"意怠"之后，才开始表达对孟攀鳞的景仰，不仅温情"饭奴刍马"，并邀请攀鳞住到家中，自是盛情款待，更派儿子王可与一路护送到大名府，制造王可与和这位前朝巨儒，正待忽必烈召见的新朝名士朝夕相处的机会。虽然张之翰没有说明王政如此"投资"，是否取得孟攀鳞的实际回报，但成为孟攀鳞资助者，实际上就等同打入金朝遗士的人际圈，而元初政坛上，金朝遗士的群体，是汉族士人群的重要力量，王政为王可与的铺路与投资，赤裸而直接。到访临漳的文人胜士，只要与王可与从游，都会得到王政的"周恤"，以致乡人都认为王可与"富贵未涯"，显然王政的"策略"，路人皆知。

王可与在元朝的仕宦虽仅至中层，但是对于一个三代非儒非宦的商贾之家来说，改朝换代的危机时期，确实提供了他们从政的转机。而王可与的学术声誉则超过他的官场发展。延祐进士许有壬（1287—1364），是蒙元历仕七朝的重臣，官至参知政事，为汤阴人，他对王可与的学问评价甚高，目为乡里"杰儒"：

> 中原自宋播浙，文教几熄。金源氏分裂之余，设科取士，士气奄奄仅属，而吾乡登第者余五十人。圣朝戊戌之试，复其家者，子孙于今赖之。至元间（安阳）一时名德，

① 《金史》卷一二五《文艺上·杨伯仁》，第 2724 页。

② ［金］李俊民《庄靖集》卷八《孟氏家传　孟驾之》，清刊本，第 2—3 页。

③ ［元］李道谦辑《甘水仙源录》卷八《洞玄子史公道行录　慎独老人东明前进士王鹗撰》，台北新文丰出版社，1985 年，第 6 页。

④ 《元史》卷一六四《孟攀鳞》，第 3859—3860 页。

遂杰视他郡,学者观感日益以盛,是盖山川清淑之所钟,济以前辈承启之有素,非世变之所能易也。若濯缨王先生,颖悟力学,声华充溢,拜南台御史、佥江东道按察司事,投绂而归,读书讲道,发为文章,盖资之有源者也。……有壬每恨弗获亲炙。……先生讳可与,字晋卿,濯缨其自号云。①

王可与之子王植,字仲武,与许有壬偶有诗文交游,但未曾出仕。王氏因南迁、北渡的世事变迁,在王政的经营之下,乱后以商贾成为乡里豪富,并因相州(邯郸)为北上大都的重要门户,时至今日尚有河北南大门之称,故王政能凭借财富,着意结交络绎不绝于道的文士名宦,行状中对其用心毫不遮掩。王可与打破了三代布衣的局面,帮王政遂了心愿,在学与宦两方面皆有发展,可惜家族或许底蕴不足,在仕宦上未能成功延续,与河阳荀氏的情况类似。

四、小吏之家:汲县王氏

王恽(1227—1304),字仲谋,汲县人(今河南新乡),元初北方著名官员,清人称其为"卫之名儒",②其家亦为南迁、北渡之族。王恽的家传与其先人的碑铭皆未假手他人,由其亲手撰写,尤其是父亲王天铎的事迹最为详尽。王恽是以自己为中心点,上溯其父、祖一脉,彰显为光耀王氏的一支,事实上也是后塑的新家族史。在其别集中,王天铎就有两篇不同的墓表,其中《文通先生墓表》刻意以局外人的口吻,不称先君,而称先生,主要表彰王天铎的乡里士望,也就是学问上的成就,以"文通"为卫州士庶对王天铎的"私谥"。③另外一篇则是王天铎的墓志铭,头衔为"故金忠显校尉户部主事",忠显校尉为从七品武散官,实则在金朝绝大部分时间,王天铎并未任官,户部主事之职是金亡前夕入粟补官所得,因此王家才在围城之时居于汴京。除此之外,王恽还用极大的篇幅撰写王氏家传,这三篇记述,构成了王恽家族在金蒙之际的发展史。

王恽在自己的文集中强调他与元好问的师生关系,后来更以门生立场作追挽诗,多年之后,还提及元遗山指导写诗的情景入梦。④清人沿用王恽的说法,笺注《元遗山诗集》时,将王恽所著文收入。根据王恽自述,元好问从汴梁北归,途经汲县,暂宿于宾馆时,王天铎偕年轻时的王恽携诗集拜见,"先生(元好问)虽被酒",却一见如故,彻夜批改诗作,促膝长谈,以"文章千古事业"相勉,王恽当场拜师,元好问则谓"孺子诚可教矣",向王天铎提

① [元]许有壬《至正集》卷三二《序三·王濯缨集序》,《元人文集珍本丛刊》石印本,台北新文丰出版公司,1985年,第17—18页。

② [清]张金吾《爱日精庐藏书志》卷三三集部《别集类·秋涧先生大全文集一百卷》,中华书局,2006年。关于王恽的研究数量虽多,但集中于生平事迹、文学风格、著作评价等,王恽论政所留下的资料虽不在少数,但对他在元初政坛的相关研究却不多,也甚为简略,对其家族的讨论亦罕见。例如蔡春娟《李璮、王文统事件前后的王恽》,收入《中国史研究》2007年第3期,第105—110页,将王恽视为李璮之乱受到牵连的小吏,但主角还是王文统。温海清《王恽中统初年的身分问题》,收入《中国史研究》2012年第2期,第140页,仅为一页考订。其余偏向文学研究者,与本文主题关联不大,省去罗列。

③ [元]王恽《王恽全集汇校》卷三三《和东泉翁山中杂咏一十三首》,中华书局点校本,2013年,第1644页。

④ 《王恽全集汇校》卷一四《(中统)五年六月初八日夜梦 遗山先生指授文格觉而赋之以纪其异》,第639页。

出"老夫平昔问学，颇得一二，岁累月积，针线稍多，但见其可者，欲付之耳，可令吾侄从予偕往，将一一示而畀之，庶文献之传，罔陨越于下"。说的是元好问几乎是有想把衣钵传给王恽之意，但王天铎却"拜谢不敢"，只喜道"王氏且有人矣"。① 王恽强调他没有立即跟随元好问北归，是"以事不克"，②至于何事阻碍，以致他错失成为元遗山嫡传弟子的机缘，不详。目前为止，后人所传述的王恽与元好问的师生关系，史料皆来自王恽自撰，未见其他佐证，以王恽在元初的政坛地位，这种现象颇为特殊，令人费解。最近亦有日本研究者注意到王恽虽自称受元好问身传言教，相当崇拜，但其一生只见过元好问一次，也不太关注元好问的文学理论。③

王天铎，字振之，世为卫之汲县人。④ 王恽说其家族由父亲而上，经历了四代，才完成"由农而士"的过程。⑤ 王家本是陈留郡阳武县（今河南开封一带）农家，因避靖康之乱徙居汲县长乐乡（今河南卫辉，元人惯称淇卫，古地名南墉）而落籍，其家为王氏一族在南墉的分支，远祖曾当过杞县尉，高祖仲英，曾任河平军节度使都目官。在《南墉王氏家传》中有名为元用者，以郡掾"主治曹务，踔厉风发"，荐为河平军都目官，受"上官倚重"，有"黑王殿直立节度之目"。⑥《家传》中的元用看来似即《墓志铭》内的仲英，但除了河平军都目官之外，王仲英与王元用的其他经历又似为两人。王恽强调这位王都目是王家自"田舍郎改肄士业"的关键，曾对人誓言："终当以笔代耕。"无奈天不假年，三十余岁早逝，一生为吏。王恽所言步上"士"群，实质上颇为牵强，直到他的父亲王天铎，也还说不上业儒起宗。王仲英究竟是不是王元用，无其他资料可稽，肯定的是，王恽企图将王仲英（或元用）这一代作为家族转向的意志关键。王仲英三个儿子皆未出仕，其中之一名王经，即王恽的曾祖，《家传》称："（经）志不乐禄仕，雍容乡间，以德度霭一时。"⑦暗示王经并非不能入仕，而是性格不喜，并说王经是王氏一族的"大宗子"，也是乡里领袖，与"昆仲七人同居，内外无间言"；"赈贫施乏"、"周急素所乐"；乡人有争，来求剖正，谕之"亲仁和邻，古之善道"；王氏十余房亲丧分散，他营造合食族墓于长乐乡；举祀绝、恤男女孤寡、为之嫁娶等，即使不著称于儒、宦，也在敬宗收族上卓有贡献。

贞祐癸酉岁（1214），蒙军攻卫州，因"州旅拒不即下"，城破后（蒙军）"悉驱民出泊近甸，无噍类殄歼……"⑧王恽的家乡经历了一场可怕的屠城浩劫，无怪乎王经与妻子"同时怖没于家"。其祖父王宇在贞祐南迁其间，说是受辉州刺史、权河平军节度使完颜从坦知遇，⑨任卫州刑曹孔目官，"精文法"，曾为"吏学师"，官至敦武校尉（武散官，从八品），他亲

① ［清］施国祁《元遗山诗集笺注》补载《秋涧集十三则》，《续修四库全书》，第16—17页。

② 《元遗山诗集笺注》附录《追挽元遗山先生》，第16—17页。

③ （日）高桥幸吉《论王恽与元好问等人的师承关系》，收入《忻州师范学院学报》2017年第3期，第9—14页，55页。

④ 《王恽全集汇校》卷四九《金故忠显校尉尚书户部主事先考府君墓志铭》，第2316—2325页。以下本节引文出于《金故忠显校尉尚书户部主事先考府君墓志铭》者，不另赘注。

⑤ 《王恽全集汇校》卷五九《文通先生墓表》，第2601页。

⑥ 《王恽全集汇校》卷四九《南墉王氏家传》，第2297页。

⑦ 《王恽全集汇校》卷四九《南墉王氏家传》，第2298页。

⑧ 《王恽全集汇校》卷三九《堆金冢记》，第1888—1890页。

⑨ 邵经邦《弘简录》卷二四二《载记金忠节一》，上海古籍出版社，1996年。

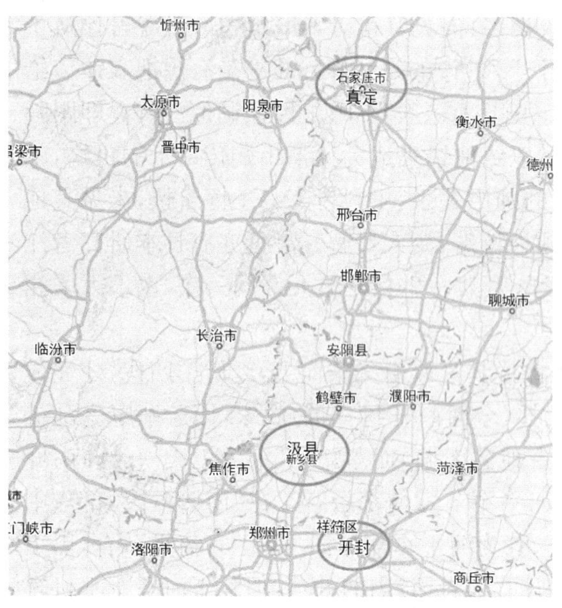

图四　汲县王氏迁徙图

自教授王天铎“律学”,提供案例“下笔论断,推原情法”,号称吏、律传家。王恽坦言王家的家学就是(吏)律学,从其高祖到王天铎为止,王家称不上儒学之家,更贴切的是小吏富户。王恽宣称的律学,实是“吏术”,虽在家传中强调南迁之前,其家风已“由农而士”,为汲县名望。更着意凸显自己与元好问的师生关系,但如前所述,所谓元好问认可的传人,并无其他证据,在改朝换代之前,王家严格说来还是处于文化、政治菁英的边缘。

蒙军破卫后,金朝在汴京偏安,似乎暂时夺回黄河北岸部分掌控权,故年少的王天铎,在卫州曾任户曹掾,并受到赏识而辟权行(户)部令史,一直是担任文法吏一类的工作,这是1222年左右,入粟补官当在之后。北渡前,王宇因时局所提供的机会,入粟为儿子王天铎取得官称,但汴梁城破时,王天铎“偕同志者突冒兵威,褫救百余口于南熏门下”,似乎身处城外,如在城内,当时汴梁因围城而饥荒、瘟疫横行,许多名士甚至因此病饿而死,恐自顾不暇。总之,汴梁城破,王天铎与其家就成为北渡的一员,是自行北渡,还是曾沦为蒙军奴隶,王恽含糊其词。但入元后,史天泽与王恽的关系匪浅,以至于史氏家传也由王恽撰写,①他们建立关系的时间点,合理推论是在北渡前后,可能是“随着”史天泽北渡之十万余口的一员。

王恽一方面说北渡后,王天铎“用荐者”署行台从事,荐者为谁不明,工作是协助行台断事官名耶律买奴者,括诸道户口。来年耶律买奴过世,王天铎才南归家乡。在他处又记载“先君思渊子(天铎)北渡后,亦不治生产,怡然以闭户读书为业,闻一异书,惟恐弗及。其弱冠时,先君气志精强,目览手笔,日且万字,不十年得书数千卷”。② 关于北渡后王恽父亲究竟是闭户读书还是从事蒙官吏属,两者或许并不必然冲突,但同一时间段的事情,以被王恽以互无交集的方式陈述,只见其一,对其北渡后的状况理解会完全不同。《家传》又说,天铎有心“集历代诸儒《易》说为一书”,看似已学问有成,或劝其任职州县,他回以“一丘之木,安足栖?”显然志向也高了。但戊戌试儒,王天铎拒绝赴试,宣称“吾思以义方为训”,怎可“幸窃”。另一方面,又沉痛地对王恽、王忱兄弟说“吾已错,断不容再”,期望兄弟“一志于道,以儒素起家”。③ 至此,王恽记载的天铎言行,实不免有矛盾之感,立志向儒,又拒绝戊戌试儒,取得儒户认证,究竟是对政治的不屑,还是对自己的“儒士”身份不太有把握,亦未可知。王恽的家族记录,以此隐彼显之手法,与郝经记录父亲、祖父与苟家的

---

① 《王恽全集汇校》卷四八《开府仪同三司中书左丞相忠武史公家传》,第2273—2290页。蔡春娟《李璮、王文统事件前后的王恽》,收入《中国史研究》2007年第3期,第105—110页。

② 《王恽全集汇校》卷四一《王氏藏书目录序》,第1965页。

③ 《王恽全集汇校》卷四九《南墉王氏家传》,第2299页。

往来类似，他诠释王家至晚在父亲一代已算踏入文化菁英圈，但儒素起家，严格说来还是从王恽身上开始。相对苟士忠、王政的行状、碑铭直述父、祖其因动乱而无法治学，在危机中寻求转机，终靠贤子孙起家的叙事过程，王恽似乎更渴望塑造出父、祖辈已具家学底蕴的新家族史。

王恽是三个家族中，在元朝发展状况最好的例子，这或许得力于他的父、祖辈已是准官场人。但王恽对父、祖是否曾着意栽培自己从政，未多加着墨，而是详于自己的学术传承，除了家传律学之外，也承续了金末文化菁英的学脉，例如元好问对自己的诗作高度评价，恨不能立传衣钵，以及弱冠在苏门（卫辉）从学于金儒王磐之事。① 进入官场，则说是由理学名家姚枢推荐，②主要凸显他进入儒学核心圈的过程。但当王恽卷入李璮、王文统事件的政治风暴时，依赖的是汉军史天泽的庇护，回归政坛也是史家后人出力，③但与真定史家建立关系的过程，却相对隐晦。

王恽跨足学、宦四十余年，使他的官职高到足以荫其子孙，故下一代在官场上还多有发展，王恽的嫡子王公孺，仕至奉议大夫、颍州知事、翰林待制，为五品官。另有婢女庶出的两子公仪、公说，前者为磁州同知，后者为卫辉路儒学正。嗣孙王笴（1275—?），小名鞬郎，④从小备受王恽宠爱，士人交谊场合，王恽常携公孺与王笴随行，并亲自授学，但到了第三代王笴，最高只至朝列大夫（从五品）、刑部郎官，⑤未能青出于蓝。汲县王氏在王笴之后，几乎就在元朝官场上销声匿迹。

五、结　　语

金蒙之际作为易代研究的区块之一，由于史料之限，主要透过元好问等金末遗士的视野，加以遗民研究的框架，⑥以致议题聚焦于中州遗士、国朝文派等政治、文化菁英的家国之殇、学术焦虑与出处抉择。但改朝换代的危局中，还有更多人群，无法靠自己留下资料，他们同样面对易代的问题，在某种意义上，可能比菁英人群更具代表性。

---

① “仆自弱冠时，从永年先生（王磐）问学”。见［元］王恽《秋涧先生大全文集》卷四一《文府英华序》附子公孺作《神道碑铭》，“元人文集珍本丛刊”，台湾新文丰出版公司，1985年，第5页。

② 蔡春娟《李璮、王文统事件前后的王恽》，第106—107页。

③ 蔡春娟《李璮、王文统事件前后的王恽》，第108页。

④ 《王恽全集汇校》卷八《越鸡行赠柔明宪使》，第422页。诗云：“他日雏孙求执贽，不愁无物饷鞬郎。”

⑤ 《王恽全集汇校》附录王公孺撰《大元故翰林学士中奉大夫知制诰同修国史赠学士承旨资善大夫追封太原郡公谥文定王公神道碑铭并序》，第4985页。

⑥ “遗民研究”开始于一套量化分类的研究模式。对易代士人采用收集并分类综析，台湾可说肇端于孙克宽《元初南宋遗民初述》，收入《东海学报》1974年第15期，第13—31页。同一时期西方汉学界则有牟复礼（Frederick W. Mote）针对“隐逸”分为“义务性遗民”与“自愿性逸民”，参见Frederick W. Mote，Confucian Eremitism in the Yuan Period，in Arthur F. Wright ed. *Confucianismand Chinese Civilization*，Stanford：Stanford University Press，1975年。九十年代则以谢慧贤（Jennifer W. Jay）与戴仁柱（Richard L. Davis）的专著，引起较多的关注与讨论，主要针对烈士（忠义）与隐逸，参见Jennifer W. Jay，*A Change in Dynasties: Loyalism in Thirteenth-Century China*，Bellingham：Western Washington University Center for East Asian Studies，1991年。Richard L. Davis，*Wind Against the Mountain: The Crisis of Politics and Culture in Thirteenth-Century China*，Cambridge：Harvard University Press，1996年。带动了后续大量对于易代士人出处抉择的研究。

元代初期有一些学、宦新人,急于重构自己的家族史,替经历过南迁、北渡那一段大时代的父、祖留下记录,也以此证明自己正是光大家族的贤子孙。透过这些新家族史,可以观察到一群历史上原本无名的地方人物面临易代的反应。当然他们也不是一般的百姓,而是豪富而不贵显,处于政治、文化核心圈之外者。由于财富的依凭,改朝换代对他们来说,不仅是危机也是转机。在动荡的大局中,他们可能取得更快速积聚资产的机会,能够"资助"因易代而暂时落魄江湖的名士,或者发挥家乡的地理优势为政治服务,也因为他们身份上原有的边缘性,缺少政治上的情感与利益包袱,加以家长性格上的积极,以及几分幸运,最终从乱世的受害者转化成受益者。在元朝政坛上崛起的子孙眼中,南迁、北渡固然为家族带来了某些灾难,但随之而来的也是难得的契机,因为唯有大乱才能打破原有的政治利益与人际关系网络。

观察金蒙之际华北迁徙家族,可以有几点发现:第一,学界所熟悉的士人出处抉择与焦虑,在他们身上淡薄到难以察觉。这或许与资料是元人所撰有关,但也佐证了遗民现象确实短暂。① 在子孙的认知中,易代之际的父、祖更关心改朝换代之际,子孙能否掌握机会,带领家族转向。第二,无论是豪侠、商贾或小吏,在南迁、北渡的变局中,都难免因政治影响而流离于黄河两岸,但地理移动的同时,也带动了社会阶层的流动。第三,后世子孙一旦取得学、宦发展,就积极于重构新家族史,这几乎是三代共同意志的呈现,贤子孙们也特别着意于将现在的自己与父、祖在危机时代的安排紧密联系,对追溯宋代以前的先祖、地望的书写模式,兴趣缺乏,这影响了元代的家传、行状、墓志铭、神道碑的风气。最后,这些家族之起大约是二到三代的积累,但是在元代的学、宦发展,也无法延续超过三代,显得有些后继无力。

A Crisis that was an Opportunity: the Reconstruction of Family Histories in Northern China between Jurchen-Jin and Mongol-Yuan Rule

Hung Lichu　Sichuan University

Abstract: This study attempts to transcend the usual focus by using the reconstructions of family histories in inscriptions. It takes three families (of knights-errant, merchants, and clerks) as examples to show how they responded to political information during the dynastic transition, threats to family property, and other new challenges between 1214 and 1232. From the Zhenyou Migration to the Renchen Migration was a period of unrest in the Hedong, Henan, and Hebei regions. Regardless of their family background, their family histories focus on describing their grandfathers, fathers, and themselves; they are not interested in tracing their families

① 萧启庆对于遗民研究如此评论:"遗民现象之存甚为短暂,前后不过二三十年。"氏著《内北国而外中国:蒙元史研究》上册,中华书局,2007 年,第 21—22 页。

to ancestors before the Song dynasty. They also stress their how their accomplishments were related to the strategies that their grandfathers and fathers adopted during the Jin-Yuan transition. By doing so they all turned crises into opportunities for their families. Also, the grief over the previous dynasty and the problem of loyalty rarely figured in their family histories, if at all. This view of the Jin-Yuan transition is starkly different from the one seen from the lens of scholars from the "Central Plain": it reveals how families sought to survive during crises, and also how opportunities arose for them and how marginal families rose to importance.

Key words: Mongol-Jin War; Zhenyou Migration; Renchen Migration; Reconstructing Family History

（本文作者系四川大学历史文化学院副研究员）

元代崂山道士刘志坚交游考*

于 洁

提 要：刘志坚，号云岩子，元代全真道教道士。今崂山北部华楼山山麓的"华楼宫"为其创建，宫内现存《元泰定二年云岩子道行碑》述其生平事迹。本文利用石刻等材料对刘志坚的特殊出身、师承关系、教内外交游等问题做了细致考证。刘志坚生前与西、东道诸王家族过从甚密，尤其与赐予他尊号的晋王(后来登基称泰定帝)交往密切，这种尊荣使得崂山道教一时大张，也使其受到元中后期政治动荡之冲击。刘志坚的生平交游体现出元代全真派宗门发展所采取之典型"上层路线"，深刻影响了崂山道教的兴衰荣辱。

关键词：元代　全真道　崂山　云岩子　刘志坚

崂山是元代山东全真道的活动中心。关于元代崂山道教的宗派传承，学界多据《太清宫志》卷一《七真降临太清宫事迹记》①一篇认为全真七子皆曾游历崂山，之后刘处玄留下继续传教，使得崂山道众都归宗于其所创"随山派"支脉下修行。② 学者赵卫东通过考证，认为除丘处机、王处一外，没有可靠佐证表明七子中其他人来过崂山。③ 碧落岩、华楼宫东北两处刻石显示刘处玄、丘处机曾游上清宫，并由道士"云岩子"记录：

> 刘师父、邱师父游上清宫来看劳山道诗句：历□山前一路平，都□能有几人行。革盖十年劳峰隐，今日群仙游上清。云岩子上石。④

目前，据《崂山志》等材料可知：上文中落款者"云岩子"刘志坚是元代常驻崂山修行的全真道士。在他入崂之前，崂山道教群体已受山东境内全真派影响颇深；但他的长期留驻和大力经营，使得崂山道教正式进入了一个全盛时期。对于刘志坚出身、师从、交游、传承等情况，目前研究成果较少，涉及关键问题的记载多模糊不清。⑤ 本文围绕这些问题进行进一步的梳理考证，并探讨元中期政治背景下刘志坚的交游、传道路线对元代崂山全真

* 本文系 2016 年度青岛市社会科学规划研究项目"元代崂山道士刘志坚研究"(项目批准号 QDSKL1601155)最终成果。

① 周宗颐《太清宫志》卷一《道教海上名山——东海崂山》，宗教文化出版社，2007 年，第 234 页。

② 苑秀丽、刘怀荣《崂山道教与〈崂山志〉研究》，中国社会科学出版社，2011 年，第 99 页。

③ 赵卫东《金元全真道教史论》，齐鲁书社，2010 年，第 287—288 页。

④ 青岛市崂山风景区管理局、青岛市崂山区文化新闻出版局编《崂山摩崖集粹—华楼篇》，中国海洋大学出版社，2016 年，第 30 页。

⑤ 《崂山道教史》一书对崂山道教、道士群体进行了系统研究，涉及元代驻崂道士刘志坚一节罗列《云岩子道行碑》碑文全部内容，简单评价其为"元代崂山道士苦修的典型，也是道行较高者"。(任颖卮《崂山道教史》，中央编译出版社，2009 年，第 38 页。)

道兴衰产生的深远影响。

一、入道经历

(一) 出　身

关于刘志坚本人的出身经历，民国周至元编纂《崂山志》中所录《元泰定二年云岩子道行碑》①(以下简称《云岩子道行碑》或《道行碑》)称：

> 云岩刘尊师，实邱真人所出第三传也。师讳志坚，世为博州人。弱冠西事永昌王，掌鹰房，倜傥负才气，有干材，不甘落人后。凡王邸交命四方，多所任使，故有刘使臣之称。②

可知刘志坚为山东博州人，少年时期于永昌王帐下"打捕鹰房"中任职。

永昌王，其分封者为宗王阔端之后。绍定二年(1229)，阔端统率蒙古军进驻河西，开府西凉(今武威)。端平二年(1235)，阔端奉命经略秦巩，留其子只必帖木儿镇守河西。世祖至元九年(1272)十一月，"诸王只必帖木儿筑新城成，赐名永昌府，寻以王宫殿所在升为路，降西凉府为州隶之"，"永昌王"之名开始见诸史籍。③ 而这段时间内，《元史》诸王表中"永昌王"下只有"只必帖木儿"一人。④ 只必帖木儿虽有子在1314年承袭其王位，但封号"汾阳王"。至正三年(1343)，阔端系子孙断绝，朝廷乃改封他系王子麻失里为荆王，代镇永昌。因而刘志坚所服侍的"永昌王"只有可能是1272年至1314年间在位的阔端之子只必帖木儿。

刘志坚所掌之鹰房，属诸王位下打捕鹰房，永昌王对其中官员、人口拥有绝对支配权。《元史·兵四》中"鹰房捕猎"条载有其职能、权利、义务。⑤ 鹰房中所统为"打捕鹰房户"，是从事打猎和饲放鹰的人户，俗称"鹰人"；他们隶属于特殊户籍，有严格的等级并有专门机构予以管理，不与军户、民户等相混淆。其子孙世袭，往往可拥有免服其他杂役、宣差的特权。关于鹰房人户之来历，《元史》称"多取析居、放良及漏籍孛兰奚、还俗僧道，与凡旷役无赖者，及招收亡宋旧役等户为之"。⑥ 元代皇帝和诸王的鹰人可供职于宫廷之中，称"昔宝赤"，属近侍系统人员，⑦常可参政、预政，这就是刘志坚"使臣"身份的由来。⑧

---

① 此碑名清代黄肇颚编著《崂山续志》卷四作《有元故崇真利物明道真人道行碑》(山东省地图出版社，2008年，第152—154页)，行文与周至元《崂山志》一致，应为编者据碑抄录，个别字有异，略有缺字。本文以周至元《崂山志》中碑文为准。

② [元] 赵世延《元泰定二年云岩子道行碑》，周至元《崂山志》卷六《金石志》，齐鲁书社，1993年，第215页。

③ 汪楷《从永昌王府白话令旨看巩昌帅府与永昌王之关系》，《丝绸之路》2010年第18期，第19页。

④ (法) 韩百诗《元史·诸王表笺证》，湖南大学出版社，2005年，第214页。

⑤ 《元史》卷一〇一《兵四》，中华书局，1976年，第2599页。

⑥ 《元史》卷一〇一《兵四》，中华书局，1976年，第2599页。

⑦ 胡务《元代的打捕鹰房户——兼对〈元史·兵志·鹰房捕猎〉补正》，《西南师范大学学报(哲学社会科学版)》1992年第2期。

⑧ 关于元代使臣身份符号之意义及选派情况，参见苗冬《元代使臣研究》，南开大学博士学位论文，2010年。

(二) 师　　从

关于近侍出身、正值盛年的刘志坚是如何产生入道之念,碑文记载详尽:

……岁逾壮,归里舍,尝梦一髯翁曰:"奚为不速去?"又梦至一境,山水幽深,心悟身幻世浮,锐然弃家入道。就东平仙天观郭尊师,往摄衣席下,执礼甚卑,服劳维谨。郭师盼之曰:"闻汝善养鹰,学道亦不异是。锻去生犷野性,屏去一切尘念,久之调服,自然入道。"言下有省,乃祓性除情,减膳祛睡,志一而笃行之。东平密迩博州,亲友沓至,劝挽归俗。郭曰:"我固知汝心坚确不移,奈处此不宜。"遂辞去。……①

其入道过程,明代黄宗昌《崂山志》卷五《仙释》中"刘志坚传略",所述与《云岩子道行碑》大致相当:

云岩子,姓刘,名志坚,博州人,倜傥有才干。少事元永昌王,掌鹰坊,凡王命多任之,故有"刘使臣"之称。尝梦一髯翁曰:"奚为不速去也?"又梦至一境,山水幽深,心异之。忽悟,弃家入道。师事东平郭至空。郭曰:"闻汝善养鹰,夫学道亦如是矣!煅去野性,久之调服,自然合道。"唯而笃行……②

以上史料表明刘志坚是在陇西永昌王府③中供职期间接触、崇信道教,并最终决定返回山东遁入道门。《道行碑》称刘初事"东平仙天观郭尊师",即黄宗昌《崂山志》所称"东平郭至空"。关于"郭尊师"的身份,《道行碑》开篇称刘"实邱真人所出第三传也"。如碑文无误,"郭尊师"亦应为长春真人丘处机之再传,其上师承何人?考察碑刻史料中"仙天观"、"郭至空"皆失载,黄宗昌所纂不知依据出处,因此前研究者多抄录黄、周《崂山志》中碑、传而无更多佐证。④ 实际上刘志坚一脉上下传承明晰,历历可考。

《析津志·寺观》"云岩观"条收录有创观道士黄道盈"传略",黄即《云岩子道行碑》中"门人黄道盈"。"传略"展示出了刘志坚一门的师承关系:

君讳道盈……闻胶州即墨县鳌山⑤刘真人有道术,往师之。……黄益都东关人。黄真人则师刘云岩真人,云岩真人则师郭真人,郭师王真人,真人所师则丘真人也。……⑥

---

① [元]赵世延《元泰定二年云岩子道行碑》,周至元《崂山志》卷六《金石志》,齐鲁书社,1993年,第215页。

② [明]黄宗昌著,孙克诚编《〈崂山志〉注释》,中国海洋大学出版社,2010年,第135页。

③ 元永昌王府城址在今甘肃武威县城北20里之永昌堡。

④ 参见赵卫东《金元全真教史论》,齐鲁书社,2010年,第289页;苑秀丽、刘怀荣校注《崂山志校注》,人民出版社,2015年,第28页。

⑤ 元时多称崂山为鳌山。《析津志辑佚》此处作"鳖山",应为"鳌山"之误。

⑥ [元]熊梦祥著,北京图书馆善本组辑《析津志辑佚》,北京古籍出版社,1983年,第90—91页。《辑佚》此段系据首都博物馆藏抄本《顺天府志》卷八。

此处"郭真人"无疑就是碑称"郭尊师",其所师承"王真人"又为何人?

现北京图书馆藏"艺风堂拓片"、"柳风堂石墨"中,分别收有元代至顺元年邹县《增修集仙宫记》、《增修集仙宫记碑阴》;①后碑载金末元初冲虚大师王志演门下传承之"宗派图",王志演弟子中有"郭志达"、"郭志仙",再传有"云岩子刘志坚";图后题名第四行"大都路在城□庆坊云岩观提点黄道盈"、第六行"即墨县鳌山华楼万寿宫云岩子刘道坚、②陈道清"。学者赵芃整理云翠山南天观所藏《全真宗派之图》,对《增修集仙宫记碑阴》"宗派图"录入时之缺漏、混淆作了补充修正。《全真宗派之图》更清晰地显示出刘志坚的宗派传承为:

王重阳—丘处机—王志演—郭志仙—刘志坚(云岩子)③

王志演,《增修集仙宫记》称"冲虚大师"、丘处机之亲传。按此记,王志演于金末崇庆元年(1212)即创"三清殿"于邹县凫山之中,后由弟子郝道明继承,开辟为集仙宫,"自皇元至元丙子岁(1276)至至顺庚午(1330),凡五十有五年而有成"。④ 而至大四年(1311)《云翠山南天观碑》称"道师长春高弟中虚大师王志演,居□州桑峤镇之长春宫",⑤说明王志演生前已离开邹县,将道场移至别处。《增修集仙宫记碑阴》"宗派图"后题名第二行"本宗法眷宫观冠州桑桥镇万春宫上院提点游道宽",⑥已透露出王志演后来在冠州的传承。

这两处重要材料之发覆,正可与《云岩子道行碑》、《析津志》中的记述相印证——"王真人"为王志演,"郭尊师"、"郭至空"即为郭志仙。⑦ 而上文所称"仙天观"应为牛志淳、郭志仙、周志方、赵志古四人合力开创之"南天观",位于今山东省平阴县云翠山,元时属山东西道东平府;四人皆称丘处机之再传,其宗门后称"吕祖仙天派"。⑧

二、教内关系网的联结

(一) 结 庐 华 楼

刘志坚初栖崂山清虚庵,后在华楼山碧落岩下结庐修行。

---

① 两文收入陈垣编纂,陈智超、曾庆瑛校补《道家金石略》,文物出版社,1988 年,第 783—786 页。

② 《道家金石略》转录之误,"刘道坚"应为"刘志坚"。

③ 赵芃《云翠山南天观初考》,《世界宗教研究》2014 年第 1 期,第 57 页。

④ 陈垣编纂,陈智超、曾庆瑛校补《道家金石略》,第 783 页。

⑤ 赵芃《云翠山南天观初考》,《世界宗教研究》2014 年第 1 期,第 53 页。

⑥ 陈垣编纂,陈智超、曾庆瑛校补《道家金石略》,第 785 页。

⑦ 关于王志演、郭志仙、刘志坚共用"志"字辈的现象,据学者赵卫东考察统计:"全真道第三代弟子的命名主要以'志'字属主,其次是'道'字和'德'字,这种情况一直持续到元代中期。金末元初全真弟子的命名,虽然有了一定的自觉意识,但是在辈分上并不明晰,有时师徒几代共用一字的情况较为普遍,单纯从排字很难分辨出其属于几代弟子。"(赵卫东《沂山东镇庙及其宗派传承》,《全真道研究(第二辑)》,齐鲁书社,2011 年,第 296 页。)

⑧ 参见[元] 李谦《南天观记》,李修生主编《全元文(九)》,江苏古籍出版社,1999 年,第 64 页。另至大四年《云翠山南天观碑》,赵芃《云翠山南天观初考》收入部分碑文内容。又据《山东平阴风物志》(中国戏剧出版社,2004 年,第 43 页)称《南天观创修碑记》。

……历邹、滕、沂、莒之郊,寻方云朋,讲明心要。东至即墨之鳌山,私喜机会在是矣!即山麓南阿石窟立志,虎狼旁午,人皆危之,曰:"独不惧乎?"师曰:"与物无竞,何忧何惧?"岁余,徒入奥洞,洞殊险深,非人所居,顾有大树,始面涧背树趺坐。稍倦,则稍倚树,自谓真尔怖死也耶。复移身面树背涧,夜深昏极,忽坠涧下,竟无所损。日一粝饭,盐醯不置。身衣鹿皮,野兽杂处。雅不识书,言出理会。直述:"三十二上抛家计,纵横自在无拘系。来到鳌山下死功,十年得个真气力。"迁自崖巅,心地逾明,手饲禽鸟,如猫狎食,今清虚庵是其处也。最后结茅上华楼,今碧落万寿宫是也。①

以上可见,刘志坚对崂山道场的构建是随着他的修行层级上升和地点转移逐步展开的:先是露天修行,"面涧背树趺坐",静心悟道,经过考验,自觉修为达到一定层次,才"迁自崖巅",修筑清虚庵作为固定住所。这期间其"心地逾明",逐渐达到更高境界,最后"结茅上华楼",即登上华楼山。《道行碑》称刘志坚最初则居住于华楼宫之后碧落岩,即文中所称"碧落万寿宫"。在苦修的第三阶段刘志坚曾迎来两位慕名而来的童子,收留二人于左右,可见他和山东境外的道人、宗门也保持着一定接触:

尝曰:"纯阳师之二童来补功行。"翌明,果二少年至,一钱姓、一徐姓。师曰:"来自何方?欲往何所?"二子再拜曰:"某等杭产也。遐仰真风,愿备洒扫,请问道妙。"居无何,皆有发明。师自此后,薪水舂爨百需自为。或曲为代劳,师辄叱去,必身亲之。……②

(二)道号与头衔的获得

登上华楼山之后,刘志坚开始拥有了自己的教众,威望日增,碑文称他于此时获得了正式身份与名号:

而洞祁真人闻之,特赐云岩,玄逸张真人署为教门宗主。③

给予刘志坚道号的是"洞祁真人"(洞明真人)祁志诚。祁志诚,早年师事披云真人宋德方于太原,得赐号"洞明子",活动于北方地区。至元八年(1271)为诸路道教都提点;九年,嗣玄门掌教真人。关于刘志坚与祁志诚的来往,可以从今崂山华楼宫东北、华表峰西壁所存"洞明真人作"石刻窥见。④ 碑文所称"玄逸张真人"即指玄逸真人张志仙,元世祖至元二十二年(1285),张志仙继任祁志诚之位,是为元代全真教第七代掌教大宗师。张并

① [元]赵世延《元泰定三年云岩子道行碑》,《崂山志》卷六《金石志》,第215页。

② [元]赵世延《元泰定三年云岩子道行碑》,《崂山志》卷六《金石志》,第215—216页。

③ [元]赵世延《元泰定三年云岩子道行碑》,《崂山志》卷六《金石志》,第216页。

④ 曲宝光等《青岛崂山风景名胜资源调查评价与保护的研究》,山东省地图出版社,2001年,第248页。石刻落款"书刘志德,云岩子上石,大德四年二月初十日匠人曲道明"。

非祁志诚弟子，履历不详，在掌教前任大都长春宫宝箓院掌籍。①

刘志坚所受"教门宗主"并非一个道官系统的正式职务：宫观门派内部道士群体"依据师承关系结成宗属"，②尊奉创始人为宗主，一般内部推举，但刘"宗主"名号系两任掌教大宗师推举，颇可彰显名望，标志着他开启宗门、创始宫观的功绩得到了全真道官方系统的承认。

三、社会交游与传承弟子

（一）上层交游

大德九年(1305)四月十七日，刘志坚端坐而逝，享年六十六岁，葬于崂山凌烟崮。关于他逝世前后之事，《云岩子道行碑》中描述尤为详尽：

> 大德甲辰，今上渊潜，高师粹行，③制赐崇真利物明道真人，仍大护其山门。……一日语众曰："尔曹勉之，善自劝修，驹隙迅速，吾将逝矣。当有声大震，有鹿来迎，是其证也。"门人请末后。师曰："师真秘语，具载方策，曾未一窥。我平时以诚实行真实事，尚何言哉！"俾具沐浴，栉发更衣，端坐至午夜，月朗风清，果声震鹿至，悠然而逝。容宛如生，其庶几尸解者欤！师生庚子岁五月十三日，终于大德乙巳四月十七日子时，春秋六十有六。门人葬于凌烟崮。若吏若民不期而来会葬者众。今户部侍郎王仲怿，时以事过山下，拉守宰诘朝同候师。俄一道者云："师羽化前诸官来访，惜不及会见，各宜珍重。"皆惋叹，就执绋送葬而返。辽王追悼下教，俾树碑镵铭，以昭来世。④

这段文字不动声色地流露出：刘志坚虽道风质朴、目不识书，生前"诸官来访"，平素所交绝不乏皇亲贵胄，甚至皇帝本人。以碑文撰写时间(1324)看，"今上渊潜"应为大德年间正在潜邸的晋王也孙铁木儿（后来的泰定帝）。上文称也孙铁木儿敬仰刘志坚之道行，于大德甲辰年(1304)特赐予他"崇真利物明道真人"之尊号。

也孙铁木儿，真金太子长子甘麻剌之子，大德六年(1302)袭封晋王。元代晋王家族具有"宗盟之长"的地位并且重兵在握，在蒙古黄金家族中的地位仅次于皇帝与皇太子。1307年，位列晋王家族嫡长子的他，本与海山、爱育黎拔力八达同样具有继承大统的资格，但因其年方冲幼，⑤故并未在实际行动中参与皇位角逐；《元史》称他"成宗、武宗、仁宗

---

① 张广保《蒙元时期全真大宗师传承研究》，陈鼓应主编《道家文化研究（第二十三辑）："多元视野下的全真教"专号》，三联书店，2008年，第231—232页。

② 程越《金元时期全真道宫观研究》，齐鲁书社，2012年，第92页。

③ 此处标点，原点校本作"大德甲辰，今上渊潜高师粹行……"（周至元《崂山志》，齐鲁书社，1993年，第216页。）

④ ［元］赵世延《元泰定二年云岩子道行碑》，《崂山志》卷六《金石志》，第215—217页。

⑤ 也孙铁木儿的生年一直是学界长期探讨之问题。近年学界达成共识，其生年应在至元三十年(1293)。参见额尔顿巴特尔《高丽王室与元晋王家族的关系——兼谈泰定帝生年》，《纪念成吉思汗诞辰850周年学术研讨会论文集》，2012年，第273页。

之立,咸与翊戴之谋,有盟书焉",①突出其家庭在三朝皇室政治中所担任举足轻重之角色。大德八年也孙帖木儿方十五岁,但已可"制赠"僧道尊号,诸王权力之大,于此可见一斑。

早在元贞年间,刘志坚所营造的华楼宫已领诸王令旨护持,今崂山碧落岩西壁存有元贞三年(1297)"八不砂大王令旨",令旨称时华楼宫"主持底刘大师,与俺每念经告天祈福,与皇帝诸王祝延圣寿者",并强调以"八不砂大王"名义保护"本宫田产水土山林",令"往来使臣诸色人"②不得骚扰等。此处"八不砂大王"应为大德十一年(1307)所袭封的齐王八不沙,③为成吉思汗弟搠只哈撒儿后裔,属东道诸王。元前期诸王拥有兀鲁思领地及投下州县官府、部民,其机构可以自行颁布令旨命官、免税、征索。大德二年(1298),朝廷即下令"禁诸王擅行令旨",但未完全剥夺诸王颁发令旨的权力。④ 元代碑铭中屡见太子位阔端、忽必烈、旭烈兀、海山及诸王中永宁王、寿王、晋王、辽王等对全真道宫观颁发之令旨,或以令旨封赠某真人号。学者张广保曾对元代上层统治者特别是诸王降令旨、赐号护持全真教事迹做了初步整理,并总结出"元代蒙古宗王与全真教关系三点"。⑤ 当时地方宫观及教门领袖所领受逐级恩命之情况,如《重刊上清太平宫碑记》所称:"皇帝特降玺书,加护本宫,令告天祝寿,除免诸役,暨累奉诸王令旨,降香悬幡,颁锡金币及承省府总府榜文,禁戢诸人毋得骚扰,务使笃意兴修,精严焚诵,其恩命可谓至渥矣。"⑥

另,碑文称刘志坚下葬时"若吏若民不期而来会葬者众",其中着墨两人最值得注意:王仲怿与辽王。

王仲怿,山东青州人,⑦省部吏员出身,善于理财,后领命督办山东盐课,政绩卓著:"海舟如期,输泻以石计者,三百五十余万,自有此司,数无与比,大臣嘉奖之,领山东盐运……擢居户侍,主经赋经用。"⑧后于文宗朝由户部尚书出任陕西行省参知政事,平步青云。已有学者考察认为陕西行省长贰官员出身,多拥有大臣子弟或宿卫怯薛背景。⑨ 推测王、刘二人出身背景相似,皆有皇宫、王宫近侍经历,又属同乡,素有往来。此时,王正因忙碌于盐务经过崂山,他坚持拉来当地守宰与之一起清晨拜访,得讣告后执绋送葬,显然并非初次谒见。

---

① 《元史》卷二九《泰定帝本纪一》,中华书局,1976 年,第 637 页。

② 青岛市崂山风景区管理局、青岛市崂山区文化新闻出版局编《崂山摩崖集粹—华楼篇》,中国海洋大学出版社,2016 年,第 16—17 页。

③ (法)韩百诗《元史·诸王表笺证》,湖南大学出版社,2005 年,第 23 页。

④ 参见李治安《元代分封制度研究(增订本)》,中华书局,2007 年,第 297 页。李书中第八章"诸王等封君的特权与义务"未论及封赠宗教人士之权力。

⑤ 张广保《金元全真教史新研究》,青松出版社,2008 年,第 395—425 页。张书于"其他诸侯与全真教"一小节提及刘志坚,但仅引《莱州府志》卷六《仙传》之条目将刘志坚归为一位以官僚身份入道者,未使用《云岩子道行碑》等材料,对其接受诸王赐号等事也未论及。

⑥ 陈垣编纂,陈智超、曾庆瑛校补《道家金石略》,第 709—710 页。

⑦ 《服善堂记》称王仲怿籍贯"青社",典出《史记·三王世家》,有时指代山东半岛东部,后多指青州。

⑧ [元]同恕《服善堂记》,《榘庵集》卷三,《四库全书珍本初集·集部·别集类》,上海商务印书馆,1935 年,第 105 页。

⑨ 李治安《元代行省制度(上)》,中华书局,2011 年,第 338 页。

另一位为其“追悼下教”的“辽王”，应为仁宗至泰定帝时期权倾一时的辽王脱脱。

脱脱，铁木哥斡赤斤之四世孙。元仁宗延祐三年（1316）脱脱因漠北战功卓著，受封“辽王”，次年其封地升为泰宁路，隶属辽阳行省。①《元史・张珪传》称其时脱脱“位冠宗室，镇居辽东”。致和元年（1328），泰定帝突然驾崩，辽王脱脱联合梁王王禅、丞相倒剌沙等拥立泰定帝子阿速吉八即位于上都，发兵攻大都，与在大都意欲拥立元武宗子的知枢密院事燕铁木儿对峙，后武宗次子图帖睦尔即帝位于大都，改元天历，击败上都叛兵，毒死长兄后复位，史称“两都之战”、“天历之变”。数月之间，四帝更位，这次震动全国的兵变最后以辽王脱脱的“上都派”失败而告终，脱脱亦兵败身死。后世所传元人文集中，脱脱事迹不多见。刘志坚逝后至泰定元年（1324）秋，黄道盈亲诣大学士、光禄大夫赵世延处求文，此时泰定帝甫登基，辽王正炙手可热，赵世延因将此事于碑文中突出，以示荣宠。

清人黄肇颚曾记录当时游历华楼宫所见，记《道行碑》具体位置为玉皇洞前：

> 再西即华楼宫，祀老君。……下为玉皇洞，洞内有达鲁花赤《造像题名石碑》，额镌“玉皇洞”三大字，似摩欧阳率更者，款识模糊。……洞前丰碑矗立，字多磨灭，额书“十方功德主”，盖捐施碑也。泰定二年，集贤学士赵世延撰《云岩子道行碑》，忠义校尉达鲁花赤普颜不花书，篆额则翰林学士张仲寿也，碑述云岩子著鹿皮炼真及其尸解事。……②

其中指明篆额者张仲寿、书写者普颜不花，为周至元《崂山志》所无。普颜不花，③周至元《崂山志》收有“元延祐重修童真宫碑”一条，碑文佚，“达鲁花赤普颜不花撰文”。④ 据此时间，与《道行碑》之书者应为同一人。

张仲寿，钱塘人，号畴斋，官至翰林学士承旨，元代著名书画家，多次为在山东境内修行的全真道人之碑篆书，立碑时间集中于皇庆元年（1312）至至治二年（1322）间。⑤ 其中《白云五华宫记》、《明德道人道行之碑》尤其值得注意，传主王志顺、史志道皆曾接受寿王赐号。寿王乃蛮台，“至大元年（1308）封”，⑥为铁木哥斡赤斤长子斡端之孙、塔察儿之子，前述辽王脱脱为其孙。⑦

至此可见，刘志坚生前已凭借种种优势对教外关系经营有方：多代尊奉、赞襄全真道教之东、西道诸王；以赵世延、⑧张仲寿为代表的热衷交游道教群体的馆阁名臣；以王仲怿

---

① 周清澍主编《内蒙古历史地理》，内蒙古大学出版社，1994 年，第 125 页。

② ［清］黄肇颚《崂山续志》卷二，山东省地图出版社，2008 年，第 70 页。

③ 此人与至正五年（1345）右榜进士第一、元末山东行省平章据守益都之普颜不花应非一人。益都普颜不花事迹考证见萧启庆《元代进士辑考》（中研院史语所，2012 年，第 310 页。）

④ 周至元《崂山志》卷六，齐鲁书社，1993 年，第 214 页。

⑤ 《东华紫府辅元立极大帝君碑》、《丹阳真人归葬记》、《白云五华宫记》、《明德道人道行之碑》，分别收入《道家金石略》，第 737—738、740—741、750—751、765—766 页。

⑥ （法）韩百诗《元史・诸王表笺证》，湖南大学出版社，2005 年，第 82 页。

⑦ 《元史》卷一〇七《宗室世系表》“铁木哥斡赤斤国王位”条，第 2712 页。

⑧ 《道行碑》撰写者赵世延（1260—1336）于泰定元年起为集贤大学士。元代集贤院对道教事物管理职能及集贤官员与道士间扶持、提携、唱酬之情状，参见刘晖《元代集贤院研究》，中央民族大学博士学位论文，2015 年，第 58—67、72—81 页。

为代表的山东路地方官员,与积极结交贵幸的全真道各宗派教门,他们之间形成了一个独特的"社交网络"。此类网络中有两个传承有序的稳定点,即刘志坚等大小宗门领袖和诸王、皇帝等宫廷政治核心人物,其余关系联结皆向此靠拢。后者通过参与、营建这个"社交网络"所获利(拥戴)等情况还有待进一步考察,但前者通过此网络获得了相当的物质资源和荣誉,这对全真道全面复兴、发展都至关紧要,也使全真各宗门从此"卷入了愈演愈烈的皇位继承权之争"。① 这种"社交网络"与传教路线为其弟子黄道盈所继续使用。

(二) 传 承 弟 子

《云岩子道行碑》称碑立于"泰定三年岁次丙寅正月十二日",其时立碑者为刘志坚门人黄道盈,结衔"特赐金冠金襕紫服、葆玄崇素圆明真静大师、天祐道人、混成子、前益都路道门提点、本宫宗门提点"。关于黄道盈本人之生平经历,《析津志》中收录其"纪略"较之刘志坚碑文更为翔实:

> 君讳道盈,号天祐道人、混成子,姓黄氏。父喜,母吕氏,乐善好施。真人生于至元九年癸酉三月廿有七日,有红光照空,□即颖悟。闻胶州即墨县鳌山②刘真人有道术,往师之,数年归。适关西,云游至缅,历诸方。在途旅中,而以饮食制情魔战睡为务,心目开明。遇道术者张公带黄,教习书细字。每芝麻一粒,书天地日月国王父母八字。至于方尺扇中,取方,写孝经一十八章,四畔写胡曾咏史诗一百二十首。至元三十一年,又还至鳌山,③刘真人大赏异之。大德元年,云游至大都集庆里,得地二亩,建云岩观,起三清殿,殿之后建一室,为供老人之计。至治元年三月,敬受完者台皇后懿旨,特赐金冠法服,法号葆崇素圆明贞静真人。又奉旨赍御香往鳌山祝釐,事毕,奉掌教大真人法旨,充益都路道门都提点。至正四年春,奉特进神仙法旨,充大都大长春宫诣诸路道教所详议提点事。至正十二年三月三日,于云岩观寝室,命门人诸侄孙具汤沐衣冠,端坐而逝。享年八十。……④

此段详细讲述黄道盈于大德元年(1297)采师父刘志坚之道号、在大都城内建"云岩观"之事迹,为以往刘志坚研究所未涉及,以下就云岩观位置、黄道盈职务等问题稍作探讨。

1. 云岩观的位置

关于云岩观之具体位置,研究、汇总中多称其位于大都"内城西"、"金水河西",较为模糊。据《析津志》称云岩观在大都"集庆里(坊)"⑤内,但元代史料对此坊无更多记载。⑥

① 程越《金元时期全真道宫观研究》,齐鲁书社,2012 年,第 35 页。

② 《析津志辑佚》作"鳘山",应误。

③ 《析津志辑佚》作"鳘山",应误。

④ 《析津志辑佚》,第 90—91 页。

⑤ 关于"里"与"坊"的概念区别与演变,参见齐东方《魏晋隋唐城市里坊制度——考古学的印证》,荣新江主编《唐研究(第 9 卷)》,北京大学出版社,2003 年,第 53—84 页。

⑥ 《元大都城坊考》所收录 49 坊中未见此坊名,"地址无考"之 28 坊中只有"有庆坊"(王璞子《元大都城坊考》,《梓业集:王璞子建筑论文集》,紫禁城出版社,2007 年,第 22 页)。

明初缩小元大都城坊规模为内城，其中所设 33 坊多沿革元时旧坊，集庆里（坊）应在此时改为积庆坊。①

积庆坊位置在明“皇城北安门（注：元代厚载门）外临什刹海”沿水面向东凸出、延伸处，这一带“在行政区划上属于北城的日忠坊……坊内除水面外，主要为权贵园林、宅第、内官署和寺观等占据”。② 此处位置优越、景色优美，经元明两代汇聚，形成了一个环绕积水潭、什刹海所形成的“斜向的园林宅第分布带”。③ 因此元人宋禧称“云岩在京师，王侯将相所游息之地也”。④ 这座道观可能为刘志坚授意黄道盈所兴建，其位置与功能反映出前者一贯的传道策略。

2. 黄道盈的职务

从至治元年（1321）黄道盈获得的殊荣来看，这种策略是成功的——此时距刘志坚逝去还有八年，黄道盈通过为皇室举行斋醮、祈仪等活动，已开始独立地接受皇室成员的赞助与封号。赠与他法号、法服的“完耆台皇后”，应为元武宗之完者台皇后。⑤ 前任全真教掌教苗道一，因公开支持武宗成功夺取皇位，“介入了最高权力斗争，从而获得了极大尊崇”，⑥一跃而成为掌教大宗师。获得武宗及其家庭的关注和支持，成为黄道盈及云岩观起家成名之关键。

黄所获“金冠法服”，《道行碑》称“金冠金襴紫服”；⑦法号“葆崇素圆明贞静真人”，《道行碑》称为“葆玄崇素圆明真静大师”，⑧可为相互印证。

获得法号、法服之后，黄道盈“奉旨赍御香往鳌山祝釐”，归来后“奉掌教大真人法旨，充益都路道门都提点”。与终生未担任过实际职务的刘志坚不同，黄道盈正式进入了全真教道录官系统。“益都路道门提点”是他获得的第一个职务，为路一级的道录司（都道录所）中之最高职务，掌教任命，常规任期为三年，品秩五品。⑨ 这一系列身份变化显示了黄道盈所采取之“路线”：首先携刘志坚之影响力至京师，当他凭借京师地利，获得教外权贵人士初步认可后，又开始借此，从本宗门势力最盛的山东境内开始，逐步进入教内的职官系统，以期更好经营自身事业。

---

① 侯仁之《北京历史地图集》（北京出版社，1988 年，第 27—28 页）“元大都 · 至正年间（1341—1368）”图中绘有“集庆坊”，与“明北京城”中“积庆坊”位置大致相当。

② 孟凡人《明朝都城》，南京出版社，2013 年，第 193 页。

③ 孟凡人《明朝都城》，南京出版社，2013 年，第 196 页。

④ ［元］宋禧《送云岩观提点隋君南游还京师序》，《全元文（51）》，凤凰出版社，2004 年，第 513 页。

⑤ “武宗斡耳朵：……完者台皇后位：岁赐，银五十锭。江南户钞，延祐二年，分拨潭州路衡山县二万九千七百五十户，计钞一千一百九十锭。”（《元史》卷九五《食货志三》，第 2425 页。）

⑥ 程越《金元时期全真道宫观研究》，齐鲁书社，2012 年，第 27 页。

⑦ 元代全真史料中对法服赐予及其等级的规定、记载较为零散，并不明晰。长春真人之高徒、重玄子孟志源为“西行十八士”之一，于尹志平、李志常掌教期间“权教门事”，地位举足轻重，“以恩例赐金冠紫服，并至德玄虚悟真大师号”。（《重玄广弘道真人孟公碑铭》，《北京道教石刻》，宗教文化出版社，2011 年，第 127—129 页。）可见赐号同时获得“金冠紫服”是全真系统之道士所能获得的较高级别之法服。此外还有“金冠云服”“星冠紫服”等其他级别之法服，史称持有者“皆清高洁白，深通秘典，严持斋法有道之士”。（［元］冯志亨《敕建普天黄箓大醮碑》，《全元文（一）》，江苏古籍出版社，1998 年，第 114 页。）

⑧ 此处不同为《顺天府志》摘录原《析津志》再度刊刻后将清代避讳之“玄”字隐去。

⑨ 程越《金元时期全真道宫观研究》，齐鲁书社，2012 年，第 123 页。

与师父刘志坚依附泰定帝统治集团不同,黄道盈选择亲近武宗政治集团。而这两大政治集团对皇位之争夺是元中期政治舞台上的主要内容。直至前述元文宗图帖睦尔称帝(1328),皇位终于重回武宗一系,全真掌教之位也随之落回苗道一门下——完颜德明手中。

刘志坚逝去后,黄道盈接任"宗门提点"。泰定元年(1324)秋至泰定三年(1326)年为刘志坚求文立碑事奔走集贤院中时,他已经卸任"益都路道门提点",未有新任,但仍称"本宫宗门提点",这表明他的教内升迁之路可能受到武宗政治集团失势影响。此后二十年间宫廷政治动荡,黄道盈教内职务升迁情况不明。直至至正四年(1344),"充大都大长春宫诣诸路道教所详议提点事",显示他进入全真掌教所驻长春宫内供事,与张志仙等任掌教之前的升职路径相仿。诸路道教所负责管理道士司法诉讼,直接听命于全真掌教。① 记载显示他再未返回崂山,也没有离开大都,其传道收徒在云岩观中,有再传隋明德,②皆以云岩观为道场。

四、结　　语

考察全文,有几点仍值得思考:

刘志坚及其弟子黄道盈生前皆积极结交贵幸,反映元代全真教"后弘期"③的发展模式中依然采取"上层路线"。刘志坚采取这一路线,具有其天然优势。据碑文所载,刘志坚与晋王时期的也孙铁木儿、辽王脱脱关系密切,有赐号、追悼、吊唁之荣,这与刘志坚最初即拥有永昌王使臣身份——即近侍系统出身有微妙关系。

近侍们常作为全真道士"上层路线"依仗之关键人物出现。如成宗大德年间,道士李道元于山东莱州营建东华宫,期间多方谋求资助与护持:"大德己亥岁,钦蒙晋王令旨,封抱元真静清贫真人。……至大己酉岁,益都路宣慰使资善王公庭宪捐己资施白金一百两添助工费。次年庚戌春三月,钦受圣旨,护持东华宫。当年秋七月,蒙宁海王位下总管④忻都保举,敬受宁海王令旨,护持本宫。"⑤李道元"道价倍增"的过程与刘志坚相似,其中至大三年(1307)所蒙保举来自总管忻都,此人无疑为王府近侍,在宁海王身侧具有一定影响力。近侍常为宗教人士提供上下交通、引荐之机会,于此可见一斑。

在刘志坚的交游中,他本人的近侍身份更是具有双向、双重作用:它既是刘志坚任鹰房总管时接触全真道的管道、契机,也是刘志坚遁入全真道后返溯高层统治集团、寻求庇护与赞襄的重要条件。观《莱州府志》、《崂山志》中刘志坚除道名、道号、尊号外,本名不存,概以"刘使臣"呼之,可体现他本人或其传承者刻意保留此身份符号,以维系上层交游

① 程越《金元时期全真道宫观研究》,齐鲁书社,2012 年,第 119 页。

② [元] 宋禧《送云岩观提点隋君南游还京师序》,《全元文(五十一)》,凤凰出版社,2004 年,第 513 页。

③ 程越认为成宗元贞元年弛禁科仪,使得全真道开始活跃,至武宗即位并重用苗道一,全真道才真正结束抑制期开始"后弘期"的复兴。(《金元时期全真道宫观研究》,第 26—27 页。)

④ 此碑亦收录于王宗昱编《金元全真教石刻新编》,北京大学出版社,2005 年,第 47—49 页。"总管"一词王书录文作"综观"。

⑤ [元] 张仲寿《抱元真静清贫李真人道行碑》,《(光绪)文登县志》(据民国二十二年铅印本影印)卷十二,台北成文出版社,1976 年,第 1166 页。

与传教路线的用意。

刘志坚逝后，事迹仅存于本地宫观所藏志书、地方志中。《云岩子道行碑》立碑时间线（泰定三年）之后，《崂山志》"金石志"仅存元代碑文一则（此碑之前元代有碑六则、摩崖石刻五则）：泰定三年《重修法海寺碑》。另据《元泰定二年聚仙宫碑》①可知崂山最后一次时间明确的大型宫观建设也是在泰定二年（1325），由另一位短暂驻留崂山的道士李志明所主持，刘志坚之宗门似乎并未参与其中。以上说明泰定三年（1326）后，刘志坚所代表的崂山道教发展呈现出一种停滞态势。此后数年间，刘生前所凭借之政治"靠山"相继覆灭，而其弟子黄道盈为依附大都内政治势力，谋求发展，再未返回崂山修行，使刘志坚开创的宗门在崂山本地的传承发生断裂。

当然，仅从刘志坚的交游无法断定他是否曾介入过最高权力斗争。前人探究元代崂山道教发展时，对刘志坚生前身后所折射出的元代中后期高层政治动荡多所不察。本文通过梳理发现，这恰恰深刻影响了元代崂山道教的荣辱兴衰。

A Study of the Yuan Dynasty Taoist Priest Liu Zhijian's Social Circle

Yu Jie　Qingdao Technological University

Abstract: Liu Zhijian, also known as Yunyanzi, was a Taoist priest based in Laoshan (a hill in the coastal area of Shangdong penisular). The existing Hualou Temple at the Hualou foothill of northern Laoshan was established by him, and The Tablet for Yunyanzi's Taoist Practices Erected in the Third Year of Emperor Taiding's Reign (Emperor Yesun Temur) kept therein details his life. Based on stone inscriptions and other materials, this paper researches into Liu Zhijian's backgrounds, discipleship, social network inside and outside the Quanzhen School, and other issues as well. Throughout his life, Liu maintained close ties with the various Mongol Royal-blood princes, particularly Prince of Jin (Yesun Temur) who conferred a monastic title onto Liu and later succeeded to the imperial throne as Emperor Taiding. This honour helped Laoshan Taoism flourishing, but also subjected it to the political turmoil in the middle and late Yuan Dynasty. Liu's life and social intercourse activities reflect the typical approach that the branches of the Quanzhen School adopted then to help themselves growing, i.e. seeking connections with the higher class and noble class, which exerted a profound impact on the vicissitudes of Laoshan Taoism.

Key words: Yuan Dynasty; Laoshan; Yunyanzi; Liu Zhijian

（本文作者系青岛理工大学马克思主义学院讲师）

① 周至元《崂山志》卷六《金石志》，齐鲁书社，1993 年，第 213 页。

元代地方监察机关司法监督职能考论*

郑　鹏

提　要：元代前所未有地建立了行御史台—肃正廉访司二级地方监察网络，其重要职能之一是对地方司法进行监督。举凡受理、检验、审理、判决、监禁等各个司法环节，皆在监察官员的监督范围内。通过录囚、刷卷、受理上诉、复核重刑以及对监狱的管理，监察官员对狱讼的违错和淹滞进行纠治和改正，同时对有过犯的司法官员进行惩处。相比前代，元代地方监察机关不仅在组织上更为严密，其司法监督的途径亦进一步拓展，司法与监察之间出现一定程度的分离。在地方司法与行政不分的情况下，元代通过地方监察机关的监督对地方官府的司法权力形成制衡。

关键词：元代　行御史台　肃政廉访司　司法监督

在帝制中国，司法体系在中央与地方层面的演进过程中呈现出截然不同的图景，相对于中央官制体系很早就发展出大理寺（廷尉）、刑部等专门司法机关，地方司法机关一直没有从行政体系中分化出来，在行政机关内部亦只有少数几名正式官员。一个可能的解释是，受财政与技术手段等原因的限制，帝制中国的统治其实是一种"集权的简约治理"，地方统治机构不得不维持在一个较小的规模。① 在司法与行政不分的情况下，为了保证司法的公正，中央政府除在行政体系内部建立纵向的制约机制外，十分重视地方监察机关对司法的监督和制约。尤其到宋代，路一级并置提点刑狱司、提举常平司以及转运司等"监司"，皆负有监督地方司法的职责，其中提点刑狱司更是历史上首次设立的专职司法监察机关，"总郡国之庶狱，核其情实而覆以法，督治奸盗，申理冤滥"。② 金大定二十九年（1189）仿宋制设九路提刑司，承安四年（1199）又改称按察司，其重要职责之一亦是"审察刑狱"。③

蒙古统治者对地方监察体系的构建极为重视，早在大蒙古国时期便设置有"廉访使"。④ 忽必烈建元后，"中台总宪，分二台西、南，而错置廿二道于天下"，⑤前所未有地建立起行御史台（简称行台）—肃政廉访司⑥（简称廉访司）二级地方监察网络。行台、廉

* 本文系中央高校基本科研业务经费项目"宋—元—明变迁视阈下的江南地区法律秩序研究"（项目号：2662018QD048）阶段性成果。

① （美）黄宗智《过去和现在：中国民事法律实践的探索》，法律出版社，2014 年，第 12 页。

② ［元］马端临《文献通考》卷六一《职官考十五》，中华书局，1986 年，第 558 页下。

③ 《金史》卷三八《百官志三》，中华书局，1975 年，第 1037—1038 页。

④ 参见刘晓《大蒙古国与元朝初年的廉访使》，《元史论丛》第 8 辑，江西教育出版社，2001 年。

⑤ ［元］许有壬《至正集》卷三九《静庵记》，《北京图书馆古籍珍本丛刊》第 95 册，书目文献出版社，1988 年，第 200 页上。

⑥ 元肃政廉访司至元二十八年（1291）之前称提刑按察司，后文不再单独说明。

访司之分工大致依据至元十四年(1277)设立江南行台时之规定:"行省、宣慰司委行台监察,其余官府并委提刑按察司。"①至元十五年(1278),根据行台的提议,宣慰司亦归其本道按察司监察。② 廉访司在各路府还常建有分司衙署,如松江府就以旧县尉厅为址建起了浙西道廉访分司公廨。③ 沿袭前代制度,行台、廉访司作为国家"耳目之寄"肩负地方司法监督之责,尤其是廉访司,更是"职在提刑",④元人视其为"州郡法吏"。⑤ 在先行研究中,丹羽友三郎、堤一昭、洪金富、郝时远、李治安等前辈学者对元代地方监察机关的沿革、建制与职能进行了丰富的讨论,对其司法监督职能亦有所涉及。⑥ 近来王敬松先生对元代廉访司司法监督的重要方式之一——录囚,进行了详细的考述。⑦ 不过,有关元代地方监察机关司法监督的内容、方式与效力,迄今尚无系统性的研究。本文拟在前人研究基础上,对元代地方监察机关司法监督的制度与实践进行更为深入的考察,并在长时段的视角下对其予以审视,以此作为观察元代政治制度建构的一个窗口。

一

元代在至元六年(1269)设立按察司以及至元十四年设立江南行台时,分别颁布《察司体察等例》与《行台体察等例》,对二者之职司进行了规定,其中有不少条款皆是关于司法监督,不过这些条画中并没有涵盖行台、廉访司司法监督的全部内容。行台"弹劾行中书省、宣慰司及以下诸司官吏奸邪非违",⑧廉访司"体究一切非违",⑨其监察内容是十分广泛的,地方司法官员一切过犯自然皆在其纠察范围之内。《行台体察等例》中言"刑名词讼,若审听不明及拟断不当,释其有罪,刑及无辜,或官吏受财,故有出入,一切违枉者,纠察",⑩即是此意。《元史·刑法志·职制》中详细记载了元代司法官员的各种职务犯罪行为及处罚措施,笔者将其整理如下表:

---

① 《元典章》卷五《台纲一·行台·行台体察等例》,陈高华等点校,天津古籍出版社、中华书局,2011年,第150页。

② 《元典章》卷五《台纲一·行台·行台体察等例》,第153页。

③ [元]俞镇《建廉访司廨记》,[清]宋如林等修,孙星衍等纂《嘉庆松江府志》卷一五《建置志·古署》,《中国方志丛书》,成文出版社,1970年,第338页。

④ 《元典章》卷四三《刑部五·诸杀二·检验·检尸法式》,第1483页。

⑤ [元]王恽《秋涧先生大全文集》卷三五《上世祖皇帝论政事疏》,《四部丛刊初编》,商务印书馆,1922年。

⑥ 相关研究可参见洪金富《元代监察制度的特点》,《成功大学历史学报》1975年第2期;郝时远《元代监察制度概述》,《元史论丛》第3辑,中华书局,1986年;郝时远《元代监察机构设置辑考》,载翁独健编《中国民族史研究(一)》,中央民族学院出版社,1987年;(日)丹羽友三郎《中国元代の監察官制》,高文堂出版社,1994年;(日)堤一昭《元朝江南行台の成立》,《东洋史研究》第54卷第4号,1996年;李治安《元代政治制度研究》,人民出版社,2003年,第244—354页。

⑦ 王敬松《元代宪司分行录囚述论》,《北京联合大学学报(人文社会科学版)》2013年第1期。

⑧ 《元典章》卷五《台纲一·行台·行台体察等例》,第150页。

⑨ 《元典章》卷五《台纲二·体察·察司合察事理》,第161页。

⑩ 《元典章》卷五《台纲一·行台·行台体察等例》,第151页。

表一　元代司法官吏职务犯罪及处罚

类别	罪　　行	处　　罚	出　　处
受理	流外官越受民词	笞一十七,首领官二十七,记过	《元史·刑法志一·职制上》
	有司辄凭妄言帷薄私事逮系人	笞四十七,解职,期年后叙	《元史·刑法志一·职制上》
	民犯弑逆,有司称故不听理	杖六十七,解见任,殿三年,杂职叙	《元史·刑法志一·职制上》
检验	有司检尸故迁延及检覆牒到不受,以致尸变	正官笞三十七,首领官吏各四十七	《元史·刑法志一·职制上》
	检尸不亲临或使人代之,以致增减不实,移易轻重,及初覆检官相符同	正官随事轻重论罪黜降,首领官吏各笞五十七罢之,仵作行人杖七十七,受财者以枉法论	《元史·刑法志一·职制上》
	在监囚人因病而死,有司虚立检尸文案及关覆检官	正官笞三十七,解职别叙,已代会赦者,仍记其过	《元史·刑法志一·职制上》
	职官覆检尸伤,尸已焚瘗,止傅会初检申报	解职别叙,若已改除,仍记其过	《元史·刑法志一·职制上》
鞫问	职官于禁刑之日决断公事	罚俸一月,吏笞二十七,记过	《元史·刑法志一·职制上》
	有司断诸小罪,辄以杖头非法杖人致死	罪坐判署官吏	《元史·刑法志一·职制上》
	职官听讼,事关有服之亲并婚姻之家及曾受业之师与所仇嫌之人,应回避而不回避	各以其所犯坐之	《元史·刑法志一·职制上》
	以官法临决尊长	虽会赦,仍解职降叙	《元史·刑法志一·职制上》
	有司非法用刑	重罪之	《元史·刑法志二·职制下》
	鞫狱不能正其心,和其气,感之以诚,动之以情,推之以理,辄施以大披挂及王侍郎绳索,并法外惨酷之刑	不详	《元史·刑法志二·职制下》
	鞫问罪囚,非朝省委问大狱,寅夜问事	不详	《元史·刑法志二·职制下》
	职官辄以微故,乘怒不取招词,断决人邂逅致死,又诱苦主焚瘗其尸	笞五十七,解职别叙,记过	《元史·刑法志二·职制下》
	鞫狱辄以私怨暴怒,去衣鞭背	不详	《元史·刑法志二·职制下》
	鞫问囚徒,不经长贰僚佐会议立案而加刑	不详	《元史·刑法志二·职制下》
判决	故入人罪	若未决者及囚自死者,以所入罪减一等论,入人全罪,以全罪论,若未决放,仍以减等论	《元史·刑法志二·职制下》
	故出人罪	应全科而未决放者,从减等论,仍记过	《元史·刑法志二·职制下》

续 表

类别	罪　　行	处　　罚	出　　处
判决	失入人罪	减三等	《元史·刑法志二·职制下》
	失出人罪	减五等,未决放者又减一等,并记过	《元史·刑法志二·职制下》
	失出人死罪	笞五十七,解职,期年后降先品一等叙,记过,正犯人追禁结案	《元史·刑法志二·职制下》
	有司辄将革前杂犯,承问断遣	以故入论	《元史·刑法志二·职制下》
	监临挟仇,违法枉断所监临职官	抵罪不叙	《元史·刑法志二·职制下》
	审囚官强愎自用,辄将蒙古人刺字	杖七十七,除名,将已刺字去之	《元史·刑法志二·职制下》
	斗殴杀人,有司辄任情擅断	笞五十七,解职,其年后,降先品一等叙	《元史·刑法志二·职制下》
监禁	内外囚禁有冤滞	不详	《元史·刑法志二·职制下》
	弓兵祗候狱卒,辄殴死罪囚	为首杖一百七,为从减一等,均征烧埋银给苦主,其枉死应征倍赃者,免征	《元史·刑法志二·职制下》
	有司辄收禁无罪之人	正官并笞一十七,记过	《元史·刑法志二·职制下》
	无招枉禁,致自缢而死	笞三十七,期年后叙	《元史·刑法志二·职制下》
	有司辄将无辜枉禁,瘐死	解职,降先品一等叙	《元史·刑法志二·职制下》
	有司承告被盗,辄将警迹人,非理枉勘身死,却获正贼	正问官笞五十七,解职,期年后,降先职一等叙;首领官及承吏,各五十七,罢役不叙;均征烧埋银给苦主,通记过名	《元史·刑法志二·职制下》
	有司受财故纵正贼,诬执非罪,非法拷讯,连逮妻子,衔冤赴狱,事未晓白,身已就死	正官杖一百七,除名,佐官八十七,降二等杂职叙,仍均征烧埋银	《元史·刑法志二·职制下》
	禁囚因械梏不严,致反狱	直日押狱杖九十七,狱卒各七十七,司狱及提牢官皆坐罪,百日内全获者不坐	《元史·刑法志二·职制下》
	罪在大恶,官吏受赃纵令私和	罢之	《元史·刑法志二·职制下》
	诸司狱受财,纵犯奸囚人,在禁疏枷饮酒	以枉法科罪,除名	《元史·刑法志二·职制下》

从上表可见,根据元代法律规定,司法官员的职务犯罪大致可分为五类:其一,受理词讼不当,包括不应受理而受理以及应受理而不受理;其二,检验违制,包括检验迟误、不亲自检验以及虚报;其三,非法审讯,包括在禁刑日或者深夜审讯、不依法回避以及非法用

刑;其四,判决失当,包括因有意或者失误,将罪重者轻判、罪轻者重判;其五,监禁疏失,包括枉禁无罪之人、虐待囚徒以及纵放罪囚。这些罪行涵盖了元代司法审判的各个环节,皆是行台与廉访司的监督范围。

二

行台监察权力的运作方式为大夫、中丞综领与察院巡守,廉访司亦与此相似,为总司坐镇与分司出巡,对司法的监督则贯穿其中。① 具体来说,其司法监督职能的实现,主要有以下五种途径:

其一,录囚。录囚又称"虑囚",颜师古释曰:"省录之,知其情状有冤滞与不也。"②概指对在禁罪囚进行审录和复核。大德五年(1301)颁布的《审理罪囚定例》规定了录囚的具体任务:"轻者决之,冤者辩之,滞者纠之。"③意即对轻罪予以断决、对冤抑予以平反、对长期淹禁者予以纠治。元代廉访司、行台录囚主要由廉访分司、行台监察御史在每年分巡时进行。

有关廉访分司录囚,王敬松已有详尽研究。④ 大致说来,在按察司时期,按察司官每年上、下半年各一次对包括统军司、转运司在内诸衙门轻重罪囚进行审录,"若有冤滞,随即改正疏放"。⑤ 至元二十八年改立廉访司后,分司出巡基本定为每年八月到第二年四月,录囚则改在六月单独进行。⑥ 故俞镇《建廉访司廨记》中曰:"部使者率以岁八月出巡其所部,越明年夏四月乃还。诸路府州比一再至,大暑录囚又至。"⑦不过,广东、广西、海北三道与云南行省被视作"烟瘴歹地面",为防止廉访司官员暑月录囚染病,延祐四年(1317)后规定,这些地区录囚仍旧与按治一同进行。⑧

关于行台监察御史分巡录囚,由于官方法令中缺乏明确规定,先行研究认为录囚非监察御史固定职责。⑨ 笔者认为,监察御史虽不像廉访分司那样有固定的"大暑录囚"之制,⑩但录囚也是其分巡按治过程中的重要职责之一。顺帝后至元二年(1336)条画中强调:"监察御史、肃政廉访司每遇分巡照刷文卷、审理罪囚,务要尽心,毋致冤滥。"⑪至正九

---

① 参见李治安《元代政治制度研究》,第251—258、291—302页。

② 《汉书》卷七一《隽不疑传》,中华书局,1962年,第3037页。

③ [元]赵承禧等《宪台通纪·审理罪囚定例》,浙江古籍出版社,2002年,第49—50页。

④ 王敬松《元代宪司分行录囚述论》,《北京联合大学学报(人文社会科学版)》2013年第1期。

⑤ [元]赵承禧等《宪台通纪·审理罪囚定例》,第49—50页;《元典章》卷五《台纲二·体察·察司体察等例》,第155—156页。

⑥ [元]赵承禧等《宪台通纪·廉访分司出巡日期》,第65—66页。另据《元史·刑法志一》:"诸廉访分司官,每季孟夏初旬,出录囚,仲秋中旬,出按治,明年孟夏中旬还。"(第2617页)经李治安、洪金富考证,此说有误,录囚应在六月。参见洪金富《元代监察制度的特点》,《成功大学历史学报》1975年第2期;李治安《元代政治制度研究》,第295页。

⑦ [元]俞镇《建廉访司廨记》,第338页。

⑧ 《元典章》卷六《台纲二·按治·巡按一就审囚》,第176页。

⑨ 参见李治安《元代政治制度研究》,第272页。

⑩ 实际上,元代监察御史出巡本身亦不像廉访分司那样有固定日期,而是因时而异、具有弹性。相关研究参见洪金富《元代监察制度的特点》,《成功大学历史学报》1975年第2期;《元代监察御史的出巡时间问题》,《新史学》第13卷第2期,2002年。

⑪ [元]刘孟琛等《南台备要·首振台纲》,第201页。

年(1349)的整肃台纲条画中又规定:"今后监察御史、廉访司审理去处,虽报无囚,必须遍历,若有非理死损者,严加究治。"①这些材料都从侧面反映出,监察御史在巡行过程中有责任对各地囚徒予以讯视,以"析冤决罪"。

除每年一次的分巡录囚外,每当灾异或庆典,廉访司官以及行台监察御史还常被临时派遣至各处录囚,其目的主要是希望通过恤刑,禳灾祈福。如大德八年(1304),因灾异颁布"恤隐省刑诏书",令廉访司官审录重囚,"毋致冤滞"。② 至大二年(1309)九月,又因"年岁饥馑,良民迫于饥寒,冒刑者多"而令廉访司录囚。③

其二,刷卷。刷卷指对公文案牍的照刷审核,是行台、廉访司行使监察职能的主要方式之一。由于元代官府运作很大程度上依赖于公文,"刑狱之轻重,金谷之出纳,舞弄于巧密之内,包括乎繁冗之中",④刷卷虽为"簿书期会之末",却具有重要作用。在行台、廉访司所照刷的文卷中,很大一部分是词讼文卷,《至元新格》规定:"诸系囚听讼事理,当该官司,自始初勾问,及中间施行,至末后归结,另置簿朱销。其肃政廉访司,专一照刷,毋致淹滞。"⑤黑城文书 F116:W474 就是也火汝足立嵬土地案文卷中的一件刷尾:

革前创行未绝一件也火汝足立嵬告复业
至当日行检为尾讫
至正十三年正月　日司吏张世雄等⑥

刷卷的主要任务是检核"稽迟"与"违错",就词讼文书来说,则要审视"已断词讼有无偏屈",特别是对于人命案件,要"子细详审初复检验尸状、端的致命词因,及照死者元犯轻重罪名、责付何人烧埋、有无冤枉"。⑦ 通过刷卷经常可以发现审理失当或者迁延不决的案件,从而进行纠治和改正。

其三,受理上诉。廉访司受理上诉之权早在至元六年初立按察司时便进行了明确,《察司体察等例》中规定:"诉讼人等,先从本管官司,自下而上,以次陈告。若理断不当,许赴提刑按察司陈诉。"⑧无论原告还是被告,只要地方官府判决不当,都可由其本人或者家属向廉访司申告冤抑。申诉须写具词状,然后呈于廉访司公厅,或遇廉访司官员巡按时申冤上告。⑨ 廉访司接到申诉后要"详审词理",对其审判情况仔细勘核,若发现确实有不当之处,"行移再问"。上诉的案件必须是有司已经断决完毕的案件,"其见问未决及越诉者,

---

① ［元］刘孟琛等《南台备要·整治台纲》,第 214 页。

② 《元典章》卷三《圣政二·理冤滞》,第 115 页。

③ 《元典章》卷三《圣政二·理冤滞》,第 116 页。

④ ［元］许有壬《至正集》卷七四《风宪十事·文案稽迟》,第 376 页上。

⑤ (韩)韩国学中央研究院编《至正条格·校注本》,《条格卷三十三·狱官·断决推理》,서울:휴머니스트,2007 年,第 137 页。

⑥ 塔拉等编《中国藏黑水城汉文文献》,北京图书馆出版社,2008 年,第 809 页。

⑦ 《元典章》卷六《台纲二·照刷·照刷抹子》,第 177 页。

⑧ 《元典章》卷六《台纲二·体察·察司体察等例》,第 156 页。

⑨ 《元典章》卷六《台纲二·体察·察司体察等例》,第 158 页。

不得受理"。① 许多冤假错案经上诉廉访司重审后都得到了纠正,如扬州路录事司判官石琪以冤狱构陷淮东宣慰司奏差王旷一案,经王旷亲属向廉访司申诉,廉访司委泰州知州赵俨将此案平反。②

相比廉访司,行台主要负责受理官吏诉冤。大德十一年(1307),建德县达鲁花赤桑哥哈剌失向建德路、江浙行省称冤,刑部指出,桑哥哈剌失应"赴御史台称冤","江浙行省不应受理"。③ 皇庆元年(1312),纳昔儿等三人称冤,仁宗令刑部、御史台共同处理,御史台官认为所告之事为"赦前的勾当",提议"今后称冤的人有呵,交台里告,外头的有呵,交行台里告"。④ 这一原则在至正三年(1343)的《作新风宪制》中亦得到重申。⑤ 对于一般案件,至元十四年立江南行台时规定:"诸诉讼人,先从本管官司自下而上依理陈告,如有冤抑,经行中书省理断不当者,许行御史台纠察。"⑥也就是说,行台针对的主要是行省审理不当的案件。

其四,复核重刑。唐制,杖罪以下县决,徒罪以上由县断定后送州复审,其中徒、流在复审后由州施行,死罪则须经刑部审核后,奏请皇帝批准。⑦ 宋制与唐大体相同,"杖以下,县决之;徒以上,送州推断",⑧只是死刑的判决有所变化。元丰改制前,死罪若案情明了、断罪无疑而不需奏谳,州可予以断决。元丰改制,规定"四方之狱,非奏谳者,则提点刑狱主焉",⑨除刑名疑虑、情理可悯、尸不经验、杀人无证见者须奏谳外,其余"申提刑司详覆,依法断遣"。⑩ 金制,"州县官各许专决"。⑪ 元代地方官府的判决权限相比唐、宋、金有所缩小,凡流、死重刑皆须上报刑部,而在上报之前还须经过严格的复核。中统二年(1261)规定,重刑复核由宣抚司负责,至元六年设立按察司后则转归按察司。据《至元杂令》:"犯罪之人,五十七以下,令司县断决;八十七以下,令散府郡断决;一百七以下,各路总管府断遣。如县直隶总府者,五十七以上罪,各解府归断。外据重刑,依例归勘完备,引审是实,行移按察司审录无冤结案,申部待报。"⑫在早期,复核重刑是在按察司官出巡录囚时一并进行的,其具体规定为:

---

① 《元典章》卷六《台纲二·体察·察司合察事理》,第 162 页。

② [元]郑元祐《侨吴集》卷九《赵州守平反冤狱记》,《元代珍本文集汇刊》,台北"中央"图书馆,1970 年,第 393—394 页。

③ 《元典章》卷五三《刑部十五·诉讼·称冤·称冤赴台陈告》,第 1767 页。

④ 《元典章》卷五三《刑部十五·诉讼·称冤·称冤赴台陈告》,第 1769—1771 页。

⑤ [元]唐惟明《宪台通纪续集·作新风宪制》,浙江古籍出版社,2002 年,第 115 页。

⑥ 《元典章》卷五《台纲一·行台·行台体察等例》,第 152 页。

⑦ (日)仁井田陞《唐令拾遗·狱官令》,东京大学出版会,1983 年,第 757、761 页。

⑧ 《天一阁藏明钞本天圣令校证》,天一阁博物馆、中国社会科学院历史研究所天圣令整理课题组校证,中华书局,2006 年,第 415 页。

⑨ [元]马端临《文献通考》卷一六七《刑考六》,中华书局,1986 年,第 1450 页上。

⑩ [宋]楼钥《攻媿集》卷二七《缴刑部札子》,《四部丛刊初编》,商务印书馆,1922 年。

⑪ [宋]宇文懋昭《大金国志校证》卷三六《科条》,崔文印校证,中华书局,1986 年,第 518 页。

⑫ 黄时鉴《元代法律资料辑存·至元杂令》,浙江古籍出版社,1988 年,第 45 页。按,《至元杂令》出自日本翻刻元泰定本《事林广记》,其他书籍未见著录。戴建国考证认为,《至元杂令》是杂抄元至元前期在行的各种法令、制度而成,因此不能将其视作一部严格意义上的法典。其编撰刊行时间,当在前元至元十二年至十四年(1275—1277)之间,是书商商业运作的产物。参见氏著《元〈至元杂令〉发覆》,《河北学刊》2012 年第 4 期。

> 所在重刑，每上下半年亲行参照文案，察之以情，当面审视。若无异词，行移本路总管府结案，申部待报，仍具审过起数、复审文状申台。其有番异，及别有疑似者，即听推鞠。若事关人众卒难归结者，移委邻近不干碍官司，再行磨问实情。若有可疑，亦听复行推问，无致冤枉。①

根据这条规定，按察司不仅要仔细审核案件文卷还要提审罪囚，若犯人翻供或者发现可疑情况，则要进行复审，如果案情复杂还要委付其他官府进行审问。在实际操作中，这种集中复核的做法无法及时对案件作出处理，容易导致"淹禁罪囚"。故至元十六年(1279)根据刑部的建议又规定，重刑案件在经路总管府审问完毕后即移文按察司，按察司随即对案卷进行审核，若无冤枉即可"回牒本路结案申部"。② 至元二十八年制定《至元新格》，在此前条画基础上进一步完善，规定："诸所在重刑，皆当该官司，公厅圆坐，取讫服辨，移牒肃政廉访司，审覆无冤，结案待报。若犯人番异，或家属称冤，听牒本路移推。其赃验已明，及不能指论抑屈情由者，不在移推之列。"③大德七年(1303)又重申："今后重刑，各路追勘一切完备，牒呈廉访司仔细参详始末文案，尽情疏驳。如无不尽不实者，再三复审无冤，开写备细审状回牒本路，抄连元牒，依式结案。"④相比至元十六年以前，此后的重刑复核出现了三个明显的变化：首先，由定期分巡审录改为随时复核；其次，由当面审问改为审核案卷；再次，对上诉案件的移推改由路总管府负责。这种制度的改进有利于重刑案件及时结案和上报省部。

其五，管理监狱。元代诸路、府、州、县、录事司皆置狱，负责监收涉案的诉讼双方、各种相关人员以及未决或已决待执行的罪犯。⑤ 其中路及直隶中书省、行省的散府、州设有司狱及司狱司，其余州、县及录事司则"委佐贰正官提调牢禁"。⑥ 司狱司一般设在路、府、州治所附近，如松江府司狱司在府治西垣外，⑦镇江路司狱司自元至清皆在府治谯楼旁。⑧ 这种布局很大程度上是出于方便案件审理的考虑。但就其管辖而言，路、府、州衙门虽以佐贰或者幕官为提牢官兼理狱政，⑨司狱司本身却直隶于地方监察机关。至元六年立按察司，规定"随路京府州军司狱，并隶提刑按察司"。⑩ 至元十四年立江南行台，又规定"司狱司直隶本台"。⑪ 在实际运作中，主要由廉访司对本道各司狱司进行监督和

---

① 《元典章》卷六《台纲二·体察·察司体察等例》，第155页。

② 《元典章》卷四〇《刑部二·刑狱·断狱·重刑结案》，第1377页。

③ (韩)韩国学中央研究院编《至正条格·校注本》，《条格卷三十三·狱官·断决推理》，第136页。

④ 《元典章》卷四〇《刑部二·刑狱·断狱·重刑结案》，第1378页。

⑤ 有关元代监狱制度可参见刘晓《元代的监狱制度》，《元史论丛》第7辑，江西教育出版社，1999年。

⑥ (韩)韩国学中央研究院编《至正条格·校注本》，《条格卷三十四·狱官·提调刑狱》，第148页。

⑦ [清]宋如林等修，孙星衍等纂《嘉庆松江府志》卷一五《建置志·古署》，《中国方志丛书》，成文出版社，1970年，第339页。

⑧ [清]朱霖等增纂《乾隆镇江府志》卷八《建置》，《中国地方志集成·江苏府县志辑》第27册，江苏古籍出版社，1991年，第342页下。

⑨ 《元典章》卷四〇《刑部二·刑狱·提牢·幕职分轮提控》，第1379页。

⑩ 《元典章》卷六《台纲二·体察·察司体察等例》，第158页。

⑪ 《元典章》卷五《台纲一·行台·行台体察等例》，第152页。

管理:

一方面,司狱司定期向廉访司上报狱情。“司狱直隶廉访司者,盖欲常知各处狱情”,根据大德八年的恤刑条画,司狱须每月一次将罪囚数量和有无冤滞情况“开申宪司”。① 顺帝时期定制,“各处罪囚起数,每季申达廉访司”。② 若狱中罪囚有死损,司狱在上报时须详细写明“所犯罪名、收禁月日、感患病症,用过药饵加减分数、死亡日时、初复检验致死缘由”。③ 司狱任内死损罪囚以及审出冤抑枉禁罪囚情况都会记入其解由,④“以凭殿最”,⑤故任职司狱者常积极审察罪囚有无冤抑并向廉访司申告。如永嘉县司狱林龙泽,“考其成牍,剔疑摘奸,重者上宪府,轻者白郡守,多有所变易,罪以不冤,囚民宜之”。⑥

另一方面,廉访司官在监察过程中对司狱司予以纠察。《至元新格》规定,凡“禁系不应,淹滞不决,病患不治,并合给囚粮依时不给者”,廉访司皆须进行纠察。⑦ 大德七年又规定,各路司狱司须置囚历,“若有收禁罪囚,随即附写所犯情由”,廉访司官分巡审录时,对囚历进行照刷,若发现有不应监禁者或漏报,“就便严刑惩戒”。⑧ 由于司狱司直隶廉访司,凡司狱官吏有过犯,皆可由廉访司审理,“免有司挟恨罗织之患”。⑨

概而言之,司法监督是元代地方监察机关日常运作中的重要职责,其途径则是全方位的。地方监察机关通过录囚、刷卷、审核重刑、接受上诉以及管理监狱等方式,将地方司法运作实时地置于其监控之下,从而为及时纠正司法中的不当行为提供了条件。

三

元人张之翰形容宪司官员曰:“有地数千里,有城数百区,持肃清之权,按治于其间。喜之而为春,怒之而为秋,使百辟群吏趋走听命之不暇。”⑩可见其威势。监察官员司法监督的效力主要体现在两个方面:

其一,对案件本身进行纠正。至元六年初立按察司时就规定,按察司官员“民无冤滞为称职”,⑪历朝屡次整顿台纲,皆着重申明其“审理冤滞”之责。⑫ 所谓“冤”即冤抑,指案件审断失当;“滞”即淹滞,指案件迁延不决。“居宪司者,能正郡县之失,达小民之枉,然后

① (韩)韩国学中央研究院编《至正条格·校注本》,《条格卷三十三·狱官·恤刑》,第131页。

② [元]刘孟琛等《南台备要·整治台纲》,第214页。

③ (韩)韩国学中央研究院编《至正条格·校注本》,《条格卷三十四·狱官·囚病医药》,第150页。

④ “解由”是中国古代官员任满时开写的证明文书,主要记载官员的个人履历和在任功过,最早见于唐代。在元代,官员任满时必须开具解由并申报吏部,吏部通过考核解由对其进行迁转。有关元代的解由制度可参见郑鹏《虚文与实务之间——元代解由考论》,《内蒙古大学学报(社会科学版)》2014年第3期。

⑤ (韩)韩国学中央研究院编《至正条格·校注本》,《条格卷三十三·狱官·恤刑》,第131页。

⑥ [元]袁桷《清容居士集》卷一八《新修司狱司记》,《四部丛刊初编》,商务印书馆,1922年。

⑦ (韩)韩国学中央研究院编《至正条格·校注本》,《条格卷三十三·狱官·断决推理》,第136页。

⑧ (韩)韩国学中央研究院编《至正条格·校注本》,《条格卷三十四·狱官·囚历》,第147页。

⑨ (韩)韩国学中央研究院编《至正条格·校注本》,《条格卷三十三·狱官·恤刑》,第131页。

⑩ [元]张之翰《西岩集》卷一四《送王侍御河北按察使序》,《景印文渊阁四库全书》第1204册,台湾商务印书馆,1986年,第478页上。

⑪ 《元典章》卷六《台纲二·体察·察司体察等例》,第158页。

⑫ [元]赵承禧等《宪台通纪》,第65、73页;[元]唐惟明《宪台通纪续集》,第102、113、133页。

为无负于天子之法”,①当地方官府所审理的案件出现冤滞,廉访司、行台须予以纠治和改正,对冤狱进行平反,改正司法官员的不合理判决,督促加快案件的审理。从表二中的案例可以看到,许多地方监察官员通过刷卷、录囚等途径发现冤枉或淹滞之狱,对冤狱进行平反,改正司法官员的不合理判决,督促加快案件的审理。

表二　元代地方监察机关平冤决滞案例

序号	纠治官司	途径	案　　情	结　果	材料出处
1	福建廉访司	刷卷	郑贵、郑子进同谋将侄郑昭举打死,郑贵男郑福德又与郑昭举妻通奸。本路不行申解,辄将郑子进照依省部元拟……断例,各决一百七下,郑福德决杖八十七下,疏放,却将郑阿李通奸情罪并烧埋银两作疑申禀。本司帅府不为参详,止下本路,更为照勘无差,依例施行	郑贵照依已拟迁徙,发去辽阳行省地面住坐	《元典章・刑部三・诸恶・不睦・郑贵谋故杀侄》
2	广东廉访司	录囚	广州路番禺县梁伶奴等因争田土,互相争打,蔡敬祖、罗二、谢景德身死,初检元问官县尹马廷杰等检验违式,变乱事情,纵令吏贴私下取问,出脱真情	移推博罗县,归问得实,县尹马廷杰、典史孔镇材罪经释免,解任罢役,别行求仕	《元典章・刑部十六・杂犯一・违错・官典刑名违错》
3	江南行台	录囚	龙兴路新会县民邓巽为争家财,指使潘三四、胡万一杀其叔邓德四,邓德四妻邓阿雇被冤与邓巽通奸、谋杀其夫,屡次称冤,上下官司不准,枉勘枷禁五年,监察御史审录龙兴路罪囚时邓阿雇再次称冤	平反冤枉,并令各道廉访司审察此类冤狱	《元典章・刑部十六・杂犯一・违枉・拷打屈招杀夫》
4	广西廉访司	上诉	大德五年六月,刘子胜买到香货,八月二十七日经过远江务,被大使吴让用手执木拐决打身死,初、复检验官临桂县尹张辅翼、录事司达鲁花赤秃哥俱各验作服毒身死,其兄刘子开上诉至广西道廉访司	大德六年四月初四日钦遇释免,犯人吴让追征烧埋银,县尹张辅翼、达鲁花赤秃哥依例解见任,期年后降先职一等,放杂职内任用	《元典章・刑部十六・杂犯一・违错・刑名枉错断例》
5	江南行台	上诉	龙兴路新建县民户陈解宗虚告陈宝孙盗卖物业,本路不行归结,陈宝孙告至江南行台	监察御史追照取问,责新建县依理归结	《元典章・台纲二・照刷・追照文卷三日发还》

其二,对犯有失职、渎职等职务犯罪的司法官员予以惩处。行台、廉访司监督地方司法,除关注审判结果本身是否得当外,对地方司法官员的职务犯罪亦有权予以纠治。行

① [元]梁寅《新喻梁石门先生集》卷二《崔照磨审狱诗后序》,《北京图书馆古籍珍本丛刊》第96册,书目文献出版社,1988年,第350页上。

台、廉访司有两大途径对地方司法官员的职务犯罪行为进行纠察：一是监察御史、廉访司在录囚或照刷词讼案牍时予以发觉，二是由案件当事人及其亲属直接向行台、廉访司告诉。为确保民众冤抑能够得到切实伸张，至元二十六年(1289)特别作出规定，若官吏贪赃枉法民众可直接向监司上告，不受越诉之限。① 廉访司官或监察御史查出司法官吏的犯罪情形后，可随即对其进行审问，若案情复杂、牵连众多，还可委付与本案无关的管民官审理。案情审问完毕，视其品级高下、罪行轻重，监察官员可作出相应处置。至元十五年规定：

诸职官犯罪，除受宣官照依已降圣旨咨台闻奏，受敕人员应断罢者，听从行御史台区处。其余受省札人员，并听提刑按察司依上实行。②

元制，“五品以上宣受，六品以下敕受”，③“受省札”则指由行省任命的官吏，多是流外杂职及吏员。根据这条规定，按察司可断决流外官及吏员，六品以下职官由行台审断，五品以上则要上报御史台。至元二十八年改立廉访司后，廉访司的判决权限亦扩大到受敕官员杖罪以下，④取得了“专决六品以下”的极大权力。不过，地方监察机关的审判权并非一直保持如此，往往因地方官府的抵抗而有所波动。在元贞元年至大德五年(1295—1301)之间，由于江浙行省明里不花的建言，地方监察机关一度失去了独立审问不法官吏的权力，“察知宣慰司官的罪过呵，与行省官同审；知路官的罪过呵，与宣慰司官同审；州县官的罪过，与路官同审”。⑤ 这一规定极大阻碍了监察官员对地方官吏的监督，故行台、廉访司以及监察御史不断奏请恢复世祖旧制，大德五年重新确立了地方监察机关的独立审判权。

元代地方监察机关在司法监督中的重要作用，在文学作品中多有反映。如在杂剧《窦娥冤》中，窦娥之父窦天章即以肃政廉访使的身份平反其女冤案。⑥ 监察官员平冤决滞亦颇为时人所重，不仅在监察官员的传记资料中作为一项重要政绩予以详细记录，还通过各种诗文对其进行颂扬。如柳贯在仇谔墓志铭中记载了仇谔任福建闽海道廉访副使时，平反建宁麻沙村刘氏被仇人诬告谋反一案，称“刘阖门数百指，不绁一人”。⑦ 至正六年(1346)，周伯琦任职广东道廉访司，时值大赦，“有司系不原者，狱具犹三十又四，总之百七十余人”，经周伯琦审录，“释其枉若诖者三之一，论当者半”，此事被周伯琦写入《肃政箴》

① 《元典章》卷五三《刑部十五·诉讼·越诉·告论官吏不论越诉》，第1773页。

② 《元典章》卷五《台纲一·行台·行台体察等例》，第153页。

③ [元]元明善《平章政事廉文正王神道碑》，[元]苏天爵编《国朝文类》卷六五，《四部丛刊初编》，商务印书馆，1922年。

④ 《元典章》卷六《台纲二·体察·改立廉访司》，第162页。

⑤ 《元典章》卷二《圣政一·肃台纲》，第36页。

⑥ [元]关汉卿《感天动地窦娥冤》，王季思主编《全元戏曲》第1册，人民文学出版社，1990年，第202—211页。

⑦ [元]柳贯《柳待制文集》卷一〇《有元故奉议大夫福建闽海道肃政廉访副使仇君墓志铭》，《四部丛刊初编》，商务印书馆，1922年。

并镌刻于分司衙署之厅堂。① 至顺三年(1332),苏天爵以南台监察御史录囚湖北,时人黄溍作《苏御史治狱记》颂扬其事迹。②

不过,必须注意的是,元代地方监察机关的司法监督在实际运行中亦存在许多缺陷,有时甚至与制度设计的初衷背道而驰。面对监察官员的监督,地方官员为了避免担负罪责,"事事不为断决,至于两词屈直显然明白,故为稽迟。轻则数月,甚则一年二年,以至本官任终,本司吏更换数人而不决断"。③ 特别是死刑,"类延缓不报,庾死者多"。④ 虽然稽迟也会受到监察官员纠治,但处罚甚轻,胡祗遹质疑曰:"纵遇鞫问明白者,不过笞县吏一二十下,不满奸顽之一笑,虽立按察司与无何异?"⑤如赵良辅任新喻知州时,民众多有犯恶逆者,僚佐却"惧罪莫发"。⑥ 从一定意义上来说,地方监察机关对司法的监督和制约本身亦是一把双刃剑。

四

宫崎市定认为,监察制是元代司法制度的一大特色,这与出身北方民族的元王朝对自身统治的疑虑是息息相关的。⑦ 从上文所述可以看到,元代通过行台——廉访司二级监察网络对地方司法进行了严密的监督。举凡受理、检验、审理、判决、监禁等各个司法环节,皆在监察官员的监督范围内。通过录囚、刷卷、受理上诉、复核重刑以及对监狱的管理,监察官员对狱讼的违错和淹滞进行纠治和改正,同时对有过犯的司法官员进行惩处。不过,这种严密的监察是否完全源自元代"征服王朝"的属性,实则存有疑问。同为北方民族建立的金朝,地方司法监察机构发展与元代即有很大差异。金代之提刑司晚至金章宗大定二十九年即位才得以设立,至金宣宗贞祐三年(1215)即予以撤销,其间又屡遭削权、更名。学者在解释这一现象时,同样将一部分原因归咎于作为"征服王朝"的金朝继承辽宋政治文化的薄弱。⑧ 元代对于司法监察的重视及其相应制度建设的完善,或应更多地从现实司法运作的内在需求寻找其原因,同时亦与忽必烈初期对汉法的重视有关。

元代地方监察机关的司法监督职能继承自宋、金旧制,特别是宋代的提刑司为元代提供了非常成熟的制度经验。⑨ 同时,元代地方监察机关在司法监督中又有不同于前代的特点。首先,最为直观的是,元代行台—廉访司的二级结构是前所未有的。如同李治安先

---

① [元] 周伯琦《肃政箴》,[明] 解缙等《永乐大典》卷五三四五,中华书局,1980 年,第 2473 页下。

② [元] 黄溍《金华黄先生文集》卷一五《苏御史治狱记》,《四部丛刊初编》,商务印书馆,1922 年。

③ [元] 胡祗遹《紫山大全集》卷二一《官吏稽迟情弊》,《景印文渊阁四库全书》第 1196 册,台湾商务印书馆,1986 年,第 379 页上。

④ [元] 黄溍《金华黄先生文集》卷二六《岭北湖南道肃政廉访使赠中奉大夫江浙等处行中书省参知政事护军追封南阳郡公谥文肃邓公神道碑铭》。

⑤ [元] 胡祗遹《紫山大全集》卷二一《又稽迟违错之弊》,第 379 页下。

⑥ [元] 许有壬《至正集》卷五二《故中顺大夫同知潭州路总管府事致仕赵公墓志铭》,第 270 页下。

⑦ (日) 宫崎市定《宋元时代的法制和审判机构》,载刘俊文主编《日本学者研究中国史论著选译》(第 8 卷),姚荣涛、徐世虹译,中华书局,1992 年,第 301 页。

⑧ 参见余蔚《金代地方监察制度研究——以提刑司、按察司为中心》,《中国历史地理论丛》2010 年第 3 期。

⑨ 参见戴建国《宋代的提点刑狱司》,《上海师范大学学报(哲学社会科学版)》1989 年第 2 期;王晓龙《宋代提点刑狱司制度研究》,人民出版社,2008 年,第 220—236 页。

生所指出的,通过行台进行大区监察包含了蒙古法和汉地监察传统二元因素,与行省制的出现不无关系。① 行台、廉访司分别针对不同层级地方官府进行监察,同时在其内部又以行台对廉访司进行统领和监督,其组织相比前代更为严密。其次,地方监察机关进行司法监督的途径进一步拓展,这主要体现在其对监狱的统辖。将监狱直隶于监察机关是元代的制度创新,宫崎市定认为,其目的在于通过检举官员的非法行为来维护嫌犯的权利。②实际上,由于司狱司所羁押者多是下属官府申解的重刑罪犯,廉访司对司狱司的这种直接统属关系以及罪囚月报、季报制度使其获得一种监督地方重案审理的重要渠道,廉访司可以及时了解案情并作出反应,在分巡审囚时更加有的放矢。对于地方官府而言,这一制度设计至少在理论上使其难以隐瞒司法中的过失。再次,司法与监察的相对分离。宋代提点刑狱司不仅是路一级的监察机关,同时也是地方最高司法机关。尤其在元丰改制以后,提点刑狱司获得了对无疑难死刑案件的最终审判权。但在元代,廉访司通常只是对案件的审理情况进行审核,本身很难视作一个审级。实际上,有学者已经指出,元代监司早期称"提刑按察司",其职责侧重"提纲刑狱",至元二十八年以后改称"肃政廉访司",其职能则转向监察。③

总的来说,司法监督是元代地方监察机关的重要职能,其制度设计亦在宋、金旧制基础上颇多创新。陶晋生先生曾认为异族统治者不易了解繁复的中国官僚制度的运作,而只求简化行政程序和组织,进而重视制压而忽视制衡。④ 这一判断对于元代司法制度似乎并不完全适用,行台、廉访司的司法监督职能恰恰对地方官府的司法权力形成很好的制衡。

A Research on the Judicial Supervision Function of the Local Supervisory Organs in Yuan Dynasty

Zheng Peng　Huazhong Agricultural University

Abstract: The central government of Yuan Dynasty established supervision agencies of the Branch Censorates (*Xing Yu Shi Tai* 行御史台) and Regional Investigation Offices (*Su Zheng Lian Fang Si* 肃政廉访司) to strictly monitor the steps of justice. All judicial links, such as admissibility, inspection, trial, judgment and imprisonment, are within the supervision of the supervisory officials. Through *luqiu* (录囚 prison-checking), *shuajuan* (刷卷 document-inspecting), accepting appeals, managing the prison, the supervisory officials could identify problems in the administration of justice, then the judgment of cases could be corrected while the responsible judicial officials would be punished. Compared with the previous

① 参见李治安《元代政治制度研究》,第 280—282 页。

② (日)宫崎市定《宋元时代的法制和审判机构》,第 304 页。

③ 参见李治安《元代政治制度研究》,第 283—291 页。

④ 参见陶晋生《金代的政治结构》,《中研院史语所集刊》第 41 本第 4 分册,1969 年。

generation, the local supervisory organs in the Yuan Dynasty became more organized, the channels of judicial supervision were also further expanded, judicial power and procuratorial power were separated to some extent. In the case of local judicial and administrative mixed, the Yuan Dynasty form a balance of judicial power through the supervision of the local supervisory authority of the local government.

Key words: Yuan Dynasty; Xing Yu Shi Tai (行御史台); Su Zheng Lian Fang Si (肃政廉访司); Judicial Supervision

（本文作者系华中农业大学马克思主义学院讲师）

陈祜和他所面临的元初时代变革*

朱春悦

提　要：忽必烈用人不拘一格，宁晋人陈祜就是其中的典型。中统建元，陈祜从忽必烈同父庶弟穆哥大王的家臣一跃成为朝廷命官。陈祜见证并参与了元初激烈的政治斗争，他是王文统事件中王恽的重要帮助者，也是公然质疑权臣阿合马政见的后继者，更是在汉地、江南历经政治、文化隔膜 150 余年后忽必烈统一中国的背景下，首批下江南、践行忽必烈治国理念的北人官吏之一。陈祜调试了忽必烈治国理念与江南社会现实的落差，也推动了汉人、南人文化心理界限消失的历史发展进程。

关键词：陈祜　元初政治　时代变革

忽必烈建立元朝后，他的藩府家臣从幕后走到台前，成为元统治权力的实际运作者。相对于重臣，更多的汉人中层也被裹进元政权。既往学界更多讨论政治地位显赫的汉人世侯，而对于在宋元鼎革的背景下汉人中下层是如何发挥其历史作用的，关注较少。笔者注意到陈祜，①他原非忽必烈部下，是忽必烈同父庶弟穆哥的家臣，曾负责穆哥大王在河南府的食邑。穆哥支持忽必烈夺权，后将之举荐于忽必烈。中统初年，河南府继续归穆哥大王子昌童，陈祜成为朝廷命官，真除该路总管，实现了身份的质变。那么陈祜在元初激烈的政治风暴中扮演了怎样的角色？作为元统一中国后首批下江南传播忽必烈治国理念的北人官员之一，陈祜在汉地与江南政治、文化隔膜 150 余年重新开始接触的时代背景下，发挥了怎样的历史作用？这应为有意义的探索。

陈祜（1222—1277），一名天祜，字庆甫，号节斋，赵州宁晋人，世代务农。祖父陈忠以博究经史闻于乡里。陈祜出生时，宁晋实际上已经为蒙古所有。儿时陈祜好读书，"混泥涂间"。② 宪宗癸丑年（1253），陈祜毛遂自荐成为穆哥③大王兀鲁思的家臣。穆哥在忽必烈与阿里不哥的争权过程中倾向忽必烈。④ 忽必烈中统建元，作为回报，将河南府食邑分

---

* 安徽省教育厅高校人文社会科学一般项目"元代江淮地区多元民族文化的交融研究"，项目编号：SK2015B02；滁州学院科研启动基金"元代杭州的官民与社会生活研究"，项目编号：2015qd34。

① 笔者曾考证《元史・陈祐传》中的陈祐当为陈祜，见《〈元史・陈祐传〉订误三则》，载于《社会科学论坛》2014 年第 5 期。故此文中将《元史》卷一六八《陈祐传》的陈祐均作陈祜。

② 王恽《秋涧先生大全文集》卷五四《大元故中奉大夫浙东道宣慰使陈公神道碑铭并序》，四部丛刊景明弘治本。

③ 或译作末哥、莫哥、摩哥、木哥，波斯文作 موکه，见拉施都丁《史集》第 2 卷，玛辛・卡里米(Mahin Karmi)博士波斯文刊本，德黑兰，1959 年，第 612 页。波斯原文集校本作 مکه，见洪金富《忽必烈乳母的不揭之谜》，《古今论衡》，中研院史语所，2010 年总第 21 期，第 47 页。

④ 限于史料，学界对于穆哥在忽必烈与阿里不哥争夺汗位过程中倾向忽必烈的原因考证不多，多从同父血亲的角度看待两人关系。笔者曾考证穆哥支持忽必烈的原因，其实是与忽必烈藩府家臣史天泽有密切关联。穆哥与史天泽在蒙哥汗南伐战场与河南利益的链接下有过密关联，这成为观察穆哥倾向忽必烈的一个视角。

给穆哥子昌童，昌童随即“招河南漏籍户五百”。① 而陈祜则被正式任命为河南府总管，继续在此地治理。在他向忽必烈进谏的《三本书》中，清晰记载了陈祜易主的情况：

顾臣起身微贱，臣之先王谓穆哥大王也。拔臣于畎亩之中，进臣于陛下。陛下任臣以方面之重，锡臣以虎符之荣。臣叨居陛下之官，食陛下之禄，将逾十年矣。是以朝夕感愧，每思敷陈国计，效死以报陛下，亦所以报先王也。②

陈祜在拥有新社会地位的同时，他旧有的社会关系仍然存在。陈祜与新知故友，都卷入了元初激烈的政治风暴中，成为政治斗争的见证者与参与者。

一、王文统事件背景下的陈祜与王恽

元初李璮、王文统事件给忽必烈造成了极大震动，引发汉人政治地位受打击，与王文统有关联、时任中书小掾的王恽亦未能幸免。对此学界已作相关讨论。③ 学界多将视角集中于王文统事件中史天泽对王恽的保护，并未考证至元三年(1266)到五年(1268)，王恽回到家乡的具体情况。查阅相关资料可知，是时陈祜任职王恽家乡卫辉路，④对他产生的影响亦不容忽视。

陈祜成为穆哥大王家臣时，王恽便有耳闻：“初癸丑岁，公侍谋[于]汉邸，闻走名而喜之。”陈祜总管河南府，两人相识：“及尹洛师，一见殆平生欢。”⑤至元三年(1266)，郁郁不得志的王恽回到家乡，日以书史振砺厥志，集《文府英华》，⑥承父志完成《汲郡图志》，⑦并买田置社，倡导社礼。⑧ 值得注意的是，是年王恽还与曾侍金末皇帝的亲属韩氏小聚，为

① 《元史》卷四《世祖本纪二》，中华书局，1976 年，第 72 页。

② 苏天爵《元文类》卷一四《三本书》，四部丛刊景元至正本。

③ 劳延煊先生考证王恽与王文统密切关系时，谈到他赠王文统的诗词中以“云叟公”代其名，Lao Yuan-shuan, the Chung-t'ang shih-chi of Wang Yun, an Annotated Traslation with an introduction, Ph. disseration, Harvard Univ.1962。劳延煊《王恽〈招河南漏籍户五百〉译注与介绍》，哈佛大学 1962 年博士论文，参阅陈得芝主编《中国通史》第 14 册《中古时代・元时期(下)》，上海人民出版社，1997 年，第 185 页。此云叟公为王恽代指王文统，毛海明在其博士论文《北方汉族士人官僚与元代前期政治》中已作考证，见北京大学 2013 年历史系中国古代史博士学位论文。陈学霖教授在《王文统谋反事件与元初政局》一文中谈及王恽因王文统遭受牵连、史天泽对他的救援(陈学霖《史林漫识》，中国友谊出版公司，2001 年，第 53—108 页)。蔡春娟的《李璮、王文统事件前后的王恽》详细考证了中统到元初年间王恽因李璮、王文统事件仕途受影响，以及史天泽对他的庇护(《中国史研究》2007 年第 3 期，第 105—110 页)。

④ 《元史》卷一六八《陈祐传》，第 3940 页：“朝廷以祐(祜)降官无名，乃赐虎符，授嘉议大夫、卫辉路总管。”

⑤ 王恽《秋涧先生大全文集》卷六五《故中奉大夫浙东宣慰使赵郡陈公哀辞》。1257 年春，王恽在“沙麓之墟”结识窦默。见《秋涧集》卷六四《祭侍讲学士窦公文》。1257 年秋，王恽父王天铎卒(见《秋涧集》卷四九《金故忠显校尉尚书户部主事先考府君墓志铭》)，而中统元年秋，王恽已北上开平，综合这几点，两人相识早于应中统元年。

⑥ 王恽《秋涧先生大全文集》卷四一《文府英华叙》，四部丛刊景明弘治本。

⑦ 王恽《秋涧先生大全文集》卷四一《汲郡图志引》。

⑧ 王恽《秋涧先生大全文集》卷三六《社坛记》。

之作乐府诗以排解她的旧国之念,赋后记道:"翰林修撰正[王]恽引。"①王恽以贬官前的旧身份自居,这个细节透露了他对元政权坚定的政治立场。恰逢此时,陈祐任职其家乡,与之朝夕相处:

> 至元三年,以邦伯厘卫,日夕得游从燕处。为文章往复,时或持论古今,倾底里无间。至于振衰砺懦,长予志殊锐,四载间犹一日也。②

至元四年(1267)春,王恽与陈祐等人泛舟游玩,途中直言"月滩留醉恨匆匆"③以感慨欢乐时光短暂。是年秋,王恽参与了由陈祐主持的比干庙祭祀盛会,参加者为陈祐宾友、幕属。王恽与之一起祭祀,作《陪总管陈公肇祀商少师比干庙》,④字句直抒忠君情怀。

通过与陈祐的频繁接触,王恽生活内容更加丰富,心态也发生了转变。至元五年(1268)正月的《戊辰门帖子》中"里人莫讶三东蛰,一寸丹心用有时"一句,可见他对仕途的蓄势待发。而《种柳记》中的"何时有用于物",则表达出他要实现自身价值的迫切愿望。是年,王恽迎来仕途春天,于广寒殿面见忽必烈,⑤官监察御史,自譬"鹳鸽",⑥要食尽"贪抵法"之人。至元六年(1269),陈祐自卫辉离任,王恽作《总管陈公去思碑铭》,赞颂他的政绩:陈祐与达鲁花赤塔必迷失共事欢洽,且得百姓爱戴。⑦ 陈祐的政治举措多有独到之处:如创立孔子庙、修比干墓、重刊摹祭殷大师事著于祀典等,⑧为恢复卫辉的地方秩序与构建传统文化,做出了贡献。

综上考察至元三年(1266)到五年(1268)身处家乡的王恽便可发现,在他仕途低谷期,好友陈祐予之慰藉。作为元初重要的中下层文臣,王恽重返仕途并发挥其历史作用,离不开陈祐的鼓励。既往学界多关注史天泽对王恽的庇护,但陈祐的作用亦不容小觑。陈祐因与王文统互不相识而躲过一劫未受牵连,他才能帮助王恽。而与之有瓜葛的王恽则未能幸免,倚靠旧有的社会关系才化解危机。从更深层的角度看,王恽参与的是蒙古人的政权,这个政权兼容并包又大大异于以往。王恽执着于此,恰恰说明了政治舞台是风险与机遇并存的地方。政治参与极具挑战与诱惑力,引来世人前赴后继、趋之若鹜。从这一点

---

① 王恽《秋涧先生大全文集》卷七五《春从天上来》。

② 王恽《秋涧先生大全文集》卷六五《故中奉大夫浙东宣慰使赵郡陈公哀辞》。

③ 王恽《秋涧先生大全文集》卷一五《至元四年岁在丁卯暮春之初陪陈王二郡侯泛舟清水兼携妓乐》。

④ 王恽《秋涧先生大全文集》卷二。

⑤ 王恽《秋涧先生大全文集》卷五八《大元故正议大夫浙西道宣慰使行工部尚书孙公神道碑铭》载"因忆至元戊辰,宪台初立,公与不肖擢御史,引见世祖皇帝于广寒殿,自尔议事松厅,联镳骢马,义气交孚,相得为甚欢"。是年,王恽作《至元戊辰应聘宪台留别淇上诸公》,亦记载此事,见《秋涧先生大全集》卷二四。

⑥ 王恽《秋涧先生大全文集》卷四四《鹳鸽食蝗》。

⑦ 王恽《秋涧先生大全文集》卷五三《总管陈公去思碑铭》。关于陈祐与达鲁花赤塔必迷失共同治理卫辉路相关内容,见王恽《大元国故卫辉路监郡塔必公神道碑铭并序》:"知总尹陈公祐之贤,敬让欢洽。"(见《秋涧先生大全文集》卷五一)

⑧ 武亿《授堂金石文字续跋》卷一四《重摹祭殷大师文碑阴记》记载了陈祐至元三年尹卫辉路的情形,《续修四库全书》第 892 册景清道光二十三年重刊本,第 765 页。

看，古今历史有着共通性。

二、陈祜与权臣阿合马的政见分歧

中统建元初，忽必烈政权内部矛盾爆发。李璮之乱的失败，引发忽必烈猜忌汉人势力，①这就给他政权班底中非汉势力提供了一个上台掌握实权的机会，回族逐渐在汗廷中占据重要地位。是时，以阿合马为代表的回族理财派与安童领导的汉法派关于行政机关设置问题，产生激烈冲突。② 在此过程中，陈祜扮演了什么角色？

陈祜曾在卫辉任上进谏《三本书》，提出治国三本：即太子国本、中书政本、人材治本，言此乃天下之公论。③ 当然，该言论是当时汉法派的公论，陈祜此举也因此得到倡导汉法儒臣的响应。而当时汉法派与以阿合马为代表的理财派的明争暗斗正持续发酵。至元五年(1268)，元世祖下诏设立最高的监察机关御史台，阿合马屡屡奏请撤销。至元六年(1269)，陈祜任山东东西道提刑按察使：

> 时宪台初立，首以材擢授山东东西道提刑按察使。公憙其责与志合，踔厉英发，击豪右，擿奸伏，逆见随决，所至以神明称，贪墨者往往投劾而去，褰帷具瞻，有风动百城之目。④

好友王恽记载道："秋天寥落使星明，光动山东百二城。三本有书天下计，一樽为地故人情。"⑤直抒"羡煞山东陈按察，龙光高射斗牛寒"，⑥祝愿他在仕途有所作为。另一位好友胡祗遹，希望他可以"排邪获罪非所愁，卵翼山东四百州"。⑦ 正如胡祗遹的预言，陈祜在山东政绩斐然：他举荐人材、⑧体察民苦，致力于改善吏治。⑨ 元中后期官吏张之翰、王博文读到陈祜作于任上的诗，仍对他钦佩不已。⑩

---

① 参阅周良霄先生《李璮之乱与元初政治》，《元史及北方民族史研究集刊》第4辑，1980年。

② 学界对元初回族理财派与汉法派的斗争早有考证，如黄时鉴先生《真金与元初政治》，《元史论丛》第3辑，1986年，第193—201页；郝时远《元世祖时期台察与权臣的斗争》，《元史论丛》第4辑，1992年，第110—122页；罗贤佑《许衡、阿合马与元初汉法、回回法之争》，《民族研究》2005年第5期，第78—86页；萧公秦《元代儒臣的反功利思潮》，《上海师范大学学报》(哲学社会科学版)1994年第1期，第68—77页。

③ 苏天爵《元文类》卷一四《三本书》，《四部丛刊》景元至正本。

④ 王恽《秋涧先生大全文集》卷五四《大元故中奉大夫浙东道宣慰使陈公神道碑铭并序》。

⑤ 王恽《秋涧先生大全文集》卷一六《寄陈按察庆甫》。

⑥ 王恽《秋涧先生大全文集》卷一六《书怀无简陈节斋》。

⑦ 胡祗遹《紫山大全集》卷四《登车行赠送陈按察》，文渊阁四库本。

⑧ 陈祜任上举荐杨珍子杨文郁，见李谦《翰林学士杨公神道碑铭》，清冯云鹓《济南金石志》卷四《艺文志》；亦可见王赠芳等编《[道光] 济南府志》卷四八《人物四》，清道光二十年刻本。此举得到好友王恽的呼应，王恽作《荐济南士人杨从周事状》(见《秋涧先生大全文集》卷八八)，杨从周，即前监察御史杨清卿之孙杨文郁。

⑨ 他任上作《老农两首》，深感耕作农民辛劳，见毕沅辑《山左金石志》卷二一。陈祜借赞美杨凤仁、马绍二君，欲改善吏治，见王博文诗《登琴台诗刻并跋》，北京图书馆金石组编《北京图书馆藏中国历代石刻拓本》第48册"元代部分"，第100页。亦可见陈祜《琴台书事四首》，项葆祯修《[民国] 单县志》卷一五。

⑩ 张之翰《西岩集》卷九《读陈节斋诗刻》，《四库全书》本。王博文读其诗刻，见王博文诗《登琴台诗刻并跋》，北京图书馆金石组编《北京图书馆藏中国历代石刻拓本》第48册"元代部分"，第100页。

至元八年,陈祐回到大都,随即卷入当时元中枢剑拔弩张的"回回法"与"汉法"斗争中。陈祐公然支持安童,直言反对阿合马罢中书之举:"斯皆国家大计,人所持难,公慨然吐论,曾不少顾,自是忠直之名,闻于盖代。"①陈祐也由此招致阿合马记恨,被西贬中兴路。王恽就此上书忽必烈,表示强烈反对:

> 伏见尚书省奏拟山东东西道提刑按察使陈祐(祐)签中兴等路行尚书省事,就令本司取到粘带解由前来。参详见设按察司五道,据祐(祐)忠真刚果,毅然有为,脱略苛细,务明大体。凡所兴除,民安吏畏;风采所加,百城震肃。以声迹比量,最为称职。……今祐所除,名虽相列,其实左迁。若向前代官,苟非其人,是一道监司殆虚设耳。宪台理合开陈可否,以之执奏,别议选注。②

王恽上书讲述陈祐在山东的治绩,并向陈祐所属的宪台寻求支援,结果"不说者众",陈祐仍被贬官。③ 与陈祐志趣相投的胡祗遹亦为之鸣不平:

> 自惭伛偻簿书丛,喜见英材建绝功。遭际真成千载遇,瑰奇谁识万夫雄。霜鬓横海吹高浪,云翼垂天驾远风。一举为人勋业了,黑头何害作三公。④

后胡祗遹同样因为反对阿合马,于至元十一年(1274)被贬至太原路,负责铁冶相关事务。⑤

值得注意的是,除了汉人儒士,与阿合马有相同出身背景的吕天祺,亦因不愿与之为伍,为其"数欲害之不能"。⑥ 阿合马虽为色目人,但并没有得到所有色目官僚的支持,高

---

① 王恽《秋涧集》卷五四《大元故中奉大夫浙东道宣慰使陈公神道碑铭并序》。

② 王恽《秋涧集》卷八七《论陈提刑改除不宜取解由事状》。至元八年,尚书省复并入中书省,王恽作《辛未岁除夕言怀》诗,表达他的不满与无奈(见《秋涧先生大全文集》卷一六)。

③ 陈祐西贬中兴府时间在至元九年到至元十年间。至元八年三月己丑,复立西夏中兴等路行尚书省,以趁海参知行尚书省事。西夏中兴行省于至元十年三月被废罢(《元史》卷七《世祖本纪四》,第135页;《元史》卷八《世祖本纪五》,第148—149页)。可知,陈祐官此只能在至元九年前后(《续资治通鉴》载,陈祐:元中兴路行省陈祐为南京总管兼开封府尹,似乎不妥)。对于陈祐何时离开西北,《陈祐传》记载:"朝廷大举伐宋(按《元史·伯颜传》,时间在至元十一年),遣祐签军,山东民多逃匿,闻祐来,皆曰:'陈按察来,必无私。'遂皆出,应期而办。"(《元史》卷一六八《陈祐传》,第3940—3941页)离开在至元十一年。

④ 胡祗遹《紫山大全集》卷六《送陈按察佥西省事》,《文渊阁四库全书》本。

⑤ 《元史》卷一七〇《胡祗遹传》,第3992页。胡祗遹任职太原路的时间,据其文《西冶记》(《紫山大全集》卷九)可知,在至元十一年。同年作《石砚屏》(《紫山大全集》卷二)有云:"至元十一年,客太原。"可佐证之。

⑥ 揭傒斯《揭文安公集》卷一三《故荣禄大夫陕西等处行中书省平章政事吕公墓志铭》载:天祺大父惠坚及夫人董氏,以顺圣皇后察必的媵臣,为皇子北安王那木罕保傅,父合剌历工部侍郎、尚书,中书参知政事等职(《四部丛刊》景孔荭谷钞本)。元代媵臣,即引者(inje),复数媵哲思(injes),意为从嫁人,突厥—波斯语称为额兀·斡兀阑(ev-oghlan)。刘迎胜先生在《从阿合马的身份谈起》一文中,对元代以阿合马为代表的从嫁人媵哲作深刻考证,见《元史论丛》第九辑,中国广播电视出版社,第136—150页。

昌偰氏家族岳璘帖木儿四子都尔弥势、①八子合剌普华②以及哈剌鲁氏答失蛮③都曾以不同的方式反对阿合马的政见，他们不满阿合马所为而不愿与之为伍。

至元初年，在汉法派与理财派明争暗斗的较量中，中下层官吏陈祜敢于直言反对权臣阿合马，但双方力量悬殊，他也因此遭贬官。阿合马任职尚书省时，回族理财派的气势已强于汉法派。在这种形势下，陈祜卷入两派冲突，因自身立场与价值观，他自觉不自觉地成为汉臣集团的小小代言人。他的抗争虽得好友声援，但人微言轻，从一开始，陈祜就加入了一场没有胜算的斗争。将视角转向色目答失蛮等人，通过他们对阿合马的反对可以清晰地看出，政见分歧是多种因素促成的，民族身份从来不是划分标准。

三、陈祜与北人官员南下

元世祖忽必烈灭南宋统一中国之前，中国曾经历三百余年的分裂。汉地与江南因隶属南北不同的政权而产生了心理隔膜。元灭江南初期，"江左初下，人情鯱（hu）脆，例赂遗相尚"，④江南社会秩序不安。元世祖为巩固统治，防止宋遗民的反叛，对南宋旧地采用恩威并施的手段，一方面设立行省、宣慰司等机构加强统治、安抚新附民，一方面派镇戍军队、与当地"世家大族"结合以应对民乱。⑤ 大量蒙古、色目与北人官吏涌入江南，在新的机构中充任要职，管理江南。南北不同的价值观群体接触不久，便出现了人心不孚、官吏侵害百姓利益等诸多状况。作为首批南下的北人官吏，陈祜起到了怎样的历史作用？

（一）南下安抚新附民的实践者——陈祜

至元十四年(1277)元灭南宋初，陈祜任浙东道宣慰使，南下安抚新附民。临行前，王恽与之游巩县黑石渡送别。⑥ 北人官吏陈祜南下江南面临的形势以及他的心态如何呢？

陈祜到任不久，便在临海东湖重建上蔡书院："至元十三年，毁于火。浙东道宣慰使节斋陈公徙建于郡城元妙观右。"⑦而后，他致力于安抚江南平民："时江南初附，军士俘虏温、台民男女数千口，祜悉夺还之。"⑧

陈祜宣抚之地邻近婺州玉山，多盗匪悍夫。前任使者曾设计擒拿盗匪。恰好陈祜到

---

① 都尔弥势由从父撒吉思(Sargis)提携入仕，后因不满阿合马而赋闲。关于此家族事迹，可参阅欧阳玄《圭斋文集》卷一一《高昌偰氏家传》，《四部丛刊》景明成化本。萧启庆先生《蒙元时代高昌偰氏的仕宦与汉化》对此家族做了翔实的研究(参见《内北国而外中国》，中华书局，2010年)。

② 欧阳玄《圭斋文集》卷一一《高昌偰氏家传》；《元史》卷一九三《合剌普华传》，第4384—4386页。

③ 答失蛮，波斯文Dānishmand的译音，意为学者、智者。杨志玖先生曾作《元代的几个答失蛮》，可作参考(见《元史三论》，人民出版社，1985年，第211—225页)。

④ 王恽《秋涧先生大全文集》卷五四《大元故中奉大夫浙东道宣慰使陈公神道碑铭并序》。

⑤ 陈得芝先生《元代江南之地主阶级》，曾考证元灭南宋初期的江南世家大族政治、经济地位，元统治者与之结合应对民乱。并提及元灭南宋初期的社会形势以及元世祖治理江南的理念。亦可参阅陈得芝先生《程钜夫奉旨求贤江南考》，《蒙元史研究丛稿》，第543页；黄清连《元初江南的叛乱1276—1294》，《中研院史语所集刊》，1978年，第37—76页。

⑥ 王恽《秋涧先生大全文集》卷二七《过仁宗陵》。

⑦ 洪若皋《[康熙]临海县志》卷一二《艺文志一》，康熙二十二年刊本。

⑧ 《元史》卷一六八《陈祐传》，中华书局，第3941页。

来,乡邑曾提醒他"寇锋必锐,姑少避之",他却不以为意:

> 吾以宣皇灵、慰民望为职,不幸遇寇,弭之可也,避之可乎?纵吾可避,如百姓鱼肉何?不负朝廷羞使节乎!况寇亦吾民也。吾将道天子德意志虑,昭示利害祸福,使知向背,以尽吾职,无愧吾心而已。①

是年九月七日,陈祜归屯新昌途中,为东阳、玉山群盗张念九、强和尚杀害。② 好友王恽上书朝廷,希望褒奖陈祜、抚慰其后人,③当地邑人"壮而祠之"。大德四年(1300)六月,前进士俞浙撰、至元内附的江西东道肃政廉访副使臧梦解书写祠堂碑文,彰显其德行。④

元灭宋初期,陈祜被派遣任职江南仅三月有余,那么他是以怎样的心态南下?时隔几十载,陈祜的形象在江南发生天翻地覆的变化,这又说明了什么?

陈祜初到南宋故地,"江南初内附,民未孚于新政",北人官吏陈祜代表元廷利益,欲昭示忽必烈德行于江南民众,"寇即吾民"的心态,表现了他对忽必烈一统中国后元政权的信心。传递元世祖忽必烈治国理念给江南社会的信心满满,却遭遇江南社会收复不久、人心未定的社会现实:"公以赤子视寇,寇不以父母视公,公为寇特开生路,寇乃纳公于死。"因此遭遇不测。众所周知,中国政权自唐以后,经历了长久的分裂,中国的统一至元世祖忽必烈灭宋后才完成,南北政治分裂、文化隔膜许久,双方隔阂甚深。忽必烈统一中国后,蒙古人的价值观、以原金统治区为主的汉人文化价值观与南人社会价值观接触,它们需要一个适应、对话而后融合的缓慢过程。直到大德四年(1300),当地官吏、乡贤才为陈祜祠堂隆重的刊刻碑铭、重新修缮以彰显其德。这说明当时的南北文化价值观早已融合,江南社会对元朝的统治也早已认同,陈祜在江南见证并促进了这一历史发展的趋势。将观察的视角拉宽,负责陈祜遇害善后事宜的同知绍兴路总管府事陈思济的经历,似乎更能说明北人官吏南下江南的历史使命。

(二)北人官吏陈思济与江南社会

柘城人陈思济曾为忽必烈藩邸之臣,"世祖在潜邸,闻其名,召之以备顾问"。⑤ 至元十四年(1277),陈思济任职绍兴路总管府,在负责处理陈祜遇害一事期间,有人奏报绍兴城中"少年将与外寇合谋为变",军帅欲屠城,杀千余少年。陈思济平息此事,"止兵不杀"。此外,陈思济还设法释放桐庐民的"轻罪以系者",得到了民众的拥戴。后擢任两浙都转运盐使事,治私盐,浙民以安。⑥ 至元二十三年(1286),陈思济任职淮东,调治浙西洪水。而

① 阮元《两浙金石志》卷一四《元宣慰陈节斋祠堂碑》,清同治九年抄本。

② 王恽《秋涧先生大全文集》卷六五《故中奉大夫浙东宣慰使赵郡陈公哀辞》;《元史》卷一六二《高兴传》,第3804页。

③ 王恽《秋涧先生大全文集》卷九一《申明宣慰使陈祐状》。

④ 阮元《两浙金石志》卷一四《元宣慰陈节斋祠堂碑》。

⑤ 《元史》卷一六八《陈思济传》,第3957页。

⑥ 虞集《道园学古录》卷四二《通议大夫签河南江北等处行中书省赠正议大夫吏部尚书上轻车都尉追封颍川郡候谥文肃陈公神道碑》,四部丛刊景明景泰翻元小字本。

后他极力应对行省也速答儿①的滥用民力之举，深得百姓爱戴。②

透过陈思济种种厚民之举不难窥探，初附蒙古政权的江南社会官民关系紧张，包括蒙古、色目、北人官员在内的执政举措与江南的社会现实之间需要一定时间的调和，陈思济无疑充当了这种调试的角色。

辗转于江南任上的陈思济颇有治绩。此外，他还结交南宋文人，与之交好唱酬。至元十七年(1280)，陈思济游杭州洞霄宫，南宋旧臣赵若秀与之唱和，赞美洞霄宫景致。③ 赵若秀的背景非常值得关注，此人登淳祐七年(1247)进士榜，元军攻下临安，他作为押玺使，随南宋皇帝、太后一行人赴大都。④ 至元二十年(1283)，赵若秀已经出仕元廷，任嘉兴路总管兼府尹，为海盐福业院陈山龙君行祠篆盖。⑤ 赵若秀由宋仕元，陈思济是见证者和参与者。值得注意的是，陈思济任职池州时，还结交了宋元间著名文人贡奎。贡奎曾赠与他诗文：

> 翠微亭下独游时，肠断风流杜牧之。寂寞年来有遗事，江山分得使君诗。⑥

宣城贡氏是文学之家，贡奎父士浚，以词赋试漕司中程。《宋元学案》记载，士浚"力学砥节，宋亡，遂不仕。尝作义塾以待四方学者，乡人甚尊敬之"。其子贡奎天资颖敏，十岁能属文，长益博综经史。⑦ 据《集贤直学士贡文靖公神道碑铭》载："初被浙省，檄为池州齐山书院山长，终更谒选吏部。"⑧贡奎至元间任职池州，而他送给陈思济的诗文，恰好为陈任职池路总管时作，两人应相识于此前后。值得注意的是，贡奎父忠贞于南宋，隐遁不仕，那么贡奎仕元廷过程中的心态如何？其好友戴表元曾记录了贡奎的一段独白：

> 奎生三十有一年矣，平居读古传记，见材名气焰士，必快慕之。今纵不得如洛贾生、蜀司马长卿、吴陆士衡，即取印绶节传，为左右侍从言论之臣，尚当赋《两都》、《三大礼》，献《太平十二策》。遇则拱摩青霄，不遇则归耕白云，安能浮沉澳忍，为常流凡

① 也速答儿，《元史》中又作"怙木儿"(《元史》卷一三《世祖本纪十》，第280页)、"铁木儿"(《元史》卷二〇五《桑哥传》，第4571页)。

② 虞集《道园学古录》卷四二《通议大夫签河南江北等处行中书省赠正议大夫吏部尚书上轻车都尉追封颍川郡候谥文肃陈公神道碑》；《元史》卷一六八《陈思济传》，第3957—3958页。

③ 孟宗宝《洞霄诗集》卷九，中华书局，1985年，第55页。

④ 刘一清《钱塘遗事》卷九《丙子北狩》，光绪刻武林掌故丛编本。此事在宋、元两代史料中均有记载，《宋季三朝政要》卷五载："丙子德祐二年，二月朔丙申，伯颜丞相传旨收城军器。北使请传国玺，以监察御史杨应奎、宗臣赵若秀为押玺使。"(元皇庆元年陈氏余庆堂刻本)《元史》卷一二七《伯颜传》载："癸卯，谢后命吴坚、贾余庆、谢堂、家铉翁、刘岊与文天祥，并为祈请使，杨应奎、赵若秀为奉表押玺官，赴阙请命。"《元史》，第3110—3111页。

⑤ 樊维城修，胡震亨撰《[天启]海盐县图经》卷三《祠宇》"陈山龙君行祠"条，《四库全书存目丛书》史部第202册景明天启四年刊本，第372—373页。

⑥ 贡奎《贡文靖公云林诗集》卷六《春日呈池州郡守陈秋冈》，《北京图书馆古籍珍本丛刊》第96册景明弘治三年范吉刻本，第73页。

⑦ 黄宗羲《宋元学案》卷九二"文靖贡云林先生"条，清道光刻本。

⑧ 马祖常《石田先生文集》卷一一《集贤直学士贡文靖公神道碑铭》，《北京图书馆古籍珍本丛刊》第94册景至元五年扬州路儒学刻本，第268页。

侪而已乎?①

贡奎此番感慨表达了他出仕元朝后之于学识与仕途的抱负。呈送陈思济的诗文,可见他对陈的敬仰。

陈思济的江南好友,有的淡泊名利,也有一部分人选择了入仕,那么如何看待陈思济之于他们的作用?我们可以从虞集为陈思济所做的诗文窥见一二:

> 昔世祖皇帝方混一东南之时,遗老昔人,建大事,出大议,功名各已成遂。故佥省尚书秋冈先生陈文肃公,自潜邸之旧,持书省户,画诺翰屏,阅历之久,已专城千里于河山之间矣。东南新归版图,名都巨邦,佳山胜水,遗宫环苑,江花庭草,皆在所视履也。区区亡国保御之所经营,其形势未尽划削消磨也。新附之人,救死扶伤于田里闾阎者,疾痛呻吟,未尽休息也。新政未孚,聚敛刻薄之说得行。而皇上之恩德未浃于遐陬也。拘曲文史,形格势禁。而缙绅大人,雅歌投壶,雍容整暇,示人以宽裕忠厚之德意者,未足以风动四方也。山川能说,升高能赋,苟无其人,则何以哉。天子于此时,宁辍公于论思之亲密,而使往来于江海之上,其旨亦深矣哉!②

虞集此文勾勒出了元灭南宋初期江南社会的形势:忽必烈灭南宋而后统一中国,南北一家,北人官员南下,传递蒙古上层的治国理念给江南社会。这其中既夹杂着蒙古人与汉人的价值观差异,也夹杂着中国南北长达一百五十余年的政治分裂、文化隔膜,于是出现了"新政未孚、聚敛刻薄之说得行"。这时,陈思济等北人官员着力调和元世祖治国理念与江南社会现实之间的差异。随着时间的推移,蒙古人的文化与汉文化接触、交流而后涵化。北人官吏陈思济与以遗民身份出仕新朝的赵若秀、贡奎的交游,说明南北文化即使历经百余年的隔膜,汉人与南人仍然有着共同的文化基础与价值观,因此南北文化能够融汇在一起。陈思济在江南的政治举措与社会活动,促进了这一大的历史发展趋势。

四、结　语

忽必烈用人不拘一格,建立元帝国后,让更多的汉人进入政权。在这样的背景下,陈祐由王府家臣变成朝廷命官,见证并参与了元初激烈的政治斗争。陈祐地方治绩十分显著,无论身处汉地或是江南,都实现了自身价值。

从更开阔的视野观察陈祐所面临的时代:中国北方经由金的统治,汉地与江南一百多年曾互为敌国,北人的认同已经与南人有着很大的不同。蒙古统一中国,将南北政治藩篱打破,实现南北一家。政权的统一,也使得南北文化的界限被打破,南北心理差距开始缩小、心理隔膜逐渐消失、共同群体意识最终产生。但这样一件具有划时代意义的历史潮流,是依靠当时每一位先行者发挥其历史作用实现的。从这个视角看,陈祐、陈思济无疑顺应并促进了历史发展的轨迹。

---

① 戴表元《剡源戴先生集》卷一四《送贡仲章序》,《四部丛刊》景明万历刻本。贡奎好友有南人戴表元,还有龚玊、何中、范梈、袁桷、孔克齐父孔文升、陆文圭、虞集、朱德润、色目人马祖常、北人王结等。

② 虞集《道园学古录》卷三三《陈文肃公秋冈诗集序》,四部丛刊景明景泰翻元小字本。

Studies on the Chen You and the Changed Era He Faced during the early years of the Yuan Dynasty

Zhu Chunyue　Chuzhou College

Abstract: The Yuan Emperor Qubilai Qaghan was the one who chose person not stick to one pattern. As a typical example, Chen You, from Ningjin County, who had been the courtiers of Royal Prince Möge was promoted to official of Qubilai Qa'an after the establishment of the Yuan Dynasty. Chen You had witnessed and participated in the fierce political struggle such as Wang Wen tong's event and critique against Aḥmad Fanākati. Since the collapse of the Northern Song dynasty, the Han-Chinese between Northern China ruled by the Jurchen-Jin and Southern China ruled by Southern Song had cultural and psychological bounders over 150 years. The reunification of China was finished after Qubilai Qa'an subdued the Southern Song Dynasty. With political classifying as a Northern Han person, Chen You got South China firstly to be practised and adjusted to the Qubilai's governing idea, as well as he contributed to the cultural and psychological reintegration of Han-Chinese between the Northern and Southern China.

Key words: Chen You; the early years of the Yuan Dynasty; the changed era he faced

（本文作者系滁州学院马克思主义学院讲师）

元代阿速卫庐州路投下考

蔡晶晶

提　要：来自高加索地区的阿速人组成的军队被称为阿速军。至元初年，阿速军被派往南宋战场，参与对宋战争。至元十二年，阿速军将领在镇巢被杀，是为镇巢之变。灭宋后阿速军人伯答儿和玉哇失获得位于庐州路的食邑作为补偿。《百官志》记载左、右阿速卫属官包括投下官和庐州路庐江、镇巢两县地方官。阿速军人在宋元战争期间的活动、镇巢之变的经过以及阿速卫的投下是本文研究的主要问题。

关键词：阿速军　宋元战争　镇巢之变　阿速卫　投下

阿速人（Asud/Asut），在西方被称为阿兰（Alan）人，是元代色目人的一种，他们原本生活在高加索山以北，里海和黑海之间。蒙古第二次西征时期，阿速地区被蒙古军队征服，一些阿速军人随蒙古人来到东方。中统初年，在华的阿速军人归附忽必烈，先后参与了对阿里不哥和李璮的战争并立下赫赫战功。阿速军是以阿速人为主组成的军队。

一、镇巢之变

至元初年，阿速军被派往南方战场，参与对宋战争。阿速军人中，地位最高的是阿塔赤，他的父亲杭忽思，被称为"阿速国主"。也烈拔都儿是杭忽思的下属，太宗年间随杭忽思军来华，后封千户。《元史》记载，阿塔赤"至元五年，奉旨同不答台领兵南征，攻破金刚台。六年，从攻安庆府，战有功。七年，从下五河口。十一年，从下沿江诸郡"，"丞相伯颜、平章阿术之平江南也，阿答赤①皆在行中"；也烈拔都儿"从下襄阳，又从下沿江诸城"，（也烈拔都儿）"长子也速歹儿代领其军，从攻扬州，中流矢卒"，（也烈拔都儿次子）玉哇失"从丞相伯颜平宋"。② 阿塔赤作战的安庆府，宋代属淮南西路，五河口在泗洲，宋属淮南东路。③ 两地都位于江淮地区。从阿塔赤的经历可推测，阿速军人在至元六年（1269）到七年（1270）间在江淮一带由西向东作战，至元八年（1271）到至元九年（1272）间转而沿江而上围攻襄阳。

至元十一年（1274）元军大举伐宋，九月会师襄阳，分军三道并进。伯颜与阿术由中道循汉江趋郢州。阿速军随伯颜、阿术顺江而下，攻破沿江诸城。至元十二年二月甲子（二十三日）伯颜攻太平州，丁卯（二十六日）"知州孟之缙及知无为军刘权、知镇巢军曹旺、知

① 按，与《杭忽思传》阿塔赤系同一人。

② 《元史》卷一三二《杭忽思传》，第3205—3206页，卷一三五《阿答赤传》，第3280页，卷一三二《玉哇失传》，第3208—3209页，中华书局，1976年。

③ 《宋史》卷八八《地理志四》，中华书局，1977年，第2180、2182、2184页。

和州王喜，俱以城降”。① 伯颜留阿速军驻扎镇巢，领其他军队沿江往建康而去。阿塔赤及其部下从至元五年到十二年征战七年，伯颜命阿速人留戍镇巢可能是为了让这支军队稍作休整。不久宋降将洪福杀死阿塔赤和也烈拔都儿，镇巢复叛。

阿塔赤和也烈拔都儿被杀的经过，《元史》卷一三二《杭忽思传》记载："（阿塔赤）戍镇巢，民不堪命，宋降将洪福以计乘醉而杀之。"同卷《玉哇失传》说："宋洪安抚既降复叛，诱其入城宴，乘醉杀之。"同卷《昂吉儿传》说："镇巢军降，阿速军戍之，人不堪其横，都统洪福尽杀戍者以叛。昂吉儿攻拔其城，擒福及董统制、谭正将。"②《马可波罗行纪》也记载了阿速人被杀之事："先是蛮子大州略定之时，军帅伯颜遣一队名称阿兰（Alains）之人往取此城。诸阿兰皆是基督教徒，取此城入据之，在城中见有美酒，饮之醉，酣睡如同猪豚，及夜，居民尽杀之，无能脱者。伯颜闻其遣军被袭杀，别遣一将率一大军攻取此城，尽屠居民，无一免者，此城人民完全消灭之法如此。"③

洪福《宋史》有传。他原是淮西制置使夏贵的家僮，"从贵积劳为镇巢雄江左军统制，镇江北。贵降，福与子大渊、大源，下班祗候彭元亮结贵军复之，加右武大夫、知镇巢"。④《宋史》记载，德祐元年（至元十二年）四月壬寅（初一）"雄江军统制洪福率众复镇巢镇"，次月乙亥（初五）"以洪福知镇巢军"。⑤

史料证实阿速军人被杀的直接原因是镇巢居民"不堪其横"。洪福等人先邀请阿速军人赴宴，再乘阿速军人醉倒之际杀之。洪福邀请阿速人赴宴，阿速人也欣然赴约，并在宴会上饮酒至酩酊大醉。可见第一，洪福降元后仍保持了原有地位，可与上层阿速人来往；第二，他与阿速人关系良好，应是颇得信任，才使赴宴的阿速人开怀畅饮。

当时驻守镇巢的阿速人有数千人。除了将士数千人，还有马匹、粮草等物，这些阿速军人不可能全部驻扎在城中。《玉哇失传》说阿速人"入城饮宴，乘醉杀之"，宴会地点在城中。阿速军人没有住在城内，赴宴者不可能是所有的阿速军人。据洪福传记记载，宋军一方参与者人只有四人，不可能杀尽所有阿速人。按史籍记载还原事件经过：至元十二年⑥三月三十日或四月初一日晚，洪福邀请阿塔赤和也烈拔都儿赴宴，二人只带了少量随从入城。宴会持续到夜晚城门关闭后，阿塔赤、也烈拔都儿和他们的随从皆已醉倒，洪福等人杀死与会众人，收复镇巢。次日阿速军人发现主帅被杀，城池被夺，城外的阿速军人无力夺回城邑，不得不沿江而下与元军主力会合，随伯颜南下临安。

此后一年，元军着手收复镇巢。《世祖纪》至元十三年二月条"镇巢军复叛，贵遣使招之，守将洪福杀其使，贵亲至城下，福始降，阿术斩之军中"。至元十三年二月"夏贵举淮西

① 《元史》卷一二七《伯颜传》，第3105页。按，镇巢时为军州，"景定三年（1263年，元中统三年），升巢县为镇巢军。"参见《宋史》卷八八《地理志四》，第2185页。

② 《元史》卷一三二《杭忽思传》，第3206页，卷一三二《玉哇失传》，第3209页，卷一三二《昂吉儿传》，第3214页。

③ （意）马可波罗著，冯承钧译《马可波罗行纪》，上海书店出版社，2001年，第349页。

④ 《宋史》卷四五一《忠义传六》，第13269页。夏贵在至元十三年降元，《传》言"贵降"云云有误。

⑤ 《宋史》卷四七《瀛国公纪》，第929—930页。

⑥ 《蒙兀儿史记·玉哇失传》说也烈拔都儿"至元十三年与阿答赤同死镇巢之难"与《宋史》抵牾，有误。见《蒙兀儿史记》卷一〇二《玉哇失传》，北京市中国书店，1984年，第652页。

诸城来附”,指元军在夏贵降元后收复镇巢。[①]《昂吉儿传》则说至元十二年十一月伯颜分兵三道直取临安后,驻兵和州、留守淮南西道的昂吉儿“攻拔其城,擒福及董统制、谭正将。遂攻庐州,夏贵使人来言曰:‘公毋吾攻为也,吾主降,吾即降矣。’”[②]据《昂吉儿传》,镇巢收复在前,夏贵投降在后。对比《宋史·洪福传》的记载:“贵既臣附,招福,不听。使其从子往,福斩之。大兵攻城,久不拔,遣贵至城下,好语语福,请单骑入城,福信之,门发而伏兵起,执福父子,屠城中。……福大骂数贵不忠,请身南向死,以明不背国也。闻者流涕。”[③]《世祖纪》夏贵劝降之事较为可信,当是夏贵投降在前,镇巢城破在后。而所谓洪福投降之事,钱大昕根据《宋史》的记载说:“福之节义皎皎如此,《元史》谓贵之城下而福降者,诬也。”[④]

二、镇巢赐户:对阿速军的补偿

对战死的将领,蒙古朝廷向有赏赐和抚恤。阿塔赤之子伯答儿受赐“白金五百两、钞三千五百贯,并镇巢降民一千五百三十九户”;也烈拔都儿之子玉哇失受赐“巢县二千五十二户”。[⑤] 二人受赐人户的时间,传无记载。《世祖纪》将此事系在至元二十二年下:二月“赐合剌失都儿新附民五千户,合剌赤、阿速、阿塔赤、昔宝赤、贵由赤等尝从征者,亦皆赐之”。[⑥] 查《食货志三·岁赐》,是年受封民户者,有北安王那木罕、忒木台驸马、灭古赤。并无上文提到的合剌赤、阿速、阿塔赤等。同卷载至元二十一年受赐江南户钞的有世祖第二斡耳朵,昔宝赤,八剌哈赤,阿塔赤,必阇赤,贵赤,厥列赤,八儿赤、不鲁古赤,阿速拔都,也可怯薛,忽都答儿怯薛,怙古迭儿怯薛,月赤察儿怯薛,哈剌赤秃秃哈。[⑦]《世祖纪》之合剌赤即《食货志》之哈剌赤,贵由赤即贵赤。至于阿塔赤、昔宝赤,《世祖纪》与《食货志》的记载相同。《纪》与《志》系年不同,记事是同一件。[⑧] 据此,《世祖纪》的阿速就是《食货志》的阿速拔都。

《元史·食货志》源自文宗至顺二年(1331)修成的《经世大典》。从《食货志三》记载来看,诸王后妃公主勋臣的投下五户丝户在延祐六年(1319)有一次核查。也就是说《经世大典》岁赐部分使用的材料,距编纂《经世大典》的时间最远只有十三年。《经世大典》将多个至元二十二年受封的人与机构全部抄错为至元二十一年而不被发现的可能性几乎没有。《元史·世祖纪》的内容出自《实录》,与《经世大典》和《元史·食货志》史料来源不同,它将这些合剌赤、阿塔赤等若干个单位的受赐时间系在至元二十二年下,必有所本。据现有史

① 《元史》卷九《世祖纪六》,第179—180页;《元史》卷一二八《阿术传》,第3123页。

② 《元史》卷一二七《伯颜传》,第3107页;《元史》卷一三二《昂吉儿传》,第3213—3214页。“其城”指镇巢。

③ 《宋史》卷四五一《忠义传六》,第13269页。

④ [清]钱大昕《廿二史考异》卷八七《元史卷二》,清乾隆四十五年刻本。

⑤ 《阿答赤传》记载赐伯答儿钞七十锭。参见《元史》卷一三二《杭忽思传》,第3206页;《元史》卷一三五《阿答赤传》,第3280页;《元史》卷一三二《玉哇失传》,第3209页。

⑥ 《元史》卷一三《世祖纪十》,第274页。

⑦ 《元史》卷九五《食货志三》,第2419、2431、2433、2424、2439—2441页。

⑧ 汪继培已发现这一点:“《食货志》,赐在二十一年。”见[清]汪辉祖撰,姚景安点校《元史本证》卷三《证误三》,中华书局,1984年,第21页。

料，难以判定《世祖纪》与《食货志》之间的系年差别孰正孰误。

《食货志三・岁赐》："阿速拔都：江南户钞，至元二十一年，分拨卢州等处三千四百九户，计钞一百三十六锭。"①钱大昕《考异》说："阿速拔都即杭忽思。"且不说此时杭忽思已死，其孙伯答儿获得的封户数量不及三千四百九户的一半，阿速拔都就不可能指杭忽思。阿速拔都也不可能单指玉哇失，因玉哇失的封户也不到三千户。李治安教授说，伯答儿与玉哇失受赐的民户相加与《食货志》三千四百九户相差无几，因此"似乎可以断定阿速拔都分拨庐州等处三千四百九户，就来自阿塔赤和玉哇失受赐镇巢降民"。② 是正确的。

先看《世祖纪》的记载。与阿速并列的昔宝赤是怯薛执事之名，"主弓矢、鹰隼之事者"；③贵由赤是亲军的一种。④ 合剌赤，潼马奶者，也是怯薛之一，用来代指土土哈。以此类推，阿速或阿速拔都当是以机构名代指阿速人。为何《食货志・岁赐》以"阿速拔都"指代阿速人？为何它不分别列出两位阿速将领受赐的封户，而是记载在同一条下？

与阿速封户相关的记载，除了《世祖纪》和《食货志》，还有《百官志》。《元史・百官志二》记载了阿速卫的下属机构，其中有投下官和地方官：

> 右阿速卫：本投下达鲁花赤一员，长官一员，副长官一员。
> 　　　　　庐江县达鲁花赤一员，主簿一员。
> 左阿速卫：本投下达鲁花赤二员，长官二员。
> 　　　　　镇巢县达鲁花赤二员，主簿一员。⑤

《百官志》记载的侍卫亲军中，只有阿速卫设投下官。庐江县和镇巢县（今安徽省合肥市庐江县和巢湖市）属庐州路，元代的左阿速卫和右阿速卫驻守在大都附近，为何在南方伯答儿和玉哇失的投下所在地任命地方官？两者之间是否有着某种联系？对元代左、右阿速卫的投下，前人在研究中很少提及，为《百官志》做注的法夸尔（David M. Farquhar）也未曾注意到阿速卫的特殊性⑥——它的下属包括投下官和地方官，这是其他侍卫亲军没有的。

三、是阿速军官的投下，还是阿速卫的投下？

关于阿速的投下，大德元年（1297）四月丙申（初四），阿老瓦丁与崔彧条陈台宪诸事。其中有一条关于投下任命色目监察御史的建议。《宪台通纪・整治事理》的具体建议是："各投下色目监察御史，每年保用，到今一十五年，中间以有限窠阙，待无限人员，久而员多阙少。今后自内台，江南、云南两处行台，色目监察御史从各投下通行保用，见行体例：色

---

① 《元史》卷九五《食货志三》，第 2440 页。卢州即庐州。

② 李治安《元代分封制度研究（增订本）》，中华书局，2007 年，第 524—525 页。

③ 《元史》卷九九《兵志二》，第 2524 页。

④ （日）箭内亘著，陈捷、陈清泉译《元代蒙汉色目待遇考》，商务印书馆，民国二十一年（1932），第 23—24 页。

⑤ 《元史》卷八六《百官志二》，第 2167—2168 页。

⑥ David M. Farquhar, *the Government of China under Mongolian Rule: a Reference Guide*, Stuttgart: Steiner, 1990, pp.257 - 259.

目监察御史任满,例转各道肃政廉访司佥事;再任满,具行过事迹呈省,合升用者升用,合本等迁转者本等迁转。如此则内外事体通知,亦使有所激劝。"①此事在《成宗纪》亦有记载:"合剌赤、阿速各举监察御史非便,亦宜止于常选择人。"②

《宪台通纪》说投下保举色目监察御史,投下指合剌赤和阿速。自至元二十年(1283)起十五年来,合剌赤与阿速一直保用色目监察御史。虽然时间和《世祖纪》、《食货志》至元二十二年或二十一年分拨人户有出入,但相去不远。合剌赤投下指土土哈的投下,阿速投下指什么?它和阿速拔都有什么关系?

至元九年,元廷设立"阿速拔都达鲁花赤",③该达鲁花赤系阿速拔都的长官。伯答儿在至元二十年"兼领阿速军,充阿速拔都达鲁花赤"。④ 可见"阿速拔都"是机构的名称,汉文称之为阿速军。至元二十三年(1286),阿速军分入前卫和后卫亲军,至大二年(1309)阿速军从前卫与后卫中独立出来,前卫中的阿速军人组建了左阿速卫,后卫中的阿速军人组建了右阿速卫。⑤ 至元二十年,左、右阿速卫尚未成立,但它的前身阿速拔都已成立。推举色目监察御史的就是阿速拔都。那么《食货志》的阿速拔都,是指代阿速军这个机构吗?

暂且将阿速卫、阿速拔都和阿速人的投下都称作阿速投下。那么,这个阿速投下在何处?

《元典章·刑部》下有"禁罢集场"条:

> 延祐六年九月,江浙行省准中书省咨:御史台呈:"监察御史呈:'近为东安州等处百姓仍旧起集买卖,取讫各处官吏人等禁治不严违错招伏,呈奉宪台札付,就便施行。承此。……又照得至元二十八年四月二十四日钦奉圣旨节该:'在前县里、村里唱词聚众的,交当有来。前者我蛮子田地里去,回来时分,见村里唱词聚的人每多有。那得每根底交当了者呵,怎生?'么道,奏呵,'交当了者。又阿速根底说者,交行者。当了的后头,这般唱词的每根底拿者。'么道,圣旨了也。钦此。……"⑥

延祐六年九月禁止集场集会的决议中提到了至元二十八年禁罢集场的案例。当时蛮子田地里村里有很多唱词聚会,朝廷下旨禁止,并令阿速人制止集场。蛮子田地即南宋旧地,将禁止南方县里、村里集场的责任交给阿速人,说明阿速在南方有属地。至元二十八年前后,阿速军人正在西北战场与叛王海都作战,⑦如果不是南方有阿速的投下,唱词聚众之事不必由阿速人管。无论阿速指阿速拔都还是玉哇失、伯答儿,这个南方的阿速投下,无疑是在巢县和庐江县。当年被委托管理南方投下的阿速人,是属于阿速军,还是属

① [元]赵承禧等编纂,王晓欣点校《宪台通纪(外三种)》,浙江古籍出版社,2002年,第41页。

② 《元史》卷一九《成宗纪二》,第410页。

③ 《元史》卷八六《百官志二》,第2167页。

④ 《元史》卷一三二《杭忽思传》,第3206页。

⑤ 《元史》卷八六《百官志二》,第2167页;蔡晶晶《从阿速军到阿速卫:元代阿速军队组织的起源与变迁》,《元史及民族与边疆研究集刊》(第二十八辑),上海古籍出版社,2014年,第38—39页。

⑥ 陈高华、张帆、刘晓、党宝海点校《元典章》卷五七《刑部十九·诸禁·禁聚众·禁罢集场》,中华书局、天津古籍出版社,2011年,第1933—1934页。以下版本信息略。

⑦ 《元史》卷一三二《玉哇失传》,第3209—3210页。

于伯答儿和玉哇失个人?

左阿速卫在本投下和镇巢县设官,右阿速卫在本投下和庐江县设官。《杭忽思传》载伯答儿的人户在镇巢;《玉哇失传》载玉哇失的人户在巢县。《元史·地理志》说,镇巢府在二十三年降为巢州,二十八年降为巢县,属无为州。① 无为州下辖三县:无为县、庐江县和巢县。伯答儿的镇巢人户可能被划属无为州庐江县。伯答儿原属后卫,后归右阿速卫;玉哇失原属前卫,后归左阿速卫。左阿速卫的投下与玉哇失的投下都在巢县。如果假设右阿速卫的投下与伯答儿的投下都在庐江县。左、右阿速卫的投下与玉哇失、伯答儿不可能全无关系。

阿速拔都就是阿速军,也是阿速卫的前身,阿速卫的投下应是阿速拔都的投下。《食货志》将玉哇失和伯答儿的封户合称为"阿速拔都"不是偶然的。虽然《传》记载伯答儿和玉哇失分别受赐一千到两千人户,但受赐的主体并非二人,而是两人领导的阿速军。可以判定,左阿速卫的投下就在镇巢县,右阿速卫的投下就在庐江县。阿速投下指阿速拔都(后改阿速卫)的投下。管理阿速投下的阿速人,是阿速军的成员;他们是阿速卫而不是某个阿速人的下属。

此外还有旁证。土土哈被称为"哈剌赤秃秃哈"。与阿速军不同,土土哈受赐饶州四千户,但钦察卫的下属机构中却从无与投下相关的机构,钦察卫也从未在该投下设官。这说明即使哈剌赤军(钦察卫)由土土哈家族统领,但饶州民户作为土土哈家族的私产,与军队没有关系,所以钦察卫不设投下官。土土哈投下与钦察卫没有关系这一点可以佐证:阿速卫设投下官说明阿速卫的投下属阿速卫而非某个阿速人所有。

考虑到左阿速卫和玉哇失、右阿速卫和伯答儿之间的关系,联系阿速拔都和左、右阿速卫投下的地理位置与玉哇失和伯答儿投下的所在地,也许可以得出一个结论:阿速拔都也就是后来的左、右阿速卫作为军事机构拥有自己的投下,它的投下源于玉哇失和伯答儿受赐的人户。左阿速卫(玉哇失)的投下在巢县,右阿速卫(伯答儿)的投下在庐江县。玉哇失与伯答儿受赐的人户不是他们的私产,而是阿速军人共有的公产。

四、是投下官,还是地方官?

阿速卫既然在投下已设管理者,为何又在投下所在地设地方官?地方官是衍文吗?但据史料记载,阿速卫投下官与地方官的官职不尽相同,且左、右阿速卫皆有投下官、地方官记载,衍文的可能性不大。

一般来说,地方官员由中央派出,即常选官。《科举志》记载元代迁官之法:"凡迁官之法:从七以下属吏部,正七以上属中书,三品以上非有司所与夺,由中书取进止。自六品至九品为敕授,则中书牒署之。"②可见从一品官到九品官,无论内外都由中书省和吏部考察任命。投下官员则由投下派出。

为何左、右阿速卫可在地方设官?地方官出自常选官系统,理应由中央任命。常选官

---

① 《元史》卷五九《地理志二》,第1411—1412页;《元史》卷五九《地理志二》校勘记[十四],第1421页。

② 《元史》卷八三《选举志三》,第2064页。

与投下官是不能互通的:"各投下有阙用人,自于其投下内选用,不许冒用常选内人。"①投下人和常选人不同:"古者诸侯分国而治,天子命卿之外,大夫士以下,其君皆得而命之。今制,郡县之官皆受命于朝廷,惟诸王邑司与其所受赐汤沐之地得自举人,然必以名闻诸朝廷而后授职,不得通于他官,盖慎之也。"②

从左阿速卫在投下、巢县各设二员达鲁花赤,可以对这种矛盾的情况略作推测:左阿速卫设两员达鲁花赤,一为达鲁花赤,一为副达鲁花赤。延祐二年(1315)四月,仁宗下旨:"敕诸王分地仍以流官为达鲁花赤,各位所辟为副达鲁花赤。"流官即常选官。中央任命投下的达鲁花赤,诸王等只能设副达鲁花赤。三年(1316)六月"改诸王、功臣分地郡邑同知、县丞为副达鲁花赤,中、下县及录事司增置副达鲁花赤一员"。③

《元典章·设副达鲁花赤》云:

> 延祐三年七月,行省准中书省咨:延祐三年五月十一日奏过事内一件:"去年'将各投下分拨来的各路州县里,交各怯薛里常选内,众人之上委付达鲁花赤。各路州县里各减一员,将投下合委付的人,做副达鲁花赤委付'么道,奏了来。如今依先已了的,各路、州里减去同知,上县里减去县丞,交各投下委付副达鲁花赤。中下县主簿、录事司录判、掌管钱粮、捕盗勾当,减去呵,不中也者。交各投下添设放副达鲁花赤一员呵,怎生?商量来。"奏呵,"那般者。"么道,圣旨了也。钦此。都省请钦依施行。④

以副达鲁花赤替代路、州的同知和上县的县丞,中下县(庐江为中县,巢县为下县)和录事司增设副达鲁花赤一员,原有主簿和录判不必废除。植松正认为延祐三年六月增置副达鲁花赤体现了将投下官员视为一般官员的意图。⑤ 但是这一举措"失了诸王的心",四年(1317)六月不得不依照世祖时的旧例"诸王、驸马、功臣分地,仍旧自辟达鲁花赤",副达鲁花赤被罢,⑥投下官和常选官分离。

除了短暂的"设副达鲁花赤"时期,县达鲁花赤、主簿均应出自中央的任命。巢县主簿鲍国良的经历说明了这一点:"鲍君国良……他日受调巢县主簿,归自京师,过予言别。予知鲍君以率其身者化其人,刑于家者施于政,其于巢县之治有不难矣。"⑦

至正八年(1348)鲍同仁(字国良)出任邵武路泰宁县县令,重修三皇庙,郑玉为之作《邵武路泰宁县重修三皇庙记》。《(弘治)徽州府志》有鲍国良的小传:"鲍同仁,字国良。歙人。泰定元年,试蒙古翰林院,授全州学正,屡转巢县、南康县簿。至正九年,升承事郎,

---

① 《元史》卷八二《选举志二》,第2052页。

② [元]苏天爵编《国朝文类》卷四〇《经世大典序录·投下》,四部丛刊景元至正本。

③ 《元史》卷二五《仁宗纪二》,第569、573—574页。

④ 陈高华等点校《元典章》卷九《吏部三·官制三·投下官·设副达鲁花赤》,第295—296页。

⑤ (日)植松正《元代江南投下考——〈元典章〉にみる投下と有司の相剋——》,《东洋史研究》第54卷第2号,1995年。——《〈元史〉汇注考证》项目成果,陈波翻译。

⑥ 陈高华等点校《元典章》卷九《吏部三·官制三·投下官·改正投下达鲁花赤》,第296—297页;《元史》卷二六《仁宗纪三》,第579页;《元史》卷八二《选举志二》,第2052页。

⑦ [元]郑玉《师山集》卷三《送鲍国良之官巢县诗序》;《师山集》卷四《邵武路泰宁县重修三皇庙记》,明嘉靖刻补后印本。

邵武、泰宁尹，以承事郎、会昌州同知致仕。凡所至皆有治迹。”①南康县、泰宁县都不是阿速卫的投下，鲍国良由巢县、南康县主簿转任泰宁县知县，说明他是常选官而非投下官。巢县主簿出自流官系统，与左阿速卫在巢县设“主簿一员”不符。

《百官志》之所以有阿速卫设地方官的记载，有两种可能性：一、《百官志》的史源记载的是延祐三年前后的情况，当时投下可以设投下所在县的副达鲁花赤。二、《元史·百官志》的记载有误，“本投下”达鲁花赤就是“县”达鲁花赤，这两个下属机构实际上是同一个，“县达鲁花赤”云云为衍文。上文已说明衍文的可能性很低。延祐三年前后投下可设县副达鲁花赤的推测更为合理：《元史·百官志》抄自文宗至顺二年修成的《经世大典》。《经世大典》成书时间距延祐年间（1314—1320）不远，编纂《经世大典》的阿速卫部分时，纂修者照抄了延祐三年左右的资料，没有注意到此后阿速卫已不能在投下所在县设地方官。

有哪些人充任过阿速卫投下的官员已经无可考，唯一一位留下姓名的是顺帝年间的里纳忽台。至正十二年（1352）闰三月“丙申，阿速爱马里纳忽台擒滑州、开州贼韩兀奴罕有功，授资用库大使”。② 爱马即投下，阿速爱马即掌管阿速投下的官员。兀奴罕，即蒙古语 Unuhan，“驹”之意。至正十一年（1351）五月，刘福通等在颍州起事，韩兀奴罕是他的部下。③ 十二年二月：

> 滑、濬贼兀奴罕等万余分劫中赵、芜湖、潘章诸地，进报甚急。公（脱别台）方奉省符巡河上。丁丑，贼入滑州……壬午，贼逼开州……癸未，贼入城……戊子，贼并数营之众大攻戚城……左右谏以众寡不敌，乃却，保小濮州，夜檄集邻郡兵。辛卯，会都省总帅、刑部侍郎阿鲁灰洎本司经历纪本纪统兵至白仓，势遂大振。壬辰，破中赵寨……日将午，又与分枢密佥院绊住马会于潘章，合战。癸巳，又同省院总兵诣滑、濬收捕贼党，杀死、淹溺万数。④

开州、滑州和濬州在元代都属大名路，位于中书省南部，与河南江北行省接壤。⑤ 至正十二年二月，兀奴罕等分兵入侵中赵、芜湖和潘章等地。中赵即中赵里，明代属滑县；潘章即明代的潘张里，明代也属滑县。明代的滑县就是元代的滑州。⑥ 小濮州属开州，⑦白仓即开州下辖的“白仓里”，⑧戚城在开州北七里。⑨ 芜湖县即今安徽省芜湖市。虽然元代芜湖县属江浙行省的太平路，但它与巢县相距不足一百公里，离庐江县略远。⑩ 兀奴罕

---

① ［明］汪舜民《（弘治）徽州府志》卷八《人物二》，明弘治刻本。

② 《元史》卷四二《顺帝纪五》，第 897—898 页。

③ 《元史》卷四二《顺帝纪五》，第 891 页。

④ ［元］刘让《兵马指挥脱别台冯公去思碑》，《万历濮州志》卷六，杨讷、陈高华、朱国炤、刘炎编《元代农民战争史料汇编（中编）》，中华书局，1985 年，第 12 页。

⑤ 《元史》卷五八《地理志一》，第 1361—1362 页。

⑥ ［明］唐锦《（正德）大名府志》卷一《疆域志》，明正德刻本。以下版本信息略。《明史》卷四〇《地理志一》，中华书局，1974 年，第 899 页。

⑦ ［明］唐锦《（正德）大名府志》卷一《疆域志》：“古定镇，俗呼小濮州。”

⑧ ［明］唐锦《（正德）大名府志》卷一《疆域志》。

⑨ ［明］唐锦《（正德）大名府志》卷九《古迹志》。

⑩ 《元史》卷六二《地理志五》，第 1502 页。

军大掠芜湖等地,战火一直烧到了庐州境内。① 阿速卫的投下在庐州,正是被掳掠的地区。里纳忽台作为投下达鲁花赤,此时自然应当领兵抗击韩兀奴罕等人。

里纳忽台是不是阿速人不得而知。元政府曾屡次下令投下达鲁花赤必须"选捡蒙古人委付者。若无蒙古人呵,选捡有根脚的色目人委付者"。② 虽然不能确定里纳忽台是阿速人,但他不是蒙古人就是"有根脚的色目人"。

至元十二年二月,镇巢降元;四月宋降将洪福复镇巢;次年二月镇巢城破,洪福被杀。数年后阿速军人获得镇巢人户作为补偿。至元二十三年阿速拔都(阿速军)并入前卫和后卫,镇巢人户仍属阿速军人所有并设投下官管理。至大二年,设左、右阿速卫,阿速拔都的投下被一分为二,原在玉哇失名下者改为左阿速卫投下,原在伯答儿名下者改为右阿速卫投下。左、右阿速卫的属下之所以有地方官,或与延祐三年"投下设副达鲁花赤"充地方官的规定有关。

顺帝末年,南方农民起义此起彼伏。至正二十四年(1364)七月,朱元璋军克庐州。③ 元廷失去了对庐州的控制权,阿速卫的投下名存实亡。二十八年(1368)八月,阿速人随顺帝北逃,从此与庐州路的投下再无关系。

Studies of Aimaq belonged to Asud Guards in Luzhou Circuit

Cai Jingjing　Yangzhou University

Abstract: The Asud who came from Caucasus was established as an army. During the early years of Zhi Yuan (reign of Qubilai Qaghan), the Asud army was sent to southern China and fought against Song army. In 1275, generals of Asud army were murdered in Zhenchao. Several years later, as the Asud generals Baidaer and Uwas suppressed a rebellion, they were rewarded with fiefs in Luzhou Circuit. *Yuanshi* recorded that Left and Right Asud Guards settled in these two places too. Goals of this article are to clarify clues of Asud army's activities during 1270s, the incident at Zhenchao and the Aimaq belonged to Asud Guards.

Key words: Asud army; the war between Song and Yuan; Incident at Zhenchao; Asud Guards; Aimaq

(本文作者系扬州大学社会发展学院讲师)

① 《元史》卷一一七《帖木儿不花传》,第 2913 页;《元史》卷一八四《陈思谦传》,第 4240 页。

② 陈高华等点校《元典章》卷九《吏部三·官制三·投下官·投下达鲁花赤》,第 293 页。

③ [清] 万斯同《明史》卷一《太祖纪一》,清钞本。

元代亦集乃城的商业

——基于出土文书、文物的考察*

周永杰

提　要：黑城出土文书、文物反映了亦集乃城的商业形态，作为路级政区的治所，亦集乃城是辖区内的商业中心，物品直接或间接从城内市场流向农村、渠社，同时输入村、社物产以供应城内需求，形成互通有无的流通链。但因亦集乃路物产有限，常需从甘肃行省之甘州、宁夏等路以及中书省辖地输入物资，使得以亦集乃城为中心的市场成为北方贸易格局中的物品输入地。其中，部分物品并不在亦集乃路消费，而是由商人中转行销于“回回地面”、岭北达达地面等，并贩运西域宝货经此进入中原和蒙古市场，一定程度上，亦集乃城是元代陆上丝绸之路的重要中继站。

关键词：元代　亦集乃城　商业　物品流通

亦集乃路建立后，人口增加，作为路级政区治所——亦集乃城商业逐渐发展，形成了以东街和正街为中心的商业格局。但其不能自给的物产结构使得商业对外依赖性很强，呈现出特殊的模式。对此，李逸友、李幹、李春园等前辈学者已进行了初步研究，他们利用黑城出土文书概要论述了亦集乃城商业经营项目、纸币流通以及物价等内容，①但由于问题意识所限，对商业互动形态，尤其是商业反映的城乡间的物品流通问题，他们的讨论基本上没有触及；他们对商业的论述，重在静态铺排，对物品流通反映的地缘经济关系也较为忽略。弓场纪知先生注意到黑城的贸易地位，并以瓷器为着眼点考察了其在元代草原丝绸之路的流通情况，②但因未能充分利用黑城出土元代文献，研究还存在继续深化的必要和空间。本文以黑城元代涉商文书为基础，试对亦集乃城商业的城乡互动形态和商业地缘性进行探讨。

一

传世文献关于元代亦集乃城商业最早的记述来源于《马可波罗行纪》，③其内容源自

---

* 本文由中央民族大学一流大学一流学科经费资助。

① 李逸友《元代草原丝绸之路上的纸币——内蒙古额济纳旗黑城出土的元钞及票券》，《内蒙古金融研究》2003 年第 2 期；氏著《黑城出土文书(汉文文书卷)》，科学出版社，1991 年，第 21 页；李幹《元代民族经济史》，民族出版社，2010 年，第 1232 页；李春园《元代的物价和财税制度》，复旦大学博士学位论文，2014 年，第 100—111 页。

② (日) 弓场纪知《哈拉浩特是贸易城市吗？——从内蒙古自治区宋元时期遗迹所出中国陶瓷器来看》，载(日) 井上充幸、(日) 加藤雄三、(日) 森谷一树编《黑水城两千年历史》，乌云格日勒译，中国人民大学出版社，2013 年，第 144—165 页。

③ 因马可波罗本人是否到过亦集乃城尚存争议，所以只能将其记载当作直接或间接的(转下页)

其本人直接或间接的见闻,当可代表时人对亦集乃城的印象,他在行纪中提道:

> 从此甘州城首途,若骑行十六日,可抵一城,名曰亦集乃。城在北方沙漠边界,属唐古忒州。居民是偶像教徒。颇有骆驼牲畜,恃农业、牧畜为生。盖其人不为商贾也。①

马可波罗来华时间为1275—1291年,②也就是说在此之前,人们印象中的亦集乃城居民并不从事商业,而主要以农牧业为生,这可能是建路以前亦集乃城的经济结构。

至元二十三年(1286年)建路后,③迁居到亦集乃城的人口逐渐增加,城进行了扩建,④由原来的小城展拓为大城,⑤小城内两条街道逐渐成为商业活动最繁荣的地方。考古发现,黑城遗址东北部小城大街(东街)两侧排列着密集的店铺、民居和客栈,东街以南的正街横穿小、大两城,⑥尤其东半段(即小城部分)两侧店铺与东街相对。⑦ 城内居民经营项目较多,有饭馆、酒店、杂货店,作坊等;部分外地商人也寄居城内经营买卖,"御位下昔宝赤头目哈剌帖伦次男,见在迤北党鲁地面住坐,前来亦集乃路买卖寄居"。⑧ 有资财的商人以亦集乃城为据点进行跨区域的长途贩运,往返于岭北达达地面、甘肃行省、"回回地面"之间。⑨

据估计,当时城内及关厢所住非农业人口达三千余,约占亦集乃路人口的半数。⑩ 他们的生活所需,须臾不能离开市场。日用行常都在东街和正街采办,文书反映的交易物品包括绸缎布匹、粮食、柴薪、牲畜、日用杂物等,⑪但结合考古材料,当时亦集乃城市场上售卖的物品可能并不止于此数,如表一:

(接上页)见闻;斯坦因认为马可波罗曾经行亦集乃城[参见(英)斯坦因《沿着古代中亚的道路》,巫新华译,广西师范大学出版社,2008年,第265—266页];石坚军等认为马可波罗并未到过亦集乃城(参见石坚军、张晓非《马可波罗未到过亦集乃城考论》,《内蒙古大学学报(哲学社会科学版)》2014年第3期)。

① (意)马可波罗《马可波罗行纪》,冯承钧译,上海书店出版社,2001年,第132—133页。

② 陈得芝《马可波罗在中国的旅程及其年代》,《元史及北方民族史研究集刊》1986年第10辑。

③ [明]宋濂《元史》卷六〇《地理三》,中华书局点校本,1976年,第1451页。

④ 郭治中、李逸友等推断大城的始建年代大概与建路时间相近。参见郭治中、李逸友《内蒙古黑城考古发掘纪要》,《文物》1987年第7期。

⑤ 郭治中、李逸友根据地层关系和出土文物判断,小城为西夏黑水城,大城为元代亦集乃城。参见郭治中、李逸友《内蒙古黑城考古发掘纪要》。

⑥ 郭治中、李逸友《内蒙古黑城考古发掘纪要》。

⑦ 李逸友《黑城出土文书》(汉文文书卷),第21页;(俄)彼·库·柯兹洛夫《蒙古、安多和死城哈拉浩特》,王希隆、丁淑琴译,兰州大学出版社,2002年,第72页。

⑧ 塔拉、杜建录、高国祥主编《中国藏黑水城汉文文献》,M1·0577[HF193B正]《皇庆元年认状文书》,国家图书馆出版社,2008年,第715页。

⑨ 塔拉、杜建录、高国祥主编《中国藏黑水城汉文文献》,M1·0668[F116:W71B]《失林婚书案文卷》,第881页。

⑩ 李逸友先生根据户籍文书推测:"亦集乃路所辖农业人口约为四千余人,连同城内及关厢所住非农业人口,全路总人口约在七千人以内。"参见李逸友《黑城出土文书》(汉文文书卷),第13页。

⑪ 李逸友《黑城出土文书》(汉文文书卷),第21页;周永杰《元代亦集乃路物价问题研究——以黑城出土文书为中心》,宁夏大学硕士学位论文,2015年。

表一　文书和考古所见亦集乃城流通物品简表①

分　类	物　　品
纺织类	帛　白绢　生绢　红绢　黄绢　青绦　红绸子缠枝花双色锦*　花鸟纹绛丝*　桃红暗花绸*　如意云纹辫子股绣*　月白绢*　彩绘绢*　棉布*　麻布　青布　王化布　改儿布　鸦青好暗花[布]　花布手巾　末糸　方棋纹毛织残片*　皮包*　孔立麻　羊皮被　被儿　花褥子　单子　毡　油皮鞴　羔儿皮　红纳实实顶儿　毡帽　白□②帽子　百纳帽*　素绢帽*　葫芦形香囊*　脑苔儿　刁鼠素花真　青衫　绵装衣服　紫中绫[裤]　大靴　小皮靴　小儿裹脚　千层底什纳布鞋*　生皮鞋*　麻线鞋*　毛线编织鞋*　绣花布鞋*
饮食类	白米　小麦　大麦　糜子　黄米　白面　曲　酒　油　干脂　萝卜油　羊肉　鸡儿　鸡子　鱼　酪　甜瓜　西瓜　菓子　粉　葱　姜根　胡椒　盐　茶　酒店的饮食服务　柴薪
建筑类	砖*　瓦*　瓦当*　滴水*　木构件*　檩子　板　杉木③
驱口动物类	驱口　驼　马　羊　驴　乳牛　猪
金属、木器具类	铜锁*　铜锣锅　铜灯盏*　铜权*　铜镜*　铜嘎哈啦*　[银]盏　铁镢*　铁铲*　铁犁铧*　铁犁镜*　铁镞*　铁车辖*　铁甲片*　铁锁*　铁权*　铁研钵*　烙铁*　铁熨斗*　铁灯盏*　铁刀*　了跳锁　银装宝铁刀　白羊角靶大刀　扳耳铁锅*　三足铁火盆*　大灯　木偶*　木梳*　木双陆*　木象棋子*　木线轴*　竹篦*　牙刷*　鬃刷*　罗底*　鞋拔*　漆盒*　木盘*　木勺*　马鞍　辔头
陶瓷类	青花瓷*　龙泉青瓷*　白釉黑花瓷*　粗白瓷*　黑磁椀　罐子　陶灯盏*　等等
宗教用品类	黄蜡　燃香
文具及其他	书籍*　法明纸　信皮　红纸　黄纸　毛笔*　石砚*　苏木　白凡　红花　回回青　硫磺　药材

表中所列大多为手工业品，若非官府特殊配给的话，大部分应是用来交易或交易得来的。根据黑城文书记载，大麦、小麦、糜子、谷、蓟黍、麻等在亦集乃路均有种植，④羊、马、驼等

① 注：其一，该表根据各藏地黑城出土文献及考古资料制作，其中带“*”号物品表示见于考古材料；其余为文书记录的物品；其二，表中包含的官府配给的物品可能并不用于交易，如铁甲片、铁权、官服等；其三，表格信息来自下列书籍：史金波、魏同贤、(俄) E. И.克恰诺夫主编《俄藏黑水城文献(4)》，上海古籍出版社，1997年；《俄藏黑水城文献(6)》，上海古籍出版社，2000年；钱伯城、(俄) 孟列夫主编《俄藏敦煌文献(8)》，上海古籍出版社，1997年；《俄藏敦煌文献(17)》，上海古籍出版社，2001年；李伟、(英) 吴芳思主编《英藏黑水城文献》，上海古籍出版社，2005年；沙知、(英) 吴芳思编著《斯坦因第三次中亚考古所获文献(非佛经部分)》，上海辞书出版社，2005年；塔拉、杜建录、高国祥主编《中国藏黑水城汉文文献》；郭治中、李逸友《内蒙古黑城考古发掘纪要》。

② “□”表示缺字。

③ 《秦边纪略》居延条下有按语：“秦塞本无杉，而居延之宫殿梁栋皆杉，不知何处得来。而黄瓦琉璃，鹿毛涂墁，梁间有‘至正元年重修’六字，其余漫灭不可识。”不产于本路的杉木应该是从其他地区输入。参见[清] 梁份《秦边纪略》卷三《甘州卫》，赵盛世等校注，青海人民出版社，1987年，第201页。

④ 徐悦《元代亦集乃路农作物种类考述》，《西夏学》第4辑，2009年；周永杰《元代亦集乃路物价问题——以黑城出土文献为中心》，第20—31页。

都是本地的主要牲畜。那么,用于销售的粮食及其制成品中,有一部分应该是本地产出的;麻织物也应在本地织造,但大宗应该是毛织物和皮革制品,元时流传的一则异闻说:

> 亦集乃路,在西北方有山曰塞占,山北多龙湫,土人欲有所事,则投之。吉安道士刘学仙尝至其地,见有烹羔桐酪,祠焉,数皮而沈之,祝曰:神为我鞣而治之。为期日而去。至期复祠之,则得成革矣,若有鬼工然,不可测也。归,语于虞邵庵先生。先生初以为诳,及质诸其土人之在京师者,则始信。盖其人习以为常,不以为异耳。①

“湫神鞣制皮革”的说法可能是皮革制作中神祇崇拜的体现,是亦集乃城皮革业发展的一个说明,黑城文书也记载城中有油皮韂等皮革作坊,②并发现多件残存的皮革制品;③毡等毛织物被当作孤老养济的基本物资,结合亦集乃路畜牧业发达的情况,可以推测市场上的毛织物和皮革制品应该是本地生产的;除此之外,还有一些简单的陶瓷制品生产于本地,比如盛酒的罐子就出自当地工匠之手。④

但表中相当数量物品则是“外来品”。据弓场纪知先生研究,黑城所出上等陶瓷器是由外地窑厂输入亦集乃城的商品。⑤ 由于丝绸和陶器一样都是元代市场上交易活跃的商品,亦集乃路又不能产出,也应当是外地输入的商品。另外,秦桦林先生指出元时交通和商贸的发展使得部分书籍也通过官方和民间的渠道流通到亦集乃城地区。⑥ 可见,除了本地能够加工的物品外,“外来”物品也源源不断进入亦集乃城销售。

以元代的一般情况而言,商品交易主要有商业店铺和集市两种形式。⑦ 现在还不能肯定亦集乃城及其附近有无集市交易的情况,但无疑城内的商铺、酒店是物品、服务买卖的主要场所,根据一些残断的文书和遗址,可以略窥其经营规模。M1·0974[F38:W1]是一件至正元年酒店雇身契约,受雇人小张每月工钱中统钞二十五两,⑧比照至正元年(1341)禄米折钞的规定:“无粮(指“米”)去处,每石折中统钞二十五贯。”⑨贯、两相当,即是说至正元年小张每月的工钱原则上相当于一石米;契尾还有“同雇人太黑内”的签押,可

---

① [元]陶宗仪《南村辍耕录》卷二四《龙湫献灵》,中华书局,1980年,第295页。

② 塔拉、杜建录、高国祥主编《中国藏黑水城汉文文献》,M1·0673[F116:W32]《失林婚书案卷(3-1)》,第889页。

③ 郭治中、李逸友《内蒙古黑城考古发掘纪要》。

④ 史金波、魏同贤、(俄)E. И.克恰诺夫主编《俄藏黑水城文献(4)》,TK195A《限七月初七日前送麻酒等物状》,第199页;孙继民等将其定名为《元某年七月初二日牒为限东园人户承造速鲁麻酒罐子事》,参见孙继民《俄藏黑水城汉文非佛教文献整理与研究》,北京师范大学出版社,2012年,第407页。

⑤ (日)弓场纪知《哈拉浩特是贸易城市吗?——从内蒙古自治区宋元时期遗迹所出中国陶瓷器来看》,载《黑水城两千年历史》,第144—172页。

⑥ 秦桦林《黑水城出土宋刻〈初学记〉残页版本考——兼论宋元时期江南至塞外的“书籍之路”》,《浙江大学学报(人文社会科学版)》2016年第2期。

⑦ 李幹《元代民族经济史》,第875—904页。

⑧ 塔拉、杜建录、高国祥主编《中国藏黑水城汉文文献》,M1·0974[F38:W1]《至正元年八月初四日小张雇身契》,第1234页。

⑨ [元]唐惟明《宪台通纪续集·添行台官禄米》,王晓欣点校,浙江古籍出版社,2002年,第107页。

见“太黑内”也是店中雇员，酒店至少有两位雇工。那么，至正元年仅雇工工钱一项至少要花费中统钞600两，折米24石，酒店运作成本可想而知。另外，现已探明的一座店铺遗址F47，其位于东街南北向，“平面呈长方形，南北长5.8、东西宽4.7米”，①面积近30平方米；与当时城内的民居相比，“（民居）规模一般不大，两三间组成一个单位”，以三间的F155遗址为例，其“南北长8.7、东西宽4.1米”②面积35平方米有余，可见店铺比民居略小一些。从建筑占地面积来看，以F47为代表的店铺，其经营规模不算太大，以此推算，若在长约238米的东街两侧全部分布这种规模店铺的话，可达100家左右，加上与之南北相望的正街，因其商业活动主要集中在西段（小城部分），满布店铺也不会超过100家，这样两条街道就有200余家。但这样的估计显然过大，因为考古表明街道两侧间有民居分布，况且经营项目不同店铺规模也必定会有差异，若折三计算，也有60余家，必还不甚准确，至少给我们提供了一种估量商业规模的参考。

城内及关厢人口依赖东街、正街市场为生，他们部分从事手工业（造油皮鞴等③）和商业（酒店、④商铺、⑤长途贩运⑥），售卖他们的制成品和服务，同时从市场获得其经营所需的原料和生活用品。斯坦因等发现，黑城东部居住遗址残存大量陶瓷残片，与城内属于同一时期，且样式趋同，⑦存在关联性；白石典之先生对黑水城南2.3千米处的住宅遗址进行考察，也有类似的发现。⑧ 这些居住遗址分布于距城五公里范围内，应该属于城的经济辐射区，这些瓷器应该是从城内市场购得。可推测城周的渠社、农村人户应该是在城内市场购买其不能自给的生活用品，尤其是手工业产品。与此同时，文书记载城内主要燃料柴薪就由农村、渠社提供，据《失林婚书案》记载柴薪市位于东街，⑨由于城内住人较多，柴薪需求很大，文书M1·0317[F19：W66]所记单位，一个月柴薪的交易就达16驮，⑩可见，渠社人户也将土产带到市场售卖。有时，农村物产还会受官方干预向城内流通，例如，粮食会通过和籴的形式从农村流入城内。⑪ 上述两类都是城乡交换最频繁的物品，以其为代表的农村物产通过民间流通和官方干预的形式进入城内市场，他们又从城内市场购入所

① 郭治中、李逸友《内蒙古黑城考古发掘纪要》。

② 郭治中、李逸友《内蒙古黑城考古发掘纪要》。

③ 塔拉、杜建录、高国祥主编《中国藏黑水城汉文文献》，M1·0673[F116：W32]《失林婚书案卷》，第889页。

④ 塔拉、杜建录、高国祥主编《中国藏黑水城汉文文献》，M1·0974[F38：W1]《至正元年八月初四日小张雇身契》，第1234页。

⑤ 塔拉、杜建录、高国祥主编《中国藏黑水城汉文文献》，M1·0301[F9：W6]《钱物账》，第413页。

⑥ 塔拉、杜建录、高国祥主编《中国藏黑水城汉文文献》，M1·0668[F116：W71B]《失林婚书案文卷》，第881页。

⑦ （英）奥雷尔·斯坦因《亚洲腹地考古图记》（第一册），巫新华、秦立彦、龚国强、艾力汪译，广西师范大学出版社，2004年，第607—728页。

⑧ （日）白石典之《利用“尺度考古学”再探额济纳史》，载《黑水城两千年历史》，第98页。

⑨ 塔拉、杜建录、高国祥主编《中国藏黑水城汉文文献》，M1·0664[F116：W117]《失林婚书案卷》，第871页。

⑩ 塔拉、杜建录、高国祥主编《中国藏黑水城汉文文献》，M1·0317[F19：W66]《买柴麦油账》，第424页。

⑪ 塔拉、杜建录、高国祥主编《中国藏黑水城汉文文献》，M1·0138[F51：W13]《和籴粮米文卷》，第229页。

需的生活用品,这应该是亦集乃城与农村间物品流通的主要形式。但还有一种特殊现象尤值得注意,那就是农村的物产流通到亦集乃城后有时会再流回农村,其方式有可能是交易或借贷。M1·0317[F19:W66]文书记载:“沙立渠住人杨行者,今为要麦使用,别无得处,遂问到在城住人马大使处借到□市官斗小麦两石壹斗。”①产自渠社、农村的小麦转经马大使之手又流回农村。

不难发现,就区域社会而言,建路以后,逐渐形成了一个以亦集乃城为中心的城与村、社间的物品流通链,在这个物流链条中,村、社流入城中的物品主要是当地物产,而城市流向村、社的既有手工业品,也有农产品。从官方强制和籴的案例则可以看出,城作为财富和权力的集中地,在这个物流链条中处于主导的地位。

二

但城与村、社间的流通链条并不是封闭的,因为亦集乃路生产能力有限,物资总量不足;本地物资种类有限,无法满足消费需求。元时亦集乃路物资供应不足的情况经常发生,即使本地能够产出的粮食也不例外。建路后的第十五年(1300),术伯大王军马经亦集乃路赴漠北处置军情,要求总管府筹措粮草,但亦集乃路因“见在粮斛数少”,且“本管地面上年不曾收成”,市场粮食有限,无法和籴,申请甘肃行省“运壹万石前来以备支持”。② 梳理元代史籍的相关记载可以发现,亦集乃路农、牧生产情况极不稳定,从大德三年(1299)到至顺二年(1331)的三十余年间饥荒达四次,平均不到十年就有一次,甘肃行省常需调拨物资以赈济,如表二:

表二 元代亦集乃路灾荒统计表

年 份	灾 荒 性 质	资 料 出 处
大德三年(1299)	甘肃亦集乃路屯田旱,并赈以粮③	《元史》卷二〇《成宗二》
大德四年(1300)	所种田禾将欲出穗,却被蛆虫食践④	M1·0295[F116:W552]
泰定三年(1326)	甘肃亦集乃路饥,并赈之⑤	《元史》卷三〇《泰定帝二》
至顺二年(1331)	六月,亦集乃二路旱⑥	《元史》卷三五《文宗四》

不仅如此,即便寻常年景,亦集乃路也需从其他地方运粮草以满足供应,至治二年(1322年)的一条材料记载:

① 塔拉、杜建录、高国祥主编《中国藏黑水城汉文文献》,M1·0317[F19:W66]《沙立渠住人杨行者借小麦契》,第1270页;其中,李逸友先生将“得处”录作“借除”,“遂问”录作“见问”,据图版改(参见《黑城出土文书(汉文文书卷)》,第187页)。

② 塔拉、杜建录、高国祥主编《中国藏黑水城汉文文献》,M1·0298[F116:W565]《大德四年军用钱粮文卷》,第408页。

③ [元]脱脱《元史》卷二〇《成宗二》,第429页。

④ 塔拉、杜建录、高国祥主编《中国藏黑水城汉文文献》,M1·0295[F116:W552]《大德四年军用钱粮文卷》,第397页。

⑤ [元]脱脱《元史》卷三〇《泰定帝二》,第675页。

⑥ [元]脱脱《元史》卷三五《文宗四》,第787页。

> 甘肃岁籴粮于兰州，多至二万石，距宁夏各千余里至甘州。自甘州又千余里始达亦集乃路，而宁夏距亦集乃仅千里。乃蛮台下谕令，挽者自宁夏径趋亦集乃，岁省费六十万缗。①

“甘肃岁籴粮于兰州”和“岁省费六十万缗”的记录说明，甘肃行省每年都需从宁夏和籴大宗粮食，经兰州、甘州，运往亦集乃路，至治二年以后开始从宁夏路径趋亦集乃路，②这与文书中从“宁夏僦运并和中和籴”③粮食的信息相印证。文书还记载了亦集乃路从“甘州僦运粮”，④结合书信里人们对“甘州粮食价高”⑤的忧虑，可能甘州粮食市场与亦集乃路粮食供应之间有着密切的关系；此外，亦集乃路也从河东和籴粮食。⑥

可见，元时的亦集乃路粮食可能经常不能自给，需要从宁夏、甘州、河东等地和籴辇运。结合 M1・0191[F12：W1]文书所记商人承揽官府粮食贩运的情形，可以发现当时存在专门向亦集乃路贩运粮食的商人，他们甚至与官府保持着密切的合作关系。⑦ 亦集乃城市场的部分粮食⑧尤其是“本路并无出产”⑨的白米，极有可能是通过上述官方、民间两种流通渠道从宁夏、甘州、河东等地输入的，频繁的粮食贩运表明亦集乃路在经济上极其依赖甘肃行省的甘州、宁夏以及中书省辖地，相互间形成了较强的地缘联系，这可能与当时甘肃纳怜道沿线商业通道的繁荣有直接的关系，这在陶瓷等手工业品的流通方面表现得更加明显。

表一所列的物品中茶、丝织物、上等陶瓷器本地并不生产，需要依赖外地输入。M1・1340[F279：W1]是一份茶叶包装，⑩从残存的“冠山淮造高茶记”的字样推测，应是从江淮地区流通到亦集乃路市场。丝织物及其制成品是亦集乃城市场比较昂贵的物品，经销

① [元] 脱脱《元史》卷一三九《乃蛮台传》，第 3351—3352 页。

② 佐藤贵保认为这一线路在西夏时期就已开辟，参见（日）佐藤贵保《西夏时代における黒河流域の交通路》，载沈卫荣、（日）中尾正义、史金波主编《黑水城人文与环境研究——黑水城人文与环境国际学术讨论会文集》，中国人民大学出版社，2007 年，第 447—462 页。

③ 塔拉、杜建录、高国祥主编《中国藏黑水城汉文文献》，M1・0291[84H・F116：W156/132]《军用钱粮文书残卷》，第 391 页。

④ 塔拉、杜建录、高国祥主编《中国藏黑水城汉文文献》，M1・0190[F125：W13]《甘州运粮文书》，第 269 页。

⑤ 塔拉、杜建录、高国祥主编《中国藏黑水城汉文文献》，M1・1102[84H・Y1 采：W94/2764]《书信残件》，第 1351 页。

⑥ 塔拉、杜建录、高国祥主编《中国藏黑水城汉文文献》，M1・0191[F12：W1]《运输黄米文书》，第 270 页。

⑦ 塔拉、杜建录、高国祥主编《中国藏黑水城汉文文献》，M1・0191[F12：W1]《运输黄米文书》，第 270 页。

⑧ 从文书中“行用升”（编号 F209：W69，载（日）吉田顺一、チメドドルジ编《ハラホト出土モンゴル文书の研究》，雄山阁，2008 年，第 42 页）、“行息”“行利”（蒙古文文书：编号 F250：W3，载《ハラホト出土モンゴル文书の研究》，第 60 页；汉文文书：编号 M1・1011[F2：W57]《杨文彧借麦契》，载塔拉、杜建录、高国祥主编《中国藏黑水城汉文文献》，第 1227 页）等信息表明，亦集乃城应该存在粮食行。

⑨ 塔拉、杜建录、高国祥主编《中国藏黑水城汉文文献》，M1・0250[F51：W5a]《本路并无出产白米》，第 351 页。

⑩ 塔拉、杜建录、高国祥主编《中国藏黑水城汉文文献》，M1・1340[F279：W1]《茶叶包装》，第 1651 页。

者组成“彩帛行”,①统筹行业内的销售事宜。M1·0303[F20:W38]文书提供了一种价格参照,“红大绢,壹疋叁拾两;鸦青好暗花七尺,每尺五两,计卅五两;小皮靴,一对五两五钱;小儿裹脚;一对五两;好□绵装衣服壹拾两。”②红绢的价格较高。但人们依然可以消费得起,G107文书记载,“我(外甥)抽取了你(舅舅)的三匹绸缎”,③文书中的“舅舅”显然是位拥有很多绸缎的富者。但亦集乃官方文书中明确记载:“本处地土多系硝碱沙漠石川,不宜栽种(桑树)。”④因而不能产出蚕丝,市场上的丝织物肯定是从其他地方输入的。弗克·贝格曼先生对额济纳河流域的考古报告中,指出沿河夏元时期的遗址中残存有丝织物,⑤说明沿河交通线存在丝绸贸易,丝绸及其制品极有可能是产自甘州或经甘州中转的。另外,亦集乃城丝绸可能存在经由草原丝绸之路流入的情况,这可以从亦集乃路市场的陶瓷器贸易情况中得到印证。

据弓场纪知先生研究,黑城出土的上等陶瓷器多从外地运来,陶器多为生活用具,具有磁州窑系特征,可能产自甘肃省武威窑、宁夏灵武窑以及山西省霍窑为中心的磁州窑系产区;瓷器类型多样,主要是景德镇窑白瓷、霍窑白瓷、耀州窑系青瓷、龙泉窑系青瓷、钧窑系青瓷,大多为日常生活器具。其运输路线大致是:陶瓷器集中在集宁路、燕家梁等据点,运往哈拉浩特城和敖伦苏木城,再运往西部的阿力麻里,更远者到达蒙古国阿布尔日嘎等地。⑥ 也就是说元代曾经存在一条与甘肃纳怜道相关联的横贯漠南的陶瓷贸易线,并且由于大都的集聚效应经由这条贸易线西渐的物品可能还有丝绸,这是当时西域商人热衷贩卖的物品,并且在上述陶瓷贸易线的据点城市同时发现有丝绸或丝织物。⑦ 此外,上文提到商旅从河东䩭运粮食到亦集乃城应该也是循此路线进行的,黑城遗址中大量的霍州窑瓷器以及来自“冀宁路汾州孝义县附籍民户”⑧的记载,表明元时的亦集乃城经由此路与中书省的商业联系和贸易往来相当密切。

现存文书中只有关于亦集乃路经常从甘州和籴、䩭运粮草的记载,但考虑到当时甘州的贸易地位和交通情况,⑨其与亦集乃城之间很可能存在着密切的商贸联系。根据弗克·贝格曼先生对额济纳河流域的考古报告,沿黑河交通线连续分布有夏元时期的陶瓷、

① 塔拉、杜建录、高国祥主编《中国藏黑水城汉文文献》,M1·1336[Y1:W118]《纵放盗贼在逃案》,第1648页。

② 塔拉、杜建录、高国祥主编《中国藏黑水城汉文文献》,M1·0303[F20:W38]《钱物账》,第415页。

③ (匈)G.卡拉《东方学研究所圣彼得堡分所收藏哈拉浩特及西域出土中世纪蒙古文文献研究》,敖特根译,民族出版社,2006年,第25页。

④ 李逸友《黑城出土文书(汉文文书卷)》,第101页。

⑤ (瑞典)弗克·贝格曼考察,(瑞典)博·索玛斯特勒姆整理《内蒙古额济纳河流域考古报告:斯文·赫定博士率领的中瑞联合科学考察团中国西北诸省科学考察报告考古类第8和第9》,黄晓宏等译,学苑出版社,2014年。

⑥ (日)弓场纪知《哈拉浩特是贸易城市吗?——从内蒙古自治区宋元时期遗迹所出中国陶瓷器来看》,载《黑水城两千年历史》,第144—172页。

⑦ 李逸友《谈元集宁路遗址出土的丝织物》,《文物》1979年第8期;魏坚、张晓玮《阴山汪古与景教遗存的考古学观察》,《边疆考古研究》2013年第2期。

⑧ 塔拉、杜建录、高国祥主编《中国藏黑水城汉文文献》,M1·0561[F116:W294]《王汉卿斗杀案》,第697页。

⑨ 胡小鹏《元甘肃行省诸驿道考》,《西北史地》1997年第4期。

丝织物残迹，①应该是商业贸易活动的反映。据李幹先生研究，元时甘州和肃州是中西交通上的重镇，是当时茶叶、丝绸布匹、药材、铁器的集散地，西域商人常常携带玉石相交易。② 亦集乃路市场上的部分药材、茶叶、丝绸极有可能就是从甘州输入的，城内的玉石残件可能就是阿兀等往返于甘肃行省和岭北行省之间商人的经营项目。岭北行省与亦集乃城之间的商业关系十分密切，他们是西域商人经常往返的路线，以当时的物产格局来看，以和林为中心的岭北行省是中原物资的消费地，物资流通主要是中原地区的粮食和器具、③西域的宝货通过不同孔道向蒙古高原流动，④所以，我们推测岭北行省的物产可能很少能够流向亦集乃城，反而是西域的宝货、甘肃行省的物产经由亦集乃城流向岭北行省。部分西域的物产也经由亦集乃城进入中原市场，在黑城文书中发现了"回回青"的物价信息，这是元时青花瓷的理想原料，产于今阿富汗地区，亦集乃城应是这种名贵原料进入中原瓷器市场的重要中转站。

可见，亦集乃城对外界的依赖性很强，其物资常需从甘肃行省之甘州、宁夏等路以及中书省辖地输入。除官方性质的和籴粮草外，商旅在物资流通中发挥着重要作用，文书残存的"全藉客旅运"⑤等字眼很可能就是在强调商旅的角色，因为确实发现商旅承揽政府从河东和籴粮食的情形，⑥如前所述，他们中的一部分经营从中书省、宁夏、甘州各大窑厂贩运陶瓷、丝绸等的商业活动，可能也正是在这样的背景下，才发生了 M1・0597[F114：W6]所记关涉"客货"的案件。⑦ 从事这样长途贩运人们的身份并没有明确的记载，《失林婚书案》保留了一些信息，涉案的阿兀、脱黑帖木等都是经常往返于大都、岭北地面、甘肃行省、"回回地面"的商人，⑧结合西域商人在元时西北地区的活跃表现，他们可能在其中扮演了重要的角色。

三

至此，亦集乃城商业的形态已比较清晰，作为路级政区的治所，亦集乃城是区域内的中心市场，其与村、社间存在密切的商业联系，村、社居民向城内市场输送当地物产，同时直接或间接地从城内市场购置生活所需的物品和服务，从而形成了城乡间的物品流通链，

① （瑞典）弗克・贝格曼考察，（瑞典）博・索玛斯特勒姆整理《内蒙古额济纳河流域考古报告：斯文・赫定博士率领的中瑞联合科学考察团中国西北诸省科学考察报告考古类第 8 和第 9》。

② 李幹《元代民族经济史》，第 1036 页。

③ 如至元七年（1271）以"上都商旅往来艰辛，特免其课"（参见[元] 脱脱《元史》卷九四《食货二》，第 2397 页）；至顺元年（1330）因"上都官买商旅之货，其质不计酬给，以故商旅不得归，至有饥寒死者……一有旨，出钱四百万贯偿之"（参见[元] 脱脱《元史》卷一四二《彻里帖木儿传》，第 3404 页）。

④ 马建春《元代西域人的商业活动》，《暨南学报（哲学社会科学版）》2006 年第 3 期。

⑤ 塔拉、杜建录、高国祥主编《中国藏黑水城汉文文献》，M1・0030[84H・F166：W230/W1402B]《户籍残件》，第 61 页。

⑥ 塔拉、杜建录、高国祥主编《中国藏黑水城汉文文献》，M1・0191[F12：W1]《运输黄米文书》，第 270 页。

⑦ 塔拉、杜建录、高国祥主编《中国藏黑水城汉文文献》，M1・0597[F114：W6]《王七弟王旭赍夯客货案》，第 737 页。

⑧ 塔拉、杜建录、高国祥主编《中国藏黑水城汉文文献》，M1・0673[F116：W32]《失林婚书案文卷》，第 889—891 页。

由于城聚集着财富和权力,在这个流通链条中处于主导地位。但亦集乃路物资总量短缺,种类有限,不能满足供应,所以亦集乃城市场的大量物品需要从甘肃行省之甘州、宁夏等路以及中书省辖地输入。同时,亦集乃城北通和林,南连甘州,西抵察合台汗国边界,东经东胜到大都,①是元代草原丝绸之路的重要驿站,其商业具有中继性,运往亦集乃城的物资,一部分会中转运往西部的阿力麻里,更远者到达蒙古国阿布尔日嘎等地。

这种流通格局与亦集乃城的自然环境、地缘政治关系密切。亦集乃城位于黑河的尾闾,属于绿洲城市,其经济主要依托绿洲地带的农牧业,主要物产是小麦、大麦、糜子、粟,马、牛、羊、驼、骡、驴等及其制成品,②还有粗陶瓷制品等日常用具,在建路前的小城时期,物资供求总体上不存在太大矛盾,《马可波罗行纪》的描述应该是这一时期生产方式和经济结构的一种反应。建路后,官衙机构的设置和相关人口的迁徙,使得粮食消费增加,上等陶瓷、丝绸等奢侈品需求增加,本地供给与需求之间的结构性差异增大,大量物资需要从其他地区输入。

黑河上游的甘州是亦集乃城经济和政治的依托地区,汉唐以来就存在着密切的经济联系。与前代不同,元代亦集乃城地区已非政权斗争的冲突地区,而是蒙古高原游牧和河西走廊农耕区的过渡、衔接地带,地缘政治发生重大变化。这种差异文化反而变成一种互动需求,黑城文书记载岭北达达地面的商人在亦集乃城经营商业,③亦集乃城住坐的回族商人也经常往返于和林与亦集乃城之间,④并进一步与甘州、大都等区域中心相联系。亦集乃城与宁夏府路的交通开辟于西夏时期,⑤文书中反映的宁夏路的粮食、灵武窑的陶瓷器出现在亦集乃路,说明元朝承续了西夏对西北的区域整合,并将其与传统的草原丝绸之路相连接,促进了亦集乃城与纳怜道沿线地区的经济交流,从当时北方贸易格局来看,亦集乃城为中心的市场是物资输入地和消费地区,也是草原丝绸之路的中转地区。

The Research on Trade in Ejina of Yuan Dynasty based on Documents and Relics Excavated from Khara-Khoto

Zhou Yongjie　Minzu University of China

Abstract: The situation of trade in Ejina city of Yuan Dynasty is showed by documents and relics excavated from the ruin Khara-Khoto. As a center city, Ejina

---

① 胡小鹏《元甘肃行省诸驿道考》。

② 杜建录《夏元时期黑水地区的农牧业》,载《黑水城人文与环境研究——黑水城人文与环境国际学术讨论会文集》,第463—468页。

③ 塔拉、杜建录、高国祥主编《中国藏黑水城汉文文献》,M1·0577[HF193B正]《皇庆元年认状文书》,第715页。

④ 塔拉、杜建录、高国祥主编《中国藏黑水城汉文文献》,M1·0689[F116:W205]《失林婚书案卷4》,第915—918页。

⑤ 佐藤贵保《西夏时代における黑河流域の交通路》,载《黑水城人文与环境研究——黑水城人文与环境国际学术讨论会文集》,第447—462页;李晓聪《中国区域历史地理》,北京大学出版社,2004年,第23页。

(Ejin) plays an important role, many products are sold from the city market to the countryside, at the same time, and the people in city buy the sources made in countryside. However, Ejina lands were not fertile so that the local products cannot enough supply market. Many items were imported from Ganzhou Circult (甘州路), Ningxiafu Circult (宁夏府路) and the "nuclear state" directly ruled by the Central Secretariat (Zhongshusheng 中书省). Furthermore, Ejin city is also an important distribution center for goods in the Silk Road.

Key words: the Yuan Dynasty; Ejina city; trade; goods circulation

(本文作者系中央民族大学历史文化学院博士研究生)

元朝路总管府推官初探

韩清友

提　要：元代路总管府推官在继承唐宋基础上发生较为明显的变化：地方刑狱专属路、府推官掌管，适应了司法专业化的要求；元中后期推官还参与地方庙学修建、碑记的撰写、地方建设及军事活动。大部分推官出身于官宦和士人家庭，由通晓元朝文化的汉人担任，随着元朝政权汉化深入和社会形势的变化，推官中出现了南人身影。元代推官有官俸和职田等收入，待遇较好。推官品秩从六品或正七品，大多数推官在任满以后的仕宦过程中，品秩达到五品以上，进入宣授序列。推官专理刑狱和圆署体制相结合，是蒙汉制度结合的表现，体现了元统治者的智慧，但推官掌管刑狱仍然受控于地方行政机构。总体上，元朝统治者对于推官的任用，是其利用汉民族治理和统治汉地政策的一个缩影。

关键词：元代　推官　刑狱　司法

推官，唐朝始设，为节度使、观察使的僚属，掌勘问刑狱。唐建中三年（782）御史台置推官二人，后采访使下设推官一人，掌推鞫狱讼，①后来各州都有推官。宋太祖乾德四年、②真宗咸平四年（1001）增置开封府推官一员，仁宗皇祐二年（1050）出现汾州团练推官的记载，说明此时北宋地方已有推官设置，宋孝宗乾道七年（1165）皇太子在临安府设推官三员，比同幕职官。③ 宋宁宗嘉泰元年（1201）诏新州推官……许用五纸常员奏举改官。④金时推官成为正式官员，大兴府、诸京留守司、上京都设推官，从六品，掌同府判，分判户、刑案事，诸总管府、诸府推官各一员，正七品，分判工、刑、兵案事。⑤ 可以看出，唐宋金时推官职责都有掌推勾狱之事，但无户、工、刑案明确之分。推官从中央到地方都有设置，且在唐德宗和宋太宗时，御史台下设立推官。元代发生明显变化，推官只在"腹里"地区和地方路府设置，中央和监察部门不再设立；推官职责专理刑狱，改变了户、工、兵、刑不分的局面。

关于元代路总管府推官制度，目前尚没有专门的研究成果，只是在一些文章中有所论及。张金铣《元代地方圆署体制考略》一文对推官的设置、职责及变化进行叙述。⑥《元代路总管府的建立及其制度》一文提到了推官的"预审"职能。⑦ 李治安《元代政治制度研

---

① 杜佑《通典》卷二四《职官六》、卷三二《职官十四》，《文渊阁四库全书》第603册，台湾商务印书馆，1986年，第288、386页。

② 徐松著，刘琳等校《宋会要辑稿·职官五》第5册，上海古籍出版社，2014年，第3143页。

③ 《宋史》卷七《本纪七》、卷一六六《职官六》，第134、3944—3945页。

④ 徐松著，刘琳等校《宋会要辑稿·职官一〇》第6册，第3301页。

⑤ 《金史》卷五七《百官三》，中华书局，1975年，第1304、1305、1311页。

⑥ 参见张金铣《元代地方圆署体制考略》，《江海学刊》1999年第4期。

⑦ 参见张金铣《元代路总管府的建立及其制度》，《中国史研究》2001年第3期。

究》一书中对推官职责、选用、迁调及考课俸禄进行较为系统的研究。① 陈高华、史卫民《中国政治制度通史·第八卷》一书,在审判程序的视角下,通过和宋朝对照,揭示出元朝推官审判特点和职责运作机制。② 张晋藩主编《中国法制史》一书对推官具体职责进行阐述。③ 洪丽珠《元代镇江路官员族群分析》一文从族群出身的视角,考察了元镇江路官员构成,认为镇江路总管府推官出身几乎皆为北方汉民族。④ 总体来说,元代路总管府推官制度一些文章虽有涉及,但相关研究成果对于推官的设置、选拔、职能及履行等问题讨论尚不深入,尤其对推官出身、仕宦、社会地位及影响等,前人少有论及。本文在前人研究的基础上,根据传世文献和地方志、石刻碑志等,对元代路总管府推官予以系统考察,进而揭示元代推官对地方刑狱的重要作用。不足之处,请学界方家批评指正。

一、推官设置和选任

元政权建立后,不断吸收汉地原有制度,推官制度即是其一。太祖时,真定五路万户邸琮选充总管府推官,即是对金朝制度的直接承袭。这是蒙元政权任命路总管府推官较早的记载。⑤ 严格意义上的元朝路府推官是在元世祖时设立的。

(一)推官的设置

元代皇帝对推官设置很重视。至元二十三年(1286),世祖设诸路推官以审刑狱,上路二员,下路一员,散府一员。至元二十七年(1290),大都路总管府升为都总管府,设置推官二员,与达鲁花赤、都总管专治路政。⑥ 实际上,世祖时只在几个上路有推官设置,无法应对"罪囚淹禁"的局面,"世祖皇帝圣旨有来。几处上路里委付来,其余去处不曾委付。各路里管民官每掌的勾当多,罪囚每根底不得空便问有,监禁的人每生受"。⑦ 随着历史的演进,路有撤销或增置的情况,如普定路,本普里部,归附后改普定府。大德七年(1303),改为路;"大德五年(1301),以鄂州首来归附,又世祖亲征之地,改武昌路。"⑧大德二年(1298),元成宗增置各路推官,专掌刑狱,上路二员,下路一员;⑨至治二年(1322),元英宗置中庆、大理二路推官。⑩ 泰定元年(1324年),泰定帝增置上都留守判官二员,兼推官,四年(1327)增置肃州、沙州、亦集乃三路推官。⑪ 后至元四年(1338),元顺帝依内郡设置广元等五路、广安等三府、永宁等两宣抚司推官各一员。⑫ 此时,除路府设置推官外,宣抚司

① 参见李治安《元代政治制度研究》,人民出版社,2003年,第141—143、154—155、162—164页。

② 参见陈高华、史卫民《中国政治制度通史·第八卷》,社会科学文献出版社,2011年,第258—260页。

③ 参见张晋藩主编《中国法制史》,中国政法大学出版社,2016年,第227页。

④ 参见洪丽珠《元代镇江路官员族群分析》,《元史论丛》第10辑,中国广播电视出版社,2005年。

⑤ 《元史》卷一五一《邸琮传》,中华书局点校本,1976年,第3571页。

⑥ 《元史》卷十四《世祖纪十一》,卷九十《百官志六》第286、2300页。

⑦ 陈高华等校《元典章·新集·刑部·刑狱》,天津古籍出版社、中华书局,2011年,第2159页。

⑧ 《元史》卷六一《地理志四》,卷六三《地理志六》,第1470、1524页。

⑨ 《元史》卷一九《成宗纪二》,第421页。

⑩ 《元史》卷二八《英宗纪二》,第623页。

⑪ 《元史》卷三〇《泰定帝纪二》,第673页、683页。

⑫ 《元史》卷四一《顺帝纪四》,第871页。

亦有设置,也是笔者所见仅有的宣抚司设推官记载。从上可看出,元朝皇帝对推官设置的重视及从中原到边区渐次设置推官的情况。元亡后,北元时期(1368—1389)M1·0543[T9W3]号文书仍有推官一职的记载。① 笔者从搜集史料过程中发现在《元史》、《元典章》、元人文集、地方志、石刻、墓志铭、碑铭中都有推官记载,推官在元朝的设置和影响是较广泛的。

(二)推官的选任

元朝政府十分重视推官选任。推官"选举得人,民无滥刑之苦","委任尤不可轻"。② 郡置推官二员,府事简,止设其一,必择人而授。③ 路、府推官职从六品或正七品,一般由台宪机构推举,贡师泰云"近报两台多辟荐,殿前早晚赐朝衣"。④ 为增强其选人的责任,确保选举得人,实行推官有罪连坐的办法。泰定帝时,"台宪岁举守令、推官二人,有罪连坐",后又"复命中书于常选择人用之"。⑤ 根据元代迁官之法"从七以下属吏部,正七以上属中书,三品以上非有司所与夺,由中书取进止",⑥推官任命由中书负责。推官虽属中书省"自除"范围,仍须履行"入奏,奏可而后出命焉"程序,⑦足见元政府对推官选用的重视。至元二十年(1283),中书省规定推官需"选用循良人,庶得刑平政理"。⑧ 许有壬主张推官要"精晓刑名,洞达事理",历练老成之人方可但任此职;要扩大选举范围,方能选举得人,"不广其途,亦难选举"。⑨ 邓文原云"士不通经,不足与论政刑",⑩如士人不通晓经学,那连讨论政刑的资格都没有,更不要说担任推官了。苏天爵明确提出推官任职的年龄限制,推官当选除"吏通儒术、儒习吏事、材力明敏、别无过举"外,"其年六十五以上者,铨注别职",如此才会达到"刑罚得中,官无旷职"之效。⑪

概言之,元政府重视推官选任,其任用不仅要台宪机构推举,中书省任命,最终还要上奏皇帝,皇帝同意方可任职。其推举标准较高,不仅要精晓刑名、儒吏兼通,并且年龄有限制。这些做法,一定程度上保证了选任推官的质量,亦是元统治者慎刑思想的体现。

二、推官的职权

推官作为元朝地方路、府专设的司法官员,其职责除专理刑狱外,元中后期发生了一些变化。推官掌管刑狱,对于解决案件积压,促进地方司法纠纷的及时解决,缓和元朝社会矛盾,起到有益的作用。

---

① 参见塔拉等主编《中国藏黑水城汉文文献》第4册,国家图书馆出版社,2008年,第675页。

② [元]同恕《榘庵集》卷一二《送刘民望并序》,《文渊阁四库全书》第1206册,第773—774页。

③ [元]赵宜浩《推厅记》,载清嘉庆二十三年《松江府志》卷一五。

④ [元]贡师泰《玩斋集》卷四《寄王鲁川推官》,《文渊阁四库全书》第1215册,第558页。

⑤ 《元史》卷二九《泰定帝纪一》,第644页。

⑥ 《元史》卷八三《选举志三》,第2064页。

⑦ [元]许有壬《至正集》卷三八《记选目》,《元人文集珍本丛刊》第7册,新文丰出版股份有限公司,1985年,第193页。

⑧ 陈高华等校《元典章》卷四〇《刑部二·刑狱·禁断王侍郎绳索》,第1352页。

⑨ [元]许有壬《至正集》卷七五《吏员》,《元人文集珍本丛刊》第7册,第339页。

⑩ [元]邓文原《巴西集》卷上《送王明之推官北上序》,《文渊阁四库全书》第1195册,第513页。

⑪ [元]苏天爵编《滋溪文稿》卷二七《建言刑狱五事疏》,《文渊阁四库全书》第1214册,第316页。

（一）推官的主要权限

掌管刑狱，是元推官主要职责，“推官之职，既为刑名设置，凡有文案，拟合专以参照研穷，务尽词理”。[①] 元推官设置之初，只是作为地方官员之一参与地方行政司法事务。至元二十五年（1288），推官“与府官一体通管府事，凡遇鞠问罪囚必须完问”，结果“罪囚盈狱，淹禁不决”；司县官吏“推问之术少得其要”，加大了路府覆审压力，中书省同意益都路建议，推官“专管刑狱，其余一切府事并不签押，亦无余事差占”。[②] “专一问罪囚的上头，上路里设两员推官，中路里设一员推官”，路级管民官忙于日常行政事务，也有必要将刑狱交给推官掌管，“各路里管民官每掌的勾当多，罪囚每根底不得空便问有，监禁的人每生受。合委付推官”。[③] 但执行效果似乎不好，存在“（推官）差调夺于外，余事扰其中”，无法专理刑狱的现象，故大德七年（1303）都省重申路府推官仍旧专管刑狱，通署刑名追会文字，其余事务并不签押，诸官府亦不差占。[④] 元政府再次强调推官不许差占，恰恰说明当时推官被占用应不是个别现象。推官实际职责要丰富得多，下面将具体分析。

首先，推官掌管刑狱。通常，散府、州和县司审理的笞刑至杖刑八十七下以下案件，狱具后要上报并解送罪犯于路总管府，由推官详谳。[⑤] 朝廷规定，对八十七下至一百七下杖刑，路总管府可全权断决。[⑥] 对一年至三年的徒刑，路总管府仅能“决配”（拟断）结案，然后申报上司“照验”。流刑、死刑等重罪，须牒呈廉访司“审覆无冤，方得结案”，最后需要依例呈报朝廷，上奏皇帝，听候批准。[⑦] 设立行省后，重大案件廉访司审核后，还需行省核审，行省审核通过后，再报送中央有关机构。[⑧] 除州县所呈案件外，推官有时还“谳狱至属县”，[⑨]其还可详谳经廉访司审录过的“已具”刑狱。[⑩] 如汴梁路推官葛云卿遇廉访使审覆过的马某被杀案，平反被诬告仇家之冤。[⑪] 由于元代诉讼严格实行“先从本管官司，自下而上，依理陈告”的规则，[⑫]路推官有时要审理州县拒不接受或上级发下的狱案。为确保推官职责的履行，元政府向推官，赐印章，给乘传；[⑬]并且推官有专门工作场所推官厅，“府治之旁，推官别有厅事，以为详谳之所，谨其职严其体也”，[⑭]“厅居府治之左，俾处其中，悉

---

① 《元典章·新集·刑部》，第 2158 页。

② 《元典章》卷四〇《刑部二·推官专管刑狱》，第 1374—1375 页。

③ 《元典章·新集·刑部》，第 2159 页。

④ 《元典章》卷四〇《刑部二·推官专管刑狱》，第 1375 页。

⑤ 李治安《元代政治制度研究》，第 141 页。

⑥ 《元典章》卷四《朝纲一·省部减繁格例》，第 132 页。

⑦ 《元史》卷一〇四《刑法三》，第 2657 页。

⑧ 陈高华《元史研究新论》，上海社会科学院出版社，2005 年，第 151 页。

⑨ ［元］张养浩《归田类稿》卷一一《济南刘氏先茔碑铭》；《文渊阁四库全书》第 1192 册，第 565 页。

⑩ 李治安《元代政治制度研究》，第 155 页。

⑪ ［元］张养浩《归田类稿》卷三《葛推官平反诗序》，《文渊阁四库全书》第 1192 册，第 499 页。

⑫ 《元典章·台纲一·行台体察等例》，第 152 页。

⑬ 苏天爵《滋溪文稿》卷三《新升徐州路记》，《文渊阁四库全书》第 1214 册，第 40 页。

⑭ ［元］王祎《王忠文公文集》卷一一《婺州路总管府推官厅记》，《北京图书馆古籍珍本丛刊》第 98 册，书目文献出版社，1988 年，第 207 页。

心枭事,不以他事溷之,其任之专且重若是"。[①] 推官并可自辟僚属,和司狱、狱丞一起专掌刑狱。[②] 除刑狱外,推官还审理其他性质案件,如至治元年(1322),发生在平江路常熟州的案件:钱璋居母之丧,与男钱安一婚娶陆寿八娘,拜尸成亲。取讫钱璋招伏,本路推官审断三十七下。[③] 对"私鬻盗鬻"食盐的集团犯罪,推官有义务"督捕之,绳以法"。[④] 推官工作繁重,胡世佐云讼狱为繁,司厅鞠者当至剧时,由旦达暮不得息。[⑤]

平反冤狱、审理囚犯也是推官理狱的表现。推官平反冤狱范围很广,冤假错案、死刑案件都可平反。袁州推官焦荣,平反贼盗冤狱,诬者胡氏抵其罪,众大悦。[⑥] 至大元年(1308),抚州路推官李璋,平反冤狱十余。行属邑审囚,咸称其平恕明决。[⑦] 元仁宗时,潘允任南剑路推官,为冤民平反。[⑧] 至治二年(1322),乌古孙良桢改漳州路推官,狱有疑者,悉平反之。[⑨] 宋寿卿调处州路推官,甫阅月,决囚数百,平反陈明六等冤案。[⑩] 衢州路推官张正初,发摘奸伏如神,谳狱多所平反。[⑪] 至元六年(1340),王文彪迁赣州路推官,刑狱无轻重,必究心为穷竟,平凡者尤多。[⑫] 曹伯启"累迁常州路推官,豪民黄甲,恃财杀人,赂佃客诬伏,伯启谳得其情,遂坐甲杀人罪"。[⑬] 这是一则明显的假案,下面史料是信州推官汪泽民为死刑犯翻案的案例:

> 有僧净广,与他僧有憾,久绝往来。一日,邀广饮,广弟子急欲得师财,且苦其棰楚,潜往他僧所杀之。明日诉官,他僧不胜考掠,乃诬服,三经审录,词无异,结案待报。泽民取行凶刀视之,刀上有铁工姓名。召工问之,乃其弟子刀也。一讯吐实,即械之而出他僧。人惊以为神。[⑭]

---

① [清]宋如林等修,孙星衍等纂《松江府志》卷十五,《中国方志丛书·华中地方》,成文出版社,1970年,第344页。

② [清]沈家本著《历代刑法考·历代刑官考下》,邓经元、骈宇骞校,中华书局,1985年,第2004页。

③ 《元典章·新集·户部》,第2128页。

④ [元]王祎《王忠文公文集》卷一一《绍兴谳狱记》,《北京图书馆古籍珍本丛刊》第98册,第212页。

⑤ 光绪三年刻本《鄞县志》卷六三《重建推官厅记》。

⑥ [清]李熙龄修,邹恒撰《咸丰武定府志》卷三五《大中大夫中山郡焦侯碑》,《中国地方志集成》,江苏古籍出版社,1998年,第152页。

⑦ [元]吴澄《吴文正公文集》卷三三《有元朝列大夫抚州路总管府治中致仕李侯墓碑》,《元人文集珍本丛刊》第3册,第562—563页。

⑧ 方龄贵《通制条格校注》,中华书局,2001年,第585页。

⑨ 《元史》卷一八七《乌古孙良桢传》,第4287页。

⑩ [元]许有壬《至正集》卷六三《有元故中奉大夫陕西诸道行御史台侍御史宋公墓志铭》,《文渊阁四库全书》第1211册,第447页。

⑪ [元]蔡文渊《张忠神道碑记》,载康熙十九年《满城县志》卷十。

⑫ [元]王祎《王忠文公文集》卷二二《元中宪大夫佥廉田司事致仕王公行状》,《北京图书馆古籍珍本丛刊》第98册,第397页。

⑬ 《元史》卷一七六《曹伯启传》,第4099页。

⑭ 《元史》卷一八五《汪泽民传》,第4252页。

至正三年(1343),贡师泰任绍兴推官时平反冤案多起。其中,不乏为死刑犯平反例子:

山阴白洋港有大船飘近岸,史甲二十人,适取卤海滨,见其无主,因取其篙橹,而船中有二死人。有徐乙者,怪其无物而有死人,称为史等所劫。史佣作富民高丙家,事遂连高。史既诬服,高亦就逮。师泰密询之,则里中沈丁载物抵杭而回,渔者张网海中,因盗网中鱼,为渔者所杀。史实未尝杀人夺物,高亦弗知情,其冤皆白。①

推官平反冤假错案,审理罪囚,使案件得以公正判决,拉近了官民关系,缓和了社会矛盾,有利于元朝对地方的统治。

其次,推官参与狱政管理。《元典章》中有:

大德九年(1305)湖广行省……令推官督责狱卒常加洒扫,每三日一次诣狱点视汤药,枷杻、匣具须要洁净,仍备凉浆。若遇冬月,依例官给絮布、暖匣、席荐等物。病者即给药饵,令医看治,毋致失所。②

可以看出推官在监狱管理中所起的作用。碰到尽职的推官,可减少甚至避免狱囚的非正常死亡。如至正十年(1350)冬,府推官董时俨既勤于职,疏滞理冤,验医之良者,使治囚病,以时药而粥之,狱以无瘐。③

第三,推官参与地方教化和建设活动,尤其在地方文化活动中较为活跃。为显明起见,搜集有关史料列表如下

表一 元代推官参与地方儒学修建及地方建设活动列表

姓 名	时 期	任职地	参 与 活 动	出 处
何公贞	后至元	湖州路	乌程县丞宋文懿请其立县学,欣然从之	同治《湖州府志》卷四九《乌程县新建儒学庙记》
戴德文	至正	化州路	兴学化民,绰有政誉,民称颂之	李贤《明一统志》卷八一
方道叡	后至元	嘉兴路	病其(石峡书院)庳迫弗称,以公(叡之祖父,蛟峰先生)之故居,广其基址而新其栋宇,弦诵之声不减	黄溍《金华黄先生文集》卷三〇《蛟峰先生阡表》
冯梦周	后至元	平江路	建颖昌书院,书版归之书院,不以私于其家。平日购买书籍若干万卷,"亦悉归之书院"	郑元佑《侨吴集》卷九《颖昌书院记》

① 《元史》卷一八七《贡师泰传》,第4294页。
② 《元典章》卷四一《刑部二·牢狱分轮提点》,1382页。
③ [元] 冯翼翁《吉安路惠民药局记》,载同治十二年刻本《庐陵县志》卷四九。

续 表

姓 名	时 期	任职地	参 与 活 动	出 处
梁思温	后至元	归德府	与他官合议共捐俸金度材庀工彻而新之(谯门),至元四年(1338)孟春落成	苏天爵《滋溪文稿》卷二《归德府新修谯门记》
韩居仁	大德	建康路	推官韩居仁与其他路官、教授协力节费,重构(路学)周围,内外一新,复置大成乐器	张铉《(至大)金陵新志》卷九《路学》
李德真	至顺	平江路	与郡守萧君义更相缮葺,庙与学遂为他郡之冠	陈基《夷白斋稿》卷三〇《重修三皇庙记》
程侯	皇庆	吉安路	程侯以公事行县,感叹县学计弗支,与两浙盐司司丞语,如触于其心,一言而兴任之,自门徂堂栋榱一新,殿更其旧,费不可数计	刘将孙《养吾斋集》卷一六《项氏旌表记》
程承务	大德	吉州路	程承务除用意刑狱簿书之外,尤于此亹亹焉……于是庐陵郡学为至大初元江南列郡大成新学第一	刘将孙《养吾斋集》卷一五《吉州路重修儒道碑记》
郑时中	延祐	袁州路	考核始末以田归学,僧又争之,行省檄下袁州路。路以其事付录事判官怯烈决之,怯烈惟僧言是听。尹乃周诹密访备实上于路议,以田归学,路推官郑时中又屡言之,寻得行省儒学提举范君汇悉以其实告藩垣大臣,遂以田归学如初	欧阳玄《圭斋文集》卷六《分宜县学复田记》
贺君贞	至元	四明路	推官贺君贞赞辅其役,隶于医籍者胥率钱以补之,逾年而学完殿庑翼成,轩闼深静	袁桷《(延祐)四明志》卷一四《重建医学记》
冯琚	大德	卫辉路	(王守吏)当首出俸稍以为倡率,推官冯琚相与赞襄,下逮属吏、医师、筮士从风皆靡聿,于是相治城北郭汲署故址,明年季夏为礼殿三巨栋	王恽《秋涧集》卷五九《大元国卫辉路创建三皇庙碑铭有序》

说明:表中日期是推官参与活动的大致日期。

从表中可以看出,有推官直接出资修建儒学的,像方道叡、冯梦周;有利用自己职责促成和协助修建的,如程承务、程侯等;平江路推官冯梦周除建学外,还无偿捐赠书籍给书院;不仅如此,他们还积极投入到医学校和三皇庙的建设,如贺君贞、冯琚推官。此外,有推官参加谯门的新建活动,"谯门"是古代为防盗和御敌而建的瞭望楼城门,推官的参与表明推官对治安的重视及其职能的多样化。元朝推官加入地方儒学、医学校和其他建设活动,无疑促进了地方儒学、医学和地方建设活动的开展,促进了地方文化发展、改善了社会的治安。石刻史料中多有推官参与地方庙学,官员去思碑重修、题名,庙碑记撰额、书丹和立石的记载,推官甚至参与地方总管府建设,①这都是社会历史的真实记录,亦是其地位在地方得到承认的体现。从表格中可见,推官参与上述活动基本发生在元朝中后期,这应与元朝统治阶层汉化的加深及社会形势的变化有一定关系。

① 参见国家图书馆善本金石组编《辽金元石刻文献全编》,北京图书馆出版社,2003 年。

另外，元朝中后期，推官直接参与军事。元仁宗延祐三年(1316)，陕西行省丞相阿思罕叛乱，河中知府刘天孚令推官程谦守禹门；①元后期，推官黄秃伦歹没于安庆之战，②宁国路推官刘耕孙坚守城池，后遇害。③ 至正十二年(1352)，沔阳府推官俞述祖守城，城陷被执，徐寿辉诱之不降，被肢解。④ 这样的例子很多，不再赘述。出现这种情况，与元王朝当时社会动荡不安、矛盾激化有关。

总之，元代推官职责是掌管刑狱，平反冤狱，参与狱政治理，对于其他性质案件亦有涉及。元中后期推官还参与地方庙碑记撰额、书写和立石等社会教化和建设活动，促进了地方儒学的传承和发展，他们甚至直接参与军事斗争。总体上看，治理刑狱应该为推官之常责。

(二) 推官鞫狱程序及推官的赏罚

1. 推官鞫狱

由于史料阙如，没看到推官推鞠刑狱的具体案例，笔者收集有关史料如下：推官详谳狱案，或“密求博询”，⑤“考问左验”，或详察案牍，或亲视凶器，⑥或询问原告、被告及有关证人。⑦ 州县对“重刑略问是实，申解各路府州追会结案”。⑧ “推官应须先自细看文卷，披详词理，察言观色，庶得其情。凡有罪囚，推官先行穷问实情，须待狱成，通审圆署。”凡是遇到盗贼案件，推官须“先备五听，审其辞理，参其证佐，辨验是非，理有可疑，然后考掠”。⑨ 据此结合有关论文和著作，其程序可归纳为：

首先，推官对受理刑案进行调查，经审讯获取证据。调查方法很多：看文卷、备五听、询问原被告及证人、现场勘验等。审讯包括言辞审讯，刑事重案经同职官员一致签名同意，且理有可疑也可刑讯，以获取书面、实物、口供等证据，为“狱成”奠定基础。

其次，达到“狱成”、形成初步判决。首领官据官员裁定另行起草文书，与议官员在文书上依次签名，然后再行圆署。

第三，参与官员圆署。据张金铣先生研究，圆署主要包括“系书”、圆坐议政、官员签押、盖印等方面内容，但推官仅参加路、府与刑狱有关事务圆署，不再承担临时差遣。⑩ 与宋刑案实行鞠、谳分司之法不同，推官集两职能于一身。地方正官的集体圆署可防止推官之专带来的弊端，起到集思广益、监督推官，提高路府刑案公正性的作用。圆署制度具有蒙古特色，来源于蒙古传统的忽里勒台制，是蒙古统治者集权的需要。换言之，元代地方司法最终决定权仍控制在元朝统治者手中。

---

① 《元史》卷一九三《忠义传一》，第4387页。

② 《元史》卷一四三《余阙传》，第3428页。

③ 《元史》卷一九五《忠义传三》，第4415—4416页。

④ 《元史》卷一九五《忠义传三》，第4416页。

⑤ [元] 王祎《王文忠公集》卷一一《绍兴谳狱记》，《北京图书馆古籍珍本丛刊》第98册，第210页。

⑥ 《元史》卷一八五《王泽民传》，第4252页。

⑦ 《宋文宪公文集》卷四九《故宁国路推官刘君墓志铭》，转引自李治安《元代政治制度研究》，第142页。

⑧ 《元典章》卷三九《刑部一・刑法》，第1333页。

⑨ 《元典章》卷五四《刑部十六・违枉》，第1803页。

⑩ 张金铣《元代地方圆署体制考略》，《江海学刊》第4期，1999年。

第四,结案或待报。杖刑和徒刑以下案件,路府有定案权;徒以上案件,只有定拟权,要经肃政廉访司覆审,①对于罪人翻异或家属称冤的上报案件,廉访司要重审。行省成为正式地方一级行政机构后,还要经过行省审核。对于正确判决依法结案,覆审发现存在冤狱或错案时,廉访司可决定亲自提审,或交给和原审路府同级的其他机构再审,出于公正性考虑,一般不会交给原审部门再审,这类似宋代的换推之制,②可称为“移推”。对发现的“无例”案件,行省要提出处理意见,报中央审批。③ 遇有疑狱,推官经总管府层报行省、刑部、中书省。延祐四年(1317)顺德路推官朱承德理断吴九儿剜墙偷盗财物案就是显证。④ 当然大都路推官所审重案直接上报刑部和中书。

此外,为保证重大刑案的及时处理,路另置文簿,令推官收掌。如遇司属申报人命公事,随即附簿检举,推官“凡所属去处,察狱有不平,系狱有不当,即听推问明白,咨申本路,依理改正”。⑤ 推官一旦发现案件存在不公正的现象,要立即进行推鞫审理,并把结果上报路府机构,依法予以纠正。

推官专理刑狱,提高了审狱效率。实行集体圆署合议,保证了元朝统治者对地方司法的控制。和宋代鞫、谳分司之法加以比较,两者都能在一定程度上避免司法专断,当然两者行政程序和权力结构不同,这不是本文所要解决的。圆署也会造成扯皮推诿现象,一有争议,“旷时累日,不敢决一事”。⑥ 推官专理刑狱和正官圆署制相结合反映了元朝统治者的智慧,是蒙汉两种文化相融合的体现。从中可以看出地方司法运作仍然受到行政机关的控制。“为政之难莫难于治狱”,⑦推官动辄被追责也是常有的事情,“上游之署有行丞相府、监漕官……受谤责在须臾间,而况贰推者?”⑧

2. 推官的赏罚

为鼓励推官尽心职责,元政府制定推官赏罚规定:“今后如能平反重刑一名以上,升一等;犯流罪三名,减一资历,五名升一等,名数不及者从优定夺;徒役五名以上,减一资”。⑨ 皇庆二年(1313)推官潘允平反冤抑事,理量拟减一资历;⑩对于失职推官,遇所部申报人命公事,随时附籍检举驳问。但因循不即举问,罪及推官。⑪ 凡推官若受差不闻上司,辄离职者,亦坐罪。⑫ 对推官的监督审覆职责规定,若推问已成,他司审理或有不尽不实却取推官招伏议罪,“其或理断未当,罪及推官”。⑬ 对工作拖拉、擅离职守的推官,元政府都

---

① 戴炎辉《中国法制史》,三民书局,中华民国 68 年,第 144 页。

② [元] 李焘《续资治通鉴长编》第 26 册,中华书局,1992 年,第 9118 页。

③ 陈高华《元史研究新论》,上海社会科学院出版社,2005 年,第 151 页。

④ 《元典章》卷四九《刑部十一・强窃盗》,第 1641 页。

⑤ 《元典章》卷四三《刑部五・检验》,卷四十《刑部二・罪囚淹滞举行》,第 1483、1360 页。

⑥ 转引自张金铣《元代地方圆署体制考略》,第 121 页。

⑦ [元] 程端礼《畏斋集》卷三《送田推官代归序》,《文渊阁四库全书》第 119 册,第 663—664 页。

⑧ [元] 杨维桢《东维子文集》卷四《送平江路推官冯君序》,《四部丛刊初编》第 1494 册,商务印书馆,1922 年。

⑨ 《元典章・新集・刑部》,第 2160 页。

⑩ 方龄贵《通制条格校注》,第 585 页。

⑪ 《元典章》卷四三《刑部五・检验》,第 1483 页。

⑫ 《元史》卷一〇三《刑法二》,第 2632 页。

⑬ 《元典章》卷四〇《刑部二・罪囚淹滞举行》,《元典章・新集・刑部》,第 1360、2158 页。

有明确处罚规定，把其政绩与职务升降挂钩。“凡遇刑名词讼，推官现行穷问，须要狱成，与其余府官再行审责，完签案牍文字，或有淹禁，责在推官”。巡按官取具平反冤抑在禁淹延轻重起数，行移本路，候推官任满解由内开写，以凭考其殿最，约量升降。① 官员所属上级官司倒给完整解由后，集中到行省，由行省统一出给呈文，送交中书吏部，②当然推官属中书牒署。推官解由由本路上级主管部门填写并加以考核，根据其政绩决定其升降或罢免。对于出现人命重案推官的惩治，要经由御史台送交刑部处理，最终要由中书省定夺，至元二十九年(1292)，婺州路推官蔡锡因枉禁平民包含等致多人身死案，就是由御史台经刑部，最终以中书省意见为准，对蔡锡做出杖责八十七下的处罚。胡广等被游街身死案，③刑部对田推官的处理“拟降先职一等”，虽中书同意刑部意见，最终也要由中书省决定。若推官误捕平民作为盗贼，且囚禁而死，就会受到除名不叙，并被征烧埋银的处罚。④

以上对推官的职权、推官鞫狱程序及推官赏罚进行了探讨，下面来研讨其待遇、出身和仕宦。

三、推官待遇、出身及仕宦

通过上面论述，可以说推官地位重要、任务繁重，那么其待遇、出身和仕宦又如何呢？下面试分述之。

(一) 推官待遇

推官待遇可分为俸禄和职田两部分。

1. 推官俸禄

元朝路、府推官品秩不高，为从六品或正七品。俸禄：大都路推官，五十贯。上路推官，一十九贯。下路推官，一十九贯。散府判官，一十八贯；推官同。⑤《至顺镇江志》对镇江路推官俸钱亦有记载：推官一十九贯。⑥ 至正十年(1273)，刘孟琛提到的一份诏书中有“上路推官壹佰贰拾锭，下路、府推官与上路同”。⑦ 为什么大都路的推官俸禄要比一般的路推官高呢？一般路府推官都有职田，大都路府推官没有，为了予以补偿，大都路职官俸禄比一般路职官都要高，不限推官。至正年间是推官待遇提高了吗？据陈高华先生考证，至正十五年每升陈米10年左右时间内价格上涨了数百倍。至正钞贬值的严重程度，由米价可见一斑。⑧ 而推官俸禄没有得到相应增长。总体上看总管府推官俸禄较低，潭州路推官任满竟贫困至无路费回家，“(马忠信)曾为潭州路推官……官满，贫不能归，留潭州”，

① 《元典章》卷四〇《刑部二・推官专管刑狱》，第1375、1376页。
② 郑鹏《虚文与实务之间——元代解由考论》，《内蒙古大学学报(哲学社会科学版)》第2期，2014年。
③ 《元典章》卷五四《刑部十六・杂犯一》，卷五四《刑部十六・违枉》第1802、1817页。
④ 《元典章》卷五四《刑部志十六・杂犯一》，第1799页。
⑤ 《元史》卷九六《食货志四》，第2463—2464页。
⑥ 《至顺镇江志・卷十三・职田》，《宋元方志丛刊》第3册，中华书局，1990年，第2807页
⑦ 王晓欣校《宪台通纪(外三种)・南台备要・均禄秩》，浙江古籍出版社，2002年，第219页。
⑧ 陈高华、史卫民《中国经济通史・元代经济卷》，经济日报出版社，2000年，第433—434页。

最后卒于谭州,①结局令人唏嘘。对下级官员俸禄,胡祇遹曾做过评价,“职事官则六品而下,不过二十贯,一身之费,亦不赡给。倘过官府勾唤,送往迎来,杯酒饮饭,必不能免者,又何从而出?”②可见推官俸禄不高,但能否说明推官待遇就是低的呢?

2. 职田

除俸禄外,元成宗时期,开始给予推官职田。大德七年(1303),户部提议给予推官职田并获许可:

> 各路添设推官并各州同知等官合得职田,拟合先尽系官荒闲无违碍地内标拨。如是不敷,于邻近州郡积荒地内贴拨。若无荒地,照勘曾经廉访司体覆过无违碍户绝地内拨付。③

上路、下路推官职田四顷。④《至顺镇江志》载推官职田二顷六分七厘。⑤ 职田数量不一,这是为什么呢?至元二十年(1283),中书省奏汉阳田地里底管城子官人每根底,与了俸钱,又与公田,江南管城子官人每根底不曾与来。俺商量来,那里的田地水浇好田地有,斟酌少与呵;至元二十一年(1284),中书省同意“官员职田,江淮、闽广地土不同”,按通例比照腹里官员职田体例,在无违碍系官荒闲地内减半拨付。⑥《元史》记载“职田之制……江南行省及诸司官二十一年定之,其数减腹里之半”。⑦ 这些史料都可作为南方路府推官职田比北方少的佐证,大概相当于北方的一半。除了史料中所说江南“水浇好田地”、南北“地土不同”原因外,笔者认为由于战争对北方的影响远远大于南方,南方无主土地明显少于北方,其用于官员的职田当然就会少。《元史·食货志四》和《事林广记·别集卷一》中有散府判官职田四顷的记载,推官职田无记录。据路推官、判官职田相等史实,府推官与判官职田数应一致,南北比例仍为 1∶2。据陈高华先生研究,元代大多数路府州县都有职田,⑧这也说明存在无职田情况。上述马推官可能属于无职田情况,其他原因就不得而知了。职田收入如何呢?下则史料可从一个侧面说明职田收入对于推官生活的影响:

> 上(元仁宗)御兴圣殿,中书奏至江华县尹聂以道授武昌路推官,上惊讶“以道非廉吏耶?今才为推官,何故?”参政阿荣素不乐君,谬对“武昌讼狱繁多,非聂以道不可治;以道贫,非禄田不可活”。⑨

---

① [元]刘岳申《申斋集》卷一一《承德郎武昌路推官马君墓志铭》,《文渊阁四库全书》第 1204 册,第 328 页。

② [元]胡祇遹《紫山大全集》卷十二《寄子方郎中书》,《文渊阁四库全书》第 1196 册,第 227 页。

③ 方龄贵《通制条格校注》卷十三《禄令》,第 380 页。

④ 《元典章·刑部一》卷十五,第 536 页。

⑤ 《至顺镇江志·卷十三·职田》,《宋元方志丛刊》第 3 册,第 2809 页。

⑥ 方龄贵《通制条格校注》卷十三《禄令》,第 371、372 页。

⑦ 《元史》卷九六《食货四》,第 2450—2451 页。

⑧ 陈高华、史卫民《中国经济通史·元代经济卷》,第 264 页。

⑨ [元]刘岳申《申斋集》卷八《元故中顺大夫广东道宣慰副使聂以道墓志铭》,《文渊阁四库全书》第 1204 册,第 287 页。

阿荣应对皇帝虽有作假的嫌疑，但反映出职田收入不错应是毋容置疑的。

据李治安先生研究，路级官员的经济收入远不止于俸禄，多有“官湖”，谓之“分例湖”等，即使处于首领官之末的照磨，其额外所得有的甚至相当于其俸钞的六十倍。① 推官俸禄虽不高，但加上职田等额外收入，实际上收入应是很可观的。但推官职田存在南北不等的状况，南方推官职田大概相当于腹里地区的一半，似乎也并没有普及。

(二) 推官出身及族群分析

笔者把收集到50位有较为完整记录的元朝推官统计如下表，以作分析。

表二　推官出身及族群情况统计表

<table>
<tr><th></th><th>蒙　古</th><th>色　目</th><th>汉　人</th><th>南　人</th><th colspan="2">总　计</th></tr>
<tr><td>百姓(含富民)</td><td></td><td></td><td>3</td><td></td><td>3</td><td>6%</td></tr>
<tr><td>仕　宦</td><td></td><td></td><td>29</td><td>18</td><td>47</td><td>94%</td></tr>
<tr><td rowspan="2">总　计</td><td rowspan="2"></td><td rowspan="2"></td><td>32</td><td>18</td><td rowspan="2">50</td><td rowspan="2"></td></tr>
<tr><td>64%</td><td>36%</td></tr>
</table>

说明：表中统计只是元朝推官中一小部分很难反映元朝的实际情况，只是作为参考。

从表中看出，推官50人中，出身仕宦之家47人，占94%，百姓3人，仅占6%，九成以上推官出身于有地位、有知识的官宦和士人，这与前面讲述的推官任用资格是一致的。从族群看，无蒙古和色目人，汉人32人，占64%，南人18人，占36%，汉人是南人的近二倍。这是为何呢？在汉人和南人任用方面，对南人又较为排斥，这与元统治者对于最后归附的南人不信任有关。他们本身不熟悉汉地法律和风俗习惯，重视任用被统治地区汉人或南人做推官，以利于他们对汉地的统治。据洪丽珠先生研究，推官适合了解当地民情者担任，出身几乎皆为北方汉民族，②同样无蒙古和色目人，亦没有南人任职推官。其研究范围针对镇江路一路，笔者研究的是宏观层次的推官，结论和她有所不同，推官中有部分南人担任，大致占1/3强。为作进一步说明，把其中南人籍推官列表如下

表三　元代南人推官列表

姓　名	籍　　贯	任官途径	时间	出　　处
聂以道	吉安路吉水州	吏员	延祐	刘岳申《申斋集》卷八《元故中顺大夫广东道宣慰副使聂以道墓志铭》
林泉生	福州路永福县	科举	至正	吴海《吴海集·故翰林直学士奉议大夫知制诰同修国史林公行状》
曹敏中	衢州路龙游县	科举	延祐	黄溍《金华黄先生文集》卷三〇《承德郎中兴路石首县尹曹公墓志铭》
汪泽民	宁国路宣城县	科举	延祐	宋濂《元史》卷一八五《汪泽民传》

① 参见李治安《元代政治制度研究》，第164页。

② 参见洪丽珠《元代镇江路官员族群分析》，《元史论丛》第10辑，2005年。

续 表

姓　名	籍　　贯	任官途径	时间	出　　处
杨景行	吉安路太和州	科举	延祐	宋濂《元史》卷一九二《良史二》
周仪之	龙兴路武宁县	吏员	天历	刘岳申《申斋集》卷一一《奉议大夫泉州路总管府推官周君墓志铭》
邓仁杰	南昌	因军功授	至正	贡师泰《玩斋集》卷一〇《临清御河运粮万户府经历邓君墓志铭》
方道叡	建德路淳安县	科举	至顺	黄溍《金华黄先生文集》卷三〇《蛟峰先生阡表》/王德毅等编《元人传记资料索引》
赵岳甫	台州路天台县	吏员	延祐	王沂《伊滨集》卷二四《天台赵公哀辞》
金德润	婺州路浦江县	?	至顺	国家图书馆善本金石组编《辽金元石刻文献全编》

说明：时间为推官任职大致日期。

通过统计笔者发现,南人被任用为推官基本是在元朝中后期。元统一南宋初,在“南人新附,未可恃也”的观念支配下,南人很难被任用。随着元朝汉化的深入和元中后期社会矛盾的激化,南方的动荡,加上南人对当地法律和情势较为了解,元统治者为加强对南方控制,利用南人以拉拢当地仕宦,是可以理解的。南人大多通过科举、吏员推举方式出任推官,这和北方推官仕宦途径类似,几乎全是仕宦出身。有个别因军功授职的,正反映社会动乱,统治者重视军功的现实。南人推官政绩良好,聂以道治狱,“狱无大小,必使狱讼无差”,疑狱必从轻议,当时的五府录囚官咸谓列郡皆如是,可无录矣;①林泉生调漳府推官,狱市大治,畲峒不敢为乱;②宁国路总管府推官曹敏中“凡所鞠问,无不得其平”,赈济宣城县饥民九万六千之众;③汪泽民、④杨景行⑤坚持正义,不畏强暴,与高官豪强斗争,最终治之以法;周仪之秉持以“原情”断罪,所活者众;⑥嘉兴路推官赵岳甫,建书院,促进当地儒学的发展。⑦ 这也正是元统治者任用南人的初衷。

总之,通过推官出身及族群分析,可以看出元朝统治者在任命推官时的殖民心态和民族分化色彩,为了巩固自己对南方的统治,在民族矛盾日益激化时,不得不任用熟悉当地民情和文化的南人担任推官,反映了统治者的矛盾心理和两难选择,其决策的出发点是基于利于其统治的考量。

---

① ［元］刘岳申《申斋集》卷八《元故中顺大夫广东道宣慰副使聂以道墓志铭》,《文渊阁四库全书》第1204册,第287页。

② ［元］吴海《闻过斋集》卷五《故翰林直学士奉议大夫知制诰同修国史林公行状》,《文渊阁四库全书》第1465册,第213页。

③ ［元］黄溍《金华黄先生文集》卷三十《承德郎中兴路石首县尹曹公墓志铭》,《四部丛刊初编》第1461本。

④ 《元史》卷一八五《汪泽民传》,第4252页。

⑤ 《元史》卷一九二《杨景行传》,第4366页。

⑥ ［元］刘岳申《申斋集》卷一一《奉议大夫泉州路总管府推官周君墓志铭》,《文渊阁四库全书》第1204册,第318页。

⑦ ［元］王沂《伊滨集》卷二四《天台赵公哀辞》,《文渊阁四库全书》第1208册,第599页。

(三)推官的仕宦

列表以说明54名推官仕宦情况

表四　推官仕宦统计表

职　　务	人　　数	官　　品
理问知事	1	从八
行省都事	1	正七
御　史	1	正七
检　校	1	正七
县　尹	5	从六/正七/从七
太史院都事	1	正七
吏部员外郎	1	从六
太常太乐署令	1	从六
税务提举	1	从六
路判官	1	正六
州同知	1	从五
礼部郎中	1	从五
廉访司佥事	2	正五
总管府治中	3	正五
翰林待制	2	正五
州　尹	2	从四
州劝农事	1	从四
翰林直学士	1	从四
知　州	2	正四
路同知	1	正四
宣慰副使	4	正四
知　府	2	正四
行台侍御史	2	正四
总管府事	3	正四
礼部尚书	1	正三
路总管	4	正三
廉访使	1	正三

续 表

职　务	人　数	官　品
行台中丞	1	从二
海道都漕运万户	2	从二
行省参政	2	从二
总　计	54	分计从二 5　正三 6　四品 18　五品 9　其他 16

说明：官品据《元典章·官制》和《元史·百官志》整理而得，皆为最终仕宦品级。

可以看出，54 名推官中，一人未到任，一人推官任上致仕，其余 38 人宦途都在五品以上，占 70%稍强，三品以上 11 人，二品以上 5 人，其他基本保持与原品级持平。担任推官后的仕途可谓优越，大部分进入宣授序列。①

针对推官任满后的仕宦去向，笔者列表如下，并试做分析。

表五　元代推官最终仕宦去向列表

类　别	人　数	比　率	备　注
民　职	29	54%	以最后职官为准，其他指内任官或有职品无实职而又不属行省官员
文　翰	3	6%	
军　职	2	4%	
台宪官	7	13%	
行省官	5	9%	
其　他	7	13%	
统　计	总数 54		

在统计的 54 位推官中，29 位担任民职，占 54%比例，说明推官任满后有一半多仍担任民职，与他们熟悉当地文化与民情有关；第二位的是台宪官，有 7 位，占 13%，这缘于他们专门的司法经历。明朝中期，推官成为监察御史的重要后备力量，②这种趋势在元朝是否已出现端倪？再其次，就是行省官员，是 5 人，占 9%，其中 3 人仍担任与监督或与司法有关的职务，比如袁州推官蔡君美担任江浙行省理问所知事，③河南府推官刘天爵后担任江西检校，④平江路推官赵良辅担任江西行省都事。⑤ 另外，进入文翰官和军职的分别占 6%、4%，担任军职最少，这与他们本不是军旅出身有关。

① 元官制一至五品宣授，用皇帝制书形式委命官职，以示重视，六至七品敕牒。

② 参见吴艳红《制度与明代推官的法律知识》，《浙江大学学报》(人文社会科学版)2015 年第 1 期。

③ [元] 王逢《梧溪集》卷五《检校蔡公挽词有序》，《文渊阁四库全书》第 1218 册，第 778 页。

④ [元] 刘岳申《申斋集》卷五《真乐堂记》，《文渊阁四库全书》第 1204 册，第 240 页。

⑤ [元] 许有壬《至正集》卷五二《故中顺大夫同知潭州路总管府事致仕赵公墓志铭》，《元人文集珍本丛刊》第 7 册，第 250 页。

总之，推官作为路府正官中级别最低的一员，其绝大部分来自有地位有知识的官宦和士人，且大多由熟悉汉地法律和文化的汉人执掌，南人次之；担任推官后的仕宦很好，大部分进入宣授行列。其宦途去向一多半仍担任民职，其次的是进入台宪官序列，担任军职的最少。

四、元代推官制度的运行状况

元朝继承唐宋旧制，在路总管府设立推官，对于有效处理宋朝以来日益复杂的地方司法事务影响较大，提高了司法效率。从史料来看，元代的推官制度确实推动了元朝司法的完善，反映了国家地方治理的完善。另外，元代的推官制度在运行的过程中也出现了一些问题，元朝政府也采取应对之策，以完善这一制度。

（一）推官制度的弊端

首先，推官中出现玩忽职守、滥用职权现象。

婺州路推官蔡锡，对案件不详细磨问，不令两造（原、被告）当面对证，导致包舍等多名平民枉禁身死。① 延祐三年（1316），池州路田推官伙同其他官员对假造印信的仝胡广等八人，乱杖打死，却令司狱司虚作患病死。② 此两则是推官滥用职权的例证。还有推官因违限被处罚：至治元年（1321）杭州路推官刘陶告假护其母灵柩前往大名违限，其职被依例勒停。此外，还存在路、府推官年老不退，在位不谋政，苟图俸禄现象。③

其次，有推官依仗权威，收受贿赂，干扰司法正常进行。

如延祐元年（1314）……松江府推官邓鉴，前充庐陵县尹，取受萧保一嫂钞一十定，知人欲告，回付。减二等，笞四十七下，解见任，别行求仕。今任前职，取受赌博人薛元二至元钞二定入已。依不枉法例，杖六十七下，殿三年，降一等。④

可以看出，邓鉴在担任松江府推官前后两次受贿，两次都分别受到了处罚。推官知法犯法例子在黄溍文集中有记载，州人刘文贵死，妻弟同郡朱德来省其姊，文贵养子饮以酒，数日而患腹胀，文贵次子与养子争家财有隙……未及逮问而德死。录事及武陵县官来验其尸，皆以银钗探口中，色不变，定为病死。卫推官者先以他事怒录事，欲假定验不实为其罪，更命龙阳知州聚检，作中毒死，辞连三十余人，养子已诬服。公疑有冤，为访诸路人，且谕使吐实。众皆曰狱辞尽卫推官教我云。然公既反其狱，并按卫推官罢之。⑤ 其中的卫推官就是为了打击报复与他有罅隙的录事，诬告陷害其勘验不实之罪，而视养子人命如儿戏的案例。

再次，推官在审案中存在刑讯逼供现象。《元典章》载：一到讼庭，令精跪褫衣，露膝于粗砖顽石之上，或于寒冰烈日之中，莫恤其情，不招不已。使其人肋骨支离，不可屈伸，腿脚拳挛，不能步履。又令狱卒时复提换，每移一处，则两膝脓血，昏迷不省。假使得免，

---

① 《元典章》卷五四《刑部十六・杂犯一》，第 1803 页。

② 《元典章》卷五四《刑部十六・杂犯一》，第 1817—1818 页。

③ ［元］苏天爵《滋溪文稿》卷二七《建言刑狱五事疏》，第 316 页。

④ 《元典章・新集・刑部》，第 536 页。

⑤ ［元］黄溍《金华黄先生文集》卷十五《苏御史治狱记》，《四部丛刊初编》第 1461 本。

亦为废人。① 上例中的养子之所以诬服,卫推官施以刑讯当是必然。《至正条格》记载推官"如或秉性偏执,疏于刑狱,或专商惨酷,惟事捶楚者,囚人虽有冤抑,欲以自辩,其可得乎"?② 也说明推官审狱中存在非法刑讯现象。

此外,在推官任满出给及填写解由的过程中存在弄虚作假现象。主管官员"贪廉无别,一体给由求仕",③这种滥给解由的想象,在推官中也是存在的,造成推官的所谓考课实为具文而已。

(二)元政府对推官制度的调整与完善

针对推官制度存在弊端,元政府采取措施进行调整。

首先,元政府利用监察机构加强对地方司法的监督,禁止非法刑讯。元朝设提刑按察司,后改为肃正廉访司,沈氏认为"置廉访司以统一刑名,其制独善,此元之异于历代者也",④是有道理的,它可以很好地监督地方司法。刑狱重案由路总管府"追勘一切完备","碟申本道廉访司"。⑤ 对于"诸随处季报罪囚,当该上司皆须详视,但有淹滞,随即举行"。元政府重视发挥监察御史的作用,"监察御史乃朝廷耳目,中外臣僚作奸犯科,有不职者,听其纠劾。"⑥元政府明确规定禁止刑讯逼供,对于敢于违犯的官吏,治以重罪

> 比年以来,外路官府酷法虐人……罪之有无,何求不得?其余法外惨刻,又不止此。今后似此鞫问之惨,自内而外,通行禁断。如有违犯官吏,重行治罪。⑦

其次,中央定期遣官录囚。至元六年(1269)世祖诏曰:"遣官审理诸路冤滞,正犯死罪明白,名正典刑,其杂犯死罪以下量断遣之。"⑧至元九年监察御史录囚大都路司狱司,发现中间克减石斗的现象。⑨ 大德十一年(1307),皇太子爱育黎拔力八达遣使录囚。至治二年(1322),元英宗遣御史录囚。⑩ 天历二年(1329),监察御史与扎鲁忽赤等官录囚。至顺二年(1331),元文宗诏中书省、御史台遣官诣各道,同廉访司录囚。⑪ 通过录囚取得了一定成效,正如元顺帝诏书中云:"遣省、台官分理天下囚,罪状明者处决,冤者辩之,疑者谳之,淹滞者罪其有司。"⑫元末,发展为五府官录囚。⑬

再则,元政府临时派遣宣使监督地方司法。当地方官办事能力低、不被信任时,宣使

① 《元典章》卷四〇《刑部二·刑狱》,第1355页。
② (韩)《至正条格·条格·狱官》第三三卷,第131页。
③ [元]杨士奇、黄淮《历代名臣奏议》,上海古籍出版社,1989年,第919页。
④ [清]沈家本《历代刑法考·历代刑官考下》,邓经元、骈宇骞校,第2005页。
⑤ 李治安主编《唐宋元明清中央与地方关系研究》,南开大学出版社,1996年,第231页。
⑥ 《元史》卷二二《武宗纪一》,第501页。
⑦ 《元典章》卷四〇《刑部二·系狱》,1364页。
⑧ 《元史》卷六《世祖纪三》,第122页。
⑨ 《元典章》卷四〇《刑部二·刑狱》,1352页。
⑩ 《元史》卷二二《武宗纪一》,卷二八《英宗纪二》第488、621页。
⑪ 《元史》卷三三《文宗纪二》,卷三五《文宗纪四》第732、794页。
⑫ 《元史》卷三八《顺帝纪一》,第819页。
⑬ [元]刘岳申《申斋集》卷五《王员外东粤虑囚记》,《文渊阁四库全书》第1204册,第234页。

与地方官一起或单独承办一些特定司法事务。① 这种不定期的中央派遣宣使对地方的巡视,对地方的司法官吏有一定的震慑力。

总之,元政府对于推官运行中存在的弊端,通过监察机构加强司法监督、中央定期派官到地方录囚、临时派遣宣使承办地方司法事务并禁止司法官员非法刑讯等措施加以调整。

五、结　　论

学者一般认为元路、府推官掌管刑狱是专审或"预审"。② 笔者同意此观点,和宋金比较,元朝推官职权和地位提高,"凡黎民赤子,有不幸丽于辟者,各路讯之以推官,各道审之以司宪"。③ 危素云:素观国朝之命官无问事大小必同堂论之,故人自为说而政多旷废,独刑名之事至郡专责于推官。④《至正条格》中有"内立中书刑部,以总其纲,外设各处推官,以专其事"。⑤ 这三则材料都体现出推官在刑名中的重要地位。

元代推官表现出异于前代的特征,"国家之政,莫重于刑狱",⑥刑狱由推官专理,改变过去推官职责户兵刑工不分的局面。这大大提高了刑狱审理的效率,减少了案件积压。推官刑狱专理和圆署体制相结合,是蒙汉文化融合的表现,体现了蒙古统治者智慧。元代中后期,推官的职能发生变化,他们参与庙学、碑文的撰额、书写等地方文化的发展以及地方建设,促进了地方儒学、医学、经济的发展和进步,随着社会矛盾的激化、社会的动荡,他们甚至参与军事行动,加入到维护国家政权的最前列。

推官绝大部分出身于有地位、有知识的官宦和士人,他们通晓当地民情和元代法律;按族群看,他们多数是汉人,南人次之。推官职虽微,但整体待遇不错,而且仕途畅通,为士人所羡。刘敏中对其推崇备至,"况推之为职,独专刑名,古之所重者也。……吾得吾职,则吾之显足矣"。⑦ 袁桷诗中亦不乏赞美之情:永念死者哀,更推生者冤。汴州古循吏,三狱成平反。⑧

推官制度是一把双刃剑,针对该制度运行中存在的弊病,元政府采取相应措施加以调整。总体上元推官制度,是对唐宋推官制度的继承和发展,改变了唐宋民刑不分制度,⑨推官开始专理刑狱,提高了刑狱审理效率,重要性大为增强,是司法专业化的必然要求,并为以后明清继承。整体上看,元朝统治者对于推官任用的实践,是其利用汉民族治理和统

---

① 申万里《元朝国家政权内部的沟通与交流——以宣使为中心的考察》,《元史论丛》第 14 辑,天津古籍出版社,2013 年。

② 参见陈高华、史卫民《中国政治制度通史·第八卷》,第 258 页。李治安《元代政治制度研究》,第 141 页。(日)宫崎市定《宋元时期的法制与审判机构——〈元典章〉的时代背景及社会背景》,载杨一凡、寺田浩明主编《日本学者中国法制史论著选·宋辽金元卷》,中华书局,2016 年,第 48 页。吴海航《元代条画与断例》,知识产权出版社,2009 年,第 291—292 页。

③ [元] 刘岳申《申斋集》卷五《王员外东粤虑囚记》,《文渊阁四库全书》第 1204 册,第 234 页。

④ [元] 危素《危太朴文集》卷八《送方推官赴嘉兴序》,《元人文集珍本丛刊》第 7 册,第 454 页。

⑤ (韩) 韩国学中央研究院编《至正条格·条格》校注本第三三卷,2007 年版,第 312 页。

⑥ [元] 虞集《道园类稿》卷四七《王诚之墓志铭》,《元人文集珍本丛刊》第 6 册,第 401 页。

⑦ [元] 刘敏中《中庵集》卷九《送王伯仪之官平江序》,《文渊阁四库全书》第 1206 册,第 76 页。

⑧ [元] 袁桷《清容居士集》卷三《题汴梁推官周子明三狱诗卷》,《四部丛刊初编》第 1412 册。

⑨ 参见李交发《中国诉讼法史》,中国检察出版社,2002 年,第 14 页。

治汉地政策的一个缩影。萧启庆先生称蒙元可说是近代殖民政权的先声,是有一定道理的。①

A Preliminary Discussion of Pushofficials in the General Administration of the Yuan Dynasty

Han Qingyou　Wuhan University

Abstract: The basic road Explorer a government official in the Tang and Song Dynasties inherited were evidently changed, the local prison captive to a government official in charge of the road, in the late Yuan also participated in the military and local officials push Temple school writing, stone tablets, Ho and local construction activities. Most officials push from government officials and scholars, as by knowing the law of Yuan Dynasty of Han Chinese, with Chinese Yuan Dynasty deeply, in the late Yuan Dynasty pushed officials also appeared below the figure; push the official to have the official pension and occupational fields such as income, better treatment. The official superior officer pushed original rank from six or seven, retiring after the final product enter the fifth most post above, enter the Xuan grant sequence. It is an example of combination of Mongolia and Han system, which reflects the wisdom of Yuan rulers, but pushing government official punishment is still controlled by local administrative organs.

Key words: the Yuan dynasty; Push Officer; Criminal prison litigation; judicature

(本文作者系武汉大学历史学院博士研究生)

① 萧启庆《元朝史新论・前言》,允晨文化实业股份有限公司,2000年,第2页。

元代岭南任官考略*

丁书云

提　要： 元朝征服南宋以后，派遣大批蒙古、色目官员以及汉人军功世家子弟南下治理岭南地区，这显然是为了加强对岭南地区的掌控，同时也与元朝经略海疆，出征海外密切相关。元政府所任用的官吏，在发展文化教育、维护岭南地区安定方面起到重要作用，尤其贯彻了元政府的经略海疆政策。同时，这种任官政策也产生了一些问题，终元一代岭南地区缺官少吏现象严重，民变频发。

关键词： 元朝　岭南　任官　色目人　汉人世候

蒙元王朝对岭南地区①管辖机构的设置，并不是在同一时期进行的，而是随着对岭南的逐步平定设置的。笔者结合前人研究成果，②参考《元史》的《本纪》、《百官志》，《正德琼台志》等史料，概括元在岭南地区设置的管辖机构如下：至元十四年(1277)在广东地区设立广东道宣慰使司，治所在广州；至元十七年(1280)设立海北海南道宣慰使司，治所在雷州；至元二十八年(1291)在广西地区设立广西两江道宣慰司都元帅府，③治所在静江。

除了宣慰司之外，元政府还在岭南地区设立了肃政廉访司，④主要包括：至元十五年

---

* 本文是教育部哲学社会科学重大课题攻关项目“7—16世纪中国南部边疆与海洋经略研究”(批号12JZD013)阶段性研究成果。

① 岭南地区相当于现在的广东、广西、海南全境，在历史上的行政区划屡有改变，在元代，一部分属湖广行省，一部分属江西行省，本文所称岭南地区便是以元代的行政区划为依据，具体而言包括海北广东道宣慰司、广西两江道宣慰司、海北海南道宣慰司及所辖路府州县。

② 关于蒙元军队对岭南地区的征服，学界研究成果中多有涉及，著作参见李治安《行省制度研究》，天津：南开大学出版社，2002年；周振鹤主编《中国行政区划通史・元代卷》，上海：复旦大学出版社，2009年等。论文参见粟冠昌《元代广西的土官制度》，载《广西民族研究》1988年第2期；吴永章《元王朝对广西民族地区的统治》，载《学术论坛》1988年第5期；汤开建《元代对海南岛的开发与经营》，载《暨南学报(哲学社会科学版)》1990年第4期；颜广文《元代粤西驿道驿站考略》，载《中国边疆史地研究》1996年第1期；默书民、阎秀萍《元代湖广行省的站道研究》，载《元史及民族与边疆研究集刊》第二十二辑，等。

③ 元对广西的征服较广东、海南地区早，机构也屡有变化，具体如下：至元十三年(1276)，在静江设广南西路宣抚司；至元十四年(1277)，改广南西路宣抚司为宣慰司；十五年(1278)，改为静江路总管府；至元十八年(1281)，元朝改荆湖行省为湖广行省，广西地区便归湖广行省管辖；至元二十八年(1291)，在广西立左右两江道宣慰司都元帅府，次年，并左右两江为广西宣慰司，并置都元帅府；元贞元年(1294)，并左右两江道宣慰司都元帅府和宣抚司为广西两江道宣慰司都元帅府，以静江为治所，仍然在邕州分司；至正二十三年(1363)，元政府又将广西独立建省，称广西行中书省，过了5年，元朝即为明所灭，元在广西的统治也告终结。

④ 肃政廉访司，纠劾地方不法官吏，兼负责农事，初为提刑按察司，至元二十八年(1291)统一改称肃政廉访司，李治安认为行省、宣慰司和肃政廉访司是元代凌驾于路府州县之上的三大官府。

(1278)设立海北广东道肃政廉访司，所辖与广东道宣慰司相同；至元十五年设立岭南广西道肃政廉访司，所辖与广西两江道宣慰司相同；至元三十年(1293)设立海北海南道肃政廉访司，①治所在雷州。

当然，元政府还在宣慰司下设立路、府、州、县四级，设置达鲁花赤，以蒙古或色目人居之，汉人或者南人辅佐。元政府设立机构进行管理以后，对岭南地区官员的任用就成了紧迫的问题。在元代，岭南地区分属江西行省和湖广行省，而这两行省都是南北狭长，是元代行省中重北轻南的典型。② 面对这种情况，元政府在岭南地区任用了哪些人？有何特点？这些官员在岭南地区有何活动？对元王朝统治产生了什么影响？这些都是值得深思的问题。而元代关于岭南地区的资料十分匮乏，本文拟从《元史》、元人文集及相关方志中认真爬梳材料，对元代岭南地区的官员进行统计分析，试图解答以上问题。

一、元在岭南地区重要官员的统计

本节主要统计岭南地区的官员，由于官员数量较多，便选取宣慰司中的宣慰使、副使、同知，肃政廉访司中的廉访使和副使为统计对象，统计列表，但由于元代岭南地区三道中的宣慰使、宣尉副使有 161 人，廉访使和廉访副使有 149 人，受篇幅所限，本节表格只保留重要人物，以方便下文进行分析。③

1. 广西两江道宣慰司

时间	姓　名	职　务	任职时间	史料来源	备　注
世祖朝	史　格	宣慰使	至元十四年	《元史》卷一五五《史天泽传》	蒙古汉军世家
	也里脱	宣慰使	至元十五年	《雍正广西通志》卷五二,《元史》卷一六七《张础传》	蒙古人
	利瓦伊屏	宣慰使	至元二十三年	《雍正广西通志》卷五二《秩官》,《元史》卷八《世祖纪》	广西土司
	朱国宝	宣慰使	至元二十三年	《元史》卷一六五《朱国宝传》	汉人
	燕只不花	副使佥都元帅	至元二十九年	《墙东类稿》卷一二《中奉大夫广东道宣慰使都元帅墓志铭》	回鹘氏，为北庭大族
	乌古孙泽	副使佥都元帅	至元二十九年	《元史》卷一六三《乌古孙泽传》；万历《广西通志》卷二四	其先女真乌古部

① 据《元史·成宗纪三》记载，大德三年(1299)冬十月甲寅，元成宗“复立海北海南道肃政廉访司”。元贞二年(1295)，《元典章》仍然有海北海南道肃政廉访司公文的记载，笔者由此推测从元贞三年(1296)到大德三年(1299)这段时间内，海北海南道肃政廉访司曾被废除。

② 关于江西行省和湖广行省重北轻南的研究，参见李治安《行省制度研究》中编《若干行省的考察》，南开大学出版社，2002 年，第 277 页。

③ 至于更详细的表格，参见丁书云《元朝经略岭南研究》，暨南大学硕士学位论文，2015 年。

续 表

时间	姓 名	职 务	任职时间	史料来源	备 注
成宗朝	八儿思不花	宣慰使	元贞元年	黄溍《金华黄先生文集》卷一四	蒙古人
	昔剌不花 塔里赤	宣慰使	大德元年	《雍正广西通志》卷五二,《元史》卷一三五《塔里赤传》	蒙古人 康里人
	荅理牙赤	宣慰使	大德三年	《雍正广西通志》卷五二	蒙古人
	朱 斌	宣慰使	大德四年	《雍正广西通志》卷五二	朱国宝之子
	迷儿马合谟	宣慰使	大德十一年	《雍正广西通志》卷五二	皇庆二年复任
武宗朝	拔都海牙	副使	至大元年	《元典章》卷四四《刑部》六《品官相殴》	——
	亦里迷失	宣慰使	至大二年	《雍正广西通志》卷五二	——
	伯颜察儿	同知	至大四年	《雍正广西通志》卷五二	——
	万 奴	宣慰使	延祐三年	《元史》卷一三五《塔里赤传》	康里人
	黄(昔)儿仄	副使	延祐四年	《雍正广西通志》卷五二	——
	郑昂霄	宣慰使	延祐六年	许有壬《至正集》卷五二《参知政事郑公神道碑铭并序》	汉族功勋世家
英宗朝	燕 牵	副使	至治二年	《国朝文类》卷四一《招捕・广西两江》有燕牵条	——
	移剌四奴	宣慰使	至治三年	《元史》卷三五《文宗纪四》,至治二年十一月条,《雍正广西通志》	至治二年移剌四奴领兵讨黎
泰定帝	奥屯忽都鲁	同知	泰定元年	《雍正广西通志》卷五二	女真人
	那 怀	同知	泰定三年	《雍正广西通志》卷五二	怯烈歹人
文宗朝	脱 出	宣慰使	至顺元年	《雍正广西通志》卷五二,《元史》卷一四〇《别尔怯不花传》,《元史》卷一九三《合剌普华传》,欧阳玄《圭斋集》卷一一《高昌偰氏家传》,许有壬《至正集》卷五四《合剌普华公墓志铭》	别尔怯不花蒙古人;偰文质是合剌普华之子,高昌偰氏
	别儿怯不花	宣慰使			
	偰文质	同知			
顺帝朝	章伯颜	宣慰使	元统二年	虞集《道园类稿》卷二九《广西都元帅章公平瑶记》	蒙古人
	阿剌忽失	同知	元统二年	《雍正广西通志》卷五二	——
	铁(钱)哥	宣慰使	至元元年	《雍正广西通志》卷五二	——
	童 童	副使			
	咬 住	宣慰使	至元三年	《雍正广西通志》卷五二	——
	和 尚	宣慰使	至正五年	《雍正广西通志》卷五二	——
	教 化	宣慰使	至正七年	《雍正广西通志》卷五二,《光绪湖南通志》卷一六四《人物志五・元光祖》	元光祖,桃源州人
	元光祖	同知			

2. 海北广西道肃政廉访司

时间	姓 名	职 务	任职时间	史料来源	备 注
世祖朝	张 础	按察使	至元间	《元史》卷一六七《张础传》;《万历广西通志》卷二四	其先渤海人,金末徙通州
	和 尚	按察使	至元间	《元史》卷一三四《和尚传》	蒙古伯牙吾台氏
	史 炀	佥事	至元中	《雍正广西通志》卷五二	史天倪之孙
	臧梦解	副使	至元三十年	《元史》卷一七七《臧梦解传》	汉人
	俺都剌	廉访使	至元三十一年	《雍正广西通志》卷五二	答失蛮人
成宗朝	严 度	廉访使	元贞元年	《雍正广西通志》卷五二	东平路人
	冯 泾	廉访使	大德五年	《雍正广西通志》卷五二	益都人
	王 忱	廉访使	大德间	[明] 刘昌编《中州名贤文表》卷二九《参知政事王公神道碑》	赵州宁晋人
武宗朝	脱忽思	副使	至大元年	《雍正广西通志》卷五二	蒙古人
	张 玠	廉访使	至大二年	《雍正广西通志》卷五二	保定路人
	乞 住	廉访使	至大三年	《雍正广西通志》卷五二	灭里乞歹人
	余 琏	副使			饶州路人
仁宗朝	札剌儿台	廉访使	皇庆二年	《雍正广西通志》卷五二	雍古人
	卜达世礼	副使			畏兀儿人
	重 福	廉访使	延祐二年	《雍正广西通志》卷五二	唐兀人
	张忽里罕	廉访使	延祐四年	《雍正广西通志》卷五二	大名路人
	马速忽	副使	延祐五年	《雍正广西通志》卷五二	阿鲁温人
	何德严	廉访使	延祐六年	《雍正广西通志》卷五二	保定路人
	爱先不花	廉访使	延祐七年	《雍正广西通志》卷五二	东平路人
英宗朝	睦忙古台	廉访使	至治二年	《雍正广西通志》卷五二	大同路人
	姚居敬	廉访使	至治三年	《雍正广西通志》卷五二	济宁路人
泰定帝朝	马 镕	副使	泰定元年	《雍正广西通志》卷五二	怀庆路人
	奥屯忽都鲁	廉访使	泰定三年	《雍正广西通志》卷五二	女真人
	管卜八	廉访使			畏兀儿人
	买 买	副使			铁里层梯人
文宗朝	冯 祥	廉访使	致和元年	《雍正广西通志》卷五二	东平路人
	答 哈	廉访使			宁夏路人
	忻 都	副使	天历二年	《雍正广西通志》卷五二	回族人
	徐宗义	副使			普宁路人
	马合谟	廉访使	至顺三年	《万历雷州府志》卷五二	回族人

续 表

时间	姓 名	职 务	任职时间	史料来源	备 注
顺帝朝	郭宗孟	廉访使	元统元年	《雍正广西通志》卷五二	大都路人
	散 台	副使	元统二年	《雍正广西通志》卷五二	蒙古人
	王恭亮	副使			高唐州人
	赛因不花	副使			畏兀儿人
	吴实吉泰	廉访使	至元元年	《雍正广西通志》卷五二	乞失迷人
	刘 质	副使	至元二年	《雍正广西通志》卷五二	东平路人
	伯笃鲁丁	副使	至元三年	《柳待制文集》卷一五《新修石门洞书院记》	答失蛮人
	脱 因	廉访使	至元四年	《雍正广西通志》卷五二	畏兀儿人
	赵天纲	副使	至元五年	《雍正广西通志》卷五二	彰德路人
	杨 焕	副使	至正元年	《雍正广西通志》卷五二	汴梁路人
	祈君璧	副使	至正二年	《雍正广西通志》卷五二	汴梁路人
	也先不花	廉访使	至正三年	《雍正广西通志》卷五二	畏兀儿人

3. 广东道宣慰使司

时间	姓 名	职 务	任职时间	史料来源	备 注
世祖朝	贾 闾	宣慰使	至元十五年	道光《广东通志》卷三九《贾闾传》;《元史》卷一三二《帖木儿不花传》;《元史》卷一九三《合刺普华传》;《至正集·合剌普华墓志铭》;《金华黄先生文集·合刺普华神道碑》	帖木儿不花为答答里带人;合剌普华属高昌偰氏
	帖木儿不花	宣慰使			
	合剌普华	宣慰使			
	朱国宝	宣慰使	至元十六年	《元史》卷一六五《朱国宝传》	汉人
	塔剌海哈	宣慰使	至元十九年	黄佐《嘉靖广东通志》卷四八《名宦》	鲁合人
	月的迷失	宣慰使	至元二十年	《元史》卷一三《世祖纪十》	
	史 耀	副使	至元二十一年	《元史》卷一五《世祖纪十二》至元二十六年条	史天泽之孙
	王守信	同知	至元二十二年	《元史》卷一九三《合剌普华传》有王守信条	
	郭 昂	宣慰使	至元二十四年	《元史》卷一六五《郭昂传》	——
	薛赤干	宣慰使	至元二十六年	黄佐《嘉靖广东通志》卷四八	蒙古人
	完者都	宣慰使	至元二十七年	《元史》卷一三一《完者都传》	钦察人

续 表

时间	姓 名	职 务	任职时间	史料来源	备 注
世祖朝	云从龙	宣慰使	至元二十九年	《元史》卷二〇九《安南》有云从龙事迹	——
	脱欢察而	副使	大德三年	《元史》卷二〇《成宗纪》三大德四年九月条,大德六年春正月条	
	罗 璧 阔里吉思	都元帅 副使	大德五年	《元史》卷一六六《罗璧传》;《元史》卷一三四《阔里吉思传》	镇江人 蒙古人按剌歹氏
	朱 斌	都元帅	大德八年	《元史》卷一六五《朱国宝传》	朱斌乃朱国宝子
武宗朝	燕只不花	宣慰使	至大四年	陆文圭《墙东类稿》卷一二《中奉大夫广东道宣慰使都元帅墓志铭》	回鹘人,为北庭大族
仁宗朝	夏若水	副都元帅	皇庆二年	黄佐《嘉靖广东通志》卷四八	——
	僧家讷	宣慰使	大德以后	虞集《道园类稿》卷二六《广州道宣慰使僧家讷生祠记》	蒙古佗沃麟氏
文宗朝	王都中	宣慰使都元帅	天历间	《元史》卷一八四《王都中传》	福之福宁州人
顺帝朝	刘 鹗	副使	至正二十年	刘鹗《惟实集》卷八《刘公忠节传》	永丰人

4. 海北广东道肃政廉访司

时间	姓 名	职 务	任职时间	史料来源与补充	备 注
世祖朝	也先帖木儿	副使	至元三十年	黄佐《嘉靖广东通志》卷四八	至元年间任广西道宣慰副使
成宗朝	赵 谦	廉访使	元贞元年	黄佐《嘉靖广东通志》卷四八	赵州人
	张 翥	廉访使	大德元年	《元史》卷一八六《张翥传》	晋宁人
	钦 察	廉访使	大德二年	黄佐《嘉靖广东通志》卷四八	畏兀人
	陆 垕	廉访使	大德七年	《元史》卷一七七《臧梦解传》附《陆垕传》	江阴人
武宗朝	教 化	副使	至大三年	黄佐《嘉靖广东通志》卷四八	至正七年任广西道宣慰使
仁宗朝	余 琏	副使	皇庆二年	黄佐《嘉靖广东通志》卷四八	饶州路人
	脱儿赤	廉访使	延祐二年	黄佐《嘉靖广东通志》卷四八	——
	卜天璋	廉访使	延祐四年	《元史》卷一九一《卜天璋传》	洛阳人

续　表

时间	姓　名	职　务	任职时间	史料来源与补充	备　　注
英宗朝	王秉彝	廉访使	至治元年	《元史》卷一八二《许有壬传》:"至治二年,转江南行台监察御史,刑部广东,以贪墨劾罢廉访副使哈只、蔡衍。"	哈只,延祐间海北海南道廉访副使
	哈　只	副使			
	蔡　衍	副使			
	阿都赤	副使	至治三年	黄佐《嘉靖广东通志》卷四八	阿都赤,延祐间海北海南道廉访副使
泰定帝朝	刘安仁	副使	泰定元年	《元史》卷三〇《泰定帝纪二》,泰定四年春正月条	——
	张景鲁	廉访使	泰定三年	虞集《道园学古录》卷一八《平章政事张公墓志铭》	张弘范之后保定人
文宗朝	买　买	廉访使	天历元年	黄佐《嘉靖广东通志》卷四八	屠里层梯人
	张世杰	廉访使	天历二年	黄佐《嘉靖广东通志》卷四八	——
顺帝朝	刘　鹗	副使	至正十七年	刘鹗《惟实集》卷八《刘公忠节传》	永丰人

5. 海北海南道宣慰使司

时间	姓　名	职　务	任职时间	史料来源	备　　注
世祖朝	朱国宝	宣慰使	至元十六年	《元史》卷一六五《朱国宝传》	
	陈仲达	宣慰使	至元二十八	《正德琼台志》卷二九	至元二十四年,任琼州路安抚使
成宗朝	奥里天祥	宣慰使	大德中	《正德琼台志》卷二九	——
	俺都剌	宣慰使	不详	黄佐《嘉靖广东通志》卷四八	至元间为广西道宣慰使,后任广西道廉访副使
	按　傩	宣慰使	大德末年	《元史》卷一三四《也先不花传》附《按傩传》	蒙古怯烈氏
武宗朝	移剌四奴	宣慰使	至大间	《元史》卷三六	——
顺帝朝	王　英	同知	元统元年	《元史》卷一八八《王英传》	益都人,袭父职
	杨完者	宣慰使	至正间	《元史》卷四四《顺帝纪七》,《元史》卷一四〇《达识帖睦迩传》;《蒙兀儿史记》卷一三〇《杨完者》	元末苗军统帅

6. 海北海南道肃政廉访司

时间	姓 名	职 务	任职时间	史料来源	备 注
成宗朝	乌古孙泽	廉访使	大德间	《元史》卷一六三《乌古孙泽传》	其先女真乌古部
	哈 散	副使	大德间	黄佐《嘉靖广东通志》卷四八	哈散一说为赛典赤·赡思丁之子
元武宗朝	张忽里罕	廉访使	至大间	黄佐《嘉靖广东通志》卷四八	大名路人
英宗朝	李忽都殆儿	廉访使	皇庆年间	黄佐《嘉靖广东通志》卷四八	
	王 蒙	副使			
	哈 只	廉访使	延祐年间	黄佐《嘉靖广东通志》卷四八	哈只延祐间广东道廉访副使;阿都赤,至治间广东道廉访副使
	阿都赤	副使			
	迷 沙	廉访使	至治间	黄佐《嘉靖广东通志》卷四八	——
	王 崇	副使			
泰定帝朝	买 买 咬 住	副使	致和间	黄佐《嘉靖广东通志》卷四八	铁里屠梯人;咬住,后至元间为广西道宣慰使
文宗朝	王都中	廉访使	天历之前	《元史》卷一八四《王都中传》	福宁州人
	那 怀	廉访使	天历间	黄佐《嘉靖广东通志》卷四八	那怀,怯烈歹人
顺帝朝	马合谟	副使	至元三年	黄佐《嘉靖广东通志》卷四八	马合谟,回族人
	铁阿解	廉访使	至正年间	黄佐《嘉靖广东通志》卷四八	——
	朵儿只公	廉访使			

以上表中所列是元代岭南地区各道宣慰使司、肃政廉访司等主要官员的任用情况。需要说明的是,保存下来的关于元代岭南地区的史料严重缺乏,本表仅从《元史》、元人文集及相关方志等材料中仔细爬梳,统计不可能十分全面。比如广东道宣慰使司的官员,只是统计到元仁宗皇庆年间,而皇庆以后英宗朝、泰定帝朝、文宗朝,甚至在位时间较长的元顺帝朝,关于广东道的官员都是史料中缺乏记载的。对于海北海南道宣慰使司官员的统计更是少之又少,而且许多的官员比如按傩、马成龙、杨完者等,他们的任职时间并不能确定,这不得不说是一个很大的缺陷。但根据现有的数据记载,我们还是可以分析出元朝统治者对岭南地区官员的任用有一个明显的特点,那就是元政府并不信任汉人尤其是南人,他们派了一大批蒙古、色目人以及汉族军功世家的人南下岭南任官,对岭南地区进行治理。

二、元在岭南各道任官的特点

早在蒙元建立之初,就实行歧视南人政策,这种现象在南人占多数的岭南地区更加严重。元世祖当政之时,虽极力笼络汉人和南人,比如他任用程钜夫时,有台臣建言:“矩夫南人，且年少。”劝忽必烈不予任用，忽必烈说：“汝未用南人，何以知南人不可用！自今省部台院，必参用南人。”①但这只是借程钜夫为首的文人集团来笼络江南士人之心，元世祖拜程钜夫为集贤殿直学士后，遂让他去江南求贤。秉持着“江南重地，难得易失，所任非人，合行精选”②的原则，元对岭南地区各分道主要官员多任用心腹重臣，如上表所统计的元代岭南地区各道宣慰使司的161名官员中，能够确定的蒙古和色目人有92人，其余都是北方汉人，如史格、史耀、朱国宝、朱斌、郑昂霄等都是汉族功勋世家，其先辈是早年帮助蒙元灭金平宋的功臣。而对岭南地区各道肃政廉访司廉访使和副使的统计，一共有149人，其中有许多在岭南三道都任过官，与宣慰使司官员多有重合，在这149人当中，蒙古人和汉人比例基本持平。而且这些任官的汉人从北方调来，最靠南方地区的仅仅有饶州路人的余琏、武冈绥化人并且为苗军统帅的杨完者、成都路人的马成龙以及江阴路人的陆垕和庆元路人的臧梦解这五人，他们之中鲜有岭南人。依据表格，可将元在岭南三道所任用的官员大致分为三类：蒙古、色目的世家大族，汉人军功世家，有才能的汉人官吏。

1. 蒙古、色目世家

元岭南地区各道主要官员中，蒙古、色目世家占一半以上。这些人主要包括燕只不花、月的迷失、合剌普华、偰文质、乌古孙泽、塔里赤、阔里吉思、别尔怯不花、章伯颜、和尚、教化里、完者都等。

例如和尚，至元间为岭南广西道提刑按察使，蒙古伯牙吾台氏。其祖父早年便率所部归降成吉思汗，父亲忽都思从睿宗攻金，金亡后，“从攻宋唐、邓、颍、蔡、襄阳、郢、复、信阳、光等州，屡立战功”。和尚袭其父职位，从攻李璮及襄阳、鄂州，“徇地广西，督前军攻破静江，遂兼行宣抚事”。③ 燕只不花，于至元二十九年(1292)任广南西宣慰副使佥都元帅，至大四年(1311)又任广东道宣慰使，还曾任海北海南道肃政廉访使，岭南地区三道官员他都担任过，因燕只不花为“回鹘氏，居哈剌和卓，为北庭大族”，④他的父亲阿布纳托克托曾被成吉思汗任命为锡勒沁城达鲁花赤，后入直成吉思汗宿卫。合剌普华以及其子偰文质所属的高昌偰氏家族，为畏兀儿人，色目人的典型代表。合剌普华的父亲岳璘帖穆尔在其部归向蒙古以后入为质子，并且从成吉思汗征战，屡立战功。⑤ 合剌普华幼年时便以忠孝著名，他的叔父将他推荐给忽必烈，得以入直宿卫，⑥至元十五年(1278)为广东道宣慰使。后忽必烈征占城，合剌普华任转运盐使，负责占城督粮，死于督粮之途。合剌普华的长子偰文质，至元元年(1330)同知广西道宣慰司事、副元帅，佩金虎符。其实，不只合剌普华父

① [明]宋濂等《元史》卷一七二《程钜夫传》，中华书局点校本，1976年，第4016页。

② [元]胡祇遹《胡祇遹全集》卷二三《杂著·民间疾苦状》，魏崇武、周思成点校，吉林文史出版社，2008年，第488页。

③ [明]宋濂等《元史》卷一三四《和尚传》，中华书局点校本，1976年，第3256页。

④ [元]陆文圭《墙东类稿》卷一二《中奉大夫广东道宣慰使都元帅燕只不花墓志铭》，载《元人文集珍本丛刊》第4册，台北新文丰出版公司，1985年，据《常州先哲遗书》本影印，第591页。

⑤ [明]宋濂等《元史》卷一二四《岳璘帖穆尔传》，中华书局点校本，1976年，第3049—3050页。

⑥ [明]宋濂等《元史》卷一九三《合剌普华传》，中华书局点校本，1976年，第4385页；[元]欧阳玄《圭斋集》卷一一《高昌偰氏家传》，[元]许有壬《至正集》卷五四《合剌普华公神道碑》。

子,高昌偰氏的后代成员,[①]活跃于江南三省地区,为元政府做出了很大贡献,其家族之所以能如此活跃于当时的政治舞台,可以说与其和忽必烈为首的统治集团之间有密切联系有关。

乌古孙泽,其先女真乌古部人,从唆都入征岭南,至元二十九年(1292)为广西道宣慰副使佥都元帅,大德间又为海北海南道廉访使。至元十五年(1278)唆都下广州,潮州居民守城不下,乌古孙泽献策"翦其外应,潮必覆矣"。[②] 唆都从其计,遂攻下潮州。乌古孙泽之所以能够久在岭南地区任官,跟他在伐宋过程中所立的功勋有很大关系,并且后来的湖广行省平章阔里吉思爱重其才,屡次将他推荐给元世祖忽必烈。阔里吉思为蒙古按赤歹氏,其曾祖八思不花,早年从成吉思汗征钦察、乃蛮、俄罗斯、马札尔、回回诸国,常为先锋,阔里吉思以功臣入"宿卫,充博尔赤",后来又"将兵讨海南生黎诸峒寨",[③]其家为蒙元王朝的开国功臣。乌古孙泽与阔里吉思建立联系,等于得到了元朝统治者的支持。再以广东道宣慰使僧家讷为例,其先为蒙古佗沃麟氏,其曾祖父跟随成吉思汗征讨河西、远定中原,祖父也曾跟随蒙哥伐宋,在合州钓鱼山阵亡。僧家讷"以世臣子事武宗宿卫",后数年,"遂有广东之拜"。[④] 僧家讷作为蒙古世家成员,被派往岭南地区任官,从一个侧面反映了元朝用官原则,正如虞集在为僧家讷所写的生祠中所说,元政府所重用的乃是这些"世家旧臣为先朝所亲信者"。[⑤] 大德末年任海北海南道宣慰使的按傩,是也先不花之子。也先不花被忽必烈封为燕王太傅,忽必烈曾告诉燕王说:"也先不花,吾旧臣子孙,端方明信,闲习典故,尔每事问之,必不使尔为不善也。"[⑥]可见元世祖对其信任之深。最后,再以至元二十七年(1290)任广东道宣慰使都元帅的完者都为例,他是蒙古钦察部人,其父哈剌火从宪宗蒙哥征讨有功,完者都早年以材武从攻鄂州。中统三年(1262),李璮在济南叛乱,完者都从诸王合必赤征伐李璮,"两战皆有功",[⑦]至元十六年(1279),漳州陈吊眼之乱时,完者都为征蛮元帅,率兵剿平陈吊眼之乱。元世祖忽必烈待其厚重,在其病时,屡次遣中使询问,命良医视之。[⑧] 这又是蒙古世家之子、功勋重臣任职岭南的例子。

2. 汉人军功世家

岭南地区的官员除了蒙古人占多数以外,还有不少血脉相连的汉人集团相继在此地任官。如至元十四年(1277)任广南西道宣慰使的史格,至元二十一年(1284)任广东道宣

---

① 关于高昌偰氏家族的研究成果颇丰,参见陈垣《元西域人华化考》,萧启庆《蒙元时代高昌偰氏的仕宦与汉化》,田卫疆《元代畏兀儿高昌偰氏家族研究》等。

② [明]宋濂等《元史》卷一六三《乌古孙泽传》,中华书局点校本,1976年,第3832页。

③ [明]宋濂等《元史》卷一三四《阔里吉思传》,中华书局点校本,1976年,第3261页。

④ [元]虞集《广东道宣慰使都元帅僧家讷生祠记》,《虞集全集》(上),王珽点校,天津古籍出版社,2007年,第677页。

⑤ [元]虞集《广东道宣慰使都元帅僧家讷生祠记》,《虞集全集》(上),王珽点校,天津古籍出版社,2007年,第676页。

⑥ [明]宋濂等《元史》卷一三四《也先不花传》附《按傩传》,中华书局点校本,1976年,第3266—3268页。

⑦ [明]宋濂等《元史》卷一三一《完者都传》,卷一三三《完者拔都传》,中华书局点校本,1976年,第3193、3233页。

⑧ [元]程钜夫《楚国文宪公雪楼程先生文集》卷六《林国武宣公神道碑》,载杨讷主编《元史研究资料汇编》第26册,中华书局,2014年,据清宣统二年陶氏涉园影洪武刊本影印,第275页。

尉副使的史耀，至元中任广西按察佥事的史炀。还有海北海南道第一任宣慰使兼都元帅朱国宝，以及朱国宝的儿子朱斌，大德四年（1300）任广西道宣慰副使，大德八年（1304）又任广东道宣慰使都元帅。琼州安抚使陈仲达，后又任海北海南道宣慰使，对海南道的发展作出了重要贡献。陈仲达之子陈谦亨，在至元时讨伐海南岛诸黎峒，大德五年（1301）又同知广西两江道宣慰使司事。这些都可以归类为汉人军功世家，这些家族的人员在蒙元王朝建立之后，分散在各个地区做官，为维护王朝统治服务，他们与忽必烈为首的蒙古家族有着密切的联系。

在岭南地区任官的史格、史炀、史耀所属的河北史氏家族，是为蒙元政权建立做出重要贡献的大家族之一。史炀的祖父史天倪，在成吉思汗八年随其父降后，便被成吉思汗封为万户，此后屡立战功；①史格和史耀的祖父是史天泽，乃史天倪之弟，在史天倪阵亡以后，史天泽接任其兄都元帅的位置，带领其部下攻金，金亡之后，宋蒙冲突加剧，在攻宋战争中，史天泽及其家族成员表现也十分积极。② 在忽必烈与阿里不哥之争中，史天泽及其所带领的史氏家族站在忽必烈一边，得到忽必烈的信任，其家族为元朝统治者所建立的功勋自然荫及子孙，史天泽有子八人，均官居要职。以史格为例，云南行省长官赛典赤·赡思丁对静江用兵之时，溪峒诸夷都向其纳降，史格遣使抚谕之，来投降者有五十州之多，"云南争之"，忽必烈便下诏此广西五十州均"听史格节度"，③足见其对史氏家族之信任。史炀、史格、史耀三人在能够相继在岭南地区各道任官，与其家族与蒙元密切合作有很大关系。正如虞集所说："世臣之家子子孙孙，袭先人之业，以服事明时，内廷、外朝股肱耳目之寄，往往取诸其人……观乎大臣世系，则真定史氏父子、兄弟，伟绩荣名，显于一时，而群公列侯，莫或先之矣。"④

朱国宝，其先为徐州人，蒙哥攻宋之时，朱国宝便以职官子身份从征。忽必烈"以兵攻鄂，国宝摄千户，率锐卒于中流与宋师鏖战，凡十七战，诸军毕济"。⑤ 至元十六年（1279），海北海南道宣慰司建立，任第一任宣慰使。至元十八年（1281），忽必烈又因为其破临高诸洞蛮，加封为镇国上将军、海北海南道宣慰使都元帅。二十三年（1286），迁广南西道宣慰使。至元二十五年（1288），朱国宝去世以后，元世祖为褒奖朱国宝的贡献，命其子朱斌袭职位，"累官加赐金虎符，海北海南道宣慰使都元帅"。⑥ 朱国宝父子也是跟忽必烈为首的蒙古统治集团联系较为紧密的官员。再说郑昂霄，其先由荥阳徙泽州阳城，他的曾祖和祖父在金季之乱时依附蒙古统治者，因"能扞乡里"，受到重用。郑昂霄的伯父郑鼎征大理平江南有功，累官镇国上将军、湖北道宣慰使，在镇守鄂州并讨黄州之叛时战殁。他的父亲郑甫从郑鼎征蜀有功，在各地任官期间屡有政绩，死后赠中奉大夫、广东道宣慰使、都元帅、护军、高平郡公。郑昂霄可以说出身名门，由宿卫出镇万户，"一军肃然"。大德年间，郑昂霄本人屡次平四川、云南贼寇之乱，延祐元年（1314），又平静江二十四寨，以此擢广西

① ［明］宋濂等《元史》卷一四七《史天倪传》，中华书局点校本，1976 年，第 3478—3482 页。

② ［明］宋濂等《元史》卷一五五《史天泽传》，中华书局点校本，1976 年，第 3657—3662 页。

③ ［明］宋濂等《元史》卷一五五《史天泽传》附《史格传》，中华书局点校本，1976 年，第 3664 页。

④ ［元］虞集《江西行省左丞史公神道碑》，《虞集全集》（下），王珽点校，天津古籍出版社，2007 年，第 1102 页。

⑤ ［明］宋濂等《元史》卷一六五《朱国宝传》，中华书局点校本，1976 年，第 3877—3878 页。

⑥ ［明］宋濂等《元史》卷一六五《朱国宝传》，中华书局点校本，1976 年，第 3878 页。

两江道宣慰使都元帅，天历年间又任湖广行省参知政事，正如许有壬撰写的神道碑中所说："我元建行省为大藩，湖广控滇、蜀，山海阻深，傜獠之所蟠穴，边报沓至，独以兵称，戍将视他省为多，而藉甚在人者独公为称首。"①

郭昂为彰德林州人，"习刀槊，能挽强，稍通经史"。② 早在至元二年(1265)，上书言时政之时，便受到当时有"廉孟子"之称的廉希宪的赏识。为沅州安抚使时，招降溪峒八十余栅。播州瑶獠之乱时，郭昂平叛有功，至元十六年(1279)，以俘获的诸洞酋入朝，受到忽必烈的赏赐。"二十六年，江西盗起，昂讨之"，③后忽必烈谋征交趾、占城，令郭昂监造海船，安抚广东群盗，广东地区素服其威信，授为广东道宣慰使。罗璧，为镇江人，他的父亲为南宋将领，阿里海牙下江陵之时，罗璧归附，隶属丞相阿术麾下。至元十五年(1278)，跟随元帅张弘范定广南，在此四年，海盗摒绝，此后又督造海船。至元二十八年(1288)，为海北海南道宣慰使都元帅，大德五年(1301)改广东道宣慰使都元帅，招抚广东地区山海獠夷，给以官位，晓谕祸福，于是广东獠寇率众归服。④

以上这些人都可以归类为汉人军功世家，他们与蒙古、色目人一起，都是元朝统治者的心腹重臣，任官岭南，为蒙元统治服务。总结这两类岭南地区官员的特点，可以发现，他们很多是宿卫出身。燕只不花、合剌普华、乌古孙泽、僧家讷这些蒙古人显而易见都曾经入直宿卫；史格、朱国宝等人都是在早年时便以职官之子身份从征；郑昂霄更是以宿卫出镇万户，而使"一军肃然"。这其实从一个侧面反映了元朝的铨选首先是宿卫入职，许多高官职位都被世勋子弟所占据。

3. 汉人名儒

元政府在岭南地区所任用的官员，除以上两类外，还有一批文人，目的是借这些有声望的人来拉拢汉人和南人，使其顺服元朝的统治。

早在忽必烈登基之前，便组织幕府，延聘人才，收拢了一大批汉人名儒为其出谋划策。素有"廉孟子"之称的廉希宪便是忽必烈潜邸核心成员之一，他为忽必烈推荐了大批的汉人名儒，后来任广西道提刑按察使的张础便是其中之一。张础字可用，其先渤海人，"础业儒，平章廉希宪荐于世祖潜邸……从世祖伐宋，凡征发军旅文檄，悉出其手"。⑤ 元朝建立以后，张础迁岭南广西道提刑按察使，名重一时。再以臧梦解为例，其博学洽闻，为当时名儒，宋末进士，但未任官时南宋便为元所灭。至元十三年(1276)从其乡将领内附元朝，因其有儒吏之才，先后得到浙东宣慰司和淮东按察副使的举荐，御史台"亦以其廉能，抗章荐之"。⑥ 至元三十年(1293)为奉议大夫、广西廉访副使，大德九年(1305)，为广东道肃政廉访使。陆垕与臧梦解齐名，江阴人，丞相伯颜挥师南下之时，陆垕便率领乡人去拜见伯颜，"议论有合，兵遂不涉其境，乡人义之"，从此，陆垕便得到丞相伯颜举荐，"以廉能擢置台

---

① [元]许有壬《至正集》卷五二《故通奉大夫湖广等处行中书省参知政事郑公神道碑铭并序》，载《元人文集珍本丛刊》第7册，新文丰出版公司，1985年，据聊城邹道沂石印本影印，第247页。

② [明]宋濂等《元史》卷一六五《郭昂传》，中华书局点校本，1976年，第3882页。

③ [明]宋濂等《元史》卷一六五《郭昂传》，中华书局点校本，1976年，第3882页。

④ [明]宋濂等《元史》卷一六六《罗璧传》，中华书局点校本，1976年，第3894—3895页。

⑤ [明]宋濂等《元史》卷一六七《张础传》，中华书局点校本，1976年，第3929页。

⑥ [明]宋濂等《元史》卷一七七《臧梦解传》，中华书局点校本，1976年，第4129页。

宪”。① 大德七年(1307)为海北广东道肃政廉访使，后累官至湖南肃政廉访副使，升浙西廉访使。最后，再以至正十七年(1357)任广东道廉访副使、至正二十年(1360)又任广东道宣慰使都元帅的文人刘鹗为例，其为永丰人，早年屡试不中，建浮云书院，以教书为业，受到名儒吴澄的爱重，与欧阳玄、揭傒斯等人多有诗词唱和。彼时红巾军起义，刘鹗讨红巾有功，升中顺大夫、广东道廉访副使，至正二十年(1360)又升广东阃帅。

不难看出，这些在岭南地区任官的汉人多为当时名儒，我们同时也可以发现，这些人在岭南地区所任的官职多是廉访使和廉访副使这一类文职，并不像宣慰司官员那样“掌军民之务，分道以总郡县”。同样是汉人名儒的刘鹗在至正二十年(1360)担任广东道宣慰使都元帅，但彼时已是元朝末年，各地起义风起云涌，元在此时重用汉人，希望借他们的力量镇压起义。而且，此时已经对岭南地区失于抚绥，从元代末年广东地区瑶獠动乱，刘鹗向元顺帝上《请旨益师疏》，请求朝廷增派在岭南地区的兵力抵抗瑶獠，但是朝廷拒绝发兵，致使刘鹗受困阵亡②亦可以看出。

综上，元派了一大批蒙古人、色目人南下，这些在岭南地区任官的人，要么是蒙元心腹重臣，要么是跟蒙元统治者联系密切的汉人军功世家成员，如史氏家族成员、郑昂霄家族成员、朱国宝父子，这两类官员在岭南地区占大多数。再有就是有吏治才能的汉人官员，如臧梦解、陆垕、卜天璋等人，他们为当时名儒，蒙古统治者们对其进行拉拢。值得一提的一位南人便是王都中，天历之前任海北海南道肃政廉访使，天历间为广东道宣慰使都元帅，这与王都中受到其父辈功勋的影响有关。王都中的父亲王积翁仕宋为宝章阁大学士、福建制置使，至元十三年(1276)，南宋向元纳土乞降，将全闽八郡献于忽必烈，王积翁便是在此时献图而依附蒙古的。但是，至元十七年(1280)三月，忽必烈想任命“福建王积翁入领省事，中书省臣以为不可，改户部尚书”。③ 蒙古统治者对南人官员之不信任显而易见。后王积翁在被忽必烈派往日本宣谕时遇害，元世祖感念王都中父亲之功绩，便授予王都中官职，④以后屡屡升迁，直至为江浙行省参知政事。但是《元史》记载：“当世南人以政事之名闻天下，而位登省宪者，惟都中而已。”⑤除王都中以外，再也没有任何一个南人能够坐到省宪的位置。翻阅萧启庆的《元代进士辑录》，发现岭南地区的进士寥寥，而且无史料可考，更无仕宦记录，甚至不确定他们是岭南人。岭南地区三道宣慰司和肃政廉访司的官员基本上被元代蒙古、色目世家、汉人军功世家所占据，元政府正是通过此种方法将岭南地区纳入其统治之下。

元朝派心腹重臣南下，另有一个重要的原因，即图谋南海诸国，需要心腹官员作为其向海外发展的先锋。至元二十六年(1289)，忽必烈欲征讨爪哇，诏史弼入朝说：“诸臣为吾腹心者少，欲以爪哇事付汝。”⑥把爪哇之事托付给值得信任的史弼。至元三十年(1293)，

---

① [明]宋濂等《元史》卷一七七《臧梦解传》附《陆垕传》，中华书局点校本，1976年，第4130页。

② [元]刘鹗《惟实集》附录《元嘉议大夫江西路行省参政刘公忠节传》，杨讷主编《元史研究资料汇编》第41册，中华书局，2014年，据清咸丰五年刻本影印，第470页。

③ [明]宋濂等《元史》卷一一《世祖纪》八，中华书局点校本，1976年，第223页。

④ [明]宋濂等《元史》卷一八四《王都中传》，中华书局点校本，1976年，第4229页。

⑤ [明]宋濂等《元史》卷一八四《王都中传》，中华书局点校本，1976年，第4231页。

⑥ [明]宋濂等《元史》卷一六二《史弼传》，中华书局点校本，1976年，第3801页。

刘国杰入朝觐见,忽必烈就告诉朝臣说:"湖广重地,惟刘二拔都足以镇此,他人不能也。"①不久,"议问罪交趾",便加刘国杰为"湖广行省平章政事,以诸王亦吉列台为监军,征之"。② 但是出征之事还没有成行,忽必烈便去世。不难看出,元世祖十分信任刘国杰,让他长期任职湖广,以找到合适的时机出征交趾,那么,元政府任用大批蒙古、色目人岭南任官来为其图谋海外服务也是不难理解的。

三、岭南地区官员的主要活动及其影响

依上文所述,元朝派这样一大批人南下岭南,是为其经营南部边疆服务,这些官员在岭南地区做出了重要贡献,主要表现在以下方面:

1. 镇压民变

岭南少数民族聚居,宋亡之际,又有宰相陈宜中、文天祥主持抗元斗争,在岭南地区造成了很大反响。彼时,"觊幸之徒,相煽以动,大或数万,小或千数,在在为群"。③ 有元一代,岭南地区的民变此起彼伏。这种情况严重威胁到了元朝统治,元政府便对民变进行积极镇压或招抚,而所任用的这一大批官员便起到先锋作用。

如至元间任广东道宣慰使都元帅的贾闾,面对"傜贼掠境","相机策应,制御有方",遂使自己威名日著,群盗也相继屏息;④属高昌偰氏的合剌普华,在任广东道转运盐使期间与江西行省合兵镇压东莞陈良臣之乱,其时又有"群盗欧南喜,僭王号,伪署丞相、招讨,众号十万",合剌普华便与广东道都元帅课儿伯海牙、宣慰使白佐及万户王守信分兵掹之,因寡不敌众为欧南喜所杀;⑤朱国宝在至元十八年(1281)镇压海南地区人民的反抗,"破临高蛮寇五百人,招降居亥、番毫、铜鼓、博吐、桐油等十九洞,遣部将韩旺率兵略大黎、密塘、横山,诛首恶李实,火其巢,生致大钟、小钟诸部长十有八人",⑥因此而被忽必烈加封为镇国上将军、海北海南道宣慰使都元帅;燕只不花在至元十九年(1282)赴任广东时,路遇声摇闽粤的黄华叛贼,燕只不花在没有上报朝廷的情况下调最近的万户镇压,使"贼不得逞",⑦事后才将其功报予朝廷;也先不花的儿子按傩,在大德年间任海北海南道宣慰使都元帅,由于海康与安南、占城诸夷接境,"海岛生黎叛服不常,按傩威望素著,夷人悦服,生黎王高等二十余洞皆愿输贡税"。⑧ 这是为元政府招降海南诸黎的典型例子;元统二年(1334)冬十月,"猺冦以其众起贺州富川县之境,入其县,大掠其民",⑨广西两江道宣慰使

---

① [明]宋濂等《元史》卷一六二《刘国杰传》,中华书局点校本,1976年,第3810页。

② [明]宋濂等《元史》卷一六二《刘国杰传》,中华书局点校本,1976年,第3810页。

③ [元]姚燧《姚燧集》卷一九《参知政事贾公神道碑》,查洪德点校,人民文学出版社,2011年,第297页。

④ [清]阮元修《道光广东通志》卷二四一《宦绩录十一》,载《广东历代方志集成》,岭南美术出版社,2006年,第3878页。

⑤ [明]宋濂等《元史》卷一九三《合剌普华传》,中华书局点校本,1976年,第4385页。

⑥ [明]宋濂等《元史》卷一六五《朱国宝传》,中华书局点校本,1976年,第3878页。

⑦ [元]陆文圭《墙东类稿》卷一二《中奉大夫广东道宣慰使都元帅燕只不花墓志铭》,载《元人文集珍本丛刊》第4册,台北新文丰出版公司,1985年,据《常州先哲遗书》本影印,第592页。

⑧ [明]宋濂等《元史》卷一三四《也先不花传》,中华书局点校本,1976年,第3268页。

⑨ [元]虞集《广西都元帅章公平猺记》,《虞集全集》(下),王珽点校,天津古籍出版社,2007年,第743页。

都元帅章伯颜整军以出，时湖广行省右丞也率湖广之兵来督战，因病，“以军事嘱公”，尽克反叛之瑶酋；甚至文人刘鹗都在元至正间为元政府在岭南地区镇压红巾军起义而不余遗力，刘鹗在为广东宣慰使时，“守韶六年，屡劫强寇，民赖以安，后分兵讨洞獠赣寇数万”。①

2. 教化民众、配合政府整顿地方吏风

元人眼中的岭南是“瘴烟毒雾蛟鳄横”②的环境恶劣之地，沅州安抚使郭彦高谈到广中风土时赋诗“地连两广多蛇窟，水隔三湘绝雁书”③来形容广中地区的地方落后、不与中原相通。为了改变这种状况，岭南地区的官员作了一些努力。乌古孙泽在任广西两江道宣慰副使时，因“两江荒远瘴疠，与百夷接，不知礼法”，便作“司规三十有二章，以渐为教，其民至今遵守之”。④ 张忽里罕在大德元年(1297)任海北海南道廉访使期间，“处事严谨，崇儒重道”，自捐俸禄修理平湖书院。⑤ 拜都，延祐二年(1315)任海北海南道廉访副使，此人建立三贤堂书院，时有学堂欺骗学生征收学钱之行为，拜都为学生追回学钱“七千余缗，有秉道疾邪之政三年”。⑥ 伯笃鲁丁为答失蛮氏，诗人，后至元年间在广西地区任官，对广西地区文化教育事业的发展也做出了很大贡献。⑦

另外，元代的官吏贪赃问题十分突出，岭南地区一些官员也积极配合朝廷，对官员贪赃行为进行打击。乌古孙泽为海北海南道宣慰副使时，时海北都元帅“薛赤干赃利事觉”，行省派乌古孙泽往查处，“泽驰至雷州，尽发其奸赃，纵所掠男女四百八十二口，牛数千头，金银器物称是，海北之民欣忭相庆”。⑧ 乌古孙泽也由此受到御史台提拔重用。至治二年(1322)，许有壬转江南行台监察御史，行部广东时，“以贪墨劾罢廉访副使哈只、蔡衍”。⑨岭南地区的官员为整顿吏风所做出的努力是不可忽视的。

3. 为元政府的南海政策服务

如上文所述，元朝对南海诸国施行积极的进取政策，而将岭南地区作为元朝向海外积极进取、发展贸易的前沿阵地。在此的官员要为元朝的海外征伐提供足够的支持，有些官员甚至直接统兵参与海外战争，有些则负责筹集军饷，供给战船。而“湖广、江西供给船只、军须粮运”，往往会导致“官民大扰”，⑩这从岭南地区因拘刷水手、造海船之事而群盗并起便可以看出，那么岭南地区的这些官员除给政府海外军事行动提供物资支持以外，还

---

① [元] 刘鹗《惟实集》附录《元嘉议大夫江西路行省参政刘公忠节传》，杨讷主编《元史研究资料汇编》第41册，中华书局，2014年，据清咸丰五年刻本影印，第470页。

② [元] 贡奎《贡奎集》卷三《寄广东阿鲁威元帅》，邱居里、赵文友点校，吉林文史出版社，2008年，第65页。

③ [元] 王恽《玉堂嘉话》卷三《郭彦高说广中风土》，杨晓春点校，中华书局，2006年，第89页。

④ [明] 宋濂等《元史》卷一六三《乌古孙泽传》，中华书局点校本，1976年，第3834页。

⑤ [清] 阮元等修《道光广东通志》卷二四一《宦绩录十一》，载《广东历代方志集成》，岭南美术出版社，2006年，第3882页。

⑥ [清] 阮元等修《道光广东通志》卷二四一《宦绩录十一》，载《广东历代方志集成》，岭南美术出版社，2006年，第3883页。

⑦ 参见蓝武《元代女真人与回族人入仕广西及其活动的比较研究：以乌古孙泽、伯笃鲁丁为典型》，载《西北民族研究》2005年第1期。

⑧ [明] 宋濂等《元史》卷一六三《乌古孙泽传》，中华书局点校本，1976年，第3834页。

⑨ [明] 宋濂等《元史》卷一八二《许有壬传》，中华书局点校本，1976年，第4199页。

⑩ [明] 宋濂等《元史》卷一六八《刘宣传》，中华书局点校本，1976年，第3952页。

要对当地百姓进行安抚。

塔剌海哈在担任广东道宣慰使期间便充分贯彻朝廷宗旨,积极发展海外贸易,且在对外贸易中"清廉不犯,蕃商大悦,其后舶舟至者常倍焉"。① 此时,忽必烈督促江南三省人民造海船,为征伐占城做准备,"造海舟运粮,驱民以役,至有死者",而塔剌海哈独能散财招募造船之人,"众乐为用事,皆先集"。元世祖忽必烈南伐爪哇之时,又能"造征爪哇船五百合,皆不扰而办"。② 唆都征讨占城时,合剌普华担任广东道都转运盐使,主要负责护送运往占城的粮饷,以支持唆都军在前线的军事行动。在运粮东莞、博罗二界时,遇到欧南喜,合剌普华被执,不屈而死。③ 朱国宝作为海北海南道第一任长官,在元政府每有军事行动之时,便承担相应的供给军饷的任务,比如在讨伐占城之时,朱国宝供给占城军饷,"事集而民不扰"。④ 乌古孙泽在任广西道宣慰副使时,为守卫边疆计,在广西地区广置屯田,至元二十九年(1292),"邕管徼外蛮数为寇,泽循行并徼,得扼塞处,布画远迩,募民伉健者四千六百馀户,置雷留那扶十屯,列营堡以守之",并且"陂水垦田,筑八堨以节潴泄,得稻田若干亩,岁收谷若干石为军储,边民赖之"。⑤ 湖广行省平章政事哈剌哈孙对此举颇为赞赏,认为"此土著之民,诚为便之,内足以实空地,外足以制交趾之寇,可不烦士卒而馈饷有余",⑥可见,乌古孙泽的这种做法,不但能够维护地方的安定,且能够为元政府图谋交趾提供部分粮饷供应。

但是,元在岭南地区的任官也是存在许多问题的,许多北方官员谈岭南而色变,不愿到岭南做官,这就导致有元一代岭南地区缺官少吏现象严重。至元二十五年(1288),湖广行省省臣就上言朝廷:"左、右江口溪洞蛮獠,置四总管府,统州、县、洞百六十,而所调官畏惮瘴病,多不敢赴。"⑦这就导致了岭南地区官员的缺乏。到元后期,干戈扰攘,阻隔了江南三省与北方的通道,至正十五年(1355)夏四月壬戌,中书省奏言朝廷"江南以盗贼阻隔,所在阙官",⑧可见,此时岭南地区阙官少吏问题更加严重。尽管元政府对岭南官员采取了一系列优待措施,⑨并没有改变这种状况。除此之外,元代岭南乃贬官所在地,《元典章》便有官员在其他地区犯罪贪赃可以改注边远地区之条。⑩ 这种做法能够在一定程度上缓解岭南阙官问题。但是,这些改注岭南地区的官员,本身曾经有过罪行,人民往往对其无法信服,而且进一步形成了内地与岭南地区的官员之间的诠注壁垒,在岭南地区的官

---

① [清]阮元等修《道光广东通志》卷二四一《宦绩录》,载《广东历代方志集成》,岭南美术出版社,2006年,第3878页。

② [清]阮元等修《道光广东通志》卷二四一《宦绩录》,载《广东历代方志集成》,岭南美术出版社,2006年,第3878页。

③ [明]宋濂等《元史》卷一九三《合剌普华传》,中华书局点校本,1976年,第4385页。

④ [明]宋濂等《元史》卷一六五《朱国宝传》,中华书局点校本,1976年,第3878页。

⑤ [明]宋濂等《元史》卷一六三《乌古孙泽传》,中华书局点校本,1976年,第3834页。

⑥ [明]宋濂等《元史》卷一三六《哈剌哈孙传》,中华书局点校本,1976年,第3292—3293页。

⑦ [明]宋濂等《元史》卷一五《世祖纪》,中华书局点校本,1976年,第315页。

⑧ [明]宋濂等《元史》卷四四《顺帝纪》,中华书局点校本,1976年,第923页。

⑨ [元]佚名《元典章》九《吏部》卷之三《官制三·流官·迁转闽广官员》,陈高华等点校,中华书局,天津古籍出版社,2011年,第283页。

⑩ [元]佚名《元典章》四六《刑部》卷之八《诸赃·取受·赃罪条例》,陈高华等点校,中华书局、天津古籍出版社,2011年,第1545页。

员往往政绩卓著而不能迁往较好地区做官，这一大批官员于是就自暴自弃，肆虐于岭南。元人朱思本在他的《广海选论》中生动形象地反映了这批官员的心态："五岭之南，列郡数十，县百有一十，统于广、桂、雷三大府。自守令至簿尉，庙堂岁遣郎官御史与行省，考其岁月，第其高下而迁之，谓之调广海选。仕于是者，政甚善不得迁中州、江淮。而中州、江淮夫士，一或贪纵不法，则左迁而归之是选焉，终身不得与朝士齿。虽良心善性油然复生，悔艾自新，不可得已。夫如是则孜孜为利，旦旦而求，仇贼其民而鱼肉之。其志则曰：'吾知丰吾财、利吾子孙而已，抚字非吾事也。吾身之不能恤，庸讵知夫吾子若孙不资是而获仕于中州乎！'部使者每至，必相语曰：'某郡瘴疠甚，某邑猺獠杀人，某使者行部几不免焉。'则巧计而趋避之。民之冤痛号呼者，终于无所愬而止。故地益远而吏益暴，法益隳而民益偷。甚则疾视其上，构结徼外蛮夷，凭陵郡邑，贼杀长吏之祸成矣。……"①朱思本还在最后呼吁元朝的统治者们重视对岭南地区官员的选用，主张对全国上下一视同仁。然而此时已处元末，无力改变此种弊端。

最后，元在岭南地区的歧视和防范政策，导致了岭南地区终元一代民变贯穿始终。据统计，从至元十六年(1279)到顺帝至正二十六年(1366)，仅仅广东一道的民变就有四十多起，②贯穿整个元朝，从民变的规模来说，广东地区号称十余万人的队伍就有欧南喜、朱光卿、钟明亮等几人，更遑论那些有万人、千人以上的民变了。而广西地区和海南地区民变爆发更甚，汤开建认为元大小黎乱平均两年半一次，而且越到后期规模越大，越到后期坚持的时间越长。③ 元政府这种任官政策，其实也造成了一大批南方地区人才得不到重用，余阙说："至元以下始浸用吏……中州之士见用者遂浸寡，况南方之地远，故其见用者尤寡也。及其久也，则南北之士亦自畦町相訾，甚若晋之与秦不可与同中国。"日积月累，南北双方士人之间就形成了一个壁垒，所以"南方之士微矣"。④ 这不得不说是元政府的一大损失。

四、结　　语

综上所述，元派了一大批蒙古、色目人以及心腹的汉人南下，这些官员可以大致归为三类：蒙古、色目世家，汉人军功世家，汉人名儒。其主要目的是为元朝经略南海诸国服务，一定程度上也反映了元统治者对南人的不信任。这些官员在维护地方安定、发展文化教育以及图谋南海诸国方面取得积极成果，一定程度上促进了岭南地区的发展。但是，这一选官方式存在很多问题，岭南地区官员贪污腐败现象严重，蒙元对南人的排斥，造成了一大批人才不能得到重用，岭南地区民变频发。总之，元代在岭南地区的选官与任官既有积极之处，也有消极后果，我们应该客观地看待。

---

① [元] 朱思本《贞一斋诗文稿》卷一《贞一斋文》之《广海选论》，载[清] 阮元辑《宛委别藏》第106册，台北商务印书馆，1981年，第84—86页。

② 陈广恩、丁书云《元代广东民变探析》，载暨南大学中国文化史籍研究所编《历史文献与传统文化》第二十辑，暨南大学出版社，2015年12月。

③ 汤开建《元代对海南岛的开发与经营》，载《暨南学报》(哲学社会科学版)1990年第4期。

④ [元] 余阙《青阳先生文集》卷四《序・杨君显民诗集序》，载杨讷主编《元史研究资料汇编》第60册，中华书局，2014年，据明刊本影印，第92页。

Appointment of official in Lingnan of the Yuan dynasty

Ding Shuyun Sun Yat-sen University

Abstract: After the conquest of the Southern China, the Yuan court sent many officers from Mongolian, Central Asians and North Chinese lineages with military credit to rule the Lingnan (Guangdong and Guangxi). This is clearly to strengthen the rule of Lingnan region and to ensure the stability there. But this policy also produced some problems. The lack of officers and clerks from local is the reason why the uprisings in Lingnan were quite often.

Key words: the Yuan dynasty; Lingnan; Official appointment; Semupeople; landlord class of Han nation

(本文作者系中山大学历史系博士研究生)

朱舜水安南抗礼略论*

叶少飞

提　要：朱舜水《安南供役纪事》记载其在安南与国王抗礼，提出“征士不拜”，且誓死守礼。然而“征士不拜”是汉魏时期的士礼，并非明朝所有。这是朱舜水在脱离明朝君权范围之后，秦汉时期“士”精神的体现。安南阮贤主虽然接受了朱舜水的礼仪要求，但并不能待之以师友，因此舜水很快离去。后舜水以“士”的精神讲学日本，留下珍贵的精神遗产，其“士”精神的勃发正是安南抗礼之时。

关键词：朱舜水　安南　礼　士

公元1657年（南明永历十一年，清顺治十四年）流寓安南的朱舜水被割据越南南方的阮氏政权当政者阮贤主征用，自丁酉年（1657）二月初三开始，至四月二十一日结束，朱舜水特作《安南供役纪事》一卷记其事。① 舜水坚持参见阮贤主②时不拜，且提出“征士不拜”之礼，以死相争。③ 安南文武大臣怒欲杀之，但舜水不参拜的礼仪要求被阮贤主接受，并礼遇之。释独立性易在《跋安南供役纪事》中盛赞舜水抗礼之举：

> 今先生以逋臣客轨，执义自高，不为罄折，死亡不顾，言夺气争，铮铮铁石，今古上下，无其事，无其人。自视孤虚一命，益挫益坚，得俾从容履蹈，使荒裔知有凛凛大节。不因国破，全斯中外高风，可称古今第一义帜，悠悠遐属，转盛怒为欢心，折矜持为下走。复自作赋答书，金玉其徽，不受毫末之尘，飘然返楫，三聘征君，先生为不负明光于一日矣。④

舜水卒后，门人安积觉亦将安南抗礼之事写入《明故征君文恭先生碑阴》之中：

---

* 本文是2018年国家社科基金重大项目“越南汉喃文献整理与中越关系”（18ZDA208）和2015年国家社会科学基金青年项目《越南古代史学研究》（15CSS004）的阶段性研究成果。

① 陈荆和《朱舜水〈安南供役纪事〉笺注》，《香港中文大学中国文化研究所学报》第一卷（1968），第208—247页。下同。该文有《安南供役纪事》原文和陈荆和先生的注释以及研究成果。本文《安南供役纪事》文献皆出是文，文中和注释皆简称《纪事》。因原文有自叙及三十五条，故而注释加以注明。

② 贤主，名阮福濒，1620年出生，上主阮福澜之子。1648—1687年在位，号勇郡公，谥号勇哲王，1744年阮福阔追尊其为孝哲王。1802年阮朝建立后，阮福映嘉隆五年（1806）追尊阮贤主为孝哲皇帝，庙号太宗。贤主事迹可参看《大南实录》前编卷四、卷五《太宗孝哲皇帝》。

③ 黄俊杰《论东亚遗民儒者的两个两难式》，《台湾东亚文明研究学刊》第3卷第1期（2006），第61—80页。作者认为舜水的遗民思想在安南抗礼阮主时为对南明的“政治认同”与对中华的“文化认同”的结合，本文论述朱舜水以“征士不拜”抗礼安南国王，行为的思想根源则在于对“士”精神的坚持，即是对黄俊杰教授“政治认同”和“文化认同”观点的体现和延伸。

④ 陈荆和《朱舜水〈安南供役纪事〉笺注》，第224页。

> 国王召见,逼而使拜,征君长揖不拜,君臣大怒,将杀之。征君毫无沮丧,辩折弥厉,久而感其义烈,反相敬重。①

舜水抗礼只是其供役安南的一件事情,但延续数日,牵动甚广。就抗礼本事而言,反映了舜水逃亡海外、置身异域的特殊心态。舜水对"征士不拜"的坚持,也正是其追慕汉魏"士"风、激荡"士"精神的体现。舜水德义之儒,以礼行,以"士"期许,流寓海外,其师友于君的愿望最后在日本达成,德川幕府执政源光圀礼聘舜水,待以师友之礼,舜水讲学日本,进行了积极的礼制实践,昌明儒学于异域,立言立德于后世,功莫大焉。

舜水早年倥偬于国事,为复兴明朝奔走呼号,因安南抗礼之事,对先秦"士"风及汉晋"征士"之礼进行了后世罕有的实践,"征士不拜"的礼仪思想在萌发并践行于安南之后,遂贯穿于舜水今后的人生,成为舜水礼仪思想的重要来源。安南抗礼之后,舜水以"征君"、"征士"自任,形成了独立、深刻的儒学思想体系,并在日本德川幕府水户藩进行了礼制实践。② 但究其根源,安南抗礼是舜水礼制和儒学思想形成的重大转折点。

一、朱舜水安南抗礼之经过

陈荆和先生提出朱舜水实际上于1646年(鲁监国元年,清顺治三年)即已到达越南中部的港口城市会安,作永久居留之目的地。③ 朱舜水留居安南多年相安无事,却因阮贤主要对北方郑氏用兵"檄取识字之人"被征。④ 安南与中国文化同源,舜水意识到面见阮贤主必将面临参拜的问题,故而先行修书陈情:

> 之瑜托身贵国,谊同庶人,庶人召之役则往役,义也。但未谙相见大王之礼何如?承役而退,以不见为美,所为君欲见之,召之则不往见之,亦义也。此两三国人之所观听,非细故也。之瑜出身自有本,末远不必言,近日新膺大明敕书特召。三国之人之所通知。若使仆仆参拜,傥大王明于斯义,必且笑之瑜为非人。惜身畏势,而轻亵大王,瑜罪何辞?若突然长揖不拜,虽甚足以明大王之大之高,万一大王习见跪拜之常,未察不拜之是礼,逆见嗔怒,必万口同叱以和之,之瑜异国孤身,岂不立致奇祸?久闻阁下高明大度,通达国体,晓畅事务,伏乞先为申明,然后敢见。之瑜此情,必无一人敢为传达,不得已托之笔札,幸恕,奉恕!即日,朱之瑜顿首再拜,慎余。⑤

舜水奉书阮贤主,希望免去跪拜之礼。舜水致书中虽以大义相谓,但内心亦知面见不拜恐

---

① 安积觉《明故征君文恭先生碑阴》,收于朱谦之编《朱舜水集》,中华书局,1980年,第630页。

② 徐兴庆《朱舜水与德川水户藩的礼制实践》,《台大文史哲学报》第七十五期,2011年11月。另徐兴庆教授有《朱舜水对东亚儒学发展定位的再诠释》,收入徐兴庆主编《新订朱舜水集补遗》,台湾大学出版中心,2004年,对舜水在日本的礼制思想与实行及舜水的儒家思想有精湛的研究,可参看。

③ 陈荆和《朱舜水〈安南供役纪事〉笺注》,第212页。

④ 《纪事》第一条,第214页。

⑤ 《纪事》第八条,第216页。

难易与，因此他对同行的安南华人官员翁斗①说：

> 见国王及该艚，从来无不拜之礼，今与公各班相见，我今日以死生争之，慎无随我以累公。先时欲言，恐公震怖。公若舍得死，则不拜可耳。②

随后翁斗先拜，③舜水不拜，并纪其事：

> 差官启事毕，来就瑜令拜，瑜作不解状，举侍班之仗于沙中划一个"拜"字，瑜即借其仗于拜上加一"不"字。差官牵瑜袖按抑令拜，瑜挥而脱之。国王大怒，令长刀手押出西行。④

安南拒绝舜水不拜国王的要求，但舜水认为"区区相见之际，遂为千古臣节所关，不死不足以申礼"。⑤ 舜水被带至该艚府署，"将相文武大臣，通国震怒，谓瑜挟中国之势，欺凌小国，共启国王，势必杀瑜"。⑥ 该艚及他人多次劝舜水下拜，舜水均不予理睬，欲守礼而死。但事关大义之所在，舜水向任职安南的华人医官黎仕魁申明何以不拜，并交代身后之事：

> 我，大明征士也。此国家百八十年未举之旷典。公应不解征士为何名。我于崇祯十七年，弘光元年前后被征二次，不就。四月间，即授副使兼兵部郎中，监方国公军四十八万，复不拜。后以虏变，逋逃来此，谊不可拜王，是以不拜。……我死后，乞公之会安，与外江诸友一言以明之。死后料尔辈不敢收骨。如可收，乞题曰：明征君朱某之墓。⑦

安南官员该艚不明"征士"为何，舜水书示之，以被崇祯帝、弘光帝征举之事说明，且再次明志：

> 今大王不察不拜之是礼，赫然震怒，瑜又何言？杀之可也，监禁可也，拘留可也，顾独不可拜耳。本年正月钦奉监国鲁王勅书，别有誊黄，不再赘。⑧

---

① 陈荆和教授解释 Ong 为越语第二或第三人称之敬语，即此人名为"斗"，应该担任一定的官职，故称"翁斗"，见《朱舜水〈安南供役纪事〉笺注》，第 225 页。后文的"该艚"、"翁该艚"与之相类，亦见此页注释。

② 《纪事》第十条，第 216 页。

③ 《纪事》第十条，第 216 页。此条原记"翁姓者先拜"，显然舜水未明此人并非姓翁，陈荆和教授指出十七世纪的会安唐人区为一闽人社会，会安华人客商云集，舜水海外经营以复兴明朝为己任，应该长期居住于华人社区，因此似未知安南语言。见《朱舜水〈安南供役纪事〉笺注》，第 226—227 页。

④ 《纪事》第十条，第 216 页。

⑤ 《纪事》自叙，第 214 页。

⑥ 《纪事》第十一条，第 216 页。

⑦ 《纪事》第十二条，第 217 页。

⑧ 《纪事》第十三条，第 217 页。

舜水谈笑自如,了无惊怖之色,该艚大为佩服,但仍派官员告诫舜水参拜免祸,舜水引韦祖思拜夏主赫连勃勃,勃勃怒而杀之为比。[①] 差官沉吟不语,寻史书观看,以书复该艚。舜水再次申明己志:

> 大王偶得一士人到此,不能与之商略天下国家之大务,而顾屑屑于跪拜之间,窃恐闻之远方,有以窥大王之深也。以大王下士,千古美名。美名不居,而必责瑜之一拜,拜毕人谁知之,孰与美名传之天下后世之为大乎?瑜守礼而死,死无所恨,乞高明亮之。[②]

此次舜水申明自己为"士",自当守礼,安南若欲得己效力,亦当礼士。故而舜水说:

> 不肖寡学薄识,乌足以知天文地理?至于三才之实理、实事,稍稍窥闻一二。大王尽礼而来教,必能佐大王国家之大务。若不循礼而强以威逼,不肖延颈待戮,更无他说也。[③]

舜水守礼之格调虽然高标千古,但自知难以免祸,但自己守礼而死之节行亦须为人所知。1665年(鲁王建国九年)三月鲁王敕舜水,征其从安南回国效力。[④] 1657年正月日本船至,携来鲁王敕书,[⑤]但二月即被阮主征发。安积觉记舜水:"鲁王敕书,奉持随身。"[⑥]舜水在抗礼欲死如此逆境之时,鲁王既是舜水政治抱负的宿主,亦是文化精神的皈依,故上疏鲁王以明志:"奏为守礼殉节,谨陈始末缘繇。"申明:"臣屡被诏敕,在国家为征士,与寻常官员不同,何敢屈膝夷庭,以辱国典,故长揖不拜者,礼也。国王不知是礼,怒欲杀臣。"[⑦]但是之后官员与国王"往返又复数日,议礼已定",[⑧]"各官来见者,礼貌隆重,如见其国王及尊官之礼,止于不拜耳",[⑨]阮贤主接受了舜水不参拜的礼仪要求,抗礼之事遂告一段落。在征用结束之后,舜水向鲁王报告:"(安南国王)以本事遣其心腹重臣就问,臣即据其来意竭诚相答,遂尔欢然,大家赞赏。"[⑩]

二、朱舜水与"征士不拜"

舜水去国弃家,流寓安南数载,在第一次上书阮贤主陈情时就说"之瑜托身贵国,谊同庶人",然而舜水竟以低微的身份与安南国王抗礼,且不惜以死相争。舜水在明朝品秩不

---

① 《纪事》第十六条,第218页。赫连勃勃征韦祖思事在《晋书》卷一三〇《载记》。
② 《纪事》第十六条,第218页。
③ 《纪事》第十七条,第218页。
④ 《朱舜水集》,中华书局,1981年,第34页。
⑤ 梁启超《朱舜水先生之瑜年谱》,台北商务印书馆,1981年,第23页。
⑥ 安积觉《明故征君文恭先生碑阴》,收于朱谦之编《朱舜水集》,中华书局,1980年,第631页。
⑦ 《纪事》第二十条,第218—219页。
⑧ 《纪事》第十八条,第218页。
⑨ 《纪事》第十九条,第218页。
⑩ 《纪事》第三十五条,第224页。

高，其面见国王不拜，所仰仗的是“征士不拜”的古礼和“士”的风节。

（一）舜水在明朝的名衔

崇祯十一年（1638）舜水三十九岁时以恩贡生贡于礼部，①因此舜水上鲁王疏中落款为“恩贡生臣朱之瑜”，“恩贡生”即为舜水正式的身份名衔。“科举必由学校……入国学者，通谓之监生。举人曰举监，生员曰贡监，品官子弟曰荫监，捐赀曰例监。同一贡监也，有岁贡，有选贡，有恩贡，有纳贡。”②“恩贡者，国家有庆典或登极诏书，以当贡者充之。”③舜水上疏落款未书官职，显然尚未授官。

明朝科举和荐举并行。舜水上鲁王疏言：“臣在舟山，铨臣按臣，见臣不肯任事，又见臣誓不降虏，万死一生，举臣孝廉。臣止之而不及，即当按臣前草表恳辞。”④舜水虽举孝廉，但因未就，所以书札落款不书“孝廉”。⑤

（二）“征士”、“征士不拜”之礼与“征君”

舜水与安南国王抗礼，面见不拜，其依仗的并非“恩贡生”名衔，而是“征士”。明朝虽然科举和荐举制度并行，但“征士”却非明朝职衔。明太祖洪武六年（1408）：

> 罢科举，别令有司察举贤才，以德行为本，而文艺次之。其目，曰聪明正直，曰贤良方正，曰孝弟力田，曰儒士，曰孝廉，曰秀才，曰人才，曰耆民。皆礼送京师，不次擢用。而各省贡生亦由太学以进。于是罢科举者十年，至十七年始复行科举，而荐举之法并行不废。⑥

荐举诸目中并没有“征士”一目。因为明朝没有“征士”职衔，他人不知，故而舜水向黎医官和安南该艚予以解释，即国家征辟之士，故有“征士不拜”之礼。明朝既无“征士”，那么“征士不拜”之礼显非明朝礼仪，而安南立国以来也从未有“征士不拜”之礼。因此即便是舜水自己也知道“见国王及该艚，从来无不拜之礼”，那么“征士不拜”究竟是什么礼仪？

“征士”是魏晋南北朝时代察举制度下对朝廷征辟士人的一个称谓。就现有史籍看，“征士”之称始于汉末。汉末泰山太守应劭所撰《风俗通义》记载有“公交车征士汝南袁夏甫”、“公交车征士豫章徐孺子”。⑦ 三国时魏司空陈群荐管宁曰：“伏见征士北海管宁，行为世表，学任人师。”⑧吴国虞翻奏：“伏见故征士北海郑玄所注《尚书》。”⑨袁夏甫、徐孺

---

① 《朱舜水先生之瑜年谱》，第 8 页。

② ［清］张廷玉《明史》卷六九，中华书局，1974 年，第 1675—1676 页。

③ ［清］张廷玉《明史》卷六九，第 1681 页。

④ 《纪事》第二十条，第 218 页。

⑤ 梁启超《朱舜水先生之瑜年谱》，第 16 页。舜水举孝廉事在 1650 年，即永历四年，清顺治七年，舜水 51 岁。

⑥ ［清］张廷玉《明史》卷七一，第 1712 页。

⑦ ［汉］应劭撰，王利器校注《风俗通义校注》，中华书局，1981 年，第 160、162 页。

⑧ ［晋］陈寿《三国志》卷一一，中华书局，1959 年，第 358 页。

⑨ ［晋］陈寿《三国志》卷五七，第 1323 页。

子、管宁、郑玄以及应劭几乎是同时代人,见于时人文章,可见"征士"之称始于东汉末年。"征士"之称虽然始于汉末三国,但当时人也称之前的东汉人士为"征士"。虞翻与朱育答问言"征士上虞王充"、"征士余姚严遵",①王充为东汉初人,严遵则是王莽时期人。因此范晔《后汉书》虽然记载有"征士"周燮,②但实属按照晋宋习惯记述。随后征辟之人皆可称"征士",北魏高允即撰有《征士颂》,但只记应命者,不至者不录,即不以"征士"称未就征之人。③《隋书·经籍志》记述典籍作者时多称汉魏南北朝人为"征士某"。隋唐科举制度兴起,"征士"使用逐渐减少。宋代以后偶有使用,均是没有实际意义的尊称。

《明史》中有"征士"者,《艺文志》记载:"王沂《征士集》八卷。"④

"征士不拜"之礼礼书不载,舜水所言实际上来自历史记载。郦食其见汉高祖,"长揖不拜"。⑤ 三国虞翻言:"征士余姚严遵,王莽数聘,抗节不行,光武中兴,然后俯就,矫手不拜,志陵云日。"⑥严遵不拜光武帝亦为虞翻所称赞。但亦有因不遵"征士不拜"而被祸者,《晋书》记载:

> (赫连勃勃)征隐士京兆韦祖思。既至而恭惧过礼,勃勃怒曰:"吾以国士征汝,奈何以非类处吾!汝昔不拜姚兴,何独拜我?我今未死,汝犹不以我为帝王,吾死之后,汝辈弄笔,当置吾何地!"遂杀之。⑦

韦祖思因"恭惧过礼"而被杀,即未守"征士不拜"之礼。此即舜水所说的韦祖思以参拜被杀之事。

由此可见"征士"是流传于汉末魏晋南北朝隋唐时期的士人称谓,"征士不拜"并未载于礼书,而是来源于历史事实。"征士"与"征士不拜"之礼如此古奥,非饱学之士不能解。因此舜水实际上是以古礼对今王,舜水言"征士"为"国家百八十年未有之旷典"实与明代形势有所脱离,且不无夸大之处。故而"征士不拜"一说流出,"交趾通国大怒,磨厉以须,即中国之人无不交口唾骂……即有二三人不相攻诋,然无或敢评骘一语者。惟日本诸人啧啧称奇耳"。⑧ 安南自主立国时去"征士"时代已远,文武大臣在认定舜水"挟中国之势,欺凌小国"之外,当亦有对舜水以"征士不拜"讽安南不知礼之怒。中国人在广南经商者众,又有弃家流亡此地者,舜水如此强项,众人即便敬佩其风骨,恐亦担忧受舜水牵连被祸。唯有日本人称奇此事,赞叹不已。

汉末三国既称应命者"征士",亦称未应命者为"征士"。"征君"则专指未应命者,东汉庾乘"征辟并不起,号曰'征君'";⑨黄宪"初举孝廉,又辟公府,友人劝其仕,宪亦不拒之,

---

① [晋]陈寿《三国志》卷五七,第1325、1326页。

② [南朝·宋]范晔《后汉书》卷三九,中华书局,1959年,第1310页。

③ [北朝·魏]魏收《魏书》卷四八,中华书局,1974年,第1078页。

④ [清]张廷玉《明史》卷九九,第2463页。

⑤ [汉]司马迁《史记》卷九七,中华书局,1959年,第2692页。

⑥ [晋]陈寿《三国志》卷五七,第1326页。

⑦ [唐]房玄龄《晋书》卷一三〇,第3209页。

⑧ 《纪事》第十三条,217页。

⑨ [南朝·宋]范晔《后汉书》卷六八,第2229页。

暂到京师而还，竟无所就。年四十八终，天下号曰‘征君’”。① 韩康避世逃名，将“征君”不受命的特点发挥到了极致：

> 博士公车连征不至。桓帝乃备玄纁之礼，以安车聘之。使者奉诏造康，康不得已，乃许诺。辞安车，自乘柴车，冒晨先使者发。至亭，亭长以韩征君当过，方发人牛修道桥。及见康柴车幅巾，以为田叟也，使夺其牛。康即释驾与之。有顷，使者至，夺牛翁乃征君也。使者欲奏杀亭长。康曰：“此自老子与之，亭长何罪！”乃止。康因〔中〕道逃遁，以寿终。②

戴名世《李烈妇传》曰：“其曾大父曰钟元，在明天启、崇祯间，以气节名于时，屡被征聘不出，天下所称孙征君者也。”③全祖望为钱廉撰《钱东庐征君墓表》，即以其不受清朝之征。④ 是故舜水既称“征士”，亦称“征君”，舜水为自己安排后事：“死后料尔辈不敢收骨。如可收，乞题曰：明征君朱某之墓。”⑤此时舜水自知恐不保，故以“征君”自称，之前舜水屡逃征命，自然无愧于此称号。然而抗礼事后，舜水将所有经过编成《安南供役纪事》一卷，“征君”之名灿然在册，必然践行汉代“征君”的高行，昭示自己不会接受来自鲁王乃至任何方面的征命，惟以儒者行世。⑥

三、舜水对安南的态度

舜水于 1646 年到达安南，至 1657 年被阮贤主征用，已在安南居住数年，因此舜水对安南南阮北郑分立对峙的形势极为了解。⑦ 陈荆和先生认为舜水《代安南国王书》是阮贤主拟向山西范有礼答复秘信的文稿，⑧若非对当时形势有深入分析，实难写出如此文章。舜水饱学之士，亦熟谙安南与明朝的关系。因此其在安南官员问中国“征诸儒如何议论”时，答曰：“天子方得言征，大王即尽有东京土地，不过荒服一诸侯王耳，何敢言征？”⑨东京（今河内）为中兴黎朝正统所在，为权臣郑氏所把持。之后舜水则在信札或语言中称阮主为“大王”、“国王”或“安南国王”。

然而据守南方的阮氏并未获得明朝敕封。明宣宗封黎麟为安南国王，⑩后莫登庸篡位黎氏，嘉靖十九年明朝大军压境，压服安南，莫登庸请降，明帝“命削安南国为安南都统

① ［南朝·宋］范晔《后汉书》卷五三，第 1745 页。

② ［南朝·宋］范晔《后汉书》卷八三，第 2771 页。

③ ［清］戴名世《李烈妇传》，载《戴名世集》卷八，中华书局，1986 年，第 231 页。

④ ［清］全祖望《鲒埼亭集》内编卷一四，《全祖望集汇校集注》，上海古籍出版社，2000 年，第 273—275 页。

⑤ 《纪事》第十二条，217 页。

⑥ 韩东育《朱舜水“拜官不就”与“明征君”称号——兼涉“甲午战争”前后的“复明”舆论》（《中国史研究》2015 年第 2 期）对舜水逃官不就和“征君”称号的使用过程及价值内涵有深入研究，可参阅。

⑦ 可参看郝晓静《〈安南供役纪事〉及朱舜水在越情况探析》，《学术探索》2012 年 2 月。

⑧ 陈荆和《朱舜水〈安南供役纪事〉笺注》，第 239 页。

⑨ 《纪事》第六条，第 215 页。

⑩ ［清］张廷玉《明史》卷三二一，第 8326 页。

使司,授登庸都统使,秩从二品,银印”。① 之后黎氏复兴,莫氏退守高平,万历二十五年(1593)亦授黎氏安南都统使一职。② 黎氏复兴,史称“中兴黎朝”,形成阮、郑两大权臣势力。阮氏据守南方,郑氏据守北方实际掌控黎朝。清军南下之后,南明于永历元年(1647)封黎氏为安南国王,又于永历五年(1651)封郑清王为安南“副国王”。③

舜水虽然于1646年即已到达安南,但期间数次往返于舟山、安南和日本长崎之间,④ 对北方黎氏、郑氏受封之事应当知晓。舜水为明朝士人,对安南的称呼就要遵守明朝对安南的册封,阮氏不曾受封明朝,舜水称之为“安南国王”,实为权宜之计。

舜水以汉魏时期“征士不拜”抗礼安南国王,且誓为守礼而死。结果阮贤主未曾执着于参拜礼仪,随即征用舜水,且对舜水评价甚高。张医官转述阮贤主的话:“高人,我不知其胸中,但去问的,无有不知。这是高的紧的人,我安南自然没有,便是大明,如此人者,恐怕也少。”又描述贤主对舜水“毫无纤芥之嫌”。⑤

抗礼事平之后,二月十九日贤主致书舜水,令其仕于安南,书中有“太公佐周,而周王;陈平在汉,而汉兴”等语。⑥ 如此礼遇,已然无愧于舜水“士”名,但是舜水回书拒绝,答复贤主自己以复兴明朝为己任。明朝士人对安南心态复杂,因安南由中国郡县再为外藩,心理上纵然认可,却也不愿以中国之人在彼为官。⑦ 因此舜水之前在安南也未曾谋求出仕。舜水以“士”礼要求阮贤主,希望以“士”的身份参与安南国事,师友相称,实际上也避免了士大夫出仕安南的心理尴尬。舜水此书落款为“朱之瑜顿首再拜”,⑧没有书写自己的职衔,实际上是以“士”礼对阮贤主。

舜水亦如自己所说“大王尽礼而来教,必能佐大王国家之大务”,舜水与贤主商讨军政大事,且代国王答书。但是舜水很快就对阮贤主和大臣失望。三月三日,阮贤主遣人以“确”字来问,舜水“意其风之也,聊举‘坚确’、‘的确’、‘确论’等为解”,⑨“风”即“讽”。阮贤主遂命作《坚确赋》,“坚”、“确”之意在忠贞节操,阮贤主实际是借此表达舜水拒绝自己征召、出仕安南的不满。舜水从命作赋,喻以君子之德,但落款却是“大明遗民朱之瑜鲁屿,甫赋于交趾国外营沙之旅次”,⑩表明自己忠于大明,并自称“大明遗民”以示其怒。此时南明尚在,舜水自称“遗民”,原因则是“近以中国丧乱,天崩地裂,逆虏干常,率土腥秽。远人义不当死,欲隐无所”,⑪舜水遭受中国大乱,弃家逃出,在此自称“遗民”,不言明朝名衔和“征士”之名,实愤于安南不知“士”之风节德行及阮贤主对自己的怀疑。四月初吉,舜水榜示安南文武大小臣工,于中道出自己失望的缘由:

---

① [清]张廷玉《明史》卷三二一,第8334页。

② 陈荆和校合本《大越史记全书》,东京:东京大学东洋文化研究所,1984—1986年,第916—917页。

③ 陈荆和校合本《大越史记全书》,第951、953页。

④ 陈荆和《朱舜水〈安南供役纪事〉笺注》,第211页。

⑤ 《纪事》第三十一条,第223页。

⑥ 《纪事》第二十三条,第220页。

⑦ 陈文源《明朝士大夫的安南观》,《史林》2008年第4期。

⑧ 《纪事》第二十三条,第220页。

⑨ 《纪事》第二十六条,第221页。

⑩ 《纪事》第二十六条,第222页。

⑪ 《纪事》第二十八条,第222页。

> 今贵国不能嘉惠远人，斯亦已矣。奈何贵国诸君来此，或有问相者，问所非宜，终不知为亵客。夫相士星士，何足比数？四民九流之中，最为下品，较之德义之儒，不但天地悬绝，亦且如白黑水火，全全相反。远人业已至此，贵国轻之亵之，将如足下何？但义所不当出耳。使他人闻之，谓贵国为绝不知读书之旨也。况能尊敬贤士乎？即如天文地理，其精者不过技术之士，亦非圣贤大学之道，治国平天下之经。而贵国读《三国演义》、《封神》等记，信为实然，勤勤闻此，譬犹舍金玉而宝瓦砾，芟嘉禾而养荑稗也。亦甚失取舍之义矣。有云：天文非臣子之所得问，亦非远人之所敢言，已后幸勿再及。四月初吉，大明遗民朱之瑜白。①

舜水为安南国王所重，文武大臣踵至，所问皆是相术、小说等中华不入流的俗事。舜水“德义之儒”对此自然忍无可忍，舜水张榜安南国，“大明遗民朱之瑜白”，足见其激愤。

四月廿一日舜水辞别阮贤主，辞别书中多有劝学之言，落款为“之瑜顿首再拜”，②舜水念及贤主礼士之举，不计前嫌，仍以士礼相辞。舜水“辞王而归，各官不及知。文武百官，无不倾心思慕”。③

四、舜水安南抗礼与“士”精神的勃发

“士”本为西周封建制度中的一个贵族阶层，《仪礼》中的《士丧礼》和《士虞礼》直接冠以“士”之名，就是对“士”阶层丧葬行为仪式的规范。西周封建体制崩溃后，“士”阶层解体，社会地位下移，因其掌握西周王官之学，故而在诸侯中纵横议论，形成一个新的社会群体。先秦时期的“士”以道自任，具有极强的精神自主意识，为实现自己的价值目标奔走，绝不委曲求全，同时极难为君王势力所折损。“士”折冲于各种政治势力之间，并不屈下为臣子，往往以师、友自任。即便是权臣之食客，其精神独立并不受主人节制。故而先秦时代的“士”为后世的读书之人立下千古楷模，其精神为百世所景仰。④

两汉时期因中央集权的建立，“士”的地位有所变化。但汉代实行的荐举制度使得“士”仍然可以保持自己的精神独立，拒绝统治者的征辟。而先秦流风所及，汉代统治者对此也能宽容。自汉代独尊儒术以来，“士”治国平天下的愿望只能借助于王权才能实现，因此大批“士”进入国家官僚行政体系，成为朝廷官员以及君王之臣子。隋唐科举制度建立，“士”均为帝王之臣下，徒有“士”名号而无汉代“征士”之实，更遑论精神高标先秦之“士”。

明朝加强中央集权，八股取士，“士”风低迷不振。即便是舜水，虽被征数次，却只能逃而不能与君权对抗。然而舜水在安南与在明朝的情况不同。安南与中国文化同源，10世纪立国后历代王朝向慕华风，君主也追求圣贤之治。

朱舜水在明朝以恩贡生身份拒不接受朝廷征召，而只愿为一介儒士，但君权所及，舜

---

① 《纪事》第二十八条，第222页。

② 《纪事》第三十二条，第223页。

③ 《纪事》第三十四条，第224页。

④ 余英时《古代知识阶层的兴起与发展》，载《士与中国文化》，上海人民出版社，1987年，第1—83页。

水不能相抗,只能不断以“逃”的行为来体现自己的志向,先后“十二不就”,舜水是经世儒者,对明末的形势和现实自有一番理解,绝不墨守成规。① 舜水虽为明儒,其拒绝征辟的行为却近于汉代拒绝天子征召的儒者。舜水在安南不受阮贤主节制,面对的只是当政者的权势和刑杀威胁,而无绝对君权的制约。舜水是大明儒士,在文化上自然视己高于南藩之安南,即类似于先秦习于“王官之学”的士自然高于西周之诸侯。舜水在安南脱离了专制君主的限制,回到了先秦两汉时期“士”的社会文化状态之中。

在抗礼事件发生之前,舜水在安南已经多年,他并未谋求在安南出仕。抗礼之后阮贤主邀请舜水出仕,也被其拒绝。显然舜水在安南不愿为臣下。舜水提出“征士不拜”之礼的时候,也提出了自己的政治期望,“大王偶得一士人到此,不能与之商略天下国家之大务”、“大王尽礼而来教,必能佐大王国家之要务”,舜水认为的“士”乃王之师友,而非建言进策的臣子。之后舜水在对阮主失望之余,榜示大小臣工,言及文士和贤士,又曰:“尚父(姜太公)、仲父(管仲),尊己不为过。何也?道尊德盛,当之而无愧色。君臣之间,一德一心,都俞喜起,斯得志于时者所为也。”②显而易见,舜水是想做姜太公和管仲这样的人,如先秦之士为君之师友,即是舜水真正的理想。阮贤主接受了“征士不拜”之礼,却似乎没有重用舜水的想法,视之为词臣,不久舜水即辞别贤主离去。③

舜水在安南对先秦士风及“征士不拜”的坚持,很自然地影响到舜水之后的行为。1659年舜水六十岁,至日本长崎,终老东瀛。④ 日本德川家族执政源光圀欲礼聘舜水,舜水答曰:“若欲召仆,仆不论禄而论礼,恐今日未易言也。”⑤梁启超先生曰:“先生之江户,源光圀待以宾师之礼,竭诚尽敬,先生安焉。”⑥舜水答野传书云:“晋谒之时,从容长揖,上公毫不致疑,而情至言耳,勤恳无已……”⑦答黑川正直书云:“且虑不能安仆之身,多方委屈,此真以古道相与也……”⑧舜水“长揖”于源光圀即同于不拜阮贤主,为源光氏师友,“以古道相与”即行古礼。徐兴庆教授提出日本德川时期的儒学具有“杂学性”,舜水所讲儒学则以先秦儒学与礼制出发,对宋明理学具有时代的超脱,在来自源头的礼制和儒学思

---

① 韩东育《朱舜水“拜官不就”与“明征君”称号——兼涉“甲午战争”前后的“复明”舆论》,《中国史研究》2015年第2期。

② 《纪事》第二十八条,第222页。

③ 陈荆和教授指出:“细读《供役纪事》,再参校越方同时代史料,总会觉得整个事件不过是舜水一个人之独角戏,舜水小题大做的成份相当多;平心而论,舜水誓死不屈,为国抗礼,其高洁之民族精神固属可贵,但贤主能够尽释前嫌,欣然礼聘,其胸襟之廓大亦值得钦佩。”(见《朱舜水〈安南供役纪事〉笺注》,第243页)陈先生所言确为的论,但如果与同时期对安南北方郑氏誓死守礼不拜的徐孚远对比,即可发现舜水行为的不同。永历十二年(1658)郑成功派遣徐孚远觐见在昆明的永历帝,道经安南,郑柞要求徐孚远行跪拜之礼,徐孚远坚辞不从,誓以死全臣节,后徐孚远滞留三月,无奈返回厦门(可参看陈文源、周亮《明清之际中越关系的演变与抉择》,《东南亚南亚研究》2011年第1期)。徐孚远所坚持的是大明天子之臣的贞节,与舜水坚持的“征士不拜”略有不同。舜水誓死守礼在保持大明国威不坠的同时,更在追蹈先秦士风。

④ 舜水来航日本,请参看松浦章《朱舜水日本来航时の日中文化交流》,《东アジア文化交渉研究》第4号,2011年。

⑤ 梁启超《朱舜水先生之瑜年谱》,第50页。

⑥ 梁启超《朱舜水先生之瑜年谱》,第53页。

⑦ [明]《朱舜水集》,中华书局,1981年,第246页。

⑧ [明]《朱舜水集》,第75页。

想之下，舜水的儒家思想与日本的实际情形更易接融，故而产生了超越时代的巨大影响。①

1682年，舜水八十三岁，卒于日本，葬常陆久慈郡大田乡瑞龙山麓，依中国式做坟，题“明征君朱先生之墓”。② 门人安积觉撰写的《明故征君文恭先生碑阴》中③通篇以“征君”称舜水。舜水精神的勃发，以在安南“征士不拜”始，以“征君”自命，最后在日本以“征君”终，追蹈前贤士风，终塑造出追寻先秦风华的儒家思想。

五、余　论

纵观舜水安南抗礼的过程及其对“征士不拜”礼仪的解释和坚持，我们可以看到舜水在离开明朝地域之后，虽然其仍然从事复兴明朝的活动，但是因身在安南，脱离了明朝忠君的环境。舜水在明朝虽然以“士”自居，但面对天子征辟，却只能逃，却不能与天子抗礼。没有了“士”最大的桎梏君权的扼制之后，舜水自然而然回归到了“士”的精神和行为，因此其在安南提出了“征士不拜”之礼，且以死相争，希望能够重振“士”的精神。但是安南虽然远离中国，却是君主制度，阮贤主在一时退让之后，仍然希望舜水成为他的臣子，舜水师友阮贤主的希望也就迅速落空了。因君权的阻挠，舜水在偶然环境下“士”精神的觉醒和勃发被打断了。但舜水长期流寓海外，“士”的精神在安南勃发之后，成为舜水一生的坚持。舜水在日本的行为和精神一如在安南，他获得了执政源光圀的礼遇，在精神和行为上均追蹈秦汉“士”风。舜水以“士”的精神讲学日本，立言于后世，为日本文化的发展留下了珍贵的精神遗产，对日本历史产生了深刻的影响。但究其根源，仍然是舜水安南抗礼时勃发的“士”的精神。

Remarks on the Kowtow of Chu Shun-shui in Annan

Ye Shaofei　Honghe College

Abstract: *The Memories of Service in Annan* [Ānnán gōng yì jìshì 安南供役纪事] compiled by Chu Shun-shui 朱舜水 recorded that he refused to kowtow for the Annam's king. He claimed himself as an ancient scholar at the Annamese court who refused to kowtow to a king. This was an old ceremony of scholar in Qin-Han period and it also represented the independent spirit of scholar. The king accepted his refusal but it's far away from Chu's expectation to be a friend or teacher of the king. At last Chu Shun-shui went Japan and taught students there with ancient spirit of Confucian. But the origin of this spirit was begun from his refusal of kowtow in Annan.

Key words: Chu Shun-shui; Annan; Ceremony; Confucian

（本文作者系云南省红河学院红河州越南研究中心副教授）

① 徐兴庆《朱舜水与德川水户藩的礼制实践》,《台大文史哲学报》第七十五期，2011年11月。

② 梁启超《朱舜水先生之瑜年谱》，第70页。

③ 安积觉《明故征君文恭先生碑阴》，收于朱谦之编《朱舜水集》，第630页。

从吴叶限故事看唐代广西和南洋的交往

周运中

提　要：唐代段成式《酉阳杂俎》记载的广西吴叶限故事，说南洋陀汗国王获得金履，因而迎娶吴叶限。又说陀汗国有数十个海岛，海域数千里，兵力强盛。我认为陀汗国就是《新唐书》陀洹国，这个故事证明了我此前的观点：陀洹国在今泰国东南到柬埔寨西南部。这里有很多海岛，也有金矿。陀洹国送给唐朝的物产来自印尼，说明贸易发达。这个故事反映了唐代广西和南洋的贸易，或许还能说明唐代广西的工艺受到南洋欢迎。

关键词：唐代　广西　陀汗　陀洹　泰国

唐代段成式的《酉阳杂俎》是一部重要的典籍，前人研究中外交通史时非常关注，不过前人关注的是其中的域外生物记载，美国博物学大家劳费尔(Berthold Laufer)的名著《中国伊朗编》从中汲取了很多重要史料。①

段成式《酉阳杂俎》续集卷一《支诺皋上》有一则非常有趣故事，对于研究海外交通史也很重要，全文如下：

> 南人相传，秦汉前，有洞主吴氏，土人呼为吴洞。娶两妻，一妻卒。有女名叶限，少惠，善淘金，父爱之。末岁，父卒，为后母所苦，常令樵险汲深。时尝得一鳞，二寸余，赪鬐金目，遂潜养于盆水。日日长，易数器，大不能受，乃投于后池中。女所得余食，辄沉以食之。女至池，鱼必露首枕岸，他人至不复出。其母知之，每伺之，鱼未尝见也。因诈女曰："尔无劳乎，吾为尔新其襦。"乃易其弊衣。后令汲于他泉，计里数百也。母徐衣其女衣，袖利刃行向池。呼鱼，鱼即出首，因斤杀之，鱼已长丈余。膳其肉，味倍常鱼，藏其骨于郁栖之下。逾日，女至向池，不复见鱼矣，乃哭于野。忽有人被发粗衣，自天而降，慰女曰："尔无哭，尔母杀尔鱼矣，骨在粪下。尔归，可取鱼骨藏于室，所须第祈之，当随尔也。"女用其言，金玑衣食随欲而具。及洞节，母往，令女守庭果。女伺母行远，亦往，衣翠纺上衣，蹑金履。母所生女认之，谓母曰："此甚似姊也。"母亦疑之。女觉，遽反，遂遗一只履，为洞人所得。母归，但见女抱庭树眠，亦不之虑。
>
> 其洞邻海岛，岛中有国名陀汗，兵强，王数十岛，水界数千里。洞人遂货其履于陀汗国，国主得之，命其左右履之，足小者履减一寸。乃令一国妇人履之，竟无一称者。其轻如毛，履石无声。陀汗王意其洞人以非道得之，遂禁锢而栲掠之，竟不知所从来。乃以是履弃之于道旁，即遍历人家捕之，若有女履者，捕之以告。陀汗王怪之，乃搜其室，得叶限，令履之而信。叶限因衣翠纺衣，蹑履而进，色若天人也。始具事于王，载鱼骨与叶限，俱还国。其母及女，即为飞石击死，洞人哀之，埋于石坑，命曰懊女冢。

① (美)劳费尔著，林筠因译《中国伊朗编》，商务印书馆，1964年。

洞人以为禖祀，求女必应。陀汗王至国，以叶限为上妇。一年，王贪求，祈于鱼骨，宝玉无限。逾年，不复应。王乃葬鱼骨于海岸，用珠百斛藏之，以金为际。至征卒叛时，将发以赡军。一夕，为海潮所沦。成式旧家人李士元听说，士元本邕州洞中人，多记得南中怪事。

段成式是听他旧日的家人李士元讲到这个故事，李士元是邕州的洞中人，也就是今天所说的壮族，所以这个故事非常可信。

吴叶限的故事，非常类似欧洲的灰姑娘故事，所以杨宪益认为就是从欧洲传到中国，所以出现在广西沿海。他认为，灰姑娘的名字是 aschenl，就是英文的 ashes，梵文的 asan，就是叶限的语源。①

我认为，即使其中有些内容是从域外传来，也不能说这个故事全部来自域外，因为其中东方的细节成分太多，远远超过欧洲的灰姑娘故事。而且欧洲的灰姑娘故事是几百年前才有记载，时间较晚，我们也可以说欧洲的灰姑娘故事很可能来自中国的吴叶限故事。吴叶限故事，据段成式说是在秦汉时，或许这个时间显得太早了，是古人讲故事时常见的附会。但是即使早到隋唐或南朝，也比欧洲故事早了一千多年。而且叶限的限，中古音是 han，现在中国南方话都是 han，所以叶限和 asan 根本不能对应。现在中国华南人说官话时，有时会把限读成 san，但是这仅是偶然情况，不能看成通例。限字在现代汉语标准读音是 xian，这是宋元以后才在北方话出现的读音，如果灰姑娘的故事源自东方，或许是很晚才传到西方。

一、吴洞和陀汗国

吴叶限故事的地点靠近邕州（治今南宁），唐代的邕州管辖广西西南部的很多州，称为邕管。故事中说到吴叶限，因为一条大鱼，得到金银财宝。说明这个故事的地点靠近沿海，应在广西的南部沿海。

故事的具体地点吴洞，虽然难以考证，但是应该可信，因为在广西的南部，吴姓原来是大姓，证据有以下三点：

1.《宋书》卷三八《州郡志四》广州宁浦郡，有吴安县，说："《吴录》无。"似乎不是因为孙吴所设而得名，而是因为吴姓而得名，宁浦郡在今广西横县，吴安县也在附近。

2.《南齐书》卷十四《州郡志上》越州有吴春俚郡，马门郡又有钟吴县。这两个县的位置不可考，但是越州的地方很小，局限在广西东南沿海到雷州半岛一带，所以应在其中。钟也是南方姓氏，参照当时岭南地名通例，钟吴县的名字源自大姓钟、吴。六朝时期岭南类似的大姓合成地名，还有越州永宁郡杜罗县、廖简县、龙苏郡龙苏县等。越州主要在今广西沿海和湛江、茂名一带，前人认为永宁郡在今广东茂名，龙苏郡在今广西浦北县。②杜、罗、廖、简、龙、苏等，都是现在广西的大姓，所以应是姓氏合成地名。因为南朝依靠南方土著酋长统治地方，所以用他们的姓氏作为郡名。南方汉地也有类似命名法，斯坦因敦煌文书 2052 号《新集天下姓氏族谱一卷并序》记载晚唐郡姓，宜春郡首姓是袁，鄱阳郡首

① 杨宪益《中国的扫灰娘故事》，《译余偶拾》，山东画报出版社，2006 年，第 64—66 页。

② 谭其骧主编《中国历史地图集》，中国地图出版社，1982 年，第四册第 31 页。

姓为饶,豫章郡姓有洪。宜春郡即袁州,鄱阳郡即饶州,豫章郡即洪州。袁州源自袁姓,饶州源自饶姓,洪州源自洪姓。

3. 现在广西还有不少吴姓,南宁有吴圩机场,北部湾的吴姓也有很多,据新闻报道,2014 年 1 月 13 日,钦州、北海、防城港的 5 000 多名吴氏宗亲在灵山县举行北部湾吴氏宗祠落成典礼。

吴春、钟吴,显然都是源自吴姓。俚郡是俚人的郡,说明吴姓确实是少数民族,所以广西沿海确实很可能有吴洞。

再看陀汗国,其实就是唐代的陀洹国,《新唐书》卷二二二下《南蛮传下》说:

> 堕和罗,亦曰独和罗,南距盘盘,北迦罗舍弗,西属海,东真腊。自广州行五月乃至。国多美犀,世谓堕和罗犀。有二属国,曰昙陵、陀洹。昙陵在海洲中。
>
> 陀洹,一曰耨陀洹,在环王西南海中,与堕和罗接,自交州行九十日乃至。王姓察失利,名婆那,字婆末。无蚕桑,有稻、麦、麻、豆。畜有白象、牛、羊、猪。俗喜楼居,谓为干栏。以白氎、朝霞布为衣。亲丧,在室不食,燔尸已,则剔发浴于池,然后食。贞观时,并遣使者再入朝,又献婆律膏、白鹦鹉,首有十红毛,齐于翅。因丐马、铜钟,帝与之。

洹读 huan,汗读 han。陀洹、陀汗,读音极近,就是一国。堕和罗即堕罗钵底国,在今泰国中部,占有泰国最富庶的湄南河平原,是泰国历史上的著名古国。陀洹是其属国,在其东南。

因为陀洹在环王国(即占城国)西南,而且真腊经常和陀洹、环王打仗,《新唐书》同卷真腊国说:"世与参半、骠通好,与环王、乾陀洹数相攻。"乾陀洹即耨陀洹之形误,下文还要说到。这说明陀洹非常强大,吴叶限故事说陀汗国:"兵强,王数十岛,水界数千里。"可见笔记和正史的记载完全可以印证,说明这个故事有很多可信成分。

关于陀洹的位置,黎道纲先生认为堕罗钵底都今佛统,南面的昙陵即宋代的登流眉,在今碧武里府、巴蜀府,其实是在地峡,不是海岛。陀洹在今巴真府,即汉代的都元国,其东是真腊。①

我在《中国南洋古代交通史》一书中曾经提出陀洹在今尖竹汶,②现在对照吴叶限故事说陀汗国有数十个海岛,证明了我的推断,因为巴真府在曼谷东北,古代邻近海湾,但是这一带根本找不到数十个海岛。而我认为陀洹在泰国东南角到柬埔寨西南角,这一带正是有数十个海岛。其中最大的六个岛是阁昌岛、阁骨岛、阁公岛、龙岛、龙松伦岛、富国岛,而泰国湾西部的海岛数量少很多,所以陀汗国只能在泰国湾的东南部。其实泰国湾的西部是堕罗钵底的另一个属国昙陵国,所以不可能是陀洹国所在。关于陀洹国的位置,下文再细说。

吴叶限故事说明,陀汗国和广西沿海有贸易往来,而《新唐书》说陀洹国和交州的航程是九十天,交州(在今越南)紧邻广西,也能相互印证。因为唐代最著名的港口是广州、泉

---

① (泰)黎道纲《堕罗钵底的名称与疆域辨》,《泰境古国的演变与室利佛逝之兴起》,中华书局,2007 年,第 26—37 页。

② 周运中《中国南洋古代交通史》,厦门大学出版社,2015 年,第 92、208 页。

州、扬州、明州等，汉代最兴盛的交州、合浦等地已经衰落。但是陀汗国、陀洹国的两则记载出现了交州、广西，说明非常可信。

其实唐代的交州、广西海外贸易地位虽然不及汉代，但也有一些海港。冯承钧说过，唐代义净《大唐西域求法高僧传》、《续高僧传》、《宋高僧传》所记唐代南海僧人四十人，多从广州出海，其次是交州，偶有合浦及钦州乌雷山。目的地或为室利佛逝，或为师子国，或为印度东岸诸国。中间停泊有占波、郎迦戍、诃陵、末罗瑜、羯荼、裸人国等地。①

义净《大唐西域求法高僧传》卷上说，义朗律师去印度："既至乌雷，同附商舶。挂百丈，陵万波。越舸扶南，缀缆郎迦戍。"②他从中国乌雷出发，经过扶南、郎迦戍到印度。扶南在今柬埔寨，郎迦戍即狼牙修，在今泰国南部的北大年府。③ 乌雷在今钦州市南部的乌雷村，在犀牛脚镇的海角。唐代曾经在此设乌雷县，说明这里仍然是一个重要海港。

李吉甫《元和郡县图志》卷三十八陆州乌雷县："在本州东水路三百里，总章元年置在海岛中，因乌雷州为名。大历三年，与州同移于安海县理。"乌雷县在乌雷州，应是乌雷洲，即乌雷岛，其实是半岛，即今钦州东南的乌雷村。因为陆路不通，所以说在海中。乌雷县原来是陆州的治所，大历三年(768)移到了安海县，在今越南芒街东北边境的海岸。2017年10月13日，我随钦州学院的诸位老师到乌雷村考察，看到了伏波庙。乘船到了乌雷村外的香炉墩岛，考察了清代的乌雷炮台。据钦州博物馆的朋友说，唐代的乌雷县城很可能就在乌雷村旁的高地。

另外，吴叶限的故事表明陀洹和中国的贸易往来，而《新唐书》记载陀洹进贡的婆律膏、白鹦鹉，都是来自印度尼西亚，说明陀洹的海外贸易非常发达。总之，以上四个方面可以证明吴叶限故事有很多可信成分。

二、陀汗国、陀洹国的位置再考

下面我们再重新论证陀洹国的位置，《新唐书》卷二二二下《南蛮传下》说哥罗国："东南有拘蒌蜜，海行一月至。南距婆利，行十日至。东距不述，行五日至。西北距文单，行六日至。与赤土、堕和罗同俗。"

黎道纲先生敏锐地发现了文单通海路的记载，根据是同卷说："陆真腊，或曰文单。"文单的都城即今万象(Vientiane)，④我们一般认为文单是一个内陆国，所以黎道纲先生的发现确实很重要，但是他认为文单的海港在泰国尖竹汶府的帕涅古城，发现了佛寺遗址和大量1 400年到900年前的宗教文物，很可能是这一带的都城。⑤ 这些文物的时间大致正是在唐代，陀洹国在宋代已经衰落。

我在《中国南洋古代交通史》一书中曾经认为，尖竹汶的古城正是陀洹国的都城，现在我仍然坚持这个观点。因为如果文单国的势力延伸到尖竹汶，则文单国也即陆真腊延伸

① 冯承钧《中国南洋交通史》，上海古籍出版社，2005年，第44页。

② [唐] 义净撰，王邦维校注《大唐西域求法高僧传》，中华书局，1988年，第72页。

③ 黎道纲《〈梁书〉狼牙修考》，《泰境古国的演变与室利佛逝之兴起》，第117—122页。

④ 黄盛璋《文单国考——老挝历史地理新探》，《历史研究》1962年第5期。黄盛璋《贾耽路程"驩州通文单国道"地理与对音》，《历史地理》第五辑，上海人民出版社，1987年。收入黄盛璋《中外交通与交流史研究》，安徽教育出版社，2002年，第369—426页。

⑤ (泰) 黎道纲《文单国港口尖竹汶》，《泰境古国的演变与室利佛逝之兴起》，第79—88页。

到了水真腊的南部,则水真腊、陆真腊无法区分。

我认为黎道纲先生的发现很重要,但是不如把他的两个观点对调一下,也即陀洹国应在今尖竹汶府,而他所说文单国的港口,对调到他所说的陀洹国的地点巴真府。

如果陀洹国的都城在尖竹汶府,则其国境在泰国东南角到柬埔寨的西南角,这一带和真腊隔有一道豆蔻山脉,所以陀洹国才能在山海之间立国,阻挡真腊的势力。如果陀洹国在巴真府,则其向东通往真腊的地方,全是平原,无法阻挡真腊的势力。

如果陀洹国在巴真府,距离堕罗钵底太近,无法立国,也不符合《新唐书》的记载,因为《新唐书》说从广州到堕和罗五个月,而交州到陀洹国三个月,如果除去交州到广州的时间,则堕和罗到陀洹国至少还有一个月的航程。所以陀洹国不可能在巴真府,否则太近。

所以陀洹国必定在今泰国东南角到柬埔寨的西南角,而通往文单国的港口,应该在今巴真府,这一带在堕罗钵底的东部,当时还是海湾。其东北部是一些小国,《唐会要》卷一百:"多蔑,居大海之北,周回可两月行。南至海西俱游国,北波剌国,东真陀洹国……户口极众。置三十州。又役属他国。"

我认为,多蔑国在海湾之北的平原,国土很大,奴役他国,无疑就是堕罗钵底(Davaravati)之异译。其北是波剌,东北是拘蒌蜜。贞观五年(631)随林邑来的婆利,贞观十六年同昙陵、参半来的婆罗,应是泰国的这个婆利(波剌),不是在婆罗洲的婆利(今文莱)。在今泰国的婆利应是连接拘蒌蜜与堕罗钵底的咽喉,则在今柯叻府(Korat)。①

因为在今巴真府到文单之间,还有一些小国,所以文单国通过这些小国,能够通往海洋。但是文单国的势力,不会远到陀洹国,因为距离太远,而且陀洹国和文单国之间的小国势力不强,而陀洹国的势力较强。

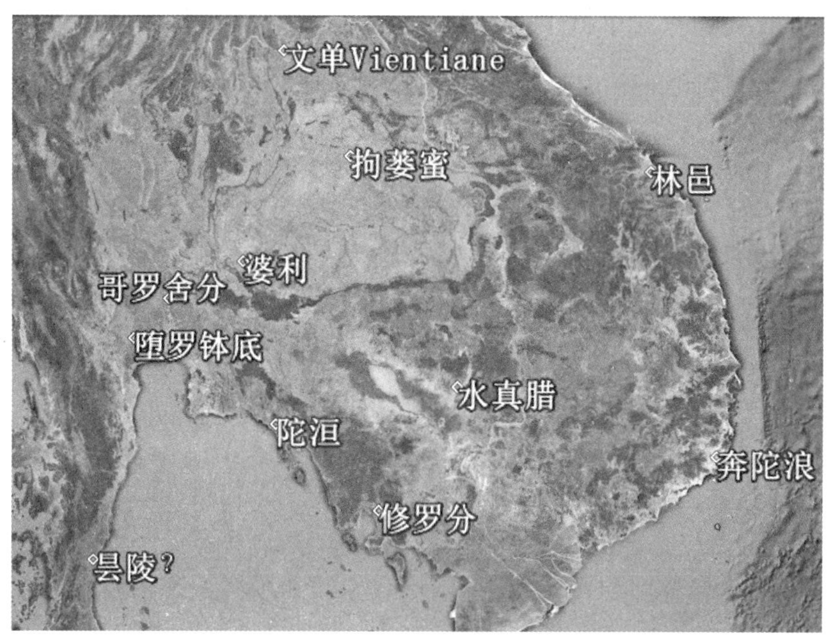

真腊与堕罗钵底一带

① 周运中《中国南洋古代交通史》,第211页。

三、陀洹国的经济地位与广西贸易

陀洹国进贡到唐朝的婆律膏，来自婆律国，即今苏门答腊岛西北部，今仍有地名巴鲁斯(Barus)，源自马来语的西部 batat。因为苏门答腊岛在印度尼西亚的西部，此地又在苏门答腊岛的西部，所以称为 barat，音转为 barus。我曾经在《中国南洋古代交通史》一书中指出，此地即《太平御览》卷七八七引孙吴康泰《扶南土俗》的蒲罗中国，也即《隋书》赤土南面的婆罗娑，也即《新唐书》卷二二二下赤土西南的婆罗国，也即唐代义净《南海寄归内法传》、《大唐西域求法高僧传》的婆鲁师。元代泉州海商汪大渊《岛夷志略》第 98 条罗婆斯即婆罗斯之倒误，也即《郑和航海图》的班卒。①

陀洹国进贡的白鹦鹉，头上有十根很长的红毛，美国著名学者谢弗(Edward Hetzel Schafer)曾经指出，陀洹国进贡的这种白鹦鹉，是印度尼西亚东部的塞兰岛和安汶岛出产。② 也即鲑色凤头鹦鹉(Cacatua moluccensis)，体毛主要是白色，头上有红色的冠羽，有时还会竖起，显得很长。

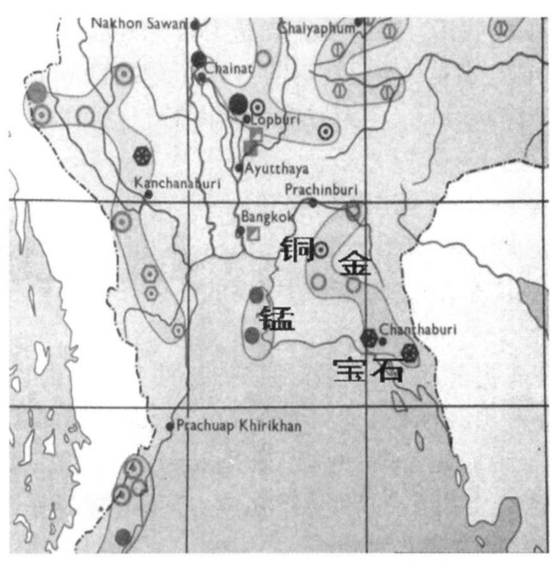

鲑色凤头鹦鹉、泰国中部矿产地图③

正是因为陀洹国的南部，已经接近湄公河三角洲，所以占据了海外贸易的有利位置，所以才能得到来自苏门答腊岛和安汶岛的稀有特产。所以此国一度非常强大，和中国有密切往来。

陀汗国王对金履非常感兴趣，其实也不是乱编。因为我们查看泰国和柬埔寨的矿产地图，可以发现，陀洹国缺乏至关重要的铁矿、铜矿，但是在其国境西北部，在今泰国尖竹

① 周运中《中国南洋古代交通史》，第 138、195、387 页。

② (美) 谢弗著，吴玉贵译《唐代的外来文明》，中国社会科学出版社，1995 年，第 225—227 页。谢弗误以为陀洹国在马鲁古群岛，其实是在泰国。

③ 矿产地图上的汉字为本文添加，原图出自 *Atlas of South-east Asia*，London：Macmillan & Co.，Ltd，1964。

汶府、春武里府、巴真府一带,有不少金矿,还有宝石矿。① 因为陀洹国有金矿和宝石矿,所以很想发展黄金工艺品,所以陀汗国对金履很感兴趣。因为陀洹国缺乏铁矿、铜矿,不利于制造兵器,所以更加依赖发展贸易和手工业。

因为陀洹国的疆界到达湄公河三角洲,所以汉代的都元国很可能与陀洹国有关,黎道纲先生认为是一国,我认为也有可能,因为读音非常接近。前人曾经提出都元国在今湄公河三角洲,②我也认同这个观点。③ 至于汉代的都元和唐代的陀洹的具体关系,因为史料太少,还不能确知。

陀洹,又名耨陀洹。耨,应是词头的地名通名,可有可无。我曾经破解汉代的都昆又名屈都昆的原因,因为屈是 kota 的音译,上古音的屈是 kiuət,韵尾是 t,所以 kota 正好译成屈。泰米尔语的 kota 是城堡,现在马来语的 kota 是城市,源自泰米尔语。现在马来西亚、印度尼西亚的地名词头常见 kota,因为是地名通名,所以可以加上,也可以不加,所以都昆又名屈都昆。马来语是南岛语系语言,主宾结构倒置,所以 kota 放在城市地名的前面。④

同样,我认为耨的上古音是 nok,所以耨陀洹的耨其实就是现在泰国洛坤的词头 nakhon,全名是那空是贪玛叻 Nakhon Si Thammarat,洛坤是那空的简称,nakhon 来自梵文城市 nagara。因为耨就是城,所以自然可有可无。真字,是辱的形讹,乾陀洹的乾可能是形讹。

耨字反映了陀洹国的印度化,所以陀洹国的国王姓察失利,名婆那,字婆末。察失利婆那婆末是梵文 Çriprabhuvarman,不是国王的姓、名、字,这是翻译的误解。陀洹国人以白氎、朝霞布为衣,就是来自印度的棉布衣。棉花是从印度东传,关于棉花的东传,本文无法展开。

王青提出,陀洹国在苏门答腊岛的 Tamilan,也即《岛夷志略》的淡洋,即今 Tamian,因为室利佛逝的王号是 Çriprabhuvarman,所以陀洹国是其属国。又说吴叶限故事来自欧洲,又说耨是马来语的 lot,真是 zon,都是指地区。又说东南亚的一些岛以洞为名,比如勿里洞岛、苏门答腊岛的直落勿洞。又说李寄斩蛇故事也是来自西方,东方很多类似龙穴遇险故事都在来自西方。⑤

我认为这些看法值得商榷,陀洹国不可能在苏门答腊岛,因为东南亚的很多王号本来就是来自印度的通名,各国都可以使用,所以不能用王号来考证位置。陀洹和 Tamlian 的读音也完全不符合,陀的韵尾不是 m。位置更不符合《新唐书》的记载,上文已经说过,陀洹在今泰国、柬埔寨一带,不可能在今印度尼西亚。耨的古音,韵尾是 k,不是 t。地区一词,虽然也是地名通名,但是显然不及城字更为专门。至于印度尼西亚的勿里洞(Belitung)、直落勿洞(Telukbetung)的洞,都是用汉语的洞字去音译 tung,和汉字的洞字

① *Atlas of South-east Asia*, London: Macmillan & Co., Ltd, 1964.

② 蒋国学《〈汉书·地理志〉中的都元国应在越南俄厄》,《东南亚研究》2006 年第 6 期。

③ 周运中《中国南洋古代交通史》,第 92 页。

④ 周运中《中国南洋古代交通史》,第 115 页。

⑤ 王青《"灰姑娘"故事的转输地——兼论中欧民间故事流播中的海上通道》,《民族文学研究》2006 年第 1 期。

完全无关。《郑和航海图》还有古力由不洞，在今泰国西南的布坦(Butang)群岛，古力由是culao的音译，不洞是butang的音译。① 越南语的culao是岛，泰国南部原来是孟人居住地，孟人所说的语言和越南语同属南亚语系孟高棉语族，所以在泰国的西南部也有类似的地名。洞和tang的读音接近，现在闽南语的洞经常读成tang。

东方本来就有蟒蛇、鳄鱼，欧洲反而没有。所以李寄斩蛇故事是中国原产，欧洲的斩龙故事其实是来自其东方，埃及、印度等地原有蟒蛇、鳄鱼，比较靠近欧洲。李寄斩蛇的故事，其实是反映东汉末年到孙吴时期，汉人大量进入闽西北，建立郡县，清除越人原来崇拜的蟒蛇，所以故事中说的是孙吴新设的将乐县尉之女李寄斩杀越人崇拜的蟒蛇，我在《中国南洋古代交通史》一书已有论证。② 何况王青的文章最后一节是论证中国的一些故事传入西方，既然也有不少故事是从中国传入西方，那么吴叶限故事为何不能是源自中国呢？虽然吴叶限故事的传播过程因为缺乏资料，现在还难以确知。但是从东方西传的可能最大，这个问题不是本文的重点，有待继续研究。

总之，段成式所记的广西吴叶限故事，虽然是在笔记小说之中，但是有非常珍贵的史料价值。唐代中期，广西沿海的贸易地位已经不能和汉朝相比，相关的中外关系史料很少。而吴叶限故事不仅记载了广西沿海和陀汗国的来往，是此时中国和泰国、柬埔寨交往的重要史料；还记载了陀汗国有很多海岛，是一个比较强大的国家，补充了正史中未记载的陀洹国资料，印证了我提出的陀洹(陀汗)国在今泰国东南沿海到柬埔寨西南沿海的观点。

吴叶限的故事说到广西的金鞋到了陀洹(陀汗)国，吴叶限也做了国王的贵妇，说明唐代广西和陀洹(陀汗)国有贸易。正史记载，陀洹(陀汗)国有婆律膏和红头白鹦鹉，来自苏门答腊岛和印度尼西亚东部，说明陀洹(陀汗)国的海外贸易非常发达。陀洹(陀汗)国王尊崇吴叶限，很可能是为了开发本国的金矿，制作商品，促进海外贸易。吴叶限故事反映中国的工艺技术南传到东南亚的史实，说明历史上中国的工艺技术确实对东南亚产生了较大的影响。

The Communication between Guangxi and Southeast Asia in Tang Dynasty reflected by Wu Yexian Story

Zhou Yunzhong　Xiamen University

Abstract: The story of Wu Yexian in *You Yang Za Zu* said Tuo-Han king married Wu Yexian for her golden shoe. Tuo-Han kingdom occupied dozens islands and controlled thousands miles seas with strong armies. Tuo-Han should be the country Tuo-Huan recorded in *Xin Tang Shu*. This story proved my past views that Tuo-Huan located around Southeast Thailand and southeast Cambodia. There were many islands

① 海军海洋测绘研究所、大连海运学院航海史研究室编制《新编郑和航海图集》，人民交通出版社，1988年，第69页。

② 周运中《中国南洋古代交通史》，第34页。

and gold mines. Some of the gifts sent to Tang Dynasty by Tuo-Huan were from Indonesia indeed, and it reflected the flourishing trade of Tuo-Huan. This story proved the trade between China and South China Sea region. It may reflect the Chinese goods were also popular in South China Sea region (Southeast Asia).

Key words: Tang Dynasty; Guangxi; Tuo-Han; Tuo-Huan; Thailand

明初东胜州卫置废诸问题辨析

卢绪友

提　要：东胜卫在明朝北边防御体系中占据重要地位，关于明初洪武朝东胜卫的存废等问题，学界有很大的争议。本文认为，讨论东胜卫问题，应结合洪武时代的政治军事环境，连并东胜卫、州存废问题一体商讨。东胜卫应是设立于洪武三年至四年初，但其并不辖归附的蒙古五千户所。到洪武五年，东胜卫由于官兵主力在明朝北伐漠北之战中伤亡惨重而被撤，东胜州亦在洪武六年被迁民裁撤。洪武后期，明朝对北元的军事行动取得重大胜利，洪武二十六年，明朝在东胜故地设东胜左右二卫并其他三卫，而未再设州。

关键词：洪武朝　东胜州　东胜卫

东胜卫在明朝北边防御体系中占据重要地位，关于东胜卫的存废等相关问题，学界有很大的争议（下文将一一论及）。本文认为，讨论东胜卫问题，应结合洪武时代的政治军事环境，连并东胜卫、州存废问题一体商讨。

一

明朝在洪武三年二月由大同出兵占领东胜，之后汤和等人又率军自陕甘予以支援。在此短暂数月中，无论东胜是否又曾易手于北元，洪武三年的下半年，明朝已牢牢掌控东胜无疑。东胜地缘地位极其重要，明朝应是在洪武三年至洪武四年初设立了东胜卫。东胜卫之初设，实录未予以明载，《明史·地理志》云："东胜卫，洪武四年正月，州废，置卫……领千户所五：失宝赤千户所、五花城千户所、鲁忽奴千户所、燕只千户所、瓮吉剌千户所，俱洪武四年正月置。"①明确说明洪武四年东胜州废、东胜卫立，并置五千户所。此条史料应是参考自实录，《明太祖实录》有载：

> 故元枢密都连帖木儿等自东胜州来降，诏置失宝赤千户所一，百户所十一；五花城千户所一，百户所五；斡鲁忽奴千户所一，百户所十；燕只千户所一，百户所十；瓮吉剌千户所一，百户所六。以都连帖木儿、刘朵儿只丑的为千户，给三所印，人赐文绮帛一十匹，金绣盘龙衣及文绮绵衣、银碗、靴袜有差。复遣侍仪司通事舍人马哈麻赍燕只、瓮吉剌千户所印二，往东胜州命伯颜帖木儿、答海马里、卜兰歹、也里沙、朵列图、阔阔歹为千户，赐文绮帛人十二匹，银碗一。官属卜颜帖木儿等四十三人赐文绮帛人八匹，特赐都连帖木儿之父阔阔帖木儿银碗一，文绮帛十匹。②

---

① 《明史》卷四一《地理二》，中华书局校点本，1974 年，第 973—974 页。

② 《明太祖实录》卷六〇，洪武四年正月癸卯条，台湾中研院史语所校勘本，1962 年，第 1179—1180 页。

可以看出,《明史·地理志》对明实录有所演绎,实录只记载有东胜地区设置羁縻性质的蒙古千户所,而未记废东胜州、设东胜卫之事。由于在洪武二十五年(1392)再设东胜卫之前,实录未明确记载设立有东胜卫,一些观点便认为洪武四年明朝并未设立东胜卫,①而只是在东胜设立了千户所与百户所,其所依据的,应主要是上所引实录。但实录虽未明载东胜卫初置时间,却记有洪武四年正月"升东胜卫指挥佥事程暹为巩昌卫指挥使"②事。程暹所任职的东胜卫应是明朝一军卫。洪武四年七月,徐达备边山西时,亦曾受命节制"太原、蔚、朔、大同、东胜军马及新附鞑靼官军"。此言"东胜军马"即应指东胜卫人马,而"新附鞑靼官军"应是新降附之东胜周边蒙古五千户所。东胜卫自是明朝之普通军卫,新降附之蒙古五千户所应与各卫平级,于东胜卫无隶属关系。③

洪武五年初,徐达北征漠北,东胜卫作为山西边卫之一,应是追随参与了漠北之战。洪熙元年(1425),兴州左屯卫军士范济上书言事称:"太祖皇帝命将出师肃清沙漠,以粮饷不继旋师,即撤东胜卫于大同,塞山西阳武谷口,训兵练将,清野以待。"范济并不是一普通军士,"其人,故元进士,洪武中以文学举为广信知府,因事谪戍兴州,今年(洪熙元年)已八十有四"。就算范济是在洪武末年被谪,在兴州亦有 27 年的履历。作为曾经的进士、知府,其人对明初边地重大政治军事行动应有相当程度的了解,这一点可从洪熙元年上书言事一窥一二,因此我们有理由相信其对洪武初年的追忆应是准确的。如其关于"塞山西阳武谷口"事,《明太祖实录》有载:"(洪武六年)诏山西都卫于雁门关、太和岭并武、朔等州县山谷冲要之处,凡七十有三,俱设戍兵以防胡寇。"④亦可基本对应。其说洪武五年徐达北征失败南撤后,"撤东胜卫于大同",亦可予以信服。

东胜撤卫的原因,自实录中亦可寻觅出一些间接证据。洪武五年明军北伐漠北之战后,伤亡惨重的徐达部、李文忠部(各损失数万人)先后退入大同、北平,紧急将龙庆(今北京延庆)、宜兴、兴、云等山后四州居民迁移至北平附近州县,⑤固塞自保。朱元璋则以"以北平山西馈运艰难,命以银易米供给军卫,计山西大同易米白金二十万两,北平易米白金十万两、绵布十万匹,又辽东军卫乏马,发山东绵布万匹易马给之",⑥以补充边塞补给,全力应对北元对山西、北平、辽东的侵扰,并对因参加漠北之战而伤亡减员严重的军卫进行了裁撤重组。实录中清晰记载了明廷对参加征北东路军军卫的重组:"以兴化卫并为钟山卫,天长卫并定远卫,振武卫并兴武卫,和阳卫并神策卫,通州、吴兴二卫并龙骧卫,寻复设和阳、神策二卫。"⑦但对徐达之中路军军卫的重组计划,实录虽没有直接记录,我们仍可

---

① 可参见吴缉华《明代东胜卫的撤防与弃防》,《中研院史语所辑刊》第 34 本下册,1963 年,第 649—660 页;达力扎布《明代漠南蒙古历史研究》,内蒙古文化出版社,1997 年,第 31 页。

② 《明太祖实录》卷六〇,洪武四年正月辛亥条,第 1182 页。

③ 周松与张小永、候甬坚均认为东胜卫统辖此蒙古五千户所,但自实录中找不到任何这方面的证据,达力扎布对五千户所之上是否有卫已有过质疑。相关文章详见周松《明与北元对峙中的洪武朝之东胜卫变迁》,《史学月刊》2007 年第 5 期;张小永、候甬坚《东胜卫相关问题探析》,《北方民族大学学报》(哲学社会科学版)2011 年第 3 期;达力扎布《明代漠南蒙古历史研究》,第 33 页。

④ 《明太祖实录》卷八二洪武六年五月戊申条,第 1478 页。

⑤ 《明太祖实录》卷七五洪武五年七月戊辰条,第 1085 页。

⑥ 《明太祖实录》卷七五洪武五年八月癸巳条,第 1392 页。

⑦ 《明太祖实录》卷七六洪武五年十一月丁未条,第 1403 页。

寻觅出一些线索。徐达在洪武四年下半年操练山西兵马备边时，其节制军队为“太原、蔚、朔、大同、东胜军马及新附鞑靼官军”。洪武五年徐达北征，所领军卫定有大同一带的军卫，东胜卫、蔚州卫都应是参与了北征。实录载蔚州卫设立于洪武三年，①但各个时代的蔚州方志及正德《宣府镇志》都载蔚州卫设立于洪武七年，这其中大概就是由于洪武五年蔚州卫在随徐达北征漠北之时伤亡惨重而被裁撤的缘故。东胜卫应是在北征漠北的战斗中损失惨重后追随徐达退往大同而被撤的，故言“撤东胜卫于大同”。此处东胜卫作为军事建制序列而被撤，非有些观点所认为的将东胜卫自东胜地调往大同，②或裁撤的东胜卫是指降附的蒙古五千户所。③ 此一点薄音湖④已予以指出，但其只是就字面材料“撤东胜卫于大同”做出最基本的判断分析，未予以深究其背景与原因，本文遂花笔墨在此给予详细说明。

二

东胜卫因北征漠北损失惨重而被裁撤后不久，东胜州亦被明朝放弃。北元军队在漠北击退李文忠所部军队后，遂大规模南下侵扰明朝边地，重点就放在北平、山西。洪武五年八月，北元军一度突入东胜州以北的云内州城，经明军殊死抵抗才不得不撤走。到洪武六年十月，“上以山西弘州、蔚州、定安、武、朔、天城、白登、东胜、丰州、云内等州县北边沙漠屡为胡虏寇掠，乃命指挥江文徙其民居于中立府，凡八千二百三十八户，计口三万九千三百四十九，官给驴牛车辆，户赐钱三千六百及盐布衣衾有差”。⑤ 应以此事件为标志，明朝正式放弃了东胜州。《明史·地理志》言东胜州撤销于洪武四年初，恐失精准。

东胜卫、州先后被撤后，东胜地成为明与北元缓冲地带。到洪武二十五年，明朝已基本瓦解了北元势力，遂决定在东胜地方重立东胜卫：

> 上以山西大同等处宜立军卫屯田守御，乃谕宋国公冯胜、颍国公傅友德等曰：“屯田守边，今之良法，而寓兵于农，亦古之令制。与其养兵以困民，曷若使民力耕而自卫。尔等宜往山西布政司集有司耆老谕以朕意。”……太原等府，阅民户四丁以上者籍其一为军，蠲其徭役，分隶各卫，赴大同等处开耕屯田。东胜立五卫、大同在城立五卫、大同迤东立六卫，卫五千六百人，仍戒其各慎乃事，毋扰于民。⑥

翌年，明朝正式“置大同后卫及东胜左右、阳和、天城、怀安、万全左右、宣府左、右十卫于大同之东，高山、镇朔、定边、玉林、云川、镇虏、宣德七卫于大同之西，皆筑城置兵屯守”。⑦ 按此条史料似有舛误之处，东胜左右卫本设立于故东胜地，应在大同以西，此条材

---

① 《明太祖实录》卷四八洪武三年正月庚子条，第955页。

② 如周松就持东胜卫撤往大同说，参见周松《明与北元对峙中的洪武朝之东胜卫变迁》，《史学月刊》2007年第5期。

③ 如达力扎布持此说，参见达力扎布《明代漠南蒙古历史研究》，第33页。

④ 薄音湖《从东胜卫到妥妥城》，《民族研究》2009年第4期。

⑤ 《明太祖实录》卷八五洪武六年十月丙子条，第1516页。

⑥ 《明太祖实录》卷二二〇洪武二十五年八月丁卯条，第3224—3225页。

⑦ 《明太祖实录》卷二二五洪武二十六年二月辛巳条，第3295页。

料却言东胜左右卫在大同之东，这应是误载。自上引实录看，“东胜立五卫、大同在城立五卫、大同迤东立六卫”，可判东胜应在大同之西。洪武三十年，朱元璋亦曾发敕言：“自东胜以西至宁夏、河西、察罕脑儿，东胜以东至大同、宣府、开平……凡军民屯种田地，不许牧放孳畜。”①亦可知新设之东胜诸卫应在大同以西的旧东胜州地。

三

另外关于东胜地区军卫的数量问题，学界亦有所讨论。在洪武二十五年的诏书中，明廷明确要在“东胜立五卫”，翌年实际确立的、带有东胜称谓的只有东胜左、右二卫。尹志依据《明史·地理志》认为，在洪武二十六年明朝罢撤了东胜中、前、后三卫，所以只留有左右二卫。② 周松亦遵从《明史》看法，认为明朝削减中前后三卫是“东胜当时并未储备足够维持开置五卫屯田兵数所需的存粮”③所致。赵现海则认为明朝在东胜地区置卫并不一定非要以东胜为名，若将东胜左右二卫加上东胜周围的玉林、云川、镇虏三卫，恰好凑为五卫。但其又引用雍正《山西通志》的看法，把定边卫亦当作东胜地区的卫所，称其为“东胜六卫”。并继续引用雍正《山西通志》解释称定边卫于洪武二十五年初设立，故不在洪武二十五年诏所称东胜五卫之数。④ 就实录所载材料看，赵现海对东胜五卫的分析十分精准。仔细审读分析实录，洪武二十五年的诏书只言在“东胜立五卫”，而未称域内所有军卫皆以东胜称之。自明初东胜附近政治军事形势看，东胜卫所守御地区远大于东胜州，大致应包括大同边外的东胜、云内、丰州一带。东胜地区实应指此。玉林卫初置于今内蒙古和林格尔东南，云川卫初置于今和林格尔西北，镇虏卫初置于今和林格尔以南，三卫俱在东胜地区。此三卫加上东胜左右二卫，恰为五卫之数。但雍正《山西通志》将定边卫添入东胜诸卫，凑为东胜六卫，似有画蛇添足之嫌。定边卫初置于今大同右玉县，实际上乃大同地，非东胜地，因此不宜归于东胜诸卫。雍正《山西通志》言定边卫设立于洪武二十五年初，但实录明确载定边卫设立于洪武二十六年，在没有较强的其他证据的情况下，我们还应遵从实录的权威性，以洪武二十六年设定边卫为宜。

伴随着再设东胜卫问题的，亦还有东胜州的存废问题。前面已述，洪武六年，明朝应是废除了东胜州。但洪武二十六年实录却载：

> 初靖州会同县山贼王汉等恃险聚众，据天柱龙寨，连结五开、龙里群盗为乱，乘间时出剽掠。命靖州卫发兵讨之，兵至，斩获甚多。至是，械其首从五百余人至京，廷臣请诛之。上曰：“蛮人为乱，何代无之，但诛其首乱者足矣，其余悉发戍东胜州。”⑤

这里又出现了东胜州的称谓，以笔者管见，此说应是东胜卫之误记(亦有可能是对东胜旧地的习惯称呼)。洪武五至七年，明朝陆续撤销了塞外州县。洪武二十年明朝取得对

① 《明太祖实录》卷二四九洪武三十年正月庚辰条，第3613页。

② 尹志《明代“弃套”始末》，《禹贡半月刊》第2卷第7期，1935年。

③ 周松《明初河套周边边政研究》，甘肃人民出版社，2008年，第104页。

④ 赵现海《明代九边长城军镇史》(上)，社会科学文献出版社，2012年，第121页。

⑤ 《明太祖实录》卷二二四洪武二十六年正月己巳条，第3278页。

北元的重大胜利之后，开始在塞外大规模设立军卫，以拱卫北疆，但始终未有于边地再设州县等民治之举。明朝将湖广叛乱山贼发戍东胜的洪武二十六年初，恰为明朝欲大规模在东胜等边地广设军卫的非常时期。众多的戍卒应是东胜诸卫所急需的，靖州之山贼很有可能是被分给了东胜卫为军。从洪武后期的行政规划看，东胜州亦未存在。洪武二十九年，“改置天下按察分司为四十一道。初以天下为四十八道。至是，上欲省之，且以各道名称有未安者，因欲易之，命廷臣集议之。于是太子少保兼兵部尚书茹瑺等议改置为四十一道……曰冀北道治大同一府、东胜等卫”。① 冀北道只治东胜等卫，而未言东胜州，可见洪武后期并未设东胜州。

综上，洪武朝东胜州、卫之沿革当为：洪武三年，明朝占领东胜州，洪武三年至四年，东胜卫立（不统辖归附的蒙古五千户所）。洪武五年，东胜卫主力参加徐达之北伐漠北之战失败后追随残军撤往大同，因损失惨重被裁。洪武六年，东胜州被废，之后未再设立。东胜地成为明朝于北元拉锯之区。洪武二十六年，明朝于东胜旧地立东胜左右二卫（实土卫），东胜周边立玉林、云川、镇虏三卫。

Research on the establishment and abolition of Prefecture or Guard of Dongsheng in the early Ming era

Lu Xuyou　Chinese Academy of Social Sciences

Abstract: The establishment and abolition of the Guard（*Wei* 卫）of Dongsheng（东胜）is a controversial topic. In the author's opinion, the Guard of Dongsheng was established between 1370 and 1371 AD. It was not for managing the submitted five Mongolian Chiliarchs（qianhu 千户）. The Dongsheng Guard was abolished in 1372 after a failure of military campaign against the Mongol, and the Prefecture of Dongsheng was abolished too. After great military success against the Mongol in 1393, the Ming Dynasty re-established five guards around the Dongsheng but no prefecture was founded.

Key words: Hongwu; Dongshengzhou; Dongshengwei; Discrimination

（本文作者系中国社会科学院中国边疆研究所助理研究员，博士后）

① 《明太祖实录》卷二四七洪武二十九年十月甲寅条，第3594—3595页。

丝绸之路上的卫拉特人*

黑　龙

提　要：卫拉特人是蒙古族的一支，长期居住于丝绸之路沿线，往返奔波于丝绸之路上，他们不仅密切了蒙古草原、西域与中原的经济文化联系，而且在中原与中亚、西亚、欧洲之间的贸易往来和文化传播中扮演了中介者的角色，起到了十分重要的桥梁纽带作用。卫拉特人沿着丝绸之路，多次征战迁徙，深受突厥和伊斯兰文化的影响。他们的语言文字和宗教信仰对蒙古本土也产生了极其深远的影响。

关键词：卫拉特人　丝绸之路　贸易往来　文化传播

历史上卫拉特人居住于丝绸之路沿线，往返奔波于丝绸之路上，通使、贸易、战争是他们给丝绸之路留下的最深刻的历史印记。全面梳理卫拉特人与丝绸之路的联系，不仅是卫拉特学、西域学和内陆亚欧史研究的重要课题，也是我国政府倡导的"一带一路"的必然要求。我们只有充分认识古丝绸之路带的民族、文化、历史，才能深刻阐释"一带一路"的丰富内涵，从而为之实施提供必要的智力支持。本文在前人研究的基础上，进一步爬梳史料，考其始末，初步厘清了卫拉特蒙古历史与丝绸之路的渊源关系，并就一些具体问题提出了自己的看法。由于探讨范围较广，涉及问题较多，把握起来颇感困难，故疏漏和谬误在所难免，祈请方家批评指正。

一、"丝绸之路"与"草原丝绸之路"

丝绸之路的历史比卫拉特人的历史久远得多。通常学界认为，丝绸之路是西汉张骞出使西域后开辟的，"丝绸之路"一词的提出者德国地理学家李季霍芬也是这么认为的。① 丝绸之路的起点是长安，向西经过河西走廊进入西域后沿着天山南路西进，越过葱岭进入阿富汗、伊朗、伊拉克、叙利亚，通过地中海连接欧洲。虽然从西安开始分为南北中三道，但都是经过天山南路西行到西亚和欧洲。② 到了公元6世纪中叶以后，突厥汗国兴起，不仅统辖漠北、西伯利亚南部，而且控制了天山南北和中亚地区，于是由突厥人开辟了天山北路的丝绸之路，③此路东越阿尔泰山，连接蒙古草原，西连中亚通向欧洲。笔者认为这是真正的"草原丝绸之路"，因为它真正连接了中原—蒙古高原—西域—中亚—欧洲。后来，突厥汗国被唐朝灭亡，原突厥汗国的疆域被唐朝统一，随着修通连接中原与漠北草原

* 基金项目：本文是国家社科基金重大项目（17ZDA208）的阶段性成果。

① 李明伟《丝绸之路研究百年历史回顾》，《西北民族研究》2005年第2期。

② 孟群《古丝绸之路的兴衰》，《中国投资》2014年第9期。

③ 张志尧主编《草原丝绸之路与中亚文明》，新疆美术摄影出版社，1994年。

的“参天可汗道”，由唐朝主导的丝绸之路更加开阔和畅通。①

需要指出的是，学术界对草原丝绸之路的开辟时间众说纷纭，有人甚至提出草原丝绸之路比传统丝绸之路还要久远的观点，这点笔者不敢苟同。其实，“丝绸之路”的最基本含义是连接中原、中亚（西亚）、欧洲的一条商路，即使中原与蒙古草原之间的商路再怎么发达，但是如果这些商路没有跟中亚（西亚）和欧洲连接起来的话，那么很难说它们是严格意义上的丝绸之路，因此“草原丝绸之路”的开辟应该是在传统丝绸之路之后，大致时间为隋唐时期，蒙元时期达到了顶峰。

“安史之乱”后，唐朝国力衰竭，吐蕃和回鹘趁机掌控西域和阿尔泰，唐朝失去对丝路的控制，中西交通遂告中断。然而，唐中期以后，海上丝绸之路悄然兴起，替代陆上丝绸之路成为我国对外交往的主要通道。唐以后，中国社会进入长期的分裂期，宋与辽、西夏、金对峙，中原与西域、中亚的传统丝绸之路严重受阻，迫使海上丝绸之路空前繁荣起来。然而，这一历史时期，草原丝绸之路依然保持畅通，可以分为南北两线，北道东起于西伯利亚高原，经蒙古高原向西延伸，进入中亚，再经咸海、里海、黑海，直达东欧。南道东起辽海，沿燕山北麓、阴山北麓、天山北麓，西去中亚、西亚和东欧。② 蒙古帝国建立后，由于在不断西征中取得了重大胜利，建立四大汗国，直接统治了包括中国本土、中亚、西亚以及俄罗斯等在内的广大地区。辽阔的疆域为传统丝绸之路重新连通奠定了基础，蒙元王朝还投入巨额力量，修筑从大都通往欧洲腹地的驿路，使原有草原丝绸之路更加完善和方便快捷，许多欧洲与西亚等国的使臣、商人、教士及旅行家相继前来中国，丝绸之路上的繁荣景象与汉唐时期相比，有过之而无不及。元代从大都通往世界的丝绸之路有三条主干线，一是纳怜道（汉语细小、快捷、机密之路），是元大都通往西北边疆的道路，到甘肃连接传统丝绸之路通往欧洲；二是贴里干道（车道），从大都出发，路过上都北行，经应昌折向西北到克鲁伦河上游，转西行到达哈拉和林，再从哈拉和林穿过蒙古草原，越阿尔泰山，沿着天山北路西行进入阿力麻里，连接中亚、欧洲；三是木怜道（马道），从元大都出发，经兴和路，过大同路北经丰州，越过大青山进入漠北，北溯汪吉河谷，连接岭北驿道，直到哈拉和林，从哈拉和林北行，至斡亦剌惕，至吉尔吉斯，转向西北方向，穿过南俄草原，到达钦察汗国首都萨莱，连接克里米亚与欧洲诸国。③ 这里的“斡亦剌惕”，指的就是卫拉特人，可见卫拉特人是草原丝绸之路上的古老部族，当时他们已经从原住地贝加尔湖附近的巴儿忽真窟木地方移居到叶尼塞河上游地区。

卫拉特人是蒙古族的一支，有着悠久的历史和灿烂的文化。卫拉特人始见于《蒙古秘史》，当时被称为 Oyirad。蒙元时期的汉籍称为斡亦剌惕，常见的解释有两种。一为“Oiyin irgen”，即文献中的“槐因亦儿坚”，汉义“林木中百姓”。另一为“Oira arad”，即“亲近者”、“邻近者”，引申为“联合者”、“同盟者”。④ 就 12 世纪的实际情况而言，在色楞格河下游、贝加尔湖附近巴儿忽真窟木和叶尼塞河上游等森林地带，居住着斡亦剌惕、古儿列兀

① 李青青等《试析草原丝绸之路的重要意义——以唐代参天可汗道为例》，《前沿》2015 年第 5 期。

② 陈永志《论草原丝绸之路》，《内蒙古日报》2011 年 7 月 11 日。

③ 曹永年、孟光耀、张帆、叶新民《蒙古民族通史》第二卷，内蒙古大学出版社，2002 年，第 176—180 页。

④ 乌兰《卫拉特名称考》，《新疆大学学报》1988 年第 2 期。

惕、兀良合惕、秃马惕、巴儿忽惕、不里牙惕、贴良古惕、兀儿速惕、合卜合纳思、康合思等诸多部落和部落联盟,被统称为"秃绵斡亦剌惕"或"槐因亦儿坚",即汉译为"万斡亦剌惕"或"林木中百姓"。"斡亦剌惕"为"林木中百姓"的分支,是由若干个邻近森林部落组成的部落联盟,不是指某一个具体部落的名称。当时,"林木中百姓"中有很多部落和部落联盟,因此"林木中百姓"也被称为"万斡亦剌惕"。

其实,卫拉特人虽然有文字记载的可靠历史较晚,但是从间接史料看,他们至少隋唐时期已经居住在贝加尔湖附近的巴儿忽真窟木地方,并与巴儿忽惕、古儿列兀惕、兀良合惕、秃马惕、不里牙惕、贴良古惕等诸多部落相邻而居。其中,突厥《阙特勤碑文》上的巴儿忽惕,《旧唐书》和《新唐书》亦称"拔野古",据此可以推定早在唐朝时期卫拉特人就已经是草原丝绸之路上的居民了,只是史料没有记载其历史活动罢了。后来的托忒文文献记载,巴儿忽惕本身也曾经是卫拉特联盟的一个成员。上述巴儿忽惕的早期活动,从一个侧面反映了卫拉特早期的发展历史。有明确史料记载的卫拉特历史始于12世纪末,当时他们仍然居住于贝加尔湖南端东西两侧广大的森林地区,据《蒙古秘史》记载,鸡年(1201),斡亦剌惕部首领忽都合别乞反抗铁木真,遭到铁木真和王罕联军的攻击,失败后向西迁徙到失黑失惕地方,①即叶尼塞河上源之一的锡什锡德河。② 兔年(1207),成吉思汗遣拙赤征林木中百姓,忽都合别乞先来降附,并协助拙赤征服了斡亦剌土绵,即林木中百姓。此时,斡亦剌惕仍住在失黑失惕地方。不久,忽都合别乞又领斡亦剌惕人,配合成吉思汗军队,征讨八河地区的秃马惕人,获胜后斡亦剌惕人进驻八河地区,③即叶尼塞河上游地区,实际上从原住地又向西北方向迁移了一段距离。成吉思汗十分优待忽都合别乞,不仅与之结为姻亲,而且保留和扩展了斡亦剌惕的领地和属民,封为四千户,以忽都合别乞为首领。当时卫拉特四千户的领地就在叶尼塞河上游地区,也是草原丝绸之路经济带的重要一节,包括卫拉特人在内的当地诸多部落都与丝绸之路必然发生联系,这是毋庸置疑的。

二、经济需求与卫拉特人对丝绸之路的掌控

卫拉特人世代从事狩猎游牧生活,这种比较单一的生产方式,使卫拉特人与蒙古其他各部一样迫切需要同农耕文明相当发达的中原地区交往,以换取自己不能生产的各种必需品,包括生活用品和生产用品,史称蒙古所需"锅釜针线之具,缯絮米蘗之用,咸仰给汉"。④ 他们向外出售畜产品,换取各种必需品特别是粮食、绸布、茶叶、药物、陶瓷等。内地、中亚及西伯利亚地区是当时卫拉特人的商品采购市场。由于卫拉特人所需的大宗产品,诸如绸缎、茶叶、大黄、喇嘛教用品等都产自中原,因此中原是卫拉特人主要的贸易市场。

粮食,在蒙古人的生活中早已占有重要位置。虽然卫拉特人以肉食为主,但其食品结构中并不排斥粮食,尤其是在卫拉特上层贵族的食品中,米面仅次于肉酪,即所谓"大官贵

① 巴雅尔注释《蒙古秘史》,内蒙古人民出版社,1980年,第459—489页。

② 马大正、成崇德主编《卫拉特蒙古史纲》,新疆人民出版社,2006年,第11页。

③ (波斯)拉施特主编,余大均、周建奇译《史集》第一卷,第一册,商务印书馆,1982年,第192—193页。

④ 《万历武功录》卷八《俺答传》下。

人，夏日食酪浆、酸乳、麦饭，冬日食牛羊肉、谷饭”。① 虽然卫拉特人种植麦、黍、糜等农作物，但规模较小，很难满足人们的需求。他们主要从西域绿洲农业区和内地获得粮食、瓜果等农副产品；丝织物分缎、绸、绢、绫、纱、布等多种，是中国传统名优产品，畅销世界。卫拉特人虽能自作服装，在某些工艺方面，还精于东蒙古，但原料多取自内地。他们非常喜欢内地琳琅满目的丝织品，直到清代卫拉特人还说："我国独少此，此中国物也，诸夷咸艳慕之，徘徊不能去云，盖示以中国之美也。"②茶叶，早已渗透于蒙古人的生活，到后来，饮茶已成为蒙古族饮食文化的重要组成部分。据帕拉斯在伏尔加河土尔扈特蒙古地区进行的调查，土尔扈特人不愿喝生水和白水，他们饮用的都是酸牛马奶等奶制饮料和用砖茶熬制的奶茶。③ 中国境内卫拉特人习惯应当与之相近。清人赵翼记载了蒙古人的饮茶习惯："每清晨，男女皆取乳，先熬茶熟，去其滓，倾乳而沸之，人各啜二碗，暮亦如之。"④有的人宁可不吃饭，也不能不喝茶。因此，蒙古地区对茶叶的需求量是巨大的。大黄，准噶尔人生活中必不可少、具有广泛用途的药物。中国甘肃、青海一带山岳地出产丰富的野生大黄，其根块作为下泻剂和健胃剂，早已闻名于世。蒙古人多食肉和奶制品，容易便秘，因此常用大黄通便驱火。同时，还用大黄医治很多其他常见病。俄罗斯人则用中国的大黄治疗食鱼中毒。西宁是当时大黄的重要集散地，卫拉特商人不仅贩回大量大黄满足自身需求，而且做起了大黄国际中继贸易，从西宁购买大黄贩卖到西伯利亚和中亚各地，牟取利益。⑤ 以上我们介绍的四大类产品，加上准噶尔自己的畜产品，相互连接形成吃、喝、穿、医比较完整的生活链条。⑥ 而这一链条的正常衔接和运转，很大程度上依赖于同内地的互市贸易，而这些商品的交易主要是通过丝绸之路进行的，因此卫拉特人对丝绸之路的依赖程度也很高，他们只有掌控丝绸之路，贸易活动才能畅通无阻。

卫拉特人在丝绸之路上的经贸活动，可以追溯到蒙元时期，这时国家大统一，丝路四通八达。据《长春真人西游记》记载，成吉思汗时期，卫拉特人就已居住在叶尼塞河上游草原丝绸之路一带的谦州，并与中原汉人有了交往，"汉匠千百人居之，织绫罗锦绮"。后来，元朝政府为了巩固其西北的统治，在谦州屯兵驻守，还从中原迁入很多从事农业和手工业者，充实当地较为单一的经济生活。元朝利用当地有利条件，力行军屯和民屯。军屯的衣裘、农具、渔具等均由元廷供给。⑦ 对于民屯者还提供牛具，并遣去"南人"传授水利灌溉技术。⑧ 从内地来的手工业者主要从事陶冶、冶铁，制造舟楫和渔具，从业人员数量相当可观。可以说，草原丝绸之路承载着人员、物资和技术的往来。在共同的生产生活中，斡亦剌惕人和内地人之间建立了密切的联系，很多斡亦剌惕人渐渐学会内地的农耕和手工

① 钟兴麒、王豪、韩慧校注《西域图志校注》，新疆人民出版社，2002 年，第 512 页。

② 梁份《秦边纪略》，青海人民出版社，1987 年，第 421 页。

③ （德）P.S.帕拉斯著，邵建东、刘迎胜译《内陆亚洲厄鲁特历史资料》，云南人民出版社，2002 年，第 132、138 页。

④ 赵翼《檐曝杂记》，中华书局，1982 年，第 16 页。

⑤ （日）佐口透《准噶尔部历史和社会经济概述》，中国社科院民族研究所历史研究室资料组编译《民族史译文集》第一集（内部资料），1978 年。

⑥ 黑龙《噶尔丹统治时期准噶尔与清朝的贸易往来》，《卫拉特研究》2006 年第 2 期。

⑦ 《元史》卷六三《地理志》。

⑧ 《元史》卷七《始祖本纪》。

业技术,丰富了自己的生产生活内容,一些汉族人也学会了当地人民的狩猎和游牧业生产知识,满足自己的需求。

与此同时,随着成吉思汗及其后裔的西征,卫拉特人从叶尼塞河上游扩散到天山南北、中亚和西亚各地,分居于窝阔台汗国、察合台汗国和伊利汗国,逐渐联合和吸收了很多东蒙古及突厥系部落,扩大自己的势力,并在蒙古贵族统一全国的战争和统治集团内部斗争中,都扮演过举足轻重的角色。因此,他们也成了传统丝绸之路与草原丝绸之路上的重要部族。后来,卫拉特人支持了阿里布哥和海都的反元斗争,斗争相继被忽必烈平息后,元朝采取严厉措施,削弱卫拉特人原有的显赫地位。① 1368 年,元朝灭亡,故元势力退居塞北,斡亦剌惕乘机摆脱蒙古可汗的羁绊,崛起西北。明代汉文史籍称斡亦剌惕为瓦剌。瓦剌虽与蒙元时期的斡亦剌惕有继承关系,但又有发展和变化。随着兀良哈绰罗斯部、阿力不哥后裔辉特部、克列部后裔土尔扈特部和科尔沁部后裔和硕特部等先后加入卫拉特,领地和属民日渐扩大和增多,原来的四千户卫拉特,发展成为"四万户卫拉特"。他们还与东蒙古展开了一系列斗争,其目的不仅是争夺汗权,还争夺与明朝贸易权,其中争夺对丝绸之路的控制权是冲突的一个焦点。明朝趁此机会,在他们之间制造矛盾,扶此抑彼,相互削弱,加以控制。起初,明朝为了打击东蒙古势力,着意扶持卫拉特,给卫拉特贵族封王加爵,支持其朝贡、贸易,丝绸之路各关口向卫拉特人开放,双方往来频繁,卫拉特人在经济上获得了利益。

卫拉特人与东蒙古的斗争中,涌现出了一些杰出的政治家,特别是马哈木、把秃孛罗、太平三位首领为卫拉特的发展奠定了坚实的基础,而脱欢、也先父子统治时期,卫拉特达到全盛。脱欢为马哈木之子,完成其父未竟之业,励精图治,统一卫拉特,并使东西蒙古暂归统一。脱欢病逝后,其子也先袭位,经过 10 年奋斗,统一蒙古高原,建立强大的游牧政权,自立为大元田盛(天圣)可汗,统辖范围西起中亚,东接朝鲜,北连西伯利亚,南临长城。1449 年,也先挥戈南下,在"土木之役"中大败明军,俘获明英宗。也先统治时期,卫拉特人完全控制了丝绸之路及其通商贸易权,传统丝绸之路的咽喉要道天山南北路、延伸的中亚路段和草原丝绸之路的各个路段完全被卫拉特人掌控,他们与中原、中亚以及俄罗斯的贸易活动十分繁荣。

由于也先的内外政策出现许多失误,导致蒙古统一的局面并没有维持多久。1454 年,阿剌知院发动政变,也先被害,"大元"汗国随即分裂,割据势力蜂拥而起,东西蒙古重新掀起战乱。也先次子斡失帖木儿临危不惧,平定漠西纷乱,逐鹿漠北,控制三卫,重建了以绰罗斯为主的游牧政权,设南北两大行政区域,南部为哈密地区,北部为漠北札布罕河流域,是绰罗斯部的主力,斡失帖木儿的牙帐就在此。然而,好景不长,斡失帖木儿去世后,汗国内部权力之争遂起,外部东蒙古达延汗和吐鲁番王发起进攻,使卫拉特屡遭重创。16 世纪到 17 世纪初,近一个多世纪是卫拉特人不堪回首的艰难岁月,他们远居西北,通往内地的道路大部分被东蒙古切断,到中亚的商路被吐鲁番等察哈台后裔诸王所堵塞,其贸易往来受到极大的限制。达延汗之孙土默特部阿勒坦汗(即俺达)步步逼近卫拉特驻地,迫使绰罗斯部主力从哈密北山地区,向额尔齐斯河流域及漠北西部地区迁徙。蒙古左翼喀尔喀部对卫拉特的攻击更为猛烈,迫使卫拉特人舍弃杭爱山阳、坤桂河、札布罕河流

① 金峰《论四卫拉特联盟》,《新疆师范大学学报专号》,1987 年,第 5—6 页。

域，甚至不得不承认了蒙古左翼赉湖尔汗的宗主权。① 卫拉特人只能在漠西的狭小范围活动。然而，自17世纪上半期开始，卫拉特人重新崛起，土尔扈特部西迁伏尔加河流域，建立土尔扈特汗国，和硕特部南进青藏高原，建立和硕特汗国，而在卫拉特本土准噶尔部建立准噶尔汗国，卫拉特人的控制范围大大扩展，东起喀尔喀车臣汗部，西至卫拉特故地、中亚一部分，直到欧洲东南部伏尔加河、顿河流域，北起额尔齐斯河中下游托波尔河，南至青藏。卫拉特人发展的内外环境得到了空前的改善，而且他们牢牢掌握丝绸之路西域、中亚、欧洲段，并与内地的互市贸易极其频繁。后来，清朝统一西北后，卫拉特蒙古与中原的商贸往来仍在继续，但是由于清朝实行闭关锁国政策，通向国外的丝绸之路被关闭。1689年签订的中俄《尼布楚条约》规定中俄通商，随后北京—张家口—呼和浩特—库伦—恰克图贸易繁盛起来，但这与卫拉特人的关系已经不是很大了。

三、卫拉特人在丝绸之路上的贸易活动

我们从以上叙述中可知，国家统一时期，丝绸之路往往畅通无阻，而且各民族都能够很好地利用丝绸之路，发展自己的经济文化。相反，国家割据时期，丝绸之路往往被各政治势力争夺，丝路上的贸易活动，完全取决于各政治势力的消长。作为一个西北地区的古老部族，卫拉特人在历史上特别是明清时期，依仗自己的强大势力和地缘优势，长期掌控丝绸之路，与中原、中亚及俄罗斯通商贸易，你来我往，互通有无，共同创造了丝路佳话。卫拉特人与中原的贸易联系极为密切，有时超过其他蒙古地区。首先我们看一看卫拉特与明朝的朝贡与贸易往来。

明初，卫拉特居住在蒙古高原以西，中有东蒙古势力横割丝绸之路，与明朝直接交往甚少，史书亦鲜有记载。从马哈木、太平、把秃孛罗时期开始，与明朝联系渐多，卫拉特各部派遣使臣向明朝通好，明朝也不断派官去卫拉特各部，颁布敕谕，进行赏赐。1408年，马哈木等遣官向明朝贡马，并“请印信封爵”。翌年五月，明朝正式册封马哈木为特进金紫光禄大夫顺宁王，太平为特进金紫光禄大夫贤义王，把秃孛罗特进金紫光禄大夫安乐王，并赐印诰，朝贡始行，卫拉特三王得到了明朝的大量给赐、回赐物品。1412年，马哈木死，其子脱欢继位，仍与太平、把秃孛罗一样，不断遣部属向明朝进贡名马、方物。明朝也遣官答赐之。1418年，明朝令脱欢承袭顺宁王爵，并遣官赐祭马哈木。此外，明朝还对于归附的卫拉特人，视情节封官授爵，予以安置。正统初年，居住北京的蒙古人就有万余。② 其中肯定有不少卫拉特人。1439年，脱欢去世，子也先称太师、淮王，不再请求袭爵，但其部属中受明朝封爵者为数不少。有人据《明实录》的记载统计，约有350余人次。③ 1446年，也先因丢失明朝曾授予其祖父马哈木的驼钮金印，请求补发，明朝仍补给之。有了上述政治关系，就能建立经济联系。明代包括卫拉特在内的蒙古各部朝贡贸易，都以称臣受封为前提，带有明显的政治性，体现了明朝政权与朝贡部落之间松散的君臣关系。与东蒙古一样，卫拉特同中原地区的经济交往，主要还是以进贡和互市两种形式进行的。

进贡，是卫拉特与明朝之间政治关系和经济联系的一种特殊形式。卫拉特诸部经常

---

① 宫胁淳子《17世纪卫拉特与喀尔喀的角逐》，《蒙古学资料与情报》1987年第2期。

② 《明英宗实录》，正统元年十二月庚寅。

③ 白翠琴《瓦剌史》，吉林教育出版社，1991年，第86页。

派遣使臣，带着马匹、骆驼、皮张、玉石、海青等供品，向明朝朝贡。明朝原则上对“凡各处夷人贡到方物，例不给价”，①但以给赐、回赐作为酬答。凡进贡卫拉特诸王、一至四等头目以及使团的一至四等使臣，均有给赐。给赐物品有彩缎、绢、纻、衣帽、靴袜等。还计算所贡方物，给予相应的彩缎、纻丝、绢以及折钞绢等物，称回赐。进贡领赏完毕，会同馆即开市。先由礼部出告示，除违禁物品不许贸易外，朝贡使团还可以将赏赐所得缎绢布匹以及明朝不需要的马匹、玉石等在街市上与官、军、民人等两平买卖，为期三至五日。此外，朝贡使团可以在进京沿途重镇，用贡外马匹等进行各种贸易，“非应禁军器，听与沿途居民交易”，②范围相当广泛。使臣入贡，必须遵守贡期和贡道，即所谓“朝贡有常时，道路有定处”。③ 卫拉特贡使大体是每年从故地出发，沿着草原丝绸之路行进，十月由大同入境，十一月到达北京，参加正旦朝贺。次年正月离京，踏上归途，二月出大同。明方则遣使赍敕书、赐物伴送卫拉特使臣一同前往，并随同下一个卫拉特使团还京。马哈木时期，卫拉特朝贡贸易规模不大。脱欢时期，朝贡人数及贡马数量明显增多。如，正统二年(1437)，一次贡使多达267名。翌年贡马1.5万多匹，皮货2 900多张。④ 至也先时期，除1449年因与明朝发生战争没有通贡外，逐年派贡使，人数少则数百人，多则数千人，所带马驼成千上万。以景泰三年(1452)的进贡为例，当时也先遣使3 000人，贡马驼4万匹。1436—1456年的20年里，卫拉特政权向明朝派出贡使团43次，其中13次的贡使人数为24 114人，11次贡马驼68 396匹，5次贡貂鼠、银鼠等各种皮货186 332张。⑤ 常常前使未归，后使踵至，出现了使臣“络绎乎道，驼马迭贡于廷”，“金帛器服络绎载道”的繁荣景象。虽然也先死后，卫拉特中衰，但他们与明朝的联系并没有由此完全中断，只是其规模和次数明显减少而已。在如此大规模的朝贡贸易中，明朝也付出了巨大的经济代价。明朝以“给赐”和“回赐”的方式给卫拉特大批绸缎等物。景泰三年(1452)，明朝对也先遣使贡马驼4万余匹等的回赐是“通赏各色织金彩素纻丝二万六千四百三十二匹，本色及各色阔绢九万一百二十七匹，衣服三千八十八袭，靴袜毡帽等件全”。⑥ 为帮助运送这批货物至怀来，明朝令沿途“五府各卫并顺天府共办车三千五百辆”。⑦ 与此同时，除京师会同馆还为贡使们提供食宿外，沿途官驿也须按站接应，所需开支超出寻常。正统年间，仅大同每年往来解送及延住弥月，就要消耗“牛羊三千余只、酒三千余坛、米麦一百余石，鸡鹅花果诸物，莫计其数”，⑧一年的供馈费用竟达30余万两银子。⑨

互市，亦称马市，是在指定地点进行的一种朝贡贸易的形式。通常每年开市一两次，每次为期3至15天。开市前，明朝专任官员负责筹划马价银，组织货源。开市期间，双方文武官员领兵管理、监督市场。明官吏和内地商民以绸缎、布绢、锅釜、犁铧、粮食等物品，

① 万历重修《明会典》卷一〇八《朝贡四》。

② 《明英宗实录》，景泰五年十月甲午。

③ 严从简《殊域周咨录·鞑靼》。

④ 白翠琴《瓦剌史》，吉林教育出版社，1991年，第91页。

⑤ 白翠琴《瓦剌史》，吉林教育出版社，1991年，第89页。

⑥ 《明英宗实录》，景泰四年正月丙戌。

⑦ 《明英宗实录》，景泰四年正月辛酉。

⑧ 《明英宗实录》，正统十年十二月丙寅。

⑨ 《明英宗实录》，正统七年二月乙卯。

换取蒙古方面的马匹、杂畜及皮货等。除兵器、硫磺、铜铁等违禁物品不得交易外，一般生产生活用品均在交换之例。从明永乐年间开始，明朝与卫拉特在甘州、凉州等地开设不定期马市。永乐六年(1408)，明成祖敕甘肃总兵何福："凡回回、鞑靼来鬻马者，若三五百匹，止令鬻于甘州、凉州。如及千匹，则听于黄河迤西兰州、宁夏等处交易，勿令过河。"①这里的鞑靼当包括卫拉特。首先明方决定"或全市，或市其半"，②其余当与军民贸易。贡使所携贡外马匹，亦可于甘、凉等地鬻卖，其中良马，往往官府出面收购。正统二年(1437)，脱欢贡使 48 人进甘州，明方只许正副使 11 人至京师，"其余留甘州，皆馆馈之"。③ 翌年正月，明朝令卫拉特正使 5 人进京，其余留大同，听其与民交易。④ 可见，明朝设马市的意图是要减少进京朝贡的人数。随着卫拉特势力的强大，遣来贡使的频繁，所索物品的剧增，使明方不堪负担，难以应付，于是便允许开设定期马市，以缓和供需矛盾。正统三年(1438)四月，明朝在大同正式开设马市，允许军民用公平的价格购买蒙古的马、驼、骡、羊和皮货等。并派李源等到大同做通译官，经理互市事宜。当时马市分官、民两市。在官市上，蒙古方面输出以马匹、高级皮裘为大宗，由明朝发给马价和皮价，每值金、银、绢、布等均有定额。官市结束后，才允许剩余物品在民间交易，称民市。在民市，双方交易的品种更为繁多，蒙古方面用马、驼、骡、牛、羊、皮、毛等交换汉民的缎、绢、绸、布、针、线、铁锅、犁铧、渔网、红缨布、粮食等。大同马市的设立，扩大了明蒙贸易的规模，对加强双方的经济联系，起到积极有效的作用。

明末清初，随着中国政局的巨变，卫拉特与内地的关系也发生了一系列新变化。17 世纪 30 年代，由女真族建立的后金政权征服了漠南蒙古地区，1636 年盛京大会上，漠南蒙古诸部接受了清朝统治，奉皇太极为自己的可汗。与明朝对峙长达数百年的北元政权，数年间迅速崩溃，整个蒙古失去了政治中心。处于割据状态的喀尔喀与卫拉特面临被各个击破的危险。地近内地的和硕特部首领顾实汗最先对局势做出反应，开始应付不利于自己的局面，于漠南蒙古投附清朝的第二年，即 1637 年，便主动派使者到盛京，向满族贵族表示问候，并与新兴清朝建立了联系。⑤ 可知，在卫拉特四部中，和硕特部最先与清朝发生联系。此后，卫拉特各部首领纷纷遣使，与清朝当局取得联系。1638 年，巴图尔珲台吉之弟墨尔根岱青使臣诺垒到清军营"贡马匹"。⑥ 1641 年，"墨尔根岱青使臣诺垒送拜山至，赐诺垒及其从役银两有差"。⑦ 1644 年，清军入关，清朝定都北京，皇太极第九子福临即位，为顺治皇帝。1646 年，以顾实汗为首的卫拉特各部首领 22 人联名致信并派出使节。其中有，和硕特部鄂齐尔图台吉、阿巴赖诺颜，准噶尔部的巴图尔珲台吉及其弟墨尔根戴青、楚琥尔乌巴什，土尔扈特部和鄂尔勒克子书库尔戴青、罗卜藏诺颜等。⑧ 1647 年，巴图尔珲台吉派出自己的使臣先到青海，由顾实汗使臣至京向清廷提请获准后，准噶尔使

① 《明太宗实录》，永乐六年三月壬戌。
② 《明太宗实录》，永乐四年九月壬戌。
③ 《明英宗实录》，正统二年七月丁巳。
④ 《明英宗实录》，正统三年正月戊子。
⑤ 包文汉整理《清朝藩部要略稿本》，黑龙江教育出版社，1997 年，第 127 页。
⑥ 《清太宗实录》，崇德三年十月庚戌。
⑦ 《清太宗实录》，崇德六年四月甲子。
⑧ 包文汉整理《清朝藩部要略稿本》，黑龙江教育出版社，1997 年，第 127—128 页。

臣才起程来京。清廷设宴于礼部,款待使者,并赏给缎布等物,随即又遣官员宰桑古尔、侍卫乌尔达二人持敕书前往巴图尔珲台吉处回访问安。① 1652 年,达赖喇嘛受顺治皇帝的邀请,从西藏起程进京,觐见顺治皇帝,并受到册封,和硕特顾实汗同时被清朝封为"遵文行义敏慧顾实汗"。

良好的政治关系促进了清准经贸往来。清初,卫拉特各部虽然都与中原有互市联系,然而派遣规模较大的使团商队入京贸易,仍取决于各部的势力消长、与清朝的关系亲疏以及地理位置远近等因素。和硕特部势力强大,位居漠西东部、青海等地,把卫拉特其他各部隔绝于外,并凭借与清朝的亲密联系,起初几乎独占了卫拉特与中原的互市贸易。由于顾实汗的主帐设在青海,因而和硕特部与中原的互市自然以青海和硕特蒙古为中心。当时,通往北京的商道有南北二路:南路由西宁经兰州、西安东达北京;北路从青海横过甘肃走廊,经河套,入居庸关至北京。但由于当时南路"西宁以东无驿站、食物,使臣往来维艰",②所以和硕特商队多取北路入京。顺治三年(1646)八月二十五日,清廷收到顾实汗问候顺治皇帝的信及敬献的方物:金佛、天青石珠、琥珀珠及大琥珀三个、紫红氆氇两块、马两匹。③ 持信的使者为伊拉古克三呼图克图,其下有 70 人。④ 顺治皇帝于武英殿设宴款待他们,并赏伊拉古克三呼图克图下班智达喇嘛、冰图喇嘛各一等蟒缎一匹、倭缎一匹、大缎一匹、红青缎一匹、毛青布三十匹、海獭皮二张、三十两重银盆一个、茶筒一个。⑤

17 世纪后半期,卫拉特贵族噶尔丹统一天山南北,建立了准噶尔汗国,并且主动遣使清朝建立友好关系。经过双方的努力,贸易得到长足发展,呈现出持续、递增的态势。康熙十一年(1672),噶尔丹第一次派使团前往清朝互市,一直持续到康熙二十七年(1688)甚至更晚,除康熙十四年(1675)没有记载外,每年都一到两次派团到北京访问、贸易。噶尔丹使团、商队东来的时间,多在每年春、秋二季,即正月至三月或八月至十月这两个期间。⑥ 商队中有很多维吾尔人。这里还不包括准噶尔其他贵族派出的贸易使团。准噶尔使团、商团的人数"常至数百人",⑦多时"或千余人,或数千人,连绵不绝"。⑧ 这是自也先后两百多年,蒙古与内地贸易第一次出现的繁荣景象,在清准贸易史上更是前所未有。遗憾的是,因史料严重缺载而无从获知这一时期清准互市贸易繁荣的具体情况,比如双方交换的货物种类、数量、价格以及市场的组织、管理等。在清代所有历史典籍中,凡涉及贸易往来之处,绝大多数都被"遣使进贡"、"入表贡"、"贡驼马"等官样文书所取代,而丰富多彩

① 齐木德道尔吉、吴元丰、萨·那日松主编《清内秘书院蒙古文档案汇编》第二辑,内蒙古人民出版社,2003 年,第 360 页。

② 《清世祖实录》,顺治十四年五月壬子。

③ 齐木德道尔吉、吴元丰、萨·那日松主编《清内秘书院蒙古文档案汇编》第二辑,内蒙古人民出版社,2003 年,第 171—172 页。

④ 中国第一历史档案馆、中国藏学研究中心合编《清初五世达赖喇嘛档案史料选编》,中国藏学出版社,2000 年,第 13 页。

⑤ 中国第一历史档案馆、中国藏学研究中心合编《清初五世达赖喇嘛档案史料选编》,中国藏学出版社,2000 年,第 13 页。

⑥ 金启孮《清代前期卫拉特蒙古和中原的互市》,《准噶尔史论文集》,《准噶尔史略》编写组 1981 年刊印,第 156 页。

⑦ 《清圣祖实录》,康熙二十二年八月庚子。

⑧ 《清圣祖实录》,康熙二十二年九月癸未。

的交换活动却完全被隐没。①

策妄阿拉布坦继承准噶尔的统治权以后，准噶尔与内地的贸易更为频繁。贸易商队大都经由哈密、嘉峪关、肃州一路到达北京。进京贸易人数也由噶尔丹时期的“不得过二百名”改为“以三百为限”。② 商队携带货物除了部分带到北京外，多数都在途中售卖。随着贸易的发展，策妄阿拉布坦又提出新的贸易通道，即经由科布多—归绥城—北京一路行走，得到清朝的允诺。然而，康熙五十四年（1715），以贸易人在哈密受到阻截为借口，率兵2 000人侵掠哈密。次年，他派军远征西藏，攻占拉萨，杀死拉藏汗，与清朝严重对立，准噶尔与内地的贸易联系随之中断10年之久。远征西藏失败后，清朝政府重新提出双方贸易问题，双方贸易活动才又逐渐频繁起来。噶尔丹策零执政后，仍然继承了策妄阿拉布坦对清朝的政策，立即遣使进京通好，要求和清朝保持正常的贸易联系。雍正七年（1729）起，清准进入战争期，贸易受到限制。战争结束后，双方于雍正十三年（1735）开始了划分准噶尔与喀尔喀游牧界的谈判，直到乾隆四年（1739），游牧界才正式确定。雍正十三年（1735），清准战争结束后，贸易活动又得到了恢复和发展，特别是乾隆四年（1739）以后，清朝乾隆皇帝批准全面开放准噶尔与内地的贸易活动后，互市活动空前活跃，出现了“进藏熬茶”贸易、定期“互市”和“贡使”携货贸易三种形式并存的新局面。

进藏熬茶贸易在噶尔丹策零以前就已存在，噶尔丹策零时期进行过二次，地点设在东科尔。第一次在乾隆六年（1741），由齐默特率300人，驱赶2 080峰骆驼，1 716匹马，495头牛，7 393只羊，驮载大量毛皮、葡萄等物，③总银10万余两。④ 第二次于乾隆八年（1743），由吹纳木克和卫雅斯瑚朗率312人至东科尔，带着驼、马、羊及20多万张毛皮，贸易额达10余万两。以肃州和东科尔为中心展开的定期互市贸易，是噶尔丹策零时期发展起来的主要贸易形式。依照乾隆五年（1740）清准双方规定，于北京、肃州两地，定期开放互市。由于准噶尔人至京贸易路途遥远，北京贸易从乾隆八年（1743）开始改在肃州进行，肃州市场改为两年开放一次。自乾隆五年（1740）以后的10多年间，几乎每年都有准噶尔商队驱赶着大量的牛、羊、马、骆驼，驮载着大量的土特产，源源不断地走向内地，与内地人民交换绸、缎、布匹、茶叶、大黄、陶瓷器等物品。另一种形式是通过“贡使”进行贸易。据不完全统计，从乾隆五年（1740）至乾隆十五年（1750），准噶尔统治者先后派“贡使”携货，在肃州贸易8次，单独于哈密贸易2次，贸易额从数万两增加到20余万两。与此同时，准噶尔贡使进京贸易发展迅速。乾隆十一年（1746），准噶尔“贡使”就携带羊13 700余只，牛690头，马913匹，骆驼217峰进京贸易。⑤ 据统计1740—1750年，准噶尔遣使进京贸易有11次。噶尔丹策零以后，历代准噶尔统治者都与清朝保持贸易往来，有时贸易额甚至超过前代。值得提出的是，双方贸易的顺利进行离不开清朝的有力支持。例如，进藏熬茶商队得到清政府“资以口粮，帮给驼马”的帮助，贡使携货至肃州，凡有倒毙马驼，也尽数予以补给，不仅促进了贸易的发展，而且增进了卫拉特和中原的政治、经济和文化交流。

① 黑龙《噶尔丹统治时期准噶尔与清朝的贸易往来》，《卫拉特研究》2006年第2期。

② 温达《亲征平定朔漠方略》卷二〇，康熙三十六年二月乙亥。

③ 中国第一历史档案馆藏《军机处录副奏折》卷2283，号4、23、24。

④ 中国第一历史档案馆藏《朱批奏折·民族事务类》卷0167，号3。

⑤ 中国第一历史档案馆藏《军机处录副奏折》卷2290，号7。

四、卫拉特人在丝绸之路上的文化交流

丝绸之路既是中西方之间的贸易大通道,也是东西方文明的大运河。中华文明通过丝绸之路传播到欧洲,对欧洲各国的社会变革产生了深远的影响。同样,中亚、西亚及欧洲的文明也是通过丝绸之路传入中国,极大地促进了中国的经济、科技和文化的发展。丝绸之路上诸多民族迁徙移动、纵横交错,各种不同的文化相互交融,形成了丰富多元、具有世界意义的丝路文化。相比之下,活跃于丝绸之路中段的各游牧民族不仅对丝绸之路上的贸易活动起到了重要的推动作用,而且在中西方文化的传播中扮演了中介者的角色。这些游牧民族极具机动性和灵活性,不断迁徙于内陆亚欧广阔地域,西去东来,周而复始,绵延数千年,他们的社会状况不断发生着变化,文化形态随之发生了深刻变化。

作为丝绸之路上的一支古老部族,卫拉特人也不例外,他们在连续不断的迁移中,与其他民族碰撞与交融,为其他民族注入新鲜血液的同时,还吸收其他民族的文化,并将其带回母国传播。这种文化交流虽然是双向的,但不是均等的。相对而言,卫拉特人被中亚、西亚的伊斯兰文化和欧洲的基督教文化涵化较为明显。宗教作为精神文化的顶层,其传播力和传播速度都是惊人的,而基督教和伊斯兰教以其明确的教义和丰富的知识体系,往往跨越这些游牧民族的原始信仰萨满教,迅速传播于他们的上层人士当中。关于宗教在古代文明交往中的地位和作用,彭树智先生给予积极的肯定,他认为“文明交往离不开宗教或近似宗教的价值系统带来的强烈文化政治归属性”。① 大约公元5世纪末6世纪初,基督教聂斯脱利派,即景教开始传播于中亚突厥人当中,后继续在西域和蒙古高原传播,到8世纪达到鼎盛,以致突厥王及所有国民几乎都成了基督教信奉者。② 突厥汗国衰落后,基督教仍然在突厥人、回纥人和蒙古人中广为流传。据史书记载,公元11世纪,基督教在卫拉特人克烈部中已经传播,③这与克烈部的突厥化有一定的关系,因为基督教首先是在我国突厥语族民族中传播的,继而突厥化明显的蒙古语族部落接受基督教。随着大蒙古国的兴起,基督教在蒙古贵族中开始传播。克烈部首领王罕祖父名马儿忽思,为基督教名,马儿忽思之子叫忽儿札忽思,也是基督教名。王罕之弟札阿绀孛有女名唆儿忽黑塔尼,是成吉思汗幼子托雷的正妻,生蒙哥、忽必烈、旭烈兀、阿里布哥,罗马教皇派来的传教士卢布鲁克(1215—1270)在他的《东游记》中说蒙哥的母亲是一个基督教徒。④ 史书还记载“尽管她是一个基督教徒,她仍然竭力促进穆罕默德教律的兴隆,向伊斯兰教伊玛目和洒黑们赐予大量施舍和慷慨馈赠”,⑤看来当时蒙古贵族不仅不排斥其他宗教,而且扶持各种宗教。王罕次子畏忽有女脱古思哈敦,为托雷之妻,托雷死后为旭烈兀所娶,“妃,信奉基督教之怯烈部人也,常庇其同教之人。旭烈兀因之优待基督教徒。当时基督教徒在其国中建筑教堂不少,脱古思可敦斡耳朵门外常有教堂一所,时闻钟声”。⑥ 与此同时,

① 彭树智《文明交往论》,陕西人民出版社,2002年,第24页。

② 张莉莉《基督教在早期蒙古部落中的传播》,《北京师范大学学报》1999年第1期。

③ (瑞典)多桑著,冯承钧译《多桑蒙古史》上册,商务印书馆,1936年,第44页。

④ (英)道森编,吕浦译,周良霄注《出使蒙古记》,中国社会科学出版社,1983年,第204页。

⑤ (波斯)拉施特主编,余大均、周建奇译《史集》第一卷,第一分册,商务印书馆,1982年,第236页。

⑥ (瑞典)多桑著,冯承钧译《多桑蒙古史》下册,商务印书馆,1936年,第143页。

蒙元时期有不少克烈人充任高官，在蒙古统治中发挥着重要作用，如太宗窝阔台时任必帖赤主管畏兀儿文书（汉人称为中书右丞相）的镇海是基督教徒，他的三个儿子要束木、孛古思、阔黑吉思都是基督教名。克烈人中还有许多在历次战争中立有战功的将帅，如哈撒纳、昔儿吉思、槊直盾鲁华等。① 这些克烈人身居要职，举足轻重，他们的宗教信仰对蒙元统治带来些许影响也是必然的。基督教无论是从中国内地还是从中亚传入蒙古地区，都是通过丝绸之路传进来的，这点毋庸置疑。史书虽然没有明确记载基督教传入蒙古地区的途径，但是从突厥化程度较高的蒙古部落首先接受基督教这个事实看，基督教应当是通过中亚、西域的突厥和畏兀儿等突厥语族民族传入蒙古族当中的。例如，乃蛮原本是突厥语族部落，后来深受蒙古语族的影响，被伯希和称为"蒙古化了的突厥族"。还有汪古也是突厥语族部落，虽然分布阴山以北，但他们的原驻地却是天山以北，唐末南迁到阴山以北的。② 这两个部落都信奉基督教，并波及周围的其他蒙古部落。蒙古兴起并发动西征后，大批被俘或裹胁的中亚、西亚、东欧的基督教徒随蒙古军队东来，充任官员、将士、工匠或驱奴，他们大部分集中在大蒙古国的都城和林，后来随着蒙古军队南征，分散居住在全国各地，③他们的宗教信仰对包括蒙古族在内的中国各民族的精神生活也带来了一定的影响。

蒙元时期，卫拉特人的社会生活和文化形态，发生了深刻的变化。随着成吉思汗及其后裔的西征，卫拉特人开始扩散到天山南北和中亚各地，逐渐联合和吸收了很多东蒙古及突厥系部落，扩大自己的势力，并在蒙古贵族统一全国的战争和统治集团内部斗争中都曾扮演过举足轻重的角色，因而成为成吉思汗家族着意笼络的重点，忽都合别乞家族也成了成吉思汗家族世相婚配的勋戚。然而，在元初卫拉特人卷入成吉思汗家族争权斗争，支持阿里布哥、海都一方，反对忽必烈，因而受到忽必烈的严厉打击，境况一落千丈。关于这一时期卫拉特人的社会和文化变迁，金峰教授和文化教授进行了深入研究，给我们提供了较为翔实的依据。④ 1207年，成吉思汗收服"森林部落"之时，卫拉特人居住在失黑失惕地方，其后向西北迁徙，进入秃马惕故地，活动于八河流域。成吉思汗将斡亦剌惕封为四个千户，以忽都合别乞为首领。与此同时，斡亦剌惕逐渐走出森林，经济生活逐渐从森林渔猎经济生活，过渡到草原游牧经济生活，这使斡亦剌惕更加贴近蒙古人的文化生活，而且促进了斡亦剌惕与周边诸族，如乞儿吉斯、畏兀儿等人的联系。另一方面，斡亦剌惕贵族与蒙元皇室之间的世袭联姻，使斡亦剌惕贵族成为蒙元统治集团的成员，提高了斡亦剌惕的政治地位和经济权益，加强了斡亦剌惕的政治和文化认同感。1227年成吉思汗去世后，窝阔台及其子贵由相继即位。贵由汗死后，在拙赤家族王公的支持下，汗位由托雷子蒙哥继承，窝阔台家族的王公随之遭到残酷的镇压，窝阔台汗国领土被合并到察合台汗国。与此同时，蒙古本土再次被分封，托雷妻唆儿忽黑塔尼自己所属阿尔泰山和兀良合惕、吉尔吉斯领地赠给了其子阿里布哥，与阿里布哥关系密切的大批卫拉特人开始从叶尼

① 邱树森《元代基督教在蒙古克烈、乃蛮、汪古地区的传播》，《内蒙古社会科学》2002年第2期。

② 张莉莉《基督教在早期蒙古部落中的传播》，《北京师范大学学报》1999年第1期。

③ 邱树森《元代基督教在蒙古克烈、乃蛮、汪古地区的传播》，《内蒙古社会科学》2002年第2期。

④ 金峰《论四卫拉特联盟》，《新疆师范大学学报专号》，1987年；文化《卫拉特蒙古人的迁徙及其社会文化变迁》，《西北民族研究》2008年第1期。

塞河上游向南部草原地带发展,有的向坤桂、札布罕河流迁徙,有的越过阿尔泰山,游牧于哈喇额尔齐斯河一带。在这个时期,斡亦剌惕人军事型迁徙导致文化的涵化,呈现了斡亦剌惕人的伊斯兰化、突厥化的重大社会文化变迁。1253 年,旭烈兀西征,部分斡亦剌惕人随旭烈兀远徙波斯一带。至合赞汗时,由于发生塔儿海叛乱事件,有些斡亦剌惕部众投奔叙利亚。后因这些人的宗教信仰与当地伊斯兰教相悖,首领被杀,部众驱赶至叙利亚沿海,死亡甚多,叙利亚人养其子,娶其女,战士被分配于诸军,后皆成为穆斯林。① 蒙哥汗死后,1260 年,托雷子忽必烈夺取大汗位,阿里布哥在斡亦剌惕等部的支持下,在哈拉和林也被拥立为大汗,并与忽必烈发生争夺大汗之位的战争,结果阿里布哥败退至察合台汗国境内伊犁河流域,随之支持阿里布哥的卫拉特各部又一次离开蒙古本土,迁徙到察合台汗国境内。1264 年,阿里布哥走投无路,向忽必烈投降,但是窝阔台孙海都继续反抗忽必烈,占领察合台汗国境内七河流域及锡尔河东部地区,并联合察合台汗曾孙八剌,继续抗争元朝又三十余年。② 在阿里布哥和海都军队里有诸多斡亦剌惕人,他们组成了“斡亦剌惕军”,在战斗中 3 000 斡亦剌惕军人遭到溃败,可见斡亦剌惕军队规模不小。随着阿里布哥和海都的节节败退,从军的斡亦剌惕部众,逐渐溃散到察合台汗国、伊儿汗国及钦察汗国甚至后来的贴木儿汗国定居,并随着这些汗国的伊斯兰化大都变成了穆斯林。在元朝直接统治下的安西王阿难答和“依附于他的十五万蒙古军队的大部分皈依了伊斯兰教”,这其中有不少斡亦剌惕人。由此,成吉思汗时正宗的斡亦剌惕人,大部分融合于异族而被突厥化或伊斯兰化,早期森林斡亦剌惕人在元朝末年已经所剩无几。③ 有学者认为帖木儿汗国军队中有很多卫拉特人,他们与其他蒙古人一样,伊斯兰化程度很深,受教育与文明化程度很高,因而在帖木儿汗国的建立和统治过程中起了重要作用。1502 年,卫拉特主力随吐鲁番王阿黑麻西征中亚,成为当地居民,经过一段时间,他们也都突厥化和伊斯兰化了。

作为一个显赫的部族,卫拉特人虽然在沿着丝绸之路多次西迁中,深深地突厥化和伊斯兰化,但是他们对蒙古本土的社会和文化变迁仍然产生了深远的影响。卫拉特人长期居住于蒙古高原西部和阿尔泰、天山山脉,他们是蒙古人当中较早接触突厥语族民族的群体,而且长期与突厥语族民族杂居,语言、文化和习俗与其他蒙古人有一定的区别,并且在与蒙古本土文化的交流中,这种差异往往给后者带来不小的影响。例如,《蒙古秘史》中一些词语和语法现象和卫拉特方言一致,如射击一词在《蒙古秘史》中叫 hahu,卫拉特方言也叫 hahu,而一般蒙古语叫 harbuhu;蒙古包下面的木架,《蒙古秘史》叫 terem,卫拉特方言也叫 terem,而一般蒙古语叫 hana。又如卫拉特方言里以辅音“n”结尾的词作直接状语时,辅音“n”消失,在《蒙古秘史》里也是这样。④ 可以肯定,卫拉特方言应是蒙古最早书面语言的基础之一,有人甚至提出《蒙古秘史》作者中很可能有卫拉特人。不管怎么说,卫拉特方言对大蒙古国的政治和文化构建起到不可忽视的作用。元亡后,卫拉特人在西北再次崛起,到 15 世纪中叶,绰罗斯贵族也先统一全蒙古,建立了强大的汗国。随着卫拉特人

① 文化《卫拉特蒙古人的迁徙及其社会文化变迁》,《西北民族研究》2008 年第 1 期。

② 金峰《论四卫拉特联盟》,《新疆师范大学学报专号》,1987 年。

③ 文化《卫拉特蒙古人的迁徙及其社会文化变迁》,《西北民族研究》2008 年第 1 期。

④ 马大正、成崇德主编《卫拉特蒙古史纲》,新疆人民出版社,2006 年,第 14 页。

在蒙古政治生活中的作用日益凸显，他们也影响着整个蒙古的文化生活，特别是在语言上突厥化程度相当高的卫拉特方言给蒙古高原的蒙古语带来了极其深远的影响。突厥化以前蒙古语可能只有5个元音，后来有7个元音是适应突厥语音的产物。① 蒙古语进一步经过卫拉特化过程后，于15世纪后半叶进入了一个新的阶段即近代蒙古语阶段，蒙古语7个元音逐渐发展成与现代蒙古语基本一致，只有卫拉特影响不深的蒙古高原东段的科尔沁蒙古方言和兴安岭以南的山阳万户的兀良哈方言（清代以后的所谓喀喇沁方言）中还存在一些古代蒙古语元音发音特点，比如这些方言中第六元音不发达，ö读ü，等等。②

卫拉特人的文字在文化传播中的影响同样不容忽视。1648年，卫拉特蒙古高僧咱雅班第达（1599—1662）根据卫拉特方言特点，创制了托忒文，在卫拉特蒙古地区广泛使用，直至今日。卫拉特人用托忒文撰写了大量的文化典籍，包括翻译大量的佛教文献，对文化传播做出了独特的贡献。17世纪上半叶，相继建立的卫拉特蒙古三大汗国，即和硕特汗国、土尔扈特汗国和准噶尔汗国，都以托忒文作为自己通用文字，三大汗国之间也是用托忒文进行书信往来，而且这三大汗国一般都以托忒文通文于清朝、俄罗斯等国，例如准噶尔汗国噶尔丹博硕克图汗写给大清康熙皇帝的多封托忒文书信的抄件现在保存完整；③另一位准噶尔首领策妄阿拉布坦写给俄国彼得一世的三封托忒文书信的原件保存至今，④这些珍贵资料已成为研究17至18世纪蒙古史的重要文献资料，引起人们的广泛关注。远在欧洲伏尔加河流域的土尔扈特汗国长期使用托忒文并且用托忒文通文于蒙古本土、青海、西藏以及清朝廷、俄罗斯。由于准噶尔汗国统治范围十分辽阔，除了卫拉特本土以外还有哈萨克、布鲁特等中亚地区也是其统治范围，所以托忒文也使用于这些中亚地区。后来，清朝平定准噶尔汗国以后，清政府与哈萨克、布鲁特等国的书信往来仍然通用托忒文，而且清政府在北京设立托忒学，专门培养托忒文翻译人才输送给有关部院。⑤ 所以，毫不夸张地说，卫拉特人的语言文字对内陆亚欧诸多国家的历史烙上了难以磨灭的印记，而这一切文化之旅也都是沿着丝绸之路展开的。

The Oirats along the Silk Road

Hei Long　Dalian Nationalities University

Abstract: The Oirats (or the West Mongols) is a branch of Mongols, having lived along the Silk Road for long time, were also active in the Silk Road. They strengthened the economic and cultural ties with the Mongol Steppe, Central Asia, and China proper. They also played an intermediary role as a bridge in the trading and

① 亦邻真《畏吾体蒙古文和蒙古语语音》，《内蒙古大学学报》1978年第1期。

② 乌云毕力格《读1431年木刻版畏吾体蒙古文佛经序与跋》，《蒙古史研究》第11辑。

③ 宝音德力根、乌云毕力格、吴元丰主编《清内阁蒙古堂档》，内蒙古大学出版社，2005年。

④ 宋嗣喜《策妄阿拉布坦与彼得一世往来书信研究》，《卫拉特史论文集》，《新疆师范大学学报专号》，1987年。

⑤ M.乌兰《托忒文历史文献对清朝官方史籍编纂的影响》，《清史研究》2004年第3期。

cultural diffusion. They were influenced by Turkic and Islamic culture when the Oirats invaded and migrated across the Silk Road. Their language and religious beliefs had a very profound impact onto East Mongols too.

Key words: Oirats; Silk Road; trading; culture diffusion

(本文作者系大连民族大学民族史研究所教授)

卫拉特历史档案整理出版述评*

巴·巴图巴雅尔

提　要：我国卫拉特蒙古历史档案的整理、翻译和出版工作，始于 20 世纪 70 年代末。到目前为止，出版相关档案汇编、资料集，共计 16 部 34 册，收录或刊布档案 11 873 件，上起 1694 年，下迄 1950 年。涉及语文多样，有影印本、排印本、翻译本、拉丁字转写本。这些档案的公布，对卫拉特蒙古史、中国史、边疆民族史的研究，具有重要史料价值和学术意义。

关键词：档案　版本　语文　卫拉特蒙古

序　言

卫拉特蒙古主要居住在新疆，以及青海、甘肃肃北、内蒙古阿拉善和呼伦贝尔等地区，在蒙古国科布多、乌布苏和巴彦乌勒盖等省以及俄罗斯联邦的卡尔梅克共和国也有分布。卫拉特是蒙古语 Oyirad 一词的音译，意为“亲近者”、“联盟者”。元代音译作“斡亦剌惕”，明朝译作“瓦剌”，自清代至今，译作“卫拉特”或“厄鲁特”（“额鲁特”）。国外文献一般称作 Kalmak（卡尔梅克）。卫拉特蒙古主要由准噶尔、杜尔伯特、土尔扈特、和硕特四部组成，故又称“四卫拉特”。

卫拉特人登上近世历史舞台的同时，其档案资料也就形成并积累下来了。1207 年，斡亦剌惕首领忽都合别乞率领部众归顺成吉思汗，与蒙古黄金家族建立联姻关系。1257 年树立的《释迦院碑记》充分证明了这一点。14 世纪，随着元朝的衰败，卫拉特作为一股强大的力量在欧亚腹地兴起，其势力波及四周广大的地区，因而留有各种文字的纪录。当时，明朝扶持卫拉特，封其领袖马哈木为顺宁王、太平为贤义王、巴秃孛罗为安乐王。在也先当权时期，卫拉特达到鼎盛。15 世纪中叶也先死后，卫拉特人逐步向西迁移，与蒙兀儿斯坦来往。1581 年，俄国哥萨克军越过乌拉尔山，他们在征服西伯利亚的过程中开始与卫拉特人接触，并彼此交往。17 世纪初，卫拉特人皈依藏传佛教格鲁派，并派人打通赴西藏的道路。16 世纪末 17 世纪初，卫拉特蒙古再度兴起，先后建立准噶尔汗国、土尔扈特汗国、和硕特汗廷等地方政权，统辖南至青藏高原、北至西伯利亚、西至顿河、东至喀尔喀的亚洲腹地。在这样广大的地区存在并产生巨大而持久的影响，因此留下了各种文字的记载。

清代，清朝政府根据卫拉特各鄂托克、爱玛克的分布，臣服和降附时间的先后及其原

* 本文系 2017 年度新疆师范大学自治区“十三五”重点学科招标课题“阿勒泰-科布多边区相关档案整理与研究”（17XJKD0103）；新疆师范大学校级科研平台“丝绸之路文献研究中心”2017 年度招标课题《〈土尔扈特汗诺颜世系〉整理与研究》（XJNURWJD032017B05）的阶段性成果。

有制度不同等情况分为外藩蒙古扎萨克旗、内属总管旗和八旗,以邻近地区的将军、都统、大臣管辖。乾隆二十七年(1762)设立伊犁等处将军。厄鲁特八旗(厄鲁特上三旗、下五旗、沙比纳尔4苏木)、察哈尔八旗,由伊犁将军所属伊犁参赞大臣统辖,乌纳恩苏珠克图旧土尔扈特部北路盟3旗和塔尔巴哈台厄鲁特10苏木由塔尔巴哈台参赞大臣统辖,乌纳恩苏珠克图旧土尔扈特部南路盟4旗和巴图色特启勒图部中路盟3旗,由喀喇沙尔办事大臣统辖,乌纳恩苏珠克图旧土尔扈特部东路盟2旗和乌纳恩苏珠克图旧土尔扈特部西路盟1旗由库尔喀喇乌苏领队大臣统辖。青海卫拉特蒙古29旗(和硕特21旗、土尔扈特4旗、辉特1旗、绰罗斯2旗、喀尔喀1旗)由西宁办事大臣管辖。阿拉善厄鲁特旗和额济纳土尔扈特旗,不设盟,直隶理藩院,并受陕甘总督节制。依克明安旗和呼伦贝尔额鲁特旗(又称额鲁特镶黄旗)由黑龙江将军辖下的副都统衔呼伦贝尔总管统辖。

随着卫拉特蒙古历史研究的不断深入,各省市档案馆所收藏有关卫拉特蒙古历史档案陆续整理出版。下面就上述档案的整理出版情况,按不同类别,试作评述,谨供研究者参考。

一、原文影印本

(一)《军机处满文准噶尔使者档译编》。① 本书收辑的有关清代雍正、乾隆年间准噶尔部进京使者的档案,均选自中国第一历史档案馆所存军机处满文《夷使档》。

《夷使档》是专门记载清政府与准噶尔部交往历史的原始档案,反映准噶尔部17次遣使赴京朝觐、纳贡、和谈,到肃州等地贸易,赴西宁、拉萨等地熬茶等内容。

本书收辑的档案共14册、608件,所有档案均系首次影印、翻译、出版。《夷使档》起止时间为雍正十二年(1734)至乾隆十九年(1754),汇抄有关奏折,上谕,寄信,奏书等文件而成。《夷使档》是清政府在处理准噶尔使臣事务过程中形成的公文文书,具有档案所特有的客观性、真实性和系统性,是研究准噶尔历史最原始,最直接的第一手资料。

整理翻译《夷使档》,有助于准噶尔史研究的深入发展和拓展,更正以往研究中出现的偏差,恢复历史的原貌,补充有关史籍记载之不足,使历史研究更加趋向深入细致。

(二)《清代军机处满文熬茶档》。② 本书收辑的档案,均选自中国第一历史档案馆所存清代军机处满文《熬茶档》。熬茶(藏文作mang-ja),是指施主信徒至藏传佛教寺庙举行法事、发放布施的盛大宗教活动。明清时代蒙古各部领袖们尤其热衷此道,率领部众不远万里前往西藏大寺院做巡礼熬茶活动。中国第一历史档案馆所存清代军机处满文《熬茶档》,是乾隆五年(1740)至乾隆十三年(1748)间,准噶尔部首领噶尔丹策零及策妄多尔济那木扎勒经奏请乾隆帝,获准派使赴藏熬茶过程中的各类往来文书形成的专档,内容反映了清廷对待准噶尔部派使赴藏熬茶一事所持的看法,以及安排熬茶的全部过程。开发利用《熬茶档》,无疑对推进准噶尔部以及西北政治、军事、文化等方面的历史研究有所帮助。

由于准噶尔部派使赴藏熬茶一事涉及边疆和民族,其派往办理防务、接应及护送等事

① 中国第一历史档案馆、中国边疆民族地区历史与地理研究中心合编,赵令志、郭美兰主编《军机处满文准噶尔使者档译编》(全三册),中央民族大学出版社,2009年,第2页。

② 中国第一历史档案馆编《清代军机处满文熬茶档》(上、下册),上海古籍出版社,2010年,第1页。

务的官员又系满蒙官员，因而所形成的档案全部用满文写成。文书种类包括皇帝颁发的谕旨，办事大臣呈递的奏折及其相互间所行咨文，办事大臣译递准噶尔首领噶尔丹策零等致达赖喇嘛、班禅额尔德尼及西藏各大寺庙住持的信函，及达赖喇嘛、班禅额尔德尼、西藏各大寺庙主持者等回复噶尔丹策零等人物的信函，准噶尔熬茶使在藏各大寺庙熬茶布施所用银两及噶尔丹策零与达赖喇嘛、班禅额尔德尼等互赠礼品清单等。如果单从文书种类上分析，《熬茶档》包含的文种有些是十分罕见和独特的，像准噶尔首领与西藏宗教领袖达赖喇嘛、班禅额尔德尼间的来往书信，尤其是准噶尔首领与西藏各大寺庙住持间的往来书信，在清代档案中是很少见的，因此这部分档案弥足珍贵。存留至今的《熬茶档》仅有7册，黄色封面，写有档案名称及其起止时间，毛装。其中4册大开本，横29厘米，纵40厘米，厚度约4厘米左右；另有3册小开本，横26厘米，纵30厘米，厚度约1厘米左右。小开本的3册与大开本4册中的第四册内容相同，因此内容不重复的只有4册。

《熬茶档》记录了乾隆五年(1740)到乾隆十三年(1748)间，准噶尔部三次派使熬茶的全部经过。第一次在乾隆五年到乾隆六年(1741)，第二次在乾隆八年(1743)到乾隆九年(1744)，第三次在乾隆十二年(1747)到乾隆十三年(1748)。准噶尔熬茶使第一次是半道至西宁返回，只有后两次深入西藏腹地，完成了所担负的熬茶使命。

本书收辑的档案共4册，正附件共232件，所有档案均系首次影印翻译出版。

(三)《额济纳旗历史档案资料》。① 本书收录的历史档案史料来源于内蒙古阿拉善盟额济纳旗档案馆馆藏档案。额济纳旗档案馆馆藏清、民国时期额济纳旧土尔扈特特别旗王府档案。

额济纳旗档案馆馆藏清朝档案起于乾隆四十四年(1779)，止于宣统二年(1910)，共有档案71卷。其中，蒙文档案66卷，汉文档案5卷。主要包括租地契约、旗界说明、借款凭据、爪畜数字以及呈文等。价值较高档案有土尔扈特部世系家谱、双城子租地契约等。特别是双城子租地契约成为地界划分的主要依据。馆藏民国档案起于1913年，止于1949年，共有档案383卷。其中，蒙文档案249卷，汉文档案134卷。主要包括工作视察、议员选举、官员任命、抗日宣传、安抚外侨、机构设置及往来电文等。特别是抗日宣传与额济纳旗和平起义通电为馆藏珍贵档案和文物。截至2010年底，额济纳旗档案馆馆藏各类档案15 807卷、43 459件，资料5 499册。已进馆档案按照党群、政权、历史、资料等全宗分类保管。

本书共收录馆藏汉文历史档案211卷、1 004件。本书对档案史料采取彩色影印方式，保持原有形式，标明档案原件。内容包括清朝、中华民国时期额济纳旧土尔扈特特别旗建立后军政机构设置、官员职掌、经济发展、施政纲领、地界划分、抗日等内容，真实地反映了额济纳旧土尔扈特特别旗在政治、经济、文化等方面的历史真相。

(四)《清代阿拉善和硕特旗蒙古文档案选编》。② 本书精选阿拉善左旗档案馆藏清代档案3 200件，全部为蒙古文。

阿拉善左旗档案馆珍藏清代阿拉善和硕特旗历史档案2 527卷40 000余件，这些档

① 额济纳旗档案史志局编辑，李靖编《额济纳旗历史档案资料》(汉文卷，全二册)，内蒙古文化出版社，2014年，第4页。

② 内蒙古自治区阿拉善左旗档案史志局编《清代阿拉善和硕特旗蒙古文档案选编》(全五册)，国家图书馆出版社，2015年，第1页。

案起于清康熙二十四年(1685),止于宣统三年(1911),完整、系统地记载了清代阿拉善和硕特旗的政治、经济、军事、宗教等情况,内容极其丰富。其保存的完整性与数量之多,在国内旗县一级档案馆中首屈一指。其中,汉文档案起于清乾隆二十四年(1759),止于宣统三年(1911),共 4 726 件。另外,除了有一小部分满蒙文合璧、蒙汉文合璧以及满文、藏文档案外,其余皆为蒙古文档案。

本书精选阿拉善左旗档案馆藏清代档案 3 200 件,全部为蒙古文。起自清康熙五十九年(1720),止于清宣统三年(1911),遵循原档案号排序。有清朝皇帝、六部、理藩院、陕甘总督、宁夏巡抚、绥远将军以及内蒙古、喀尔喀、青海、新疆、山西、陕西、甘肃等地盟旗、州县衙门行政机关发给阿拉善和硕特旗(以后简称阿拉善旗)衙门和阿拉善旗衙门呈报上述机关的来往文书及旗内政治治安等各方面文件。包括谕旨、呈文(奏折)批示、咨文、札文、命文、清册、信札、审断书、圣旨、饬令、示谕、告示、诉状等。档案内容丰富、涉及面广,详细记录了清代阿拉善旗的政治、经济、军事、历史、宗教、文化、教育、风俗等各个方面内容。共选出 3 200 件研究价值较高的蒙古文档案影印出版。所选档案全部由蒙古文写成,分为档册和折子两种。档册卷是由该旗发往其他各地(包括理藩院)的底稿册、扎萨克王及护印协理台吉对本旗各类事务的传谕指令、旗内各类事务的公文摘要、处理旗内各种案件的底册、本旗职员及在旗衙门轮班受职人员名单、旗衙门及王府财务账册以及由外地发来文件副本等。折子主要是由理藩院、宁夏部院以及各省、县、旗发给该旗扎萨克王、协理台吉等的公文和本旗职员、僧俗人员致王爷和旗扎萨克衙门的呈文。档案内容多涉及王公台吉的晋升、承袭或降职,旗内发生的各种民事案件及其诉讼,等等。该档案将阿拉善和硕特旗这段尘封的历史原貌展现在世人面前,具有重要的史学研究价值。

(五)《清代阿拉善和硕特旗满文档案选编》。① 本书收录阿拉善左旗档案史志局所藏清代阿拉善和硕特旗满文及满汉合璧档案。

本书共精选出 856 件研究价值较高的满文和满汉合璧档案,其中满文档案 830 件,满汉合璧档案 26 件,分别采用影印原件和汉文翻译的方式出版,包括谕旨、奏折、咨文、札文、命文、清册、信札、审断书等各种类型,内容涉及该旗发往其他各地(包括理藩院)的底稿册、扎萨克王及护印台吉对本旗各类事务的传谕指令、旗内各类事务的公文摘要、处理旗内各种案件的底册、本旗职员及在旗衙门轮班受职人员名单、理藩院及宁夏部院等发给该旗扎萨克王和协理台吉的公文,等等,内容翔实丰富。

(六)《额济纳旗馆藏历史档案汇编》。② 本书收录阿拉善盟额济纳旗档案局所藏清代、中华民国时期及中华人民共和国初期额济纳土尔扈特旗政治、经济、文化、教育、民族、部落、宗教、地界等内容的 761 件档案,以彩色影印出版。

本书收录的清代档案是乾隆四十四年(1779)二月二十三日至宣统三年(1911)十月二十八日之间理藩院、陕甘总督、阿拉善和硕特旗、喀尔喀部王公给额济纳旗的公文和额济纳旗奏报理藩院、陕甘总督的公文以及本旗王府资产档册、财务凭据等 197 件档案。中华民国时期档案是民国二年(1913)八月十三日至三十八年(1949)八月十二日期间的蒙藏事

① 内蒙古自治区阿拉善左旗档案史志局编《清代阿拉善和硕特旗满文档案选编》(全十册),国家图书馆出版社,2016 年。

② 李靖主编《额济纳旗馆藏历史档案汇编》(全 2 册、蒙文),内蒙古文化出版社,2017 年。

务委员会、甘肃省、宁夏省政府下发给额济纳旗的公文和旗内的军事长官公署、国立小学致旗扎萨克的公文及法律法规、契约等499件。中华人民共和国初期档案是1949年10月7日至1950年8月24日期间的酒泉专区、阿拉善旗人民政府、鼎新县人民政府致额济纳旗的公文等65件档案。

本汇编是国内有关卫拉特蒙古历史蒙文档案首次以彩色影印出版的书籍，是清代至中华人民共和国初期研究额济纳土尔扈特历史文化的重要的第一手资料。

二、排 印 本

（七）《清代青海蒙古族档案史料辑编》。① 本书收集了雍正九年（1731）至宣统三年（1911）之间陕甘总督、驻西宁青海办事大臣、钦差大臣和理藩院掌院学士的奏稿，奏稿分朱批、军机处附录、理藩院档三种。奏稿内容大体可分为扎萨克台吉诺尔布事件，增设盟长，安设卡伦，查办抢劫事件，赈恤灾民，按例巡游，各札萨克、王、贝勒、贝子、公、台吉等请旨承袭及谢恩的折子，还有自光绪三十四年（1908）十月开始普查的藩部要政统计表及官册，一共收集了87件各种文书。还附录《钦定外藩蒙古回部王公表传》里的有关青海蒙古王公的辑录。

（八）《额济纳旧土尔扈特旗扎萨克郡王塔旺嘉布文电集》。② 本书辑录的档案史料来源于《额济纳旧土尔扈特旗扎萨克郡王塔旺嘉布文电》。

该书的原档案名称为《额济纳旧土尔扈特旗扎萨克郡王塔旺嘉布文电》，原件为上下两册。原件由甘肃省民族宗教事务委员会少数民族古籍办公室牧仁从个人手里找到，现收藏于甘肃省民族宗教事务委员会牧仁个人手里。本书共辑录128件文电，上册为53件，下册为75件。本文电是额济纳旧土尔扈特特别旗扎萨克郡王、旗防守司令部中将司令塔旺嘉布从1938年腊月至1939年10月之间，发给甘肃省政府主席、兰州第八专区司令长官朱绍良，蒙藏委员会委员长吴忠信、军事委员会委员长蒋介石、宁夏省政府主席马鸿逵、青海省政府主席马步芳、绥远省政府主席傅作义、山西省政府主席阎锡山、军政部部长何应钦、教育部等个人和机关的文电及以上人员发给扎萨克司令塔旺嘉布文电。内容包括额济纳旗军事、政务、边防、法律、收支、贸易、文化教育、地方情况、个人关系、抗战情况等方面，是研究当时额济纳旗历史的重要史料。

（九）《近代新疆蒙古历史档案》。③ 该书选材于现存新疆维吾尔自治区档案馆中有关新疆卫拉特蒙古档案文献。

被选入的档案内容分为组织机构（1887年12月16日至1949年6月27日，236件档案）、文化教育（1906年5月30日至1949年9月5日，145件档案）、经济（1924年10月11日至1949年6月9日，74件档案）、民俗宗教（1878年11月5日至1948年3月22日，110件档案）、抚恤救济（1925年11月20日至1949年5月11日，61件档案）、综合

① 哲仓·才让辑编《清代青海蒙古族档案史料辑编》，青海人民出版社，1994年。

② 牧仁整理注释、达·哈达宝力高审订《额济纳旧土尔扈特旗扎萨克郡王塔旺嘉布文电集》，内蒙古科学技术出版社，1995年。

③ 新疆维吾尔自治区档案局、中国社会科学院中国边疆史地研究中心、《新疆通史》编撰委员会编《近代新疆蒙古历史档案》，新疆人民出版社，2007年。

(1904 年 8 月 11 日至 1949 年 5 月 16 日,70 件档案)六个部分,共收集了 696 件汉文档案。档案文种有札、饬、咨、呈、照复、训令、电、凭单、复函、照会、法、委任状、委令、指令、密电、禀、提案、聘书、表、批示、册、名单等。还附录《康熙谕阿玉奇汗敕书》(满文和胡都木蒙文,1712 年)、《雍正谕土尔扈特敕书》(满文和胡都木蒙文,1729 年)、《乾隆谕渥巴锡策伯克多尔济舍楞敕书》(满文、托忒文合璧,1771 年)、《土尔扈特全部归顺记》、《优恤土尔扈特部众记》。

本书真实地展现了清末、民国时期新疆蒙古族的历史发展状况,同时为进一步研究中华民国时期卫拉特蒙古历史提供了最为可靠的第一手资料。

(十)《民国新疆焉耆地区蒙古族档案选编》。[①] 本书收录的档案史料均来源于新疆巴音郭楞蒙古自治州档案史志局及和静县、和硕县、焉耆县等三个县档案馆的民国档案。

所选的档案史料,依照内容分类编排,每类均按时间顺序排序。其内容分为组织机构(1940 年 5 月 12 日至 1948 年,32 件档案)、文化教育(1938 年 2 月 11 日至 1949 年 10 月 7 日,100 件档案)、经济(1906 年 4 月 13 日至 1949 年 12 月 26 日,85 件档案)、民俗宗教(1939 年 3 月至 1948 年 8 月 1 日,24 件档案)、抚恤救济(1941 年 9 月至 1949 年 3 月 24 日,21 件档案)、军事司法(1939 年 2 月 14 日至 1949 年 10 月 21 日,104 件档案)、综合(1939 年 9 月 3 日至 1949 年,89 件档案)七个部分,共收集了 455 件汉文档案。档案文种有训令、代电、电、密电、记录、表、任命书、呈文、复文、复函、咨文、册、照会、报告、收据、名单、稿、诉状、供词、证明书、证词、布告、大纲、折、信、履历等。本书还附录了 1949 年 11 月 9 日至 1955 年之间的 30 件档案。

本书是研究民国时期乌讷恩苏珠克图旧土尔扈特南路盟和巴图色特勒图和硕特中路盟社会、历史、经济、文化等状况的第一手资料。

(十一)《民国〈政府公报〉卫拉特史料辑编(1912—1928)》。[②] 本书收录的档案史料来源于民国时期北京政府《政府公报》。

近代中国的《政府公报》,是中国近代史研究中不可忽略的重要史料类别。它的编辑和发行,始于清末,当时统称为"政府官报"(如"政治官报"、"内阁官报"),民国时期则统称为"政府公报"。作为由政府主办的官方报刊,它是政府各级各类机关下达公文政令、宣示官方意旨、传递政事要闻、交流行政业务的一种工具,与其他官方文书、档案资料具有同样的史料价值。

本书所称《政府公报》,是民国北京政府时期中央政府一级的机关刊物,1912 年 5 月 1 日创刊,由国务院印铸局编印。1928 年 6 月,国民党北伐军抵达京津,北京政府垮台,《政府公报》随之停刊。其内容主要按照北京政府《公文程式令》所规定的命令、法律、公文、公电等公文种类进行分类,刊载当时北京政府的各项命令、人事任免、新颁布的法律法规,中央各部院之间和中央各部院与地方政府间的往来咨、呈、函电等各类公文。

---

① 《新疆通史》编撰委员会编,吐娜主编《民国新疆焉耆地区蒙古族档案选编》,新疆人民出版社,2012 年。

② 《卫拉特蒙古通史》编纂委员会、新疆师范大学丝绸之路文献研究中心、新疆维吾尔自治区卫拉特蒙古研究学会合编,巴·巴图巴雅尔、乌力吉陶格套主编《民国〈政府公报〉卫拉特史料辑编(1912—1928)》,新疆人民出版社,2017 年。

作为全国性史料,《政府公报》所涉及的内容除了内地各省,还包含大量与蒙古等边疆民族、地区有关的资料,对研究民国北京政府时期的民族政策、民族地区的政治社会变迁均有重要的史料价值。然而,可能是由于《政府公报》卷帙浩繁(1988 年由第二历史档案馆整理影印的《政治公报》16 开本共计 240 册)、购藏不易、检索费力费时,在以往的研究中未能得到充分的利用。鉴于此,此次将《政府公报》中的卫拉特蒙古史料收集汇编,为这一时期卫拉特蒙古各部(旗)历史研究的深入提供更多的历史资料。

民国成立后,卫拉特蒙古各部(旗)均属民国北京政府各省区管辖。《政府公报》中涉及卫拉特各部(旗)的记载很多,内容包括民国初期参议院有关卫拉特蒙古问题的讨论,国会参众两院的议员选举,民国政府在阿尔泰、科布多等边境地区的军政措施,相关各旗王公扎萨克与宗教上层的任免、奖惩、年班、致祭,民国政府发布的各项相关法律政令,相关蒙旗的开垦设治及地方省县与蒙旗的关系,蒙旗社会内部的较重大事件等有关卫拉特蒙古各部(旗)政治、经济、社会问题的方方面面。民国北京政府时期属于卫拉特蒙古的各部(旗)有阿拉善、额济纳,青海和硕特等部,新疆地区新、旧土尔扈特等部,科布多地区的杜尔伯特、乌梁海、扎哈沁等部,黑龙江所属依克明安等各部。因此,本资料集所辑编的范围,主要是以上述各种公文形式刊载于《政府公报》的、与以上各部(旗)直接有关的和涉及这些蒙旗的邻近省县相关历史资料。本书收辑档案共 920 多件,是研究民国北京政府时期卫拉特蒙古各部社会、历史、经济、法律法规、文化等状况的第一手资料,对民国卫拉特史研究的进一步深入起到一定的推动作用。

三、翻 译 本

(十二)《清代准噶尔史料初编》。① 本书主要辑录藏在中国台湾“故宫博物院”有关准噶尔部噶尔丹博硕克图汗的历史档案。

台北“故宫博物院”出版之宫中档康熙朝奏折第八、九两辑,系康熙年间之满文谕旨、奏折、咨文、供词及清单等,其中有关准噶尔之文书,件数多,史料价值极高。清初纂修圣祖实录、平定朔漠方略及起居注册等,即据当时谕折等文书摘译而成。惟润饰删略甚多,间有部分谕折存实录馆、方略馆等处,未经译汉。

本书即选择部分谕折,并参考起居注册,略作补充,俾有助于清初史事之探讨。为便于查阅,特据谕折原文辑录重钞,将年月日期移置于各件之首,逐件注出罗马拼音,标明单字意义,然后译成汉文,满汉对照出版。

2012 年,本书在原有的繁体字后加了简体字翻译,修改再版。

(十三)《满文土尔扈特档案译编》。② 本书共译编档案 145 件,均选自中国第一历史档案馆所藏的满文土尔扈特档案及满文月折档。这些档案起自乾隆三十六年(1771)三月二十二日,止于乾隆四十年(1775)闰十月二十四日,其内容大致可以包括为六个方面:一、清政府获悉土尔扈特部东返消息后引起的疑虑和争论,以及清政府确定对土尔扈特部实施收抚政策的过程;二、土尔扈特部返抵伊犁河流域时的现场记录及东返人数、户数

① 庄吉发译注《清代准噶尔史料初编》,文史哲出版社,1977 年。

② 中国社会科学院民族研究所民族史研究室、中国第一历史档案馆满文部《满文土尔扈特档案译编》,民族出版社,1988 年,第 1 页。

的实地调查;三、赈济土尔扈特部众和封赏土尔扈特首领的详情;四、渥巴锡、策伯克多尔济、舍楞等入觐承德以及领导东返斗争主要首领回国后的政治生涯;五、土尔扈特部众游牧地的划分与变迁,以及乾隆三十九年渥巴锡颁布的部落管理法规;六、有关土尔扈特部历史和王公世袭等的记述。

(十四)《清代西迁新疆察哈尔蒙古满文档案译编》。① 本书译编档案均选自中国第一历史档案馆所藏的满文察哈尔部档案。

《清代西迁新疆察哈尔蒙古满文档案译编》,吴元丰、牛平汉、阿尔亚主编,系中国第一历史档案馆与中国边疆史地研究中心、新疆博尔塔拉蒙古自治州地方志编写委员会合作编译。本书共辑录清代满文档案 490 件,其中正件 333 件,附件 157 件,书末附有关档案目录 594 条,均选自中国第一历史档案馆馆藏军机处录副奏折、月折档、寄信档、议复档等,时间起自清乾隆二十五年(1760),止于乾隆六十年(1795)。乾隆初年,清政府实现了对新疆的统一,为确保对西北地区的有效管理和军事防御,开始有计划地戍边移民,从今内蒙古自治区锡林郭勒盟选调一部分察哈尔蒙古官兵携眷移住新疆,组建察哈尔营。《清代西迁新疆察哈尔蒙古满文档案译编》所反映的内容分七个方面:(1) 清政府将察哈尔蒙古部分兵丁西迁新疆的决策过程;(2) 清政府为保证察哈尔蒙古官兵西迁顺利进行所采取的政策措施;(3) 察哈尔蒙古西迁新疆历程与安置情况;(4) 察哈尔蒙古西迁新疆后的行政管理体制以及生产、生活状况;(5) 察哈尔蒙古西迁新疆后与邻近诸族的关系;(6) 察哈尔蒙古官兵为开发边疆、保卫边疆做出的贡献;(7) 乾隆年间历任察哈尔官兵履历等。《清代西迁新疆察哈尔蒙古满文档案译编》一书的出版发行,推进西迁察哈尔蒙古历史研究工作的深入开展,也为西北边疆史地及民族史的研究提供了新鲜史料。

(十五)《清代西迁新疆察哈尔蒙古满文档案全译》。② 本书译编档案来源于中国第一历史档案馆所藏的满文察哈尔部档案。

现保存在中国第一历史档案的满文档案共有 200 余万件(册),其中就有一部分西迁新疆察哈尔部历史的档案史料,主要反映察哈尔部官兵携眷西迁的全过程,以及抵达新疆后的拔地安置、编设旗左、设营管理、营制沿革、官员任免调遣和考核引见、驻卡巡边、赴重镇要地换防、牧放官厂畜牧、按期交纳孳生牲畜、开垦种田、设立滋生银两解决生计问题、审办案件、接收安置流散的厄鲁特部人口等情况。

1994 年 4 月,中国第一历史档案馆、中国社会科学院中国边疆史地研究中心与新疆博尔塔拉蒙古自治州地方志编写委员会办公室合作,共同译编出版了《清代西迁新疆察哈尔蒙古满文档案译编》一书,收录翻译中国第一历史档案馆保存的有关满文档案 490 件(包括附件 157 件)。过了 10 年后,三个单位又一次合作,将所有曾选择的满文档案全部译出,与上次选译出版的档案合编成《清代西迁察哈尔蒙古满文档案全译》一书,本书辑入的档案共计 1483 件,其中正件 925 件,附件 558 件,起止时间为乾隆二十五年(1760)十二月至宣统三年(1911)闰六月,均选自中国第一历史档案馆藏满文档案。

① 中国第一历史档案馆、中国社会科学院中国边疆史地研究中心、新疆博尔塔拉蒙古自治州地方志编纂委员会编《清代西迁新疆察哈尔蒙古满文档案译编》,全国图书馆文献缩微复制中心出版,1994 年。

② 博尔塔拉蒙古自治州史志办等编,吴元丰、胡兆斌、阿拉腾奥其尔、刘怀龙主编《清代西迁新疆察哈尔蒙古满文档案全译》,新疆人民出版社,2004 年。

（十六）《清代东归和布克赛尔土尔扈特满文档案全译》。① 本书译编档案均选自中国第一历史档案馆所藏的满文土尔扈特档案。

在中国第一历史档案馆所藏清代档案内，有关和布克赛尔土尔扈特历史的满文档案近千件，起止时间为乾隆三十六年（1771）三月至光绪三十二年（1906）十月，长达135年时间。主要是伊犁将军、塔尔巴哈台参赞大臣、伊犁参赞大臣、乌鲁木齐都统、哈密办事大臣、定边左副将军、驻藏办事大臣等官员的奏折及其各种附件；其次是这些官员发给军机处的咨呈，以及批次之间互相发送的咨文。这些档案所记载的内容，涉及方方面面，极为丰富。内容可分为打探土尔扈特迁移消息、准备迎接、接济安置、编设盟旗、放牧种田、封爵授官、职官礼仪、婚姻嫁娶、赐恤致祭、年班朝觐、赴藏熬茶、喇嘛事宜、审理案件等。

本书辑入的档案共计764件，其中正件714件、附件50件，起止时间为乾隆三十六年（1771）三月至光绪三十二年（1906）十月，均选自中国第一历史档案馆所存满文档案。清代和布克赛尔土尔扈特满文档案绝大部分都保存于满文奏折类档案中，属清朝官员在处理公务过程中形成的公文，具有原始性、客观性、可靠性和系统性，是第一手史料，对历史研究而言，更具有其他相关资料无法替代的价值。

四、总　　结

综上所述，卫拉特蒙古历史档案很多，藏于世界各处，中国最多，显示了历史上卫拉特人的重要影响。收集、整理、影印或排印乃至翻译出版，开始于20世纪70年代末。其中1977年至2000年之间出版5部资料汇编，2001年至2010年之间出版4部（7册），2011年到至今出版7部（22册），共计16部、34册，辑录档案起止时间为1694年至1950年，共出版了11 873件档案。这些档案资料是以影印、罗马字拼写、抄录、排印和汉文翻译等方式出版。以上档案书里辑录的档案来自于中国第一历史档案馆、中国第二历史档案馆、中国台湾"故宫博物院"、新疆维吾尔自治区档案馆、新疆巴音郭楞蒙古自治州档案馆、和静县档案馆、焉耆县档案馆、和硕县档案馆、内蒙古自治区阿拉善盟左旗档案馆、额济纳旗档案馆收藏的托忒文、满文、汉文、胡都木蒙古文档案。

从以上档案著作的名称，可以略知它们所反映的历史问题和史料价值。这些档案史料的整理出版，对研究卫拉特蒙古历史、民族与边疆史、满蒙关系史、蒙藏关系史和新疆历史具有极为重要的学术价值。尤其是满文原始档案翻译出版，有助于推进清代卫拉特蒙古及西北边疆、新疆政治、经济、文化等方面的研究。

Reviews of publication of Oirat historical archives

Ba Batubayar　Xinjiang Normal University

Abstract: The works on editing, translation and publishing of China's Oirat historical archives have been started since the late 1970s. Till now, 16 books (in

① 中国第一历史档案馆满文处、新疆和布克赛尔蒙古自治县史志办编，吴元丰、乌·叶尔达、巴·巴图巴雅尔主编《清代东归和布克赛尔土尔扈特满文档案全译》，新疆人民出版社，2013年。

34 volumes) have been published which included 11873 archives collected and issued from 1694 to 1950. These archives cover different languages and presented in photocopies, print copies, translations and copies in romanization-transliteration. The publishing of these archives have a significant academic importance in the studies of Oirat-Mongolian history, Chinese history and history of borderland ethnicity.

Key words: archives; versions; languages; Oirat mongol

(本文作者为新疆师范大学中国语言文学学院/西域文史研究中心副教授)

明末清初杭州回族丁澎家族的史料及其谱系重构

杨晓春

提　要：本文在前人研究的基础上，比较全面地收集了明末清初杭州回族丁澎家族的基本史料，对人物名字、生卒年代、人物关系等予以必要的辨析和考证，得出一幅包含30多人的谱系图。

关键词：丁澎　家族　谱系　杭州　回族

相对于单个的回族人物，包含多个人物的回族家族是更利于展现社会状况的。明末清初杭州府仁和县丁澎家族，虽然家谱尚未发现，但是现在可以比较明确地查考出从明代后期到清代乾隆年间共八世男女三十多人的情况，其中丁澎及其父丁大绶两代人中的多数人物还有比较详细的历史记载，可以将它作为反映江南回族士人家族状况的一个典型个案来对待，用以说明回族家族与主流社会之间的关系、与伊斯兰教之间的关系等问题。

丁澎其人，留存史料比较多，研究较多，但是以丁澎家族为研究对象的，似乎还不多见。清末丁丙编《武林坊巷志》倒是以丁氏家族为主要对象，收集了不少有价值的史料。① 关于丁澎，白寿彝先生早有关注；②邓长风先生利用丁澎以及其他人的诗文集考证了不少丁澎的生平特别是交游的情况；③杨大业先生则有更详细的研究，特别注重丁澎以及丁澎家族的回族身份；④最近，多洛肯、胡立猛两位先生就丁澎生平中的一些记载作过辨析，并对于丁澎家族的一些人物进行了比较完整的钩稽工作，有很好的参考价值。⑤ 对于丁澎，从文学方面进行研究的则更多。⑥

本文的目的则在于比较广泛地收集地方志、文集、笔记等各类史料，予以必要的辨析和估计，大致恢复明末清初杭州丁澎家族的谱系。

一、有关丁澎家族的基本史料

有关丁澎家族的主要史料是文集中的传记资料和方志资料两大类。前者主要有丁澎

---

① ［清］丁丙《武林坊巷志》第5册，浙江人民出版社，1987年，第133—137页。

② 白寿彝《两浙旧事》，《回教论坛半月刊》第3卷第3—4期，1940年；收入李兴华、冯今源编《中国伊斯兰教史参考资料选编（1911—1949）》（上），宁夏人民出版社，1985年，第687—699页。

③ 邓长风《周稚廉、丁澎生平考》，《戏剧艺术》1991年第3期。

④ 杨大业《明清回回进士考略》（五），《回族研究》2006年第2期。杨大业《明清回族进士考略》，宁夏人民出版社，2011年，第469—471页。

⑤ 多洛肯、胡立猛《〈中国回族文学史〉中清初诗人丁澎生平考辨》，《民族文学研究》2011年第6期。多洛肯、胡立猛《清初著名回族诗人丁澎生平补考》，《西北民族研究》2013年第3期。

⑥ 列举几种有关丁澎生平的研究：丁生俊《清初的回族诗人丁澎》，《宁夏大学学报》1980年第4期。杨长春《清初回族诗人丁澎生卒年考补证》，《宁夏大学学报》1986年第3期。杨长春、王玲《谈回族作家丁澎的拟作及收藏》，《宁夏大学学报》1989年第2期。

好友林璐撰《丁太公传》、《丁药园外传》二文,优点是成书时代早、记载细节多、并且所载可靠,①因此史料价值也最高;不过数量有限,不能反映一百多年间丁澎家族全貌,需要其他史料的补充。后者包括清康熙至乾隆时期的多种《浙江通志》、《杭州府志》、《仁和县志》、《钱塘县志》以及相关的一种乡镇志《唐栖志》,优点是涉及到丁澎家族的众多人物,可以比较全面地反映家族成员状况,因此也是不可或缺的一类基础资料;不过往往根据文集中的传记资料而来,并且后代的方志常常抄录前代的方志,陈陈相因;当然,有时也会增加少量的新信息。此外,则有一般的史书如《清史列传》、《清史稿》,丁澎家族的文学著作包括著作的序跋,有关杭州的笔记等各类史料。

现在可以得知比较具体生平状况的主要是丁大绶、丁锡绶一辈,丁澎、丁渫、丁景鸿、丁灏、丁元瑛一辈,丁介一辈,共三代人。

本节根据丁澎家族男性和女性成员的不同,大致按照人物生活时代的先后,列出有关丁澎家族各人的基本史料,以供底下面的具体讨论和分析。

(一)丁澎家族男性成员的基本史料

有关丁澎自己及其父、祖、曾祖三代的基本情况,《顺治十二年乙未科会试三百八十五名进士三代履历便览》有载,名列浙江省杭州府:

> 丁澎,飞涛,易二房。壬戌年二月十七日生。嘉善籍,仁和人。壬午五十八名。会试六十四名,二甲十二名。礼部观政,钦授刑部广东司主事。
>
> 曾祖相。祖明德,乡饮宾。父大绶,□□乡饮大宾。②

有关丁大绶,林璐所撰《丁太公传》所述生平最为翔实。丁澎称"林子鹿庵(鹿庵为林璐字)与余同闾巷,父祖三世相友",③林璐所撰应该可信。而康熙《杭州府志》、雍正《浙江通志》、乾隆《杭州府志》所载有关丁大绶抚养其弟之子的故事,内容大略相同,也都出自《丁太公传》。光绪《唐栖志》所载则出自《浙江通志》、《乡贤留祀册》、《仁和赵志》。④《仁和赵志》即康熙《仁和县志》。林璐《丁太公传》载:

> 丁太公名大绶,字曰步玉,仁和人也。世家盐桥西,与林生邻。望衡联宇,晨炊樵汲,蚤暮皆知之。公尝过市门,余从篱下窥公,葛巾藤杖蔼如也。吾父尝指公与予言:

---

① 林璐文集《岁寒堂初集》中除了这两篇有关丁澎家族的重要传记文字,还有《丁孝廉寻姬记》,是有关丁景鸿的故事,有《与丁药园论文书》、《与丁素涵书》,是给丁澎、丁渫兄弟的书信。且《与丁素涵书》还是抒发林璐的失子之痛的,凡此都可以看出林璐与丁澎家族的紧密关系。而其文集刊板时所署论定者三人,称"西陵同学",丁澎也名列其中。

② 清顺治十二年洪氏刻本(国家图书馆藏)。我是从杨大业先生的论著中得知这一记载的,只是杨大业先生引述不全。杨大业《明清回族进士考略》,宁夏人民出版社,2011年,第469页。

③ [清]丁澎《扶荔堂文集选》卷二《林鹿庵文集序》,《清代诗文集汇编》第78册影清康熙五十五年文芸馆刻本,第472页。

④ [清]光绪《唐栖志》卷九《人物·孝友》,《中国地方志集成·乡镇志专辑》第18册影清光绪十六年刻本,第140页。

"汝日习见公,亦悉公生平乎? 吾与尔言。公五岁丧母,父娶后母。新妇纱扇笼头,里媪指曰:'是汝母也。'公啼于户,母爱之,呼与同寝。母生弟,当就塾时,怜弟幼,掖之行,雨则偏其盖以覆弟。父殁,自伤少孤,奉其母如父。既壮,季能文,公自谓不如。果先公补博士弟子。公弃书,挟计然策,养母及弟。妇死,遗簪珥,先为弟娶妇,始再娶。其季亦下帷攻苦。承兄意而又先生子,公喜语季曰:'母得含饴弄孙矣。'公后季三岁,又生男,一堂两世,兄弟相乐也,嗣此各再得雄。吾家群从与公弟同学,数贺两公羊酒。而季卒以诵读劳,病矣。公衣不解带,视汤药。疾益亟,目视两儿至再。公呼季,大恸曰:'汝襁褓至生子,未尝与兄一日离也,今已矣。汝子即吾子,敢负弟九京!'呼四子前,长曰景仪,次曰澎,次曰景鸿,又次曰潆,雁序参差,犹一父子也。学同塾,食同器,寝同被,衣裳履舄共之。负郭田析为四,授室先于己子。呜呼! 友于雍睦,与沛国、涑水争烈矣。公痛弟殁,命四子力学。通宾客,亲四方贤豪长者。用不给,公妇顾命苍头上市,贸迁有无,以供饮馔。公笑曰:'汝爱儿,宁出陶母下!'久之五都市,贸迁云集,家益饶。户外鸣琴、蹴鞠、吹箫,乞食之徒,献技乞钱,与布算声相闻。公母闻而乐之,欲往观。公奉板舆入市廛,景仪辄从,乐而忘返。时届上元,吾家犹袭仕宦旧,鱼龙百戏,杂陈于门,两家妇女,倚户遥相语。吾母春秋高,与公母迭为宾主,观灯宴饮,辄话少年时事。公闻益喜。壬午,澎举于乡。公奉母观鹿鸣,孙簪花马上,喜溢老人颜色。癸未,值公诞辰,四方诗文赠公者,列堂中,拜手诵之。及见大司徒倪文正公、御史大夫彦台刘公、娄东受先张公文,惊曰:"是清流巨公耶,乃宠及我!"公口不言财,贷子钱,凡百数。尝宿逆旅,客窃公金,公见之,急避去。暮过懿戚门,一人挟匕首立庑下,似贷钱不获者。公密召语曰:"若以钱故轻生耶? 且缓急人所时有也,我代为酬若。"其阴行善,类若此。戊子,鸿举于乡,公奉觞上寿母前,曰:"可以报吾弟矣!"又七年,澎成进士,郎比部,貤封比大夫。每蜡腊召故时贫贱交与饮,更从父老作上巳游。今老矣,犹健步履,矍铄哉老翁。呜呼! 记吾父语予时,岁在丁酉,公以是秋殁。越五年,吾父又殁。余惧老成凋谢,典型不再,谨述其本末而为之传。

林璐曰:吾少时过太公,每与诸君同饭。爱少子潆,不令出,藏帷中如新妇,其兄仪尝笑之。吴君百朋,里中名士也,公延馆,与澎同学,命鸿师之。明年,澎与吴君同举。鸿最后举,知人哉! 然潆卒以诗名,与两兄峙,称三丁云。

方文虎曰:犹想见先辈典型。

张祖望曰:是一幅天伦图画,牵连照应,极有波折。①

康熙《杭州府志》载:

丁大绶(字步玉,仁和人。五岁丧母,父娶后母郑。大绶啼于户,母怜之,呼与同寝。郑生子锡绶,俱就塾。大绶以弟幼,掖之行,雨则倾其盖以覆弟。后妇卒,悉以遗簪珥娶弟妇。亡何,弟病亟,目视己两子者再。大绶曰:"汝子吾子也,敢有负耶?"呼

① [清]林璐《岁寒堂初集》卷三《丁太公传》,《四库全书存目丛书》集部第283影清康熙间武林还读斋刻本,第799—780页。

己子与侄俱前，长景仪，次澎，次景鸿，次潆，曰："汝辈虽同堂，当如一父之子。"故景仪兄弟出入起居无勿同者。负郭田，四析之。为弟子娶妇，先于己子焉。壬午，澎举于乡。戊子，弟子景鸿举于乡。大绶奉觞上寿母前为喜笑。又七年，澎成进士，为仪部郎。)①

康熙《仁和县志》载：

丁大绶，字步玉。五岁丧母，父娶后母。绶啼于户，母爱之，呼与同寝。母同生弟当就塾时，怜弟锡绶幼，掖之行，雨则倾其盖以覆弟。已而弃书□□母及弟。大绶妇□所遗簪珥，悉以娶弟妇，己始再娶。已而季先举子，绶喜语季曰："母得含饴弄孙矣。"居亡何，弟以应庚午乡试，攻苦积劳致病。绶衣不解带，视汤药。疾益亟，目视两儿者再。绶呼季，大恸曰："汝子即吾子，敢负弟九原乎！"呼四子前，长曰景仪，次曰景鸿，又次曰潆，曰澎。语曰："汝曹虽群从昆弟，犹一父子也。"故景仪兄弟学同塾，食同器，寝同被，衣裳履舄皆共之。负郭田，四析之。为弟之子娶妇，先于己子焉。壬午，澎举于乡。戊子，弟子景鸿举于乡。绶奉觞上寿母前，曰："可以报吾母矣！"又七年，澎成进士，为仪部郎，封奉政大夫。越三年卒。②

雍正《浙江通志》载：

丁大绶(《杭州府志》：字步玉，仁和人。五岁丧母，后母郑生子锡，俱就塾。大绶以弟幼，掖之行，雨则倾其盖以覆弟。及妇卒，悉以妇遗簪珥为弟娶妇。亡何，弟病亟，目视两子者再。大绶曰："汝子吾子也，敢有二视耶?"呼己子与侄俱前，长景仪，次澎，次景鸿，次潆，曰："汝辈虽同堂，当如一父之子。"故景仪兄弟出入起居无弗同者。负郭田，四析之。为弟子娶妇，先于己子焉。《乡贤留祀册》：所著有《家训辑略》行世。)③

乾隆《杭州府志》载：

丁大绶，字步玉，仁和人。五岁丧母，后母郑生子锡，与俱就塾。以弟幼，掖之行，雨则倾其盖以覆弟。及妇卒，悉以所遗簪珥为弟娶。弟病亟，目视两子者再。大绶曰："汝子吾子也，敢有二视耶?"呼己子与侄俱前，长景仪，次澎，次景鸿，次潆，曰："汝辈当如一父之子。"故景仪兄弟出入起居无勿同者。(《浙江通志》。)所著有《家训辑

① ［清］康熙《杭州府志》卷三一《人物·孝义·国朝》，《浙江图书馆藏稀见方志丛刊》第17册影清康熙二十五年刻三十三年李铎增刻本，第639页。

② ［清］康熙《仁和县志》卷十九《人物·孝子·国朝》，《中国地方志集成·浙江府县志辑》第5册影清康熙二十六年刻本，第401—402页。

③ ［清］雍正《浙江通志》卷一八三《人物·孝友·杭州府·国朝》，《景印文渊阁四库全书》第524册，第102页。［清］雍正《浙江通志》卷一八三《人物·孝友·杭州府·国朝》，《中国地方志集成·省志辑·浙江》第6册影民国二十五年影清光绪刻本，第747页。

略》行世。(《乡贤留祀册》。)①

有关丁澎,传记资料比较多,最重要的一种是清初林璐所撰《丁药园外传》。此外,《国朝先正事略》、光绪《唐栖志》、《清史列传》、《清史稿》等均有传。《丁药园外传》载:

丁药园先生,名澎,杭之仁和人也。世奉天方教,戒饮酒。而药园顾嗜酒,饮至一石,貌益恭,言愈谨,人咸异之。诗、赋、古文辞,自少年未达时,即名播江左。其后仲弟景鸿、季弟潆,皆以诗名,世目之曰三丁。然香奁艳句,四方闺秀,尤喜诵药园诗。家有揽云楼,三丁读书处也。客乍登楼,药园伏案上,疑昼寝,迫而视之,方观书,目去纸仅一寸,骤昂首,又不辨某某。客嘲之曰:"卿去丁仪凡几辈?"药园戏持杖逐客,客匿屏后,误逐其仆,药园妇闻之大笑。一夕娶小妇,药园逼视光丽,出与客赋定情诗。夜半,小妇灭灯卧,醉拥鸳鸯被,芗泽不如。诘旦视之,爨下婢也,知为妇所绐,药园又大笑。延陵大姓,遣一姬,姬能诗,素诵药园句。誓曰:"主人令吾自择配,愿得如丁郎足矣。"阳羡吴参军,与丁世讲也,诡以药园意请约姬,姬许之。丁有侍儿,小字冬青,主讴,善鼓琴。主妇不悦,将遣,府吏纳千金,聘为妇。里媪知其诈,不以告。久之,延陵姬登舟,泣曰:"吾旦夕冀事丁郎,为幕府绐入掖庭,缘已矣。"方扣舷欲堕水,冬青忽至。延陵姬道故,冬青亦泣曰:"吾故主人翁,相对啼不止。"护骑以告,药园废寝食者累月。然药园数得孺子妾,犹鞅望主妇贤,家人多不直丁君。药园郎比部,署中白云司,即王李唱和所也。日作诗,与施大参愚山、宋观察荔裳、严黄门灏亭辈,称燕台七子,诗名满京师。吏人窃其牍换鹅炙,灶下养思染指不获。明日讼于庭,药园复赐吏人鹅炙。时药园官京师,犹守天方教。同舍郎故以猪肝一片置匕箸,吏人以告获免。上方册立西宫,念无娴典礼者,调入东省,兼主客。主客即古典属国也。贡使至,必译问主客为谁。廉知公能诗,以貂皮美玉赂吏人,吏人窃药园诗贶之归国,长安缙绅以为荣。晨入东省,侍郎李公奭棠从东出,药园从中入,瞠目相视,侍郎遣驺卒问讯,药园偕同官趋谢。侍郎笑曰:"是君耶?吾知君短视,奚谢为。"药园退而笑曰:"吾短视,与诗名等。"谪居东,崎岖三千里,邮亭驿壁,读迁客诗,大喜。孺子妾亦喜曰:"得非闻中朝赐环诏耶?"药园曰:"上圣明赐我游汤沐邑,出关迁客皆才子,此行不患无友。"久之,渡辽海,望长白诸山。土人以鱼为饭。粮尽馁而啼,孺子妾慰劳之曰:"卿有友,必箪食迎若。"药园笑曰:"恐如卿言,当先以酒疗吾渴。"至靖安,卜筑东冈,躬自饭牛,与牧竖同卧起。然暇辄为诗,诗益温厚,无迁谪态。国子藩公,闻其名,欲枉见药园,迟不往。一日乘牛车入城,车上执《周易》。骤猝遇藩公节,低头读《易》,不及避。藩公归,语陆子渊曰:"吾今日得遇药园先生矣。"子渊问故,藩公曰:"此间安有车上读书,傲然不顾若此人者乎?必药园无疑也。"嗣此西园飞盖,必延药园饮酒赋诗,礼为上客。然药园初至时,亦困甚。塞上风刺入骨,秋雨雪,山川林木,带白玉妆。河冰合,常不得汲,樵苏不至五日,爨无烟,取芦粟小米和雪啮之。孺子妾辄生子。当尔时,坐茅屋下,日照户,如渥醇酒。畏风,避日亲火。日晡,山鬼遥啼,饥鼯穴语。忽闻叩门

① [清]乾隆《杭州府志》卷九一《人物·孝友·国朝》,《续修四库全书》第703册影清乾隆四十九年刻本,第359页。

声,翩然有喜,童子从隙中窥之,虎方以尾击户,药园危坐自若。腊尽无钱,与迁客磨墨市上,书春联,儿童妇女争以钱易书,后至者不得,怏怏去。其任诞若此。居东,凡五迁,家日贫,诗日富。登临眺览,供其笔墨,作《归斯轩记》以寓意。友人林璐闻之曰:"卿归矣!曩者邯郸道上吕仙祠,即卢生授枕处也。仕宦过者,疾驱去以避不祥。卿典中州试,停车徐步入,道人方坐蒲团不起。卿异之,索笔题壁曰'向翁乞取还乡梦,留得凌云化鹤飞'之句。得非诗谶耶!"贻书报药园,惘然悟。又一年,始归,果如林生言。

韦六象曰:娓娓千余言,读者恐其易竟。药园风流文采,名满海内。鹿庵写生妙手,药园亦当相视而笑。

陈际叔曰:笔墨别有兴会,得之天授,非人力也。药园不朽矣。①

《郭西小志》有"盐桥三丁"条,涉及丁澎、丁溁(作潆)、丁景鸿三人,一并录此:

丁药园,名澎,字飞涛。弟潆、从弟景鸿同居杭城之盐桥。澎与潆步玉公(大绶)所出,景仪、景鸿为步玉后母弟锡绶所出。其先世本西域,南宋迁杭,犹奉西方教。故林鹿庵作《药园外传》有误食猪肝之笑。药园,崇祯壬午举人,顺治乙未进士,官礼部郎中。上方册立西宫,念无娴典礼者,调入东省兼主客司。贡使至译馆,问主客为谁。廉知丁,持紫貂、银鼠、美玉、象犀,从吏人易其诗归国。长安缙绅以为荣。曾与宋荔裳、沈愚山、周釜山、张谯明、严灏亭、赵锦帆称七子,唱酬日下,继王、李西曹觞咏之风。少年即受知陈黄门,与陆京丽、毛稚黄诸公称西泠十子。严灏亭云:"祠部少有《白燕楼》诗,流传吴下,士女争相采摭以书衫袖。"婺州吴器之有句云:"恨无十五双鬟女,教唱君家《白燕楼》。"为时人倾倒如此。后典试中州,惜爱才过甚,不检于例,以试录蒙,谴居塞上五载。卜筑东冈,躬自饭牛,与牧竖同卧起。暇即乘牛车行游紫塞中,执《周易》一卷,吟咏自若。初有子名梓龄,号丹麓,亦有文名,早卒。谪塞外,携妾同行,复生一子。赐环后闭门撰述。著有《扶荔堂文集》二十二卷、《诗集》十二卷、《词》六卷。

潆,字素涵,号天庵。初与毛稚黄合刻诗集。吴梅村《怀药园》诗有"兄弟文章入选楼"之句,知天庵并为名公推重久矣。著有《青桂堂集》、《秉翟词》,又有《青桂堂新诗》。毛稚黄为之序云:"其诗大略以思为主,以才辅之。才与思交纬,而情于是生。"药园与潆书曰:"省弟才藻,远得嘉州。今唯大复,茁彼初英,独抽新楚,亦足了立自豪矣。"

景鸿,字弋云,事兄澎,诗文颇相似。与弟潆相唱和。顺治戊子举于乡。尝结社于两峰三竺间,有鹫峰十六子之订,因号鹫峰。善书画,有求之不得者设酒与饮,饮酣濡墨,缣素立就,或以诗跋纸尾。坐客争攫去,醒即无片纸存者。鸿诗多因画掩。屡

① [清]林璐《岁寒堂初集》卷二《丁药园外传》,《四库全书存目丛书》集部第283影清康熙间武林还读斋刻本,第807—808页。按《虞初新志》也载有此文,文字、措辞略有不同。

蹶公车，作老孝廉三十二年，不得一官。就选至金阊，抑郁而卒。①

《国朝先正事略》载：

丁君名澎，字飞涛，号药园，浙江仁和人。顺治十二年进士，官礼部郎中。少有隽才，与弟景鸿、潆并称三丁。吴梅村赠诗，有“兄弟文章入选楼”之句。早岁有《白燕楼》诗，流传吴下，士女争采摭以书衫袖。婺州吴器之赠诗云：“恨无十五双鬟女，教唱君家《白燕楼》。”其为时倾倒若此。初与同里陆圻、柴绍炳、毛先舒、孙治、张纲孙、吴百朋、沈谦虞、黄昊、陈廷会诸君称西冷十子，通籍后，与宋荔裳、施愚山、张谯明、周釜山、严灏亭、赵锦帆酬唱日下，又号燕台七子。后以事牵累，谪居塞上者五年。卜筑东冈，躬自饭牛，吟啸自若。所作诗，语多忠爱，无怨诽之意，其所养可知矣。著有《扶荔堂集》。②

乾隆《杭州府志》载：

丁澎，字飞涛，号药园，仁和人。顺治乙未进士，官礼部郎中，典河南乡试。罢归，不问户外事，而自娱于文。工为诗，顿挫清壮，有沉郁之思。（《浙江通志》。）年未壮时，即名播江左。其后仲弟景鸿、季弟潆皆以诗名世，目之曰三丁。（林璐《丁药园外传》。）③

光绪《唐栖志》载：

丁澎，字飞涛，号药园。（《浙江通志》。）漳溪人，家于杭。天资颖悟，文名振一时。（《栖水文乘》。）崇祯壬午科举人。（《仁和县志・选举》。）顺治乙未进士。官礼部郎中，典河南试。（《浙江通志》。）科场事波及，放谪，遇赦还家。素贫，当谪塞时，妻子薪水几不给，赖族兄韵含、弟弋云、素涵经纪其家。澎归，（《栖水文乘》。）不问户外事，而自娱于文。工为诗，顿挫清壮，有沉郁之思。（《浙江通志》。）著有《扶荔堂乐府诗集》、《药园诗文集》、《扶荔词集》、《读史管见》、《存笥日抄》行世。（《栖水文乘》。）年未壮，即名播江左。其后仲弟景鸿、季弟潆皆以诗名，世目之曰三丁。（林璐《丁药园外传》。）④

---

① ［清］姚礼《郭西小志》卷十“盐桥三丁”条，周膺、吴晶点校，浙江工商大学出版社，2013 年，第 182—184 页。第三段“与弟潆相唱和”，“潆”原作“濛”，今改。又标点亦略作改动。

② ［清］李元度辑《国朝先正事略》卷三七《文苑・丁药园先生事略》，《续修四库全书》第 539 册影清同治八年循陔草堂刻本，第 69 页。

③ ［清］乾隆《杭州府志》卷九四《人物・文苑・国朝》，《续修四库全书》第 703 册影清乾隆四十九年刻本，第 409 页。

④ ［清］光绪《唐栖志》卷十二《人物・耆旧下》，《中国地方志集成・乡镇志专辑》第 18 册影清光绪十六年刻本，第 173 页。

有关丁潆,光绪《唐栖志》载:

丁潆,字素涵,号天庵,仁和人。有《青桂堂集》。素涵与飞涛澎、弋云景鸿,有盐桥三丁之目。与张步青坛、诸骏男九鼎,有《三子新诗合稿》之刻。毛稚黄评其诗,以为夷犹而静,韶逸而令。景鸿善书,与同里王岳生齐名。又工画。①

有关丁景鸿,康熙《浙江通志》、康熙《杭州府志》、康熙《仁和县志》、光绪《唐栖志》、《两浙輶轩续录》、《历代画史汇传》均有小传,其中《历代画史汇传》所载出自康熙《杭州府志》。② 三种康熙志书,有一定的联系。光绪《唐栖志》自注据康熙《仁和县志》。③ 而林璐撰《丁孝廉寻姬记》则算得是一篇奇文,讲了一个非同寻常的故事。考虑到丁景鸿的相关生平资料比较有限,也予全文转录。《丁孝廉寻姬记》载:

丁孝廉景鸿尝言:初与兄计偕至京师,舟中预作定婚帖,誓各纳一姬。酒酣,益狂叫赋诗。邻舟客疑盗至,呼篙师逐之。抵京师,兄先纳姬。孝廉绕户走,天未曙,叩门召媒妁。媒妁故不出,孝廉立风雪中。数日买一妾,妾姨姊妹俱来如媵。合卺毕,亟趋出,骄兄曰:"妾貌如桃花,恐嫂羞见其颊。"试于礼部,俱报罢,各买舟归。孝廉迟未发,偶饮友人所。夜归,床空矣。询邻媪,媪怒曰:"吾子有妇,宁盗汝妾?"孝廉俯仰左右顾如中酒,徐曰:"得非梦耶?"同年某至,且慰且笑曰:"此间故习也。"忽俯首作思,急牵孝廉袂耳语曰:"卿知石虎张乎? 其人故关外大侠也,张姓,京师呼曰石虎张。鞭雷叱石,呼吸通九天,视卿相,蔑如也。无论豪士,争隶门下,豢养游食、僧丐数千百指。秋官虑囚,行金于张,易以赴西市,无人知者。积财至金穴矣。苟匿其家,虽天子诏奈何?"孝廉颇蹀足,同年曰:"吾归,为尔伺之。贵官某,张弟蓄也,介以问讯。"迟数日,还报曰:"有之,诘朝可通刺。"孝廉喜,怀刺过其门,车填户外。见一老翁裹氊笠,衣敝衣,双目疑盲,然右目瞬瞬掀瞳子刚半视,年已七十矣。手握筹无算,呼车夫运水瓮入。孝廉授老翁刺,愿见主人翁。老翁曰:"小人便是。"迎而入,告以故。老翁笑曰:"失一姬,再买一姬,燕赵佳人多如荠。小人昨买妾,不乐居此,即开后阁驱之去。三千金,一抔土耳。"孝廉强为陈乞,忽拱手曰:"小人无暇。"命其季留馆孝廉。季盛服,广额丰颐,体肥可比安大夫。导孝廉入回廊,徐问曰:"卿钱塘客耶?"至一斋,即别去,但云且居此。数日,稍选一美人,靓妆入揖而坐,不解何故。童子捧茶入,啜茗无语。未几,苍头携酒馔入,语美人曰:"可侑酒,听之。"苍头、童子、美人皆操钱塘音,孝廉讶之。美人曰:"此钱塘寓斋也。辟馆百区,各因其地则从其人,毋相杂处。"顾其壁,悬盛懋《西湖图》,方粲然一笑。日暮,老翁与季皆不至,美人荐枕席,欲侍孝廉南归。巫山有约,几移客子情。诘朝,季至,欣然曰:"吾兄已代君采访矣。荒斋寂寞,欲视洗儿会乎?"导孝廉出,路可半里许,层楼飞阁在焉。季嘱曰:"君但仰视可耳。"即

① [清] 光绪《唐栖志》卷十二《人物・耆旧下》,第173—174页。

② [清] 彭蕴璨《历代画史汇传》卷三四,《续修四库全书》第1083册影清道光五年吴门尚志堂彭氏刻本,第549页。

③ [清] 光绪《唐栖志》卷十二《人物・耆旧下》,第173页。

别去。孝廉仰视虹桥复道，楼阁玲珑，隐隐闻乐声自云中出，渐吹入耳。笙歌队队，沿复道行，执花持节，恍如天女。最后一小儿坐锦车，靓妆婢数十人，簇拥而过。方骇叹间，忽闻哭声鼎沸，裂竹声间之。正四顾错愕，其季忽至，笑曰："无与卿事。适嫂洗儿置车中，将车者攲侧，恐伤儿手，群婢皆受杖，故惊君听。"孝廉返斋，与美人叹息不置。明日，季至，招孝廉曰："欲见妇乎？"至院外，遥望，孝廉指曰："是也。"脉脉不得语。老翁忽至，呼季曰："弟何易视人耶？既至，可归孝廉共饮酒。"孝廉携妾诘问，妾曰："此母兄意也，妾岂杨家侍儿耶？"日与第三夫人同卧起。又问老翁："洗儿为第几男？"妾大笑曰："此木雕婴儿，第三夫人假此迎祥耳。"明日出百金寿老翁，笑不受。携其妾还寓，家僮千人，人人冀得孝廉一缣，茫无以应，夜乘舟遁去。

陆尽思曰：曲折点染，笔有化工，极文章乐事。

受业霍子厚曰：奇事艳笔，可续《虞初》。①

此文称丁景鸿"与兄计偕至京师"，其兄当指丁澎。又称"试于礼部，俱报罢"，则丁澎、丁景鸿此行都是去北京会试的，且都未考中。按丁澎为崇祯十五年(1642)举人，顺治十二年(1655)进士，丁景鸿为顺治五年(1648)举人，未中进士，②则此文所载时在顺治六年(1649)或九年(1652)。

康熙《浙江通志》载：

丁景鸿(字弋云。师事兄澎，诗文绝相似。戊子领乡荐。性恬淡，落拓不羁。善书画，好饮酒。有好事者求之不得，乃设酒召客饮，景鸿欣然入座，浮白大呼。酒酣，濡毫纵意，虽长缣寸纸立尽，或以诗跋纸尾。坐客争攫去，醒则无片纸存者。故其诗多因书画掩。屡蹶公车，就选吏部，非其志也。至金阊，抑郁而卒。其兄澎，弟溁，并以诗著名，世称三丁云。)③

康熙《杭州府志》载：

丁景鸿(字弋云。师事兄澎，诗文绝相似。戊子举乡荐。尝结社于两峰三竺间，有鹫山十六子之订，因号鹫峰。性落拓不羁。善书画，好饮酒。有求书画者不得，乃设酒饮鸿，酒酣，濡毫纵意，缣素立尽，或以诗跋纸尾。屡蹶公车，就选吏部，非其志也。至金阊，抑郁而卒。弟溁，亦以诗名。)④

康熙《仁和县志》载：

---

① ［清］林璐《岁寒堂初集》卷四《丁孝廉寻姬记》，《四库全书存目丛书》集部第283影清康熙间武林还读斋刻本，第822—823页。

② 相关情况出处，参见第三节所引。

③ ［清］康熙《浙江通志》卷四二《方伎·杭州府·皇清》，《中国地方志集成·省志辑·浙江》第2册影清康熙二十三年刻本，第607页。

④ ［清］康熙《杭州府志》卷三二《人物·字学·国朝》，《浙江图书馆藏稀见方志丛刊》第18册影清康熙二十五年刻三十三年李铎增刻本，第49—50页。

丁景鸿,字弋云。师事兄澎,诗文绝相似。戊子举乡荐。尝结社于两峰三竺间,有鹫山十六子之订,因号鹫峰。性恬淡,落拓不羁。善书画,好饮酒。书拟颜、张,画宗大痴、北苑。不治家人生产,以故家甚贫,惟一毛锥自随。尝曰:"童子鸿岂因人热者哉!"名公卿贵游,求书画者概勿与通。有好事者求之不得,乃设酒召客饮鸿,欣然入座,浮白大呼。酒酣,濡毫纵意,虽长缣寸纸立尽,或以诗跋纸尾。坐客争攫去,醒则无片纸存者。故其诗多因书画掩。屡蹶公车,就选至金阊,抑郁而卒。①

《两浙輶轩续录》载:

字弋云,仁和人。澎弟,顺治戊子举人。

孙治《纪略》:丁氏兄弟,诗文雅重艺林。弋云又兼绘事,在李唐、马晋之间。草书神俊,骎骎乎欲度越羊欣、梁鹄矣。

毛先舒《传略》:弋云诗文为书画所掩。作老孝廉三十年,竟不得一官以终。②

有关丁灏,《两浙輶轩续录》载:

字勖庵,号皋亭,仁和人。著《鼓枻集》、《北游草》。③

有关丁元瑛,光绪《唐栖志》载:

丁元瑛,字韵含。崇祯癸未举于乡,留京邸。庚辰,怀宗有不次用人之诏,陛见,授太原忻州知州。时晋氛特炽,旱蝗蔽空,白昼剽掠,杀长吏,劫帑藏,无岁蔑有。元瑛单车就道,驰至,廉知其渠恶,毙之庭下。如是者数十,人始安集。抚军云怡蔡公知其才,事必询之。循资转江西饶州同知,去忻日,士民攀辕者数千人。癸未二月,抵饶江,时叛兵湖贼日炽,地界楚、豫、庐、凤间,山泽牵连,不可扑灭。元瑛以干强自矢,不名一钱。吏有持税羡以献。元瑛曰:"吾知羡为故例,不知为吾例也。"上台知其贤,委署乐平县事。乐民刁健,数持令短长告变。元瑛严惩其主者,皆不寒而慄。乙酉六月,国朝传檄诸将领解散,元瑛以亲老辞归,萧然一肩,由常山抵严州。知闽粤立主不能渡江,依同年邵隐淳安山中。江南平,始返故里,事八旬父母。终其身,寿七十七。里人以忠孝称著,有《寓鸿草》行世。(《栖水文乘》。)④

① [清]康熙《仁和县志》卷十八《人物·文苑·国朝》,《中国地方志集成·浙江府县志辑》第5册影清康熙二十六年刻本,第382页。

② [清]潘衍桐《两浙輶轩续录》卷一,《续修四库全书》第1685册影清光绪十七年浙江书局刻本,第34页。

③ [清]潘衍桐《两浙輶轩续录》卷一,第58页。

④ [清]光绪《唐栖志》卷十一《人物·耆旧上》,《中国地方志集成·乡镇志专辑》第18册影清光绪十六年刻本,第165页。据康熙《德清县志》,丁元瑛(一作模)仁和人,德清籍,崇祯六年癸酉科举人。[清]康熙《德清县志》卷六《选举表·乡科·明》,《中国方志丛书·华中地方》第491号影清康熙十二年抄本,第312页。据雍正《浙江通志》,丁元瑛(一作模)德清人,崇祯六年癸酉科举人。但同书又作(转下页)

有关丁介，光绪《唐栖志》载：

丁介，字欧冶，邑诸生。颖悟沉潜，工词赋，著有《问鹂词》、《玉笙词》。（《栖水文乘》。）欧冶慷慨好持论，以任侠游公卿间。其诗歌乐府，铿金戛石，四方皆艳称之。（丁澎《玉笙词序》。）尤侗曰："西里丁子欧冶，有《问鹂词》，予既为之序矣。无何，复寓其友王子德威书来，以《璧月词》索序于余。余谓丁子曰：'昔西里卓珂月、徐埜君两先生有《词统》一书，予童时即喜读之。今卓君逝矣，徐君巍然独存，风雅嗣音，鼓吹不绝。何西里之多才也！河西善讴，河右善謳，盖有之矣。'"（《栖里景物略》。）①

（二）丁澎家族女性成员的基本史料

前引诸种文献，特别是《丁太公传》、《丁药园外传》二文，已或多或少涉及丁澎家族妇女的情况。因为丁澎家族涌现出多位节妇，地方志中对此类妇女往往有专门的记载，为我们探讨丁澎家族提供一批专门有关妇女的史料，难能可贵。

有关丁大绶父丁明德妻郑氏和丁大绶弟丁锡绶妻沙氏，康熙《浙江通志》载：

丁明德妻郑氏丁锡绶妻沙氏（仁和人。郑，封礼部主事丁大绶之母。二十五岁，明德殁，苦节教子，年九十一寿终。沙氏，贡生丁景仪、举人丁景鸿之母。年二十七岁守节，奉姑孝谨，训子成名，五十四岁而卒。双节并峙，有司额其门曰节坚金石。）②

康熙《仁和县志》载：

郑氏，儒士丁明德妻，封礼部主事丁大绶之母。二十五年苦节教子，年九十一寿终。次媳沙氏，丁锡绶妻，贡生丁景仪、举人丁景鸿之母。年二十七守节，奉姑孝谨，训子成名，五十四岁卒。双节并峙，郡守表其门曰节坚金石。③

（接上页）仁和人，崇祯十三年壬子特赐进士出身。［清］雍正《浙江通志》卷一四一《选举・明・举人》、卷一三三《选举・明・进士》，《景印文渊阁四库全书》第522册，第655、490页。据乾隆《杭州府志》，丁元瑛仁和人，德清贯，任叙州同知。崇祯六年癸酉科举人，系特用出身。进士为特用出身（由贡生），注："按朱彝尊《题名碑跋》：崇正十三年，帝厌薄进士，将下第举人与廷试贡生特用，仿进士例立石题名。"［清］乾隆《杭州府志》卷六八《选举・明・进士》、卷六九《选举・明・举人》，《续修四库全书》第702册影清乾隆四十九年刻本，第672、692页。据同治《湖州府志》，丁元瑛号四维，仁和人，崇祯六年癸酉科举人。［清］同治《湖州府志》十二《选举表・举人・明》，《中国地方志集成・浙江府县志辑》第24册影清同治十三年刻本，第225页。按光绪《唐栖志》此传有二癸未，当有一误。上引康熙《德清县志》等各书及光绪《唐栖志》卷八《选举表》（第131页）均载其为崇祯六年癸酉科举人，则知前一癸未误。

① ［清］光绪《唐栖志》卷十二《人物・耆旧下》，《中国地方志集成・乡镇志专辑》第18册影清光绪十六年刻本，第175—176页。

② ［清］康熙《浙江通志》卷四十《列女・杭州府・明》，《中国地方志集成・省志辑・浙江》第2册影清康熙二十三年刻本，第514页。

③ ［清］康熙《仁和县志》卷二十《人物・节妇・明》，《中国地方志集成・浙江府县志辑》第5册影清康熙二十六年刻本，第412页。

雍正《浙江通志》载:

丁氏二节(旧《浙江通志》:丁明德妻郑氏,年二十五明德殁,苦节教子,年九十一寿终。丁锡绶妻沙氏,年二十七守节,奉姑孝谨,训子成立,五十四岁而卒。人称双节,有司旌其门。)①

所谓旧《浙江通志》,指康熙《浙江通志》。

有关丁大绶妻顾氏,康熙《浙江通志》载:

丁大绶妻顾氏(仁和人,礼部郎中澎母,封宜人。澎六七岁时,顾即教读诗古文。大绶谓非所急,顾咲曰:"所望此子者,岂仅科名耶!"澎既登贤书,益以义方绳之。一日,澎袒服,顾不悦曰:"汝奈何衣冠不正见我?"澎长跪服罪乃已。乙未澎成进士,官仪曹,欲请终养。顾诫之以移孝作忠,语甚切。未几,以中州试录违例被逮,濒行,澎泣辞母,母慨然曰:"儿素清峻,行当自白,何用牵衣为?"后六年,释还。宜人年七十没。)②

康熙《杭州府志》载:

丁太宜人顾氏(仁和人,奉训大夫大绶之妻,礼部郎中澎母也。性贤明秉礼,训课二子严。澎六七岁时,宜人即教以诗赋古文词。奉训谓非儿辈所急,宜人曰:"所望此子者,岂仅掇巍科、给青紫耶!"澎弱冠知名,壬午登贤书。宜人绳以义方,不离膝下。一日,澎外出袒服归,宜人不悦,澎长跪伏罪,候色喜乃已。乙未成进士,官仪曹,以覃恩受貤封。因念二亲春秋高,欲请终养。宜人遗书诫之,曰:"君恩未报,何以家为?移孝作忠,汝宜念之。"未几,丁父艰归。以典校中州试录违例被逮,时同年慕天颜为钱塘令,请宜人与澎作别,宜人弗许,曰:"吾儿素清峻,诣阙当自白,牵衣何为?"乃解所佩环,及木绵深衣布褶袴予之,言且速还也。后澎戍辽左六年,遇赦还。宜人年七十卒。)③

有关丁元瑛妻徐宜人,光绪《唐栖志》载:

徐宜人,字尔芳,海宁人徐伯徵(尝任扬州太守)之女,忻州知州丁韵含之室也。有诗才,工楷法,遒劲如卫夫人。著有《徐宜人全集》。《咏忻署白榴花》曰:"卸却绯衣

① [清]雍正《浙江通志》卷二百三《列女·杭州府·仁和县·明》,《景印文渊阁四库全书》第524册,第480页。又乾隆《杭州府志》亦载,全同雍正《浙江通志》。[清]乾隆《杭州府志》卷一百《人物·列女·仁和县·明》,《续修四库全书》第703册影清乾隆四十九年刻本,第504页。

② [清]康熙《浙江通志》卷四十《列女·杭州府·皇清》,《中国地方志集成·省志辑·浙江》第2册影清康熙二十三年刻本,第521—522页。

③ [清]康熙《杭州府志》卷三三《人物·贤媛·国朝》,《浙江图书馆藏稀见方志丛刊》第18册影清康熙二十五年刻三十三年李铎增刻本,第205页。

雅淡妆，玉音娇艳占春光。朝来错认梨花白，月下还疑茉莉香。素蕊乍开喷玉屑，琼英飘坠碾秋霜。金樽满泛菖蒲酒，惊见榴花似雪狂。”（以上节采《栖里景物略》。）①

有关丁澎妹，《闺秀词钞》录丁氏词二首，并拟有小传：

字一揆，号自闲道人，钱塘人，祠部药园妹。有《茗柯词》。②

有关丁澎妾胡氏，丁澎二子丁梓龄妻严氏、丁榆龄妻唐氏，乾隆《杭州府志》载：

丁氏三节（《题旌册》：胡氏，原任礼部郎中丁澎妾也，主殁，奉嫡室，谨抚子守节四十二年。严氏，丁梓龄妻。唐氏，丁榆龄妻。夫俱早世，孝事姑舅，各立侄为嗣。严守节五十三年，唐守节六十一年。　以上俱乾隆二年题旌。）③

关于丁谦妻王氏和丁寅亮妻杨氏，乾隆《杭州府志》载：

丁氏二节（《题旌册》：王氏，丁谦妻，年二十八而寡，事继姑，抚侄寅亮为子。娶杨氏，而寅亮殁。杨年二十九，事孀姑，抚子。子夭，继嗣又亡，复抚侄孙为子。后王守节四十四年卒，杨守节四十三年卒。　以上止于丁氏附题，余俱正题，乾隆四十四年旌。）④

二、丁澎家族系谱重构

虽然有关丁澎家族成员的历史记载比较丰富，但是现在缺乏仁和丁氏的族谱资料，其他各类文献的记载，还是有人物名字、人物亲属关系的记载不一致之处需要加以辨析，人物亲属关系、人物生卒年等各方面的情况也需要加以考证。以下主要对这两方面的情况作出考辨，以重构丁澎家族谱系。（所得谱系表，参见表一）

（一）人物名字问题的说明

相关人物的名称，文献记载略有不同，在此略作说明：

第一，丁大绶异母弟，雍正《浙江通志》、乾隆《杭州府志》作“锡”，康熙《杭州府志》、康熙《仁和县志》作“锡绶”，考虑到丁大绶之名，并且两种康熙志成书在前，取“锡绶”。

第二，丁澎，有的文献作丁鹏，⑤不确，丁澎兄弟名均有水旁。

① ［清］光绪《唐栖志》卷十三《人物·列女》，《中国地方志集成·乡镇志专辑》第18册影清光绪十六年刻本，第212页。

② ［清］徐乃昌辑《闺秀词钞》卷七，清宣统元年小檀栾室刻本。

③ ［清］乾隆《杭州府志》卷一百《人物·列女·仁和县·国朝》，《续修四库全书》第703册影清乾隆四十九年刻本，第522页。

④ ［清］乾隆《杭州府志》卷九九《人物·列女·钱塘县·国朝》，第485—486页。

⑤ 《天方至圣实录》所录《天方圣教序》，署“钱唐药园丁鹏撰”。

第三,数种杭州方志载丁澎有弟名溁,或作[illegible]。从早期的记载如丁澎《与九弟溁》,① 以及林璐《丁太公传》和《丁药园外传》二文均作溁看,另外的写法有可能为讹字。

第四,丁灏,有的文献作丁灝。如其文集《鼓枻文集》署"仁和丁灝勖庵著",所撰《〈天方性理〉书序》署"康熙壬辰夏皋亭七六老人丁灝漫题于冶城清隐石室",康熙壬辰当五十一年(1712)。又丁灏《〈退谷文集〉序》署"康熙五十有七年岁在戊戌仲春之吉仁和同学弟丁灏顿首题于冶城清隐石室时年八十有二",②与《〈天方性理〉书序》一致,可以判断为同一人。也许灏、灝二名实际是同时使用的,以下行文姑且用丁灏。可以确定丁灏生于崇祯九年(1636),而康熙五十七年(1718)八十二岁高龄时还在世。丁灏的年龄要比丁澎小十多岁。而丁景仪的生年要早于丁澎。显然,丁灏不是丁景仪或丁景鸿。

第五,丁元瑛,光绪《唐栖志》一作元瑛,一作元模,其他地方志抑或作元瑛,或作元模。未知孰是,暂且统一作元瑛。

(二) 人物亲属关系的确定

相关人物的亲属关系,文献记载略有不同或者不够明确的,以下几点需要说明:

第一,丁澎同辈四人,据《丁太公传》,按其年岁大小排列,分别是景仪、澎、景鸿、溁。据康熙《仁和县志》,景仪、景鸿为丁锡绶所出。但是还有不少记载说丁景鸿是丁澎之弟,如前引《国朝先正事略》,如《两浙輶轩续录》;还有称丁溁是丁景鸿之弟的,如前引康熙《杭州府志》。从具体的名字看,景仪与景鸿为亲兄弟、澎与溁为亲兄弟的可能性最大,也和前引康熙《仁和县志》所载同,并且康熙《杭州府志》也明载丁景鸿为丁大绶弟之子。所以后列"明末清初丁澎家族世系表"照此列出。

第二,《扶荔堂诗集选》卷四之末有"男丁梓龄丹麓、丁榆龄紫厓同校,孙丁焻远观光正字"字样,③《扶荔堂文集选》卷七之末有"男丁辰槃北升重校,孙丁坤、乾、谦、震正字"字样,④《扶荔词》目录首题下有"男梓龄丹麓、榆龄紫厓校"字样,卷三之末有"孙丁焻远观光校订"字样。⑤ 丁澎孙辈都为三子丁辰槃所出。丁辰槃有二子分别过继给了两位兄长丁梓龄和丁榆龄。康熙《杭州府志》列"续修杭州府志姓氏",担任分编有"杭州府仁和县学增广生员丁焻远"。⑥ 姑且把以上两种书中的校字者的信息理解成丁辰槃有五子,分别是坤、乾、谦、震、焻远。

第三,丁澎至少有两个女儿,一嫁顾永年;一嫁孙氏,生子宏。顾永年,字九恒,号桐

---

① [清] 丁澎《扶荔堂文集选》卷七《与九弟溁》,《清代诗文集汇编》第78册影清康熙五十五年文芸馆刻本,第534页。

② [清] 丁灏《〈退谷文集〉序》,载[清] 黄越《退谷文集》卷首,《四库全书存目丛书》集部第264册影清雍正五年光裕堂刻本,第563页。

③ [清] 丁澎《扶荔堂诗集选》卷四,《清代诗文集汇编》第78册影清康熙五十五年文芸馆刻本,第388页。

④ [清] 丁澎《扶荔堂文集选》卷七,第530页。

⑤ [清] 丁澎《扶荔词》,《续修四库全书》第1724册影福建省图书馆藏清康熙间刻本,第603、645页。多洛肯、胡立猛两位先生称《扶荔词》卷末有"孙丁谦、乾、坤、震校"字样(多洛肯、胡立猛《〈中国回族文学史〉中清初诗人丁澎生平考辨》,《民族文学研究》2011年第6期)。但查此本未检得相关信息。

⑥ [清] 康熙《杭州府志》卷首,《浙江图书馆藏稀见方志丛刊》第12册影清康熙二十五年刻三十三年李铎增刻本,第499页。

村，仁和人，钱塘籍。康熙二十四年（1685）乙丑科进士，官甘肃华亭知县。有《长庆堂集》和《梅东草堂集》。① 《梅东草堂诗集》九卷今存，《清代诗文集汇编》第152册影清康熙刻本。孙宏，字卫郊，号南楼，钱塘诸生。著《南楼诗存》。②

第四，丁澎有一子娶钱塘顾王家女。顾王家，字翊明，官汝州从事。崇祯十三年，与子顾国死于李自成起兵时。③ 丁澎三子，早卒之二子，分别娶严氏、唐氏，因此顾氏以三子辰槃妻的可能性最大。

（三）人物亲属关系的估计

还有的人物，亲属关系不能完全确定，以下尽量作一些估计，以便重构的家族系谱能够有所反映：

第一，丁灏其人。杨大业先生认为丁澎有一弟灏，字勖庵，有《鼓枻文集》传世。理由是集前胡在恪序云："余与勖庵伯氏飞涛同籍。"④杜浚《鼓枻集序》（载杜浚《变雅堂文集》卷一）云："近今复有飞涛、勖庵兄弟并以才藻知名当世，世亦以二丁称之。"⑤多洛肯、胡立猛两位学者认为丁灏是丁澎族弟。⑥ 古人所称兄弟，常常不一定是指同父所出的兄弟，指堂兄弟乃至族内兄弟辈的关系都很常见。丁澎有亲弟丁溁、堂弟丁景鸿，但是事迹和丁灏都不能一致。丁灏又明确为杭州人，活动在清初。我倾向于丁灏并非是丁澎的亲弟或堂弟（具体理由见后文关于诸人的生卒年的讨论），而是迁居杭州的丁氏同族兄弟。从丁灏名字作水旁，各种记载都称他与丁澎为兄弟看，亲属关系也不应太远。因为丁澎父丁大绶只有一弟二子四孙，估计丁灏有可能是丁大绶父丁明德某一兄弟的孙子辈。丁澎称亲弟溁为"九弟"，⑦正是因为同宗的同辈还有其他的兄弟，丁灏即为其中之一。"明末清初丁澎家族世系表"姑且将之列出，以便讨论中参考。

第二，丁介其人。字于石，号欧冶，为丁澎侄。⑧ 从很早丁澎就为他的词集作序看，是丁澎堂兄丁景仪之子的可能性为大，因此暂且将之列为丁景仪之子。

第三，清乾隆八年（1743）丁士绅撰《重修真教寺碑记》，碑文云："康熙九年曾叔祖药园

① ［清］吴颢汇录《国朝杭郡诗辑》卷三，清嘉庆五年守惇堂刻本，第十三叶上；［清］吴颢辑、吴振棫重编《国朝杭郡诗辑》卷四，清同治十三年钱塘丁氏刻本，第二十四叶上。［清］丁丙藏、丁仁编《八千卷楼书目》卷十七《集部・词曲类》，《续修四库全书》第921册影民国十二年铅印本，第334页。也有认为其一字桐村的。［清］阮元、杨秉初等辑《两浙輶轩录补遗》卷二《顾永年》，《续修四库全书》第1684册影清嘉庆刻本，第550页。

② ［清］阮元《两浙輶轩录》卷十二《孙宏》，《续修四库全书》第1683册影清嘉庆仁和朱氏碧溪草堂钱塘陈氏种榆仙馆刻本，第448页。［清］吴颢汇录《国朝杭郡诗辑》卷六，清嘉庆五年守惇堂刻本，第十六叶下。

③ ［清］丁澎《扶荔堂文集选》卷九《汝州从事顾翊明公传》，《清代诗文集汇编》第78册影清康熙五十五年文芸馆刻本，第547—548页。

④ 查原书作"余与勖庵伯氏飞涛南宫同籍"。

⑤ 杨大业《明清回族进士考略》，宁夏人民出版社，2011年，第470页。

⑥ 多洛肯、胡立猛《清初著名回族诗人丁澎生平补考》，《西北民族研究》2013年第3期。

⑦ ［清］丁澎《扶荔堂文集选》卷七《与九弟溁》，《清代诗文集汇编》第78册影清康熙五十五年文芸馆刻本，第534页。

⑧ ［清］丁澎《扶荔堂文集选》卷十一《〈问鹂词〉跋》，第568页。［清］王昶辑《国朝词综》卷十二《丁介》，《续修四库全书》第1731册影清嘉庆七年王氏三泖鱼庄刻增修本，第101页。

公序源流，详本末，镌之于石，较前称极盛焉。”从亲属关系看，最有可能为丁景仪、丁景鸿兄弟之一的曾孙。但是从时代看，丁士绅乾隆初年已能撰碑，如果以此时他30岁记，出生在30年前，再上推三代60年，在1653年，因为丁景仪比丁澎年长，丁澎出生于1622年，1653年丁景仪已经超过31岁。看来丁士绅完全有可能是丁景仪的曾孙，故称丁澎为曾叔祖。当然，也不排除是丁景鸿曾孙的可能。姑且将之列作丁景仪曾孙。

第四，“王氏，丁谦妻，年二十八而寡，事继姑”，“继姑”即其丈夫的继母，说明丁谦的生母已卒，其父丁辰槃另娶他人。

第五，光绪《唐栖志》之丁澎传提到丁澎有族兄韵含，此人即丁元瑛。丁韵含最有可能的还是丁澎祖父丁明德兄弟的孙辈，姑且将他列出。

（四）人物生卒年代的考定与推算

关于人物的生卒年代及生活的具体时代，可考的有：

第一，丁大绶，据《丁太公传》、康熙《仁和县志》，卒于顺治丁酉十四年(1657)。

第二，丁锡绶，据康熙《仁和县志》，“以应庚午乡试，攻苦积劳致病，绶衣不解带，视汤药，疾益亟”，应试而病重，大约可以认为就卒在庚午年(崇祯三年，1630年)，在丁大绶卒前。

第三，丁澎，其生年，据《顺治十二年乙未科会试三百八十五名进士三代履历便览》，明确可知为壬午年(天启二年，1622年)二月十七日生。其卒年，讨论较多。杨大业先生提及丁澎为米万济《教款微论》作序在康熙三十年(1691)，又据丁澎子辰槃(写作盘，误)康熙五十五年(1716)所撰《扶荔堂跋》云“先大夫弃世二十有余载”，推测其卒年“在康熙三十年(1691)以后，享年七十以上”。① 多洛肯、胡立猛两位先生据丁澎子辰槃康熙五十五年(1716)所撰《扶荔堂跋》和丁澎妾胡氏在丁澎过世后守节四十二年于乾隆二年(1737)得到旌表，“认为丁澎卒于1691年之后，至晚不晚于1696年”。② 几位学者引用了现在可以考证丁澎卒年的三条主要资料，分别罗列如下，并作综合分析：

据第一条史料，丁澎为米万济《教款微论》作序，署“康熙辛未嘉平谷旦礼部祠祭清吏司郎中仁和丁澎拜题”。康熙辛未即三十年(1691)。则丁澎卒于康熙三十年(1691)之后。

据第二条史料，丁辰槃康熙五十五年(1716)所撰《扶荔堂跋》云“先大夫弃世二十有余载”，以康熙五十五年(1716)丁澎过世二十余年(21年至29年)计，丁澎卒在康熙二十七年(1688)至康熙三十五年(1696)之间。

据第三条史料，丁澎妾胡氏在丁澎过世后守节四十二年，于乾隆二年(1737)得到旌表，如果这是胡氏在世时，则乾隆二年上推42年，为康熙三十五年(1696)。如果胡氏卒后再旌，则丁澎卒年要在康熙三十五年(1696)之后了，与上条不合。

综合起来，取丁澎卒于康熙三十五年(1696)。

第四，丁景仪，年长于丁澎，《丁太公传》谓“公(指丁大绶)后季三岁，又生男”，则丁澎小丁景仪三岁，知丁景仪出生于万历四十七年(1619)。

---

① 参考杨大业《明清回族进士考略》，宁夏人民出版社，2011年，第469—470页。

② 多洛肯、胡立猛《〈中国回族文学史〉中清初诗人丁澎生平考辨》，《民族文学研究》2011年第6期。

第五，丁景鸿，友人毛先舒谓“作老孝廉三十二年，不得一官，竟以游死”，①按其中举在顺治七年(1650)，则卒在康熙十六年(1681)。

第六，丁梓龄、丁榆龄兄弟，据丁梓龄妻严氏守节五十三年、丁榆龄妻唐氏守节六十一年，于乾隆二年(1737)得到旌表，从乾隆二年分别上推 53 年、61 年，可以得到丁梓龄卒于康熙二十四年(1685)、丁榆龄卒于康熙十六年(1677)。

第七，《郭西小志》载丁澎先生一子梓龄，后谪居塞上时妾又生一子，妾即胡氏。按丁澎谪居辽宁开阳堡在顺治十六年(1659)，康熙二年(1663)归里，②则此子出生当在此间。按照《郭西小志》的叙述，应该是丁榆龄。考虑到丁辰槃是丁澎晚年所得一子，如果在丁辰槃与丁梓龄、丁榆龄之间另有一子，丁辰槃跋中也会提到，那么丁澎蛰居时所生子只能是丁榆龄。上面考证了丁榆龄卒于康熙十六年(1677)，那么他过世时大约为二十岁。

第八，丁辰槃，据其《扶荔堂跋》云“辰生命不偶，两兄蚤逝，仅存予季。年才五龄，苦遭祠部先大夫见背。未及再期，诰封宜人顾嫡母亦亡”，③前考丁澎卒于康熙三十五年(1696)，则丁辰槃生于康熙三十一年(1692)，其母顾氏卒于康熙三十六年(1697)。

第九，丁元瑛，光绪《唐栖志》载其乙酉(顺治元年，1645 年)之后返归故里，事八旬父母，又载其终年七十七岁。丁元瑛中举人在崇祯十六年(1643)，如果估计此时他三十岁，则其卒在康熙二十九年(1690)，生在万历四十二年(1614)。年岁仍要长于丁澎。

Collection of Sources on Ding Peng Family, a Hui Family lived in Hangzhou city in the Late Ming and Early Qing Period and Reconstruction of Ding Family's Family Tree

Yang Xiaochun, Nanjing University

Abstract: Based on the former studies, this article collects the basic sources of Ding Peng's (丁澎) family, who is a Hui-Muslim family lived in Hangzhou city in the late Ming and early Qing period, and made necessary analysis and research to the names of his family, their years of birth and death, the relationships of Ding's family members, and so on. The last, this article provides a reconstructed family tree of Ding with more than 30 family members.

Key words: Ding Peng (丁澎); Family; Family Tree; Hangzhou City; Hui People; Muslim

(本文作者为南京大学历史学院教授)

① ［清］毛先舒《思古堂集》卷三《题丁弋云画》，《四库全书存目丛书》集部第 210 册影清康熙间刻思古堂十四种书本，第 813 页。按《两浙輶轩续录》引毛先舒《传略》作“三十年”，毛先舒撰《传略》，不载《思古堂集》及《巽书》，暂取“三十二”。

② 多洛肯、胡立猛《〈中国回族文学史〉中清初诗人丁澎生平考辨》，《民族文学研究》2011 年第 6 期。

③ ［清］丁澎《扶荔堂文集选》卷首，《清代诗文集汇编》第 78 册影清康熙五十五年文芸馆刻本，第 447 页。

表一 明末清初杭州回族丁澎家族世系表

（凡用虚线相连者，表示亲属关系出于估计；名字后加＊者，表示此人未必确在此处。）

- 丁相
  - 丁明德（儒士。妻某氏、郑氏。）
    - 丁大绶（？－1657年）（字步玉。生员。赠礼部主事。某氏出。妻顾氏，封宜人。）
      - 丁澎（1622－1696年）（字飞涛，号药园。进士。官礼部郎中。妻顾氏（卒于1697年），妾胡氏。）
        - 丁梓龄（？－1685年）（字丹麓。早卒。妻严氏。）
          - 丁坤*（侄，过继。）
        - 丁榆龄（？－1677年）（字甍匡。早卒。母胡氏。妻唐氏。）
          - 丁乾*（侄，过继。）
        - 丁辰衆（1692－？年）（字北升。母胡氏。妻顾王家女。）
          - 丁坤（过继丁梓龄*。）
          - 丁乾（过继丁榆龄*。）
          - 丁谦（早卒。妻王氏。）
            - 丁寅亮（侄，过继。早卒。妻杨氏。）
              - 子（夭。）
              - 子（过继，亡。）
              - 子（侄孙，过继。）
          - 丁震
          - 丁焻远（字观光。）
        - 女（婿顾永年，字九恒，号桐村。仁和人。进士。）
        - 女（子孙宏，字卫郊，号南楼。诸生。）
      - 丁渫（字素涵，号天庵。或作素园。）
      - 女（字一揆，号自闲道人。）
    - 丁锡绶（？－1630年）（生员。郑氏出。妻沙氏。）
      - 丁景仪（1619－？年）（贡生。）
        - 丁介*（字于石，号欧冶。诸生。）（虚线）
          - ［空格］（虚线）
            - 丁士绅*（虚线）
      - 丁景鸿（？－1681年）（字弋云，号鹭峰。举人。）
  - ［空格］（虚线）
    - ［空格］（虚线）
      - 丁元瑛*（字韵含，号四维。妻徐氏，封宜人。）（虚线）
    - ［空格］（虚线）
      - 丁灏*（1636－1718+年）（字勖庵，号皋亭。）（虚线）

清朝入关前文书体裁的演变*

庄　声

提　要： 16世纪末，女真文字被摒弃多年之后，女真人依回鹘式蒙古文字又一次创制了新的文字——满文，由此开始用满文记录自己的历史。但是，在国际关系交往中依然使用汉文或蒙古文文书，女真文化中呈现出前所未有的复杂性和多元化。皇太极即位以后，积极推行多元文化政策，强调文化上的平等以及对异文化的尊重。国际关系上坚持推崇多元文化政策，对外文书也逐渐趋向于文言，文辞也显得典雅流丽，由此促进了入关前辽东社会中多元文化的平等发展。

关键词： 女真　满文　天聪　崇德　翻译

绪　言

12世纪，建立金朝的女真人①依契丹文字创制了女真文字，金朝统治华北地区虽然仅有一百多年，可是女真文字的使用历史长达三百多年，直到15世纪中叶才逐渐退出历史舞台。现存的女真文字史料有金石刻辞等，还有明代四夷馆编纂的《华夷译语》中所收的文献资料。15世纪中叶，受到蒙古文化的影响，女真人逐渐用蒙古文字替代女真文字与周边政权交往。② 文化是不受边界的限制，跨空间、跨地域地进行广泛的传播和交流的。成吉思汗将东北亚地区分封给诸弟，是女真人受蒙古人统治的开始。其实蒙古与女真在政治文化上的相互影响源远流长，早在金代蒙古部落首领，包括成吉思汗及其父祖就从金朝皇帝获得官号，在政治文化上受女真人影响也较大。明朝以后女真人受蒙古文化的影响逐渐上升，明代四夷馆《高昌馆课》中就遗留了许多当时女真人用蒙古文字书写的奏文，就是受蒙古文化影响的结果。③ 1599年，努尔哈赤命额尔德尼巴克什等以回鹘式蒙古文字创制满文，就可以证明女真人受蒙古文化的影响至深是不言而喻的。

---

* 本文为国家社会科学基金项目“清代满文档案东北盛京地区生态环境变迁资料翻译与研究”(项目号：17BZS090)的阶段性成果。

① 天聪九年十月，皇太极将女真改为满洲，本文中将改前部族名称之为女真，改后部族名称之为满洲。关于部族名女真改满洲的研究，参见，(日) 冈田英弘《清初の満洲文化におけるモンゴル的要素》，《清代史论丛：松村润先生古稀纪念》，汲古书院，1994年，第19—33页；后又收入《モンゴル帝国から大清帝国へ》，藤原书店，2010年，第441—451页；另，参见庄声《锡伯超默里根问题考辨》，《西域历史语言研究集刊》第7辑，2014年，第427—441页。庄声《帝国を創った言語政策——ダイチン・グルン初期の言語生活と文化》，京都大学学术出版会，2016年，第27—53页。

② 《李朝实录》卷一五九成宗14年10月丙子，第114页：野人赵伊时哈等八人辞，命都承旨李世佐赐酒，仍问曰：“汝卫男婚女嫁，何以为礼？”答曰：“男往女家。”又问：“我殿下今送谕书于汝卫，有识字者乎？”答曰：“朝鲜文字虽或不知，蒙古书则多有知之者。”

③ 达力扎布《明代漠南蒙古历史研究》，内蒙古文化出版社，1997年，第261—262页。

15世纪至16世纪中叶,建州女真和朝鲜之间往来文书,通常采用女真文或蒙古文书进行交涉。① 17世纪初,东亚地区依然遵从着汉字文化圈的自然秩序,国际间交流主要以汉字为传意媒介,其中也包括女真人在内。17世纪中叶以后在国际关系以及外交文书方面,还一时出现过满文文书圈。② 关于清朝入关前的女真人对外文书使用情况,1997年,河内良弘分析指出:"明代早期的女真人在表面上主要使用女真文字书写的朝贡表文与明朝交往。而宣德年之后,针对女真的谕旨明朝和朝鲜逐渐改用汉文。虽然女真寄给朝鲜的文书中女真文文书的用例无法得到确认,但是蒙古文和汉文文书的用例可以得到确认,其中汉文文书的内容非常幼稚。"③显然,河内良弘关注到明代女真人书写汉文文书的体裁的特点和演变。1998年,庄吉发研究表明:"女真人对朝鲜行文时使用汉字书写,金国大海等人兼管满汉文书的翻译,满文书信先译出汉文,然后发出。"④明确指出了明末清初的女真人与周边交涉时,文书先以满文起草然后译成汉文发出。2000年,村田雄二郎则主张:"努尔哈赤和皇太极在位时期,诏书、奏章、祭文等所有文书均以满文书写。"⑤虽然,村田雄二郎总结了入关前文书的形成过程,可是他忽略了《奏疏搞》和《各项稿簿》(京都大学人文科学研究所图书馆藏晒蓝版)中收录的汉文文书,以及在中国第一历史档案馆和台北中研院史语所等机构收藏的各类入关前蒙古文文书的存在。庄吉发对译成汉文的文书文本体裁也一概未提。因此,本文将重点分析努尔哈赤建州卫时期和皇太极即位之后的执政期,其外交文书生成的特点,以及明末清初辽东社会多元文化产生的背景和发展状况。

一、努尔哈赤时期的文书特点

万历四十四(1616)年,努尔哈赤建立了以女真人为统治主体,以国号为爱新国(aisin gurun),年号为天命(abkai fulingga)的独立政权,以此为基础开创了建立东亚大帝国的历程。努尔哈赤举兵兴起初期身边有不少来自明朝的所谓文人,这些文人给女真子弟教授知识,同时也参与起草对外文书的事务,女真人称他们为"师傅"或"郎中",有时也称呼为"外郎"。显然,这些称呼均来自汉语借词。对这些来自明朝的文人的评价,朝鲜人的记录里普遍是贬多于褒,主要观点集中在外交文书中的措辞上。其实,这些汉人在少年期被绑架到女真地方的居多,他们无非在中原地区读了几年书而已,知识文化远不及受到专业训练的朝鲜文人,所以朝鲜人再三强调文书上的措辞问题也是理所当然的。

明朝与朝鲜进行交涉时,主要由鸿胪寺的朝鲜译官,即东宁卫的朝鲜人承担处理外交

---

① (日)河内良弘《明代女真史の研究》,同朋社,1992年,第464、530、709页。

② (日)渡边美季、杉山清彦《近世后期东アジア通交管理と国际秩序》,桃木至朗编《海域アジア史研究入门》,岩波书店,2014年,第126—127页。

③ (日)河内良弘:《明代女真の外交文书について》《东方学论集东方学会创立五十周年纪念》,1997年,第471—472页。

④ 庄吉发《从朝鲜史籍的记载探讨清初满洲文书的翻译》,《清史论集》3,文史哲出版社,1998年,第23—24页。

⑤ (日)村田雄二郎《ラスト・エンペラーズは何語で話していたか?》,《ことばと社会》3,2000年,第8页。

事务。而努尔哈赤时期与朝鲜进行交涉时，所使用的外交语言不是满语就是汉语。① 虽然传世史料中关于努尔哈赤与周边交往的信函遗存不多，但是我们还是能够在朝鲜史料中找到一封万历三十三年(1605)，寄给朝鲜满浦地方官员的文书，其内容就有所谓的措辞问题(文中＊表示文中抬头)：

(「胡书」)

我建州等处地方国王佟*，为我二国听同计议事，说与满浦官镇节制使，知道你二国讲和缘由我也听见，若要和事讲和罢。讲和事完不肖贴代我还未完事，我朝鲜*吃亏伤心，我们二国伙同计议看何如。我也知道你朝鲜伤心，我与你一心，以定*不信我。那人我养活命放去了，你朝鲜不信，那人我养活放去是实。养狗有恩，养人无恩，他与我多伤心。你朝鲜怎得知道，这缘由我吃亏。你朝鲜若不信，当天盟誓，要与＊天朝

皇上

知道，有谁人押派我。有四名高丽，未，芽龙江和事到我夷地来了，遇南朝通事董国云*，有抚镇文移未验贡，缘由赉送眼同面前，我言答缘由。这就是回答言语，仲文，＊天朝上司知道，不要泄露肖悉*，有上年你高丽*我夷人些小所碎，以后行要不良人役我尽都斩了，为例。有反国之人十四名高丽人口我得获，差不正都有义你进送满浦城内。有你山木石哈儿把城*内马一匹，有夷人苏并革挐来我听见，好国之人马匹怎挐来，将苏并革绑挐，解送山木石哈儿把城内杀死，为例。我与朝鲜取和气，得获人役马匹进送原巢，将恶人这斩杀了，这缘由我里边不知事。小人国王这等好，有高丽以定与我们二国和气了。高丽地方说有人参许多，有参儿骑马走山，梁马镫红窗参去的四十名夷人尽都杀了。把他绑挐送与我，我也斩他生命。如今有你高丽过江来，我挐者杀了，我夷人过江去，你高丽挐者杀了，还事反国一样。有我夷人过江去出，你绑挐解送与我，我也决处。若要不斩、我的不是。有这样混徒凶恶之人，将礼代他，也不知道，不斩他也不怕改心。事若否可用，唐跑马非送。

万历三十三年十一月十一日。②

《事大文轨》主要收录了朝鲜宣祖和光海君时代，来自明朝、日本、琉球、满洲的外交文书。③ 明末女真与朝鲜来往文书，能够遗留下来的原文书几乎没有。特别是努尔哈赤时期对外文书在相对缺乏的情况下，该文书得以保存在朝鲜文献中。通过内容可以看出努尔哈赤时期的文书特点，与通常汉文文书的文法结构有很大差异。虽然女真人用汉文叙述了与朝鲜边境存在的问题，以及两国人员来往的实际情况，但文书文法很明显受到了女真语的影响，以下我们逐一分析信函中的难解词汇：

---

① (日)藤本幸夫《清朝朝鲜通事小考》，《中国语史の资料と方法》，高田时雄编，京都大学人文科学研究所，1994年，第255—290页。

② 《事大文轨》卷四六，第29—30页。关于《事大文轨》研究参见中村栄孝《日鮮関係史の研究》(中)，吉川弘文馆，1969年，第385—408页。

③ (日)中村栄孝《日鮮関係史の研究》(中)，吉川弘文馆，1969年，第385—408页。

【注释】:

人物:

(1) 国王佟:国王满语写 gurun i ejen,国主之意;佟即指努尔哈赤早期的姓,满文写 tunggiya。通常朝鲜史料称努尔哈赤为老乙可赤、老可赤、老罗赤、奴儿哈赤、老酋等;明朝史料称之为佟奴儿哈赤,①也写作奴儿哈痴。② 据三田村泰助考证,tunggiya 是 tung 和 giya 的合成词,giya 与汉语家对音,女真人以汉姓自称时添加的词。明代佟氏女真人最早开始接触汉人,是女真社会中最文明,也是最受明朝关注的氏族。努尔哈赤离家出走以后,极有可能得到了佟氏的庇护,他最初的夫人就是佟氏之女。哈达部在万汗统治时期,父亲塔古世娶了万汗的养女,由此努尔哈赤的命运也就发生了改变,佟奴儿哈赤也就是这个前后出现的称呼。建州卫作为前金代宗室之裔称金为姓,而建州左卫董氏猛哥帖木儿在朝鲜史料被称为夹温,其实与 gioro 对音。再,建州右卫是由左卫分出设置,所以本身就是属于 gioro 氏。佟姓身份因为不是很高贵且又过于贫民化,所以努尔哈赤举兵兴起以后,首先改姓为爱新觉罗。③ 努尔哈赤统一女真各部之后,建立了国号为爱新国(aisin gurun)的独立政权。为了顺应女真人中的最高地位,也作为金的后继者,故觉罗冠以表尊贵之意的爱新(金)一词。④ gioro 一词据《御制清文鉴》记载:"ninggun mafia juse omosi be gioro sembi fulgiyan umiyesun umiyelembi/六祖之子孙称觉罗,系红腰带。"在天聪九年(1635)制定了六祖子孙系红腰带的法令:"汗之谕:礼部贝勒曰:属下众人无知,为制止肆行谩骂汗宗室之人,以红腰带别之。避免上下之称谓颠倒,故分别名号,先汗庶子称阿哥(agū),六祖子孙称觉罗(gioro)。凡称谓者,称其人原名某阿哥,某觉罗。六祖子孙皆系红腰带,他人勿得系红腰带。凡系红腰带者相斗,不得詈及父祖。若有互相斗殴揪脖领者,其人之便不以互相斗殴为由而问罪。若以斗殴缘故告法司,是非之事应以该当之罪问之。若知系红腰带而詈父祖者,詈者科以死罪。若詈不系红腰带者无罪。"⑤显然系红腰带者为六祖子孙,而称 agū/阿哥者,皆为努尔哈赤直系子孙,明确划分了与六祖子孙之间的身分差异关系。又,据《御制五体清文鉴》记载:与 gioro 一词对应的回语为"نارينجى فوتا(narinji puta)"意为"金黄色腰带",而 uksun/宗室的对应语为"سيريق فوتا(serikputa)",⑥即"黄色腰带"之意。

(2) 四名高丽:即 1595 年末,访问建州女真的朝鲜使臣申忠一、乡通事罗世弘和河世国等一行。其中申忠一著有《建州纪程图记》。

---

① 《皇明职方地图》,陈组绶辑,京都大学文学部图书馆藏。

② 乌云毕力格《十七世纪蒙古史论考》,内蒙古人民出版社,2009 年,第 48 页。

③ (日)三田村泰助《清朝前期研究》,同朋舍,1965 年,第 19—22 页。

④ (日)神田信夫《清朝史论考》,山川出版社,2005 年,第 10—11 页。另,《八旗满洲氏族通谱》卷十二:觉罗氏:觉罗为满洲著姓,内有伊尔根觉罗、舒舒觉罗、西林觉罗、通颜觉罗、阿颜觉罗、呼伦觉罗、阿哈觉罗、察喇觉罗等氏。其氏族蕃衍各散处于穆溪、叶赫、嘉木湖、兴堪、萨尔虎、呼讷赫、雅尔湖、乌喇、瓦尔喀、松花江、阿库里、佛阿喇、哈达、汪秦及各地方。

⑤ 《满文原档》第九册,天聪九年正月二十六日,第 53—54 页(《旧满洲档案·天聪九年》,东洋文库,1972 年,第 42—43 页)。

⑥ 回语转写参见《五体清文鉴译解》,京都大学文学部内陆アジア研究所,1966 年。

(3) 董国云：在《建州纪程图记》中以唐通事的身份出现，《满文原档》中称他为董通事。又，据《明实录》记载："居民告垦，自万历十三年间已有之，二十八年间，复委官传调夷人公同踏勘，以居民现住为界，楫与成梁欲以此数万人援招回之例，冒邀封荫，遂假通事董国云之口，以奴酋索地为名，驱迫人民渡江潜避，此驱回人口之大略也。奴酋既安坐而得数百里之疆，而知我之所急在贡也。曰：必为我立碑，则许之立碑；必依我夷文，则许之刻夷文；必副将盟誓则又许之；必立碑开原，则又许之。今其碑文，有所谓你中国我外国，两家、一家者种种悖谩，此界碑之大略也。"①

别字：

(4) 以定："一定"的别字。

(5) 肖悉："消息"的别字。

地名：

(6) 山木石哈儿把城：女真人是依照朝鲜语字音记载的朝鲜地名，即"三水加乙波知(삼수가을파지，samsukaulpaji)"。三水是朝鲜世宗二十八年设立的郡，属咸兴道右翼管辖；②据朝鲜地图记载，加乙波知在靠近鸭绿江朝鲜境内。③

显然，建州卫文书文法结构非常特别，句法与平常汉文文书截然不同，错字和别字更是不少使用，因此文意上必然有难解之处。其文书大致内容是："我是建州卫等处国王努尔哈赤，为我两国共同商议之事，说与满浦城官员节制使。我知道你为两国讲和事宜，如果要和议诚然我也愿意。若达成之协议还未实现，你们也别觉得吃亏，我们两国一同协商计议如何？我知道你们也不乐意，你们也许不相信我们有着与你们同样的想法。我们放人回去是事实，想必无法得到你们的信任。养狗都知道养恩，而受恩的人却不知道恩养，他的行为让我如此伤心，你们怎么知道，因为这个我吃亏的样子。若你们不相信，我对天盟誓要让明朝皇帝知道，且派人到我处。已未年(1595)，朝鲜曾派四名使臣到我处讲和。当时遇到明朝通事董国云，有文书但未检验贡品，就一并送到我眼前，让我答复。我的答复就是：去年朝鲜和我方人士，为一些琐碎之事发生纠纷，此后有行为不良人士被我杀之为例。有十四名朝鲜叛国之人，被我抓获，不差一人皆送还于满浦城。另闻，女真人苏并革牵来朝鲜三水加乙波知内一匹马，我以善国之马不可随意牵来为由，将苏并革捉拿之后遣返三水加乙波知，之后被处决为例。我愿与朝鲜讲和，抓获人马皆送还原处。我不知恶人被斩杀一事，小国如此之善，朝鲜必定与我们讲和。朝鲜地方有很多人参，有四十余名女真挖参者，将马镫染红骑马上山皆被杀之。如果捉住他们绑送与我，我也会斩杀他们。现在逮住朝鲜过江者，我也会斩杀，我方人员过江而去，你朝鲜也会斩杀的，如同叛国罪。如果有女真人过江而去，解送与我也要处决，不处决是我的不是，如此混徒凶恶之人，也不会知道以礼相待，还不如处死他。"显然，努尔哈赤强调了两国边界争端问题，希望以平和方式解决这些矛盾。

朝鲜边境官员收到信函以后，丝毫看不出他们对此类文书难以解读的迹象。按照惯例朝鲜满浦地方官员方面也及时回信，在回信中提到了海西女真卜章台(布占泰)贝勒骚

① 《明神宗实录》卷四五五，万历三十七年二月辛巳。

② 《李朝实录》卷一一二，世宗二十八年五月戊辰，第496页。

③ 《朝鲜舆图》，《咸镜总道图》，BnF藏。

扰边界的问题,并且还大加赞誉了努尔哈赤提出的和议策略。① 由此,可知努尔哈赤谴责的所谓"不知恩养"之人,无可非议就是指海西女真布占泰贝勒。② 满浦地方官员在回信中没有称努尔哈赤为建州国王,而是称为建州卫,这是因为努尔哈赤称王系自称,并非明朝所封,朝鲜边将也不称建州卫为贵卫,而称之为本卫,这可看出努尔哈赤当时的地位。③ 通常朝鲜以明朝设定的卫所名称呼女真各部族名,有时称为野人或女直。④ 毫无疑问,此时文书是来自明朝的汉人参与了起草。⑤ 天聪元年(1627),爱新国入侵朝鲜也就是丁卯胡乱之后,对朝鲜提出了禁止边民越境挖参的建议,于是朝鲜在1635年制定了"江边采参事目"的条例,⑥此后也就遏制了一些朝鲜边民越境偷参活动,也解决了一些女真和朝鲜的边界问题。

朝鲜世宗八年(1426)前后,在司译院中就设立了女真学,其中担当职务的有女真训导和女真通事,这些职务主要由女真人担任,而他们的官职为正九品。其中女真训导教授学生学习女真文字和女真语,同时他们也负责处理翻译文书事务,朝鲜最初主要是考虑国防和外交而设置了女真学。⑦ 虽然在朝鲜中宗二十三年(1528),建州卫寄往朝鲜的文书由朝鲜译官翻译,但是无法确定翻译的原文书究竟是女真文还是蒙古文,⑧而当时朝鲜朝廷中的译学机构女真学依然还在运作。1599年,努尔哈赤命额尔德尼巴克什等人以蒙古文字创制了满文,由此女真人开始用新的文字满文记载和编写史书。虽然,前述引文书写时期满文已经创制好几年,可是对外文书依然使用汉文文书,当然不能排除满文起草后译成汉文的可能性。努尔哈赤时期对外发出的文书,目前仅从遗留的汉文文书看,其文书体裁和特点也是最受人关注的,相反皇太极时期的文书则大不相同。

---

① 《事大文轨》卷四六,第30b—31a页:朝鲜国满浦镇佥节制使某答建州卫书,今看本卫送到文书,尽知事情,本卫所言果是真实。我国与本卫自来和好,少无疑惑,各保地界,但有海西卜章台无缘动兵侵我边堡,抢我边民,犹且不止,还要再动兵马来战。他又推说建州卫靠为声势云,因此我国不能无疑。到今才知本卫与海西卫为贰曲折。我国北边多聚防守军马,器械完备。卜章台虽然来战,但我不怕他。但无故惹衅两边厮杀有甚所利?莫如讲和妥帖。本卫虽言养人无恩,彼海西也人心鲁蒙。本卫养活之恩,岂敢忘了。况本卫兵马比他越强,他心畏怕,本卫诚心与他开谕利害,万无不从之理。惟在本卫另加晓谕,俾勿生事。如此则我国益知本卫诚信矣。本卫所称二国和气等说,甚好甚好。自今以后两边依次施行,十分便益。万历三十三年十二月　　日。

② 金声均《初期의朝清经济关系交涉考略》,《史学研究》韩国史学会,1959年,第5页。

③ 黄彰健《努尔哈赤建国号考》,《中研院史语所集刊》第37本下册,台北中研院史语所,1967年,第430页;后收入《清史论丛》第一集,大东图书公司,1977年。

④ (日)荷见守义《明代辽东と朝鲜》,汲古书院,2014年,第385页。

⑤ 《李朝实录》卷一二七,宣祖三三年七月戊午,第668页:兵使李守一,久在南边,故老酋根脚不能详知,因其文书,有此云云矣。此胡仰顺天朝受职为龙虎将军本姓佟,其印信则乃是建州左卫之印,云云。此胡前日因事,送一文书于平安道边上,其文字字画大概与此书相同。传闻有汉人龚正陆者掳在其中,稍解文字,因虏中无解文之人,凡干文书,皆出于此人之手,故文字字画前后如一,云云。另,《栅中日录》有一人解华语者,奴酋之亲信者,其名大海云。(中略)。前年差胡持去,书乃李相公所作,华人被虏者。奴酋以为用杂语成文使和事迟留。今此之书,只令大海造作云。

⑥ (日)山本进《大清国と朝鲜经济》,九州大学出版社,2014年,第66页。

⑦ (日)河内良弘《朝鲜王国の女真通事》,《东方学》99,1999年,第1—15页。

⑧ 《李朝实录》卷六一,中宗二十三年四月庚戌,第465页。另,参见(日)河内良弘《明代女真史の研究》,同朋社出版,1992年,第709页。

二、皇太极时期的文书特点

皇太极即位以后，对收纳辽东百姓的政策和态度与父亲努尔哈赤时期有所不同，积极推行多元文化政策，并且巧妙地利用投靠的汉人，陆续提拔和任用汉人文人。其中，明朝将领孔有德、耿仲明等人的来降以及对洪承畴、祖大寿的耐心争取，都是政策的扩大运用和具体落实。因此随着领土的扩大和人口的增加，各类人才也相拥而至。皇太极作为最高指挥官也亲自参与处理各类政务，因此对外发出的信函文书措辞也出现了根本性的改变。如：《各项稿簿》天聪五年(1631)正月记载：

*初四日，与岛中刘家弟兄书，差迟秀才、韦朝卿同来人马永贤送。

金国汗致书*刘府列位，远来厚仪业已收纳。略复马二匹，亦冀收纳。

岛中人民屡有过我这边挖参者，宜严行禁止。不然我这边人上山采取者，

卒然相遇，小人不知我两家和好，贪图私利，彼此必有杀伤，诚为不美。

来书有云，开市一节，恐风声漏泄，不若假丽人贸易，说得有理。如岛中所

缺之物，当密以告我。我有所缺者，亦密以相告。所言

令堂令弟令侄事，亦是令堂移住我处，即令弟令侄自兴随行，特此奉

复，余嗣再布。①

该文书是天聪五年(1631)正月，寄给盘踞在皮岛的刘氏兄弟，刘氏弟兄中的刘兴祚，也叫刘海，投靠后倍受努尔哈赤的重用，因此赐给女真名爱塔(aita)，进入辽沈地区以后授予他副将军的职位，交给他管辖金州、复州、盖州等汉人居住的地区。刘兴祚初期有功于爱新国政权，后来在辽东人民抗争的影响下，以及在毛文龙的策反下多次与明朝取得联系，于是在天聪二年(1628)带领兄弟叛金归明。归明之后，他初建功勋就战死在抗金斗争的第一线，②其他弟兄则跑到皮岛继续对抗爱新国。但是，刘氏兄弟当初叛逃未能及时带走家属，所以一直被扣留在爱新国，而上引信函文书中就提到了刘氏的家人，皇太极也以此为刘氏兄弟归顺的筹码，同时也采取种种手段进行招降。③ 但是，刘氏兄弟始终没有归顺，后来随着岛上局势的变化被岛上的女真逃人所杀害，而扣留在女真方面的家属除老母亲之外，其他家属均被皇太极处置，刘氏一族以此厄运告终。④ 此时的东亚辽东大部分地区

---

① 《各项稿簿》(京都大学人文科学研究所藏)天聪五年正月分。

② 姜守鹏《刘兴祚事迹补考》,《东北师大学报》(哲学社会科学版)第5期，1984年，第82页。

③ 《各项稿簿》(京都大学人文科学研究所藏)“又刘六爷家信”：“弟兴贤拜上三位爷前，新节大喜，弟在这边望拜，至若三四番信，弟已说得明白，也不知你们信不信，只管往还行走，徒送物件何益。你若是实心为汗为太太，就该把事情上紧做再议。那一位来见见汗，见见太太也好，何若只是令太太忧虑不已。前五嫂去时再三不去，守着太太即是孝心的人，后不得已去了说的话极好。今日在那边，夫妇团圆受快乐，把前番事情都忘了，老嫂还当在，五爷上把你在这边亲见汗的心事，及我们的事说，说作速作，也见你忠心的心肠，别无他事。正月初四日。”另参见孟森《明清史料论著集刊续编》，中华书局，1986年，第120页。

④ 《大清太宗实录》(顺治初纂)卷六，第29—31页：天聪五年三月二十日，刘兴祚弟兴治，收聚逃亡满洲，恃其强众。杀主将副总兵陈继新，遂据皮岛，周围小岛，皆为收并。后兴治理数遣使求降，上将其母并兴治妻子，及兴弟、兴祚、兴亮、兴邦、兴沛等妻子，并阵获弟兴贤，严为囚禁者，命去其械系。(转下页)

基本都处在爱新国的统治之下,明显与以往建州卫时期局势截然不同,已经处于优势地位。皇太极也积极笼络各路势力,解除周边不安定因素,同时也加强了自己的势力。女真早期的汉文文书极少有遗存,与汉文文书对应的女真文或满文文书更是绝少,尤其是努尔哈赤时期更是如此。相反皇太极时期截然不同,满汉文书都有不少遗留,其中与上封致皮岛刘氏兄弟的汉文对应的满文文书有幸收录在《满文原档》中,如:

【译文】:

两,戊月

天聪五年正月初四日,五哥

遣来之使者马永贤,与之一同,遣我处使者迟变龙

秀才、韦朝卿等人前往。

彼等所持之书云:

"金国汗致书刘府兄弟。尔自远方送来之物

悉已收受。兹送二马虽少,聊表寸志,当其领受。再,令禁止尔等方人在我处采人参。

若我方打牲者遇之,小人尚不知我等和好之事,

彼此将发生抢夺杀戮事,非善也。尔言不可公开贸易,

可由朝鲜贸易等语有理。尔若有所需之物,

可暗中差遣至我处。若我有所需之物,暗中差遣至尔处。言及尊

母、弟、子等事有理,母迁至我处,并将诸弟、诸子

随行。"赏马永贤狐皮端罩一,银十两。①

虽然满文与汉文阐述的是同一件事情,但是仔细对比两体文书之后发现在内容上有几点相异之处。比如人称称呼上,汉文"岛中刘家弟兄、迟秀才、刘府列位、岛中人民"等,与《满文原档》中的"五哥、迟变龙秀才、刘府兄弟、尔等方人"等对应,五哥就是刘氏兄弟中排行老五的刘兴治,迟变龙乃是爱新国方面的使者。这些人物名称的变化对文书整体内容而言根本没有影响。但是,汉文内容上的"上山采取者",与满文对应的内容是"打牲者",采取者主要是采集野生植物或者是挖取人参之类的劳动者,而满文的打牲者则是以狩猎或

(接上页)但朝夕略加看守,恩养加厚。兴治文求其妻,上遣使送至皮岛使兴完聚。嗣后兴治变其初心,犹豫不决,忽岛众起意欲杀满洲。满人觉,遂合力乱杀汉人,复挟执兴治及其兄与岛众相杀,至两日,兴治给满洲曰:"汉人之强壮者已殆尽,惟余老弱耳。吾辈宰牛为盟,分其老弱为奴隶,何如?"满洲辄信以为真,遂宰牛与兴治登歃血盟。满洲酣饮大醉,正在鼾睡间,是夜,兴治与其兄兴亮等,率岛中余众一直杀入,满洲张皇无措,抵战不利,仅杀兴治及其兄兴亮。满洲所余男妇,止三百八十五人,抢船走海,至朝鲜国,始得达岸。于是兴沛、兴邦并其妻子及兴治、兴亮之妻子,皆为岛众所杀。先是满洲在岛中防备不测,有使看船者,先逃十五人奔至沈阳。上因得信息,随遣人追谕前遣往朝鲜使臣英俄儿代,将岛中逃出满人招抚携归。其逃出满洲三百八十余人,有朝鲜麒麟寨人,欲执送明朝,以鸟枪要截不放过。英俄儿代闻知,随遣人迎取,使先归沈阳。于是汗命尽诛兴祚、兴治等幼子,惟妇女免戮分为奴隶。上曰:"兴祚等不忠不孝,伊之老母何与。"赦勿杀,命养之,使终其天年。

① 《满文原档》第八册,成字档,天聪五年正月初四日,第39—40页。

打渔获取食物的劳动者，显然满汉文所主张的劳动者各不相同。

明代女真社会主要经营的是以游牧、渔猎、采集为主导的生产方式。但是，不能忽视三种生产方式由同一劳动者同时经营的可能性。另外，汉文文书内容上的“开市一节，恐风声漏泄，不若假丽人贸易”，与满文对应的内容是“不可公开贸易，可由朝鲜贸易等语”。可见，各自所描述的贸易方式很微妙，但是各有特点，而对奖赏使者马永贤在汉文文书中只字未提，由此，可以推测寄给刘氏兄弟的是汉文文书。皇太极时期的文书与建州卫时期生成的文书在结构上完全不同，在文本形式上呈现了雅文化的趋势，这与积极笼络各种人才以及推行的多元文化政策有密切关系。

三、文书形成过程

1616 年，努尔哈赤以女真人为统治主体建立了独立政权，檄文中主张与明朝的关系由从属变为平等关系，以武力一统女真各部与征服漠南蒙古，由此成为东北各民族的领袖。后来进入辽东半岛占据辽阳和沈阳等地，这也是最初将汉人和满洲人一并加以统治的开始。① 在统治过程中强调本民族特质的同时，在文化上采取了增加包容性和减少强制性的政策，从而驱策多民族国家中的各族群成员，认同满洲的统治。② 皇太极执政时期依然首先利用文书与明边守备进行交涉，反之双方无法达成谈判协议时，则采取武力手段。因此在进行外交谈判中，文书往往起到至关重要的作用。

台北中研院史语所所藏文献《清太宗致大明官员书满文原档》和《金国汗发送大明朝之书信》均以满文书写，③当时给明朝的文书除汉文文书以外满文文书也是附带的。④ 其中以汉文书写的《己巳年正月金国汗致袁崇焕书》收录在《明清档案存真选辑》(初集)中，其内容为：

正

金国汗奉书

袁老大人阁下，前差方巾纳等往返讲和之际，我兵东伐朝鲜，以致南朝说我何为伐之，遂罢讲和督兵前进，我闻之去迎，于是使乃绝矣。且我谓南朝大国之人，精通古今，既明且哲。我伐朝鲜原与南朝两不相干，况非朝鲜无罪，妄举贪利之兵也。原我两国无有嫌隙，至己亥年，我兵东收属国而回，朝鲜出兵截杀，一也。又，己未年，出兵杀我它儿哈失路，二也。又，为全辽逋逃渊薮，三也。彼既三次杀害，我一为报复有何不可，此不予言

大人自知也。况我与朝鲜共弃前非，已当

天立誓，永结和好，若有违盟者，

---

① 《内藤湖南全集》第八卷，筑摩书房，1969 年，第 300 页；另，参见傅佛果《内藤湖南政治与汉学(1866—1934)》，江苏人民出版社，2016 年，第 171 页。

② 叶高树《清朝前期的文化政策》，稻乡出版社，2010 年，第 51—52 页。

③ 《清太宗致大明官员书满文原档》登录号：167431 - 001，天聪八年六月二十五日。《金国汗发送大明朝之书信》登录号：167432 - 001，天聪八年八月。

④ 《大清太宗实录》(顺治初纂)卷十，天聪六年六月十三日，第 5 页：以满汉字书各一封，命库里缠、龙什于得胜堡，爱把里、哈木兔于张家口入，前赴大同阳和宣府官员讲和。

天必鉴之。自古邻国好则相敬,恶则相报,自然之理,亦

大人所知也。我欲罢兵共享太平意谓何,因朝鲜之事,误我两国之和,故于去年正月,差银住执书去,不见回报。

今闻

大人复出关东,欲差人问

候。因先绝使,故不差我这边人,乃遣秀才郑伸并百总任得良持书,奉

候,乞

赐回报无吝是望。

己巳年正月。(印)。①

己巳年即天聪三年(1629),该文书是这一年正月寄给袁崇焕的,内容以追述形式书写,较详细说明了当年征伐朝鲜的正当理由。除此之外,强调不要以朝鲜事误了两国的议和谈判。显然,满洲人表明了诚意,在政治上又想取得主动地位。有幸该文书书稿也有遗留,同样收录在《明清档案存真选辑》(初集)中(文中♯为删除内容,+为添加内容,以下同):

【书稿】

金国汗奉书

袁老大人阁下,前差方巾纳等往返讲和(♯之间时)(+之际,我兵)东伐朝鲜,(♯遂说有)(+以致南朝说我)何为伐之。遂(♯罢)罢讲和,督兵前进,(♯我)(+我)闻之(+去)迎。于是(♯无敢使人乃绝往返矣)(+♯其路也)使乃绝矣。(+且)我谓(♯大)南朝大国(+之人),精通古今,(+既)明且哲。(+我)伐朝鲜原与南朝(+两)不相干,(♯若)(+况非)朝鲜无罪,(+妄举)贪利之兵(♯也)也。原我两国无有嫌隙,至己亥年,我兵(♯往)东收(♯收敛)属国而回,(♯彼乃)(+朝鲜)(♯惹事发)(+出)兵截(♯路)杀,一也。又,己未年出兵杀我乞儿哈失路,二也。又,(♯收我)(+为)全辽逋逃渊薮,三也。彼既三次杀害,我(♯杀)一为报复有何不可。此不(♯用我说)(+必予言),

大人自知也。(♯今)(+况)我(♯两国请)(+与朝鲜共)弃前非已当

天立誓永结和好(♯矣)。若有违盟者,

天必鉴(♯察)之。自古邻国好则相敬,恶则相报,自然之理,亦

大人所知也。(♯我欲罢兵共享太平,且我国之和何为朝鲜而误)(+我愿罢兵共享太平,意谓何(♯为因)(+因)朝鲜之事悮我两国之)和。(♯我)故于去年正月差银住执书去,不见回报。今闻

大人复(♯抚)(+出)关东。(♯不敢端)(+欲差)人问

候,(♯恐复拘留,故差原获锦州生员)(+因先绝使,故不(♯敢)差我这边人,乃遣秀才)郑伸并(♯拨夜)百总任得良持书,奉

候,乞

① 《明清档案存真选辑》(初集),中研院史语所,1959年,第85页。

赐回报无吝是(♯冀)望。①

显然，书稿经数次修改已经变的面目全非，上引文书无疑是按照该书稿誊写而成。明朝当时规定了明边将士不得以任何理由收取女真方面文书，因此袁崇焕收到文书以后，将原文书退还给了爱新国，同时在退还的文书满文印玺上补充了几道斜线。② 爱新国收到退换的文书以后，在原文书的左下方记下了退还来的理由，其内容为："sūre han i ilaci aniya aniya biyai juwan ilan de kinjo ci bahabi gajiha siosai jeng sin serude baha besung zin de liyang de jafabubi ūnggiha bithe doron bi seme bederebuhe.【译文】天聪三年(1629)正月十三日，差锦州抓获之秀才郑伸、塞鲁得获之百总任得良持书遣之，因钤有印玺而退还之文书。"从书稿的正面看满文文字是反的，因此，毫无疑问满文内容写在了原文书的背面。文书被退还的最大理由是因为使用了私自刻制的印玺，通常在明朝没有册封的政策下，不承认周边卫所以任何形式刻制的印玺，更何况是满文印玺。按照日期在《满文原档》中也找到了与汉文文书对应的满文文书。

【译文】:

天聪三年(1629)正月十三日，差遣秀才郑伸、百总任得良，因钤有印玺而退还之文书。

金国汗致袁大人书。先，我征朝鲜之际，遣方巾纳为讲和前后走动，尔等以为何征朝鲜为由拒绝讲和。且出兵前来，我闻之去迎兵，自此断绝使者往来。尔等为大国之人，精通古今之法且贤明也。征朝鲜与尔等何干，况朝鲜非无罪得取之也。原朝鲜对我等两国无罪，己亥年遣兵收属我东边之国之际，朝鲜无故截战，是一也。乙未年，来兵杀我它儿哈失路，是二也。此后收我辽东逃人，三也。朝鲜已犯我三次，我报复有何不可。与其我诉，不如大人思虑也。今弃我两国旧事讲和，保天地立誓善处。若违背讲和，天不知违背者乎。自古国互善则敬，恶则反击，此为自然之理，大人所知也。我愿停战求和，因朝鲜之事，耽误我两国之和，故，去岁正月差遣银住执书去，无见答复。今听闻大人复出，欲遣人问候平安，因断绝使者，故未遣我方使者，而遣尔方秀才郑伸、百总任得良送去。期待大人答复。③

对照汉文、汉文书稿以及满文文书内容做分析比较:

满文:"与其我诉，不如大人思虑也。"

书稿:"此不(♯用我说)(+必予言)，大人自知也。"

汉文:"此不予言，大人自知也。"

由此可知，满文是汉文书稿的底稿，此外，满文另有书稿存在的可能性极大。因为在汉文书稿中的:"恐复拘留，故差原获锦州生员。"这一句在满文中没有对应的内容。其实

① 《明清档案存真选辑》(初集)，中研院史语所，1959 年，第 86 页。

② 庄声《帝国を創った言語政策——ダイチン・グルン初期の言語生活と文化》，京都大学学术出版会，2016 年，第 229—269 页。

③ 《满文原档》第八册，成字档，天聪三年正月十三日，第 3—5 页。

"获锦州生员"曾出现在上引汉文书稿背后的满文内容中,其有记载"锦州抓获之秀才",而"恐复拘留"这一句也无从考究,也许是满文书稿的内容。乔治忠曾经认为:"按当时情景,明朝方面不仅不会以满文向后金致信,而且也不会接受后金的满文信件,这些书信原件皆当以汉文书写。"①毫无疑问,通过以上各文书分析得知这个结论并非完全如此。

天聪五年(1631),辽东社会出现了民众挥霍钱物,甚至到了变卖家什吸食烟草的地步。为了遏制这种社会问题,同年十一月制定并颁布了禁止臣民种植烟草以及吸烟,诸王可以从朝鲜适当购买烟草的法令。② 此法令发布九年之后的崇德四年(1639)六月,又重新颁布了新的禁烟法令,其满汉合璧的法令内容如下:

【汉文】:

户部示谕官民人等知悉,照得丹白桂一事,不许栽种,不许吃卖,本部禁革不啻再三。近日王府贝勒贝子等俱已禁止,间有梗法愚民,竟不遵守,仍旧栽种吃卖。岂不想从前无丹白桂时,亦何损于人。自今以后,务要尽革。若复抗违,被人捉获,定以贼盗论,枷号捌日游示捌门,除鞭挞穿耳外,仍罚银玖两赏给捉获之人。倘有先见者,徇情不捉,被后人捉获,定将先见者并犯者一例问罪。若有栽种丹白桂者,该管牛禄章京及封得拨什库,从不知情,亦必问以应得之罪。其在屯拨什库打五十鞭,有奴仆出首主人,果系情真,首者断出。仰各固山每牛录照此誊写行,该属地方务使通知特示。

崇德四年六月二十六日示。

【译文】:

户部谕书为栽种、吃卖丹白桂事。先再三谕书,今见王、贝勒、贝子等具禁,然民非禁还栽种、吃卖。原我国吃丹白桂乎? 自今之后务实禁止。若知情并未加以禁止栽种及吃卖,捉其知情者着枷八门各坐一日,并以偷盗罪鞭打、贯耳,罚银九两,皆给捉获之人。如既知徇情者未捉获,而后知情者捉获,将既知未捉获者,并同栽种、吃卖丹白桂问罪。如有栽种丹白桂,亦不免不知情为由牛录章京及封得拨什库,鞭打该受之罪封得拨什库五十鞭。如阿哈告发主人,脱离告发者。各旗及牛录照此缮写并发布各地。

崇德四年六月二十六日。③

① 乔治忠《清太宗朝汉文档案文献考析》,《中国史研究》2003年第1期,第146页。

② 《满文内国史院档》天聪五年闰十一月二日。另,《李朝实录》卷三七,仁祖十六年八月甲午,第285页:我国人潜以南灵草入送沈阳,为清将所觉,大肆诘责。南灵草,日本国所产之草也。其叶大者可七八寸许,细截而盛之竹筒,或以银锡作筒火以吸之,味辛烈。谓之治痰消食,而久服往往伤肝气,令人目翳。此草自丙辰、丁巳年间越海来,人有服之者,而不至于盛行。辛酉、壬戌以来无人不服,对客辄代茶饮,或谓之烟茶,或谓之烟酒,至种采相交易。久服者知其有害无利,欲罢而终不能焉,世称妖草。转入沈阳,沈人亦甚嗜之,而虏汗以为非土产耗财货,下令大禁云。另,参见浦廉一《明末清初に於ける满、鲜、日关系の一考察》,《羽田博士颂寿记念东洋史论丛》,东洋史研究会,1950年,第191—210页。

③ 《崇德四年户部禁烟种丹白桂告示》阁杂24,中国第一历史档案馆藏。另收录在:《文献丛编》12,崇德四年户部禁种丹白桂告示,故宫博物院1931年;《文献特刊》(国立北平故宫博物院十周年记念),崇德四年户部禁烟叶告示,故宫博物院1935年;W.Fuchs(1936) *Beiträge zur mandjurischen Bibliographie und Literatur*. Tokyo: Deutsche, p.1;《清代文书档案图鉴》户部谕,第22页等。

制定的法令在处罚上更加注重严惩,并且以偷盗罪并论。该禁令是以满汉合璧形式颁布的,汉文自右书写而满文是自左书写,两体文最后在年月日处相结合。当时事先在空白纸上钤好印,然后将文书内容印在上面。① 丹白桂是满语 danbagu 的音译汉字,即烟草。其实,烟草一词来自葡萄牙语 tobaco。② 汉文文献写:淡芭菰、淡巴姑、淡婆故、打姆巴古等。传入中国的途径有好几个说法,其中之一是由日本通过朝鲜传入辽东地区。③ 根据日本史料记载,烟草在天正年间(1573—1575)由南蛮商船带入日本,称为"烟儿、烟火、烟草火、返魂烟、相思草、淡婆故、淡芭菰、淡把姑、南蛮草、南蛮烟"等,庆长年间(1596—1614)传入至朝鲜。④ 然后经朝鲜传入到中国东北辽东地区。

对比满汉合璧禁烟令内容之后,发见汉文分别有两字和一字抬头,而满文则没有一处抬头。虽然合璧内容是同一件禁令条例,但是仔细比对发现在内容上也有不少出入,譬如开头部分满汉文虽然都用了两行,可是汉文与满文内容无法对应。另外汉文"岂不想从前无丹白桂时,亦何损于人",与满文的"原我国吸丹白桂乎"对应,虽然双方主张的关键词是一致的,但是涉及到的问题并不一致。仅从内容上根本看不出上述天聪三年汉文译自满文文书的现象,因为汉文的一部分内容没有反映在满文文书上。其实,该"户部禁烟种丹白桂告示"的汉文书稿也有遗留,同样收录在《明清档案存真选辑》(初集)中:

【书稿】:

户部示谕官民人等知悉,照得丹白桂一事。不许栽种、不许吃卖,本部禁革不啻再三。近日王府、贝勒、贝子等俱已禁止,问有梗法愚民(♯反),(+竟)不遵守仍旧栽种吃卖。(♯想汝原来也曾吃么)(♯汝等)(+岂不想从前无丹白桂时,亦何损于人),自今以后务要尽革。若复抗违被人捉获,定以贼盗论,枷号八日,游示八门。(+除)鞭挞穿耳外,仍罚银九两,赏给捉获之人。倘有先见者徇情不捉被后人捉获,(+定)将先见者并犯者一例问罪。若有栽种丹白桂者,该管牛禄章京及封得拨什库从不知情,(+亦必)问以应得之罪。其在屯拨什库打五十鞭,有奴仆出首主人,果系真情(♯出),(+首者断出仰)。各固山每牛禄照此誊写行,该属地方务使通知特示。

此稿抄典户部行。

崇德四年六月二十三日与。⑤

不难看出,汉文书稿是汉文原稿的底稿,原文将书稿上的俗体字改写为正体字,个别数字更改为大写数字。而满文文书上的"原我国吃丹白桂乎"与书稿中被删除的"想汝原来也曾吃么"内容对应,由此可见,满文文书与汉文书稿关系一目了然,毫无疑问满文是汉文书稿的底稿。由此,只能认为在编译过程中对满文原文进行了适当的修饰,所以导致满

① 《满文内国史院档》,中国第一历史档案馆藏,天聪七年六月二十四日。

② 吴晗《谈烟草》,《灯下集》,生活·读书·新知三联书店,1960 年,第 17 页。

③ (日)田尻利《清代农业商业化の研究》,汲古书院,1999 年。《中国烟草史话》,中国轻工业出版社,1993 年。

④ 《烟草记》,江户时代女性文库,大空社,1997 年。

⑤ 《明清档案存真选辑》初集,中研院史语所,1959 年,第 102 页。

汉合璧文书在内容上出现微妙的不一致现象。也正如前辈学者所述,这时期文书特点是先以满文起草,然后译成汉文。清朝入关前的辽东社会极其多元,在逐步形成以满洲人和汉族人为主的混居社会现象,所以颁布各类法律条款必须以满汉合璧刻印的布告才能起到广布的效果。

四、文书的翻译程序

天聪九年(1635)八月,爱新国从察哈尔林丹汗的遗孀手中,得获历代传国玉玺"制诰之宝",自此国中上下满汉大臣开始频频进言,劝皇太极接受新的尊号。在这种背景以及在蒙古各部众的支持下,最终在天聪九年(1635)十二月,皇太极接受了"宽温仁圣"的尊号,翌年的四月十一日将国号"爱新(aisin)"改为"大清(daicing)",并将年号"天聪(sure han)"也改为"崇德(wesihun erdemungge)"。早在丁卯胡乱之后,朝鲜就已经成为兄弟盟国,所以爱新国做出重大决定理应得到朝鲜的支持,所以派遣官员与蒙古各部一同前往汉城说服朝鲜国王李倧,结果遭到了朝鲜国王李倧的拒绝,①并且退还了以清朝户部和蒙古各部名义书写并带去的两封文书。

天聪元年(1627),尽管朝鲜已经与后金签立城下之盟,但是大臣们仍然很坚持对明帝国的认同和对后金的鄙夷。就是因为这种态度,使得朝鲜人奉行的原来就很脆弱的平衡外交政策被打破。② 朝鲜背弃了丁卯胡乱时签订的议和条约,③为此皇太极在崇德元年(1636)十二月二日决定亲征朝鲜。当时也借助极寒天气鸭绿江水结成坚冰之际,八旗将士没用几日功夫就打到了朝鲜的政治文化中心汉城,国王李倧无奈被迫逃到南汉山。经过数日的交涉,走投无路的国王李倧于翌年的正月三十日下山投降了满洲人,这就是所谓的"丙子胡乱"事件。

国王李倧被迫跪拜在皇太极面前签订了"丁丑条约",并无条件接受了"去大明年号以及与大明绝交,并每年进贡一次,一切文书俱书大清国年号"等要求。其中还有一条是关于日本的条款,如:满文:"oodz i gurun i emgi ishunde elcin hūda yaburenggefe an iyabu, oodziielcin be yarumegajifi, mindeacabumeunggi, mini elcin be inuamasijulesiyabubuki。④【译文】:依照旧例与倭子国进行贸易,引领倭子使者来见,我处使者也前后遣之。【汉文】:日本贸易听尔如旧,如当导其使者赴朝,朕亦遣使至彼也。"⑤其实,满洲人早已掌握了朝鲜和日本之间的贸易往来关系,希望通过朝鲜和日本建立通交关系。李氏朝鲜时期为了让日本商人到朝鲜进行自由贸易活动,赐给刻有实名的

---

① 姜在彦《朝鲜儒教の二千年》,朝日新闻社,2001 年,第 326 页。

② 葛兆光《想象异域读李氏朝鲜汉文燕行文献札记》,中华书局,2014 年,第 35—36 页。

③ (日)宫嶋博史《明清と李朝の时代》,中央公论社,1998 年,第 254—255 页。

④ 《满文内国史院档》,中国第一历史档案馆藏,崇德二年正月二十八日;《清内国史院满文档案译编》(上),光明日报出版社,1989 年,第 241—242 页;(日)河内良弘译《中国第一历史档案馆藏内国史院满文档案译注崇德二年・三年》,松香堂书店,2010 年,第 79—82 页。

⑤ (日)中村栄孝《滿鮮関係の新史料—清太宗朝鲜征伐に関する古文書》,《青丘学丛》1930(1),第 154 页。后收入《日鲜关系史の研究》(下),吉川弘文馆,1969 年,第 620 页。另,参见李在郁《释谱详解과 清太宗诏谕总督府图书馆篇》,《朝鲜春秋社》1941(6),第 194—199 页。

铜制印章，外交文书作为通航证明书将印章盖在上面，这个印章也称之为“图书”。①

丰臣秀吉在文禄元年(1592)和庆长二年(1597)先后对朝鲜发动了两次侵略战役，朝鲜分别称为“壬辰倭乱”和“丁酉倭乱”。随着日本的侵略，朝鲜也断绝了两国关系，曾经的“受图书人”也就失去了贸易特权。至到1607年以后朝鲜才重新开始派遣通信使到日本，当时朝鲜方面并未称通信使，而称之为“回答兼刷还使”。② 对马藩主宗义成是第一位获得“图书”的人，为了让两国贸易关系尽快恢复战前时的状态，对马岛藩主等人使用了一些非常手段，甚至伪造“国书”和“图书”。③ 到了1631年，由于对马藩主宗义成和副官柳川调兴的关系恶化，柳川调兴揭露了宗义成利用伪造的“图书”与朝鲜交涉的实际情况。由此对马岛藩主宗义成拉开了与副官柳川调兴之间的权力争斗。柳川调兴敢于与藩主宗义成争斗，与其背后有幕府大僚支持有很大关系。这场纠纷一直拖到1635年，在第三代将军德川家光出面干预下，分别将柳川调兴和对马岛以酊庵外交僧侣玄方流放到偏远地区，所谓“柳川一件”事件才得以告一段落。这个事件结束之后，对马方面向朝鲜交还了两个“图书”，因此对马岛的贸易权自然也就减少了两份。④

清朝方面提出要求以后，朝鲜就积极上报“倭情”。宽永十四年(即崇德二年，1637)，日本德川幕府草创期发生了一起因天主教引发的“岛原之乱”。⑤ 朝鲜通过对马岛得到这一重大“倭情”，立即将此消息上报给了大清国。⑥ 根据岩井茂树氏研究得知，日本对马藩主的外交文书有时在江户，有时在对马岛的寺庙以酊庵起草，然后翻译成汉文再寄给朝鲜。⑦ 通常京都五山中最优秀僧人以轮番制的形式往来于对马岛，通常任职期限为两年至三年。⑧ 朝鲜和日本之间的所有往来文书，也基本都在以酊庵进行检查，同时也记录在案。宽永十六年五月(即崇德四年，1639)，朝鲜收到来自日本对马岛寄来的外交文书以后，直接就转送给了大清国，⑨该文书上就盖有“图书”，其原文书内容如下：

---

① (日)田代和生《书き替えられた国书德川・朝鲜外交の舞台里》，中公新书，1983年，第30页。荷见守义《明代辽东と朝鲜》，汲古书院，2014年，第333页。

② (日)夫马进《朝鲜燕行使と朝鲜通信使》，名古屋大学出版会，2015年，第187页。

③ (日)田代和生《近代日朝通交贸易史の研究》，创文社，1981年，第37—57页。

④ (日)岩井茂树《清朝に转送された对马藩主宗义成の书契原文と一六三九前后の北东亚情势》，《東アジアにおける国際秩序と交流の歴史的研究》，2003年，第109—116页。另同氏《清朝、朝鲜、对马一六三九年前后东北亚细亚形势》，《明清史研究》第20辑，韩国明清史研究会，2004年，第87—102页。

⑤ (日)松浦章《海外情报から见る东アジア唐船风说书の世界》，清文堂，2009年。另，同氏《东アジアにおける文化情报の发信と受容》，雄松堂，2010年，第18—19页。

⑥ 《朝鲜国王来书簿》(京都大学人文科学研究所藏)崇德三年四月分十四日；另，又收入《清入关前与朝鲜往来国书汇编一六一九—一六四三》(张存武、叶泉宏编)，国史馆印行，2000年，第276—278页。

⑦ (日)岩井茂树《清朝に转送された对马藩主宗义成の书契原文と一六三九前后の北东亚情势》，《東アジアにおける国際秩序と交流の歴史的研究》，2003年，第109—116页。另，同氏《清朝、朝鲜、对马一六三九年前后东北亚细亚形势》，《明清史研究》第20辑，韩国明清史研究会，2004年，第87—102页。

⑧ (日)田中健夫《江户幕府の外交と对马藩：朝鲜通信使と日本人》，学生社，2000年，第196页。

⑨ 《朝鲜国王来书簿》：崇德四年九月分，初九日到朝鲜国王来与兵部咨文一角又倭书一纸，朝鲜国王为传报倭情事。本年八月初六日、东莱府使李民奂牒呈，据庆尚道观察使李命雄状启，节该七月二十九日倭差平智连、藤智绳等持岛主书自倭京出来，即遣译官洪喜男、李长生等就其馆所相见。平智连等说称：“去年大君少有疾病，久不听政。今春始得快复，山猎、船游与前无异。”岛主辄得陪侍，连被 (转下页)

(残缺)

本邦益固金汤,

贵国弥安盘石,千里其致一也。先是乙亥载一件,坦夷之后,所返献之送使,并以酊送使。

贵国答书之情由,禀奏于

东武

执事。即今攀旧例可图议之,

休命兹已受矣。自今更始,以须差使船,故姑先容,仍么麽土宜具在别幅,伏冀采纳,余总悉差使口布,为

国顺时自爱,惶恐不宣。

宽永拾六己卯岁五月日。

对马州太守拾遗平义成。(印)。

别录:

金屏风壹双,

茶台子附诸具壹个,

银台天目贰个,

提瓶贰个,

金纹纸贰百片。

计

宽永拾六年己卯岁五月日。

对马州太守拾遗平义成。(印)。①

根据《朝鲜国王来书簿》的记载,崇德四年七月二十九日,朝鲜派遣译官等官员接见了

(接上页)恩赏,此诚一岛之荣幸。而大君左右用事之人,需索贵国土产者甚多,稍违其意,谗谤随之,此岛主之所深患。而自调兴、玄方两人送使停废以来,贵国土产其数无多,且唐货交贸之路又为顿绝,大君左右所求无以应副。调兴、玄方两人送使之代,以麟书堂等三人递相送船。而乙亥以后未给之物一一追给,然后两国可保无事矣。萨摩州太守主和琉球,肥前州太守主和南蛮,每岁所得不赀,而岛主名为主和贵国,所得零星,视彼二州何如哉。自贵国被兵之后,日本国中讹言甚多,年少喜事之辈希望功赏,做出不测之言,处处蜂起。而岛主竭力周旋,东遮西拦,拖引时月,岛主为贵国之诚,贵国何以尽知之哉。岛主谓俺等曰:"今此所请送船事,若未蒙许,则不必强请,快速回棹,直告大君,庶克王和朝鲜之责。恐喝之言不一而足云云。"等情具启,据此为照。所谓大君者,乃日本国君之号。所谓调兴者,乃岛主副官之名。所谓玄方者,乃岛主书记之名也。当初约和时本国授两人章服图书,许令每岁送船来致胡椒、苏木等物,本国因以土产计给。曾在乙亥年间调兴、玄方得罪于国君,流配远方,而岛主犹望前给之物。本国以为两人得罪远谪,则仍旧送使,事涉无据,须待其代差出,方可许也。自此绝不复言,今忽诉于国君,有此来请之举。观其书辞文字僻澁,殆不可晓。而差倭所陈,说话情涉叵测,着令边臣照旧施行,以冀弥缝,一面戒饬防守,以备不虞。此后如有别样所闻,亦当随即咨报。系是倭情,理宜○○○转闻。为此拟合就行,烦乞贵部照详咨内事意转○○奏○○○天聪施行。须至咨者,右咨兵部。崇德四年八月十三日。又收入《大清太宗实录》(顺治初纂)汉文,卷三一,第22—24页;满文,卷四八,第22—27页。另,张存武、叶泉宏编《清入关前与朝鲜往来国书汇编1619—1634》,国史馆印行,2000年,第352—354页。

① 《宽永十六己卯岁倭书》收入《明清档案存真选辑》初集,中研院史语所,1959年,第104—105页。

来自日本的使臣一行，八月十三日就将此次倭情报告给了大清国。九月初九日，报告文书和倭书一份寄到沈阳以后，同月十一日将其译成满文上奏皇太极如下：

【译文】：

又
◯日本国对马州太守拾遗官平义成书。
奉朝鲜国礼部臣衔门下。此炎热之际，大臣
身体不知如何，甚是惦记。本国固如金，
贵国稳如盘石，虽有千里犹如一体。乙亥年一◯◯◯
后，◯◯◯◯送使，◯◯◯◯送使返回，
贵国回信缘由，
禀告于东武执事者。如今照旧日之例可商议，
奉遵旨。现，须重新差遣船使。由此，
先允请容留，送去之微物另附纸单，领迄。其他
皆由使臣口头传达，为国顺时自爱，畏惧
恐慌不可显露。
宽永拾六己卯年五月
◯ 数目：涂金色之围屏壹对，茶台子壹个，银台天目贰个，酒壶贰个，
涂金色纸贰百张。

崇德四年九月十一日奏。①

因为史语所藏的原汉文文书是残缺的，所以开头部分与满文比照少一些开场白的内容。文书抬头部分除了用单独的(◯)以外，正文中还有几处(◯◯)画多个圆圈处，该处的原文部分为[坦夷之后，所返献之送使，并以酊送使]，岩井茂树先生曾关注到满文翻译日本信函内容部分省略的问题。② 显然，清朝方面未能完全解读文书内容，所以略而不译。其实，满文漏译的[坦夷]指的就是上述乙亥年的"柳川事件"，关于此次事件的具体细节在朝鲜的"倭情"报告中也曾有提到，但是大清国的文书处理人员也许没能完全理解而忽略了关键内容。关于"图书"一词在满文《大清太宗实录》中，翻译为"doron bithei temgetu(图书章)"，可见完全反映了原词之意。而[以酊]正如上文所述为寺院。

漏译部分在满文《大清太宗实录》(顺治初纂)上，翻译为："niohon ulgiyan aniya genehe elcin amasi jifi【译文】乙亥年去之使臣返回。"③显然在原满文文书内容的基础上，实录编纂者仅对原文进行了一些修饰处理。而汉文《大清太宗实录》(顺治初纂)上除了将"余"字省略，以及附单上的"纹"字改"文"字以外，其他内容完全与原文书一致。④ 顺治年

① 《明清史料》(中研院史语所藏)，登录号 167568。又，参见，承志《清朝前期满文史料译注六件》，《古今论衡》2003(7)，中研院史语所，第 97—99 页。

② (日)岩井茂树《清朝に转送された对马藩主宗义成の书契原文と一六三九前后の北东亚情势》，《東アジアにおける国際秩序と交流の歴史的研究》，2003 年，第 109—116 页。

③ 《大清太宗实录》(顺治初纂)卷四八，满文，崇德四年九月十一日，第 25—26 页。

④ 《大清太宗实录》(顺治初纂)卷三一，汉文，崇德四年九月十一日，第 24 页。

《日本国对马州太守拾遗平议成书》(中研院史语所藏),崇德四年九月十一日

文献来源:承志《清朝前期满文史料译注六件》,《古今论衡》2003(7)

间编纂汉文实录时,主要还是利用调取汉文档册进行校订编纂,因此基本不会脱离原文内容。但是康熙以后编纂的实录,对原汉文内容都进行了大幅度的删改和修饰,使语句变得更加文雅华丽。①

天聪三年(1629),皇太极将早期的文书处理机构书房,改革为文书处理机构和翻译机构两个机构。库里缠巴克什作为文书处理机构的负责人,带领笔帖式吴把什、加素哈、胡丘、詹巴等四人,主要担当处理朝廷中的各类文书事务。而大海巴克什作为翻译机构的负责人,带领笔帖式刚林、苏开、孤儿马弘、托布戚等四人,主要负责翻译各类汉籍事务。② 天聪八年(1634),又通过科举考试分别录用了满、蒙古、汉人等举人。其中满洲人习满文有刚林和敦

① 庄声《帝国を創った言語政策——ダイチン・グルン初期の言語生活と文化》,京都大学学术出版会,2016 年,第 178—227 页。

② 《大清太宗实录》(顺治初纂)卷四,天聪三年四月,第 7—8 页。

多惠，满洲人习汉文的有查布海、恩格德依、尼勘；汉人习汉、满文的有宜成额；汉人习汉文的有齐国儒、朱灿然、罗绣锦、梁正大、雷兴、马国柱、金柱、王来用；而蒙古人习蒙古文的有俄博特、席岱、苏鲁木等十六个人。① 崇德元年，一部分人员又分别被任命在内三院中行事。

崇德元年(1636)五月，以内国史院的大学士希福为总裁，带领数名满汉文人开始着手翻译三史：《大辽史》、《金史》、《大元史》，并于崇德四年(1639)六月译写完成，其序言中写道：

【译文】：

宽温仁圣皇帝谕旨，常有鉴古之心。将大辽、金、大元之三国史，翻写满文，舍其无用之处，行善得益，行恶损之，征伐及围猎之事皆缮写。我等敬奉圣旨，将大辽国自东方太祖至西辽耶律大石末年，凡十四代汗，共三百零七年。金国，凡九代汗，共一百一十九年。大元国，凡十四代汗，共一百六十二年，详写必要之处，始于崇德元年五月。三国史由学士查布海，他赤哈笔帖式能图、宜成额译写满语；学士胡球勘误；学士王文奎，员外郎刘弘遇讲解汉文；笔帖式卜尔凯、铿特、挂尔察、科尔科代、硕尔格等谨写。大学士希福总裁，崇德四年六月成书，顺治元年三月二十六日奏上。

总裁：内弘文院大学士祁充格、冯铨、宁完我；内秘书院大学士范文程；内国史院刚林。②

以上参加三史翻译的学士查布海、胡球均为满洲人，而他赤哈笔帖式宜成额是汉人。其中查布海和宜成额是在天聪八年(1635)，分别以学习汉文和满汉文被考取的举人。学士胡球是天聪三年(1629)库里缠巴克什所带领的文书处理班中的一员。崇德元年(1636)五月，任命内三院首任各官员时胡球和王文奎被任命为弘文院的学士，宜成额为国史院的文职人员。同年六月二十五日，刘弘遇破格录用在弘文院任员外郎。实际上，王文奎和刘弘遇都是在明朝接受了科举教育，投靠爱新国以后也相继被提拔。由此在翻译上述汉文三史时，弘文院的王文奎和刘弘遇讲解汉文，查布海和宜成额等主要负责翻译，经过这些繁杂的讲解和翻译程序，最终成稿之后笔帖式誊写成书。由此，可以推测满文《日本国对马州太守拾遗平议成书》也以同样的方法翻译而成。

崇德元年(1636)，将原文书处理机构书房又改革为内三院，其中国史院主要负责处理文书以及编撰史书等事务；秘书院主要负责外交文书、谕旨和奏疏等事务；而弘文院主要承担注释史书，并将善恶内容讲解给汗和太子，还教诸亲王学习，同时颁行各类制度等事务。③ 天聪三年(1629)，在汉籍翻译计划中实际给大海巴克什配备的助手，除孤儿马弘为朝鲜人以外其他均为满洲人，无一汉人。④ 可见，崇德年间三史的译写主要在满汉文人的共同参与下完成，与此前的翻译过程以及人员配置完全不同。这种变化与崇德年间重视多元文化，以及实施的宽容的文化政策有非常大的关联，这一变化更能说明清朝入关前文

① 《满文内国史院档》(中国第一历史档案馆藏)，天聪八年四月二十六日。

② 《大辽史》《金史》《大元史》(满文)，BnF 藏。

③ 《满文原档》第十册，日字档，天聪十年三月。

④ 杨海英《朝鲜通事古尔马浑(郑命寿)考》，《民族史研究》，中央民族大学出版社，2002 年，第 251—281 页。

化传播方式的特殊性和多样性。

结　　语

12 世纪初,女真人建立金朝并统治华北地区长达一百多年,创制的女真文字也几乎与帝国同步诞生,但是女真文字的生命力并没有随着帝国的灭亡而没落。13 世纪初,随着成吉思汗的兴起,金朝的灭亡,东北亚地区开始受蒙古帝国的统治,蒙古文化开始逐渐浸透到统辖的各个地域,其中女真地区受到的影响最大最深远。16 世纪末,女真文字被摒弃多年,依蒙古文字创制满文就是最好的例证。但是,在国际关系交往中主要还是使用蒙古文或汉文,由此可见女真文化的复杂性和多元性。

丙子胡乱之后,朝鲜与清朝的关系逐渐变得亲密起来,司译院也将女真学改为清学,朝鲜对清学的重视度已经达到了汉学之下。① 17 世纪 20 年代,皇太极即位之后,积极推行多元文化政策,巧妙地利用投靠的汉人文人,并且陆续提拔和任用有才人士,以及强调文化上的平等以及对异文化的尊重。国际关系上坚持推崇多元文化政策,对外文书也逐渐趋向于文言,文辞更显得典雅流丽。随着政权的逐步稳固和强盛,各路人才更是蜂拥而至,这也促进了清朝入关前社会内多元文化的发展。17 世纪中叶以后,国际关系上还一度出现以满语文为文化圈的现象。

The Evolution of the Genre of Documents before the Entry of Qing Dynastyinto the Shanhai Pass

Zhuang Sheng　Dongbei Normal University

Abstract: At the end of the 16th century, after the Jurchen script being abandoned for many years, the Jurchenscreated a new Manchu scriptin accordance with the Uyghur-style Mongolian script and began to record their own history in Manchu language. However, due to the use of Chinese or Mongolian documents in the international relations, the Jurchen cultureshowed unprecedented complexity and diversification. After Hong Taiji's accession to the throne, he actively promoted a multicultural policy, emphasizing cultural equality and the respect for different cultures. In the international relations, he insisted on advocating a multicultural policy, and gradually tended towrite diplomatic documents in classical Chinese. The diction, thus, appeared elegant and smooth, which advanced the equal development of multiculture in the Liaodong society before entering the Shanhai Pass.

Key words: Jurchen script; Manchu script; Tiancong; Chongde; translation

(本文作者系东北师范大学历史文化学院副教授)

① (韩)郑光《李朝时代の外国语教育》,广刚、木村可奈子译,临川书店,2016 年,第 409—449 页。

清同治、光绪年间新疆妥得璘集团的历史考察

徐　磊

提　要：妥得璘领导的回民武装在晚清新疆地方史中占有十分重要的地位。这个回民武装团体的出现，是社会发展过程中诸多因素相互作用的结果。研究这一武装团体的发展经过，对了解和认识新疆民族关系的演变，不无裨益。

关键词：妥得璘　清真王　回民起义　伊斯兰教

妥得璘，又名妥明，经名达吾提，回族阿訇，甘肃河州（今甘肃临夏）人，是北疆地区回族武装的组织者和领导者。同治三年（1864），他领导的回民武装，以新疆回族虎非耶门宦为依托，控制了东起木垒，西至沙湾，南到吐鲁番的大片区域，建立了政教合一的阿訇政权。其王城建于乌鲁木齐，改用清真年号，以伊斯兰教规统治百姓，自称"清真王"。

对清同治、光绪年间的新疆动乱，学界有"反清斗争"、"反清起义"、"新疆回乱"、"反清起事"、"新疆回变"、"新疆回民起义"等诸多提法。在这次社会动荡中，南疆及北疆伊犁的回族武装均被其他势力消灭，唯有乌鲁木齐一带妥得璘领导的回民武装，势力与影响最大，足以与阿古柏抗衡。对这支回民武装，后人褒贬不一。至于妥得璘集团①的研究，学术界已有一些成果问世，但这些成果主要侧重于阐述历史人物的业绩。如吴万善的《论妥得璘》、②马志勇的《反压迫反侵略的东乡族英雄妥得璘》、③宋水平的《索焕章与新疆回民起义》。④ 客观而言，任何人物和事件均由社会发展历史过程中诸多因素相互作用而成，若不从社会历史发展的客观实际深入探究，读者极易陷入"英雄造就历史"的错觉中。为此，我们从新疆回族虎非耶门宦的发展历史切入，结合新疆地方乡土志中的文字记载，试图对妥得璘集团的活动情况加以阐述和分析。

一、新疆回族虎非耶门宦发展历史溯源

虎非耶，以默诵齐克尔来纪念真主而得名，其意为低念（Khafi）之谓。《古兰经》中说："你当朝夕恭敬而恐惧地纪念你的主，应当低声赞颂他，你不要疏忽（8：205）。"10 世纪以

---

① 从性质上说，妥得璘领导的这支回族武装，属于主动起事，其矛头是反抗官府，这与徐学功、赵兴体等人领导的汉族民团武装相比，有明显的差异。同时，乌鲁木齐回民起义时，不仅是普通百姓参与其中，官军中的回族将士也起到了关键作用。从这两点来看，这支回族武装，称之为"回族民团"，似有不妥。从规模上看，妥得璘领导的这支回族武装，足以占据城池，修筑"王城"，可见其整体实力要大于汉族民团。然而，若将其认定为割据政权，似乎也有些名不副实。为谨慎起见，该文表述中暂且称之为"妥得璘集团"。

② 吴万善《论妥得璘》，《西北民族研究》1993 年第 1 期。

③ 马志勇《反压迫反侵略的东乡族英雄妥得》，《西北民族研究》1997 年第 2 期。

④ 宋水平《索焕章与新疆回民起义》，《新疆地方志》2007 年第 1 期。

前,这种纪念真主的方法就已存在,经后人传承和改造,演变为一种修行方式。①

新疆回族虎非耶门宦出现较晚。近代新疆回族虎非耶门宦与伊斯兰教苏非主义中的伊玛目·冉巴尼(Imam Rabbani)派②密切相关。乾隆年间,清军平定大小和卓叛乱后,大约在乾隆二十五年(1760),一位名叫夏赫·奥利亚(Shah Awliya)的阿富汗人来到今天的莎车县,建立起了叶尔羌道堂(当地人称其为东干道堂,即回族道堂)并传播伊斯兰教伊玛目·冉巴尼派的教义。夏赫·奥利亚(Shah Awliya)兼学契斯提耶、尕迪林耶、虎非耶,尤其主修哲合林耶。在莎车,夏赫·奥利亚(Shah Awliya)的后裔分为两支:一支专修哲合林耶,另一支专修虎非耶(兼修尕迪林耶)。前者为叶尔羌东干道堂;后者为莎车县阿克麻扎拱北。③ 从源头上说,莎车是回族虎非耶门宦最初的活动地之一。

伊玛目·冉巴尼(Imam Rabbani)派除了在莎车有活动场所外,在阿克苏也有影响。18世纪时期该学派在阿克苏的活动地点在阿印克,此地为阿克苏著名的伊斯兰教传播中心之一。最初到阿克苏宣传伊玛目·冉巴尼(Imam Rabbani)派的传教者名叫依赫瓦尼·嘎里,全名为伊禅·夏·依赫瓦尼·嘎里(Ishan Shah Ikhwani Qari),此人在阿克苏一带传教时,许多人投其门下。其中,维吾尔族弟子有塔米尔·阿林(Tamir Alim)、喀什噶尔人阿布杜·热合曼(Abd Rahman);回族弟子有三人,唯有马方最为著名。④

马方原为安西大湾人,是乾隆时期一名清军将领,准噶尔叛乱时,随大军进疆,南疆大、小和卓平定之后,其所在部队驻防阿克苏。因此,马方得以接触伊玛目·冉巴尼(Imam Rabbani)派。马方弃官从教后,成为伊禅·夏·依赫瓦尼·嘎里(Ishan Shah Ikhwani Qari)的弟子,其所著的教理被后人继承下来,逐渐发展成内地洪门等门宦,马方也因有此贡献被教徒尊奉为"安西大湾太爷"。

马方的后继者,分为马佩和阿里·穆萨两个支脉。

马佩一支在迪化传教,收穆罕默德·侯赛因、魏家堡和肃州韩"三位弟子"。穆罕默德·侯赛因,本姓苟,曾在巴里坤清真寺修道,后到莎车县道堂求学问道,到麦加朝觐,回国后,在昌吉一寺任阿訇,故又称"昌吉苟爷",后辞教职,专心于修道,大约卒于道光三十年(1850)。魏家堡,原籍青海,撒拉回族,曾在迪化北梁寺担任开学阿訇,殁后葬于北梁寺,后移葬迪化大湾并修有拱北。肃州韩,原为商人,经名穆罕默德·穆萨。其弟子奇台周,经名马里克·悉尼。妥明从内地来到新疆曾拜师于奇台周门下。

阿里·穆萨一支奉马方之命到青海传教,但他将教权交给了马佩的弟子肃州韩,让其代为传教,阿里·穆萨因触犯刑律被流放到黑龙江,获释后才到青海传教。因此,其信众奉其为"黑龙江太爷"。⑤

新疆回族虎非耶从源头的马方算起,到妥明时期,仅五代人,时间不长。但该派有严格的组织和规矩。伊禅(Ishan,意为教主),是"现世"的圣徒,是最接近"真主"的人,一般

① 韩中义《西域苏非主义研究》,中国社会科学出版社,2008年,第168页。

② 伊玛目·冉巴尼(Imam Rabbani)派,又称希尔信迪(Sirhindiyah)学派。这个学派,主张教法是包容一切的圣典,既包容了现实与未来的知识,亦蕴涵苏非派神秘内心体验的知识。

③ 韩中义《西域苏非主义研究》,第145页。

④ 韩中义《西域苏非主义研究》,第145—146页。

⑤ 韩中义《西域苏非主义研究》,第185页。

大伊禅之下，分出小伊禅，小伊禅又分出海力排（Khalifah，意为代理人），①层层制约，形成了严格的等级制。② 发展教徒时，有赌咒盟誓仪式，“要求教徒保持教内秘密，不羡慕现世荣华富贵，不搬弄是非，不得取份外之财，每日举行5次宗教功课，妇女不上集市，不违夫权等成规”。③ 正因为有严格的组织系统和发展教徒的成规，该派势力在新疆的影响力越来越大，其信众遍布乌鲁木齐、吐鲁番、鄯善、托克逊、昌吉、焉耆、玛纳斯、奇台等地。清廷虽在新疆施行政教分离政策，但就整体宗教事务而言，清廷还是采取了较为宽容的政策。④ 回族穆斯林不仅与新疆的维族穆斯林来往频繁，而且与内地回族尤其是青海的穆斯林有千丝万缕的联系，彼此的交往也十分密切。

二、妥得璘集团起事的原因分析

对妥得璘集团的起事过程，《新疆乡土志稿》中的记载较为全面，信息量大，其所述内容可与其他相关历史典籍作比对，信度较高。为便于分析和叙述，我们从中选取两段文献资料加以探究。

一是《新疆乡土志稿·迪化县乡土志》记载的起事经过。其内容暂录如下：

> 同治三年，关内扰乱，玉门逆回杨春潜至库车，勾结回目黄和卓作乱，城陷。喀喇沙尔闻变，征兵于乌鲁木齐，杨春亦潜求教于索焕章。焕章者，署乌鲁木齐参将，前甘州提督索文之子也。素萌异志而諂事提督业布冲额，至是遂与杨春定谋，伪以练营兵丁猝难调遣为词，止业布冲额不出，都统平瑞檄协领穆克德肯、佐领佟瑞、都司张维昶，率满兵五百并檄库尔喀喇乌苏领队大臣义永率满兵一千往援，遣勇朱小桂行落后，见迪化南关各巷回众已整旅，持兵狂奔而返，报于提督。焕章力辨其诬，谓小桂诳报军情，缚而斩之。小桂呼冤，都统平瑞遣人往索，已行刑矣。焕章阴使杨春潜越南山，纠集回众二千，于六月初十日攻达坂城，破之。业布冲额犹信任焕章益坚，是月十二日二更，迪化南山乱作，守门纳之，业布冲额仓卒调兵，无一应者，遂自尽。都统平瑞坚守满城，飞檄伊犁请援，会伊犁将军某与都统有隙，故延其行，城中粮尽，都统与士卒分牛马皮，掘草根，剥树皮以为食，而伊犁援兵不至。九月初三日城陷，平瑞引药死。⑤

从这段记录，我们可以看到整个事件有三个重要因素在起作用。

首先是时机。

“逆回”是官府对回族的贬称。同治三年，陕甘回民起义爆发。文中所描述的玉门“逆回”杨春，显然是内地回民起义信息的传入者和库车起义的联络人。库车动乱，调动了迪化的清军力量，使本来就兵力单薄的迪化城防，力量更加薄弱，为起事不可多得的好时机。

① 海力排，在有些著作中被译为“海里飞”、“海里凡”或“哈里发”。

② 韩中义《西域苏非主义研究》，第146页。

③ 赵恒书主编《阿克苏市志》，新华出版社，1995年，第556页。

④ 余振贵《中国历代政权与伊斯兰教》，宁夏人民出版社，1993年，第193页。

⑤ 马大正、黄国政、苏凤兰《新疆乡土志稿》，新疆人民出版社，2010年，第8—9页。

其次是地理。

当时的北疆一带,军事上受伊犁将军节制,而行政却归甘肃管辖,大规模的起义不可能不波及新疆。客观地说,人有天然的社会性。在需要团结各种力量做事之时,有求同的自然本能;然而,人也具有分异的天然特性。作为民族而言,回汉之间,本来就存在某种程度的隔阂,在外力作用下,民族隔阂必定凸显出来,进而被人利用,从而使整个边疆社会滑入民族冲突的动荡之中。就西北地区来说,陕甘地区与新疆均属穆斯林聚居区,陕甘地区动荡,回民进入新疆联络起事,自然在情理之中。这样,关内回民潜赴哈密、乌鲁木齐、库车、伊犁、塔城等处"暗相煽惑",①新疆各地出现暴动,便一发不可收拾。同时,迪化所处的地理位置特殊,援兵无论是从伊犁还是从内地出发,都是远水难解近渴,一旦发生动乱,成功几率较大。

其三是人。

索焕章本人出身于官宦家庭,应该说家庭素养很好,至少有很强的忠孝观念。索焕章自起义后,曾被妥得璘封为元帅,只是"其母屡责詈之,趣反正",被发觉,后来被妥得璘降为"散目","令守吐鲁番"。② 这说明他不会仅仅因家庭因素进而起事反叛官府。同时,他是一名深得上司信任的军官。只是该文献中提到他"素萌异志",有些牵强。若其"素萌异志",作为其上司的业布冲额不可能察觉不到,如此,他便很难得到上司的倚重。他之所以会发动叛乱,显然不会是其个人因素使然。据此分析,其决心起事,主要还是受关内回民起义这个大气候的影响。

在迪化回民起义中,索焕章是直接指挥者。在整个事件中,他阻止调兵援救南疆,面对朱小桂的告发,他处理及时,此外,充分利用上司业布冲额的信任,也是关键。整个起事过程显得非常顺利。他的指挥才能可以说得到了淋漓尽致的发挥。

此外,群众因素同样重要。朱小桂提前发现了"迪化南关各巷回众已整旅",这说明群众事先已经受到了某种起事的动员,否则整个事件不会发展的那么快,只是当时的地方官府尚未察觉并采取相应措施罢了。

二是《新疆乡土志稿·奇台县乡土志》记载的起事经过。其大致内容暂录如下:

> 谨考同治三年春间,有回匪杨春由玉门县赤金峡地方窜入本境。以内地回民业被汉民逼反,若不早图,诚恐后悔无及之言,煽惑回众谋为不轨,致使人心惶惶,群思变乱。先是奇台县故有陋规,官下车派照粮,去任派帮粮,户以石计。知县恒颐初莅任,欲予责帮粮,民大噪。恒颐以民变上,并穷治首者,民遂哄堂。县胥数百人皆土回也,以弹压为名,势张甚。关陇客民刘福等咸不平,于六月初六日倡聚千余人,抢劫木垒河营库军械,与土回斗。恒颐不直客民,反翼土回,并发给枪炮子药,令其攻击客民,土回益横。初九日,客民进驻西吉尔玛泰与土回接仗,不利,仍返木垒河。十三日土回复往侵袭,为客民拒败之。而乌鲁木齐提标参将索焕章者,系故甘肃提督索文子也。久蓄异志,与河州回目妥得璘狼狈为奸,至是嗾动南关回众据城叛反,杨春亦同

① [清]李岷琛等撰《钦定平定陕甘新疆回匪方略》卷四十四,光绪总理各国事务衙门刊印本,刊印年份不详。

② 白寿彝编《回民起义》第四册,神州国光社,1952年,第334页。

> 时窃发，占据达坂城。恒颐闻警，即暗招客民，毕集奇台，登陴守御。十九日土回来犯，遣客民出城迎敌，鏖战竟日，土回披靡，回目马泰遂率该悍党，将奇台厢关房屋烧毁殆尽，连夜走至古城，焚杀掳掠。幸有驼户苏发智，纠同驼夫数百人奋勇突击，贼不能支，向西奔窜，与乌垣逆回联为一气，大股回扰，倍形猖獗。古城戒严，领队大臣保恒札蒙古兵四千来援，奏调惠庆为统带。惠庆至，而吉木萨已破。十一月初一日，又有吐鲁番逆回常世和马仲，暨逆缠依沙克和若等，拥众万余来捣木垒，得城后，大肆屠戮，汉民几无噍类。①

从这段记载，我们可以看到整个事件的新疆本土因素。

首先是地方政策。

回族是我国西北的少数民族，在陕甘地区，地方官府对之一贯采取歧视态度，加上税赋过于沉重，所以才有了后来的官逼民反，进而出现大规模的回民起义。然而，在新疆地区，回族是官府赖以维护统治的倚重力量，当地官府对待回民的态度与陕甘地区的地方官府有很大差异，甚至是大相径庭。新疆土回“可能没有锡伯族那样受到高度优遇，也可能在甘肃容易受人欺侮，但在准噶尔却与其他中国人处于同等地位，在政治待遇上要比安集延人或塔兰奇人好得不知多少”。② 因此，在新疆当地，若没有外界因素的强烈影响，反抗官府的绝不会是至少不可能首先是当地的“土回”。

这些来游说造反的内地回族人，起初可能不太了解新疆“土回”的实际状况，实际的劝说效果也许并不理想，所以，也就有了“若不早图，诚恐后悔无及”的恐吓。杨春之流的游说，并非没有效果，无论是内地还是新疆的回族，毕竟都是穆斯林，陕甘兵祸牵连新疆与否，自然是众人最担心的事，新疆本地回族社会中才会出现“人心惶惶，群思变乱”的状况。

其次是地方官员。

从该文献中我们也可以看到，地方官员为征派沉重的“帮粮”，挑起了本已存在的回汉矛盾，企图利用民族冲突，达到征收粮款的目的。就征收帮粮而言，本属陋规，不在百姓应缴粮款之列，且“户以石计”，可见是个不小的负担，因此才会激起众怒，最后群起反抗。正因为苛捐杂税太多，地方官府的社会公信力下降，百姓也才有了敢于反抗的胆量。“关陇客民刘福等咸不平，于六月初六日倡聚千余人，抢劫木垒河营库军械，与土回斗。”按照大清律法，抢劫营库军械，无异于造反，罪无可赦。在官府、关陇客民、土回的角力中，土回自然是官府镇压叛乱的好帮手，事态的发展，导致“汉民几无噍类”。这说明，关陇客民群体是当时变局中最大的受害者。

在剑拔弩张的民族冲突即将爆发之时，地方官员为维护边疆社会秩序的稳定，其必须以民族矛盾仲裁者或者调停人的身份出现，而且需要有公正的立场方能定纷止争。然而，“恒颐不直客民，反翼土回，并发给枪炮子药，令其攻击客民，土回益横”。迪化回民起义传到奇台后，这个消息出乎地方官恒颐的意料，接下来恒颐在奇台的回汉争斗中又转过来“暗招客民，毕集奇台，登陴守御。十九日土回来犯，遣客民出城迎敌”。地方官态度的逆

① 马大正、黄国政、苏凤兰《新疆乡土志稿》，第59—60页。

② （英）包罗杰著，商务印书馆翻译组译《阿古柏伯克传》，商务印书馆，1976年，第77页。

转,使得持械土回已不是官府的帮手,而是官府的反叛者。可见,地方官的火上添油,更是激化了民族冲突。

其三是城池。

乾隆皇帝荡平新疆以后,在北疆诸绿洲城镇的起初建设中,考虑到民族成分多元等因素,在同一地方,往往同时建造满城、汉城,城内衙署根据具体情况建造,军队也分别驻扎。《奇台县乡土志》大致记载了该地城池的基本状况:"谨考本境自国朝乾隆二十二年平定准部,始隶版图,三十八年置奇台县,隶巴里坤镇西府治,地名曰靖远城。四十一年建城,高一丈七尺,周六百五十四丈,垛口五百九十有九,炮台八座,门二,是年设知县一员(裁奇台管粮通判改设),典史一员(裁济木萨巡检改设),训导一员(裁内地平凉训导改设)。县东为木垒城,系雍正十年岳威信公钟琪西征时奏建。乾隆三十二年并三十六年,由塔尔湾、安西等处绿营移守备一员,把总二员,外委二员,额外外委二名,马兵一百四十四名,兵一百六十名驻此。县西为古城,系乾隆三十五年建。三十六年由兴汉、河州、沙州等处练营移游击一员,千总一员,把总二员,外委四员,额外外委四名,马兵二百零五名,步兵二百名驻此。四十一年设巡检一员(裁奇台东吉尔管粮巡检改设),隶奇台县。"①通过这段描述,我们可以大致想象到当年动乱之时的立体景象。靖远城为奇台县主城,木垒城、古城,一东一西,拱卫着靖远城的安全。这种城防布局,无论是从应付战乱的军事角度看,还是从和平时期的治安角度分析,都有其内在的合理性。木垒城虽然不大,可坚守的时间,从六月初六到十一月初一,却长达近五个月之久。然而,这种城防布局,对城池内部聚集的民众而言,不起作用。奇台城虽相对较大,从六月六日开始,十九日便告陷落,防守不到两个星期。

其四是其他民族。

"逆缠",是当时官府对新疆维吾尔族的贬称。新疆维吾尔族与回族同是穆斯林,有某种程度的宗教认同。与内地不同的是,这里的回族武装,不是孤军奋战。"十一月初一日,又有吐鲁番逆回常世和马仲,暨逆缠依沙克和若等,拥众万余来捣木垒。"从这段文献记载看,木垒一战,回民武装的胜利显然得到了维吾尔民间势力的帮助。官府也不是孤立无援,新疆蒙古骑兵一直是新疆地方官府应付内忧外患的可靠力量。

三、妥得璘集团地方割据的历史评述

《新疆乡土志稿·迪化县乡土志》简要记载了妥得璘称王的大致情形:"有河州阿浑妥明即妥得璘窃据乌垣,自称为清真王,建伪皇城,逆党马泰、马仲、马明、马官,各署伪号,分踞古牧地吐鲁番、玛纳斯等城。"②这段文献,交代了妥得璘集团的骨干成员。清代的其他相关文献,对此亦有所记载,在此不赘。鉴于这一史实,对妥得璘集团起事及失败的历史价值,我们需要结合当时的情境略加分析。

(一)妥得璘集团起事的历史评述

妥得璘集团起事虽具有突发性,但从新疆当时的实际情形看,却有一定的历史必然

① 马大正、黄国政、苏凤兰《新疆乡土志稿》,第55页。

② 马大正、黄国政、苏凤兰《新疆乡土志稿》,第9页。

性。就其起事的历史价值而言，主要体现在以下三个方面。

首先，妥得璘集团地方割据的形成足以说明新疆土回群体已形成浓厚的家园意识。

新疆回族，大多也是陕甘一带的农民迁徙入新，久而久之定居下来的土著居民，只是他们与原迁出地还有着密切联系。妥得璘在乌鲁木齐发起暴动之后，北疆地区一片混乱，伊犁将军常清忙于应付当地的叛乱，已无力顾及乌鲁木齐。清军势力最终虽一败涂地，但其并没有完全退出新疆，巴里坤一带仍有清军活动；徐学功、赵兴体等人为避乱求生拉起了武装队伍。在这种情况下，妥得璘被拥为"清真王"，也是出于恢复内部社会秩序，进而整合回族内部力量一致对外的需要。

自乾隆年间开始，迁徙而来的内地回族移民，逐渐成为开发边疆的重要力量，他们与进疆谋生的新疆汉族一样，是新疆的开发者和经营者。以妥得璘集团的实际活动来看，作为维护民族关系正常运转的清廷势力退出之后，新疆回族群体所拥有的物质经济实力，军事战斗能力等，都得到了充分展现。在民族冲突中所造成的破坏，我们暂且不论，仅从表面而言，回汉冲突中回族群体释放的整体能量要远远大于新疆当地的土著汉族群体。社会变局中诸多势力，虽说瞬息万变，彼此消耗巨大，所带来的破坏力难以估算，但从结局看，新疆的回族群体与汉族群体一样，都为自身的生存赢得了一席之地。

其二，妥得璘集团地方割据的形成足以展示中国穆斯林群体内部的民间联络能力。

妥得璘领导的回族武装虽在乌鲁木齐建立了伪皇城，但他的统治形式较为简单。其得力干将马泰、马仲、马明、马官得到分封后，到所占的各个绿洲城镇踞守，对百姓的管理也主要依照伊斯兰教规行事。然而，这种简单的统治形式之下，回族民间动员能力却十分强大。原因在于，伊斯兰教的共同信仰，突破了地域界限，陕甘地区、青海等地的回民，可以与新疆回民一起，并肩战斗。以妥得璘来说，他本人是甘肃河州阿訇，之所以能在新疆发动叛乱，"客焕章所，焕章师事之"，①伊斯兰教信仰起到了关键作用。新疆清真国的建立，意味着回民在陕甘地区难以做成之事，却在新疆取得了突破。同时，伊斯兰教的共同信仰，打破了民族界限，在库车维吾尔民众的起义中，内地入新的回族人起到了组织和发动的关键作用，妥得璘清真国的建立，也有维吾尔民众的功劳。

其三，妥得璘集团地方割据的形成足以表明"回回"穆斯林群体身份的国民属性。

自元代以来，中国穆斯林群体逐渐形成，这在学界已成共识。从内在来说，"回回"这一名称，已形成一种特殊的心理认同，它不因朝代的更迭而改变，不因地域的改变而改变。从外在来看，人的本能中有"见异自动为我"的心理意识。具体来讲，只有当别人把自己认定为"中国人"之时，自己便是毫无疑问的"中国人"。在晚清时期，妥得璘即使举起了反叛清廷的旗帜，但在阿古柏之类的外人眼中，他的身份属性仍旧是中国人无疑。举凡汉语化的"清真"、"王"、分封的"元帅"，与汉民民团的合作，都使新疆北路的这一支边缘势力仍然牵连于传统中国的大文化背景，不能脱离。②

阿古柏认为妥得璘集团的伊斯兰信仰不够传统。"他指责东干人的教义和伊斯兰教法典不严格一致，并呼吁虔信热诚的逊尼派信徒去促使这些顽梗的人民承认他们教派的

---

① 白寿彝编《回民起义》第四册，第 329 页。

② 周耀明《边缘、族群与国家　清末西北回民起义》，宁夏人民出版社，2011 年，第 244 页。

错误。”①阿古柏占据乌鲁木齐后,大肆劫掠财物和人口,其侵略本性暴露无遗。阿古柏“连下绥来、昌吉、阜康,令军民剃发,易回服,严刑厚敛,税及园树”;② 在乌鲁木齐一带,居民以从内地迁来的回、汉移民后裔居多。汉、回之间的区别,在于是否信仰伊斯兰教。除信仰及饮食穿戴等习俗方面的差异外,其他差异并不大。而乌鲁木齐穆斯林与南疆穆斯林存在极大差异。“南路土回头秃裹巾,号缠头回。其辫发者,皆客回也。教同,而语言、冠服各不同。”③以今人角度观之,剃发易服,看似小事,无关紧要。但在时人看来,事关大体。可以说,在这个过程中阿古柏本人在伊斯兰教的旗帜下,向生活在乌鲁木齐的土著居民强行兜售了他的民族性。这种民族性的强行兜售,不仅令人憎恶,更是对新疆回民群体尊严的践踏。

(二)妥得璘集团败亡的历史评述

纵观妥得璘集团的起事,伊斯兰教的旗帜在穆斯林民众里的动员能力起到了重要作用。但是,其最终仍未避免一步步走向失败的结局。这种状态很难说伊斯兰教作为精神信仰的民众动员能力不够,我们只能认为回民武装在伊斯兰教旗帜下所形成的社会整合能力稍有逊色。就其败亡的历史价值而言,亦主要表现为三个方面。

首先,儒家思想在回民群体中影响较深。

伊斯兰教是倡导和平的宗教,这是国内外学术界一致认可的立场。但是当社会矛盾过于激化进而社会秩序又难以稳定下来的时候,“圣战”的旗帜一旦被绑上战车,其速度和后果就很难被把握。然而,长期以来,在儒家思想治国的理念被民众普遍接受的情况下,对是非的评判,人们首先选择的还是儒家倡导的“利义”观,其次才是伊斯兰教义。这在同治年间新疆动乱中的回民社会里大量存在。在回族社会上层,以索焕章来讲,其母的责骂曾动摇了他继续反叛的决心;在回民社会中下层,各城中也有回民拒绝参加起事的案例。《奇台县乡土志》中有这样的记载:“贡生黄某,系古城回民,忘其名字,博学能文,曾为陕西延川县教谕,其子邑附生黄震亦一乡善士。城陷之日,举家均殉焉。又回民王朝贵,古城巨富也。其长子王廉系太学生,次子王栋,父子三人均各素抱忠贞,临事不苟。回匪叛乱时,被骗入伙者众,独王朝贵杜门不从,令其子逃走,将举家男妇十余口闭于室中,纵火焚死,自从墙上扑入。”④回民武装很难在宗教旗帜下,做到最广泛的社会动员。对于回族社会内部的动员即是如此,那么对外部群体的号召力,自然也相当有限。《奇台县乡土志》中还记载了这样的事例:“有岁贡生连登甲,原籍镇西厅人,学问渊博,品行端方,书画卜筮无所不晓。咸丰六年携眷来古,设帐于北乡西地,训迪勤勉,实繁有徒,回匪变乱时举家避于南山松林中,贼酋妥得璘闻其文名,屡次遣党延聘,登甲推辞不脱,阳许之以稔贼心,阴谓乡人曰:‘吾读圣贤书,受朝廷爵,岂肯从贼作幕乎?’遂诳家人,入深山采茶,乘间仰药死。”⑤通过连登甲的事迹可见当时回民武装对非穆斯林身份的社会精英动员能力,无从谈起。

① (英)包罗杰著,商务印书馆翻译组译《阿古柏伯克传》,第104页。

② 白寿彝编《回民起义》第四册,第44页。

③ 白寿彝编《回民起义》第四册,第44页。

④ 马大正、黄国政、苏凤兰《新疆乡土志稿》,第64页。

⑤ 马大正、黄国政、苏凤兰《新疆乡土志稿》,第64页。

其次，中亚、西亚的伊斯兰文化对中国西北辐射较强。

从地理环境上看，中国西北地区处于伊斯兰文化与东方传统儒家文化的结合部。西北地区尤其是新疆回民群体自然成为儒家文化与伊斯兰文化的双重继承者。然而，特定意识形态的领地，需要特定世俗政权力量的维护。新疆回民群体所承载的这种饱含儒家文化元素的伊斯兰文化一旦失去国家政权的强力保护，它与来自西亚、中亚地区的伊斯兰文化在碰撞中的劣势十分明显。仅是宗教信仰层面的妥协和退让，根本无法阻挡外来侵略者的野蛮脚步。妥得璘为抵抗阿古柏进攻乌鲁木齐，曾派出近万名童男童女，让他们手捧着《古兰经》，迎着敌人行进。结果，这些无辜儿童绝大部分丧命于骑兵的铁蹄之下。《伊米德史》记述当时的情景时说："疾驰而进的艾米尔阿布都拉和百夫长牌孜等人率领的士兵们根本无视这些儿童，纵骑在这些孩子们的身上踩踏而过。"①《伊米德史》记载了阿古柏这次逞凶的结果。"结果艾米尔衔军官阿布都拉的双目就失明了，帕孜鲁则不久便中弹身亡了。这大概就是他们恶行的报应。阿古柏士兵还俘虏了一些东干人的男女儿童，阿古柏非常愤怒，下令屠杀这些儿童，结果许多无辜儿童遭到屠杀。"②阿古柏势力的发展以及对妥得璘集团的征讨，从文化层面而言，在某程度上我们可以将其看成是中亚伊斯兰文化势力的东征，亦不为过。

其三，伊斯兰教内部的教派意识影响了回民社会的内部整合。

妥得璘本人的经学功底深厚，是伊斯兰教虎非耶门宦新疆吐鲁番东道堂创始人，在教派之内，其个人威望之高，无可怀疑。但在别的教派中，其个人威望大打折扣。与其他回民武装之间，是互不统属，各行其是。此外，不可忽视的是，回民起事之时，妥得璘已迈入老年。以其生于乾隆五十三年（1788）计算，至同治三年（1864）时，妥得璘已 76 岁高龄。妥得璘去世后，他所统辖的回民群体内部整合的难度，不难想象。伊斯兰教主导下的世界，虽也有集权的特征，但仍稍逊于儒家"大一统"思想主导下的集权体系。儒家思想是和平的，伊斯兰思想必定也是和平的。

四、结　　论

从妥得璘集团所处的环境看，其割据政权的目标，在于建立一个相对稳定和安全的生存空间。在这个空间里，新疆回民群体可以实现某种程度的自我治理。然而，受地域、教派以及各种外在军事力量的客观挤压，妥得璘集团的这种愿望，昙花一现，无法在新疆存续。同时，作为新疆回民武装首领，妥得璘自身命运的惨淡，其缘由亦可得到合理的解释。

妥得璘集团的活动是陕甘回民起义的后续部分。这一点，如果我们将其放在同治年间整个西北地区的时空环境中考察，便很容易理解。同治年间的新疆动乱，伴随有激烈的民族冲突和社会动荡，边疆社会秩序呈现出严重的无政府状态。就伊斯兰教在新疆移民社会的影响力而言，伊斯兰教的教义，无法与儒家思想的传统义利观相分离。同时，中国伊斯兰教仅靠自身力量难以抗拒外来的伊斯兰势力。在新疆特殊的人文地理环境中，尊重不同人群的信仰，以维护地方社会的信仰均势，与稳定地方社会局势，在某种程度上成正相关。

---

① 苗普生编《清代察合台文文献译注》，新疆人民出版社，2013 年，第 473 页。

② 苗普生编《清代察合台文文献译注》，第 473 页。

A Historical Investigation of Tuo De-lin Group in Xinjiang during the Qing Tongzhi & Guangxu reign

Xu Lei　Xingyi Normal University for Nationalities

Abstract: The Muslim military groups leaded by Tuo De-lin (also known as Dawut) occupied a very important role in the history of Xinjiang in the late Qing Dynasty. The formation of the Muslim militant groups is a inevitable result of social development in which the interaction of many factors taken places. The formation and destruction of this Muslim military group reflected the evolution of the relations of ethnic group in Xinjiang. It is benefit for us to study this group.

Key words: Tuo-de-lin; The King of Muslim; The Hui-Muslim Uprising; Islam; Xinjing; Qing Dynasty

(本文作者为兴义民族师范学院讲师)

清代壮族村寨裁断的民间智慧及其秩序意义*

——以潘日昌案为考察中心

朱声敏

提　要：清光绪四年，广西龙脊壮族村民潘日昌因作恶多端而被村寨裁断革流外乡。村寨头人在村寨裁断过程中体现出了许多民间智慧：对当事人攻心为上，重视当事人内心的信服；对当事人房族积极沟通，予以充分尊重；利用裁断程序灵活简捷的特点，充分调动和利用各方面力量共同致力于恢复被破坏的社会秩序。裁断过程能加强房族之间的情感交流，稳定作为壮族村寨社会基本细胞的房族秩序；强化村寨头人的社会权威和权力地位，增强其维护村寨社会秩序的能力；彰显乡约的尊严，弘扬和传承公序良俗，实现良好村寨秩序的再生产。

关键词：潘日昌　智慧　秩序

潘日昌案是指清光绪四年（1878）广西龙脊壮族村民潘日昌因作恶多端而被村寨裁断革流外乡（后来因潜回行窃被活埋）的案件。由于该案件相对而言资料较为丰富，这种情况在资料匮乏的广西民族研究领域颇为少见，故已引起部分学者关注。有学者透过该案考察少数民族地区习惯法的非儒化特征，①有学者从中分析乡规民约等本土制度资源的当代价值。② 本文试图沿着历史的语境和脉络，从历史活动主体的角度多维透视该案件裁断的方式、特点，结合当地壮族村寨社会的文化谱系，揭示清代壮族村寨裁断蕴含的民间智慧及其秩序意义。

一、潘日昌案梗概

（一）潘日昌案发生的历史场景

潘日昌案发生于广西东北部的桂林龙胜县龙脊地区。广西北部，十万大山延绵伸展，层层叠叠。“龙脊”最初指龙胜境内某山脉，后来逐渐用于指代该山脉附近平段、新寨、龙堡、枫木、平寨等村寨，于是便有了“龙脊十三寨”之称。秦汉以来，尽管中央王朝的权力触角逐步深入广西边陲地区，地方社会也日益汉化、“中原化”，但在龙脊地区，由于十三寨为

---

* 本文系广西高校中青年教师基础能力提升项目“清代广西改土归流后地方司法运作与社会调控研究”（项目编号 KY2016YB396）的阶段性成果，同时受广西财经学院项目“明清广西地方司法与社会治理研究”（项目编号 2017QNB11）资助。

①　王小龙、李冰《“化外”与“化内”交织：清末广西龙脊壮族习惯法的权力结构——以潘日昌案为例》，《广西民族研究》2014 年第 2 期。

②　卢明威、汤伶俐《乡规民约在壮族社会治理中的作用及启示——从清末龙脊潘日昌案切入》，《民间法》第 17 卷。

壮族聚居区,地形为山地、丘陵,山高水寒,哪怕很小块的平地都难以找到。① 地瘠民贫,交通不便,信息闭塞,所以无论是中央王朝,还是地方官员,在统治上都给予了很大的保留,很大程度上由地方头人以故俗治之,使得当地民众保持着一种"原生态"的自由,龙脊地区也因此而"长期地处于统治者版图内的真空地带"。② 故而在当地壮族社会,起着维持社会秩序作用的主要还是历代相沿的"乡约"即成文习惯法。

(二)潘日昌案的来龙去脉

光绪四年(1878)戊寅八月初七日,龙脊地方头人联名向官府控告潘日昌,曰:"滥恶潘日昌勾引无知之徒七八之人,在地方生端索诈。目等即询,该七八人均同声称,日昌纠邀串同等语。地方开言,即伸目等要将昌捆送究治。恶即闻信,当时逃走不知去向。"因"该恶欲其前来砌词妄控",故地方先呈《控告恶棍禀文》,指斥潘日昌"素不安分之徒,每靠油火度日之辈,地方大小事件,均系该恶从中主使,或索一千八百或三五千不等,地方愚民,受其毒者不少,是以痛恨者多"。③ 这是目前所见最早的有关潘日昌案件的材料。

次日,毛呈(城)上寨廖杨刚、廖永太父子写下《悔过书》供述了自己的罪恶:"本年八月初五日,祸因平段潘日昌等,聚集入伙作成为群,朝夕惹事端需索等件,各串为党。而今地方议,见我有异,欲恐聚成多端,殃成大肆。"该父子表示对之前跟随潘日昌"贪行学滥,需索乡人,翻悔祖业"悔悟。④

八月初九日,潘日昌母舅廖金明、姨母潘廖虑妹在房族人廖金妙、诸寨地方头人的见证下,立下《割肉断筋字契》,指责潘日昌"累累(屡屡)滋行,殃于村邻地方",明言潘日昌所为"难免官法之意,乡里难藏",认可各寨"捕获公送官究情"的公议,"甘立断筋字据,生不应(认)亲,死不应(认)尸。纠众甚重,冤沉海底。如有我等有异复说,自干(甘)与甥同刑,与伊同法"。⑤

同日,潘氏房族潘日运、潘学继等人书立《逐革字契》,声讨潘日昌"不存天理"之恶行,辞曰:"如有日后潘日昌仍在地方滋索纠串,或捏词控告者,任凭地方捆获送来。我等定行处死,不敢向昌方求情宽宥,或在外乡横行滋索,任由外乡据(处)死沉水等,生死魂尸不认。"⑥表示绝不姑息、大义灭亲的坚决态度。

八月十六日,地方人合共一百七十人公开审问潘日昌,潘日昌招出其与廖金明、陈玉贵等不法情事,书写了《违禁肇事口供录》。⑦

八月十八日,潘日昌当着众人之面,立下《悔过戒约》,承认自己"屡屡借端油索,活(祸)害良家,受索者不计其数","理宜送官究治",接着感激众人"放生免送公庭"之恩德,表示自己"愿逃迁移异境,永远不古",否则任凭地方头甲送官究治。其胞弟潘日运、姐夫、

① 樊登等《龙胜各族自治县龙脊乡壮族社会历史调查》,《壮族社会历史调查》第一册,民族出版社,2009年,第70页。

② 樊登等《龙胜各族自治县龙脊乡壮族社会历史调查》,《壮族社会历史调查》第一册,第101页。

③ 《广西少数民族地区碑文、契约资料集》,民族出版社,2009年,第180—181页。

④ 《广西少数民族地区碑文、契约资料集》,第175—176页。

⑤ 《广西少数民族地区碑文、契约资料集》,第176页。

⑥ 《广西少数民族地区碑文、契约资料集》,第177页。

⑦ 《广西少数民族地区碑文、契约资料集》,第177页。

妹夫作为担承保人。①

同日，潘日昌同伙新寨廖玉明、廖玉贵兄弟二人，“自托房长，向地方恳情宽宥”，遂由福胜代笔立下《悔恶从善保证书》，地方头人三十三人作证，房长廖元流等为承担保人。②潘日昌另一同伙新寨潘昌龙也由房长潘元安等人向地方“恳情宽宥”，书立《悔过休恶书》，地方三甲十三村乡老、三甲头人潘美福等见证。③

九月初三日，龙脊三甲同立《革条永禁告白书》制裁潘日昌同伙枫木寨陈玉贵，“永远不准入境”。事情起因于八月初五日，陈玉贵等“折集棍棒，诡谲串通”、破坏团规、私吞公钱等恶行，本应送官究治，经其房族祈免，后又“畏法逃奔故里，不遵团规”。④ 廖玉明、陈玉贵等人的供述正好与前述《控告恶棍禀文》相互印证。

最后潘日昌被逐出龙脊之后，仍潜回行窃，被处以活埋之刑。⑤ 此外，民间流传有一份《革条永禁歌》，以潘日昌、陈玉贵“永古受革流外乡”之事，告诫乡党邻里村坊保持守法、良善。⑥

前述文书比较细致地描述了潘日昌案件的来龙去脉，潘氏房族母舅和当地头人甚至许多普通村民都参与其中，体现了案件处理的公开性、开放性。故我们可以将潘日昌案作为壮族村寨裁断的典型来加以探讨。

二、清代壮族村寨裁断的民间智慧

在壮族村寨裁断过程中，壮民采取妥当的方式，注意发掘人的能动性，重视动之以情、晓之以理，将冰冷的规则与有温度、有血肉的亲情、族情、乡邻情相结合，提高了处理纠纷的效率，体现了一定的民间智慧。

（一）对当事人攻心为上

纵观潘日昌案的裁断过程，对当事人攻心为上，重视当事人内心的信服，应该是壮族村寨裁断一个明显的特点。

先是廖杨刚、廖永太父子写下《悔过书》。稍后，潘日昌在地方一百七十人公开审问大会上招出其与廖金明、陈玉贵等不法情事，当众书写了《违禁肇事口供录》。八月十八日，潘日昌又当着众人之面立下《悔过戒约》。廖玉明、廖玉贵兄弟以及潘昌龙也都在房族、乡邻面前立下悔过休恶的保证书。这些文件无一例外都是先由当事人承认自己作恶多端，或“聚集入伙作成为群，朝夕惹事端需索等件，各串为党”，⑦或“勾引主使兴讼公庭，害富者倾家败业，贫者散子离妻。故此为恶，地方见视凶横”。⑧ 然后当事人表示悔罪，再不重蹈覆辙，如廖杨刚、廖永太父子“甘愿复团合规，积善行仁不敢歪意。日后我等父子，永不

① 《广西少数民族地区碑文、契约资料集》，第 174 页。
② 《广西少数民族地区碑文、契约资料集》，第 175 页。
③ 《广西少数民族地区碑文、契约资料集》，第 178 页。
④ 《广西少数民族地区碑文、契约资料集》，第 179—180 页。
⑤ 樊登等《龙胜各族自治县龙脊乡壮族社会历史调查》，《壮族社会历史调查》第一册，第 106 页。
⑥ 《广西少数民族地区碑文、契约资料集》，第 180 页。
⑦ 《广西少数民族地区碑文、契约资料集》，第 175—176 页。
⑧ 《广西少数民族地区碑文、契约资料集》，第 174 页。

与村邻,私横混索祖遗,互控殃良”。① 潘日昌认识到自己给地方带来严重危害,“若莨草不除,嘉禾不生,奸顽不革,良孺难安”,自己立下誓言“愿逃迁移异境,永远不古,在外勾唆,引诱滥棍匪类,需索本境,或私回故里者,任凭地方头甲捆获,以及胞弟姐妹丈房族,一底送官究治”。②

从上述文件看来,潘日昌等人为非作歹已非一日,其给村寨带来的影响不可谓不大,然而地方一再容忍。八月初五日作恶发展到高潮,村寨头人“因思该恶欲其前来砌词妄控”,③迫不得已在八月初七日向官府控告潘日昌。可见无论在此之前还是之后,地方都给予潘日昌等人多次改过自新的机会,显示了充分的宽容与期待。

如前所述,龙脊十三寨地处偏僻,与外界往来不便,自成一方小天地。然而,资源的稀缺和聚族而居的生活、劳作环境注定人们会因为个体利益追求的不同产生纠纷。于是,壮民们为了创造一个良好的生活、生产环境,制定了具有法的作用的社会契约即“乡约”。乡约的调整范围相当宽泛,只要对于村寨成员的生命、财产安全产生破坏和威胁的行为都会给予制裁和惩罚。尤其是对于偷盗、抢劫、通匪投敌、伤害杀人等行为更是严厉打击,以维护村寨社会秩序,实现村寨社会和谐。乡约可以说是村寨壮民们集体意志的体现,为大家所认知、认同,也因此能为大家自觉遵守。在平等、自愿的基础之上形成的乡约也便成为了村寨壮民们之间情感与归属的纽带,成为了村寨壮民们的凝聚剂。

任何秩序的生成都是人们相互妥协的结果,任何秩序的维护都需要大家的共同努力。一旦秩序遭到破坏,要恢复到原来状态,似乎最好的办法当然是使破坏者认识自己的错误,心服口服地纠正自己的行为。这种治病救人的措施顾及了当事人的主观心理感受,当然能比生硬地进行惩罚更能令当事人接受。

如果我们将传统文化因素考虑进去,则潘日昌一案显示出来的裁断模式正好与传统中国地方司法模式相一致。众所周知,中国古代的司法以重“情理”而闻名。德国社会学家韦伯曾指出传统中国的司法不会根据形式的律令来进行“一视同仁”的审判,而是根据被审者的实际身份、实际情况、实际结果来判决。④ 日本学者滋贺秀三进一步指出中国传统法官裁断纠纷的过程更接近于调解,是一种“教谕性的调停”,即法官就个案采取适当的对策,以引导当事者承服、接受为最终目的的一种调停。在这种审判模式之下,案件的终结必须以当事人书面接受判决结果,愿意切实履行,保证息讼为前提,当时称之为“遵依甘结”。其目的在于杜绝当事人无限上控的可能,同时在更大的范围内调整社会秩序。⑤ 韦伯、滋贺秀三等学者作出上述论述,虽未必考虑壮族村寨裁断的实况,然其论述用于壮族村寨裁断亦未尝不可。

(二)对当事人房族予以尊重

除了给予当事人足够的宽容与期待之外,壮族村寨裁断的另一个特点是注重与当事

① 《广西少数民族地区碑文、契约资料集》,第175—176页。

② 《广西少数民族地区碑文、契约资料集》,第174页。

③ 《广西少数民族地区碑文、契约资料集》,第180页。

④ 参见韦伯《儒教与道教》,洪天富译,江苏人民出版社,2003年,第123页。

⑤ 参见滋贺秀三《清代诉讼之民事法源的考察——作为法源的习惯》,王亚新、梁治平编《明清时期的民事审判与民间契约》,法律出版社,1998年,第54—96页。

人房族进行沟通，充分尊重房族的态度。八月初七日廖杨刚、廖永太父子写下《悔过书》，表示“当凭地方禁戒，如有父子仍前有弊藉索，任凭乡老拿获我等捆送官宪从重处治，激底沉究我等永不再生”。① 其房族人廖永禄、廖永寿等人与诸村寨头人一道画押作证，推其意，廖永禄、廖永寿等人应该是同意村寨的裁断结果。其后，廖玉明、廖玉贵兄弟二人立《悔恶从善保证书》与潘昌龙立《悔过休恶书》，无不是由其各自房族为承担保人向地方“恳情宽宥”的结果。

对于潘日昌的处理，由于其是首恶，处罚最重，地方更是充分尊重了其房族的意见。潘日昌母舅廖金明、姨母潘廖虑妹之所以立下字契，表示与潘日昌割肉断筋，事先应该是地方头人、村邻向其汇报了潘日昌恶贯满盈，其不敢惹怒众人，不得不认可公议的裁断结果，方才“甘立断筋字据”。② 稍后，潘日昌之弟潘日运及其姐丈潘平三、妹丈蒙光明，房族潘学继、日交、日明、日秀、日道等细数潘日昌恶行，表示“我等若不除其人，难免来日之祸”，遂立下《逐革字契》“付与地方存照为据”。③ 再后来，潘日昌书立《悔过戒约》表示如再为非作歹，“私回故里者，任凭地方头甲捆获”时，特意提到“以及胞弟姐妹丈房族，一底送官究治。房族一干人等，共干法条，决莫宽容”。其姐丈茅平三、妹丈蒙光朋为担承保人，其胞弟潘日运更是赫然列于“立字人”一栏，可推定其《戒约》是包括房族在内的各方事先议定的结果。④

地方为什么如此重视当事人房族的意见呢？究其原因：首先，由于族权的强大；其次，出于节约制裁成本的考虑。

宗族在古代中国是重要的社会细胞，正如清末学者所言：“吾国之施治于全国也，以县为起点；其施治于人民也，以族制为起点。”⑤其言下之意，县是国家的基层政权，然而家族才是进行日常管理的基本单位。清代政府沿袭了前代重视扶植、利用家族进行统治的方略。康熙颁布《圣谕十六条》以教化万民，其中第二条便是“笃宗族以昭雍睦”。雍正更将族长的权威上升到法律的高度。明清是宗族发展的高峰，当时乡村的典型治理模式是“皇权为经，宗族为纬”。⑥ 故而宗族承担着包括司法在内的广大社会职能，以至于有学者认为“家族制度是中国封建社会长期延续的重要因素”，⑦“中国传统诉讼的一个重要特征是其二元结构，即国家司法与家族司法并存”。⑧ 故而，村寨头人在裁断是非、对当事人作出处罚决定时，不得不尊重当事人家族，听取其家族成员的处理意见。

尊重房族，取得房族对裁判的支持，让房族参与纠正、处罚违法者，也是村寨头人对当事人房族予以尊重的重要原因。宗族（房族）是强大的社会力量，族内长老恃其权威，操控着族人生活、生产的方方面面，能对宗族（房族）内的不法行为予以及时纠正和制裁，从而对宗族（房族）内、外秩序形成有效的维护。宗族（房族）裁决处理了大量的日常纠纷，对本

---

① 《广西少数民族地区碑文、契约资料集》，第 175—176 页。

② 《广西少数民族地区碑文、契约资料集》，第 176 页。

③ 《广西少数民族地区碑文、契约资料集》，第 177 页。

④ 《广西少数民族地区碑文、契约资料集》，第 174 页。

⑤ 熊宗煦《论中国施行地方自治》，《政论》第三号（1908 年 4 月）。

⑥ 黄金兰《传统中国的乡村控制方式——兼及宗族的社会控制功能》，《民间法》第十二卷。

⑦ 徐扬杰《宋明以来的封建家族制度述论》，《中国社会科学》1980 年第 4 期。

⑧ 李交发《论古代中国家族司法》，《法商研究》2002 年第 4 期，第 135 页。

就捉襟见肘的政府司法资源起到了重要的补充作用,且相对于政府司法,宗族(房族)裁决形式更加灵活,程序更加简捷。而且,由于投入的资源丰富,其裁断结果的公正性也得到更好的保证。相对于村寨裁断,宗族(房族)裁判的上述优点虽然不那么明显,但多少能对村寨裁断起到有益的补充作用。故而无论是政府,还是村寨头人,都必须争取宗族的支持,这是保证裁断简捷、裁断结果深入人心、执行顺畅的必要条件。

(三)充分调动各方面力量

壮族村寨裁断相较于国家司法的一个重要特点是灵活简捷,便于调动和利用各方面力量。这也是壮族村寨裁断所体现的民间智慧之一。

既然传统裁断过程是一种"教谕性的调停",目的在于取得当事人"遵依甘结",在更大的社会范围内实现利益平衡,那么,在裁断过程中调动各种政治、社会力量,让其参与进来,针对个案制定具体方案,运用民族特殊的道德、习俗以及文化资源一起解决纠纷、促进裁断结果的执行,实现各方面力量和当事人都认同的公平和正义,重塑和谐秩序,自然是"大调解"的应有之义。

最大的资源、最重要的力量自然是政府,所以地方要对付潘日昌,首先即使不能取得政府的支持,至少也不能让政府反为违法者所利用。于是,八月初五日潘日昌"引无知之徒七八之人,在地方生端索诈",八月初七日地方即向政府递送《控告恶棍禀文》,开列了潘日昌系列恶行,并阐明本要将其捆送究治,只是苦于"恶即闻信,当时逃走不知去向",但又担心其恶人先告状,使政府先入为主地形成对地方不利的印象,故"连(联)名先行禀明"。①

当事人房族也是地方头人不得不考虑的强大力量,充分尊重房族的态度,重视房族的权威,让其参与裁断过程、见证裁断结果的意义,已如上述。另外,村寨的其他人也是村寨裁断可以依靠的力量。潘日昌立《违禁肇事口供录》时,"地方人合共一百七十人,至新寨问口供单"。② 文件没有载明一百七十人具体身份,但光从数量上推测,其应该有一定的代表性。该一百七十人见证了裁断的过程,参与摇旗呐喊,再广而告之,既能使村寨裁断回应了人们解决纠纷、惩恶扬善的需求,又能监督裁决结果的执行,还能调动尽可能广大的人群共同关注违法者,帮助其矫正犯罪心理、祛除恶劣行径。

调动社会资源,还包括分化瓦解潘日昌团伙,争取其他成员悔罪、脱离团伙,以取得孤立首犯、最终彻底消除违法团伙的效果。八月初七日地方送禀呈稿就提到"目等即询,该七八人均同声称日昌纠邀串同等语",此处明确区分主从,将矛头对准首犯潘日昌,"地方开言,即伸目等要将昌捆送究治"。③ 其后,地方经过努力陆续迫使潘日昌同伙廖杨刚、廖永太、廖玉明、廖玉贵、潘昌龙等人立下悔过书、保证书,发誓"永不从昌贪行学滥,需索乡人,翻悔祖业"。④ 这些潘日昌昔日的同伙,与其划清了关系,转身成为昭彰其劣迹的证人,无疑会壮大反潘集团的声势,给潘日昌更大的压力,加大其改弦更张、浪子回头的可能性。

---

① 《广西少数民族地区碑文、契约资料集》,第 180—181 页。

② 《广西少数民族地区碑文、契约资料集》,第 177 页。

③ 《广西少数民族地区碑文、契约资料集》,第 180 页。

④ 《广西少数民族地区碑文、契约资料集》,第 176 页。

三、清代壮族村寨裁断的秩序意义

长期以来,学术界主流观点认为"王权止于县政",即中国封建政治、官治行政只到县级政权为止,县以下之广大乡村社会,统治者采无为而治之策,听民自为、自营。① 如果不作极端性的解读,我们可以认为,维系和支撑传统中国社会的是两种力量:在县以上主要是国家力量,在县以下主要是乡土社会力量。后一力量发挥作用的性质和情形更为复杂。而在传统的村落,往往是乡土社会力量为主、国家力量为辅,两种力量共同作用,清代的广西壮族地区亦不例外。潘日昌案体现出来的秩序意义便是两种合力作用下的一个例子,在这个例子中,国家力量主要体现有二:其一是明确授予村寨头人处理村寨纠纷或者将违法者捆送报官的权力;其二是在村寨头人的背后予以默默支持,国家权力成为村寨裁断合法性的来源,也是裁断结果得以执行的最后凭借力量。

从该案处理过程看来,壮族村寨裁断除了裁断行为本身具有惩恶扬善功能之外,还具有如下积极意义:

第一,房族求情、作保的仪式、措施能通过房族之间的情感交流强化房族成员之间的感情纽带、固化房族伦理关系,稳定作为壮族村寨社会基本细胞的房族秩序。

如前文所述,对于潘日昌及其同伙廖永禄等人的处理,地方充分尊重了其房族的意见。在涉案几份文书中,无论是廖杨刚、廖永太父子,还是廖玉明、廖玉贵兄弟,亦或是潘昌龙,甚至潘日昌,其悔罪行为无不是房族作为承担保人向地方"恳情宽宥"的结果,在其悔过文书中,均有房族人与诸村寨头人一道画押。潘日昌的《悔过戒约》"立字人"一栏甚至有其胞弟潘日运之名。而且,光从上述几份文件就可以看出,潘日昌的胞弟潘日运等房族是不止一次替其求情、担保。所以,房族对于违法者的深重担保之义、殷切期待之情可见一斑。

这对于形成违法者与亲人之间的情感、人身依赖和家族认同感具有很好的催化作用。对于违法者而言,感受到亲情的关怀,感受到房族的支持和期待,在内疚的同时无疑也会产生感动。而所有参加公开裁判的房族人,也会为自己得到重视、自己的态度受到乡邻尊重而产生一种满足与欣慰。因此,在一定意义上而言,公开裁判、房族作保的方式就是房族亲属之间在特殊情境中所进行的一场情感心理、人身关系确认与强化活动,会进一步固化房族之间的关系,固化家族成员归属房族、依赖亲人的心理意识,并成为村寨社会稳定的积极因素。

第二,公开裁判、房族作保的仪式、措施能强化村寨头人的社会权威和地位,增强其维护村寨社会秩序的能力。

村寨头人本就是村寨中自然形成的民间领袖,往往不仅头脑聪明、社会经验丰富,且为人正直、富于表现力,能为大众信服,具有崇高的地位和权力。② 村寨头人的权威来自传统文化的浸润,这种权威代代相传、世世沿袭,尊重习俗、尊重头人成为壮族人们的行为惯性。尊重头人,很大程度上便是对传统习俗的尊重与沿袭。而且,清朝政府出于利用头人的考虑,又赋予其一定的司法权力,"身充头甲,有管地方之责,如有不法之徒,必须捆送

① 秦晖《传统十论》,复旦大学出版社,2003 年,第 3 页。

② 樊登等《龙胜各族自治县龙脊乡壮族社会历史调查》,《壮族社会历史调查》第一册,第 90 页。

治究,以靖地方”。[①]“地方遇有大小事务,准请头甲及公举之老人,再三理论或判不清,方可兴讼”。[②]泗水乡潘内寨《团律乡约碑》也有类似的表述。[③]有的地方官还规定村内有酗酒闹事以及纠党扰乱禁约者,“经明村老齐至公所处理,不得徇情”。[④]头人主持裁判,首先在形式上就自然迫使违法者产生接受、服从的心理强制力。头人在众目睽睽之下,主持裁判仪式,进行讯问、调解等活动,也很自然地就构筑了自己的光环,增加了权威的分量。其调查事实,对人证、物证进行分析比对,再就适用习惯、法规进行选择,体现出一定的个人意志。在这一系列行为活动中,其纵然不能掌握违法者的生死,至少也能对其裁判结果产生重要影响。

从潘日昌案来看,头人在处理村寨纠纷中的重要作用有三:第一,主持议定纠纷处理的规约即“乡约”。任何一个地方,民众的生活必定会出现纠纷,为定纷止争、规范和制约人们行为的契约就应运而生。而在契约生成的过程中,往往具有一种主导力量。壮族村寨乡约的主导力量就是头人。潘日昌团伙的罪名是“勾引无知之徒七八之人,在地方生端索诈”,[⑤]“招徒入伙,串通横行”[⑥]等。而早在潘案事发告官之前半年,对方头人已率领寨古、平断二村村民们制定了《聚众合同书》,针对“情有地方滋事贼盗,窝留赌博、滥棍、匪徒、主摆唆使外来私横,翻悔祖业田园山土,指藉冒认坟墓”的情况,约定大家通力合作防匪防盗,“犯者均同送官究治”。“立字人”包括“平段寨潘日昌”。[⑦]这份乡约为后来头人主持裁断潘日昌案件提供了法律依据。谁料这份乡约会成为对付自己的武器!或许当时潘日昌也没想到自己会“作茧自缚”。第二,召集和协调各方力量。违法行为的受害者,求情、作保的房族,参加公审的村民、证人,以及地方政府的力量的召集和管理已是大有讲究,更何况各色人等必然会产生不尽一致的意见,协调与抉择更是考验头人的能力与智慧。第三,决定纠纷的处理步骤和程序,推动纠纷处理各环节的递进。八月初五日,潘日昌恶行发展到高潮,此时头人可以决定是由村寨进行裁断,还是捆送官府处罚。根据《控告恶棍禀文》,先是决定“捆送究治”,待发现其“逃走不知去向”,又选择先行禀明官府。其后头人又在村寨一步步处理该犯:首先与房族沟通,取得《割肉断筋字契》、《逐革字契》,接着让潘日昌立下《违禁肇事口供录》、《悔过戒约》,最后因潘日昌潜回行窃,头人们决定将其活埋。

总之,从一定意义上可以说,公开裁判的方式阐释、发挥着村寨头人权威存在的合法性与合理性,同时也检验着其发挥作用的有效性。倘若这样的案件一而再地发生,村民服从头人权威的意识当然也会一而再地强化。反过来,一定程度上,头人的权威树立得越好,其维护村寨社会秩序的能力就越强。

---

① 《广西少数民族地区碑文、契约资料集》,第 180 页。

② 《潘内寨团律乡约碑》,杨一凡、田涛主编《中国珍惜法律典籍续编》第十册《少数民族法典法规与习惯法(下)》,黑龙江人民出版社,2002 年,第 305 页。

③ 《潘内寨团律乡约碑》,杜海平《广西石刻总集辑校》下卷,社会科学文献出版社,2014 年,第 1139 页。

④ 《禁止容留游匪窝窃聚赌》,杜海平《广西石刻总集辑校》中卷,第 811 页。

⑤ 《广西少数民族地区碑文、契约资料集》,第 180 页。

⑥ 《广西少数民族地区碑文、契约资料集》,第 176 页。

⑦ 《广西少数民族地区碑文、契约资料集》,第 178—179 页。

第三，公开裁断、惩治邪恶，既彰显乡约的尊严，又得以弘扬和传承公序良俗，实现良好村寨秩序的再生产。

功能主义人类学认为“任何社会都有一定的组织结构：每项制度、每种宗教、每条法律、每类家庭组织的作用均是为了维持社会的延续和发展，并使社会结构保持长久稳定”。① 历史上，为了延续和发展，似乎每个民族都有自己约定俗成的行为规范。广西壮族社会一直是以自然经济为基础的长期停滞缓慢发展的小农业社会，同时由于地理环境偏僻，王朝统治鞭长莫及，“壮族村寨屯里以公约和禁约为主的乡约也就得以长久地保持下来，且留存至近代”。② 龙脊壮族至晚在清代开始有了乡约，用以调整人们内部相互关系，维系公序良俗、创建良好的村寨社会秩序。这些乡约包含着诸如平等、互助观念等很多积极因素，并随着岁月的沉淀而不断自我完善，一代又一代地教导、感染人们善良勤劳、摒弃恶念、禁止恶行，为壮族社区的平静、安宁提供制度保证。

潘日昌为非作歹，打破了村寨安宁的秩序，给壮民们带来了人身损害和经济损失，“地方人合共一百七十人至新寨问口供单”。潘日昌被迫书立《违禁肇事口供录》，承认违法行径，谴责自己的罪恶，作出保证。然后村寨头人召集公审会议，按照早先制定的乡约《聚众合同书》将其流放外乡，彰显了乡约的尊严。且头人当众公开裁断，在惩治一人的同时，警示、教育了一大批，达到了很好的预防作用和示范效应。

正因乡约能有效地惩治邪恶，壮民才会尊重和拥护乡约，才会产生传承乡约的意识。潘日昌被流放外乡之后，壮民编出了《革条永禁歌》，讲述了潘日昌的恶迹，“诡机若尚书”，“诡谲千般串索，讯开武出招张”，描述了潘日昌的恶果，“刑捆妇打血成汤，皮碎肉浓逐出境，永革来生再回乡”，“女伤鬼叹遭鞭打，男忿神怒美人椿”，告诫人们要吸取潘日昌的惨痛教训，“六字告知儿郎，第一守法为良”，“切莫心思为滥棍”，切莫重蹈覆辙。③ 文中提到的“法”应该指包括乡约在内的行为规范。这种诗歌，重明理训诫，不重文学修辞；重直奔主题，不重铺陈渲染。它以简明扼要的语言，将生活中尖锐的问题摆在人们面前，使人受到震慑而印象深刻。“润物细无声”，可以想见，在这诗歌熏陶、感染下的人们，思想上、行为上必然都会深深地打上公序良俗的烙印。遵守公序良俗，也会成为个人获得房族、村寨认同的基本前提，成为维系自己与村寨文化认同感与归属感的重要纽带。

四、简短的结语

案件的裁断方式和结果是一个(地方)社会发展特色的集中体现，是社会各方面力量综合作用的结果。通过对潘日昌案的解剖和分析，我们可以看出清代壮族村寨裁断作为一种有特色的少数民族民间司法模式，体现出很大的“人治”色彩，村寨头人在其中扮演的角色颇为关键：其不但主持议定纠纷的处理规约即“乡约”，召集和协调各方力量，还决定纠纷的处理步骤和程序，推动纠纷处理各环节的递进。经过历代传承、发展，头人在村寨裁断过程中积累了丰富的经验，体现出了许多民间智慧：对当事人攻心为上，重视当事人

① 徐超、殷正坤《试论涂尔干对功能主义和结构主义的影响》，《华中理工大学学报(社会科学版)》1999 年第 1 期。

② 钟文典《近代广西社会研究》，广西人民出版社，1990 年，第 269 页。

③ 《广西少数民族地区碑文、契约资料集》，第 180 页。

内心的信服;注重与当事人房族进行沟通,充分尊重房族的态度和意见;利用裁断程序灵活简捷的特点,充分调动和利用各方面力量共同致力于恢复被破坏的社会秩序。潘日昌案的裁断也是国家力量与乡土社会力量共同发挥作用的结果,体现出积极的秩序意义。当然,现存文书可能已经被剪裁过,我们不能据此判断对潘日昌的指控是否完全真实,更无法判断其判决是否公平。在裁断过程中,国家权力隐而不彰,其主要在村寨头人的背后予以默默支持,成为村寨裁断合法性的来源,也是裁断结果得以执行的最后凭借力量。

Folk wisdom and significance of order within the trial decision made by ethnic Zhuang villages in Qing era: a study on the case of Pan Richang

Zhu Shengmin　Nanjing University

Abstract: In the fourth year of Qing Emperor Guangxu, Pan Richang, an ethnic Zhuang villagers in Longji region of Guangxi, was expelled from his hometown by the trial of the village for his many evil acts. The village leaders showed a lot of folk wisdom in the process of trial: they paid attention to persuade and convince the parties; actively communicated with their relatives and fully respected them; made full use of the characteristics of flexible and simple trial procedures, fully mobilized and used all aspects of strength to restore the damaged social order. The trial process can strengthen the emotional exchanges between relatives, stabilize the relationship between relatives; strengthen the authority and power status of village leaders, enhance their ability to maintain social order in the village; highlight the dignity of rural rules, promote and inherit good customs, and maintain good order in the village.

Key words: Pan Richang; wisdom; order

(本文作者为南京大学法学院博士后、广西财经学院副研究员)

泰亦赤兀惕祖先传说的文献学研究

——以《元秘史》、《元史》、《史集》为中心

乌罕奇

提　要：成吉思汗兼并诸部统一漠北以前，蒙古部泰亦赤兀惕氏一度号称诸部最强，并以俺巴孩汗为首统领众蒙古，泰亦赤兀惕氏发端较其他蒙古氏族甚晚，约在成吉思汗五世祖海都以后，然诸史所载泰亦赤兀惕氏祖传说则不一，有源于察剌孩子孙想昆·必勒格、俺巴孩说（简称甲说），源于察剌哈·宁昆之子直拏斯说（简称乙说），源于海都之子察剌孩说（简称丙说），源于土敦·篾年之子纳臣说（简称丁说），源于纳臣之子察剌孩说（简称戊说）等几种版本，其中（甲）、（乙）、（丙）三说分别见于《元秘史》、《元史·宗室世系表》及《史集》所引《金书》记载，（丁）、（戊）两说则始见于《史集》所引诸蒙古史籍。本文旨在疏理诸史所载泰亦赤兀惕氏祖传说之异同以及诸说间关系，兼论其文献脉络。

关键词：蒙古　氏族　泰亦赤兀惕　察剌孩　俺巴孩

序　　论

13至14世纪，伊利汗国诸使臣先后修《世界征服者传》、《史集》、《瓦萨甫史》等史籍，形成与中国以汉、蒙、藏、畏兀儿文字修成的史料并行的另一个主要蒙元史文献来源，至17世纪西方学界已据《史集》等波斯史籍著成首部蒙元史著作《古代蒙古人的第一个皇帝大成吉思汗》。① 然自明洪武年间纂修《元史》以来，在相当长时期内，该书卷一《太祖纪》与卷一百七《宗室世系表》、陶宗仪《辍耕录》之《蒙古七十二种》、《大元宗室世系》是东亚学界了解辽金时代蒙古与成吉思汗早期蒙古部落传说的主要史料。这些史料虽然提到不少部落、氏族的名号及早期蒙古历史人物的名字，但其线索其实是模糊不清的。

清乾隆以后，随着与上述《太祖纪》有着同源关系却在明初史臣修《元史》过程中未曾使用的《元秘史》之《永乐大典》十五卷本、顾广圻十二卷校本等抄本相继被发现和流传，②以及经钱大昕宣扬而为史学界瞩目的《圣武亲征录》等史籍的使用，使学者们不但有了对勘与补证《太祖纪》的可能，且为管窥辽金时代草原游牧社会内部提供了难得的机会。韩儒林《元史研究之回顾与前瞻》（1940年）一文业已指出清末"洪钧《元史译文证补》出，吾

---

① 参见陈得芝《蒙元史研究与中西学术的会通》，《蒙元史研究丛稿》，人民出版社，2005年，第712页。原书由弗朗西斯所著，后其子克鲁瓦于1710年编辑出版，1722年欧班（Penelope Aubin）将此书英译出版。并见 François Pétis, François Pétis de La Croix ed., *Histoire du grand Genghizcan, premier empereur des anciens Mogols et Tartares*, Paris: Chez la veuve Jombert, 1710. Penelope Aubin, tr., François Pétis, François Pétis de La Croix, ed., *The history of Genghizcan the Great, first emperor of the antient Moguls and Tartars*, London: J. Darby, 1722.

② 参见乌兰校勘《前言》，《〈元朝秘史〉校勘本》，中华书局，2012年，第18—19页。

国学者始知《元史》之外,蒙古所征服及所接触之他种民族中,尚保存不少蒙古史料”。① 遂向东亚史学界引入了伊斯兰史料与欧洲东方学的研究方法,进一步拓宽了学者们的视野,尤其《史集·部族志》对于研究《元秘史》有关蒙古诸部分化离合的重要性,及《成吉思汗纪》与《太祖纪》、《圣武亲征录》之间的同源关系,渐为学界接受。自兹时而降的近一个世纪中,蒙元史学界在辽金时代蒙古与成吉思汗早期历史研究中,以上述《秘史》、《圣武亲征录》、《元史》以及波斯文《史集》这四种文献为骨干史料来进行蒙元史研究成为共同学术传统。

有关泰亦赤兀惕氏的文献记载,伯希和业已指出其在《元秘史》作“泰亦赤兀惕”;《史集》常作 Tāījīūt[تايجيوت];施密特(Schmidt)所译《蒙古源流》转写作 Taidschigod;《元史》卷一〇七《宗室世系表》作“大丑兀秃”;《元史》卷一二一《畏答儿传》作“大疇”;《元史》卷一三五《忽林失传》作“太赤温”;虞集《道园学古录》卷十六《孙都思氏世勋之碑》作“召赤温”;《元史》卷一一九《博而术传》及《元文类》卷二三《太师广平宪王碑》作“大赤兀里”,又《元史》卷一二〇《术赤台传》中诸王太丑台之名即以泰亦赤兀惕氏名为词源。② 此外脱稿于1330年的《选史》(Tārīkh-i Guzīda[تاريخ گزيده])第四卷第十一章所辑录《史集·蒙古史》亦转载泰亦赤兀惕氏。涉及泰亦赤兀惕氏祖先传说的记载则主要见于《元秘史》、《元史·宗室世系表》、《史集》、《选史》等文献。其相关研究,近年有刘清涛《泰亦赤兀惕氏、乞牙惕氏与成吉思汗家族——基于文本的分析》③及赤坂恒明《关于忽图剌合罕逝后至铁木真勃兴期间的泰亦赤兀惕氏》,④艾骛德(Christopher P. Atwood)《蒙古帝国六种成吉思汗先世宗系》⑤等文章相继问世。因诸史所载泰亦赤兀惕氏祖先传说内容略异,大致可以分为源于察剌孩子孙想昆·必勒格、俺巴孩说(简称甲说),源于察剌哈·宁昆之子直拏斯说(简称乙说),源于海都之子察剌孩说(简称丙说),源于土敦·篾年之子纳臣说(简称丁说),源于纳臣之子察剌孩说(简称戊说)等几种版本,其中(甲)、(乙)、(丙)三说分别见于前引诸文献记载,(丁)、(戊)两说则始见于《史集》所引诸蒙古史籍。本文旨在疏理诸史所载泰亦赤兀惕氏祖传说之异同以及诸说间关系,兼论其文献脉络。

一、诸 说 内 容

(甲)源于想昆·必勒格、俺巴孩父子说

《元秘史》第47节第2至3段原文载:(海都季子)“察(舌)剌(舌)海领(中)忽|因|可

① 韩儒林《穹庐集——元史及西北民族史研究》,上海人民出版社,1982年,第66页。

② Pelliot, P. et Hambis, L. (ed. and tr.), Histoire des campagnes de Gengis Khan, T.1, Leiden, 1951, pp.12-13.

③ 刘清涛《泰亦赤兀惕氏、乞牙惕氏与成吉思汗家族——基于文本的分析》,《中国边疆学》2017年第2期,第3—17页。

④ 赤坂恒明《关于忽图剌合罕逝后至铁木真勃兴期间的泰亦赤兀惕氏》(クトラ・カーん歿後、テムジン勃興期までのタイチュート氏),《内蒙古大学首届〈蒙古秘史〉国际学术研讨会论文集》,内蒙古巴林左旗,2018年9月,第600—612页。

⑤ 见 Christopher Atwood, Six Pre-Chinggisid Genealogies in the Mongol Empire, Archivum Eurasiae Medii Aevi, vol.19 (2012), pp.5-58.并见艾骛德撰,罗玮译《蒙古帝国成吉思汗先世的六世系》,《元史及民族与边疆研究集刊》第三十一辑,上海古籍出版社,2016年,第221—258页。

温|想昆必(勒)格|俺巴孩|壇|泰亦赤兀(惕)|斡孛(黑)|壇|孛鲁罢"(按,意为:"察剌孩·领忽之子想昆·必勒格、俺巴孩等做了泰亦赤兀惕姓氏。")。然其总译载:"察剌(舌)孩领忽(中)生子名想昆必勒格。想昆必勒格生子名俺巴孩,就做了泰亦赤兀惕姓氏。"两者差异在泰亦赤兀惕之认祖不同,前者意想昆·必勒格、俺巴孩为泰亦赤兀惕氏祖,后者意俺巴孩为泰亦赤兀惕氏祖。就此差异,伯希和《〈圣武亲征录〉译注》(1951 年)按成书于 17—18 世纪并与《元秘史》同源且转录其多半内容的罗桑丹津《黄金史》库伦(Urga,今蒙古国首都乌兰巴托市)本叶 12b—13a(即 1990 年乌兰巴托影印本第 9 页)内容加以对勘,①认为罗桑丹津《黄金史》该段记载符合《元秘史》该节总译记载,取前引罗桑丹津《黄金史》段落之(Isalai)"qahan täri'ütän"(按,意"亦撒来·合罕等",系将俺巴孩误作 Isalai)补《元秘史》该节之"|俺巴孩|壇|"(按,意"俺巴孩|等"),进而校为"Čaraqai-Lingqu-yin kö'ün Sänggüm-Bilgä [bülä'ä. Sänggüm-Bilgä-yin kö'ün] Ambaqai [qahan täri'ütän] Tayiči'ut oboqtan bolba."②(按,意"察剌(舌)孩·领忽(中)之子名曰想昆·必勒格。想昆必·勒格生之子俺巴孩[·合罕等]就做了泰亦赤兀惕姓氏。")亦邻真指出罗桑丹津《黄金史》"史文有相当多的修改和讹抄,而且个别节移录不全"。③ 罗桑丹津《黄金史》对应《元秘史》第 47 节内容虽将俺巴孩误作 Isalai,然除此之外其内容与该节总译一致,因而伯希和之推论似有道理。亦邻真《中国北方民族与蒙古族族源》(1984 年)则认为"据《元朝秘史》所记,尼鲁温蒙古的大部分氏族部落都是在成吉思汗六世祖、四世祖这两代形成的:蔑年土敦(成吉思汗八世祖)七个儿子的后人构成了十个氏族,海都(成吉思汗六世祖)三个儿子的后人构成了七个氏族,蔑年是带突厥语'土敦'(tutun)官衔的贵族,占有的牲畜据说不可胜数,并不是什么原始公社的头人。可以推算得出,他大约生活在 10 世纪末或 11 世纪初。据《史集》和《元史》,在他死后,全家几乎被与辽军为敌的札剌亦儿人杀光。到了他孙子辈上,又出现了有辽王朝'令稳'头衔的察剌孩令忽,察剌孩的儿子是有'详稳'头衔的想昆必勒格,他们父子被说成尼鲁温蒙古最强大的部落泰赤兀的祖先。"④可见亦邻真文所释《元秘史》该节是从获辽封号的察剌孩及其子想昆·必勒格算起。

(乙)源于察剌哈·宁昆子直拏斯说

《元史·宗室世系表》载:(海都次子)"察剌哈宁昆⑤收兄拜姓忽儿妻,生一子。——直拏斯。今大丑兀秃,⑥其子孙也。"

关于察剌哈·宁昆(按,即察剌孩·领忽)报嫂所生直拏斯,韩儒林《成吉思汗十三翼考》(1940 年)认为:"Nagūz(捏古思),依《史集》,相传蒙古遭他族之难,逃入阿儿格乃衮

① Blob sang bstan gǰin, Erten-ü Qad-un Ündüsülegsen Törö Yosun-uǰokiyal-i Tobčilan Quriyaγsan Altan Tobči Kemekü Orošibai, Š.Bira orošil bičigsen, Ulaγanbaγatur, 1990.(罗桑丹津《简述古昔诸汗礼制诸作黄金史》,Š.比拉撰写序言,乌兰巴托,1990。)

② Pelliot P. et Hambis L. Histoire des campagnes de Gengis Khan, t.1, Leiden, 1951, p.132.

③ 亦邻真《亦邻真蒙古学文集》,内蒙古人民出版社,2001 年,第 713 页。

④ 亦邻真《亦邻真蒙古学文集》,内蒙古人民出版社,2001 年,第 573—574 页。

⑤ Hambis L. Le chapitre CVII du Yuan che, Leiden, 1945. pp.11-12, n.2.

⑥ 即泰亦赤兀惕,见 Hambis L. Le chapitre CVII du Yuan che, Leiden, 1945. p.13, n.5.

(ArgānaQūn)者仅二人,一曰乞颜(Qīān),一曰捏古思(Nagūz)。乞颜之后曰乞牙惕;捏古思之后,仍称捏古思,所谓朵儿勒斤(Darlagīn)之捏古思是也。又察剌合领忽娶寡嫂为妻,生子曰建都赤那(KandūChīna),曰玉律赤那(ŪlukchīnChīna),其后为赤那思部。赤那思即《元史·宗室世系表》之直拏斯,斯(s)为复数,意为狼之集团也。"①陈得芝则认为:"察剌哈长子直拿斯继任为首领,称想昆必勒格。"②即直拏斯为《元秘史》所载察剌孩长子想昆·必勒格。伯希和《〈圣武亲征录〉译注》(1951 年)业已指出想昆·必勒格在《史集》作莎儿合秃·赤纳(按,"莎儿合秃"即波斯原文几种 Sōrqāqtu[سورقاقتو];Sōrqōqtū[سورقوقتو];Sōrqādū[سورقادو])。③

(丙)源于海都子察剌孩说

《史集》所载泰亦赤兀惕氏祖源于海都子察剌孩之说见于其《泰亦赤兀惕氏传》及《祖先纪》,且皆引自已佚《金书》记载。《史集·泰亦赤兀惕氏传》载:"这泰亦赤兀惕人分为许多分支和部落。他们的根源如下:海都汗有三个儿子,长子名为伯升豁儿,成吉思汗祖先的一支出自他;第三子名为抄真,赫儿帖干和昔只兀惕两部落出自他的氏族,仲子名为察剌合·领昆,所有泰亦赤兀惕各氏(按,汉译原作"部",今改作氏,下同)都出自他。"④该传继而介绍此说所据文献,云:"由大异密们经常守护着的汗的金匮中的'金册'[阿勒坛·迭卜帖儿](按,即《金书》)上,可以读到,那上面明确地记载着:泰亦赤兀惕人起源于海都汗的儿子察剌合·领昆,却从未提到[他们]起源于纳臣,只提到他曾从札剌亦儿部救出自己的侄儿海都,同他一起出走,在斡难河畔定居下来。"⑤类似记载亦见于《史集·祖先纪·土敦篾年之子海都汗及诸子》,史载:海都汗"长子名叫伯升豁儿,成吉思汗的世系即出于他。次子名叫察剌合·领昆;幼子名叫抄真,他的后裔(nasl)形成了赫儿帖干、昔兀兀惕两部落。在乞台语中领昆一词为'大异密'之意。因为他们与乞台国及其君主的领地邻近,所以他们中间也使用和流行乞台居民(ahl)[所用的]名词(iṣṭilāḥ)和称号(laqab)。因为蒙古百姓(a'wām)不懂领昆[一词]的意义,所以他们说成了察剌合·领昆。他是所有泰亦赤兀惕氏的祖先。据较近于真实、较可信的阿勒坛·迭卜帖儿[金册]所传,泰亦赤兀惕为人数众多的部落,一些尊贵君主的氏族出自这些部落"。⑥《史集·祖先纪·孛端察儿汗,彼妻、子及后裔》亦载:"在帝室金库里的、由大异密保管的名为阿勒坛·迭卜帖儿的史册上记载如下:泰亦赤兀惕诸氏起源于土敦·篾年之孙、海都汗之子察剌合·领昆的氏族。关于纳臣,[所知仅]限于,他曾设法使自己的侄儿海都汗逃出札剌亦儿[部]之手,他如何保护他,如何与他一起[从敌人中间]逃出,他们又如何在斡难与怯绿连河境内毗邻而居。"⑦

① 韩儒林《穹庐集——元史及西北民族史研究》,上海人民出版社,1982 年,第 11 页。

② 白寿彝总主编,陈得芝主编《中国通史》第 8 卷《中古时代,元时期(上)》(修订本),上海人民出版社,2004 年,第 341—342 页。

③ Pelliot P. et Hambis L. Histoire des campagnes de Gengis Khan, t.1, Leiden, 1951, p.133.

④ (波斯)拉施特主编《史集》第 1 卷第 1 分册,商务印书馆,1992 年,第 295 页。

⑤ (波斯)拉施特主编《史集》第 1 卷第 1 分册,商务印书馆,1992 年,第 294 页。

⑥ 见(波斯)拉施特《史集》第 1 卷,第 2 分册,商务印书馆,1983 年,第 23 页。

⑦ (波斯)拉施特《史集》第 1 卷,第 2 分册,商务印书馆,1983 年,第 16 页。

丙说所据《史集》引《金书》记载与《元史·太祖纪》所载纳臣救其侄海都史事相合，表明两书史源有所关联。《史集》有关泰赤兀氏祖源说法不一，除前引《金书》记载以外仍有两种不同版本的传说被拉施特所摘录，待见下文。

(丁) 源于土敦·篾年子纳臣说

《史集·泰亦赤兀惕氏传》援引"某些诸蒙古之史籍(ba'ẓī nuskhāī tawārīkh-i M(u)ghūlān [بعضی نسخهای تواریخ مغولان])记载泰亦赤兀惕氏源自土敦·篾年(Dūtūm M(a)n(a)n)仲子，名曰纳臣"。①

(dar ba'ẓī nuskhāī tawārīkh-i M(u)ghūlān čanān āwardānd kī qawm-i Tāījīūt āz pisar daum-i Dūtūm M(a)n(a)n Nājīn nām dar ūjūdāmadānd. [در بعضی نسخهای تواریخ مغولان چنان آورده اند کی قوم تایجیوت از پسر دوم دوتوم منن ناجین نام در وجود آمده اند])②

《史集》所引此"某些诸蒙古之史籍"内容与前引《金书》记载大相径庭，恐出自不同史源。据《秘史》第45节记载，纳臣·把阿秃儿为篾年·土敦(即《史集》之土敦·篾年)第七子，且该节总译载："纳臣把阿秃儿生二子：一名兀鲁(舌)兀歹，一名忙忽(中)台，就做了兀鲁(舌)兀惕、忙忽惕二姓氏。纳臣·把阿秃儿自娶的妇人，又生二子：一名失主兀歹，一名朵豁(中)剌歹。"另据罗桑丹津《黄金史》叶9载纳臣后生两子失主兀歹、朵豁剌歹分别为失主兀惕、朵豁剌惕氏族祖先。③ 又《元史》卷一二一《畏答儿传》载："畏答儿，忙兀人。其先剌真·八都儿(按，剌真即纳臣)，④有二子，次名忙兀儿，始别为忙兀氏。"《元史·畏答儿传》所载剌真·八都儿次子忙兀儿出忙兀氏之说与《元秘史》及罗桑丹津《黄金史》记载一致，因而前引纳臣四子说应当可信。又《元秘史》、《黄金史》、《元史》均不载纳臣·把阿秃儿为察剌孩·领忽之父，其后裔亦无涉泰亦赤兀惕氏祖。《史集》所摘录"某些诸蒙古之史籍"与"某些手稿(nuskhā[نسخها])"所载泰亦赤兀惕氏祖说均有别于《金书》及《元秘史》记载。《史集·祖先纪》所叙述及表解之屯必乃汗祖先世系符合《元秘史》第1至47节记载，屯必乃汗后裔世系与《元史·宗室世系表》略同。《史集》有关兀鲁兀惕、忙忽惕、失主兀惕、朵豁剌惕四氏宗祖记载则与《秘史》、《黄金史》、《元史》记载大相径庭，其中

---

① 土敦·篾年，《秘史》作"篾年·土敦"；纳臣作"纳臣·把阿秃儿"。参见 Hambis L. Le chapitre CVII du Yuan che, Leiden, 1945. pp.10, n.7, 8.

② 阿里·匝荅('A.'A.'Alī Zāda)《史集·部族志》集校本，第480页。

③ 史载："纳臣·把阿秃儿诸子名曰兀鲁兀歹、忙忽台，兀鲁兀歹诸子为兀鲁兀惕氏，忙忽台诸子为忙忽惕氏。彼为兀鲁兀惕、忙忽惕氏祖。纳臣·把阿秃儿自娶的妇人所生二子为失主兀歹、朵豁剌歹，成为失主兀惕、朵豁剌惕氏族，彼为彼众之祖。"(Način Baɣadur-un Kübekün Urɣudai Mangɣudai nereten bülüge. Urɣudaiin Kübekün Uruɣud bülüge. Mangɣudaiin Kübekün Mangɣud omoq-tan bolba. Uruɣ-ud Mangɣud un ebügen tere bülüge. Način Baɣadurun abalin gergei eče törögsen Sisiɣudai, Tuɣulqu-tai qoyar bülüge. Sisiɣ-ud Tuɣulaqud omoq-tan bolba. Teden-ü ebügen tere bülüge.)

参见 Blob sang bstan gǰin, Erten-ü Qad-un Ündüsülegsen Törö Yosun-uǰokiyal-i Tobčilan Quriyaɣsan Altan Tobči Kemekü Orošibai, Š. Bira orošil bičigsen, Ulaɣanbaɣatur, 1990.(罗桑丹津《简述古昔诸汗礼制诸作黄金史》，Š.比拉撰写序言，乌兰巴托，1990。)

④ 参见钱大昕著《廿二史考异》，方诗铭、周殿杰校点，上海古籍出版社，2004年，第1294页。

记载兀鲁兀惕、忙忽惕诸氏出自屯必乃汗长子札黑速,①失主兀惕氏出自海都汗三子抄真(·斡儿帖斤),②朵豁剌惕氏出自屯必乃汗第八子不勒札儿。③ 对此亦邻真《中国北方民族与蒙古族族源》(1984 年)认为:"据剌失丁显然过分夸张的记载,成吉思汗四世祖敦必乃有九个儿子,每个儿子都成了一个氏族部落的祖先,每个部落有三万户、男女十万人。"④陈得芝《蒙古氏族世系表》(1997 年)业已将《史集》、《元秘史》、《元史》所载蒙古诸氏宗系比对列出,其间异同一目了然。⑤ 近期刘迎胜师就此问题给出了进一步分析:"上述记载,称兀鲁兀与忙兀出自屯必乃子札黑速,同出者还有那牙勤部。屯必乃为海都之子伯升豁儿子,为乞颜部之祖,实为纳臣之侄孙,其父伯升豁儿为兀鲁兀台与忙兀台堂兄弟,而其子札黑速则应为纳臣之堂重孙。因此将兀鲁兀与忙兀从海都弟纳臣之子后裔,移置屯必乃之子札黑速之后裔,首先是将兀鲁兀台与忙兀台的辈分降了两代。其次,纳臣并非成吉思汗直系祖先,而札黑速既出自屯必乃,则与合不勒汗为兄弟。将兀鲁兀台与忙兀台称为札黑速之后,实际上将此两部划入乞颜氏,拉近了他们与成吉思汗家族的血缘关系。而按《元秘史》那牙勤部之祖那牙吉歹,出自土敦蔑年次子合臣,为兀鲁兀台与忙兀台堂兄。那牙吉歹与札合速的辈分关系同于兀鲁兀台与忙兀台。这里也把他降了两代,且划为合不勒汗之侄辈。"

有关泰亦赤兀惕氏祖,拉施特已有所分析,《史集·祖先纪·孛端察儿汗,彼妻、子及后裔》载:"不黑台有个儿子,名叫纳臣。他娶了蒙古部的一个姑娘为妻,以女婿的资格常到那里去。据说,有些泰亦赤兀惕氏(按,汉译原作"部落",今改作"氏",下同)属于他的后

---

① 《史集·那牙勤、兀鲁兀惕、忙忽惕诸氏传》载:"屯必乃汗的九个儿子中,长子名为札黑速。从他的诸子产生出三个分支:一支称为那牙勤氏,另一支为兀鲁惕氏,第三支为忙忽惕氏。"又《史集·祖先纪·伯升豁儿之子屯必乃汗》载:屯必乃"长子曰札黑速,人们也称之为巴哈失,那牙勤部及兀鲁兀惕、忙忽惕诸氏出自彼后裔"(pisar-i awal Jāqsū ū rā Bakhšī nīz gufta ānd ka qawm Nūyāqīn wa āqūām Ūrūt wa M(a)nkqūt āz nasl-i way ānd. [پسر اول جاقسو اورا بخشی نیز گفته اند که قوم نویاقین و اقوام اوروت و منکقوت از نسل وی اند]) 参见(波斯) 拉施特《史集》第 1 卷,第 1 分册,商务印书馆,1992 年,第 301 页。(波斯) 拉施特《史集》第 1 卷,第 2 分册,商务印书馆,1983 年,第 35 页。

② 《史集·赫儿帖干及昔只兀惕诸氏传》载:"赫儿帖干(按,H(u)rt(a)kān[هرتکان],《元秘史》作斡儿帖斤;《元史·宗室世系表》作兀儿迭葛)及昔只兀惕(按,Sījiūt[سیجُیوت],《元秘史》作失主兀惕;《元史·宗室世系表》作昔只兀剌)氏族(汉译原作'部落',今改。下同),这是两个氏族。他们出自海都汗的幼子,伯升豁儿和察剌合·领昆的弟弟抄真。"又《史集·泰亦赤兀惕氏传》载:"海都汗有三子,长者名曰伯升豁儿,成吉思汗他先祖源自于他。三子名曰抄真,两氏赫儿帖干及昔只兀惕为彼后裔。"(Qāīdū khān rā sa pisar būda nām-i buzurgtar Bāī-S(i)nkqūr kī ša'b pidarān-i Jīnkkīz khān āz ū-ast wa saum rā nām Jāūjīn ka dū qawm Urt(a)k(in) wa Sījiūt āz nasl-i ū ānd. [قایدو خان را سه پسر بوده نام بزرگتر بای سنکقور کی شعبهٔ پدران جینککیز خان از وست و سوم را نام جاوجین که دو قوم ارتکن و سیجیوت از نسل او اند])(并见(波斯) 拉施特《史集》第 1 卷,第 1 分册,商务印书馆,1992 年,第 295、300 页)刘师指出"抄真斡儿帖乃海都子伯升豁儿、察剌孩领昆两兄弟之弟。《秘史》所记则不同,称此部为纳臣正妻所生两子之一失主兀歹后裔。按此,则失主兀歹应为海都堂兄弟。如以《秘史》所述为准,则《元史》与《史集》之说法,不仅将其辈分拉低了两辈,且从纳臣系转置为海都系抄真后裔之举,也拉近了他们与乞颜与泰赤兀的血缘关系。"

③ 《史集·朵豁剌惕氏传》载:"朵豁剌惕氏,他们是从屯必乃汗的第八个儿子不勒札儿分支出来的。"参见(波斯) 拉施特《史集》第 1 卷,第 1 分册,商务印书馆,1992 年,第 316 页。

④ 亦邻真《亦邻真蒙古学文集》,内蒙古人民出版社,2001 年,第 573 页。

⑤ 白寿彝总主编、陈得芝主编《中国通史》第 8 卷《中古时代·元时期》,上海人民出版社,1997 年,第 334—339 页。

裔，但是，这话大概不可信，因为在帝室金库里的、由大异密保管的名为阿勒坛·迭卜帖儿的史册上记载如下：泰亦赤兀惕诸氏起源于土敦·篾年之孙、海都汗之子察剌合·领昆的氏族。关于纳臣，[所知仅]限于，他曾设法使自己的侄儿海都汗逃出札剌亦儿[部]之手，他如何保护他，如何与他一起[从敌人中间]逃出，他们又如何在斡难与怯绿连河境内毗邻而居。可能由于泰亦赤兀惕诸氏人数众多，纳臣的后裔(farzandan)便与他们合在一起，混合起来，也被称为泰亦赤兀惕人；尤其因为纳臣后裔是海都之叔的后裔，遂产生了这个错误。"①拉施特以上援引《金书》所载纳臣救其侄海都史事与《元史·太祖纪》记载一致。在其分析的基础上再进一步考虑，泰亦赤兀惕氏认祖纳臣者当非指泰亦赤兀惕氏所有氏众，而应包含前引纳臣四子后裔中与泰亦赤兀惕氏"混合起来，也被称为泰亦赤兀惕人"的一部分。

(戊)源于纳臣子察剌孩说

《史集·祖先纪·海都汗与其妻图像及其诸子分支[表]》载："在某些册籍(按，即《史集》波斯原文作 nuskhā[نسخها])中说：察剌合是纳臣的儿子。"然《史集》作者拉施特并未满足前引记载，进而辨析道："但认为他是海都的儿子更为可能，因为他被列入他们的系谱中，其原因是：察剌合娶了自己的嫂子、伯升豁儿的妻子，她为他生了两个儿子，一个叫建都·赤纳(按，汉译原作"坚都·赤那"，今从《亲征录》改)，另一个叫玉烈真·赤纳(按，汉译原作"兀鲁克臣·赤那"，今从《亲征录》改)。由此可见他当然应该是伯升豁儿的弟弟，因为如果他是纳臣的儿子，伯升豁儿就该是他的侄儿，伯升豁儿的妻子(按，《史集》波斯文作 zan[زن])就该是他的侄媳(按，《史集》波斯文作'arūs[عروس])，②按照蒙古习惯(按，《史集》波斯文作 rasm-i M(u)ghūl[رسم مغول])是不能娶侄媳为妻的。因此，认为他是海都的儿子更可靠一些。泰亦赤兀惕人属于他的氏(汉译原作"部落"，今改作"氏"，下同)，这个问题由此而纠缠不清起来，以致纳臣的子孙和氏族也成了泰亦赤兀惕人。现在没有必要只把察剌合的直系后裔称为泰亦赤兀惕人，他们既然是该部的首领和君主，所以在他们的族人和隶属于他们的人中，凡与他们联合在一起的，都被称为泰亦赤兀惕。"③

以上拉施特所论"蒙古习惯"(rasm-i M(u)ghūl[رسم مغول])之波斯文 rasm[رسم]亦意"[刑]法"，除前引《史集》记载以外，《元秘史》不载叔伯纳侄媳之事例。有关元代汉籍所载蒙古收继婚俗，陈得芝指出："蒙古的收继婚制对汉族也有影响。而元廷对此的政策则有一个变化的过程。按至元七年的规定，侄儿不得收继婶母。而按至元八年十二月颁布的圣旨，'小娘根底，阿嫂根底收者'，也就是准许兄收弟媳，弟收兄嫂，即使是小叔收嫂，也被认为'难同有妻更娶妻体例'。到了至元十二年，兄收弟媳已在实际上受到禁止，犯者刑杖。《元典章》载有至元十四年刑部所准兄收弟媳刑断离之例，以后遇有同类案件，即以此例为依据审理。"④此外《元史》卷一〇三《刑法志》载："诸姑表兄弟嫂叔不相收，收者以奸

---

① (波斯)拉施特《史集》第1卷，第2分册，商务印书馆，1983年，第16页。

② 参见《史集》S本，第51页。又波斯文 zan[زن]及'arūs[عروس]本无区分，均意"妻"、"媳"，诸译将后者译为"侄媳"，系便于读者理解使然。

③ (波斯)拉施特《史集》第1卷，第2分册，商务印书馆，1992年，第31页。

④ 白寿彝总主编、陈得芝主编《中国通史》第8卷《中古时代·元时期(上)》，上海人民出版社，2013年，第846页。

论。”以上记载可旁证《史集》所云“蒙古习惯”禁叔伯纳侄媳之例,因而拉施特之分析应当可信。

《史集》有关泰亦赤兀惕氏祖三种异说之对照

版　本	泰亦赤兀惕氏祖	史　　源
1	篾年・土敦之仲子纳臣(・把阿秃儿)	《史集・泰亦赤兀惕氏传》所引“某些蒙古史文献”①
2	纳臣・把阿秃儿之子察剌孩・领忽	《史集・祖先纪》所引“某些手稿”(nuskhā[نسخها])(S本页51b)
3	海都汗之仲子察剌孩・领忽	《史集・泰亦赤兀惕氏传》及其《祖先纪》所引《金书》

二、史源辨析

有关泰亦赤兀惕氏祖之甲、乙、丙说之史源(《元秘史》、《元史・宗室世系表》、《史集》所引《金书》)间关系,那珂通世《成吉思汗实录・序论》(1907年)在总结中国及域外已有研究成果基础上作表解析《元秘史》及与之相关诸文献如《太祖实录》(已佚)、《元史・太祖纪》、《圣武开天记》(已佚)、《圣武亲征录》及《史集》所引《金书》(已佚)等文献间传承关系,②尤其肯定了《元秘史》、《元史・太祖纪》(取材于已佚两种文献《太祖实录》、《圣武开天记》)、《金书》之间渊源关系。韩儒林《雪你惕与合卜秃儿合思的译名》(1940年)云:“与《元朝秘史》有姐妹关系之拉施都丁书”又“惟《秘史》与拉施都丁书,乃代表二种平行之蒙古传说,吾人固未可是甲而非乙,亦未可彼此互相调和也。况成吉思汗三世以上世系,无论根据何种史料(《元朝秘史》、《辍耕录》及《元史・宗室世系表》、拉施都丁书、《蒙古源流》)无不互相龃龉,更无问各族之所出矣。”③就载有(乙)说之《元史・宗室世系表》史源,钱大昕业已指出:“大约《表》所据者,《经世大典・帝系篇》。陶氏《辍耕录》亦得之《经世大典》,故缺顺帝一朝之事也。”④余元盦《〈元史〉志表部分史源之探讨》则进一步分析:“《元史》之《宗室世系表》,乃根据《经世大典・帝系》篇及其附录之文而成者也。”“且知其更取《大典》之《宗室岁赐》篇及《累朝实录》以资参稽者也。”《表》之“卷末所列之‘顺帝三子’条,必二次修史时,根据顺帝朝《时政篇》之文而增录者”。⑤ 陈得芝认为:“《元史・宗室世系表》提到的《十祖世系录》疑出自《经世大典》帝系篇。”⑥亦邻真则认为(《元秘史》开篇之)“‘成吉思汗的家世’相当于第1至68节的文字,历数传说祖先以来的22代家谱,不牵涉更多的内容。这一部分记载,入元之后被改造成《十祖世系录》。《十祖世系录》虽已不

① 阿里・匝荅[‘A.‘A.‘Alī Zāda]《史集・部族志》集校本,第460页。

② 那珂通世(訳注)《成吉思汗實録》,1907年,第51—54页。周良霄、顾菊英《元代史》(1993年)就许有壬所撰《右丞相怯烈公神道碑》所载:“丞相奋庸天造,名具《秘史》,世莫得闻。”认为:“许有壬所说的《秘史》,是否便是我们今天所能见到的《元朝秘史》,其中却又存在许多复杂难明的问题。”参见周良霄、顾菊英《元代史》,上海人民出版社,1993年,第772页。

③ 韩儒林《穹庐集——元史及西北民族史研究》,上海人民出版社,1982年,第57、59页。

④ [清] 钱大昕《廿二史考异》,上海古籍出版社,2004年。

⑤ 见余元盦《〈元史〉志表部分史源之探讨》,《西北民族文化研究丛刊》第1辑,1949年,第140页。

⑥ 陈得芝《蒙元史研究导论》,南京大学出版社,2012年,第9页。

存，但可以从《元史·宗室世系表》《南村辍耕录》‘大元宗室世系’条看到它的影子。《十祖世系录》与《成吉思汗的家世》是同一性质的书，只是到了元朝，文明化了的元廷不再承认狼鹿开头的22代先祖传说，只从朵奔之妻阿阑果火起算皇家世谱”。①《元史·宗室世系表》所辑录《十祖世系录》涉成吉思汗祖先孛端察儿事迹与《元秘史》第35至40节记载基本一致。艾鹜德(Christopher P. Atwood)《蒙古帝国六种成吉思汗先世宗系》亦发表与亦邻真说类似观点，认为《元史·宗室世系表》所引《十祖世系录》“似直译自蒙古文至汉文，且名曰‘十祖世系录’，包括诸蒙古自孛端叉儿至成吉思汗诸子”。且云《经世大典·帝系篇》与《十祖世系录》“均原引自蒙古语宗系”。甚至“《十祖世系录》非简辑自《元秘史》，《也客·脱卜赤颜》亦非其(按，指《元秘史》)续编”。② 刘迎胜师认为《十祖世系录》原文当大体已由《元史·太祖本纪》及《宗室世系表》所反映。笔者从《元史·宗室世系表》列海都次子察剌哈宁昆(《元秘史》作察剌(舌)孩领忽)③收兄拜姓忽儿(《元秘史作》伯升豁(中)儿多黑申)妻所生一子直拏斯④为大丑兀秃(即泰亦赤兀惕)之氏祖来看，其可能所引《经世大典·帝系篇》与《元秘史》当有亦邻真所分析之渊源。

元代藏文史籍《红册》(《红史》)所摘录《也客·脱卜赤颜》不载泰亦赤兀惕氏之宗系，海都诸子当中仅录其长子拜姓忽儿。⑤ 周清澍《藏文古史：〈红册〉》(1983年)业已指出《红册》“不同于《圣武亲征录》、《辍耕录》和据《实录》修的《元史·太祖纪》，而与译自蒙文的《元朝秘史》和波斯文的《史集》相合。也就是说，《红册》是以宫廷秘籍《忙豁仑纽察脱卜察安》和《阿勒坦·迭卜帖儿》(《金册》)为依据的”。且《红册》“说明取材于也可脱卜赤颜。‘也可’义为大，‘脱卜赤颜’即元代蒙文秘密史书。元代帝师、国师自由出入宫禁，不难看到这些秘籍，因而《红册》包括了汉籍中找不到的内容”。⑥ 艾鹜德云《红史》所辑录“《也客·脱卜赤颜》与《史集》之《金书》及元末之《十祖世系录》甚为类似”。又“《也客·脱卜赤颜》之原文当与《元秘史》类似”。且“此《也客·脱卜赤颜》曾为蒙古语文献，其所包含叙事远多于此藏文梗概，必以引文呈予拉施特之《史集》”。⑦《红册》所载蒙古宗系实以成吉思汗直系祖先为主线，因而不列泰亦赤兀惕氏祖等旁支。

余　论

韩儒林《蒙古氏族札记二则》(1940年)曾援引箭内亙主张，云：“惟吾人须知蒙古初期部族之分类，以拉施都丁《部族志》为最详，但其分类全属传说，且史料来源不一，同书之内

① 亦邻真《亦邻真蒙古学文集》，内蒙古人民出版社，2001年，第724页。

② 见 Christopher Atwood, Six Pre-Chinggisid Genealogies in the Mongol Empire, Archivum Eurasiae Medii Aevi, vol.19 (2012), p.14, 24.并见艾鹜德撰，罗玮译《蒙古帝国成吉思汗先世的六世系》，《元史及民族与边疆研究集刊》(第三十一辑)，上海古籍出版社，2016年，第228、234页。

③ 见 Hambis L. Le chapitre CVII du Yuan che, Leiden, 1945. pp.11－12, n.2.

④ 见 Hambis L. Le chapitre CVII du Yuan che, Leiden, 1945. pp.13－14, n.5.

⑤ [元] 蔡巴·贡噶多吉著，东噶·洛桑赤列校注，陈庆英、周润年译《红史》，西藏人民出版社，1988年，第26页。

⑥ 周清澍《藏文古史：〈红册〉》，《中国社会科学》1983年第4期，第200—201页。

⑦ 见 Christopher Atwood, Six Pre-Chinggisid Genealogies in the Mongol Empire, Archivum Eurasiae Medii Aevi, vol.19 (2012), p.17.并见艾鹜德撰，罗玮译《蒙古帝国成吉思汗先世的六世系》，《元史及民族与边疆研究集刊》(第三十一辑)，上海古籍出版社，2016年，第229页。

自相矛盾者不一而足。”①成吉思汗征服乃蛮并推广其畏兀儿字以前,②蒙古诸部有关其祖先的认识源于世代口碑传说。此后其文字记载渐多,除那珂通世业已表解之《元秘史》、《太祖实录》(已佚)、《史集》所引《金书》(已佚)等平行文献以外,《史集·序言》含糊提及著《史集》所用“彼等累世信史以蒙古语(M(u)ghūlī[مغولی])按未经整理之诸残篇而守于库中”。③ 而《金书》(Āltān Daftar[التان دفتر])④应当就在其列,有关《金书》的记载仅在《史集·蒙古史》中出现三次,分别于《泰亦赤兀惕氏传》(一次)、《祖先纪》(二次),皆为拉施特用以引证泰亦赤兀惕氏祖。《史集》所征引文献除“金书”等已失传蒙古内廷文书外,还有彼得鲁舍夫斯基(И. П. Петрушевский)业已指出的孛罗丞相与合赞汗所提供的口述信息、可失哈儿人马赫穆德(Muḥammad al-Kāšgharī [محمد الكاشغريى])书(按,即《突厥语大辞典》Dīwān Lughāt al-Turk [ديوان لغات الترك]),及志费尼《世界征服者传》等波斯史籍。⑤ 余大钧补充又有 13 世纪阿拉伯史学伊宾·阿昔儿(Ibn al-Aṭīr [بن الاثير])《全史》(al-Kāmil fit-Tārīkh [الكامل في التاريخ]),⑥萨克斯顿(W. M. Thackston)又指出《史集》所引《全史》多在伊斯兰世界纪事。⑦ 其中本文所论泰亦赤兀惕氏祖之(丁)、(戊)两种传说所据“某些诸蒙古之史籍”以及“某些册籍”应当亦存放于伊利汗内廷,两种传说所据“史籍”、“册籍”虽已不存,且史源不明,大抵亦是口碑相传,但两说有其共同点,即皆突出纳臣在泰亦赤兀惕氏先世中地位,或曰纳臣为氏祖,或曰其氏祖察剌孩为纳臣之子。拉施特之分析业已依据《金书》记载及蒙古风俗否定此两种说法,但诸说皆肯定纳臣在泰亦赤兀惕氏早期历史中地位,疑(丁)、(戊)两说之误传,除口碑传承或文献记载之讹误以外,或为纳臣一系在复兴篾年·土敦宗族,尤其立海都为君及复仇札剌亦儿部后在篾年·土敦后裔诸氏中地位显贵之影响使然。

---

① 韩儒林《穹庐集——元史及西北民族史研究》,上海人民出版社,1982 年,第 53 页。

② 亦邻真指出:“畏吾体蒙古文是蒙古族最早的民族文字。”(参见亦邻真《亦邻真蒙古学文集》,内蒙古人民出版社,2001 年,第 514 页)陈得芝又云:“畏兀儿字蒙古文创制于成吉思汗即位前后,明确的资料主要是《元史》卷一二四《塔塔统阿传》。”“不过畏兀儿字蒙古文的创制应不是一人一时之功所能成就。”且根据碑、传材料认为乃蛮及其东邻克烈部业已不同程度地掌握了畏兀儿字,“畏兀儿字蒙古文的创制中当亦有预有功焉”。参见陈得芝《蒙元史与中华多元文化论集》,上海古籍出版社,2013 年,第 183—185 页。

③ (‘ahd ba-‘ahd tārīḥ-i ṣaḥīḥ-i īšān ba-‘ibārat wa khaṭ-i M(u)ghūlī nā-mudūn wa nā-murattab faṣl faṣl-i mubattar dar k̲h̲izāyīn nigāh dāšta būdand.) [عهد بعهد تاریخ صحیح ایشان بعبارت و خط مغولی نامدون و نامرتب فصل فصل مبتر درخزاین نگاه داشته بودند]参见阿里·匝荅校本《史集》第 1 卷,第 1 分册,第 64 页。并见(波斯) 拉施特《史集》第 1 卷,第 1 分册,商务印书馆,1992 年,第 115 页。

④ 亦邻真《莫那察山与〈金册〉》(蒙文)一文援引《元史·成宗本纪》所载大德八年二月“甲辰(按,即 1304 年 3 月 28 日),翰林学士承旨撒里蛮进金书世祖实录节文一册、汉字实录八十册”。疑《史集》所用“金书”当即《元史》所载“金书”《实录》。又援引《元史·世祖本纪》至元二十三年十二月“戊午(按,即 1287 年 1 月 11 日),翰林承旨撒里蛮言:‘国史院纂修太祖累朝实录,请以畏吾字翻译,俟奏读然后纂定。’从之”及元贞二年十一月“己巳(按,即 1296 年 11 月 30 日),兀都带等进所译太宗、宪宗、世祖实录”,认为《亲征录》为元累朝实录稿本,似于 13 世纪 80 年代被元廷传至伊利汗廷,甚至《史集》所用《金书》当即《亲征录》之蒙古文译本。参见《亦邻真蒙古学文集》,内蒙古人民出版社,2001 年,第 374—383 页。并见同文汉译于《西域历史语言研究集刊》(第二辑),科学出版社,2009 年,第 21—24 页。

⑤ 参见(苏) И. П 彼得鲁舍夫斯基《拉施特及其历史著作》,(波斯) 拉施特《史集》第 1 卷,第 1 分册,商务印书馆,1992 年,第 63 页。

⑥ 余大钧《汉译者序》,(波斯) 拉施特《史集》第 1 卷,第 1 分册,商务印书馆,1992 年,第 12 页。

⑦ Rashid-uddin, Hamadani, Jami'u't-Tawarikh Compendium of Chronicles, trans. W. M. Thackston, Part 1 and 2, (Harvard University Press, 1998), p.xiv.

再查《元秘史》、《元史》、《史集》所载蒙古氏族之衍生多因宗族分家，自立门户。《秘史》载察剌孩先有子想昆·必勒格，想昆·必勒格生子俺巴孩，"就做了泰亦赤兀惕姓氏"。后察剌孩报嫂生子别速台，其后裔为别速惕氏。而《史集》又载察剌孩报嫂生二子建都·赤纳、玉烈真·赤纳，两子后裔并称为赤那思，又曰捏古思。察剌孩正室所生子曰莎儿合秃·赤纳，其后裔为泰亦赤兀惕氏。按察剌孩报嫂生二子建都·赤纳、玉烈真·赤纳与正室所生莎儿合秃·赤纳等名均以"赤纳"为缀，以《元秘史》所见"也速该·乞颜"、"蒙格秃·乞颜"等名以乞颜氏名为后缀的情况来看，察剌孩三子名称后缀"赤纳"当即其氏名，表明察剌孩及其三子属"赤纳(思)"氏。因而《元史·宗室世系表》所载察剌孩报嫂所生子直拏斯，当如韩文所论赤那思氏名。《史集》所载察剌孩报嫂所生二子建都·赤纳、玉烈真·赤纳并称为赤那思氏，表明其分家时仍为赤那思氏，而其正室所生莎儿合秃·赤纳受辽官号"详稳"而改称想昆·必勒格，自此其后裔以俺巴孩为首号称泰亦赤兀惕氏。因而《元秘史》所载俺巴孩为泰亦赤兀惕氏祖说应当可信。

A Textual Analysis of the Ancestral Legendries of the Tayiči'ud clan According to the Sources of Secret History of the Mongols, Yuanshi and Compendium of Chronicles

Uhaanch Nanjing University

Abstract: Before the Činggis Qan's conquests of the Mongol Steppe, Tayiči'ud was the strongest clan among the Mongols and they had ruled the Qamuq Mongol tribe by Ambaqai khan for a time. It was originated from the period of Činggis Qan's fifth degree ancestor Qaidu and much later than other Mongol clans. There were several legendaries of their ancestor which recorded in the historical sources: [1] the descendant of Čaraqai's son and grandson Sengüm-Beilge with Ambaqai (abbr.jia 甲); [2] the descendant of Čaraqai's son Činas (abbr.yi 乙); [3] the descendant of Qaidu's son Čaraqai (abbr.bing 丙); [4] the descendant of Dutum-Menen's son Način (abbr. ding 丁); and [5] the descendant of Način's son Čaraqai (abbr.wu 戊), etc. The legendary versions of jia 甲, yi 乙, bing 丙 present in the sources of *the Secret History of the Mongols*, Genealogies of the imperial clansmen of the *Yuanshi* and "Altan Daftar" (Altan Debter which was quoted in *the Compendium of Chronicles*). The legendaries of ding 丁 and Wu 戊 only appears in some Mongolian sources which were quoted in *the Compendium of Chronicles*. This article is focused on the above sources and analyzed the difference and the interrelationships among the ancestral legendary sources of the Tayiči'ud clan.

Key words: Mongols; Clans; Tayiči'ud; Čaraqai-Lingqu; Ambaqai

(本文作者为南京大学历史学院博士研究生)

南京博物院藏民国时期回族结婚证书探析

张平凤

提　要：南京博物院收藏有一套民国初年的汉文—阿拉伯文合璧回族结婚证书。结婚证书、封套以及发行结婚证书的南京清真董事会的启文两封齐全，内容比较丰富，可以比较充分地反映民国回族社会既延续传统的伊斯兰婚俗又紧跟文明结婚时代潮流的基本特色。

关键词：回族　民国结婚证书　文明结婚　伊斯兰教

南京博物院收藏有一批与伊斯兰教有关的文物，其中有民国时期的回族结婚证书一套（图一）。该证书上印有阿拉伯文和汉文两种文字，结婚证书上涉及名字、时间处均为空白，以供添加，可见是未经使用的结婚证书。

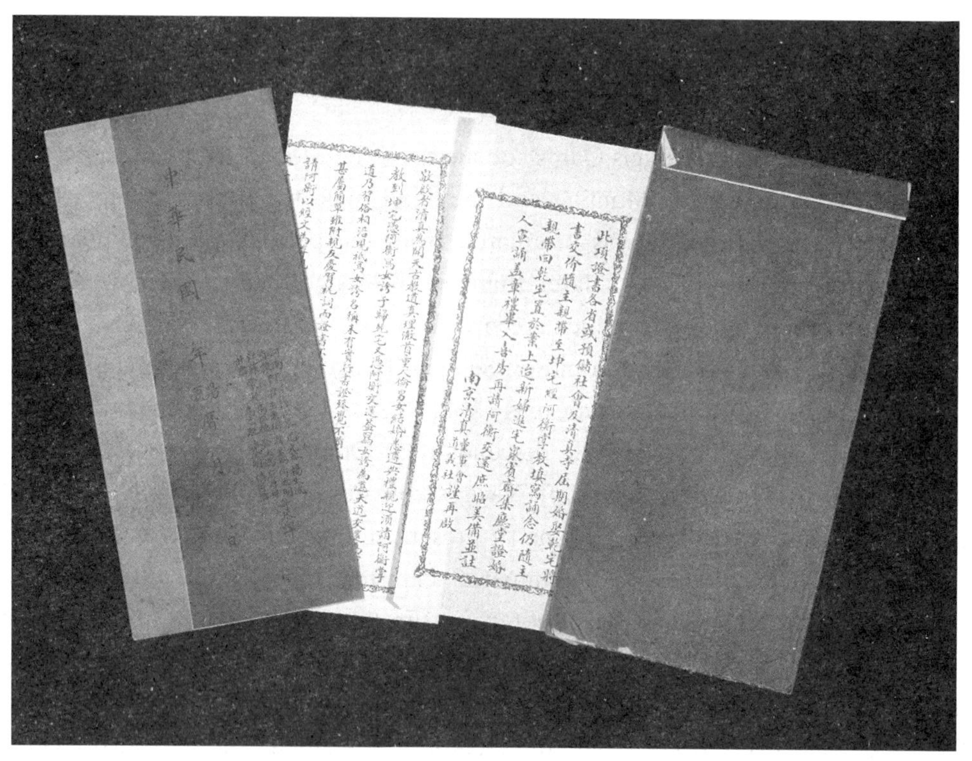

图一　南京博物院藏民国时期回族结婚证书

此类民族民俗文物，当时应该有比较广泛的使用，但是存留至今的已经不多，得到公布的则微乎其微。管见所及，同样的回族结婚证书在最近出版的《民国时期回族印刷品精品集萃》一书中公布过一份，包括封套和结婚证书本体。这一结婚证书是实际使用的，时间填为民国十一年(1922)。封套上还手写了“结婚证书”一行字。①

此外,笔者接触到辽宁省沈阳市棋盘山博物馆收藏的一份民国十八年(1929)的结婚证书。其最右侧列大字“伊斯兰协会奉天分会”,可能这份结婚证书即由伊斯兰协会奉天分会主持颁行。其上亦包括阿拉伯文和汉字两种字体。由其中汉字可知,右侧主要是阿拉伯文和汉字对照的主命婚配词,左侧记载了主婚人、证婚阿衡、介绍人及新郎、新娘姓名、籍贯、出生年及年龄等信息。这也是一份实际使用的结婚证书,写明了新郎男十六岁,新妇女十五岁。②

南京博物院藏回族结婚证书的内容比《民国时期回族印刷品精品集萃》公布的还要多出一些附属材料,且《民国时期回族印刷品精品集萃》中只有简单的说明,图版也较小,文字阅读不易。本文计划对这件回族结婚证书上的汉文部分进行标点,解释其中涉及到的一些名词;然后结合伊斯兰教关于婚姻的基本理念与具体规定,特别是结婚证书中提及的《天方典礼》一书的相关记载,进行比较分析;最后透过这件结婚证书,简单讨论晚清民国时期回族新文化运动的点滴。

一、南京博物院藏民国时期回族结婚证书介绍

这套结婚证书(南京博物院文物编号:7.1∶216)在文物档案中描述如下:“回族结婚证书。民国初。长27.2、宽79(厘米)。来源种类:捐赠。来源单位或个人:南京评事街李良臣。所出地:南京清真董事会道义社同刊。采集人员:王敦化。木板印刷,板存南京唐子街清真寺。回汉两种文字,前为主命婚配刻词,后为清真文明结婚证书。”

这套结婚证书由三部分组成。一为封套,二为结婚证书一纸,三为启文二纸。二、三两部分装在封套内。封套为红底烫金的图案和文字,上为旗帜一对,下为仙鹤、日出、云彩、鸳鸯等图案,中书“百年偕老”四大字,右上为“鸳鸯和合”四小字,周边为花纹边框,上部周边又有较窄的花纹边框。结婚证书红底黑字,共五折。第一、二折为阿拉伯文—汉文合璧的“主命婚配训词”;第三、四折上部横书“清真文明结婚证书”八字,第三折为阿拉伯文—汉文合璧的一段表明二人结婚的文字,第四折则为主婚人、证婚阿衡、介绍人、新郎新妇写名字的空白表格;第五折中间为时间,已经写明“中华民国年”,据此可以判断这套结婚证书的制作时间是民国时期,此前(右侧)为翻译前述两段阿拉伯文字的阿衡、掌教的名字,左侧为这份结婚证书的刊刻者、印刷者的署名。这件结婚证书,据其自己所写,可称《清真文明结婚证书》。启文白底黑字,均出自南京清真董事会道义社。其一两折,其二一折。启即是书信,此二纸启文其实相当于小型的公告,讲到结婚证书的使用、获取、价格等内容。

现对南京博物院所藏回族结婚证书汉文部分以及所附启文转录并标点。

1.《清真文明结婚证书》:

恭译主命婚配训词

男女配合,是奉真主命令,迨及岁的男女,使你们/结成婚姻,我白恩上叫你们平

① 王建平、马明良、丁士仁编著《民国时期回族印刷品精品集萃——纪念马魁麟阿訇和毕敬士牧师专辑》,宁夏人民出版社,2015年,第49—50页,序前彩版。

② 这份结婚证书的信息,承沈阳师范大学魏曙光讲师提供,谨此致谢!

安顺适,就是/主的慈悯。依着圣人训制,你们当知聘娶是/主的安排,要凭着贤人说合。先贤有言:娶的嫁的,顺/理遂情,且凭诸亲友作证,阿衡、掌教,至坤宅写女夸,/乾宅交还。按着教规(族人主婚夫妇情愿聘礼作证),婚礼迎娶,今后应/知感主恩,为夫的,要兴男子事业,为妇的,须从女/子闺范。你男和女,均应遵天命,守五功(曰念礼斋课朝),敬圣行,重五典(曰仁义礼智信),完全我教人道,主必重施洪慈。

盖闻夫妇居五伦之首,而婚姻开万化之原。在清真,则事详于《天方典礼》;在儒书,/则风行于周、召二《南》,宗教虽殊,人伦固一。今/君与女士,男才女德,嘉耦天成,遵父母之命,从媒妁之言,择于本/年月日,文明结婚。灼灼桃华,洵宜室宜家之可乐;绵绵瓜瓞,卜寖昌寖炽之有征。快听鸾凤和鸣,欢好式联于两姓;为祝鸳鸯福禄,良缘永缔于百年。此证。

乾宅主婚人

坤宅主婚人

证婚阿衡

证婚阿衡

介绍人

介绍人

新郎省县/年岁

新妇省县/年岁

河南、直隶、江苏、甘肃阿衡、掌教穆松泉、王秉衡、马恒德、马忠魁、尤光裕、韩云鸿、金玉鸿、冶金明、杨大波、何德明、麻厚禄、杨得福等恭译。

中华民国年阳/夏历月日

南京清真董事会道义社司刊

板存南京唐子街清真寺

2. 南京清真董事会道义社启文两份:

敬启者:清真为开天古教,道真理澈,首重人伦,男女结婚,悉遵《典礼》。亲迎须请阿衡、掌/教到坤宅,凭阿衡写女夸,于归乾宅,又凭阿衡交还。盖写女夸,为遵天道,交还为重人/道,乃习俗相沿。现只写女夸名称,未有实行书证,殊觉不备。民国肇兴,文明结婚,证书/甚属简单,虽附亲友庆贺祝词,而证书不具,似与吾教婚礼不甚适用。且向来结婚必/请阿衡,以经文为尊亲祝颂。古道足式,犹系人思,自宜遵循旧章,书写经文,翻译汉/文,上承　主教垂训,下立人伦始基。敝会公同察酌,敦请道学高尚阿衡,谨录经文,/恭译华文,刊印广布,俾期大同。所望各省各县乡镇　阿衡、掌教、乡耆诸公,俯赐注意,/应否照式翻印,抑或寄价代办,每份大洋四角,邮局寄奉不误,印花自贴。附寄结婚/证书份,敬祈/察收,伫候/明教。南京清真董事会道义社谨启。

此项证书,各省或预储社会及清真寺。届期婚娶,乾宅将/书交价随主亲带至坤宅,经阿衡、掌教填写诵念,仍随主/亲带回乾宅,置于案上。迨新妇进宅,众宾齐集厅堂,证婚/人宣诵,盖章礼毕,入喜房,再请阿衡交还,庶昭美备并注。/南京清真董事会道义社谨再启。

二、南博藏民国时期回族结婚证书相关的几个具体问题

这套结婚证书除了很好地反映了民国时期中国回族婚姻的一些情况,还涉及到其他的名词等具体问题,在此先作说明。

第一,阿衡、掌教。阿衡,今译阿訇。波斯语 Ākhūnd 音译,旧译阿洪、阿衡、阿浑等。原意为教师。在中国是对担任伊斯兰教职者的通称。① 掌教,中国伊斯兰教职。具有下列含义:(1) 主持一坊教务和宗教仪式者。(2) 担任各种教职的人(如伊玛目、海推布、穆安津,合称"三掌教")。(3) 专指伊玛目。(4) 元代也指"回回大师"。② 现在结婚证书中出现的"阿衡"及"阿衡、掌教",均指清真寺教职而言。

第二,白恩。是指安拉赐予人类的恩典(如阳光、空气等)。

第三,南京清真董事会道义社。南京清真董事会,民国元年成立,总董事长马榕轩,副总董事长宛荣之。负责与各清真寺董事会联系,处理各寺共同关心的问题。按马榕轩(1868—1923 年),字廷树,祖籍北京市宛平县,后落籍安徽省和县,幼时随父迁居南京。清宣统元年(1909)与上海伊斯兰教人士哈少夫、金子云等创办上海市清真董事会并被选任主席。宣统三年(1911)冬返回南京,先后当选为汉西门清真寺董事会会长、南京清真董事会会长。出资刊印了多部汉文伊斯兰教典籍,赠送穆斯林及社会各界。③

第四,南京唐子街清真寺。唐子街,今称堂子街。此街东起朝天宫,西到旱西门(汉西门),唐子街清真寺想必就是旱西门(汉西门)清真寺。旱西门清真寺(汉西门清真寺)位于南京市汉西门大街礼拜寺巷 13 号。始建于明末,清咸丰年间毁,民国六年(1917)马榕轩复修。文革时被拆除。④ 李兴华先生曾提到"南京旱西门寺(?)马榕轩等立《永禁阿洪世袭制律约》碑",⑤但是我未能查到碑刻或碑文的具体信息。

此外,这份结婚证书的具体制作年代,也在此略作推测。

首先,结婚证书中署的时间是"中华民国年",通常可以估计这是在进入民国纪年之后才制作的。

其次,《民国时期回族印刷品精品集萃》中公布的实际使用的一份,署作"中华民国十

---

① 金宜久主编《伊斯兰教辞典》"阿訇"条,上海辞书出版社,1997 年,第 555 页。

② 金宜久主编《伊斯兰教辞典》"掌教"条,第 555 页。

③ 参考杨为仁《南京清真寺简史》,中国人民政治协商会议江苏省南京市委员会文史资料研究委员会编《史料选辑》第五辑(内部发行),南京,1984 年,第 166—167 页;《上海民族志》编著委员会编、哈宝信主编《上海民族志》第四章《宗教》第三节《伊斯兰教》,上海社会科学院出版社,1997 年;伍贻业主编《南京回族·伊斯兰教史稿》,南京市伊斯兰教协会,2000 年,第 373 页;"马榕轩"(杨为仁撰),互动百科,http://www.hudong.com/wiki/%E9%A9%AC%E6%A6%95%E8%BD%A9,2008 年。

④ 杨为仁《南京清真寺简史》,中国人民政治协商会议江苏省南京市委员会文史资料研究委员会编《史料选辑》第五辑(内部发行),南京,1984 年,第 156—169 页。

⑤ 李兴华《南京伊斯兰教研究》,《回族研究》2005 年第 2 期。

一年”,则结婚证书应该是此前制作的。

再次,启文中称“民国肇兴,文明结婚”,肇即初之意,则结婚证书的制作应在民国初年。

综合看来,可以将这份结婚证书的制作时代确定在民国初年。

三、《天方典礼》对“书婚”的规定

《清真文明结婚证书》提到:“闻夫妇居五伦之首,而婚姻开万化之原。在清真,则事详于《天方典礼》;在儒书,/则风行于周、召二《南》,宗教虽殊,人伦固一。”南京清真董事会道义社启文提到:“清真为开天古教,道真理澈,首重人伦,男女结婚,悉遵《典礼》。”可见这份结婚证书对于《天方典礼》非常重视,并很可能吸取了《天方典礼》的相关说法。

按《天方典礼》全称为《天方典礼择要解》,为清代康熙、雍正、乾隆时期南京籍的知名伊斯兰学者刘智的代表作之一。书成于清康熙年间,成书之后,流传很广。有二十卷附一卷本,保存了原书的全貌,现存清康熙四十九年山阳杨斐菉刊本、清乾隆五年童国选等刊本、清同治元年滇南重刊本、清同治十年锦城宝真堂重刊本、民国十一年北京清真书报社铅印本、民国金陵丛书本、民国七年上海清真寺铅印本、民国七年上海中华书局铅印本、民国十一年北京清真书报社铅印本、民国二十二年马福祥铅印本、民国二十二年陈庆纶铅印本;有二十卷本,现存清乾隆五年刻本、清宣统三年上海马廷树铅印本;有十卷本,现存民国七年金陵马廷树等石印本;还有一卷本,日本东洋文库收藏。

前文在介绍南京清真董事会的时候,涉及到马廷树其人。现在看《天方典礼》的版本,又可以发现马廷树曾在清宣统三年(1911)、民国七年(1918)两次刊印《天方典礼》,而现在要讨论的结婚证书出自南京清真董事会,其中提到《天方典礼》,使人怀疑这份结婚证书内容的确定,很可能和马廷树的关系密切。

《天方典礼择要解》卷十《五典·总纲》中明确表示,夫妇关系是人类各种关系的出发点,“有天地而后万物生,有男女而后人类出,故夫妇为人道之首也”,“有夫妇,而后有上下”,“夫妇,生人之本也”。① 《天方典礼择要解》卷十九为《婚姻篇》,开篇云:“婚姻为人道之大端,古今圣凡,皆不能越其礼而废其事也。废此,则近异端矣。清真之礼,出自天方圣教,而儒家之礼,多相符合,虽风殊俗异,细微亦有不同,而大节总相似焉。”②

《婚姻篇》的主体为成就婚姻的步骤,共分十三步,每一步骤用顶格的文字扼要表示,转录如下:婚姻无贫富,必择善良;使媒妁通言;问名;立主亲;纳定;纳聘;请期;书婚;铺陈婿室;亲迎;成礼;明日,妇出见舅;婿往见妇之父母。其中,“书婚”应即指向本文所关注的结婚证书。关于每一步骤,还有低一格的详细解说。“书婚”条下载:

> 迎亲之前四日,男氏具启,邀女氏主翁于翌吉书婚(近俗,若女氏主人上有尊属,或至戚、或伯叔及宗子、长子,男家曾具书请过者,亦同赴书婚,故从俗)。是日,男家延掌教(先延掌教大师至家,安于别室,命子弟知事者侍之),立司礼(司礼,即恳原主

① [清]刘智《天方典礼择要解》卷十,《四库全书存目丛书》子部第95册影清康熙四十九年杨斐菉刊本,第584页。

② [清]刘智《天方典礼择要解》卷十九,第640页。

亲为之)，盛服候宾(主人及宗长、伯叔、宗子、长子、亲友俱盛服就堂，坐次以候来宾)，女氏宾至，迎入(男氏戚长、宗长、主人次第迎于大门外，伯叔迎于中门，宗子、长子迎于阶下)，登堂(堂以向南为例，宾由东阶，主人陪客由西阶)，齐揖就坐(宾皆列坐于上，陪宾坐于东位，主人坐于西位)。茶三献毕，司礼者起，请见拜如仪(司礼起，众皆起，宾立于堂东面西，陪宾立于阶西面上，宗长及主人立于阶下，司礼立于堂次西侧。用大称呼，先请来宾戚长立于堂中氍毹上，陪宾自戚长、诸亲、挚友以及宗长、伯叔、主人、宗子、长子，依次出见，俱每见四拜，毕，各就立位；复大称呼，请来宾宗长、陪宾、主人次第出见如前，毕，各就立位；复大称呼，请女氏伯叔见拜如前，请女氏主翁见拜如前，请女氏宗子、长子见拜如前，俱依次，每见四拜，毕，各就立位)。乃举书婚之案(案桌设于堂之上，正中)，陈书婚之具(香几、炉、箸、笔、砚、笺、书、果盛每各一具，俱陈于案上)，设座(案之上设一座，案之右左各设一座)。掌教大师出，众拱拜(宾主一齐环拱而拜掌教)，就座(掌教就上座，女氏主翁就案左座，男氏主人就案右座，众亲友、宗族俱列次坐于左右两傍)，婿崇冠盛服出(跪坐于案次氍毹上)，掌教为申明婚姻之礼，书婚之义，书男女名氏及男女父之名氏于笺，而宣于众(盖谓某之某子与某之某女合配，币礼几何，或金银几何，皆书于笺而告之于众)，掷果(向婿掷之，凡三撮)，婿入陈馔，馔讫，宾辞返第。①

上面这段文字非常细致地陈述了“书婚”的过程。从篇幅来看，是婚姻各环节中最为详实的，可见在婚姻过程中“书婚”的重要性。所谓“书婚”，即“掌教为申明婚姻之礼，书婚之义，书男女名氏及男女父之名氏于笺”，书写下来的内容，主要包括两部分：第一是“婚之义”，第二是“书男女名氏及男女父之名氏于笺”。书写所得，即是婚书。

以此来对比现在要讨论的民国回族结婚证书，可以发现有明显的一脉相承之处。

首先，《天方典礼》记婚书书写的主要内容之一是“婚之义”，民国结婚证书中有关“婚之义”是一项重要的内容，专门有阿拉伯文—汉文的《主命婚配训词》，引用了《古兰经》、圣训中的话。

其次，阿訇在回族婚姻活动中是一个核心人物。《天方典礼》所载整个“书婚”的活动中，掌教是一个关键角色。从男家延请掌教，到出场、就坐的一系列礼仪，再到书婚，最后则有掌教宣告、掷果。而结婚证书中，明确记到“阿衡、掌教，至坤宅写女夸，乾宅交还”，阿衡二人是专门的证婚人。而启文中则记得更为详细：“亲迎须请阿衡、掌/教到坤宅，凭阿衡写女夸，于归乾宅，又凭阿衡交还。”

同时，也有一些重要的不同。

首先，《天方典礼》中的规定，“币礼几何，或金银几何，皆书于笺而告之于众”，民国结婚证书完全不见此类内容。

其次，《天方典礼》记婚书书写“男女名氏及男女父之名氏”，而民国结婚证书只写新郎、新妇的籍贯和年岁，不涉及双方父亲的名氏。

再次，《天方典礼》中婚书在“书婚”之后的环节并不使用，而启文中还要用于新妇进宅时证婚人宣诵。

---

① ［清］刘智《天方典礼择要解》卷十九，第641—642页。

第四,《天方典礼》记“书婚”是在男方家,而民国结婚证书的填写是在男方将结婚证书交人带到女方家,由阿衡、掌教填写诵念后,再由人带回男方家。

四、从结婚证书看晚清民国回族新文化运动

晚清民国时期,回族内部掀起轰轰烈烈的文化运动,展现出回族比较及时地跟上时代变化潮流的状况。当代学者多称之为回族新文化运动。民国年间便已引起广泛关注。① 有学者将中国回族②文化运动分为三个时期,唐朝至清初为第一阶段,口头宣教;清初至清末为第二阶段,汉文著述;民国至现在为第三阶段,著述与教育兼行,指出它的特点是“不但有许多很重要的译著,还出了很多的杂志、报纸,而且,各地教胞组织了各种的回教团体。最大的收获是各地回教学校的设立。所以,这以(一)阶段可以说是用教育的方式作回教的文化运动之发展的时期。”把回族新文化运动归结三个方面——杂志报纸、回教团体、回教学校。③ 报刊、新式团体、新式学校三者,均是晚清民国这个时代的新生事物,可见近现代回族的发展追随中国的主体发展趋势,表现出强烈的一致性。

南京作为东南地区重要的回族聚居区和文化中心,加之又为国民政府所在地,在杂志报纸、回教团体、回教学校三方面都有很多具体的表现。④

保存至今的大量回族报刊,充分展现了当时回族社会欣欣向荣的景象,许多具有充分现代性的内容广为回族人士讨论,婚姻即是其中非常显眼的一项。⑤ 已有研究者选择利用回族报刊讨论民国时期回族对新式文明婚俗的倡导问题。⑥ 这在我们现在讨论的结婚证书中也可以得到一定程度的反映。结婚证书的全称是“清真文明结婚证书”,具体内容中使用了“文明结婚”的表述。启文中也称“民国肇兴,文明结婚”。按“文明”一词用于结婚,正是那个时代的中国的新现象,回族社会与中国主流社会是完全趋同的。

可以说,回族社会对新兴的“文明结婚”是完全接纳的。不过值得注意的是,启文中说到:“民国肇兴,文明结婚,证书甚属简单,虽附亲友庆贺祝词,而证书不具,似与吾教婚礼不甚适用。且向来结婚必请阿衡,以经文为尊亲祝颂。古道足式,犹系人思,自宜遵循旧章,书写经文,翻译汉文,上承主教垂训,下立人伦始基。”提出一般的文明结婚的证书太过简单,不能完全满足伊斯兰教婚俗的需要,而回族的习俗是要请阿衡用经文来祝颂的,这部分内容应该加在结婚证书中。

晚清民国回族新文化运动,除了现代化的主题,还有处理回族社会与伊斯兰教关系的问题。绝大多数的回族人士,特别是宗教人士,都强调了要保持伊斯兰教,特别是要发展伊斯兰教的基本立场。而伊斯兰教是一种渗透到社会生活、个人生活方方面面的宗教,因

① 顾颉刚《回教的文化运动》,《成师校刊》第4卷第1—2期、3—5期、6—8期,1937年4月10日、4月25日、5月10日(金德宝译);《月华》第9卷第6、7期合刊,1937年3月10日;《晨熹》第3卷五月号,1937年5月15日;《禹贡》第7卷第4期。马志程《关于回教文化运动》,《月华》第9卷第6、7期合刊,1937年3月10日。

② 当时一般用“回教”一词。

③ 一萍《中国回教的文化运动》,《晨熹》第3卷第6期,1937年,第23—25页。

④ 伍贻业主编《南京回族·伊斯兰教史稿》,南京市伊斯兰教协会,2000年。

⑤ 雷晓静主编《回族近现代报刊目录提要》,宁夏人民出版社,2006年。

⑥ 刘莉《民国时期回族报刊关于回族婚俗问题的讨论》,《北方民族大学学报》2013年第6期。

此，当时报刊中很多现代化的问题的讨论，同时又是和伊斯兰教密切联系在一起的。

从现在讨论的民国结婚证书看，此时回族的婚姻习俗中充分保留伊斯兰教的影响，阿訇的参与是关键的环节。这和回族社会对待伊斯兰教的主流看法是完全一致的。

最后，简单讨论一下民国结婚证书反映出的回族与汉文化的关系问题。这份回族结婚证书，总体形式与汉族社会使用的一致。通常有两种类型，一种是红纸多折式的，一种是对开奖状式的。这份回族结婚证书与前者类似。这份回族结婚证书封套上的图案如鸳鸯、仙鹤等，文字如"百年偕老"、"鸳鸯和合"等，也是汉族社会普遍使用的与婚俗相关的图案和文字。

总之，通过这一份民国回族结婚证书，可以很好地折射出它所处的回族社会在近现代中国新旧转型过程中的基本特色，一方面积极顺应现代化的变化，一方面又极大地保留了伊斯兰教的影响。同时，这份结婚证书也比较充分地反映了回族社会大量接纳汉文化的基本特色，不过很大程度上只表现在外部形式的方面。

Studies on a Marriage Certificate of Huizu in the Republic of China Period Collected in Nanjing Museum

Zhang Pingfeng Nanjing University

Abstract: Nanjing Museum has a collection of Huizu's marriage certificate in the Republic of China period. This marriage certificate was printed in both Chinese and Arabic languages. The whole marriage certificate has a certificate, an envelope and two public letters which were issued by Nanjing Islamic Directorate (南京清真董事会). We can know that the marriage of Huizu's society combined both Islamic tradition and modern style in the Republic of China period by this marriage certificate.

Key words: Huizu (Chinese Hui Muslims); Republic of China; Marriage Certificate; Modern Style Marriage; Islam

（本文作者为南京大学历史学院博士研究生、南京博物院编辑部编辑）

小经拼写法的地域差异
——以两本《伊斯兰信仰问答》为例

高田友纪

提　要：小经是一种用阿拉伯、波斯字母拼写中文的拼音文字，主要使用在很多中国穆斯林聚居的西北地区。众所周知，小经的拼写法有地域性，然而各地之间的差异却还没有具体的说明。本研究与方言研究相同，使用中古音的框架进行分析，试图具体表示出小经拼写法的地域差异。本研究以《伊斯兰信仰问答》为材料。《伊斯兰信仰问答》是以对话的方式来介绍伊斯兰教六大信仰的宗教书。该书有几个版本，本文使用两种不同的版本，探讨两本之间的差异和基础方言。这些差异也有可能是个人写法习惯的问题，但是也可以看得出来较明显的地方差异。据本研究的分析，可以推测出A本以西宁方言、B本以临夏方言为基础。本文把A、B两个版本的基础方言假定为西宁方言和临夏方言，解释假定的原因，并介绍两个版本的区别。

关键词：小经　基础方言　西宁方言　临夏方言

一

首先，本研究使用的材料是笔者在西北地区收集到的两本《伊斯兰信仰问答》。《伊斯兰信仰问答》是以对话的方式来介绍伊斯兰教六大信仰的，即信真主、信天使、信经典、信使者、信后世和信定然，分类为所谓问答类。有好几个版本，本研究使用其中不同的两个版本，为了方便，把其中一本叫做A本，另一本叫做B本。两本内容几乎一致，都没写明作者、成书年代等信息。A本是小经—汉字一一对应，B本有阿拉伯文原文、小经译和汉文译。B本虽然不是小经—汉字一一对应，但是因为A和B的内容几乎一致，大概可以知道B本小经所表示的汉字的意思。

其次研究方法上，与方言研究相同，使用中古音的框架进行分析。先把相当于一个汉字的小经文字分成两个部分，即声母和韵母，以头一个字母为声母、以其他部分为韵母。再按照声母、等、开合、摄等进行整理，比较A本和B本整理出来的结果。本文为了方便，先假定A、B两个版本的基础方言后再进行叙述。从拼写字母和实际发音来看，A本的基础方言可以推定为西宁方言，其中回腔和汉腔都存在，所以至少有两个作者的可能性很大。B本应该是个临夏本，而且是以临夏中心八坊一带的回民发音为基础的。八坊位于临夏市区西南隅，是临夏市南关一带地区的总称，一个具有悠久历史的回族聚居区。下面对于这些根据进行具体说明。

最后，因为小经使用阿拉伯、波斯字母，关于转写规则，本文为了方便，把小经文字转写成拉丁文字。下面表示其转写规则。本文中出现的拉丁文字，带[　]的字母表示按照IPA（国际音标）的实际音值，不带[　]的表示小经转写。

	双唇		唇齿		齿间		齿		卷舌		舌根		喉	
塞音	پ p	ب b					ت t	د d			ك k	*[1] گ g	ا/ء ’	
小舌化							ط ṭ	ض ḍ			ق q			
擦音			ف f		ث th	ذ dh	س s	ز z	ش sh	ژ zh	*[1] ح ḥ	ع ʻ	ه h	
小舌化							ص ṣ	ظ ẓ			خ kh	*[1] غ gh		
塞擦音							*[2] ڞ c	*[2] ڭ g̰	چ ch	ج j				
闪音								*[1] ر r						
边音								ل l						
近音										ي y				
圆唇		و w								*[2] ۋ yw				
鼻音		م m						ن n				*[2] ڠ ng		

符　　号　　等									
َ	a	ِ	i	ُ	u	*[2] °◌̱	e	ْ	Ø(无元音)
ً	an	ٍ	in	ٌ	un	*[2] °◌͇	en		
اَ	ā	يِ	ī	وُ	ū				
آ	ā								
ا	ā	*[2] ٖ	ī					*[1] ّ	重复同一个辅音

*[1] 只出现在阿拉伯文、波斯文原文。

*[2] 小经自创的字母、符号。

二

本章用 A 本和 B 本的拼写方式，叙述两个版本的音韵异同。下面关于声母和韵母，先标示拼写方式的总结表，后再对现象进行解释。因为材料上出现的例字不是很多，所以总结出来的结果也不全面，然而也可以知道两本的拼写规则和异同的大概情况。

首先看声母。以下图表示 A、B 两个版本声母的拼写方式。

声母拼写方式

声母 1等	A			B		
	开	唇	合	开	唇	合
1. 见	q		q	q		q
2. 溪	k		k	k		k
3. 群						
4. 疑	n,´		w	“我”ng		w
5. 端	d,“祷”t		d	d		d
6. 透	t,“托”ṭ		ṭ,“痛土”t	t,“托”ṭ		ṭ,“土”t
7. 定	平：t,“疼头”ṭ 仄：d		平：ṭ,“徒”t 仄：d	平：t,“头”ṭ 仄：d		平：ṭ 仄：d
8. 泥	n		n	n		n
9. 知						
10. 彻						
11. 澄						
12. 帮		b			b	
13. 滂		p			p	
14. 并		平：p 仄：b,“倍仆”p			平：p 仄：b	
15. 明		m			m	
16. 非						
17. 敷						
18. 奉						
19. 微						
20. 精	z,“左作”ẓ		z	dh,果宕 ẓ		z
21. 清	c		c,“粗”ṣ	c		c
22. 从	平：c 仄：z		平：c 仄：ẓ	平：c 仄：dh		平：c 仄：ẓ
23. 心	s,“索”ṣ		ṣ	s		ṣ
24. 邪						
25. 照						
26. 穿						
27. 床						
28. 审						
29. 禅						

续 表

声母 1等	A			B		
	开	唇	合	开	唇	合
30. 晓	kh		kh	kh		kh
31. 匣	kh		kh,“完”w	kh		kh
32. 影	n,ˊ		w	n		w,“恶”d
33. 喻						
34. 来	l		l	l		l
35. 日						

声母 2等	A			B		
	开	唇	合	开	唇	合
1. 见	g̰,梗 q,“界”k,“懈”th		q,“矿”k	g̰,梗 q		q
2. 溪	k		k	k		
3. 群						
4. 疑	n,y		w	“眼”n,y		w
5. 端	d			d		
6. 透						
7. 定						
8. 泥	n			n		
9. 知				j		
10. 彻				ch		
11. 澄	仄：j					
12. 帮		b,“迫”p			b,“迫”p	
13. 滂		p			p	
14. 并		平：p 仄：b			平：p 仄：b	
15. 明		m			m	
16. 非						
17. 敷						
18. 奉						
19. 微						
20. 精						
21. 清						
22. 从						
23. 心						
24. 邪						

续 表

声母 2 等	A			B		
	开	唇	合	开	唇	合
25. 照	j,“争”j/z			j,“争”dh		
26. 穿	ch,“差”c			ch		
27. 床						
28. 审	sh,“生”sh/s		sh	sh,“生”sh/s		
29. 禅						
30. 晓	kh,效 th		kh	kh,效 th		kh
31. 匣	th,梗 s		kh	th,梗 s		kh
32. 影	y,“齷”w		w	w,y		
33. 喻						
34. 来	l					
35. 日						

声母 3、4 等	A			B		
	开	唇	合	开	唇	合
1. 见	g(/k),“给”q		通止 q, 遇山臻g	山效流g, 止蟹臻深 d, “给”q		止 q,遇山g
2. 溪	k(/g),“吃”ch		k,“去”t	t,“吃”ch		通止 k,梗遇山 t
3. 群	平: k 仄: g,“件”g,k		平: k 仄: q,“聩”kh	平: t 仄: 山g, 臻梗 d		平: t 仄: 通 q
4. 疑	y,“逆牛”n		通遇 yw,山 y	“逆・牛”n,y		通遇 yw,山 y
5. 端	d,“鸟”n			d,山 g		
6. 透	t,“体替”t/c			t		
7. 定	平: t 仄: d			平: t 仄: d, 山g		
8. 泥	n		n,“女”m	n		“女”m
9. 知	j		j	j,“展”ch		j
10. 彻	ch			ch		
11. 澄	平: ch 仄: j		平: ch 仄: j,“住”ch	平: ch 仄: j		平: ch 仄: j,“住”ch

续　表

声母 3、4 等	A			B		
	开	唇	合	开	唇	合
12. 帮		b			b,“闭”j	
13. 滂		p			p	
14. 并		平：p 仄：b			平：p 仄：b	
15. 明		m			m	
16. 非		f,“不”b			f,“不”b	
17. 敷		f			f	
18. 奉		f			f,“凡”d	
19. 微		w			w	
20. 精	g̰(/k),止 c/z		ẓ,“俊”g̰/k	蟹臻梗曾 d, 山宕咸g̰, 止 z/c		ẓ,g̰
21. 清	k(/“清”g̰), 止 c		k	t,止 c		“取”c/t
22. 从	平：k, “情”k/g̰,止 c 仄：g̰,止 z		平：c,山 k/t 仄：遇g̰	平：梗山 t, 止 c 仄：止 z, 臻梗 d,山流g̰		平：通 c,止 t 仄：遇g̰
23. 心	s,th,“赐”c		ṣ,山 th,止 c	止蟹曾深 s, 山效假宕 th, “赐”c		通蟹 ṣ,山 th
24. 邪	th,s		th,ṣ	假宕流 th, 止深 s		止 ṣ,通 th
25. 照	j,“只至”z, “只”d		j	j,“只至”z, “只”d		j
26. 穿	ch		ch	ch		ch
27. 床	sh,“事”sh/s, “愁”c		sh	sh		sh
28. 审	sh,“史”sh/s		sh,f,“所”ṣ	sh		sh
29. 禅	ch,sh, “是”sh/s		sh,f,zh	平：宕梗曾 ch, 止 sh/s 仄：sh,止 sh/s		sh
30. 晓	th,止 s		th,“毁”kh	th,止 s		通遇 th,止 kh
31. 匣	山 th,蟹梗 s, “蹊”k			山 th,蟹梗 s, “蹊”t		

续　表

声母 3、4 等	A			B		
	开	唇	合	开	唇	合
32. 影	y,“一”y/ˊ		y,“于”yw,宕 w	y,“一因”ˊ		w,ˊ,y
33. 喻	y		w,yw,y	y,“以引”ˊ,“易”yw		w,y,遇 yw
34. 来	l		l	l		l
35. 日	zh,止ʻ		zh	zh,止ʻ		zh

先介绍一下 A、B 两个版本拼写方式相同,但却与普通话不同的几个字。如由“女”、“弄”、“容”等个别字可以知道,大概是以西北方言为基础的。“女”和“弄”的普通话声母都是[n],可是 A、B 两本不拼 n,“女”用 m、“弄”用 l。字母 m 一般用来拼明母,阿拉伯、波斯语里边也是[m]音,字母 l 一般用来拼来母,阿、波语的发音是[l]。这个音值与普通话“女”、“弄”的声母不一致,在西宁和临夏中心却一致。“容”也如此,“容”的普通话声母是[ʐ],而西宁和临夏中心是[y],A、B 本拼的也是 y。这些个别字也成为用来推定西宁或临夏中心话的根据之一。

A、B 本声母的主要区别在于以下几点。区别大概分两种,一种是“用字、音值都不同”的区别,另一种是“用字不同、音值相同”的区别。先看“用字、音值都不同”的区别。

1) 开口三四等的端母、定母仄声

A 本:d　　　　例:典(diyan)、跌(diyah)、定(din)

B 本:d、g(山摄)　　典(giyan)、跌(giya)、定(din)

2) 审母、禅母合口三等

A 本:sh、f　　　例:恕(fū)、水(fī)、说(shuwa)

B 本:sh　　　　恕(shū)、水(shuwi)、说(shuwa)

3) “我”字

A 本:n

B 本:ng

关于 1)开口三四等的端母、定母仄声的拼写方式,A 本都用 d 字母来拼,而 B 本用 d 和g两个字母来拼。这些字在西宁的实际发音是[t],我们可以知道在 A 本里 d 表示的音值应该是[t]。看一下 B 本的情况,B 本在一般情况下用 d 拼,但是山摄字会用g拼。从一二等来看,d 与 A 本一样应该表示[t],那么山摄为什么还会用g拼? 据高璐、李应兴、于洪志(2008),在临夏中心,普通话的[t]声母,即端母和定母仄声,部分有[tɕ]声母。张建军(2012)也叙述“汉语中古端组声母与单韵母或介音[i]拼合时,八坊话读 tɕ、$tɕ^h$。”也就是说,在临夏八坊,[t]+[i]会舌面化,变成[tɕi]。再看 B 本,“典”、“跌”等字用g拼,这些字在临夏中心有[tɕ]声母。我们就知道为什么 A 本只用 d,而 B 本用 d 和g两个字母的原因。但是也有一个问题,[tɕ]声母的字也有用 d 拼的,如止摄、蟹摄等,关于此问题后面再讲。

关于 2)审母、禅母合口三等的拼写方式,只有 A 本有两种拼法。字母 sh 也用在审、禅母开口、床母等，这些字在西宁、临夏方言中都有[ʂ]的音值，sh 可以说表示[ʂ]。字母 f 一般用在非、敷、奉母，它们的实际发音在西宁和临夏都是[f]，而且阿、波字母里 f 的发音也是[f]，所以 f 能推定是表示[f]。据《汉语方言地图集》语音卷，书知系合的出现[f]声母的地方有西宁、兰州、乐都、门源、湟源、永登等地，而不出现在临夏方言里。再加上，这个[f]声母是西宁方言汉腔的特点，回腔与普通话一样有[ʂ]声母。

关于 3)"我"字的声母，A 本拼 n，B 本拼 ng，而"我"字声母的实际发音在西宁方言里是[n]，临夏方言里是[ŋ]。阿·伊布拉黑麦(1992)等叙述 ng 的音位是[ŋ]，我们回头看《伊斯兰信仰问答》，A 本不出现字母 ng，B 本则出现。西宁方言里没有[ŋ]声母，临夏方言里有[ŋ]声母。这里也就有了 A 本是西宁本，B 本是临夏本的根据。

以上解释用字、音值都不同的地方，再看"用字不同、音值相同"的区别。

4) 开口三四等的见母、群母仄声、精母和从母仄声

A 本：g　　例：今(gin)、久(giyū)

B 本：d、g　　　今(din)、久(giyū)

5) 一等的精母、从母仄声

A 本：z　　例：在(zay)、增(zin)

B 本：dh　　　在(dhay)、增(dhin)

6) 开口三四等的溪母、群母平声、清母、从母平声

A 本：k　　例：七(kī)、千(kiyan)

B 本：t　　　七(tī)、千(tiyan)

关于 4)开口三四等的见母、群母仄声、精母和从母仄声的拼写方式，A 本都用字母g来拼，而 B 本用 d 和g两个字母来拼。这些字在西宁的实际发音是[tɕ]，我们可以知道在 A 本里g表示的音值应该是[tɕ]。再看 B 本的情况，B 本用两个字母 d 和g，无论拼 d 还是拼g，临夏中心话的实际发音都是[tɕ]。换句话说 d 和g都表示[tɕ]，A 本和 B 本的拼写方式可以说是部分的"用字不同、音值相同"。那为什么前面 1)说用两个字母就意味着有两个不同的声母，而在这里却说用两个字母是表示同一个声母呢？这个问题就与前面 1)留下的问题有关，笔者把它叫做"单写和连写的用字不同"。在 B 本里，d 和g怎么分开使用有规则，即蟹、深、臻、梗和曾摄(见母再加止摄)使用 d，而效、咸、山、宕和流摄与 A 本一样使用g。看起来很复杂，实际是字母的单写和连写的不同。即单写使用 d，连写使用g。这个现象只在付 i 元音的情况下才会出现，所以单写指的是 d + i(包括 ī①)或 d + in，②连写指的是除了这三种以外的情况。"单写和连写的用字不同"现象也不是 B 本特有的，不仅是在 B 本里，在 A 本及其他小经文献里也有，如心摄、邪摄的 s 与 th 的使用方式等。

关于 5)精母、从母仄声等的拼写用字，A 本用 z 拼的字在西宁话里是[ts]声母，B 本用 dh 拼的字在临夏中心也是[ts]，再说虽然在阿拉伯语里 z 与 dh 的发音有所不同，但是

① 辅音后面再加字母 ya 的形式。其实它不是单写，但是包含在单写规则里。很大可能是因为 di 和 dī 表示的音值相同。

② 阿拉伯、波斯字母只有辅音，表示元音需要标符号，而 i 和 in 都可以用一个符号来表示。所以 di 和 din 都是单独的一个字母上标一个符号的形式。参看本文 1.3 转写规则。

在波斯语里的发音是相同的。于是A本的z和B本的dh可以说都表示[ts],它们之间的区别只是用字的不同。A本里不出现dh字母,B本在三等会用到z字母,B本z和dh的不同与后面的元音有关,不是声母音值的问题。

关于6)开口三四等的溪母、群母平声、清母、从母平声,这些字在西宁和临夏方言里有[tɕʰ]声母,A本拼此声母时用k加元音i表示,B本则用t加元音i表示。A本也会拼g,从见母一二等的情况来看,g应该拼不送气音,A本偶尔会出现g拼送气音、k拼不送气音的情况,其原因的阐明还要等进一步研究。

接下来看韵母,因为阿拉伯、波斯字母的元音标示方式很有限,A、B本的基础方言实际音值的区别不会那么明显,但是也有几个特点能看得出来。

韵母舒声(平上去)拼写方式

舒声 1等	A			B		
	开	唇	合	开	唇	合
1. 果假 2. 蟹	ā, a, aw, uwa,"左"uwi ay	uwa, aw uwi	uwa uwi, (uw)ay, ū, uwa	ā, a, ah, uwa, ū ay,"孩"a	uwa, aw uwi,"贝"ay	uwa,"和"a uwi, uwī, (w)ay
3. 止 4. 效	aw	aw		aw,"靠"ah	aw	
5. 咸 6. 山	an an	an	(uw)an	an an	an	uwan
7. 宕江 8. 遇	ān	ān ū, u	uwān ū, u, uwa,"顾"uwi	ān	ān ū	ān ū, uwa
9. 流 10. 深	iw	ū		iw	ū	
11. 臻 12. 梗	in,"恩"en	un,"门"u	un,"混"uwān	in,"恩"en	un	un,"混"ān
13. 曾 14. 通	in, 端组 en	un	un,"痛"en	in, 端组 en		un

舒声 2等	A			B		
	开	唇	合	开	唇	合
1. 果假	ā,见晓组(iy)ā,"差"a	ā	uwā	见 iyā,泥 ā	ā	uwā
2. 蟹	ay,见 iya,见 iyah	ay, uwa, a	(uw)ay, (uw)ā	ay,见 iya	ay	uway, uwā

续 表

舒声 2等	A			B		
	开	唇	合	开	唇	合
3. 止 4. 效	见晓组 iyaw，aw，“抓”uwā	aw		aw，见晓匣 iyaw	aw	
5. 咸	见 iyan，知穿 an			an，见 iyan		
6. 山	iyan	an，“办”ā	(uw)an	iyan	an	(uw)an
7. 宕江 8. 遇	iyān	ān		iyān		
9. 流 10. 深						
11. 臻 12. 梗	in，审来 en，“打”ā	in	un，uwān	in，“生”en		ū
13. 曾 14. 通						

舒声 3、4等	A			B		
	开	唇	合	开	唇	合
1. 果假	照组日 a，iyah，(iy)a，“者”u			(iy)a，ah，ā		
2. 蟹	(iy)a，i，ī，“婿”iyuwi，“切”iya/iyah	ī	uwi	ī，i，iya，iyuwi	ī	uwi
3. 止	ī，i，日止 a，牀审心邪 e，“嗜”uwa，“其”iyuwi	ī，i，“美”uwi	uwi，ī，i，(uw)ay，ū	ī，i，e，ē，“其”iyuwi，“嗜”uwa	ī，“美”uwi	uwi，ī/iy，i
4. 效	(iy)aw	iyaw		(iy)aw	iyaw	
5. 咸	(iy)an，见照 an	an		(iy)an	an	
6. 山	(iy)an，知组 an，“鲜现”iyuwan	iyan，非组 an	(iy)uwan	iyan，照组 an，“仙现”iyuwan	iyan，非组 an	(iy)uwan，照组 uwan，“专”un

续　表

舒声 3、4等	A			B		
	开	唇	合	开	唇	合
7. 宕江	(iy)ān, 日照组 ān, (u)wān	ān	影喻 ān	iyān,照组 ān	ān	影喻 ān
8. 遇		ū, u	疑影喻 i, 照组 ū/u, iyuwi, uwa, "女"ī		ū, u	ū, u, i, ī, iw, iyuwi, uwa, in
9. 流	(iy)ū, 日照组 iw, "留"iyaw	ū		(iy)ū, 日照组 iw	ū	
10. 深	in,"饮"i	in		in	in	
11. 臻	in, i	un,明 in, "问"u	照组 un, (iy)un	in	un,明 in	(iy)un
12. 梗	in, i	in	in,晓组(iy)un	in	in	un, in
13. 曾	in	in		in	in	
14. 通		un	un,群平晓组 (iy)un		un	un,群晓 iyun

韵母(入声)拼写方式

入声 1等	A			B		
	开	唇	合	开	唇	合
15. 咸	ā,"合"a/uwa			ā,"合"ah		
16. 山	ā,"渴"ān		uwa	ā,"渴"ān		uwa
17. 宕江	uwa, "各"a/aw, "作"uwi	uwa		uwa,"各"ah	uwa	
18. 深						
19. 臻		uwa, aw	ū		uwa	ū
20. 曾	端 ay, ī/i	uwi	uwi	ay, ī, i		uwi
21. 梗						
22. 通		ū	ū/u			ū

入声 2等	A			B		
	开	唇	合	开	唇	合
15. 咸	(iy)ā			ā		
16. 山	ā	ā, aw		ā	ā, uwa	

续 表

入声 2等	A			B		
	开	唇	合	开	唇	合
17. 宕江	见晓(iy)uwa, uwa			(iy)uwa		
18. 深						
19. 臻						
20. 曾						
21. 梗	ay, ī(/iy), "宅"a	ay, uwi, iy		ay,"宅"a	ay	
22. 通						

入声 3、4等	A			B		
	开	唇	合	开	唇	合
15. 咸	iya	ā		iya	ā	
16. 山	iya(h), 日照组 a, "裂"uwi	非组 ā,iyah, "别"uwi	照组 uwa, (iy)uwa, "说"uwi	iya,船禅 a, "裂"uwi	iya, 非敷奉 ā	(iy)uwa
17. 宕江	日 uwa, 影(y)uwa, "着"a,"若"u			uwa,"着"a/ā		
18. 深	ī/i,日 u/uwa			ī,"入"ū		
19. 臻	ī/i	ū/u, ī	ū/u,来 iyuwi	ī, i, a	ī, ū, (w)a	ū
20. 曾	i/ī			ī, i		
21. 梗	i/ī			ī, i		
22. 通		ū/u	ū,疑喻 i, iyū, iyuwi, iyaw, "肉"u/iw		ū	(iy)ū, iyuwi, iw, i

韵母方面主要区别在于以下几点。

1) 宕摄一等合口字

A本：uān　　例：光(quwān)、广(quwān)

B本：ān　　　　光(qān)、广(qān)

2) 日母止摄三等

A本：a　　　例：二('a)、儿('a)

B本：i　　　　　二('i)、儿('i)

3) 字母 h 的使用方式

A本：iyah　　例：些(thiyah)、蛇(sha)

B本：ah　　　　　些(thiya)、蛇(shah)

韵母方面，区别最大的是 1)宕摄一等合口字。只有 B 本没有写出 u 介音，所以 B 本的基础方言里宕摄一等没有 u 介音的可能性大。关于临夏八坊话的韵母,张建军(2012)说"ã 党双光王",也就是说临夏八坊话里,宕摄字连合口字都没有 u 介音。这也是 B 本的基础方言能推定为临夏八坊话的原因之一。

关于 2)日母止摄三等,即耳儿二等字也有特点,虽然声母的拼写用字相同,但韵母,A 本用 a 拼,B 本则用 i 拼。日母止摄三等字,西宁的实际音值是[ɛ]或[æ],而临夏中心的实际发音是[ɯ]。西宁发音可能更接近 a,临夏中心发音则更接近 i,但是这个区别也不是很大,只能做为参考。

关于 3)字母 h 的使用方式,A 本和 B 本有所不同,A 本用于拼假摄舒声三等开口、蟹摄舒声二三四等开口、山摄入声三等开唇口的,都是带 i 介音的韵母。B 本拼果摄一等开口、假摄舒声三等开口、宕摄一等开口,都是不带 i 介音的韵母。A 本里拼 iyah 的字(别、切、些等)的韵母在西宁的实际音值是[i]或[ɨ],①A 本也受普通话的影响很大,iyah 表示普通话[ie]的可能性也不小。而 B 本里拼 ah 的字(个、合、蛇等)的韵母,在临夏的实际音值是[ɤ],B 本可以说以 h 与 a 搭配表示元音[ɤ]。

其他的还有小小的区别,如拼单元音时是否长元音化等,然而这是个人拼写习惯的可能性比较大,现在暂时不提。

三

如上所述,A 本可以说是西宁一带的版本,而 B 本则是临夏中心的版本。根据在于几个拼写特点,如 A 本声母拼审母、禅母合口三等出现字母 f,B 本声母开口三四等的端母、定母仄声拼字母 g,B 本韵母宕摄一等合口字的 u 介音脱落等。这些特点各表现出 A、B 两本基础方言的差异,A 本审母、禅母合口三等有[f]声母,是西宁一带的方音特点;B 本端母、定母仄声部分有[tɕ]声母、韵母宕摄一等合口字的 u 介音脱落,都是临夏中心方言比较独特的现象。除了这三个之外,"我"字的拼写法、用字种类和个别特字也会成为用以确定小经地区的指标之一,本次研究结果可以与其他小经文献进行比较。

关于 A、B 两个版本,还留有一些较小的区别和问题,原因的明确还需要进一步的研究,我将把它作为今后的课题。

Dialectal differences of Xiao Jing transcription systems: Shown at the example of two types of "*Xin yang wen da*"

TAKATA Yuki　Osaka University

Abstract: Xiao Jing script is a phonetic transcription of Chinese based on Perso-Arabic script. As it is popular among Chinese Muslims, it is most common in the north-western part of China. It is well known that Xiao Jing transcription systems reflect dialectal differences, but no research has given a concrete example yet. This study tries

① A 本里只拼 i 的韵母,西宁话里都有[j]的韵母。

to explain the phenomenon of dialectal differences in Xiao Jing by comparing Xiao Jing and dialectal pronunciation. Therefore, this research analyses two types of *Xin yang wen da*, which is a book of introduction to Aqidah (an Islamic term "creed"). This examination shows that one version is based on the Xi ning dialect, whereas the other derived from the Lin xia dialect.

Key words: Xiao jing script; basic dialect; Xi ning dialect; Lin xia dialect

（本文作者系日本大阪大学博士研究生）

和刻本《事林广记》札记二则*

陈广恩

《事林广记》是宋末人陈元靓编纂的一部百科全书型日用类书，保留了可考察当时社会的十分丰富的史料。该书自编成之日起，即受到人们的普遍重视，在社会上十分流行，自宋末至明代曾多次刊印，至今保留下来元明时期的刻本、抄本及日本刻本、抄本共计有17种之多。时至今日，这部类书仍未失其利用价值，近年出版的白话节译本称其为“最地道的中国民间生活百科全书”。① 该书所保留的丰富材料，亦为治元史、社会生活史的学者常常引用。

在《事林广记》每次编纂、刊刻过程中，编纂者并非简单地对照原本翻刻，而是根据当时社会的实际需要不断进行改编，或增或删，更多的是增补新的内容。《事林广记》在流传过程中出现的不同名称，如《增新类聚事林广记》、《新编群书类要事林广记》、《纂图增新群书类要事林广记》、《新编纂图增类群书类要事林广记》、《新刊纂图大字群书类要事林广记》、《纂图类聚天下至宝全补事林广记》等，体现的正是这种不断改编的情况。可见，现存元明时期诸本《事林广记》，并非是一本内容完全相同的类书的不同版本，而是一部内容处于不断调整变化过程中的民间类书，因此现存各版本《事林广记》“内容都有出入，无一完全相同”。② 从这个意义上讲，诸本《事林广记》更像是不同时代的不同著作，各本均有其不可替代性，我们也难以像整理一般有多个版本的文集那样找出一个最好的底本。对《事林广记》的研究，应该针对各个版本展开比较，对各个版本均进行研究，惟其如此，才能真正挖掘出这部类书在元明时期不断刊刻流传的历史意义以及各个版本的各自价值。

和刻本《事林广记》是指在日本刊刻的《事林广记》，刊刻时间是元禄十二年。元禄是日本东山天皇的年号，元禄十二年即1699年，也就是清康熙三十八年。和刻本是根据元泰定二年(1325)的版本翻刻的，因此我们可以将其视作元本。日本汲古书院在1976年出版了长泽规矩也所编《和刻本类书集成》，其中第一辑中就收有和刻本《事林广记》。上海古籍出版社1990年又将《和刻本类书集成》影印出版。中华书局1999年将和刻本与积诚堂本一起影印出版。凤凰出版社2012年出版的金程宇主编的《和刻本中国古逸书丛刊》，也录有和刻本《事林广记》。本文针对和刻本《事林广记》的两个问题进行初步考察。

一

长泽规矩也所编《和刻本类书集成》，在第一辑序文之后附有和刻本《事林广记》的解

---

* 本文属于2016年国家社科基金重点项目“新发现日藏《事林广记》校勘整理与研究”(批准号：16AZS004)的阶段性成果。

① [宋]陈元靓编，耿纪朋译《事林广记》扉页，江苏人民出版社，2011年。

② 胡道静《事林广记》前言，日本中文出版社，1988年影印元椿庄书院刊本，第6页。

题，注明各集的卷数分别是甲集 12 卷，乙集 4 卷，丙集 5 卷，丁至壬集各 10 卷，癸集 13 卷。编者为宋人陈元靓。全书共 10 册，是元禄十二年三月京都今井七郎兵卫和中野五郎左卫门的后印本。解题全文如下：

《四库》未收。录有贞享元年宇都宫遁庵的序文。序文乃书坊刊行时所作，并请人加了训点。虽然不见元版序跋的痕迹，但在甲集目录之后附有泰定二年(1325)增补时的刊语，可知元版有误之处做过修补，同时新增六十余版片。各卷除了天文图说、地理图经、节令记载之外，还搜集了经史、地理、诸子、文艺、文字、书法、军阵、文房、器物、音乐、医药、伦理、宗教、产业、衣食、植物以及官民生活的必备内容，包含治学，特别是史地、法制、经济资料的重要文献。其中丁集卷十的《蒙古文字》(旧体)；庚集卷十的《至元译语》；辛集卷十的《词状新式》(文书样式)；壬集卷一的《至元杂令》、《吉凶杂仪》，卷二的《婚姻旧体》、《嫁娶新仪》，卷三的《丧祭通礼》；癸集卷十三的《诙谐文话》、《花判公案》、《嘲戏绮语》等增补部分，作为元代的资料颇具价值。

这本书的发行顺序，京都山冈市兵卫的刊本应该是初印本，其后是中野五郎左卫门和山冈的联明本，再后就是作为此次影印底本的中野和今井的合印本。虽然对现代中国学者来说《事林广记》是重要文献，但在江户时代其价值可能基本没被认可。正如底本所见，后印本的文字并无漫灭现象。

元至明初时期，《事林广记》在本国也是较为流行的。据我所知，书陵部藏有元后至元六年(1340)郑氏积诚堂刊十集各二卷本《(纂图增新群书类要)事林广记》，内阁文库藏有元西园精舍刊前、后、续集各十三卷，别集十一卷本《(新编纂图增类群书类要)事林广记》。从各本所加“增”字来看，应该都有更早的刊本。静嘉堂文库藏有前、后、续、别、新、外集各二卷本《(纂图增新群书类要)事林广记》，台北“中央图书馆”藏有明成化十四年(1478)福建刊四十卷本《(新编纂图增类群书类要)事林广记》。北京图书馆藏有两种明抄残本，其一可能和书陵部藏本为同一个本子，另一个本子题为《(纂图类聚天下至宝全补)事林广记》(卷十一)。尽管刊刻了如此多的版本，但能够流传下来的本子并不多，这应是由于日常实用、破损、流传过程中丢失而造成的。但从内容来看，这本和刻本应该最具价值。①

长泽规矩也的解题对和刻本的刊刻、内容、文献价值、版本流传以及《事林广记》在中日两国的收藏情况等做了介绍，有助于我们对和刻本《事林广记》的了解。据此可知，日本书坊在刊刻时，曾邀请宇都宫遁庵为刻本撰写了序文。序文写于贞享(序中刻为亨)元年(1684)，说明宇都宫遁庵序文写成之后，过了 15 年，到元禄十二年该书才得以刊刻行世。宇都宫遁庵(1633—1707)，江户时代著名儒学家，名由的，又名三近，号遁庵，又号顽拙。序文后钤有白文“遁庵”和朱文“玩拙之印”两枚藏书方印。刊刻时，书坊还请人加了训点，以便日本人阅读。宇都宫遁庵的序文刻在和刻本目录之前，因影印本已比较流行，故兹不转引。据序文可知，江户时代已有《事林广记》抄本流传，但磨损已比较严重。其后偶然的

① 原文见(日)长泽规矩也编《和刻本类书集成》第一辑，汲古书院，1976 年，第 176 页。解题是由暨南大学中文系本科生蔡书晨同学翻译的，谨此致谢。笔者对译文略有修改。

机会发现了泰定二年的增补本,对抄本的校读意义重大,因此被宇都宫遁庵视为善本,大加称赞。

解题中提到的《蒙古文字》、《至元译语》、《词状新式》、《至元杂令》、《吉凶杂仪》、《婚姻旧体》、《嫁娶新仪》、《丧祭通礼》、《诙谐文话》、《花判公案》、《嘲戏绮语》等类目,是《事林广记》流传至元初时增补的内容。作为《事林广记》的前身,南宋末陈元靓编纂的《博闻录》中并没有这些内容。和刻本《事林广记》尽管是泰定二年增补本的翻刻本,但是泰定二年的增补本,基本上没有增补成宗、武宗、仁宗、英宗、泰定帝几朝的信息资料,而是更多地保留了宋末及元初中统、至元年间的面貌,①所以和刻本增补的以上内容,体现的应是元初的社会信息。

和刻本在甲集目录之后,附有牌记一块,内容如下:

> 此书因印匠漏失版面,已致有误。君子今再命工修补外,新增添六十余面,以广其传。收书君子,幸垂鉴焉。泰定乙丑仲冬增补。②

由此可知和刻本所依据的泰定二年的版本,是一个增补本。增补本依据的底本,版面已有漏失,增补时除了修补之外,还新增了60多面,但新增部分所依据的底本,已不得而知。

长泽规矩也在解题中指出,和刻本最初是由京都山冈市兵卫刊行的,其后有中野五郎左卫门和山冈市兵卫的联名印本,后来又有中野五郎左卫门和今井七郎兵卫的合印本。山冈市兵卫的初印本十分罕见,③笔者在日本查阅《事林广记》期间,也未发现这个版本,所见到的和刻本均是长泽规矩也解题中提到的两种合印本,这两种合印本在日本都有比较广泛的流传。同松原下ル町山冈市兵卫和京都京极通五条上ル町中野五郎左卫门的合印本,日本多家图书馆均有收藏,如京都大学人文科学研究所、东京大学东洋文化研究所、立命馆大学、爱媛大学、石川县金泽市立图书馆等,中国出版的《和刻本中国古逸书丛刊》、中华书局1999年影印本《事林广记》中的和刻本,即是采用这一底本。同松原上ル町今井七郎兵卫和中野五郎左卫门的合印本,在日本国会图书馆、东京大学东洋文化研究所、宫城县图书馆、新泻大学、东北大学等均有收藏,《和刻本类书集成》所收《事林广记》,即是这一合印本。可见两种合印本的刻印人均有中野五郎左卫门,不同处在于协印人分别是山冈市兵卫和今井七郎兵卫。

长泽规矩也提到的日本宫内厅书陵部收藏的元后至元六年郑氏积诚堂刊本,在北京大学图书馆亦有收藏。内阁文库所藏元西园精舍刊本,是至顺时期的刻本,与椿庄书院本最为接近,该本国内未见收藏。静嘉堂文库所藏为明永乐十六年(1418)翠岩精舍刊本,是本国内亦无收藏。④ 台湾图书馆藏有明成化十四年福建官刻本,是明人钟景清的增补本,

① 陈广恩《日本宗家文库所藏〈事林广记〉的版本问题》,《隋唐辽宋金元史论丛》第七辑,上海古籍出版社,2017年,第300页。

② 《新编群书类要事林广记》解题,《和刻本类书集成》第一辑,第176页。

③ 金程宇《新编群书类要事林广记》序,《和刻本中国古逸书丛刊》第33册,凤凰出版社,2012年。

④ 宫纪子认为南京图书馆所藏《事林广记》,与静嘉堂文库藏本为同一个版本(见其所撰《對馬宗家舊藏の元刊本"事林廣記"について》,《东洋史研究》第六十七卷第一号,2008年)。但笔者在核对两个版本后发现,南京图书馆藏本应该是明代的刻本,但并不是翠岩精舍刊本,这是两个不同的版本。

刘廷宝刊刻，该本剑桥大学图书馆有收藏。国家图书馆收藏有两种明抄本，长泽规矩也认为其中一个本子与书陵部藏本为同一版本，显然有误。既然国图所藏抄本的时代为明代，而书陵部藏本是元后至元时期的刻本，二者自然不会是同一个版本。笔者查阅了国图所藏两种抄本，确为明代抄本无疑，其中一本题为《纂图增新群书类要事林广记》，仅存外集二卷，别集二卷，共四卷，四册。另一本题为《纂图类聚天下至宝全补事林广记》，仅存卷十一一卷，一册。两种均为残本。

上述石川县金泽市立图书馆藏有两套和刻本《事林广记》，版本相同，均是山冈市兵卫和中野五郎左卫门的合印本。其中一本共 15 册（缺第一册），锈黄色封皮。每册首页钤印两枚："大礼记念金泽市立图书馆藏书印"和"加州金泽鬼川文库"。另一本共 10 册，深蓝色封皮。每册末页贴有"苍龙馆文库"藏书标签。根据标签所记，该本《事林广记》是内田病院长内田丰咲（1889—1976）从高冈的佐渡家族得到的，后来寄赠金泽市立图书馆。内田丰咲是现任内田病院长内田实的祖父，内田病院的创立者，曾担任金泽医学专门学校（今金泽大学医学部）助产学校校长、石川县医师会长等职。佐渡家族肇始于日本古代越中国砺波郡止观寺的城主建部佐渡守。该家族以医学闻名，尤其是产科医学在加贺、越中、能登三国中十分出名。佐渡家族第八、九代传人，建立了"苍龙馆"收藏家族所藏图书，其中医学类的图书颇为丰富。苍龙馆所藏图书，后来大部分被收藏在金泽市立图书馆的近世史料馆中，这也是收藏《事林广记》的地方。内田丰咲能得到佐渡家族的藏书，应该与两个家族共有的医学背景有关。《事林广记》中收录有不少医学方面的知识，这可能是佐渡家族收藏这部史籍的原因。金泽市立图书馆近世史料馆著录收藏的时间是昭和 59 年（1984）7 月 1 日。该藏本有数册于卷末钤有"济美堂"藏书印。

后一本和刻本《事林广记》，全书封底的内侧整页写满日文行草，大概是装订者将其作为藏书的封底订入书后。笔者请教早稻田大学文学学术院饭山知保教授，他根据行草中"东大寺本供养"、"右大将军"、"文章博士仲章朝臣"等词汇及相关文章，初步认为这页日文行草的内容，是镰仓时代史书《吾妻镜》的一部分，与《事林广记》无关。行草的手书年代，可能是江户时代。《吾妻镜》又名《东鉴》。吾妻是地名，特指位于京都之东的幕府所在地。这部史书是研究镰仓武家社会和镰仓幕府历史的最重要的史料。① 该和刻本《事林广记》的刊刻时间，书末注明是元禄十二年，那么用作封底的《吾妻镜》的手稿，应该是江户时代或者其后《事林广记》的收藏者，在修补所藏《事林广记》时将手书《吾妻镜》中的一页当作封底装订于书末。于此可见，《吾妻镜》应该是当时比较流行的一部史书。

二

《和刻本中国古逸书丛刊》是南京大学金程宇教授将其在日本访书所得和刻本中国古逸书汇总起来，分为经、史、子、集四部，共计 110 种，编为 70 册刊印出版的一套日藏汉籍文献。其中第 33、34 两册，收录的是内藤湖南的批校本《事林广记》。该本原为日本立命馆大学芳村弘道教授的个人藏本，金程宇在日访书期间，与芳村教授相识，并结为好友。该藏本是芳村弘道提供给金程宇的。这个本子也是中野五郎左卫门和山冈市兵卫的合印本。

---

① 冯佐哲、王晓秋《〈吾妻镜〉与〈吾妻镜补〉——中日文化流的历史见证》，《文献》1980 年第 1 期。

内藤湖南(1866—1934),名虎次郎,字炳卿,湖南是其号,别号黑头尊者,与白鸟库吉同属抗日战争之前日本东洋史研究的代表性人物。他是著名中国史研究专家,以"唐宋变革论"而享誉学界。内藤湖南的批校本,于书前空页上题有"共十本　壬寅正月念四　炳卿"三行字。这显然是内藤湖南自己的题识,题写时间是壬寅年即 1902 年正月二十四日(念同廿)。内藤湖南藏本共 10 册,于序文首页及除甲集之外乙至癸集目录首页的右下方,均钤印两枚:"大机"圆印和"吉益氏图书记"长方印。两枚钤印应该是该本《事林广记》收藏者的印章,但收藏者是两位抑或一位,吉益氏是何人,尚不清楚,吉益氏似乎与该藏本的批校者内藤湖南没有多少关系。癸集目录首页,除了两枚印文之外,还题有似为草书"苏镜"二字,全书仅此一处。至于"苏镜"二字的含义,尚待进一步考察。序文末页空白处,钤方印两枚,一枚是"遁庵",一枚是"顽拙之印",这均是宇都宫遁庵的藏书印。

翻检全书,可以发现内藤湖南的批校主要是针对丁集卷十的"蒙古篆字"。蒙古篆字,有的版本《事林广记》又写作"蒙古新字",是指用八思巴字刻写的百家姓,各本《事林广记》中均有收录。在和刻本丁集卷十首页天头处,内藤湖南批注如下:

> 此书有洪武壬申仲春梅溪书院重刊本。编次体裁,已多异同,第《至元译语》删去不存。今对校如下。①

洪武壬申,即洪武二十五年(1392)。该刻本日本有收藏,中国未见藏本。据批语可知,内藤湖南对和刻本的批校,依据的是洪武梅溪书院的刻本。他根据自己所见到的日藏洪武刻本对校了和刻本,把洪武刻本有而和刻本没有的内容做了详细批注和补录。和刻本庚集卷十,收录的内容正是《至元译语》。和刻本于卷名之下录有如下一段话:"《至元译语》,犹江南《事物绮谈》也。当今所尚,莫贵乎此。分门析类,附于《绮谈》之后,以助时语云。"②可见,《至元译语》是元代江南人非常感兴趣的内容,这是当时江南人了解蒙古统治者及北方社会的一份手册,因此在元代江南地区十分流行。但是明初朱元璋统一全国之后,在刊刻新编纂的《事林广记》时,编纂者则有意删去了蒙古特色浓重的《至元译语》,这是时代变迁的结果。

在和刻本丁集卷十首页"蒙古篆字一"的标题旁,内藤湖南于"篆字"二字旁批注"字体"。标题之下的空白处,抄补如下内容:

> 蒙古之书,前乎学者之所未睹,盖自科斗之书废而篆隶之制作,其体皆古也。其后真草之书,杂行于世,大元世祖命帝师八合思八制蒙古新字,其母四十有一,其相关纽而成字。今以其字书百家姓于左,以见一代之文字云。③

内藤湖南抄补的这段话,出自后至元六年郑氏积诚堂刻本,洪武时期梅溪书院刊刻《事林广记》时亦据以录,故而内藤湖南据洪武本得以抄录。在"百家姓"(八思巴字及对应

---

① 《新编群书类要事林广记》丁集卷十《蒙古篆字》,《和刻本中国古逸书丛刊》第 33 册,第 397 页。

② 《新编群书类要事林广记》庚集卷十《至元译语》,《和刻本类书集成》第一辑,第 365 页。

③ 《新编群书类要事林广记》丁集卷十《蒙古篆字》,《和刻本中国古逸书丛刊》第 33 册,第 397 页。

的汉字）三字下，内藤湖南又以八思巴字和汉字两种文字补写有“蒙古文”三字，这也是因为洪武刻本在百家姓下有“蒙古文”三字。

大概和刻本的刻工不懂八思巴字，因此刻录的八思巴字百家姓姓氏往往讹误很多，内藤湖南对其中讹误的八思巴字姓氏又一一做了校改。具体校改的方法是，有的在与讹误字相对应的天头或地脚书写校改后的八思巴字，有的在讹误字上直接校改，更多的则是在讹误字旁边进行批校。校改的八思巴字和姓氏所对应的汉字分别是：“百家姓”中的“百”、“姓”两字，复姓中“上官”的“上”、“夏侯”的“夏”、“钟离”的“钟”、“慕容”的“容”、“申屠”的“申”、“公孙”的“孙”、“令狐”的“令”字，以及钱、李、王、冯、卫、蒋、沈、韩、杨、朱、尤、孔、严、华、陶、戚、谢、水、窦、奚、郎、韦、马、凤、任、袁、柳、史、岑、薛、藤、安、常、于、皮、齐、余、元、孟、平、黄、伏、成、戴、茅、庞、熊、纪、舒、屈、董、蓝、闵、季、强、贾、娄、危、郭、盛、夏、蔡、田、樊、万、昝、管、经、房、裘、缪、解、应、宣、贲、邓、郁、单、包、左、崔、钮、程、邢、滑、荣、荀、於、惠、麴、封、邴、松、井、段、富、巫、乌、焦、山、谷、侯、宓、全、郗、班、秋、仲、仇、栾、暴、厉、戎、祖、符、束、龙、叶、幸、印、蒲、邰、索、藉、乔、阴、郁、能、苍、双、闻、莘、党、谭、申、扶、冉、宰、郦、雍、桑、边、户、郏、尚、农、瞿、充、连、茹、习、宦、艾、鱼、向、古、慎、戈、廖、终、暨、衡、文、广、阙、欧、蔚、隆、师、巩、聂、晁、勾、融、冷、訾、阚、那、简、饶、曾、母、沙、乜、丰、巢、关、蒯、相、查、荆、权、盖、桓、万俟、司马、尉迟、闻人等姓氏。可见，和刻本误刻的八思巴字姓氏很多。在和刻本该卷卷末的空白页上，内藤湖南又根据洪武刻本抄补了和刻本遗漏的五个复姓——东方、长孙、鲜于、闾丘、淳于（每个八思巴字姓氏之下均注明对应的汉字）。同时，内藤湖南还校改了部分误刻的汉字，如“柏”、“岑”、“殷”、“成”、“宋”、“干”、“杭”、“邢”、“宦”、“晁”（和刻本分别误刻为“栢”、“芩”、“殸”、“戍”、“朱”、“于”、“秔”、“邪”、“窋”、“逕”）等。但内藤湖南也有没有校出来的姓氏，如“乜”、“丰”、“桓”，和刻本误刻为“七”、“豊”、“柏”。在批校中，内藤湖南还标出了洪武本缺失的姓氏，计有“和”姓以下至“臧”姓共4行16个姓氏及“勿”姓以下1行4个姓氏，内藤分别注明“此四行洪武本缺”、“此一行洪武本缺”。此外，内藤湖南还有校改洪武本误刻的八思巴字之处，如“复姓”的“姓”，洪武本作“”，内藤于和刻本该字旁，批注“洪武本作‘’，误”。① 该卷仅此一处，大概内藤湖南对该字的批校，是核对了洪武本前文出现的八思巴字“百家姓”的“姓”字的结果。根据内藤湖南所说“对校如下”以及上文所述校对情况可知，内藤湖南大概不懂八思巴文，他对和刻本八思巴字《百家姓》的批校，是对校洪武本的结果。以上对于和刻本中“蒙古篆字”的批校，是内藤湖南对和刻本《事林广记》进行批校的最重要也是最多的地方。

除了“蒙古篆字”之外，内藤批校的和刻本于《事林广记》一些句子中的个别汉字，出于供日本人学习之用，在该字对应的天头处用片假名做了注音和释义。这些注音和释义，或许是内藤湖南本人所做，但也有可能是其他藏书者所题写。如庚集卷二《四民常业门》“士”条，于“其父兄之教，不肃而成”的天头处抄录句中“肃”字，并于其右侧注音“シュク”，其下注“キビシ”，严厉、严格之意。② 但此类注音、释义的汉字，全书并不多见。

此外，该本从己集卷二开始，多于每卷第二页首面地脚处注明该卷的卷数，用汉字数

① 《新编群书类要事林广记》丁集卷十《蒙古篆字》，《和刻本中国古逸书丛刊》第33册，第408页。

② 《新编群书类要事林广记》庚集卷二《四民常业》，《和刻本中国古逸书丛刊》第34册，第127页。

字表示。如卷二第二页首面地脚题写"二"字,其后每页均于首面地脚题写"二"字。卷三、四同卷二,题写"三"、"四"。卷五起,每卷首页首面地脚处题写该卷卷数,如"五"、"六"……"十"字,独卷八第五页即末页没有题写卷数,当属遗漏。这些题写于地脚的汉字,仅是表示该页所在卷数而已。

本文在写作过程中,得到日本早稻田大学文学学术院河野贵美子教授、饭山知保教授的热心帮助,在此谨表衷心感谢!

Two reading notes of the Japanese versions of Shi Lin Guang Ji

Chen Guangen　Ji'nan University

The *Shilin guangji* 事林广记 is a popular and widespread encyclopedia from the Song era and reprinted many times in Ming era. This article is about the bibliographical studies of two Japanese block printing versions of *Shilin Guangji*. And it studies the Chinese surnames in Phags-pa script of *Hundred Family Surname* preserved in the two Japanese versions *Shilin Guangji*.

(本文作者系暨南大学中国文化史籍研究所教授)

“四根栋梁”与“圆中心”的比喻

——读《史集·成吉思汗纪》札记

魏曙光

13 世纪初的波斯历史学家志费尼在其名著《世界征服者史》中对成吉思汗诸子赞誉有加，他说：“成吉思汗长妻生了四个儿子，他们拼着性命去建立丰功伟绩，犹如帝国宝座的四根台柱，汗国宫廷的四根栋梁。成吉思汗替他们各自选择了一项特殊的职务。他命长子术赤掌狩猎，这是蒙古人的重要游乐，很受他们的重视。次子察合台掌札撒和法律，既管它的实施，又管对那些犯法者的惩处。窝阔台他选择来负责［一切需要］智力、谋略的事，治理朝政。他提拔拖雷负责军队的组织和指挥，及兵马的装备。”①今查《世界征服者史》波斯语原文，“犹如帝国宝座的四根台柱，汗国宫廷的栋梁”原文作：

و تخت ملکت را بثبات چهار پایه و ایوان خانی بمحل چار رکن بودند

wa takht-i mulkat rā ba-sabāt chahār pāya wa aīwān-i khānī ba-mahall chār rukn būdand

此后，担任伊利汗国宰相的拉施都丁也在他主编的《史集》中将成吉思汗的四个儿子比喻成国家的四根栋梁：

و این چهار پسر چینگگیز خان همه عاقل و کافی و کامل و بهادر و دلاور و پسندیده پدر و لشکر و رعیت بوده اند و مملکت چیگگیز خان را به مثابت چهار رکن و او هر یک از ایشان را پادشاهی تصور کرده و ایشان را چهار کولوک می گفته

wa in chahār pisar-i Chīnggīz Khān hama ‘aqil wa kāfī wa kāmil wa bahādur wa dil-āwal wa pasandīd-i pidar wa lashkar wa ra‘īyat būda-and wa mumallak-i Chīnggīz Khān rā ba masābat chahār rukn wa o har yak az īshān rā pādshāhi tasauwur karda wa īshān rā chahār kūlūk mi gofta

成吉思汗的这四个儿子慎重、强大、完美、英勇，得到父亲、军队和国家的器重，他们被证明是是成吉思汗国家的四根栋梁，他们中的每个人都被描绘成国王，把他们称为四曲律。②

---

① 志费尼《世界征服者史》，何高济汉译本，商务印书馆，2004 年，第 41 页；可兹维尼波斯文校刊本，伦敦，1912—1937 年，第 29 页。

② 拉施都丁《史集》，若山和穆萨维波斯文刊本，德黑兰，1994 年，第 301 页；四曲律，即四杰，《元史》卷九八《兵志》：“太祖功臣博尔忽、博尔术、木华黎、赤老温，时号掇里班曲律，犹言四杰也，太祖命其世领怯薛之长。”中华书局，1976 年，第 2524 页。

显然，志费尼记载中的 chār rukn 与拉施都丁记载中的 chahār rukn 是同一个意思，拉施都丁"四根栋梁"的比喻是抄自志费尼《世界征服者史》的。

志费尼记载了成吉思汗四个儿子的禹儿惕，①"成吉思汗时期，国土变得十分广阔，他就赐给每人一份驻地，他们称之为禹儿惕。于是，他把契丹境内的土地分给他的兄弟斡惕赤斤那颜及几个孙子。从海牙立和花剌子模地区，延伸到撒哈辛及不里阿耳的边境、向那个方向尽鞑靼马蹄所及之地，他赐与长子术赤。察合台受封的领域，从畏兀儿[之边(hudūd)]至撒麻耳干和不花剌止，他的居住地在阿力麻境内的忽牙思。皇太子窝阔台的都城，当其父统治时期，是他在叶密立和霍博地区的禹儿惕；但是，他登基后，把都城迁回他们在契丹和畏兀儿地之间的本土，并把自己的其他封地赐给他的儿子贵由：有关他各个驻地的情况，将分别予以著录。拖雷的领地与之邻近，这个地方确实是他们帝国的中心，犹如圆中心一样。"②志费尼称窝阔台为皇太子(takhtgāh)，成吉思汗立他为继承人是在西征以前，而术赤、察合台封地包括西辽和花剌子模的疆域在内，则成吉思汗此次分封是在西征回到蒙古以后。志费尼于斡惕赤斤、术赤、察合台、窝阔台的封地记载较为明白，而关于拖雷封地的记载，对我们来说显得有些含糊不清了，只是说"确实是他们帝国的中心，犹如圆中心一样"，没有指出具体的地望。

曾经得到拉施都丁赏识和保护的波斯史家瓦萨夫，著有《瓦萨夫史》，以献给伊利汗国完者都汗。他记载了阿鲁忽的治所：

چه الماليغ نسبت به ديگر شهرهای مغول حکم مرکز را نسبت به محيط دايره دارد

chi Almalīgh nisbat ba dīgar shahrhā-ye Mughūl hukm markaz rā nisbat ba muhīt dā'ira dārad

犹如[哈剌和林]是其他蒙古城市的中心一样，阿力麻里是他的统治中心。③

阿鲁忽，为察合台第六子拜答儿之子，中统元年，在阿里不哥支持下成为察合台兀鲁思之主，后来背叛阿里不哥，投降了忽必烈，忽必烈随即宣布自阿勒台山至阿姆河之地由他镇守。根据瓦萨夫的记载，阿力麻里作为阿鲁忽的治所，也是察合台兀鲁思的中心。而志费尼提到的"圆中心(波斯语原文作 bar misāl markaz wa dā'ira)"指的正是大蒙古国的首都哈剌和林。哈剌和林城是窝阔台合罕于 1235 年营建的，而在此之前，成吉思汗曾经在哈剌和林地区建立了一个斡耳朵，1221 年，长春真人丘处机曾经到过这个斡耳朵："[六月]二十八日，泊窝里朵之东。宣使先往奏禀皇后，奉旨请师渡河。其水东北流，瀰漫没轴，绝流以济。入营，驻车南岸，车帐千百，日以醍醐湩酪为供。汉、夏公主皆送寒具等食。黍米斗白金十两，满五十两，可易面八十斤。盖面出阴山之后二千余里，西域贾以橐驼负至也。中伏时，帐房无蝇。窝里朵，汉语行宫也。其车与亭帐，望之俨然。古之大单于未有如此之盛

① 禹儿惕，突厥语，意为帐幕、住所、营地，指游牧领地。

② 志费尼《世界征服者史》，汉译本，第 41—43 页；可兹维尼波斯文校刊本，第 29、31 页。"之边(hudūd)"据刘迎胜《察合台汗国史研究》(上海古籍出版社，2006 年，第 65 页)增补。

③ 《瓦萨夫史节要》，阿扎提摘编本，德黑兰，1967 年，第 2 页。

也。”①拖雷的职责是协助成吉思汗组织和指挥军队，他被其父称为那可儿，一直在成吉思汗左右服务。按照蒙古风俗，儿子结婚后，父母要在自己斡耳朵的旁边为他搭建一个新家，拖雷的新家应与成吉思汗的斡耳朵在一起，都在哈剌和林地区。成吉思汗死后，他在哈剌和林地区的斡耳朵按照蒙古幼子守产的风俗由拖雷继承，所以窝阔台即位后在这个行宫旁边另建万安宫。而拖雷死后，他和唆鲁禾帖尼的斡耳朵以及拖雷从成吉思汗那里继承来的斡耳朵都由唆鲁禾帖尼管理，而唆鲁禾帖尼死后，这些都由其幼子阿里不哥继承，《瓦萨夫史》载：

برادرش اريغ بوكا كه در قراقروم – مركز سلطنت – مقر داشت

barādarash Arīgh Būkā ki dar Qarāqrūm-markaz-i saltanat-maqarr dāsht

他的兄弟阿里不哥在统治中心哈剌和林居住。②

意在续修志费尼《世界征服者史》的瓦萨夫也使用了“圆中心”这种表达地理概念的方式，可见他们两人均把哈剌和林看成蒙古帝国的中心。

拉施都丁同样记载了成吉思汗诸弟、诸子的封地，如斡惕赤斤，“他的地面和禹儿惕位于蒙古斯坦遥远的东北角上，因此在他们的彼方再也没有蒙古部落了”。术赤，“成吉思汗以也儿的失河之流域及阿勒台之所有国家与兀鲁思委付术赤，其冬夏牧地亦在此区。成吉思汗并命彼尽有钦察草原及北方之已征服诸国。彼之禹儿惕位于也儿的失河之域”。察合台，“其领地与禹儿惕则自乃蛮部禹儿惕之地阿勒台[至于阿母河岸]”。窝阔台即位后，将禹儿惕赐给长子贵由，“彼之禹儿惕在称为——地之霍博之地、叶密立或——”而拖雷，“成吉思汗之禹儿惕、斡耳朵、财产、宝货、骑兵、异密与私军皆属之”。③ 可见拉施都丁沿用了志费尼“四根栋梁”的比喻，又巧妙运用了志费尼“圆中心”的比喻，对斡惕赤斤、术赤、察合台、窝阔台的封地作出了更加详细记载。

Two reading notes of the “Annals of Chinggis Qan” in Compendium of Chronicles: The metaphors of “four pillars” and “center of circle”

Wei Shuguang　Shenyan Normal University

In the “Annals of Chinggis Qan” of the Persian historical book *the Compendium of Chronicles*, “four pillars” is often used to describe the four sons of Chinggis Qan. “Center of circle” is used to describe the capital city and ruling center of the Mongol Empire.

（本文作者系沈阳师范大学民族文化研究中心讲师）

① 李志常《长春真人西游记》卷上，《王国维遗书》第 13 册，上海古籍书店，1983 年，第 21—22 页。

② 《瓦萨夫史节要》，阿扎提摘编本，第 1 页。

③ 以上史料见拉施都丁《成吉思汗的继承者》，周良霄汉译本，天津古籍出版社，1992 年，第 150、179、27、197 页。

1782 年进呈乾隆帝之回经考*

(英) 李渡南、杨大业、A. 优素福 撰　纳巨峰 译

导　言

在《天方性理》(1704 年)和《天方典礼》(1710 年)中,回族学者刘智提供了一份他在撰述这两部著作以及《天方至圣实录》(阿拉伯先知传记,约 1724 年)时,所使用的 67 种阿拉伯文、波斯文书目。此书目标有汉字音写、汉字译名及(仅在某些版本中的)阿拉伯字名,不过仅有书名而无著者名字。大概所有这 67 种著作在那时的中国皆可见到。

伯希和在一份未刊手稿(约 1900 年)中,已勘定了不少这些阿拉伯文、波斯文著作。这份手稿现存巴黎吉梅博物馆(Musée Guimet, Paris)。桑田六郎独立地在《刘智的采辑经书目》(载《市村博士古稀纪念》,第 335—353 页)中,刊布了一份很有价值的分析(大都为田坂兴道所沿用)。李渡南和瓦塞尔沿着桑田六郎的分析,研究了这份书目,并在 Brockelmann, Blochet, Storey 等标准的阿拉伯文、波斯文文献目录中鉴别出大部分的书名及其作者。这个分析已刊登在《刘智所使用的阿拉伯文和波斯文资料》(《中亚杂志》卷 26,第 78—104 页)。

此前有两份更早的文献(李渡南和瓦塞尔没有提及),对刘智之前中国所了解的阿拉伯文、波斯文著作给了一些提示。一份是元代的主要为数学和天文学的 29 种书目,收录于《(元)秘书监志》卷七,刊于《四库全书》第 596 卷,第 817—818 页。马坚 1955 年在《光明日报》上分析过此份书目,后重刊于《回族史论集(1949—1979)》,第 193—198 页(参见杨怀中、余振贵《伊斯兰与中国文化》,第 179—182 页;余振贵、杨怀中《中国伊斯兰文献著译提要》,第 312—313 页)。该书目与刘智书目似无联系。在清代康熙年间(1662—1722),赵灿在其《经学系传谱》(见《中国伊斯兰文献著译提要》,第 296—297 页;金宜久《伊斯兰教辞典》,第 119—120 页)第 19、20、57、60、97、104 页中,论述中国所见伊斯兰典籍,并提及刘智书目中的一些著作,然而他并未给出一份可用的专门书目。

李渡南和瓦塞尔同样没有注意到的另一份更晚的阿拉伯文著作书目,收录于《清代文字狱档》,第 737—738 页。其中提到 21 本阿拉伯文或波斯文著作(有几本我们未能确定

---

* 本译稿承蒙原作者之一北京联合大学杨大业教授认真审阅,并致函译者同意刊发,特申谢忱。本文为国家社科基金项目《明清之际伊斯兰学校及其知识体系的本土化研究》(18BZJ037)的前期成果之一。译者按:清代军机处档案记载了乾隆四十七年广东崖县海富润阿訇从陕西习经返乡途中在桂林被捕,所携带的回经被收缴进呈乾隆帝一事之始末。北京联合大学杨大业教授敏锐地发现这份档案并从中搜检出这份极为珍贵的 21 种回经书目,并与澳大利亚国立大学英国学者李渡南、阿拉伯学者 A.优素福一同对此进行了详细考证。这份书目向我们展示了 18 世纪经生们常用的回经情形,有利于深入研究我国清代的回族经学教育。这份长篇论文是近年国际学界在回族学方面取得的最重要的进展之一,为此笔者特将之译为中文,以飨读者同好。

文种),连同刘智的四本和金天柱的一本汉文著作,于 1782 年一起被送呈乾隆帝。不过这份书目仅给出书名的汉字音写。我们在此试图鉴别这些著作及其著者。下面我们用罗马字拼音转写(及拟出的阿拉伯文或波斯文的罗马字转写)整个书目。其中的几本著作,我们也给出已刊布的汉译本书名。

这些著作中的多种已经在清代康熙年间被《经学系传谱》提及,有些在《天方性理》、《天方典礼》的书目里提到。我们增加在 19 世纪或 20 世纪初所见的相似或同样题名的著作以作参考,这些著作收藏在中国的清真寺,而为 Bouvat、Hartmann 和 Vissière 所记录。此外还有 Blodget 和 Blochet 在华所见书目。岩村忍于 1940 年代早期对差不多 30 部著作做了一个概述,据当时华北 17 位阿衡所说,这是最为重要的一些著作。佐口透也提供了一份在华所见波斯文、阿拉伯文书目。① Bakhtyar(在 1994 年的论文中)也经眼了几部仍然存在的著作。梅益盛在其 1925 年的书目文献(参见《中国伊斯兰文献著译提要》,第 313—314 页)中,也提到其中的多部著作,现存纽约州立图书馆(the NewYork Public Library)。还有一些著作可在天理图书馆和东京的东洋文库以及中国的清真寺和图书馆里找到。我们的这 21 部著作几乎全部在华被过目。

庞士谦 1936 年(见白寿彝《中国伊斯兰史存稿》,第 370—374 页)曾提到在中国穆斯林教育中使用的 14 部著作。1995 年,杨怀中和余振贵在其《伊斯兰与中国文化》第 132、347—368 页(另可参见《中国伊斯兰文献著译提要》;及马忠杰、罗万寿撰《中国伊斯兰百科全书》,第 759—760 页"中国伊斯兰教经堂教育"条)谈到了这一问题,并对其中数部著作稍作详论,包括对汉译本的分析。下面是庞士谦提及的作为(19 和 20 世纪)中国伊斯兰教育基本著作的书目。它与乾隆书目的相关性非常引人注目。

阿拉伯文课本:

1. "连五本"文法(*Âsâs al-ʻAlûm*)。

a. *Ṣarf*《算日夫》(《经学系传谱》著录)

b. *Maʼazî* (《穆尔则》)

c. *Zandjânî* (《咱加尼》)

d. *ʻAwâmil* (*Miʼat ʻamil*)《阿瓦米来》

e. *Miṣbâḥ* *《米苏巴哈》(《经学系传谱》著录)

2. *Ḍauʼ al-Miṣbâḥ*《遭五》(《经学系传谱》著录)

3. *Mâlâ Djâmi*《满俩》(也称作 *Sharḥ Kâfiya*)(《经学系传谱》著录)

4. *Bayân*《白亚尼》(《经学系传谱》著录)

5. *ʻAḳâʼid* (也称作 *Kalâm*)《客俩目》(《经学系传谱》著录)

6. *Sharḥ al-Wiḳâya*《伟戛业》

7. *Djalâlin*《者俩来尼》(《伊斯兰与中国文化》归入《古兰经》注)

8. *Tafsîr al-Ḳâḍi*《戛尊》(《伊斯兰与中国文化》归入《古兰经》注)

波斯文课本:

1. *Khuṭab*《虎托布》(《经学系传谱》著录)

① 见文后"参考文献"所列。我们已将欧洲、日本和中国学者的罗马字转写,包括 Brockelmann 的,转为新版《伊斯兰百科全书》使用的体系。我们尽量根据 Brockelmann 及《伊斯兰百科全书》给出全名。

2. *Arba'ûn*《艾尔白欧》

3. *Gulistân*《古力斯坦》

4. *Mirṣâd*《米尔萨德》(《经学系传谱》著录)

5. *Ḥusain*《侯赛尼》(《伊斯兰与中国文化》归入《古兰经》注)

6. *Ashi''at al-Lama'ât*《额慎而亭》(《经学系传谱》著录)

《伊斯兰与中国文化》增补:

Hawâ-i Minhadj《海瓦依·米诺哈吉》(波斯文,常志美译成汉文。见李渡南专书,第25页)。(《经学系传谱》著录)

Ḳur'ân《《古兰经》》

《经学系传谱》尚著录:

Irashâd《以而舍特》(见李渡南专书,第39页)

Muhimmât《母兴麻忒》(见李渡南专书,第31—32页)

勘读分析

让我们现在开始分析1782年送呈乾隆帝的21部典籍。很清楚它们是当时在华所见的伊斯兰基本典籍的一部分,与赵灿提到的伊斯兰典籍,也与至今在经堂教育里使用的阿拉伯文、波斯文典籍有密切的关联。

我们应注意不同的原始文献和现代学者所使用的多种多样的汉字转写。

1. 特直威德(Tadjwîd)

《《古兰经》》诵读规则?《中国伊斯兰百科全书》第175—176页讨论了一部经籍'*Ilm al-Tadjwid*(《古兰经》诵读学),或许即指此经。

2. 古利寺拖纳(Gulistân)("花园")

这肯定是苏菲波斯文作品 *Gulistân*(完成于1258年,分为八门),著者是萨迪(Sa'dî),其全名为Musharraf al-Dîn b. Muṣlîḥ al-Dîn Sa'dî b. 'Abd-Allâh al-Shirâzi,生于约1200年,卒于690/1291年(Blochet论文多处提及)。此经有一份阿拉伯文评注,著者是Ya'ḳûb b. Said 'Ali。

此经在北京教子胡同寺见到过,见Vissière论文,第704页;并在北京三里河寺见到,见Bouvat论文,第521页;Hartmann论文,第281页。它也为沙里亚特(Shari'at)于最近的1974年在北京东四清真寺看到。

庞士谦论文第373页、《伊斯兰与中国文化》第362—364页,视此经为中国经堂教育的基本典籍而予以著录。岩村忍也将之归在基本经籍之列。

并见于:Bakhtyar论文,第65、83、87页;Blodget论文,第22页;佐口透论文,第493(113)页;《中国伊斯兰文献著译提要》,第368—370页。

此经现有两个汉文译本,一份译者王静斋,题名《真境花园》,1947年北京印行;另一份从英文译本转译,译者水建馥,1958年印行。见《伊斯兰教辞典》,第116页。

3. 老宿冷勒木(算经①),一本数学著作

此经或许是指 *Lughâshi djadâwil*,一份对数表,为中国经堂教育使用的基础数学教

① "经"一字意为"宗教经典"。

材之一。

4. 胡特布(Khuṭab)("讲道"或"教导",圣训经注)

Khuṭab 是对 *Ḥadîth*(圣训经)的一本波斯文注解,尽管不能肯定,但它很可能是一部基于阿拉伯文原本的专书。

此经在刘智《天方典礼》中著录为"胡讬卜"(汉字译名《圣谕》,"圣人(先知)之训谕"或 *Ḥadîth*),见李渡南、瓦塞尔论文,第 96—97 页。

此经在北京三里河寺曾见过,见 Bouvat 论文,第 521 页;Hartmann 论文,第 281 页。并在教子胡同寺也见到,见 Vissière 论文,第 704 页。庞士谦、杨怀中和余振贵视其为中国经堂教育的基本典籍而提名它。

Bouvat 及 Hartmann 认为此经是 Ibn Nubâta 的演讲,其全名为 Abu Yaḥayâ ʻAbd al-Raḥîm b. M. b. Isma'il Ibn Nubâta al-Hudhâḳî al-Fâriḳî,生于 335/946 年,卒于 374/984 年(Brockelmann 专书,卷一,第 92 页,增补卷一,第 149 页;《伊斯兰百科全书》卷三,第 900a 页)。并见 Blodget 论文,编号 14"发现",第 22 页。

更令人信服的是庞士谦论文第 195 页(载《中国伊斯兰史存稿》,第 373 页)的看法(并见佐口透论文,第 490 页;《伊斯兰与中国文化》,第 358 页),他提到一部波斯文经籍 *Khuṭab*(汉字作《胡托卜》)[认为是一部阿拉伯文经籍的译本,原著者是摩索可(Mosul?)法官 Ibn Wadʻân,卒于 594/1198 年]。Brockelmann 专书,卷一,第 355 页给出一经 *K*. (*al-Khuṭab*) *al-Arbaʻîn al-Wadʻânîya*,著者是 M. b. ʻAli b. ʻAbd-Allâh al-Mauṣilî b. Wadʻân b. Naṣr,卒于 489/1096 年。此经大概由 Zaid b. Rafâʻât 译成波斯文。

李虞宸(李廷相)已将其译成汉文,题名《圣谕详(注)解》(对 *Ḥadîth* 的详细评注),1923 年天津印行,40 章。也见于牛街礼拜寺书目。并见于:梅益盛专书,编号 238;《伊斯兰与中国文化》,第 358—359 页。马联元著有一经,阿拉伯字题名 *Khuṭab*,汉字题作《至圣宝谕》(先知之珍贵指导),1984 年云南印行,2 卷。彼此有关联否?岩村忍的阿衡经书目视之为基本典籍而列在其间。梅益盛专书,编号 41《经文胡团卜》大概也是 *Khuṭab* 的一份(阿拉伯字体)抄本。

5. 包特那扎(经)(Batnadj?)

我们无法鉴别此经。它是否为岩村忍的(重要经籍)*Baladj* 一经的误录?或有这可能,但仅为推测。另一推测此为指诗集 *Nâmbait* 之波斯字。另一种可能或为一部经籍,著者是地理学家、天文学家 Abû ʻAbd-Allâh M. b. Djâbir b. Sinân al-Battânî al-Ṣâbî al-Ḥarrânî,244/858 年生,317/929 年卒。他被欧洲人称作"al-Batagenius"(Brockelmann 专书,卷一,第 222(252)页;增补卷一,第 397 页)。

6. 已而沙得(经)(Irshâd)("指南")

这是波斯文的 *Irshâd* 经。有几种著作都称作 *Irshâd*。桑田六郎论文在第 344 页认为此经是 *Irshâd al-Muslimîn*,著者是 Nadjm al-Dîn Abu Ḥafṣ ʻU. b. M. b. A. b. Luḳmân al-Nasafî al-Mâturîdî(他很可能也是在华发现的另两部经籍的作者:*ʻAḳâʼid*(见下)和 *Munabbihât*,见李渡南专书,第 32 页,编号 16),生于 460/1068 年,537/1142 年卒于撒马尔罕(Brockelmann 专书,卷一,第 427(548)页;增补卷一,第 758、762 页;《伊斯兰百科全书》卷七,第 969a 页),也见佐口透论文,第 491 页;《中国伊斯兰文献著译提要》,

第162页。

刘智《天方典礼》中列有一部《一而沙德》(*Irshâd*),汉字译名"指迷集"。见李渡南专书,第39页,编号24;及李渡南、瓦塞尔论文,第100—102页。

此经在北京三里河清真寺曾见过,见Bouvat论文,第520及521页;在教子胡同寺也见到,见Vissière论文,第704页。Vissière译作"走在正确的轨道上 Conduite dans la droite voie",Bouvat译为"正确的方向 La bonne direction"。Bouvat同时见到*Irshâd al-Khalâiḳ*(创造物的导向 La bonne direction des créatures)一经和*Irshâd*一经。庞士谦论文第193页(载《中国伊斯兰史存稿》,第389页)提及一部视为基本典籍的*Irshâd*;岩村忍的经书目里仅少数几位阿衡视之为基本典籍。

现在沙里亚特于1974年在北京东四清真寺见到一经:*Kitâb al-Irshâd*,并写到:很明显是一部苏菲论著,前言提到著者之名:Abu M. ʻAbd-Allâh b. M. al-Ḳalânese al-Nasafî,这肯定是别一位不同的al-Nasafî。事实上有好几位阿拉伯著者都称al-Nasafî。是否其中的两位写了一部*Irshâd*?

1702年鲍夏(Bo Xia)有一部汉文译本《指迷集》或《指世书》,书名或题作"伊尔沙德",尚存世否?巴拉第曾提及它(见巴拉第专书,第193、286、448—452页;Majerczak专书,第114—115、149—154页;Panskaya专书,第73—74、85—87页)。尚有一部晚近的译本,译者穆楚帆、穆子清,1934年北京印行,152页(见《中国伊斯兰文献著译提要》),东京国会图书馆可能藏有,题名《伊雷沙德》(据《日本伊斯兰文献联合书目》,第258页)。

7. 雪而福(Ṣarf)("文法")

这肯定是*Ṣarf*(别处写作"素尔夫"、"索而甫"),中国经堂教育的基本典籍、阿拉伯文文法经"连五本"之一,庞士谦论文(载《中国伊斯兰史存稿》,第370页),《伊斯兰与中国文化》第347页,田坂兴道专书第1262页,均提及此经;作为华北阿衡们选定的基本典籍之一,它也为岩村忍所著录。"五本文法经",即*Ṣarf*, *ʻAwâmil*, *Zandjânî*, *Miṣbâḥ* 和 *Ma'azî*,见杨仲明(杨敬修)的《中阿初婚》,1911年刊,为梅益盛专书著录,编号107,4卷,约240页(见《中国伊斯兰文献著译提要》,第293—294页);并见田坂兴道专书,第1262页;《伊斯兰与中国文化》,第132、347页;《中国伊斯兰百科全书》,第264页;《伊斯兰教辞典》,第118—119页。

8. 而挖弥勒(ʻAwâmil)("变因")

此经在三里河寺也见到过,见Bouvat论文,第517页;Hartmann论文,第277页。Bouvat写到"支配词 Les mots qui régissent",并认为它可能是Berkevi的*ʻAwâmil al-Djadîd*,即土耳其作家M.b. Pîr ʻAli Muḥyiddîn al-Birkawi (Birgili) al-Bâlîkasri,生于929/1523年,卒于981/1573年(Brockelmann专书,增补卷二,第654—657页,卷二,第440—441(583)页;《伊斯兰百科全书》(旧版),卷二,第726页)。

更为可能的是如庞士谦论文(载《中国伊斯兰史存稿》,第370页),佐口透论文第486(106)页,田坂兴道专书第1262页所认为的,它基于一部阿拉伯文经籍:*mi'at ʻamil* 或 *Kitâb al-ʻAwâmil al-mi'a*,著者是Abû-bakr b. ʻAbd al-Ḳâhir b. ʻAbd al-Raḥmân al-Djurdjânî,卒于471/1078—1079(Brockelmann专书,卷一,第287(341)页;增补卷一,第503页。《伊斯兰百科全书》,增补(5—6),第277页)。

此经是庞士谦论文(载《中国伊斯兰史存稿》,第370页)以及《伊斯兰与中国文化》第

347 页，提到的阿拉伯文文法经“连五本”之一。作为华北阿衡们提及的基本典籍之一，它也为岩村忍所著录。

9. 孩儿喀意革(Haḳâ'iḳ)(“真理”)

此经在三里河寺也见到过，见 Bouvat 论文，第 520 页。他写道“真理 Les verités”。Blochet 在 d'Ollone 专书第 290 页提及在甘肃见到的一本波斯文经籍：*Kitâb al-haḳâ'iḳ*，“伊斯兰教的宗教、伦理和道德实践 Sur les pratiques religieuses de l'Islamism, l'éthique et la morale practiques”，22 章。此经在岩村忍的重要经书目中没有发现。另见《中国伊斯兰百科全书》，第 482 页。

10. 白亚泥(经)(Bayân)(“阐明”)

就题名而言，此经或为大马士革海推布所撰之 *Bayân*，其全名是 Djalâl al-Dîn Abû 'Abd-Allâh M. b. 'Abd al-Raḥmân b. 'Umar al-Ḳazwînî (Ḳâḍi Sheikh?)，卒于 739 / 1338 年。然而它也可能是 *Bayân* 的注解(或 *Mukhtaṣar*，节要)，由 Sa'd al-Dîn Mas'ûd (Maḥmûd) b. 'Umar b. 'Abd-Allâh al-Taftâzânî 完成，他生于 722 / 1322 年，卒于 791 / 1389 年[Brockelmann 专书，卷二，第 215—216(278—280)页，增补卷一，第 758 页，卷一，第 427 页；《伊斯兰百科全书》，卷四，第 863—864 页；卷十，第 88—89 页]，就如庞士谦论文(载《中国伊斯兰史存稿》，第 371 页)，以及《伊斯兰与中国文化》第 350—353 页认为的，据其言此经也称作 *Talkhiṣ al-Miftâḥ*[对 *Miftâḥ* 即钥匙之概括，见 Brockelmann 专书，卷一，第 295(353)页，卷二，第 215(280)页，增补卷一，第 516 页；《伊斯兰百科全书》，卷四，第 864 页]。此经为语言学典籍，分四个部分。Sa'd al-Dîn 也写过一部'*Aḳâ'id* 的注解，见下条。

此经在三里河寺见到过，见 Bouvat 论文第 517 页，他写到：“明确的表述 l'exposition claire。”及 Hartmann 论文第 278 页“修辞学的一章 L'une des sections de la rhétorique”。并见佐口透论文第 490(110)页。岩村忍的经书目有五位阿衡提到此经。《伊斯兰与中国文化》第 132 页，视此经为中国经堂教育的基本典籍而予以著录。

佐口透论文第 488—489(108—109)页提到一经 *Rûḥ al-Bayân*，著者是土耳其学者 Ismâ'il Haḳḳi al-Brûsawi，1063 / 1652 年—1137 / 1725 年；他还提到另一经 *Tafsîr-i Rûḥ Bayâni*(《伊斯兰百科全书》，卷四，第 191a 页)，它在三里河寺(Bouvat 论文，第 520 页；Hartmann 论文，第 281 页)及教子胡同寺(Vissière 论文第 705 页)均被见到过。参看岩村忍经书目。这些可能与之有所关联。

11. 满蓼(经)

这很可能是(以阿拉伯文写成的)*Mâlâ Djâmî*(“满俩”或“满了”)，著者为 Naḳshbandi 苏非、波斯诗人查密(Djâmî)，其全名是 Mawlânâ Nür-al-Dîn 'Abd al-Raḥmân b. Aḥmad al-Djâmî al-Naḳshbandi Kiwâm al-Dîn，817 / 1414 年生于呼罗珊(Khorassân)，898 / 1492 年卒[Brockelmann 专书，卷二，第 207(266—267)页，增补卷二，第 285—286 页；Blochet 论文，多处提及，《伊斯兰百科全书》，卷二，第 421b—422b 页]，庞士谦论文(载《中国伊斯兰史存稿》，第 371、374 页)视其为在华讲授的基本的阿拉伯文(别人认为是波斯文)经籍。佐口透论文第 487(107)页，提到一部 *Sharḥ i Mâla Djâmî*(一份对 *Mâlâ Djâmî* 的波斯文注解)，并给出别的一个题名：*al-Fawâ'id al-Diyâ'iyya*(Brockelmann 专书，增补卷一，第 533 页；卷二，第 207 页)。岩村忍的阿衡经书目视其为基本典籍而将之包括在内。还有人提到一部 *Sharḥ Mâlâ*(*Mâlâ* 之注解)。

查密[驰名的《优素福和祖莱哈》(Yûsuf and Zulaikhâ)的作者],曾写过为刘智所提及的另几部经籍,如《额史尔》(*Ashi''at al-Lama'ât*)(Brockelmann 专书,增补卷二,第157 页),由破衲痴译成汉文,藏于天理,题名"额慎而亭",并见《中国伊斯兰文献著译提要》,第 111 页,和《勒瓦一合》(*Lawaiḥ*)(刘智将其翻译,题作《昭微经》),见李渡南专书,第 41—43 页;李渡南、瓦塞尔论文,第 87—88 页;《伊斯兰教辞典》,第 104 页;和庞士谦论文(载《中国伊斯兰史存稿》,第 374 页);这些阿拉伯字的经籍曾为 Bouvat 在三里河寺见到过。

佐口透论文第 487(107)页,《伊斯兰与中国文化》第 347—350 页,并见 Bakhtyar 论文第 113 页,他们写到:*Mâlâ Djâmi* 这部经共十章,是对 *Kâfiya* 的注解(*Sharḥ*),原著者为 Djamâl al-Dîn Abu 'Umar ('Amr) 'Uthmân b. 'Umar b. Abu-Bakr b. al-Ḥâdjib,570/1174 年—646/1249 年,出生于埃及的 Isna,属 Maliki 教团(Brockelmann 专书,增补卷一,第 531 页)。牛街礼拜寺书目著录有一本 *Kâfiya*[参看佐口透论文,第 487(107),495(115)页,1940 年哈春霖译成汉文]。其他与 *Kâfiya* 有关联的经籍曾在北京见到过(据 Bouvat 论文,第 517 页;Hartmann 论文,第 278 页)。Blodget 论文,编号 2,著录一部 *Sharḥ Kâfiya*(*Kâfiya* 注解)。

12. 哨(消)(经)(Ḍau')

这几乎可以确定是 *Ḍau' al-Miṣbâḥ*(别处写作"遭伍"或"骚伍 · 米素巴哈")。

此经和 *Miṣbâḥ* 都被岩村忍据华北阿衡们的意见著录为重要经籍;也为庞士谦论文(载《中国伊斯兰史存稿》,第 370、371 页)以及《伊斯兰与中国文化》第 132,347 页,视为中国经堂教育的重要典籍而提及。这两部经皆为 Bouvat 论文第 517 页所著录:"火炬之光 La lumière du flambeau。"(以及 Hartmann 论文,第 278 页)均在北京三里河寺见到过。在北京教子胡同寺尚有波斯文的 *Miṣbâḥ*,仅 Vissière 论文第 705 页著录。据 Bouvat 言,此经著者是 Ibn Hadjib [Ibn al-Hadjib]。北京大学东方学系图书馆藏有此经的一份钞本,见 Bakhtyar 论文,第 83、96 页。

Miṣbâḥ fi'l-naḥw 几乎可以确定是一部阿拉伯文经籍,著者是 Burhân al-Dîn Abû 'l-Fatḥ Nâsir (al-Dîn) b. 'Abd al-Sayyid b. 'Ali al-Mutarrizî,生于 536/1141 或 538/1144 年,卒于 610/1213 年,穆尔太齐赖学派(Mu'tazila sect),是 *Mirab* 一书的著者(Brockelmann 专书,增补卷一,第 514 页;卷一,第 293(350—351)页;卷二,第 430,965 页。《伊斯兰百科全书》,卷七,第 773—775 页。《伊斯兰百科全书》(旧版)卷六,第 784—785 页),正如 Hartmann 论文第 277—278 页、田坂兴道专书第 1262 页主张的那样。

Ḍau' 的著者可能是 Tadj al-Dîn M. b. M. b. A. al-Isfarâ'inî,卒于 684 /1285 年[Brockelmann 专书,卷一,第 293(351)页;增补卷一,第 520 页]。

Miṣbâḥ 一经是基于前述'Abd al-Ḳâhir al-Djurdjânî 所撰'*Awâmil* 一经而成,见前述。

13. 儿喀意得(经)('Aḳâ'id)

这肯定是'*Aḳâ'id*(也称作 *al-Kalâm*)。几乎可以确定著者是哈乃斐学派的 Nadjm al-Dîn Abu Ḥafṣ 'Umar b. M. b. Aḥmad (As'ad?) b. Luḳmân al-Nasafî al-Mâturîdî,生于 460/1068 年,537 /1142 年卒于撒马尔罕[Brockelmann 专书,增补卷一,第 758—

762页;卷一,第427—428(548—549)页。《伊斯兰百科全书》卷七,第969a页。《伊斯兰百科全书》(旧版)卷一,第236—238页],正如Bouvat论文第517页,Vissière论文第705页(他写到"真正的核心 Le coeur sincère"),以及庞士谦论文(载《中国伊斯兰史存稿》,第372页)所认为的那样。

此经在北京三里河寺(Bouvat论文,第517页),及教子胡同寺(Vissière论文,第705页)均曾见到。岩村忍的阿衡经书目视之为基本典籍而包括在内。并见Blodget论文,编号5,第21—22页,他著录为'*Aḳâ'id al-Islâm*("回教基本原理");并见庞士谦论文(载《中国伊斯兰史存稿》,第372页),《伊斯兰教辞典》,第90,136页,以及《伊斯兰与中国文化》,第132,353—356页。

al-Nasafî所撰其他经籍也在华发现,如*Munabbihât*(Brockelmann专书,增补卷一,第762页),*Ir<u>sh</u>âd*一经(见上)或许也是他所写,见李渡南、瓦塞尔论文,第101页。据Hartmann论文第179页,见于三里河寺的*Zallât al-Ḳâri*"读者的疏忽 L'action de glisser du lecteur"(Bouvat论文,第518页),很可能也为al-Nasafî所著[Brockelmann专书,卷一,第428(550)页;增补卷一,第762页]。

本条鉴别获得约1923年的牛街礼拜寺书目的强力支持。此份阿拉伯文书目同时列出一部'*Aḳâ'id al-Nasafî*——庞士谦论文(载《中国伊斯兰史存稿》,第372页)也给出此题名,和一部*<u>Sh</u>arḥ al-'Aḳâ'id*。并参看Bakhtyar论文,第113页。刘智《天方典礼》仅列出《设理合而噶一德》(*<u>Sh</u>arḥ al-'Aḳâ'id*)("'*Aḳâ'id*注解"或"信仰之阐释")一经,汉字译名"教典释难"(见Leslie/Wassel论文,第102—103页)。此经大概在768/1367年完成,著者是Sa'd al-Dîn Mas'ûd b. 'Umar al-Taftâzânî,生于722/1322年,卒于791/1389年[Brockelmann专书,卷二,第215—216(278—279)页;增补卷一,第758页;卷一,第427—428(549)页。《伊斯兰百科全书》卷十,第88—89页。《伊斯兰百科全书》(旧版)卷一,第236—238页]。al-Taftâzânî还著有*Bayâni*一经(见上),并可能也注解了*Zan<u>dj</u>ânî*一经,见于三里河寺(Bouvat论文,第517页;Hartmann论文,第277页)。

牛街礼拜寺中文书目列出了附有阿拉伯文题名'*Aḳâ'id*的两部著作:《伊斯兰(之)信仰》("回教信仰"),阿蒲哈甫绥(即Abû Ḥafṣ al-Nasafî)著,许兆文译,1927年,24叶,现存天理(此本印于云南,需要检核);和《教心经注》("心灵教导之经典的注解")(Taftâzânî注解的一份译本),杨敬修(杨仲明)译,1923或1924年出版于天津,55叶[也见庞士谦论文(载《中国伊斯兰史存稿》,第372—373页);《伊斯兰教辞典》,第136页;梅益盛专书,编号20]。马坚也完成了al-Taftâzânî的*<u>Sh</u>arḥ al-'Aḳâ'id*的一份译本,题名《教义学大纲》,1944(或1945)年出版于昆明,1948年修订本作《教典诠释》(1988年重印于上海),见《伊斯兰教辞典》,第90,136页。al-Taftâzânî的*<u>Sh</u>arḥ al-'Aḳâ'id*尚有另一份译本,称为《教典释难经解》("宗教经典疑难之阐明"),马复初于1286/1870年完成,刊于云南,2卷,104叶,见Brill专书,第11页。附有相似题名《教典释难经》的一份阿拉伯文本,6叶,藏于东京的东洋文库。

此经尚有1787年法文节译本,见d'Ohsson《奥斯曼帝国纵览》(*Tableau général de l'Empire Ottoman*)卷一;1790(或1792)年Ziegler的德文译本,见J. T. Plant:*Birgilu Risale*。并见佐口透论文,第488(108)页。他给出别一题名*Kalâm*(并参看《伊斯兰与中国文化》,第132页)。

Khiyâli 对 *Sharḥ al-'Akâ'id* 撰有一份旁注(Brockelmann 专书,卷一,第 427 页),此经在三里河寺(Bouvat 论文,第 517 页;Hartmann 论文,第 278 页)及教子胡同寺(Vissière 论文,第 705 页)均曾见到过。

14. 射而暇(Sharḥ"注解")目尔脊(破)(Sharḥ Ma'azî)

这肯定是对前述文法经"连五本"之一 *Ma'azî*(别处作"穆尔则")的一份注解。

15. 杂学("综合的学问")得而哇忒(Da'wât"祈求"、"祈祷")(经)(破)

有一本汉文的《杂学》,次题名作 *Da'wât*(祈祷),著者为 Sirâdj al-Dîn,53 叶,有苏智新抄本(见 Brill 专书,第 7 页)。

参看梅益盛专书,编号 294,1874 年刊于成都;以及 Brill 专书,第 2 页,*Da'wât al-Muslimîn*,91 叶,1876(或 1873)刊于广州;René Basset 已将之翻译:《中国穆斯林的祈祷》(*Prières des Musulmans chinois*),1878 年巴黎印行,45 页(参见 Hartmann 论文第 277 页)。另见本文编号 17,相同的抑或别一部的《杂学》。

16. 木兴妈特(经)(破)(Muhimmât)("义务")

大概是(阿拉伯文或波斯文的)*Muhimmât*("义务")或 *Muhimmât al-Muslimîn*。Dabry de Thiersant 专书第 366 页曾提及此经。

天理藏有一部《穆信吗台》,阿拉伯文题名 *Muhimmât al-Muslimîn*,正文为阿拉伯文和汉文,1927 年北平印行,78 叶。梅益盛专书,编号 45 是一部《(经文)母习妈台》,正文是阿拉伯文或波斯文;也见梅益盛专书,增补编号 221b,221c。参看佐口透论文,第 491(111)页。

马伯良的译本《教款捷要》,自序作于 1678 年,现收藏于几家图书馆(有 1780,1817 年等几个版本),22 章,12 + 103 叶,见李渡南专书,编号 15,第 31—32 页。袁国祚约于 1785 年将其列入"版存京口(镇江?)"之中。1839 年刊本(藏于巴黎东方语言学院)从头至尾给出了阿拉伯文词汇的汉字音写。尚有一份晚近的译本《经汉文穆信吗台》,1927(或 1930)年北京清真书报社印行,78 叶(见 Brill 专书,第 5 页),译者马毓贵(或 1924 年冯国祥编辑),见《中国伊斯兰文献著译提要》,第 148 页。牛街礼拜寺书目给出其阿拉伯文或波斯文题名 *Muhimmât*。

佐口透论文第 491(111)页,第 500(120)页,也提到一部波斯文的 *Muhimmât*。梅益盛专书,编号 21 写到:它是"关于回教重要事项的一份概要"。

此经在岩村忍经书目中没有著录。

17. 杂学(破)("综合的学问")

此汉字题名意谓多种著作之集锦,一些是阿拉伯文或波斯文本的,另一些则为汉文本,见《伊斯兰与中国文化》,第 377 页;《伊斯兰教辞典》,第 119 页。参看 Bakhtyar 论文,第 97 页。梅益盛专书,编号 48,是一部阿拉伯文本的《(经文)杂学》;梅益盛专书,编号 294,也是一部阿拉伯文经籍:《杂学》,1874 年刊于成都,106 页。参看梅益盛专书,编号 295:《杂学音义》,178 页,以汉字音写阿拉伯字,杨竹坪著。有一本后续的汉文经籍:《汉文清真杂学》(礼仪和礼拜的日课经),1882 年刊,82 页,可能是同一经籍的翻译。参看梅益盛专书,编号 98、129。梅益盛专书,编号 296、297,给出了一本《杂学择要》,著者余海亭,1882 年刊,双语,224 页。

18. 纂查泥(经)(破)(Zandjânî)

此部 *Zandjânî* 极可能是指阿拉伯文的 *Taṣrîf al-Zandjânî*(也称作 *al-Taṣrîf al-*

‘Izzî),著者为(‘Izzî al-Dîn?)Abu’l Faḍâ’il Ibrâhîm b. ‘Abd al-Wahhâb b. Abi’l Ma‘âlî al-Khazradjî al-Zandjânî,7/13世纪[Brockelmann专书,卷一,第283(336)页,增补卷一,第497页;《伊斯兰百科全书》(旧版)卷八,第1214页],正如Hartmann论文第277页主张的那样。

*Zandjânî*和一部*Zandjânî*注解均在北京三里河寺见到(Bouvat论文,第517页;Hartmann论文,第277页)。庞士谦论文(载《中国伊斯兰史存稿》,第370页),以及《伊斯兰与中国文化》第347页,则将其列为阿拉伯文文法经“连五本”之一。岩村忍著录有三位阿衡视之为华北重要经籍之一。

Hartmann认为*Zandjânî*注解一经,其著者为al-Taftâzânî(见前条,他对‘*Akâ’id*的注解;《伊斯兰百科全书》卷十,第88页)。然而同样可能的是此部注解的著者为al-Zandjânî之子:‘Izzî al-Dîn ‘Abd al-Wahhâb b. Ibrâhîm ‘Abd al-Wahhâb b. Abi’l Ma‘âlî al-Khazradjî al-Zandjânî[《伊斯兰百科全书》(旧版)卷八,第1214页]。

19. 费格黑墨思殴得(经)(破)(Fiḳh Mas‘ûd或Fiḳh Mas‘ûdî)(Mas‘ûdî法学)

据沙里亚特论文第70页,1974年他在北京东四清真寺见到这部波斯文经籍。刘智《天方典礼》列出了一部(波斯文的?)《索剌特默思欧谛》(*Salât Mas‘ûdî*)(Mas‘ûdî之祈祷),Bouvat在三里河寺见到过,著者可能是哈乃斐学派的Mas‘ûd b. Maḥmûd b. Yûsuf al-Samarḳandî,8世纪早期/14世纪,正如桑田六郎论文第340页认为的那样。是这位著者写了一部*Fiḳh*吗?Blodget论文,编号8只简单写到:Mas‘ûdî。岩村忍仅著录一部提及两次的*Fiḳh*。《经学系传谱》第75页所记,可能即指此经。

20. 特补色耳(经)(散)(*Tabṣîr*)(“洞察力”)

这肯定是*Tabṣîr*,刘智在其《天方典礼》中著录为《特卜绥尔》,汉字译名“大观经”,见李渡南、瓦塞尔论文,第96页。据刘智的著录,此经与*Tafsîr Baṣâ’ir*(Baṣâ’ir即沉思者的《〈古兰经〉注》)一经有关联,因汉字译名作“大观真经注”。此经可能是一部《古兰经》注。

岩村忍没有著录此经。

21. 委喀夜(经)(散)(Wiḳâya)

*Wiḳâya al-Riwâya*是一部哈乃斐学派的教律经,著者为Maḥmûd Burhân al-Shari‘a b. A. Sadr al-Shari‘a al-awwal,7/13世纪。此经是对哈乃斐学派*Hidâya*一经的概括或注解,原著者为Shaikh Burhân al-Dîn Abu’l Ḥasan ‘Ali b. Abî-Bakr b. ‘Abd al-Djalîl al-Farghânî al-Marghînânî al-Ristânî,卒于593/1197年[Brockelmann专书卷一,第376—378(466—469)页;增补卷一,第644—649页,《伊斯兰百科全书》卷六,第557b—558a页],有Charles Hamilton译本,1791年,4卷,1870年第2版,见李渡南、瓦塞尔论文,第97页;李渡南专书,编号31,第44页。

刘智的《天方典礼》没有给出*Wiḳâya*,然而它却列出了《希大业》(*Hidâya*),并列出了《设理合伟噶业》(*Sharḥ al-Wiḳâya*)(*Wiḳâya*之评注),汉字译名“卫道经解”,以及一部《穆合特粹尔伟噶业》(*Mukhtaṣar Wiḳâya*)(*Wiḳâya*之节要),见李渡南、瓦塞尔论文,第97—98页;桑田六郎论文,第338页。波斯文的*Hidâya*曾被Bouvat在北京三里河寺和教子胡同寺见到过,也为Bakhtyar在牛街礼拜寺所见,见其论文第87页。袁国祚约1780年提到*Hidâya*的一份译稿:《理法正宗》(礼仪及教律原理),但已不存世。

Vissière在北京教子胡同寺见到过*Wiḳâya*,见其论文第704页,他写到:“对(传统)的捍卫 Garde et surveillance (de la tradition)。"Bouvat 在北京三里河寺也见到过此经,见其论文第 518 页(Hartmann 论文,第 288 页)。Blodget 论文,编号 7,第 22 页,以及岩村忍著录了一部 *Sharḥ al-Wiḳâya*。而沙里亚特于 1974 年在北京东四清真寺见到一部 *Mukhtaṣar Wiḳâya*。岩村忍的阿衡经书目包括有 *Wiḳâya*,视之为基本的经典,其中的三位阿衡提及 *Sharḥ al-Wiḳâya*。

Bouvat 及 Hartmann 论文第 276、279 页著录为 *Wiḳâyat al-Riwâya*,"传统的集成 La cocentration de la tradition"。并见庞士谦论文,第 371—372 页,他说 *Sharḥ* 是一部哈乃斐经典,作于 743 /1342—1343 年,著者是 Sadr al-Shari'a, Maḥmûd 之孙,卒于 747 / 1346 年(《伊斯兰百科全书》卷六,第 558 页);并见佐口透论文,第 480、488、495 页。桑田六郎论文第 338 页著录一经 *Mukhtaṣar Wiḳâyat al-Riwâyat fî massâ'il-hidâyat*,著者是 Burhân al-Shari'a Maḥmûd[Hughes 专书第 288 页著录为"'Abd('Ubayd?) Allâh b. Mas'ûd,卒于 745 年]。Brockelmann 专书卷一,第 377(468)页则著录为 Burhân al-Dîn (al-Shari'a) Sadr al-Shari'a al-auwal 'Abd ('Ubayd?) Allâh b. Maḥmûd b. al-Maḥbûbî。

Wiḳâya(尽管很可能是指 *Sharḥ*)已由王静斋译成汉文,2 卷,1931、1935 年天津印行(梅益盛专书,增补编号 309a;天理收藏,238—260 页)。此译本 1986 年在天津,1995 年在宁夏重印,题名《选译详解伟嘎业》,29 章(见《伊斯兰教辞典》,第 84—85 页)。

另见《伊斯兰与中国文化》,第 356—358 页;《中国伊斯兰文献著译提要》,第 152—153 页。逊尼之哈乃斐教律学派的影响显而易见。佐口透在其论文第 497 页(沿用 Hartmann 之说)指出喀什噶尔地区也使用着同样的经籍。参看 Hughes 专书第 287—288 页,著录各种各样的哈乃斐学派的典籍,其中有几种为中国清真寺所见。

尚有一部后续的 *Hidâya* 注解,*'Inâya*,著者为 M. Kamâl al-Dîn b. Maḥmûd b. A. al-Ḥanafi,卒于 786 年(Brockelmann 专书卷一,第 327 页),曾在三里河寺见到(Bouvat 论文,第 518 页;Hartmann 论文,第 279 页);另一部哈乃斐学派典籍,著者为 al-Kuduri,卒于 228 年,在三里河寺和教子胡同寺均曾见到(Bouvat 论文,第 519 页,参看 Vissière 论文,第 705 页)。

一 些 结 论

这份新书目里的著作都不见于刘智的《天方性理》,不过有三四本著作却在其《天方典礼》中看到。有多部著作曾为清代康熙年间的赵灿提及。至少有 10 部著作见诸 19 世纪末 20 世纪初的清真寺图书馆里。上述列出的多部阿拉伯文、波斯文著作,曾被庞士谦(及杨怀中、余振贵)作为在中国穆斯林教育中使用的著作而提及。梅益盛也提到好几部著作,现存纽约州立图书馆。其余来自中国的著作仍可找到。

1. 我们应注意逊尼派的哈奈斐教律学派的存在(如 *Wiḳâya* 和 *'Aḳâ'id*)。

2. 苏非的影响也是清晰的(如 *Irshâd*),但少于刘智的书目(参看田坂兴道专书第 1286—1289 页)。

3. 波斯文著作令人瞩目(然非什叶派)。

4. 奈革什坂底耶教团(Naḳshbandiyya)[如查密(Djâmî)]的色彩很重要。

5. 这些著作的大部分现存西方,Brockelmann 列有书目。有多部也会在中国的清真寺或图书馆里找到。

6. 在过去的三百余年里，有多部著作已被译为汉文。

注　释

要说明的是，几乎所有的文献，包括参考著述，我们均注明缩写或简写名字，不论是经籍或著者。为达鉴别之目的，我们给出了所有我们已找到的名字，尽管其中有些会被证实有误。

参考文献

1. Bakhtyar, Mozafar, "China", vol.4, pp.61 - 116, in *World Survey of islamic Manuscripts*, 4 vols., London, 1994, ed. Geoffrey Roper.

2. Blochet, E., *Catalogue des manuscrits persans* (in the Bibliothèque Nationale, Paris), 4 vols., Pairs, 1905 (reprinted 1934).

3. Blochet, E., "Notice sur onze manuscrits persans rappotés du Kansou", in d'Ollone, pp.284 - 293 (from *RMM*9, Dec. 1909, pp.583 - 9).

Also trans. by Hartmann, "Persische Manuscripte", pp. 35 - 39 of his *Zur Geschichte des Islams in China*, 1921. 参看田坂兴道专书，第1264—1265页。

4. Blodget, H., "Arabs in Peking", *Journal of the American Oriental Society* 8 (1866), pp.xxi - xxii.

1863年在北京所见的24部经籍。

5. Bouvat, L., "Une Bibliothèque de mosquée chinoise", *Revue de Monde Musulman* 4 (March 1908), pp.516 - 521. (cf. *RMM*6, Déc. 1908, pp.697 - 8).

著录北京三里河清真寺的藏书。参看 Hartmann 论文。

6. Brill, E. J. (Publishers), *Sino Islamica*. 这本小册子的日期为1976年12月。

7. Brockelmann, C., *Geschichte der Arabischen Literatur*, 2 vols., Weimar, Berlin, 1898 - 1902, rev. ed. Leiden, 1943, 1949, + 3 Supplements, Leiden, 1937, 1938, 1942.

8.《中国伊斯兰百科全书》，四川辞书出版社，1994年。

9. Dabry de Thiersant, C. P., *Le Mahométisme en Chine et dans le Turkestan orientale*, 2 vols., Pairs, 1878.

10. D'Ollone, H. M. G., (with A. Vissière, E. Blochet, etc.). (*Mission d'Ollone* 1906 - 1909:) *Recherches sur les Musulmans chinois*, Paris, 1911.

11. *Encyclopaedia of Islam* (new edition), Leiden/London, 1960 -

12. *Encyclopaedia of Islam* (old edition), Leiden, 1913 - 1924.

13. Hartmann, M., "Littérature des Musulmans chinois", *RMM*5 (June. 1908), pp.275 - 288. (cf. L. B., in *RMM*9 (Dec. 1910), pp.537 - 8).

14. Hughes, Thomas Patrick, *a Dictionary of Islam*, London, 1885 (reprinted New Delhi/Madras, 1996).

15. 岩村忍《中国回教社会的构造》，两卷，东京，1949、1950年。

16. 金宜久《伊斯兰教辞典》,上海辞书出版社,1997 年。

17. 桑田六郎《关于刘智的采辑经书目》,《市村博士古稀纪念》,冨山房,1933 年,第 335—353 页。

18. Leslie, D. D.(李渡南), *Islamic Literature in Chinese, Late Ming and Early Ch'ing: Books, Authors and Associates*, Canberra College of Advanced Education, Canberra, 1981.

该书第 16 页列有一份清初已译成汉文的主要的阿拉伯文、波斯文书目。

(译者按:该书已有汉译本《伊斯兰汉籍考》,杨大业译,北京,1994 年。)

19. Leslie, D. D.(李渡南), and Wassel M.(瓦塞尔), "Arabic and Persian Sources used by Liu Chih", *Central Asiatic Journal* 26 (1982), pp.78 - 104.

该文已由王东平译为汉文,《刘智所使用的阿拉伯文和波斯文资料》,《回族研究》1998 年第 4 期,第 10—28 页。

20. 马坚发表于《光明日报》,1955 年;重印于《回族史论集 1949—1979》,宁夏人民出版社,1983 年,第 193—198 页。

21. Majerczak, R. " Littérature musulmane: analyse d'un recueil composé par l'Archimandrite Palladius", *Revue du Monde Musulman* 28 (Sept 1914), pp.108 - 164.

22. Mason, Isaac (梅益盛), "Notes on Chinese Mohammedan Literature", *Journal of the North China Branch of the Royal Asiatic Society*", 56 (1925), pp.172 - 215.

1938 年北京重印;有汉文译本《中国回教书目》;日文译本,1933 年,译者佐久间贞次郎。

23. Mason, I. (梅益盛), "Supplementary Notes on Chinese-Mohammedan Literature", *Friends of Mulims*, 11 (Jan 1937), pp.14 - 26.

24. 牛街礼拜寺《清真书报社图书目录》。

它给出一份阿拉伯文、汉文经籍的购销书目,约 1920 年。

25. Palladius (巴拉第, P. I. Kafarov), ed. N. Adoratskii, "Kitaiskaia literature magometan", *Trudy inperatorskago Russkago arkheologicheskago obshchestva* 18 (1887), pp.1 - 334 (reprinted 1909, pp.163 - 496).

26. 庞士谦《中国回教寺院教育之沿革及课本》,《禹贡》第七卷第四期(1937 年);重印于白寿彝《中国伊斯兰史存稿》,宁夏人民出版社,1982 年,第 366—384 页,特别是 370—374 页。

27. Panskaya, Ludmilla, with Leslie, D. D., *Introduction to Palladii's Literature of Muslims*, Canbera, 1977.

28. Pelliot, Paul(伯希和), manuscript, *ca*. 1905, in Musée Guimet.

29.《清代文字狱档》,上海书店出版社,1986 年。

30. 佐口透《中国伊斯兰教之经典》,《东洋学报》卷 32(1950 年)。

31. Shari'at, M. J.(沙里亚特), "The Library of the Tung-shi Mosque at Peking", *Asian Affairs* (*JRCAS*), vol.Ⅺ, Pt. 1, 1980, pp.68 - 70.

32. Storey, C. A., *Persian Literature: A Bio-bibliographical Survey*, 2vols.,

London，1927 – 1939，reprint London，1970（+ Supplements，1953 – 1990）；and revised version in Russian，1972，by Yu. E. Bregel.

33. 田坂兴道《回教之传入中国及其发展》，东洋文库，1964年，两卷。

34. 天理(大学图书馆)总书目，卷二(1967)“宗教编”，第228—235页“伊斯兰教”。

35. Vissière，A.，(with L. Bouvat)，“Quelques papiers de la mission d'Ollone en Chine：Catalogue d'une bibliothèque（de A-hong)”，*Revue du Monde Musulman*，pp.703 – 707.

并见 d'Ollone 专书，第375—8页。参看田坂兴道专书，第1266—7页。

著录有北京教子胡同清真寺的阿拉伯文、波斯文经籍。

36. 杨怀中、余振贵《伊斯兰与中国文化》，宁夏人民出版社，1995年。

37. 余振贵、杨怀中《中国伊斯兰文献著译提要》，宁夏人民出版社，1993年。

38. 赵灿：《经学系传谱》，杨永昌、马继祖标注，青海人民出版社，1989年。

（本文原载《中亚杂志》(*Central Asiatic Journal*)卷45，2001年第1期，第7—27页：Donald Daniel Leslie，Yang Daye and Ahmed Youssef，“Arabic Works shown to the *Qianlong* Emperor in 1782，” *Central Asiatic Journal* 45 /1（2001），pp.7 – 27.）

（本文译者系西北民族大学社会科学研究院副教授）

蒙古时代以前的伊朗女性*

(伊朗)希琳·巴扬尼(Shīrīn Bayānī)撰　闫敏佳 译　王一丹 审校

蒙古人入侵伊朗之前，中亚的突厥游牧部族已经在这片土地上统治了250多年，建立了大大小小的各种政权。尽管伊朗人努力使自己的文明与文化、风俗与传统幸免于征服者部落的侵犯，并且在很大程度上也获得了成功，然而在这一漫长的时代，这片土地上的社会制度依然发生了根本性的变化，例如女性在伊朗社会中的地位——凭借中亚部落习俗，较此前权力更大，地位更高。

突厥各部如同蒙古人一样，认为妇女十分重要、值得敬重，男性与女性在物质和精神层面上，享有几乎同等的权利。女性与配偶共同参与家务、推动经济发展、战争及其他各种各样的部落事务，有专属于自己的私有财产，享有威望，在必要时掌握部落事务的大权。

各部落在成功地建立地方政权，发展到组建帝国并征服了文明地区和城市后，同时带来的部落传统中，就包括对妇女的尊敬与重视。我们下面就这一过程简略地进行分析。

哥疾宁王朝(351—582/962—1186)

在突厥人到伊朗建立政权的前夕，即哥疾宁王朝(Dawra-yi-Ghaznavī)时期，妇女的影响弱于此后几个王朝，我们能观察到的原因有以下几点：

伊朗社会为接受女性成为统治者、与男性平起平坐的准备与先前基础的缺失；政权创立者严重的宗教狂热和维护伊斯兰教的作派；突厥奴隶(*ghulām*)①在算端(*salāṭīn*)心目中及深宫中获得的影响。突厥奴隶具备特有的优雅、美丽、机灵与修养——他们就是按此

---

* 译者按：本文节选自希琳·巴扬尼著《蒙古时代的伊朗女性》(*Zan dar Īran-i 'Aṣr-i Monghūr*)，原标题为“第一章：蒙古时代以前的伊朗女性”(*Faṣl-i Avval: Zan dar Īran-i qabl az 'Ah3d-i Mughūl*)。原书《蒙古时代的伊朗女性》(*Zan dar Īran-i 'aṣr-i Monghūr*)于1352/1973年由德黑兰大学出版社(Intishārāt-i Dānishgāh-i Tihrān)首版刊行，2004年再版，译文以2009年第三版为主、参照首版，原作系波斯文。作者希琳·巴扬尼(Shīrīn Bayānī, 1317H. sh/1938－　)，伊朗籍历史学家，于德黑兰大学历史学专业获得学士学位，1341/1962年获得法国索邦大学历史学博士学位，专攻蒙古至萨法维王朝的伊朗史及其间的蒙古史。博士毕业后作为伊斯兰时代前的政治、文化、社会史与蒙古—伊利汗时代的政治、文化、经济史教授，执教于德黑兰大学文学与人文学院历史教研组，现居伊朗。关于年代，由于伊朗属于伊斯兰教国家，正文中的历史年代以伊斯兰教阴历为主；脚注中出版信息等现代时间遵从伊朗习惯，使用伊朗阳历，个别法语或其他语言的伊朗以外出版物仍用公元纪年：即原书正文的伊斯兰历纪年或脚注下出版信息中的伊朗阳历纪年照录，但以“/”符号分隔，其后换算为相应的公元纪年。

① 该词又可译作“古拉姆”、“古剌木”或“忽兰”，即突厥奴隶。见(瑞典)多桑著，冯承钧译《多桑蒙古史》，中华书局，1962年，上册，第83页：“当时伊斯兰教诸朝史所记载突厥奴隶跻身高位之例，颇不少见，缘此族之俘虏，美容貌，力强而执事勤，颇见重于波斯也。”本书多处“仆人”即用“古拉姆”表示，不同于普通的“男仆”。另，本文译名整体沿用《多桑蒙古史》，但与蒙古人有关的记载则优先采用《史集》与《世界征服者史》中的译名；不见于三者的人名沿用相关研究或自译。——译者注

目的培养出来的——没有给女性留下任何在配偶面前自我展现的机会，她们也就处于被忘却的帷幕之后。①

因此，这一时代的女性在政治措施的间隙，如算端继承人问题、睦邻政策、缔结和约与其他类似事务中，间接地扮演着自己的角色。

算端与地方长官或汗的女儿间的联姻，往往有政治的和经济的动机，如为了接近某位算端或强化与算端的友好关系，或是为了获取以军旅得不到的领土。

这类联姻的另一种目的是通过收取女孩家庭高额的嫁妆与礼物，增加自己的财产，前提是预知对方家庭的财力。我们现在每种情况各讲一例。

我们知道突厥喀喇汗王朝（约 315—609 /927，8—1212，Īlik-khāniya）②同哥疾宁王朝的邻居关系，突厥喀喇汗王朝不断提防哥疾宁王朝，哥疾宁王朝则不断努力建立并维持同他们的友谊。

继承了和平友好政策，算端马斯乌德（432—440 /1041—1049，Mas'ūd）③在内外事务尤其纷繁的情况下，倾向于使东北边疆风平浪静，因而求娶突厥可汗卡迪尔汗（404—423 / 1014—1032，Qadarkhān）④之女，并为儿子和王储马乌杜德（Mavudūd）向卡迪尔汗之子博格拉的斤⑤（Bughrātigīn）之女请婚。两项婚事的礼金依据他们的重视程度，算端之妻是五万哈烈瓦底纳儿（赫拉特金币，*dīnār-i-harīva*），⑥马乌杜德之妻是三万哈烈瓦底纳儿。⑦

贝哈基（Bayhaqī）描述女婿为新娘的父亲运去的礼品数量如下："那是两只镶有宝石的金杯，还有珍珠⑧项链（*hārhā-yi murvārīd*）。有织金锦做的（*ba zar*）衣服，各种鲁木（Rūm）、报达（Baghdād）、亦思法杭（Sipāhānī）与你沙不儿（Nishābūrī）⑨的衣袍，各色细

---

① Shīrīn Bayānī. *Zan dar tārīkh-i Bayhaqī*（《贝哈基史中的女性》）. In Muḥammad Ja'far Yāḥaqī（ed.），*Yādnāma-yi Abū al-Fażl Bayhaqī*（《贝哈基纪念文集》）. Mashhad：*Intishārāt-i Dānishkada-yi Adabiyyāt va 'Ulūm-i Insānī-yi Dānishgāh-i Mashhad*. 1350 H.sh/1971：71，75，78.

② Īlik-khāniya，即"黑汗王朝"、"伊利克汗王朝"、"伊利汗朝"、"哈拉汗王朝"、"阿弗拉西亚勃王朝"、"葱岭西回鹘"或"黑韩王朝"，"现今学界常称之为哈喇汗王朝（Qara Khanids），有时亦被称为伊利汗朝（Ilek-Khans）。"见余太山、陈高华、谢方主编《新疆各族历史文化词典》，中华书局，1996 年，第 417 页；高文德主编《中国少数民族史大辞典》，吉林教育出版社，1995 年，第 2208 页。——译者注

③ 马斯乌德登基时间是约 1030 年，与卡迪尔汗有交集，原书可能有误，见 R. N. Frye，*Cambridge History of Iran*（《剑桥伊朗史》），London：Cambridge University Press，1975，Vol.4，p.189."卡迪尔汗"又译作"嘎德列汗"，见（伊朗）阿宝斯・艾克巴尔・奥希梯扬尼著，叶奕良译《伊朗通史》，经济日报出版社，1997 年，第 284 页。——译者注

④ 玉素甫卡迪尔汗统治的开始时间是依据钱币史料做出的推测，因有相应铸币出土，铸造年代为 404/1013—1014、405/1014—1015 年。详见（俄）瓦・弗・巴托尔德著，张锡彤、张广达译《蒙古入侵时期的突厥斯坦》，上海古籍出版社，2007 年，第 324 页。——译者注

⑤ 译名见巴托尔德著，张锡彤、张广达译《蒙古入侵时期的突厥斯坦》，第 338 页。——译者注

⑥ 归于赫拉特（Hirāt），即赫拉特城所用的底纳儿。（当时许多地区的货币名称都是"底纳儿"，各自价值不等。——译者注）

⑦ Abū al-Fażl Bayhaqī Muḥammad b. Ḥusayn，*Tārīkh-i Bayhaqī*（《贝哈基史》），ed. 'Alī Akbar Fayāż，Mashhad：Intishārāt-i Dānishkada-yi Adabiyyāt va 'Ulūm-i Insānī-yi Dānishgāh-i Mashhad，1350/1971，p.274.

⑧ 一种名为"*harhai*"的项链。

⑨ 即今土耳其、巴格达、伊斯法罕和内沙布尔。——译者注

亚麻布若干卷(*takht-hāyi qaṣab*),加上纱丽(*shāra*)、麝香(*mushk*)、沉香(*'ūd*)、龙涎香(*'anbar*)和两串据说举世无双的珠宝项链……又兼指定的司库一人和徒弟、随使者运送宝物的搬运工。"①

突厥喀喇汗王朝与哥疾宁王朝的和谐友好关系始自马赫穆德(Maḥmūd)算端,即博格拉的斤之妻每年送给马赫穆德算端奴婢与奴隶各一名,算端也相应地回赠这位哈敦以贵重礼物,如珠宝(*javāhirāt*)、罗姆锦缎(*dībā-yi rūmī*)、织金锦(*pārcha-hāyi zarbaft*)等。②

除了这一联姻,还有哥疾宁公主与花剌子模统治者(花剌子模沙王朝,Khvārazmshāhiyyān)的婚事,其中最著名的其一是娑匐的斤(Sabuktagīn)之女、算端马赫穆德的姐妹忽剌·客勒只(Ḥurra Kālijī),嫁给花剌子模沙阿布·阿拔思(Abū al-'Abbās);其二是她的姐姐,在妹妹出嫁前,成为前任花剌子模沙阿布·哈散·阿里(Abū al-Ḥasan 'Alī)之妻。③

考虑到花剌子模地区在军事、经济与文化方面的重要性,我们就可以明白,为什么哥疾宁算端如此热衷于嫁女儿给当地的统治者了。最终也是哥疾宁王朝凭借与花剌子模沙的结亲关系,趁这一地区起义开始震动之时,以维护自己的权益为由,夺取了花剌子模。④

意在攫取家族财产的婚姻,如马斯乌德之子马儿丹沙(Mardānshāh)与伯秃黑迪⑤(Biktughdī)将军女儿的婚事。伯秃黑迪将军是哥疾宁时代名流之一、马斯乌德的亲军宿卫,在几次战争中是他的统帅,也是一个极有势力与财富的人。

贝哈基在描绘婚礼场景时如是说:"他们订立了婚约,我从未见过这位陛下订立过类似那样的婚约。"⑥订婚仪式在伯秃黑迪的宫殿中举行,当时他"给阿米尔马儿丹沙穿上用珍珠装饰的黑色锦缎(*dībā*)外衣,给他戴上镶有宝石的四边形金帽,在他腰间系上了一条镶满珠宝的腰带,还有一匹名贵的、钉金马掌的马,马鞍饰金,有十个配备马及一应用具的突厥奴隶,还有一万底纳儿和一百件各种颜色的贵重衣袍"。⑦

贝哈基统计了伯秃黑迪给出的嫁妆、礼物与花销,其数量惊人。⑧ 我们叙述其中一部分为例:"我听税务官(Mustawfī)阿布·满速儿(Abū Manṣūr)说:我和好几个学徒忙活了好几天,才把嫁妆都登记下来,总共有一千万迪拉姆(*diram*),我阿布·法兹勒(Abū al-Fażl)在算端马斯乌德和马儿丹沙——愿安拉垂爱他们吧!——去世后,看到那份清

---

① Bayhaqī, *Tārīkh-i Bayhaqī*, p.220.

② Bayhaqī, *Tārīkh-i Bayhaqī*, p.252.

③ 'Abbās Iqbāl, *Tārīkh-i Īrān az Ṣadr-i Islām tā Istīlāyi Mughūl*(《自伊斯兰初创时期至蒙古人统治时期的伊朗史》), Tihrān: Chāp-i Khudkār, 1318/1931, p.260.(见阿宝斯·艾克巴尔·奥希梯扬尼著,叶奕良译《伊朗通史》,第285页。——译者注)

④ More details refer to 'Abbās Iqbāl, *Tārīkh-i Īrān az Ṣadr-i Islām tā Istīlāyi Mughūl*, p.260.

⑤ Boktaqdi。[该名包括本注有三种读音,另两种为 Begtuḡdī 即波斯文 Baktughdī,见 C. Edmund Bosworth, "Begtoḡdī", *Encyclopædia Iranica*, Vol.IV, Fasc. 1, p.86.; available online at http://www.iranicaonline.org/articles/begtogd-turkish-lit (2016/5/19); 'Alī Akbar Dihkhudā, *Lughatnāma*(《德·胡达大词典》), eds. Muḥammad Mu'īn & Sayyid Ja'far Shahīdī, Tihrān: Mu'asissa-yi Intishārāt va Chāp-i Dānishgāh-i Tihrān, 1272/1993-94, Vol.3, p.4264.——译者注]

⑥ Bayhaqī, *Tārīkh-i Bayhaqī*, p.525.

⑦ Bayhaqī, *Tārīkh-i Bayhaqī*, p.525.

⑧ Refer to Bayhaqī, *Tārīkh-i Bayhaqī*, pp.525, 526.

单，我震惊了，有谁能把那些东西做出来呢？我说一两样：四只金制的镶嵌着宝石的王冠；二十只金制托盘，其中的水果是各种各样的珠宝材质；二十只里面镶有宝石的金匣子；还有一只金扫帚，它的须子是珍珠串起来的。我说的这几件东西，只是其中的千分之一，这些应该就足以让人明白其他东西都是什么了。”①

在哥疾宁王朝，直接干预政策与国家大事的女性极其罕见。这类女性最重要的例子是马赫穆德算端的姐妹忽剌·诃咄里（Ḥurra-yi Khuttalī），②她是位杰出的人物，精明强干、应付得法，其影响自兄弟去世之际、干涉继承人问题时，开始突出。

我们知道根据马赫穆德算端的意愿，原本考虑穆罕默德（Muḥammad）为算端继承人，但算端逝世后穆罕默德与他的兄弟马斯乌德发生了斗争，最终马斯乌德成为算端。③ 在这一过程以及马斯乌德的即位中，忽剌·诃咄里进行了很多干预，影响极大，我们从这封马赫穆德去世后，她写给马斯乌德、请他做哥疾宁王朝统治者的信中可窥见一斑：

> 我们的主人马赫穆德算端，于星期四傍晚，即4月23日/(1030)4月30日作古……下葬后，骑兵飞速离去，同晚抵达护时犍（Gūzgānān），④请穆罕默德兄弟尽早前来，登基称王；姑姑出于对阿米尔后辈的慈爱，也在今晚亲笔写信，派人找到两名此前因为阿米尔身边几件要事来到这里的轻骑兵，让他们悄悄携带此信离开哥疾宁（Ghaznīn），⑤尽早赶到寓所。请阿米尔明白，你的兄弟应付不了这件大事，这个家族的敌人不胜枚举，我们女眷和国库都陷在了沙漠里。作为父王储君的人，应当尽早完成此事，不要再忙于从前已得到的州县，还能取到其他地区，因为目前这种形势靠的是你父亲的威望，等到他去世的消息公开时，情况就是另一回事了；根本是哥疾宁，其次才是呼罗珊（Khurāsān），⑥其他都是次要的。请认真考虑我写的内容，赶快率军前

① Bayhaqī, *Tārīkh-i Bayhaqī*, p.526.

② “骨咄（Khuttal）”是古地名，“见《新唐书·西域传》。《隋书》作诃咄。《大唐西域记》作珂咄罗。《新唐书·地理志》作骨咄施。《册府元龟》作骨吐。或译胡塔梁”。“即今塔吉克斯坦共和国杜尚别东南，瓦克什（Wakhsh）河与喷赤（Pandj）河之间。”详见高文德主编《中国少数民族史大辞典》，第1660页；冯承钧、陆峻岭主编《西域地名（增订本）》，中华书局，第51—52页。——译者注

③ Regarding the struggle for successor of Maḥmūd, More details refer to ’Abbās Iqbāl, *Tārīkh-i Īrān az Ṣadr-i Islām tā Istīlāyi Mughūl*, p.270.（阿宝斯·艾克巴尔·奥希梯扬尼著，叶奕良译《伊朗通史》，第294—295页。——译者注）

④ 又作“胡寔健国”、“护时健”，在今阿富汗北境希巴尔甘（Shibergan）南，见冯承钧、陆峻岭主编《西域地名》，第29、37页。——译者注

⑤ “哥疾宁”即“伽色尼”，南北朝时称“伽色尼”，元朝作“哥疾宁”，又译作“鹤悉那城”，即阿富汗加兹尼（Ghazni），见冯承钧、陆峻岭主编《西域地名》，第29、37页。——译者注

⑥ “呼罗珊（Khurāsān）”在古波斯文中意为“东方的土地”，中世纪早期泛指卡维尔盐漠（Dasht-i Kavīr）以东、远达印度山区的所有穆斯林地区，即涵盖其东北部河中地区（Transoxiana）全境、南部通过郭黑斯坦（Kūhistān）与塞吉斯坦（Sijistān）相邻、东部边界为中亚沙漠和帕米尔高原及向印度延伸的兴都库什（Hindūkush）山脉的大呼罗珊地区。此后这一概念被狭义化，呼罗珊仅为中古波斯一省，公认为阿姆河以内的地区，但包括赫拉特以东高地即今阿富汗西北部。更晚时，阿姆河上游至帕米尔高原间的地区也被划出呼罗珊。《新唐书》作“呼罗珊”，《辽史》作“忽儿珊”。参见 G. Le Strange, *The Lands of the Eastern Caliphate*（《东哈里发国的土地》），New York: Barnes & Noble, Inc., 1905, p.382；冯承钧编《西域地名》，中华书局，1955年，第43页。——译者注

来,以免白白浪费这个王位和我们,请尽快派回使者,姑姑翘首企盼,只要前来就请回信给她。①

马斯乌德的母亲也是一位重要而有影响力的女性,她在把儿子推向王位的过程中起到了重要作用。②

政要们与支持者给马斯乌德写过一封信,邀请他践位。马斯乌德的母亲也同忽剌·诃咄里分别在信中确认了政要的意图并通知他,已准备好推翻穆罕默德、拥戴马斯乌德算端。③

这一时期我们能见到参与阴谋诡计的女人们;相反,也能领略那些凭借文化、忠诚、持家有方及为哥疾宁政权服务而声名远扬的女性的风采,我们将引述拜的斤(Bāytagīn)的妻子为例。拜的斤是马赫穆德的首位突厥侍卫(*ghulām*),他受到算端的青睐,在马斯乌德时期担任不思忒(Bust)省④咱明·答瓦儿(Zamīn Dāvar)地区的都督(*vālī*)。贝哈基记载道:"他有位做事认真、信仰虔诚的妻子,在马斯乌德当政时,这位女性由于以往功劳获得的尊荣,得到了极好的关切与照料,甚至如太后(Vālida-yi Sayida)一般。"⑤在这位女士出席的集会上,算端不断请求复述几个她记得的前算端马赫穆德时期的故事,这是因为她曾不断参与马赫穆德的集会(*majlis*),在他的事务上也十分内行。⑥

国王与宗王们的后宫住满了各种各样的妇女,包括合法妻子与不合法的、贵族出身的与女仆出身的,等等。这些后宫有自己的一套繁琐而独立的机关,其中有各类掌事人员为之服务,每年把国库收入的一部分划归己有。

在哥疾宁王朝,突厥奴隶相貌可人、身怀绝技,那些后宫妃嫔的丈夫与他们亲善,他们也更有地位,妃嫔从来无法望其项背。因此,这一时代能够在政治上发挥影响的女性极其罕见。⑦

塞尔柱王朝(429—590/1037—1194)

从塞尔柱王朝(Dawra-yi-Siljūqī)开始,部落传统的影响力渐渐增强,尤其是他们不再有前政权的宗教狂热与作派,女性从帷帐后走出来,重新获得了在自己故土所能得到的地位与权力。在这一时期,我们能见到许许多多妇女统领国家或政府,或者以直接、间接方式分享着丈夫或子女的统治权。

尽管我们伊朗的穆斯林史料记载起这些女性来,勉强、枯燥又轻蔑,并且十分迅速而简短地掠过了与她们有关的事件与记述——我们在《心灵的慰藉》(*Rāḥat al-Ṣudūr*)一书中就可以找到样例——然而就在这些简短的、干巴巴的字里行间,我们能发现很多她们在

① Bayhaqī, *Tārīkh-i Bayhaqī*, pp.13－14.

② Shīrīn Bayānī, *Zan dar tārīkh-i Bayhaqī*: 82, 83, 84.

③ Bayhaqī, *Tārīkh-i Bayhaqī*, p.18.

④ "不思忒"又作"博斯特"。——译者注

⑤ P. 113.

⑥ Shīrīn Bayānī, *Zan dar tārīkh-i Bayhaqī*: 87.

⑦ Shīrīn Bayānī, *Zan dar tārīkh-i Bayhaqī*: 90.

当时极具声望的迹象，这被无可奈何的历史学家与编纂者简要记录下来。①

当时的著名女性之一是秃儿罕哈敦（Turkān Khātūn），②她是灭里沙（465—485/1072—1092，Malikshāh）之妻、阿夫拉西亚伯王朝（Āl-i Afrsiyāb，即喀喇汗王朝）伊利克汗（Īlik Khān）的孙女、桃花石汗（Ṭamghāj Khān，卒于558/1162③）的女儿，曾直接干预丈夫的政事。她最重要的举措就是插手罢黜塞尔柱王朝著名的宰相尼咱木勒克（Niẓām al-Mulk）火者，两者在继承人问题上分歧尤其严重。也就是说，尼咱木勒克鼓励和推动国王选择别而哥-牙鲁黑（Barka Yāruq）④为王储，而秃儿罕哈敦想要让自己年幼的儿子马合谋（Maḥmūd）继位。后来秃儿罕哈敦在这场暗斗中获胜，在推翻尼咱木勒克火者⑤的时机已经成熟的条件下，成功地罢免了他。有趣的是，她还说服灭里沙，让他任命自己的代表塔札丁·阿布合纳暗（Tāj al-Dīn Abū al-Ghanā'im）为宰相。⑥

后来继承人问题并未解决，灭里沙去世后，以此为发端，战争在秃儿罕哈敦的领导下爆发，这位哈敦终于以儿子马合谋的名义，在亦思法杭（Iṣfahān）短期执掌大权。⑦

别而哥-牙鲁黑上台后，我们就找不到关于她的记载了。这之后，我们看到另一个人，即脱黑鲁勒（Ṭughrul）⑧之子阿儿思兰（556—571/1161—1175，Arsalān）算端的母亲，《心灵的慰藉》中记载道：

---

① Muḥammad al-Rāvandī b. Sulaymān, *Raḥat al-Ṣudūr va Āyat al-Surūr dar Tārīkh-i Āl-i Siljūq*（《心灵的慰藉》），ed. Muḥammad Iqbāl, Tihrān: Intishārāt-i Kitābfurūshī-yi 'Alī Akbar 'Ilmī, 1333/1954, pp.159, 160, 251, 256, 336, 337, 367, 396.

② 又译作"铁里干哈敦（Tirkin Khātūn）"，《伊朗通史》中译作"土尔康"，《世界征服者史》中译作"秃儿罕"，《蒙古入侵时期的突厥斯坦》译作"图尔坎"，但此处"Turkān"实为转写时出现的音变，原词读作"tirkin"，如辽朝皇后称号"忒里蹇"或"腻俚蹇"及吐鲁番出土文献中的"terken"，是王族人员（多女眷）的头衔，应来自突厥语，详见刘迎胜《西北民族史与察合台汗国史研究》，南京大学出版社，1994年，第54页。巴托尔德也指出，该词并非专有名词，意为"女王、夫人"，正确拼法为Terken，见巴托尔德著，张锡彤、张广达译《蒙古入侵时期的突厥斯坦》，第386页，注2。本文因译自波斯文史料，故遵从波斯文读音，不作更正。——译者注

③ 此处可能是作者笔误，因为桃花石汗是博格拉汗之子，与算端马赫穆德、马斯乌德几乎同时代，见'Alī Akbar Dihkhudā, *Lughatnāma*, Vol.9, p.13695；伊利克纳赛尔之子桃花石汗的统治时间为1040—1069年，详见Michal Biran, "Ilak-Khanids", *Encyclopædia Iranica*（《伊朗学百科全书》），Vol. XII, Fasc. 6, pp.621-628, online edition, 2012, available at http://www.iranicaonline.org/articles/ilak-khanids (2015/11/12). "伊利克"亦作"夷离堇"。——译者注

④ 亦作"别儿克-牙鲁黑"、"勃勒凯亚洛格"等。——译者注

⑤ 亦作"哈朱·尼扎姆·莫尔克"。——译者注

⑥ Ḥamad Allāh Mustawfī, *Tārīkh-i Guzīda*（《选史》），ed. 'Abd al-Ḥusayn Navā'ī, Tihrān: Intishārāt-i Bungāh-i Tarjuma va Nashr-i Kitāb, 1339/1960, pp.438-439.

⑦ Ḥamad Allāh Mustawfī, *Tārīkh-i Guzīda*, p.440.

⑧ 突厥语作"托格里勒（toqrïl）"，原为鹰、雕、隼中的一种猛禽，一次击杀鸟雀成百上千，仅食其中一只，也用作男子名。波斯文中用作人名的"Ṭughril"亦读作"Ṭughrul"，如伊拉克塞尔柱王朝君主，译为"脱黑鲁勒"、"秃忽鲁勒"、"托格洛尔"、"托格鲁勒"；成吉思汗的义父克烈部王汗与之同名，但《蒙古秘史》与《元史》译作"脱斡邻勒"、"脱里"，即原突厥语词汇在转写为波斯文后发生音变，故本文沿用原有译名，不作更正。词义参见麻赫默德·喀什噶里编撰，新疆社会科学院语言研究所译《突厥语大词典》，民族出版社，2002年，第1卷，第507页；多桑著，冯承钧译《多桑蒙古史》，上册，第42页，注2；P. J. Bearman, Th. Bianquis & C. E. Bosworth ect., *The Encyclopaedia of Islam*（《伊斯兰百科全书》），Leiden: Brill, 2000, Vol.7, p.554；'Alī Akbar Dihkhudā, *Lughatnāma*, Vol.9, p.13644.

……你会认为政府的秩序和国家的根基就在于那位吉祥的哈敦,她虔诚笃信、行善敬神;培养宗教学者、赈济和奖励隐士是她的习惯与品格。①

塞尔柱王朝灭亡后,伊朗地区的阿塔毕(Atābakān)②政权时期,以及其后的花剌子模沙与蒙古时期可以看做伊朗女性强大有力的时代。

伊利汗国(Īlkhānān)初年,阿塔毕政权中的几个投降了蒙古人,也就巩固了自己的地位。在起儿漫(Kirmān),忽都鲁·塔儿罕(Qutlugh Tarkān)③最初是该地统治者八剌黑·哈只不(Burāq Ḥājib)④(619—632/1222—1234)之妻。丈夫逝世后,凭借拥有的地位,她改嫁给了一个耶司德(Yazd)⑤的阿塔毕宗王,在丈夫生前共同参与政治事务,丈夫逝世后得到旭烈兀(Hulākū)的敕令,在起儿漫摄政,直至儿子成年。迄681/1282年为止,这位哈敦以自己的才干、善政与公平统治了十五年。⑥

《瓦萨夫史》(*Tārīkh-i Vaṣṣāf*)中如此赞扬忽都鲁·塔儿罕哈敦:

她五尺⑦的头巾胜过君王的皇冠,她保卫、庇佑了这个三通鼓声回响在四方地平线的国家。⑧

与忽都鲁哈敦当政同时,阿塔毕摩诃末·本·撒阿德·本·阿必别克儿(Muḥammad bin Sa'd bin Abī Bikr, 658—660/1260—1262)⑨之母秃儿罕哈敦(Turkān Khātūn),即耶司德阿塔毕撒勒合儿沙(Salghur-shāh)的姐妹——也正当权,她与旭烈兀关系不错,得到旭烈兀的支持。这位哈敦"深谋远虑,才智双全,她掌管国家秩序与诸多政事,黎民百姓在她的庇佑下,生活得惬意富足"。⑩

---

① Al-Rāvandī, *Rahat al-Ṣudūr*, p.299.

② 如《多桑蒙古史》指出:"阿塔毕者,犹言太傅。始塞勒术克朝诸算端以此职授其臣之为诸子傅者,至是遂变为国主之称。""阿塔"的突厥语原意为"父亲","阿塔毕"原本是突厥奴仆担任的一种特殊身份,即从一些突厥奴隶中产生了塞尔柱王朝国王和官员的代理人,他们在王子去行省中执掌政务时负责照管监护,一般称之为阿塔毕。塞尔柱王朝末期由于国王衰弱,地方上有权的阿塔毕乘机建立各自的政权,此类政权亦称"阿塔毕"。参见多桑著,冯承钧译《多桑蒙古史》,上册,第132页;阿宝斯·艾克巴尔·奥希梯扬尼著,叶奕良译《伊朗通史》,第418—419页。——译者注

③ Karin Quade-Reutter, "Qotloḡ Tarkān Ḵātun", *Encyclopædia Iranica*, online edition, 2015, available at http://www.iranicaonline.org/articles/qotlogh-tarkan-khatun (2015/10/29). ——译者注

④ 又作"勃劳格·郝贾布"、"博剌克·哈吉伯"等。——译者注

⑤ 今作"亚兹德"。——译者注

⑥ 'Abd Allāh Shīrāzī b.Fażl Allāh, *Tārīkh-i Vaṣṣāf al-Ḥiżra dar Aḥvāl-i Salāṭīn-i Mughūl*(《瓦萨夫史》), ed. Muḥammadmahdī Iṣfahānī, Tihrān: Intishārāt-i Kitābkhāna-yi Ibn Sīnā va Kitābkhāna-yi Ja'farī-yi Tabrīzī, 1338/1959, Vol.2, p.391.

⑦ 此处的长度单位是 *gaz*,今 1 gaz = 1 m,此处可能是虚指,5米或许不是实际长度。——译者注

⑧ 'Abd Allāh Shīrāzī, *Tārīkh-i Vaṣṣāf*, Vol.2, p.291.

⑨ 此人祖父名为"阿布别克儿",见多桑著,冯承钧译《多桑蒙古史》,下册,第93页;阿宝斯·艾克巴尔·奥希梯扬尼著,叶奕良译《伊朗通史》,第608页。——译者注

⑩ 'Abd Allāh Shīrāzī, *Tārīkh-i Vaṣṣāf*, Vol.2, p.181.

法儿思(Fārs)政权落到了一个名为塞尔柱沙(Siljūq-shāh)的撒勒合儿(Salghurī)①宗王手里。宗王由于害怕秃儿罕哈敦与自己争权，便娶了秃儿罕哈敦为妻；然而最终出于这种担心，还是下令杀害了她。一向支持秃儿罕哈敦的旭烈兀，为报她的血仇派军队前往法儿思，塞尔柱沙也在一场战斗中被杀。②

这一时期另一位著名的女性是八忒沙哈敦(Pādshāh Khātūn)，③她是上述忽都鲁·塔儿罕哈敦的女儿，也在起儿漫实行过统治(691—694/1292—1295)。由于她地位重要、出身尊贵，为伊利汗国君主阿八哈汗(Abāqā Khān)之妻十五年，其后又曾经侍奉其弟乞合都汗。八忒沙哈敦在内部纷争之际，杀掉了自己的兄弟，④当时也是她的竞争者之一。⑤ 古儿都臣(Kurdūjīn)，⑥即忙哥帖木儿(Mangū Tīmūr)与阿必失哈敦(Ābish Khātūn)的女儿，也是她兄弟的妻子，举起了反对自己兄弟之妻的旗帜。⑦ 此时伊利汗国政权内也发生许多变故，拜都(Bāydū)掌握了国家大权(694/1295)。八忒沙哈敦与前君主即他的竞争者关系密切而亲近，拜都与她意见不合，因而帮助古儿都臣，她借此得以废黜八忒沙哈敦的统治，自己大权在握。最终八忒沙哈敦于694年8月/1295年6月，在被古儿都臣囚禁之际，由她下令被杀。

关于她的死亡，我们在《瓦萨夫史》中读到："去年她坐在镀金的、镶有宝石、覆盖毯子的雄伟宝座的一角，今日体无盖棺地去往地下。岁月在那样的帕忒沙——生前把天蓝色的丝绸看作仆从们大衣的衬里，娇嫩柔弱得用玫瑰花的纤蕊、郁金香的头巾、水银色茉莉花的衬衫和绿色风信子的睡袍特别制作内衫外衣——死后，却如同对待随便一位寡妇，连一块可凡布也舍不得给。"⑧

我们在沙班卡拉依(Shabānkārayī)的《世系汇编》(*Majma' al-Ansāb*)中，可以读到这样的描述：

> 八忒沙哈敦是一位博学、公正的女性，她的精神具备许多特质，她掌握各种技艺，工书法，善吟诗，十分关心学者和贤哲，世上学者与演说家齐聚她的宫殿，诗歌也在她

① 撒勒合儿(salqurī)亦作"萨尔古尔"、"撒里葛儿"、"撒勒哈耳"、"撒勒古儿"，是法儿思阿塔毕王朝的别名，"[……]称做法尔斯的阿塔巴康(地方君王之译——译注)或称之为萨尔郭勒族的阿塔巴康。他们原系土库曼族的一支，是一个名为萨尔郭勒者的后裔。这些阿塔巴康在1148—1256年期间统治着法尔斯。"见阿宝斯·艾克巴尔·奥希梯扬尼著，叶奕良译《伊朗通史》，第602—603页；该氏族亦见麻赫默德·喀什噶里编撰，新疆社会科学院语言研究所译《突厥语大词典》，第1卷，第62页。——译者注

② 'Abd Allāh Shīrāzī, *Tārīkh-i Vaṣṣāf*, Vol.2, pp.185-186.

③ "八忒沙"即"帕夏""包德肖"(*pādshāh*)，意为国王、帝王；又作"巴的沙"。——译者注

④ 即札剌勒丁锁咬儿哈的迷失(Jalāl al-Dīn Suyūrghatmish)，又作"苏幼尔嘎特密希"(《伊朗通史》)、"锁咬儿合忒迷失"(《史集》)。——译者注

⑤ 锁咬儿哈的迷失是忽都鲁·塔儿罕哈敦的丈夫之子，即与八忒沙哈敦同父异母的兄妹或姐弟，他曾在起儿漫统治，而八忒沙哈敦支持母亲忽都鲁·塔儿罕哈敦一系在起儿漫的势力，拘捕自己的兄弟后，自己便成为起儿漫长官。见阿宝斯·艾克巴尔·奥希梯扬尼著，叶奕良译《伊朗通史》，第610页。——译者注

⑥ 《史集》作"古儿都臣"，《伊朗通史》作"库尔都芹"，实为一人，仅写法不同。——译者注

⑦ 按如上关系，此处不是"兄弟之妻"，而是"丈夫之姐妹"。——译者注

⑧ 'Abd Allāh Shīrāzī, *Tārīkh-i Vaṣṣāf*, Vol.3, p.295.

的时代极其繁荣。她下令规定了发给学者的薪酬,由国库出资兴建宗教学校,兴修许多建筑并为[供养、维持]这些建筑捐赠了许多财产。在她的宫殿中,学术讨论与谈话声、吟诗诵词声不绝于耳,她本人也是位优秀的诗人。我在这里抄录她的两三联诗,以期世人能够知晓她的学问:

我女诸般理事堪当行善,头巾下有多少治国才干。
有人愤怒言我穿戴头巾,那头巾分明是千金王冠。
纯洁纱帐①是我立足据点,示巴之流通过可须艰难。
二尺巾帼并非悉为夫人,服冕之首未必宜称算端。
头巾能变绳索纠结绕缠,如其经纬不是贞洁慈善。
吾乃哈喇兀鲁族哈桑沙,②欲学治世还需向我问探。③

另一位著名的阿塔毕家族的女性统治者是阿必失哈敦(661—684/1263—1285),她是阿塔毕撒德·本·阿布别克儿与秃儿罕哈敦的女儿,伊利汗国忙哥帖木儿的妻子。她统治法儿思 12 年,在此期间,法儿思正式成为伊利汗国领地的一部分。这位夫人以阿塔毕专有属地的名义,占有了大部分中央的土地(*imlāk-i Dīvān*),而对自己治下的繁荣昌盛漠不关心,以致她当政时,法儿思的情况更加荒芜破败了。

阿鲁浑汗(Arghūn Khān)在位时,这位夫人因为这片土地上种种凋敝无序的情形,被召往帖必力思(Tabrīz)。④ 在那里,人们对她进行了审讯,最后判以数目可观的罚款。阿必失哈敦于一年后逝于帖必力思。随着这位夫人的离世,法儿思撒勒合儿阿塔毕王朝的最后一位后裔也亡故了。⑤

阿哲儿拜占(Āẕirbāyjān)阿塔毕王朝的最后一位继承人也是一位女性,人称马利卡哈敦(Malika Khātūn)。⑥ 她是算端脱黑鲁勒三世(Ṭughrul-i Sivvum)的女儿,阿塔毕·月即伯⑦(Atābak Uzbik,607—622/1210—1225)的妻子,也与丈夫共同参与国务。

---

① 该词有的版本作"*killi*"(蚊帐),有的作"*kulbi*"(房舍,小屋),放在此处含义区别不大。——译者注

② 此处的"哈桑"(*ḤSN*)是两读音字,可以读作"*Ḥasan*",也可以读作"*Ḥusn*",均有"美好、美丽、良好"之义,译作"哈桑"只为符合诗歌字数要求。"哈喇兀鲁算端族"(Nizhād-i Qarā Ulugh Sulṭān)是八忒沙的家族名,*ulugh*,突厥语意为大,Qarā Ulugh Sulṭān 即哈剌大算端,见麻赫默德·喀什噶里编撰,新疆社会科学院语言研究所译《突厥语大词典》第 1 卷,第 162 页。——译者注

③ Shabānkārayī, *Majma' al-Ansāb Muta'liq ba Sāl-i* 733(《世系汇编》), Manuscript in Central Library and Documentation Center of the University of Tehran, Card index No. 583.

④ 即今大不里士。——译者注

⑤ 'Abd Allāh Shīrāzī, *Tārīkh-i Vaṣṣāf*, Vol.2, pp.190, 219, 220-221.

⑥ 又作"蔑力克哈敦",见多桑著,冯承钧译《多桑蒙古史》,下册,第 8 页,第 11 页。——译者注

⑦ 突厥语 Üzbik 意为"百户长","阿塔毕·月即伯"又作"阿塔毕斡思别"、"阿塔巴克·乌兹巴克",其祖父亦勒迭吉思(Ayldagiz)是被贩入塞尔柱王朝的钦察人,原是苏丹脱黑鲁勒·本·摩诃末(即脱黑鲁勒二世)的突厥侍卫,后收娶脱黑鲁勒的遗孀,于 1146 年在阿兰(Arran)和阿哲儿拜占辅佐其妻前夫之子阿儿思兰·本·脱黑鲁勒,成为事实上的统治者;亦勒迭吉思死后(567/1171—2),其子只罕帕鲁汪(Djihan Pehluvan)(即阿儿思兰同母异父的兄弟)接任阿塔毕;算端阿儿思兰驾崩时(1175),脱黑鲁勒三世尚年幼,最初由只罕帕鲁汪掌握实权;月即伯系只罕帕鲁汪之子。1194 年脱黑鲁勒被杀,伊拉克塞尔柱王朝覆灭,但亦勒迭吉思的后裔继续统治阿哲儿拜占周边地区,月即伯沿用阿塔毕称号。(转下页)

当花剌子模算端札兰丁(Jalāl al-Dīn)向阿哲儿拜占方向远征时,无力抵抗的阿塔毕·月即伯逃之夭夭,但他揣测札兰丁不会向女人进攻,于是把妻子马利卡哈敦留在了统治帖必力思的位置上。

恰恰与月即伯的设想相反,札兰丁包围了帖必力思,马利卡哈敦明白抵抗无济于事,同时"内心里也因为阿塔毕而伤心",①便在7天后向花剌子模沙派出信使,大意是如果"您可以保证那位夫人及其随从与服务人员的生命财产安全,并把豁亦(Khūy)城也赐给她,使她幸免于战事,有保证地被送往那座城池",②帖必力思即开城投降。算端接受了这些条件,并于622/1225年进入帖必力思城。如之前所承诺的那样,他把阿塔毕的妻子送到了豁亦。

马利卡哈敦是个财迷心窍、野心勃勃的女人。她从豁亦秘密地向札兰丁派了几个女人,假传消息说我已经被丈夫休掉了,心里期望嫁给你。然后她收买帖必力思居民瓦儿咱干(Varzaqān)的法官,还有另外几个人,让他们证明阿塔毕的确已经休了她。尤其是帖必力思法官亦咱丁·可疾维尼('Izz al-Din Qazvīnī),也证明了离婚之事。

花剌子模沙发现此事无论从哪一方面说都对自己有利,便赞同与之结为连理。最后婚礼在豁亦举办,并且除豁亦外,札兰丁还另将撒勒马思(Salmās)和兀儿米牙(Urūmīya)这两座城及其附属地区都作为聘礼,献给马利卡哈敦。这些举措的结果是,这位夫人实际上重新获得了在阿哲儿拜占地区的势力和实权。

阿塔毕·月即伯躲藏在纳黑出汪(Nakhjavān)属地的阿邻札克(Alanjaq)堡听说了这一情况,明知马利卡哈敦根本不是为札兰丁所迫,而是出于她自己的阴谋促成了这桩婚事,"他一头栽到枕头上,发起烧来,几日之内便去世了。"③

(接上页)参见多桑著,冯承钧译《多桑蒙古史》,上册,第132页;(波斯)拉施特主编,余大钧、周建奇译《史集》,商务印书馆,1983年,第1卷第2分册,第132、135、137—138、221页;阿宝斯·艾克巴尔·奥希梯扬尼著,叶奕良译《伊朗通史》,第408—410、420页;Rashīd al-Dīn Fażl Allāh Hamidānī, *Jāmi' al-Tavārīkh*(《史集》), ed. Muḥammad Rawshan & Muṣṭafī Mūsavī, Tihrān: Markaz-i Pazhuhishī-yi Mīrāṡ-i Maktūb, 1394/2015, Vol.1, p.318.——译者注

① 'Alā' al-Dīn 'Aṭā Malik Jūvīnī, *Tārīkh-i Jahāngushāy*(《世界征服者史》), ed. 'Alāma Qazvīnī, Chāp-i Laydin, Tihrān: Intishārāt-i Chāpkhāna-yi Khāvar, 1337/1958, Vol.2, p.94.(汉译本作"再者又被那个阿塔毕深深得罪",见(波斯)志费尼著,何高济译《世界征服者史》,内蒙古人民出版社,1980年,下册,第504页。——译者注)

② Shihāb al-Din Muḥammad Nasavī b. Khurandizī Zaydarī Bākharzī, *Sīra-yi Jalāl al-Dīn MīnkBRNY* [*Tārīkh-i Jalālī*(《札兰丁传》)], ed. Mujtabā Minuvī, Tihrān: Intishārāt-i Bungāh-i Tarjuma va Nashr-i Kitāb, 1344/1965, p.156.[《札兰丁传》完整名称可能是"札兰丁·曼克勃勒尼传",其中的"*MīnkBRNY*"是札兰丁的称号,目前元音与含义尚不明确,中文又作敏克勃勒尼、忙古比儿的、满古别儿迪、蒙布儿尼,《多桑蒙古史》说"此名突厥语犹言天赐。忙古(Mangou)犹言长生天。比儿的(birti virdi)犹言赐"。Peter Jackson 提出该词读作"Mingīrinī"时意为"有千人勇士的",见 C. Edmund Bosworth, "Jalāl-al-Din Ḵvārazmšāh (i) Mengübirni," *Encyclopædia Iranica*, Vol. XIV, Fasc. 4, pp.404-405, available online at http://www.iranicaonline.org/articles/jalal-al-din-kvarazmsahi-mengbirni (2015/11/26).亦有伊朗学者认为该突厥词汇意为"鼻上长刺的、作战勇猛的"。故书名只译为"札兰丁传"。——译者注]

③ Nasavī, *Sīra-yi Jalāl al-Dīn*, pp.166, 176.

志费尼(Juvaynī)在《世界征服者史》(*Tārīkh-i Jahāngushāy*)中,叙述这些情况后,感叹女人背信弃义,写下了这一联诗:①

女人和她们的誓言犹如尘土,
东风与她们的盟誓是为一物。
随后补充道:"除女人和女人的事外,万事皆易。"②

札兰丁算端忙于征战时,离开了阿哲儿拜占,指派自己的宰相沙剌甫·木勒克(Sharaf al-Mulk)监视马利卡哈敦的行为。沙剌甫觊觎这位夫人的巨额财产,另一方面又对她在诸事上的势力与统治心有不甘,便不停地给札兰丁送去针对她的不实报告——或许是真的——借口说哈敦勾结苫国(Shām)③和鲁木的阿塔毕王室,企图把阿哲儿拜占从花剌子模的占领中独立出去。

马利卡哈敦十分恐惧这种敌意的后果,她后来去了位于乌儿米亚(Urūmiyya)湖边的塔剌(Talā)堡垒。这座堡垒十分坚固,从军事情势的角度讲少有可媲美者。于是她与沙剌甫之间的战争爆发了;因为她自己无力抵抗,便向一位名为哈只不·阿里(Ḥājib 'Alī)的阿塔毕求救。这位阿里是阿黑剌忒(akhlāt)长官灭里·阿失剌甫·木撒(Malik Ashraf Mūsī)[艾育伯王朝(Ayyūbī)的王公之一]的代理人。哈只不·阿里率军从苫国赶到,占领了塔剌堡,于625/1227—8年带马利卡哈敦回到苫国。人们推测,灭里·阿失剌甫大概自己娶了她。如此一来,阿哲儿拜占最后一位阿塔毕后裔的故事也就此告终。

当花剌子模沙回到阿哲儿拜占时,听说了事件的来龙去脉,他明白,宰相在其过程中罪责难逃,便为妻子开脱,内心不记恨她了。但他此后再也未能接回这位夫人。④

在这一时期,我们也能碰到另一种情形:花剌子模沙上台后,那些在前政权中掌管城堡或据有一方的女性为巩固自己的地位、保护自己的财产,纷纷嫁给花剌子模王公们,把那些城堡的控制权拱手让给丈夫,然后继续过着从前那种安逸舒适的生活。⑤

从以上这些史事中可以得出结论,即在塞尔柱王朝及其后的阿塔毕政权中,女性对于组建与维持伊朗的地方政权,起到了实际作用。她们相对于伊利汗国也取得了一些成功,在一段时间内能够独立于中央政府,维持前政权的统治。

伊利汗国统治者也为对伊朗各种各样的地方统治放心,娶那些阿塔毕或撒勒合儿女性掌权者和公主为妻,一方面意在监控她们的统治,另一方面好轻松愉快地享受这些地区的赋税。

① 诗歌参考志费尼著,何高济译《世界征服者史》,下册,第504页,略有改动。——译者注

② Vol.2, pp.94-95.(译文引自志费尼著,何高济译《世界征服者史》,下册,第504页。——译者注)

③ 又作"沙姆",即今叙利亚及周边地区。——译者注

④ Nasavī, *Sīra-yi Jalāl al-Dīn*, pp.218, 221, 243.

⑤ Nasavī, *Sīra-yi Jalāl al-Dīn*, p.224.

花剌子模沙王朝(490—628/1097—1231)

从女性对伊朗的统治来看,花剌子模沙王朝(Dawra-yi-Khvārazmshāhī)是一个重要时期。联姻成为地方长官与算端接近的手段,阴谋引发了种种恐怖事变和王位嬗替,在政权中的影响是她们为罪犯说情或惩处他们的凭借。①

花剌子模沙娶了许多钦察(Qibchāq)统治者的女儿,这"当属花剌子模沙王朝权力的中心、强大的基础、人口增长的资本"。②

众所周知,钦察诸部从人口数量、勇武好战与残忍无情上看,在中亚大名鼎鼎;花剌子模沙政权到存在的最后一息也未被伊朗各地认可,以至于他们在国内国外一刻不停地忙于征战,因此迫切要求强有力的、适于战争的兵力和支援。钦察诸部自己的祖居地已经不能满足诸部经济上的需要,他们也在寻求新的、繁荣的地方,因而以最好的方式满足了算端的要求。勇士们挥动利剑为算端效命,相应地获得最高的地位、最多的财富。也正是出于这种原因,成吉思汗(Chingīz Khān)与他的子孙们不遗余力地消灭这些部落。③

秃儿罕哈敦是花剌子模最早的知名女性之一,她是亦勒·阿儿思兰(Īl-Arsalān,551—567/1156—1172)之妻。阿儿思兰算端在位时,就曾与她商讨政事,她也依突厥传统,直接干预国家大事。亦勒·阿儿思兰去世时,被选为新国王的算端沙(Sulṭān-shāh)还是个小孩子,④秃儿罕王后也就是新算端的母亲执掌国家大权。算端沙同父异母的哥哥帖怯失(Takash)⑤拒不服从新国王和王太后。同时代的(526/1132)哈剌契丹(Qarākhitā'yān)⑥掌握在一个叫曲云克(Kūyūng)⑦的女性手中,她继承了丈夫的王位。帖怯失自命算端,并求助于曲云克。这时曲云克已经有了新丈夫,她以获得数目可观的岁入为条件,派丈夫率军前去帮助帖怯失。⑧

秃儿罕太后参加了战斗,但被杀。她的死自然使帖怯失获胜,顺利即位(568/1172)。⑨

这个女人在世时,就已经实现了自己的所有政治企图;可见她若不被杀掉,帖怯失无论如何也不可能如愿。

---

① Refer to *Jāmi' al-Tavārīkh*(《史集》), *Sīra-yi Jalāl al-Dīn*, *Tarīkh-i Guzīda*, ect.

② Nasavī, *Sīra-yi Jalāl al-Dīn*, p.246.

③ Nasavī, *Sīra-yi Jalāl al-Dīn*, p.246.

④ 《史集》中写作"莎勒坛沙"。——译者注

⑤ 又作"塔哈失"、"帖乞失",元代译为"铁失"。——译者注

⑥ 即西辽王朝、黑契丹、喀喇契丹,"他们的老家在契丹……某种强有力的因素使他们离开他们的国家……",见志费尼著,何高济译《世界征服者史》,上册,第417页。——译者注

⑦ Kû-yûng.[《世界征服者史》中提到了"Kuyang",译作"阔阳",即"塔不烟(1144—1150),尊号为感天皇后",是耶律大石的寡妻。另一处载,帖怯失投奔的是哈剌契丹诸汗之汗的女儿,即西辽王朝摄政王承天太后耶律普速完,"是已故的汗夷列皇帝(1151—1163)之妹,原菊儿汗耶律大石(1124—1143)之女"。见志费尼著,何高济译《世界征服者史》,上册,第341、366、418、424页;"Kūyūng"译作"曲云克",见多桑著,冯承钧译《多桑蒙古史》,上册,第178页。——译者注]

⑧ Ghiyyāṣ al-Dīn Khvāndmīr b. Hammām al-Dīn al-Husaynī, *Ḥabīb al-Siyyar fī Akhbār-i Afrād-i Bashar*(《传记之友》), ed. Muḥammad 'Ali Taraqī, Tihrān: Intishārāt-i Khiyyām, 1333/1954, p.534.

⑨ Ḥamad Allāh Mustawfī, *Tārīkh-i Guzīda*, p.487.

既然我们谈到哈剌契丹,不妨讲一讲成吉思汗的同时代人、古儿汗①屈出律汗(Gūrkhān Kūchluk-Khan,607—615/1211—1218 在位)之妻、乞台(Khitā 中国北部)皇帝的女儿,她也是突厥人中女性掌权的一个例子。②

古儿汗通过这段婚姻,利用妻族的地位,增强了哈剌契丹政权的威望,也获得了很大的成功。这个女人才开始信仰基督教,像所有新皈依的教徒一样极度狂热,她最大的目标就是在哈剌契丹国内发展基督教义、消灭所有非基督徒。③

他的妻子是基督徒,他拜偶像,
在他手下,伊斯兰遭佛陀重创。

为了实现这一目标,她不停地怂恿丈夫屠杀非基督教徒。终于屈出律汗屈服于妻子的请求,发布了屠杀所有非基督教徒的命令。于是可失哈儿(Kāshghar)地区④发生了一场惨无人道、骇人听闻的大屠杀,这样的大屠杀与暴行在中亚地区史无前例。该举措使哈剌契丹王国丧失了中亚各穆斯林民族的支持,也成为当地所有部族生活中生死攸关的问题,结果为蒙古人的事业和成吉思汗的进攻提供了很大便利,尤其是因为蒙古大汗对宗教并不狂热,允许所有人自由选择和信仰宗教。⑤

秃儿罕哈敦

秃儿罕哈敦(Turkān Khātūn)是花剌子模沙王朝最重要、最显赫,更确切地说是该王朝最著名的人物。她是帖怯失算端的王后,康里(Qanqlī)部族一个分支伯岳吾(Bayā Ūt)⑥部落钦察汗贞克失(Jinkishī)⑦汗的女儿,也是花剌子模沙摩诃末(Muḥammad)算

① 从下文看,这位"古儿汗"指的就是屈出律。详见郑天挺主编《中国历史大辞典》,上海辞书出版社,2000 年,上册,第 1593 页:

(1) 又译古儿罕,菊儿罕。意为"众部之主"、"全体之君"。蒙古高原各部以此称西辽皇帝。乃蛮、克烈首领或亦用此称号。金泰和元年(1201),蒙古高原十一部结盟反对克烈部汪罕及蒙古部长铁木真(成吉思汗),共推札木合为盟主,号局儿罕。(2) 即"札木合"。

此处"古儿汗"仅指哈剌契丹皇帝。——译者注

② 在波斯语中,"乞台"与"契丹"是同一单词,译作"乞台"时多指中国北部;"哈剌契丹"也常简称为"契丹"或"乞台",尽管"哈剌契丹"(西辽)与"契丹"(辽)是两回事。另外,依据伊朗人的传统观念,契丹、蒙古、突厥、畏兀儿等民族源于同一祖先,故将契丹人、蒙古人都看作突厥人,详见《史集》中关于部族起源的部分。——译者注

③ 《世界征服者史》的记述略有不同,如屈出律利用妻族提高的是自己的地位;他的妻子是佛教徒,属乃蛮部的屈出律是基督徒。见志费尼著,何高济译《世界征服者史》,上册,第 72 页。——译者注

④ 即今喀什。——译者注

⑤ Mīrkhvānd Mīr Muḥammad b. Sayyid Burhān al-Dīn Khāvandshāh, *Tārīkh-i Ravza al-Ṣafā* (《洁净园》), Tihrān: Intishārāt-i Khayyām, 1339/1960, Vol.4, pp.73 - 74; Yūākhīm Bārkhāvzin, *Imprāṭuwwrī-yi Zard-Chingīz Khān va Farzandānash* [《黄色帝国》(Joachim Barchausen, *L'Empire Jaune de Genghis-Khan*)], trans. Ardashīr Nīkpūr, Tihrān: Intishārāt-i Kitābfurūshī-yi Zavvār, 1346/1966, p.87.

⑥ Baya'ut.

⑦ Jenkshi.

端的母亲。

康里部族的原住地——花剌子模湖(Daryācha-yi Khvārazm)①北部的干旱荒原位于里海东北,自从秃儿罕哈敦与花剌子模沙完婚就听命于她;这一联姻也如前所述,在这种考虑下实现:即花剌子模沙王朝凭借婚姻关系,将能利用这一地区丰富的人力去实现自己的政治目标、发动战争。后来她的儿子摩诃末算端也依靠该地五六万人的巨大兵力,在亲自领导的战争中获取了极丰富的成就。

无疑钦察诸汗与诸首领也希望凭借秃儿罕哈敦的领导地位获得丰富多样的特权,并成为花剌子模国一等一的贵族,且担任国家的军政要职。② 这位哈敦的长兄忽马儿的斤(Khumārtakīn)是玉龙杰赤(Ūrganj)的达鲁花赤(Dārūgha,军事长官),她叔叔的儿子亦纳勒出黑(Īnāljuq)③获得了整个突厥斯坦(Turkistān)的统治权,绰号叫做"哈亦儿汗(Ghāyir Khān)",④ 康里部诸汗中的一人还得到了不花剌(Bukhārā)⑤ 的封邑(*ḥukūmat*)。⑥ 昨日的部落诸汗,成为今日文明富有的大城市的统治者,还不知珍惜地聚财敛资、努力维护地位、攫取更多特权。

志费尼描述康里部突厥人如下:"他们的内心中毫无同情和怜悯。他们中意哪里,该地就化为废墟,百姓就躲进城堡。确实,他们的残忍、凶暴和奸诈,造成算端王朝的覆灭。"⑦

秃儿罕哈敦于丈夫在世时,就对他影响很大,还参与国事。《纳西儿史》(*Ṭabaqāt-i Nāṣirī*)描述她在丈夫面前的权力与盛怒如下:"她因为一个属于丈夫的小女仆对帖怯失算端动了气,便尾随算端进入浴室,把帖怯失算端关入灼热的浴室,算端甚至差点驾崩。一群王公和首长过来打碎浴室门,才把算端从热气中抬了出来。他大动肝火,还为此失去了一只眼睛。她的权势、盛怒和睚眦必报就达到此等程度。"⑧

另一处还写道:"那个尊贵的女人慢慢做大,举世闻名,特别是在自己的儿子花剌子模沙摩诃末算端在位时。她是那种凭借权力和热情而尊贵的女人,天生独断专制。"⑨

在摩诃末算端统治时期,秃儿罕哈敦正式接过花剌子模沙王朝的权柄,在治国方面也与儿子旗鼓相当,并且在花剌子模全境,当从她这里和算端那里分别收到两封不同的,但关于同一件事的命令时,人们只会看命令签发的日期,若是哪一份上署有的日期较晚,人

① 今咸海。——译者注

② Qāżī Minhāj Sirāj Abū'Umarū Mināj al-Dīn 'Usmān al-Jūzjānī, *Ṭabaqāt-i Nāṣirī*(《纳西儿史》), ed. 'Abd al-Ḥay Ḥabībī, Chāp-i Kābul, 1328/1949, Vol.1, p.355 & *Sīra-yi Jalāl al-Dīn*, p.59; ect.

③ Inaljeg.

④ 又作"海儿汗"、"哈只儿汗"。——译者注

⑤ 今布哈拉。——译者注

⑥ Abū al-Ghāzī Bahādurkhān, *Histoire des Mogols et des Tatares* [*Tārīkh-i Abū al-GhāzīShajara-yi Turk*(《突厥世系》), Vol.1 in Chagatai, Vol.2 in French], trans. Le Baron des maisons, St. Petersburg: Imprimerie de l'Académie Impériale des Sciences, 1874, p.28.(参见阿布尔-哈齐-把阿秃儿汗著,罗贤佑译《突厥世系》,中华书局,2005年,第35页。——译者注)

⑦ Jūvīnī, *Tārīkh-i Jahāngushāy*, Vol.2, p.117.(译文引自志费尼著,何高济译《世界征服者史》,下册,第556页,略有改动。——译者注)

⑧ Al-Jūzjānī, *Ṭabaqāt-i Nāṣirī*, Vol.1, p.355.

⑨ Al-Jūzjānī, *Ṭabaqāt-i Nāṣirī*, Vol.1, p.355.

们便采用那份命令。

她本人的薪俸与采邑(*iqṭā ʻāt*)同政府机构、同王宫是分开的。她拥有一套自己的机构和宫廷,“她的权力凌驾于算端之上,凌驾于他的财政、大臣和官吏之上”。①

她有专属的宰相,有7位知名学者在她的翰林院(*Divān-i Inshā*)工作。她的圣谕是“世界与信仰的保护者,伟大的秃儿罕,今后两世女性的王后”,题辞“仅有安拉为我的庇身之所”,②在谕令中,这一题辞用极工整俊秀的笔迹写成,以致根本没有伪造的可能。③

秃儿罕哈敦是一个残暴不公、铁石心肠的女人,是她导致了许多古老而高贵的伊朗家族的消失。她的儿子征服某一地区后,她就把当地长官押回花剌子模,趁夜把他们扔到河水里;对于那些身负要职的人,即使怀有一丝一毫的猜疑,她也会消灭掉。她对自己罪责却辩解说要让儿子没有竞争者、也没有敌人地生活下去。“她没有发现,全能真主不仅在现世施行惩罚,而且知道怎样在来世施行报应处分。”④

她是那种寻欢作乐、耽于享受的女人,不断秘密地举办和睦欢娱的闹饮。

摩诃末算端艰难地忍受着自己的母亲。一方面,他非常不喜欢存在像秃儿罕哈敦这样的对手,这令他不愉快,他自然更愿意做一个无可争辩的国王。但他是那样受制于并需要母亲,以至无论如何也不能把母亲排除或驱逐出自己的生活;另一方面,是母亲将数额巨大的人力置于儿子的掌控之下,这些人力组成了权力的基柱,母亲认为干涉各种事务完全是理所当然、无可非议。

这对母子之间有许许多多内部的、秘密的争斗,我们在史料本身就可以看到这些争端的信号与例子。这些都是龃龉不合的实证:其中一个重要的例子,就是母亲给算端强加宰相的问题。花剌子模沙在她的命令下,被迫罢免了自己的宰相,然后选择了一个叫纳昔剌丁・摩诃末・本・撒里黑(Nāṣir al-Dīn Muḥammad b. Ṣāliḥ)的人当宰相。这个纳昔剌丁是他母亲的故仆,⑤甚至可能是情人。相对于宰相的职位,此人身份低微,也无力胜任职务,尤其是不断传来他受贿、失信等令人不愉快的报告,而且国王的所有大臣都责怪他为何任用此人。纳昔剌丁仅有的长处,不过是体形匀称、体态优美、会插科打诨、用俏皮话调节气氛而已。

在《札兰丁传》(*Sīra-yi Jalāl al-Dīn MīnkBRNY*)一书中,与此相关,我们能够读到:

> 他是那种收受贿赂、贪得无厌的人,以致延误和耽搁了许多事务的利弊权衡。
>
> 简言之,此人丝毫不具备宰相、领导工作所需的才干,除了拥有极为赏心悦目的容貌与高涨得无与伦比的热情;众王之王依自己的意愿没有任命他为宰相,而是在罢

① Jūvīnī, *Tārīkh-i Jahāngushāy*, Vol.2, p.127.(译文引自志费尼著,何高济译《世界征服者史》,下册,第556页。——译者注)

② 原文为阿拉伯语。冯承钧译作“世界与信仰之保护者,宇宙之女皇秃儿罕”,题辞为“仅有上帝为我庇身之所”,见多桑著,冯承钧译《多桑蒙古史》,上册,第91页。——译者注

③ Nasavī, *Sīra-yi Jalāl al-Dīn*, p.59.

④ Jūvīnī, *Tārīkh-i Jahāngushāy*, Vol.2, p.117.(译文引自志费尼著,何高济译《世界征服者史》,下册,第556页。——译者注)

⑤ 此处及下文涉及纳昔剌丁与秃儿罕哈敦关系的措词,原文均为突厥奴隶(*ghulām*),而非一般性仆役。——译者注

免自己的宰相尼咱木勒克·摩诃末(Niẓām al-Mulk Muḥammad b. Niẓām ul-Mulk bahā'al-Din Mas'ūdī Haravī)后,同母亲商议任命一位胜任工作又正直合适的宰相,而她示意委任上述纳昔剌丁,即秃儿罕哈敦奴隶出身的奴隶。由于众王之王认为有责任尊敬父母,且国家大多数王公都属于母亲的同族或近亲,也是凭借他们,算端才得以与契丹人开战、夺回被他们侵占的国土,故而在各种大事小情上都不可能有违母命。他迫不得已又不以为然,接受了母亲的代理人,委任他为宰相。①

关于算端的无可奈何,另一处讲道:"国王听说河中地区的这些事件后,他的愤怒不断增长;这位低下骄傲的头颅的强大君主,曾经对诸国王像对自己的奴仆(*banda*)那样发号施令,却不能惩处自己的仆人(*chākir*)。"②

事情的来龙去脉如下:摩诃末算端巡游至你沙不儿,选中撒忒剌丁·氈的(Ṣadr ul-dīn Jandī)为当地法官后,禁止他听命于宰相、给宰相送礼。但法官却收到指令说,应当向宰相表达敬意,不应完完全全、彻彻底底地服从算端。法官受到恫吓,出于畏惧,给宰相送了装着 4 000 个金币的钱袋。摩诃末一直在监视宰相的行动,他下令把钱袋带着戳记那样原封不动地给自己送来。随即把法官召至宫中,当着所有人的面问他给宰相送了什么礼物。法官不承认有过此事,甚至以算端的头起誓否认。算端拿出了钱袋,然后下令杀掉法官,毁坏宰相的营帐,再把他遣回他的主人,也就是秃儿罕哈敦的宫殿。

纳昔剌丁返回了花剌子模。秃儿罕哈敦不顾儿子的愿望,下令所有市民和所有大臣、政府官员去迎接他;宰相还由于哈乃斐派教长(Imām-i Ḥanafī-hā)不儿罕丁长老(Shaykh Burhān al-Dīn)迟到而指责他,罚他支付了 10 万个金币。秃儿罕哈敦这次甚至把王储斡思剌黑沙③(Ūzlāgh-shāh)的相位也授给了他。

摩诃末不断听说宰相肆无忌惮的各种报告,便派了一个官员(*famānda*)去母亲那里,让她给算端送去宰相的人头。秃儿罕哈敦非但没有照办,反而命令算端的信使去朝廷(Dīvān)见宰相,以算端的名义对他说,宰相非你莫属,你照旧理事,王土之上莫敢不服,有令必行。这个官员因为害怕丧命便这么做了,如此一来,纳昔剌丁的相位实际上更稳固了。④

摩诃末于 614/1217—1218 年终于成功罢免这个强加的宰相。

秃儿罕哈敦和康里突厥人非常尊敬宗教人士阶层,并从他们那里获得支持。我们知道,摩诃末算端把这一阶层的影响看成自己权力的障碍,努力打压、减弱他们的声望。这一点也是他与母亲不和的主要原因之一,尤其是因为杀死摩诃末丁·报达迪长老

---

① Nasavī, *Sīra-yi Jalāl al-Dīn*, p.39.

② Nasavī, *Sīra-yi Jalāl al-Dīn*, pp.43 – 44.(*banda* 原意为"奴隶""奴仆",*chākir* 指一般性仆人。——译者注)

③ 又作"乌佐劳格沙",见阿宝斯·艾克巴尔·奥希梯扬尼著,叶奕良译《伊朗通史》,第 464 页及其后。——译者注

④ M. Le Baron C. D'ohsson, *Histoire des Mongols, depuis Techenguiz Khan jusqu'a Timour Bey, ou Tamerlan*(《多桑蒙古史》), La Haye, et Amesterdam: Les Frères Vancleef, 1834, Vol.1, pp.200 – 201; also refer to *Sīra-yi Jalāl al-Dīn*.(见多桑著,冯承钧译《多桑蒙古史》,上册,第 90—92 页。——译者注)

(Shaykh Muḥammad al-Dīn Baghdādī)这件事。摩诃末丁是捏只木丁·库卜剌(Najm al-Dīn kubrā)长老的名徒,也是秃儿罕哈敦的一个亲信。算端喝醉时,借口他与母亲有不正当关系杀掉了他,过后又后悔,转而做了许多补偿。①

文官武将也是一派支持儿子,另一派拥护母亲。这一情况在后来也是蒙古人打败花剌子模人的原因之一。成吉思汗于规划进攻伊朗的方案时,就知道算端母子之间存在隔阂,便充分利用了这一点。②

在选择王储上,"迫于情势,在君王身边,无论如何都必须遵循秃儿罕哈敦的意见",③她的要求实现了:尽管摩诃末更愿立以勇武著称的长子札兰丁为储,但他迫不得已把这一名号授给了另一子斡思剌黑沙。秃儿罕哈敦反对并仇视札兰丁的原因是,他的生母是印度人,而斡思剌黑沙的母亲与摩诃末的母亲一样,来自伯岳吾部。④

秃儿罕哈敦对札兰丁的仇恨和嫌恶不仅任何时候都未曾减少,在札兰丁继位后,反而更剧烈了。当蒙古人追击秃儿罕哈敦时,情况危急到他们即将被蒙古人俘虏,她的一个名叫巴忒剌丁·希剌勒(Badr-al-Din Ḥilāl)的突厥奴隶想逃至札兰丁处避难,也向这位夫人提议道:

> 来吧,我们逃走吧,我们去向你的孙子和心肝宝贝札兰丁求救吧。而那个视札兰丁为劲敌的人说:主啊,弄死他吧,好让他离我远点儿。跟在我的两个孙子斡思剌黑沙和阿黑沙(Āq-shāh)后面去领受爱·只玛克⑤(Āy Jīmāk)之子的恩惠,在他的荫庇之下度日,我怎么可以受这种侮辱?依我看,眼下的困境、忍受这种屈辱和困难,都好过你说的那样。⑥

如前所述,成吉思汗在入侵伊朗时获悉这对母子之间的分歧后,就此制订了大量方案,也运用得非常成功。起初摩诃末杀过一个政府官员的亲属,这个官员对花剌子模政权怀恨在心,从摩诃末处逃走了。他去找成吉思汗,向大汗汇报了母子不和的情况。在这个人的帮助以及如上情报的作用下,成吉思汗实施了一个诡计,让摩诃末罢免了几名能干的将领。如果他们在,也许摩诃末能采取有效的防御措施。⑦

蒙古大汗进攻前,派了一个叫答失蛮·哈只不(Dānishmand Ḥājib)的贵族到花剌子模秃儿罕哈敦处报信说:

> 我们知道你的儿子用不听指挥、违抗命令来回应你的权利,我现在意欲同他开

① Khvāndmīr, *Ḥabīb al-Siyyar*, Part. 4, Vol.2, p.647.

② Nasavī, *Sīra-yi Jalāl al-Dīn*, p.51.

③ Nasavī, *Sīra-yi Jalāl al-Dīn*, pp.31, 78.

④ Nasavī, *Sīra-yi Jalāl al-Dīn*, pp.34, 35, 41.

⑤ Ay-jimak,札兰丁的印度母亲。

⑥ Nasavī, *Sīra-yi Jalāl al-Dīn*, pp.55 - 56.

⑦ More details refer to D'ohsson, *Histoire des Mongols, depuis Techenguiz Khan jusqu'a Timour Bey, ou Tamerlan*, Vol.1, pp.214 - 215.(参见多桑著,冯承钧译《多桑蒙古史》,上册,第96页。——译者注)

> 战。但我不会进攻或损害你所掌握的一州一县,你若愿意,请送一个人到我处为你担保,花剌子模、呼罗珊和起自阿母河(Jīḥūn)边的那片地区就归你。而秃儿罕哈敦对这个消息的回应是,逃出了花剌子模,那片领地上的事务也就抛在脑后,不闻不问了。①

蒙古人进攻过程中,摩诃末想逃往祃椤答而(Māzandarān)时,②遣使去花剌子模给母亲送信,要她带他所有后宫亲眷都撤至该地。秃儿罕哈敦既然也看到危险迫在眉睫,便接受儿子的邀请,同所有亲眷后妃、国库机构等前往祃椤答而。616/1219—1220 年出发前,她下令将在花剌子模国监狱度日的 12 位前朝王子与前长官淹死在阿母河中,其中包括塞尔柱王朝脱黑鲁勒③三世(Ṭughrul-i Sivvum)算端二子、巴里黑(Balkh)统治者阿马都丁('Imād-al-Din)与其子呾蜜(Tirmiẕ)④长官、范延(Bāmiyān)与钁沙(Vakhsh)的官员们。⑤ 她的想法是以免这些人趁她和儿子不在时,自命算端引起麻烦。

后来这位夫人与她的随行人员到达祃椤答而,蜗踞在剌里赞(Lārījān)地区一个叫亦剌勒(Īlāl)的坚固城堡里。追击他们的是成吉思汗的名将速不台(Subtāy),他包围了城堡。碰巧在包围过程中,持续一段时间滴水未降,躲藏在城堡里的人们因为过于口渴,出来投降了。他们刚刚投降,天上便下起了滔滔洪水般的大雨:"令人惊奇的是,在祃椤答而对城堡的征服引起了干旱,因为在当地,云彩的眼睛一向泪汪汪的。据说正是秃儿罕哈敦投降的那天,洼地里都灌满了雨水。是啊,全能独一的主摧毁了这个政权的支柱,却使另一个算端统治的基础更强大了:冥冥中藏有奥秘,这事件也值得智者常常回味。"⑥

秃儿罕哈敦同所有摩诃末算端的子女后妃于 618/1221—1222 年被押往塔里寒(Ṭāliqān,今属阿富汗)面见成吉思汗。蒙古大汗下令,杀掉他们中所有的男孩,无论长幼。哈马乞沙(Kamākhī-shāh)是摩诃末算端最小的儿子,在他还留在秃儿罕哈敦跟前的那一小段岁月里,唯一能让这个女人高兴起来的便是他。但有一天蒙古人把他也抓起来,带走闷死了。摩诃末的后妃、姐妹、公主连同后来札兰丁那些妻妾,在他跳入印度河逃走后都成了蒙古人的奴隶。蒙古人把她们聚集起来,分发给了成吉思汗的宗王和亲信。⑦

我们不妨在此简述摩诃末的公主们的下场。她们随秃儿罕哈敦一起成为蒙古人的女奴,其中一个叫秃儿罕算端(Turkān Sulṭān)的是斡思剌黑沙的姐妹,她被当成礼物送给了答失蛮·哈只不,就是成吉思汗派至秃儿罕哈敦处的那个使者。还有两个女孩,其中一个

---

① Nasavī, *Sīra-yi Jalāl al-Dīn*, p.53.

② 即今伊朗北部、里海南岸的马赞达兰。——译者注

③ 亦作"托格洛尔三世",即塞尔柱王朝末代皇帝。——译者注

④ 唐代译作"呾蜜",后又作"怛满"、"怛没"、"迭儿密"、"帖里麻",在今乌兹别克斯坦南部,详见高文德主编《中国少数民族史大辞典》,第 1388 页。——译者注

⑤ Jūvīnī, *Tārīkh-i Jahāngushāy*, Vol.3, p.117; Nasavī, *Sīra-yi Jalāl al-Dīn*, p.53.(见志费尼著,何高济译《世界征服者史》,下册,第 557 页。——译者注)

⑥ Jūvīnī, *Tārīkh-i Jahāngushāy*, Vol.2, p.56.(《世界征服者史》无此段,该段引自《札兰丁传》,详见 Shihāb-al-Dīn Muḥammad Khurandizī Zaydarī Nasavī: *Sīrat-i Jalāl-al-Dīn MKBRNĪ*, ed. Mujtabā Mīnūvī, Tihrān: Shirkat-i Intishārāt-i 'ilmī va farhangī, 1986, p.59.——译者注)

⑦ Nasavī, *Sīra-yi Jalāl al-Dīn*, p.56.

名为汗算端(Khān Sulṭān)的被送给了察合台(Jaghtāy),成为察合台的妻子;另一个被察合台送给了他的宰相忽都不丁·哈别失·阿米的(Quṭb al-Dīn Ḥabash 'Amīd),①其余也都分给了其他异密。

摩诃末还有一位公主被蒙古人卖到了大马士革(Dimishq),又在那里被带到密昔儿(Miṣr),送进密昔儿算端的后宫,在密昔儿当了 11 个月零几天算端的忽突思·咱喜利(Quṭuz Ẓāhirī)就是那女子的孩子。②

札兰丁健在时,常常能打听到秃儿罕哈敦的音信;但他死后,在伊朗就得不到有关这位哈敦命运的消息了。③

秃儿罕哈敦被送到蒙古都城哈剌和林(Qarāqurūm),违心而悲惨地在蒙古大汗宫中生活了几年。每当拔营回返哈剌和林,成吉思汗都下令为她的儿子花剌子模沙的去世大声号丧;"她的景况如此困窘,多次出现在成吉思汗的酒席上,从那里取走自己几天所需的饭食,而就在这不久前,她的命令在世界上大多数国家还通行有效。"④

秃儿罕哈敦肩负着许多诸如滥杀无辜之类的罪过,就在这种光景中,于 630/1232—1233 年逝世于蒙古都城,"以这种方式,那个女人在今世也尝到了残害人民、诛杀王子的报应"。⑤

汗 算 端

在这一时期的史料中,摩诃末的一位公主汗算端(Khān-sulṭān)⑥也是一个著名的女子。她原本是河中地区长官算端斡思蛮(Sulṭān 'Usmān)⑦之妻。我们知道,哈剌契丹不断进犯河中地区(Māvarā'al-Nahr),当时算端斡思蛮也与哈剌契丹古儿汗打得热火朝天;同时头脑中不断滋生对古儿汗女儿的爱情。几次战役后,因为看到自己没有抵抗之力,算端斡思蛮便向摩诃末算端求援,在他的帮助下才打败了哈剌契丹人。

考虑到河中地区的重要性,摩诃末算端为汗算端与算端斡思蛮订婚,女婿也依突厥传统,在未婚妻家度过了一年。婚礼结束返回河中地区时,花剌子模沙给女儿带了很多侍从和嫁妆。然而才过不久,就传来消息说算端斡思蛮与古儿汗和好了,还娶了他喜欢的那个古儿汗的公主,对汗算端不仅不管不问,反而当众嘲弄她,逼迫她喝酒,⑧简言之以各种方

---

① Jūvīnī, *Tārīkh-i Jahāngushāy*, Vol.2, p.118.《札兰丁传》中提到该女为术赤妻,讹。

② Aḥmad Maqrīzī b. 'Alī, *al-Sukūk li-ma'rifat duval al-mulūk*(《王政导言》), Vol.1, p.453.(该书在《多桑蒙古史》中又作"马克利齐书",本注中的书名"*al-Sukūk*"应写为"*al-Sulūk*",作者未提供其他信息。详见多桑著,冯承钧译《多桑蒙古史》,上册,第 20 页。——译者注)

③ Nasavī, *Sīra-yi Jalāl al-Dīn*, p.59.

④ Nasavī, *Sīra-yi Jalāl al-Dīn*, p.56.

⑤ Nasavī, *Sīra-yi Jalāl al-Dīn*, p.55.

⑥ 又译作"罕速勒坛"。——译者注

⑦ "算端"指其身份,在《世界征服者史》中称之为"众算端之算端",是喀喇汗王朝后裔。此人名为"斡思蛮",但通常译作"算端斡思蛮"而非"斡思蛮算端"。详见志费尼著,何高济译《世界征服者史》,下册,第 466—469 页。——译者注

⑧ 此处《世界征服者史》据英译本翻译的汉译本作:"(算端乌思蛮)要她在一次节宴上,作为他这时从菊儿汗那里娶来的一个少女的随从出现。"见志费尼著,何高济译《世界征服者史》,下册,第 468 页。——译者注

式凌辱她。不宁唯是，还杀掉了她的亲信和侍从。摩诃末算端怒不可遏，远征河中地区，打下撒麻耳干（Samarqand）①后，展开了史无前例的大屠杀和大破坏，约一万人在这场战争中丧生。然后尽管花剌子模沙不同意，人们依照汗算端的请求，把算端斡思蛮也杀掉了。②

这个女子在丈夫死后回到父亲那里，正如我们所见，蒙古人胜利后成为察合台的妻子，凭借聪慧和美貌赢得了他的欢心，还为他生下孩子。察合台逝世后，这位哈敦同样拥有丈夫在世时的青睐与地位。成吉思汗命人教她的孩子学《古兰经》（*Qūr'ān*），并付出许多努力来培养他。所以这本身就说明了汗算端在蒙古大汗身边的地位。③

汗算端哈敦在新环境中，不断努力想为她父亲那个半死不活的政权服务，因此不断从远途通过密使向自己的兄弟札兰丁报告蒙古人的情况。当札兰丁已经包围阿黑剌忒时，她向他派出带有信物的信使，那个信物是她父亲的一个戒指，上面嵌着一块刻有摩诃末名字的绿松石。信使传达的消息是，成吉思汗"获知了你的勇敢、威望、力量和疆域的辽阔，现在有意同你联姻议和。条件是以阿母河为界划分领土，你占领河这边，他占那边。目前若是你看自己有能力和鞑靼人比试，让他们遭到惩罚，能和他们打仗并取胜，你想怎么办就怎么办吧。否则就趁敌人乐意的时机议和。国王没有给出合适的回应，也没有打开和解之门，而对姐妹的话置之不理，依旧继续围攻阿黑剌忒：

如一只鸵鸟在路上生下自己的蛋，
继而从羽毛下拾起其他鸟儿的卵。"④

遗憾的是，札兰丁没有重视姐妹的劝诫，否则他的事业很可能会别有一番天地。

通过这一章的内容可以得出结论，即蒙古人尊重和重视女性的习俗，是在伊朗长达250年的时间里形成的理想而牢固的基础上，得到传播的。

（本文作者系德黑兰大学文学与人文学院教授，译者系北京大学外国语学院硕士研究生，审校者系北京大学外国语学院教授）

① 今撒马尔罕，位于乌兹别克斯坦中部泽拉夫善河谷地。该城名原为突厥语 Semizkent，意为"肥城"，《大唐西域记》作飒秣建，《新唐书》作康国，一作萨末鞬，《辽史》与《元史》作寻思干，《元史》又作薛迷思干、撒麻耳干，《明史》作撒马儿罕、康居、康国之古都等。详见麻赫默德·喀什噶里编撰，新疆社会科学院语言研究所译《突厥语大词典》第1卷，第364、383页；冯承钧《西域地名》，第62页；孙文范编著《世界历史地名辞典》，吉林文史出版社，1990年，第505—506页。——译者注

② Jūvīnī，*Tārīkh-i Jahāngushāy*，Vol.4，pp.77–78.（见志费尼著，何高济译《世界征服者史》，下册，第466页。——译者注）

③ Nasavī，*Sīra-yi Jalāl al-Dīn*，p.621.（《世界征服者史》与《札兰丁传》的细节记述不完全一致，据志费尼著，何高济译《世界征服者史》，下册，第469页："那个讨厌算端乌思蛮的汗算端，被叶密立的一个染匠所据有：他娶了她，他们共同生活到她死为止。"——译者注）

④ Nasavī，*Sīra-yi Jalāl al-Dīn*，pp.621–622.

评孟志东著《云南契丹后裔研究》

温琪宏

孟志东著《云南契丹后裔研究》(以下简称《研究》)于1995年由中国社会科学出版社出版,至今已有二十年之久。其中关于耶律家族后裔入滇的相关论述,不乏可商榷之处。本文姑为抛砖引玉之作,如有不妥之处,期盼《研究》著者、读者批评指正。

一、山西两路新军入滇与民族成分

1. 忙古带入滇的时间

《研究》一书提到:"常胜将军——忙古带,则是落籍于云南的契丹后裔始祖。在元世祖忽必烈时期,为略定西南地区所需要,契丹军随同蒙古等军,由现在的甘肃、青海入四川,又从四川南下征服大理国。战事结束后,契丹人又为军事驻防所需,不能返回北方故乡,只好留居于云南了。如从忽必烈班师北归的宪宗四年起算,截至一九九三年,契丹后裔在云南的落籍已有七百三十九年之久。"①为迎合这个结论,《研究》不惜窜改史文:"宪宗年间,忙古带袭父宝童随路新军总管职务后,率其所部,从行省也速带儿(Yesüder)征服蜀及思、播、建都诸蛮夷,以功升为万户。"②这段引文的内容与《元史·忙古带传》大致相同,但将《传》的"世祖时"改成"宪宗年间"。忙古带"以庚戌岁九月二十日生",大德"十一年四月八日卒于军,享年五十有八",③据此推算,宪宗四年忙古带才五岁,随忽必烈南征大理入滇说没有证据。

忙古带一生,曾两次统军入滇。第一次是在世祖朝。至元十七年,原云南中庆路总管张立道"力请于帝,以云南王子也先帖木儿袭王爵,帝从之"。④ 当时,云南王忽哥赤(Hügeči)之子也先帖木儿(Esen Temür)正在缅甸作战,因此元世祖下诏令忙古带经云南入缅护卫也先帖木儿归滇袭位受印。忙古带归滇后迁任云南元帅府副都元帅,至元二十四年又随镇南王脱欢征安南。⑤ 其间并没有领兵驻戍永昌府的记载。

忙古带第二次入滇是在成宗朝。成宗即位后,忙古带授"乌撒乌蒙等处宣慰使,兼管军万户"。⑥ 大德四年(1300)又改为"超镇国上将军,大理、金齿等处宣慰使都元帅",所部眷属随迁滇西。⑦ 此时,元廷讨伐八百媳妇国沿途征夫引发少数民族抗暴起义,忙古带奉

---

① 孟志东《云南契丹后裔研究》,中国社会科学出版社,1995年,第34—35页、第202页、第44页。

② 《研究》,第57页。

③ [元]同恕《耶律濮国威愍公墓志铭》(以下简称《墓志铭》),载《榘庵集》,李梦生校勘,山西古籍出版社,2003年,第94—95页。

④ 《元史》卷一六七《张立道传》,中华书局,1999年,第2614页。

⑤ 《元史》卷一四九《忙古带传》,第2351页。

⑥ 《元史》卷一四九《忙古带传》,第2351页。

⑦ 《墓志铭》,第95页。

命率军东进，镇压了罗罗斯、乌撒乌蒙、普安、临安、罗雄等地部族，因功于大德十年(1306)“授骠骑卫上将军，遥授行中书省左丞、行大理金齿等处宣慰使都元帅”，直到大德十一年四月八日因染瘴疾卒于军中。① 成宗朝，忙古带入滇十二年，前六年屯驻巴的甸(今贵州威宁)，后六年才守戍永昌。可见，《研究》将忙古带驻戍永昌府的年限扩大八倍，长达53年之久，不符合历史事实。

2. 山西两路新军的民族成分

《研究》一书提到：“总而言之，通过对《施甸长官司族谱》卷首所附的秘画秘诗、家谱、碑文、《蒋氏宗祠》和祖牌上所写对联等材料的研究，我们完全可以得出这样的结论：他们实属在元朝随忽必烈所统大军南征的契丹族将士们的后裔。很显然，我们能够下此结论，是以充分的论据为基础的。”②因此，将忙古带统率的万户认定为“契丹军”。但仅用一家一族之谱牒推断千家万众的族属，或者用将领的民族确定全军将士民族成分，就难免会犯下以偏概全的错误。山西两路新军是成吉思汗发动蒙金战争期间(1212)创建的，至洪武十五年(1382)瓦解，历时170年之久。仅仅通过忙古带居住永昌六年的事迹，来论证山西两路新军及其眷属的民族成分，时空范围狭窄，视野极其短浅，基础也不牢靠。

最不靠谱的材料是《秘画》。它以契丹起源的白马青牛传说为内容，但缺乏游牧民族的生活气息。(1) 契丹男人传统的髡发是最具有特色的发型，即头顶剃光，保留两鬓少许毛发，而秘画绘成全头毛发双辫。(2) 辽是盛产“契丹鞍”之国，号称天下第一，契丹人以拥有华丽的鞍韂为荣，但画面中却没有笼头、缨罩、盘胸、后座鞦、肚带、马镫、缰绳等一系列马具。(3)《辽史》记载“天女架青牛车”，③所谓“青牛车”，以多辆牛车用绳索捆绑牛角成列，首尾相连，由一女(或一童)驾驭，而画中变成骑牛无车。(4) 青牛，黑毛直短角，属黄牛种，很适应北方严寒气候，只可套车不能骑；而画面是水牛，头长新月形的弯曲长角，为南方特有的牛种，在契丹发祥之地不能生存。通过以上考察，《秘画》可能出自没有北方草原生活经历的现代人手笔，根本不足为据。其实，伊利汗国官修国史《史集》中有关耶律秃花元帅统辖着十个女真千户的记述，已经足以说明忙古带统率的山西两路新军的民族成分。

杨志玖教授指出：“拉施特《史集》的来源，史学界已有定论，那是用波斯文、阿拉伯文的已有历史著作，蒙古文的《金册》等文字资料，通过蒙古人孛罗丞相、两位中国学者和其他国家的民族和人士，由拉施特总编而成。”④《金册》是蒙古宫廷直接掌管的军队人事档案，基于《金册》撰成的《史集》对于蒙古帝国军事制度的记载有较高的可信度。

而据《史集》记载：“女真人[耶律]秃花元帅千户。这个异密归顺后，成为受尊敬的大异密；他管辖着十个千户的全部女真军。由他自行指派千夫长，然后进行报告。”⑤蒙古宫廷将耶律秃花看成女真人，与“在前金时，戍桓州，官爱里德，汉语守戍长也”⑥有关，表示耶律秃花原本是女真军的长官，并不意味着其本人即是女真人。

蒙古人孛罗对于拉施特修纂《史集》有相当重要的影响。当时的波斯人将两人的情谊

① 《墓志铭》，第95页。

② 《研究》，第45页。

③ 《辽史》卷三七《地理志》，中华书局，1999年，第304页。

④ 杨志玖《马可波罗到过中国》，载《陋室文存》，中华书局，2002年，第353页。

⑤ (波斯)拉施特《史集》，第一卷第二分册，商务印书馆，第375页。

⑥ [元]王恽《中堂事记》(下)，载《金元日记丛编》，上海书店，2013年，第133页。

描绘得惟妙惟肖:"孛罗丞相和火者·拉施特,相处如同师生,怡然自得的异密[指孛罗]所讲述的一切,学识渊博的宰相[指拉施特]都悉意聆听。"①而孛罗本人又与忙古带统率的山西两路新军有着密切的联系。

孛罗出使伊利汗国前任元朝丞相有五年之久,曾于至元十七年办理云南王子也先帖木儿袭王爵的相关事宜。孛罗对忙古带统率山西两路新军"熊旗旆旆,虎节煌煌"②的风采特别赏识。熊旗,是女真军特有的标识;虎节,指惯走深山密林出使山国的使节所持的符节。它反映女真族在白山黑水猎熊的生活方式,与契丹人大不相同。出于安全考虑,孛罗选择了一支适应丛林生活、英勇善战军队护卫王子从缅归滇受印。鉴于云南王忽哥赤被毒杀是由于"委任失宜",③加之忽哥赤之母朵儿别真哈敦与孛罗又是同一个部落人,④孛罗一定是在认真检阅、照勘忙古带的"脚色"(具乡贯三代名衔,谓之脚色)和女真军"功状"(指记功薄之类)后,才放心"差遣"。所以,孛罗到伊利汗国后对拉施特介绍:"如今他(指秃花)的好几个儿子都在合罕处,他们(指秃花后裔)受人尊敬,依旧管辖着自己的军队。"⑤蒙古人孛罗既是调遣山西两路新军首次入滇的经办人,又是山西两路新军实系女真骑兵军团的知情人。在孛罗的协助下修纂的《史集》,对于耶律秃花所率军队的相关记述应当是较为可靠的。

3. 山西两路新军的历史沿革

《研究》对"山西两路新军"这个番号讳莫如深。该书除了第三章第二节的一段《元史·忙古带传》引文之中出现了"统领山西两路新军"⑥以外,属于作者的文字再未提及此番号,而皆以"契丹军"称之。

山西两路新军是以编成及早期驻屯之地命名的。耶律秃花统率的女真军,从成吉思汗至窝阔台汗二十多年间,一直驻守在永定河以上的桑干河和洋河流域。这一地区在金代属于大同府和宣德州所辖,因地在燕山以西,太宗七年(1235)将大同改名山西西路,宣德改名山西东路,合称山西两路,女真军因此也授名山西两路新军。

山西两路新军的前身是夹谷长哥统领的万户军,而金抚州威宁县是夹谷长哥万户成军之地。据清朝著名学者钱大昕考证:"《金志》抚州有威宁县,承安二年(1197)以抚州新城镇置,元之兴和路,即金抚州……《刘伯林传》'金末为威宁防城千户',即此县也。"⑦早在20世纪中、后期,内蒙古考古工作者对元代城址进行发掘,其结论:"元兴和路遗址在今商都县南与河北张北县交界处。"⑧证实钱氏有关兴和路方位考证是正确的。

元军南下之时,戍守威宁城的金军只有由女真、契丹和汉人混编而成的一个猛安,

① 余大钧、周建奇《汉译者序》,载《史集》第一卷第一分册,第12页。

② 《墓志铭》,第95页。

③ 《元史》卷一二五《赛典赤·赡思丁传》,第2026页。

④ 《史集》第一卷第二分册,第306页;第二卷,第284页。

⑤ 《史集》第一卷第二分册,第375页。孛罗在元朝的官位显赫,参阅方龄贵《通制条格人名考异》,民族出版社,2004年,第153页。

⑥ 《研究》,第17—30页。

⑦ [清]钱大昕《十驾斋养新录》卷九《咸宁字误》,陈文和、孙显军校点,江苏古籍出版社,2000年,第192页。

⑧ 李逸友《内蒙古元代城址概说》,载《元上都研究文集》,中央民族大学出版社,2003年,第153页。

1212年成吉思汗围攻威宁，守将刘伯林请降。① 威宁籍汉人豪强张子玮因为劝降有功，“俾长千夫，抚居人从征伐”，②实际将世代定居务农的汉人迁离威宁。“岁壬申五月，刘忠顺公（即刘伯林）与定襄公（即夹谷长哥）将兵千一百人来降，诏以其众即守威宁”。③ 不久，刘伯林按照成吉思汗“即以原职授之，命选士卒为一军，与太傅秃怀同征讨，招降山后诸州”④的诏书，又统率汉军离开威宁。

蒙古军在辛未（1211）与金军决战于野狐岭—浍河堡和宣德—德兴，俘虏女真将士多达万人，分散在各千户军伍之中，成为沉重的负担。成吉思汗决定将战俘送往威宁，由夹谷长哥整编成军，就地屯田。金帝派间谍深入蒙古军后方的威宁，“啖以大官，冀其或贰，可复失地”，试图策反已投降蒙古的女真人以充作内应；但已降蒙古的夹谷长哥不为所动，甚至“缚使以闻”，因而受到成吉思汗的赏识，“诏嘉之，擢为万户、招讨使”。⑤ 夹谷长哥病故于1216年，其子夹谷忙古歹年仅14岁，没有指挥作战的能力，这只女真军才改由耶律秃花统率。

面对有关忙古带统率的山西两路新军的民族成分问题，应本着治史原则去解决：早成书的官修史书和当时、当事人著作要比百年（甚至几百年）后才撰写出来的私人家谱、碑记更加可信；而百年之后撰写的家谱、碑记，若没有官修史书或历史档案支持，也不能作为信史。《研究》认定忙古带统率的部众为“契丹军”，其主要的依据来源于《施甸长官司族谱》和秘诗、秘画等材料。而据中央电视台《发现之旅》栏目主创人员采访时所见，这些史料的载体竟是“现代的复印纸”，追索“原件”只能讲出“令人伤感不已的故事”。⑥ 在当今考古科技很发达的条件下，不在于记叙内容是什么，而是纸质年代技术鉴定和历史背景研究。因此，“没有原件，那份家谱再完美，也不足为证了”。⑦

二、忙古带两子入仕和几个孙子的问题

《研究》将忙古带的孙子列为“入滇第三代”，⑧是以第二代已经入滇作前提而进行的推论。这个前提没有证据支持，但是《研究》却给火你赤无端戴了几项云南和四川的大官帽。一是至元八年“以宣武将军奉事于大理城的火你赤”；⑨二是至元十一年到十二年间，“火你赤当过建都都元帅，而且他还奉命征讨过长河西（今四川雅安）地区的骚乱者”；⑩三是至元十六年之前“火你赤也是云南招讨使之一”；⑪四是至元十八年“曾与云南行省平章

① “壬申岁（1212），太祖围威宁，伯林知不能敌，乃缒城诣军门请降。太祖许之，遣秃鲁花等与偕入城，遂以城降。”《元史》卷一四九《刘伯林传》，第2340页。

② ［元］萧<U+5D69>《威宁张氏新阡表》，载《全元文》第10册，第764页。

③ ［元］姚燧《兴元行省瓜尔佳公神道碑》，载《姚燧集》卷一六，查洪德点校，人民文学出版社，2011年，第254页。又载《元文类》卷六二，第818页。

④ 《元史》卷一四九《刘伯林传》，第2340页。

⑤ ［元］姚燧《兴元行省瓜尔佳公神道碑》，载《姚燧集》卷一六，第254页。又载《元文类》卷六二，第818页。

⑥ 张力：《追寻远逝的民族》，湖南科学技术出版社，2003年，第85页。

⑦ 张力：《追寻远逝的民族》，第85页。

⑧ 《研究》，第9页、第59—60页。

⑨ 《研究》，第9页、第59—60页。

⑩ 《研究》，第9页、第59—60页。

⑪ 《研究》，第9页、第59—60页。

政事赛典赤(回族)共过事"。①

以上所列,都作为忙古带长子火你赤当官的履历,从公元1271—1281年,长达十年之久。元代名火你赤的人甚多,把各个同名之人都认定为一个人,往往是"指鹿为马",造成"张冠李戴"的错误。忙古带生于庚戌岁(1250),婚姻状况为"先夫人梁氏,四川千户某之女,无子。夫人王氏,咨议英之长女"。② 到至元十六年赛典赤辞世之时,忙古带30岁;其长子火你赤为后妻(年龄小2岁)所生,可能未满10岁。没有成丁的男孩肯定不是"有功于王事者",③而且父子生活在四川(忙古带驻戍的建都,到至元十九年才改隶云南),怎么可能被赛典赤推荐提拔为云南招讨使?特别是赛典赤死后两年,火你赤怎么能与其共过事?把以上几顶虚构的铁帽摘掉,火你赤就与云南无关了。

耶律家族属于元朝统治集团的上层,秩叙很高。现对忙古带父子在成宗朝得官入仕的途径,略加以简要考察:

长子火你赤(Qoniči)入仕,授船桥万户府达鲁花赤(daruqačin),④是按照世祖朝中书省拟漕司诸官推行的"铨选之法",经廷臣、诸儒详议后而任命的。⑤ 船桥万户府坐镇四川成都,驻地不在云南。由于南宋弃守平原,发挥临江筑山城、依靠水军机动设防的优势,阻拦蒙古的野战骑兵,为打击南宋水军,蒙古征蜀将领组建了船桥万户府与之抗衡。船桥万户府拥有一支由几百艘舰船组成的水军,活动在岷江、嘉陵江和长江。万户为张万家奴及其子孝忠,副万户为赵匣剌及其子世显,⑥归四川行枢密院统辖。到成宗朝,张万家奴父子三人都已故去,暂无承荫之人,故根据"铨注窠缺",特授火你赤为船桥万户府达鲁花赤。船桥万户镇成都,当然任此万户府达鲁花赤的火你赤和"孙男二"都生活在成都。其母王氏"当延祐二年(1315)六月二十六日卒成都居第之内寝"。⑦ 这个"成都居第",就是忙古带十一岁时随父母从京兆迁往成都后耶律家族的永久居住地。

次子完者不花(Önlje Buqa),授云南诸路军马右副都元帅,属忙古带生前指定的承荫人。⑧ 成宗以忙古带入仕之初职,即"怀远大将军"授完者不花。忙古带死后,"镇国上将

① 《研究》,第9页、第59—60页。

② 《墓志铭》,第95页。

③ [元]赵子元《赛平章德政碑》,载纳为信《咸阳王赛典赤·赡思丁世家》,今日中国出版社,1996年,第128页。

④ 《墓志铭》,第95页。

⑤ 至元"二十三年夏,中书奏拟漕司诸官姓名,帝曰:'如平章、右丞等,朕当亲择,余皆卿等职也。'安童奏曰:'比闻圣意欲倚近侍为耳目,臣猥承任使,若所行非法,从其举奏,罪之轻重,惟陛下裁处。今近臣乃伺隙援引非类,曰某居某官、某居某职,以所署奏目付中书施行。臣谓铨选之法,自有定制,其尤无事例者,臣常废格不行,虑其党有短臣者,幸陛下详察。'帝曰:'卿言是也。今后若此者勿行,其妄奏者,即入言之。'"《元史》卷一二六《安童传》,第2038页。

⑥ 《元史》卷一六五《赵匣剌传》,弟2587页。

⑦ 《墓志铭》,第95页。

⑧ 元朝官员荫袭有严格的法定程序:"取荫官员,拟合具父祖前后历仕根脚,所居官职及去任、致仕、身故各各年月缘由,抄白所受宣命、札付,彩画宗枝,指定承荫人嫡庶、姓名、年甲,申牒本处官司,勘会房亲,揭照元籍青册,扣算年甲,中间别无诈冒,保结申覆本管上司。当官再行审问,相验相同,如承荫人别无所患笃废疾、经断十恶、奸盗过名,仰抄连所受凭验,相同彩画到宗枝,依上保结,令承荫人亲赍文解及父祖元受的本宣命札付,赴部定夺。"《大元通制条格》卷六,郭成伟点校,法律出版社,2000年,第93页。按此程序,忙古带为次子承荫没有困难,特别是上司镇南王脱欢(Toqon)和云南王也先帖木儿一定会举保。

军，大理、金齿等处宣慰使都元帅”的职务理应由完者不花承袭。然而根据《墓志铭》可知，完者不花早于父亲去世。① 故接任忙古带生前的职务的是大理国主后裔段阿庆。② 此后山西两路新军的掌门人从耶律家族转换为段氏家族，直至洪武十五年(1382)明军攻克大理时瓦解。而《加封圣诏碑》(今存大理博物馆)出土，可说明忙古带在云南大吉州染瘴病故后，无子孙留大理、永昌、腾越等地，耶律家族入滇既没有第二代，更无第三代。③

《研究》根据云南施甸县甸阳镇长官司保存《族谱》记载断定：“云南契丹后裔的阿姓，大约改于入滇第三代世祖阿律牙、阿律周、阿律成，这兄弟三个是忙古带的孙子。”④阿姓三兄弟说，源于民国十二年(1923)版的《蒋姓宗支叙》：“随师征南有功，升授武略将军之职，实授金齿司主持。数代亦发数支，分居鹤庆、邑林、腾越。”⑤据此，《研究》认为：“在云南大理金齿等处宣慰司都元帅府辖境，忙古带之三孙阿律牙、阿律周、阿律成，据有关族谱史料记载，分别授为永昌府(治在永昌城，金齿等处宣慰司治在此城，即今保山市——笔者)、腾冲府、鹤庆府的宣抚使。”⑥这样以 20 世纪 20 年代书写的文字求证 14 世纪一二十年代的人事，可归属于用今释古的典型，有严重偏差。

火你赤在父亲死后二十年，于泰定四年(1327)将忙古带和两夫人遗骸迁葬奉元路咸宁县韦曲村(今西安市南郊长安)的“太傅墓次”，⑦并“拜恳请铭”⑧于忙古带生前好友、时年已 74 岁的同恕。因此，《墓志铭》载“孙男二”⑨是准确的。《研究》作者明知《墓志铭》载“孙男二”不采纳，反而杜撰“阿姓三兄弟”，只能给历史研究添乱：

1. 时间无序。《研究》断定：《墓志铭》写作时“也许第三个孙子当时尚未出世”，阿姓三兄弟“在元朝仁宗在位期间，即在公元一三一二年至一三二〇年间”改姓。⑩ 按母亲十八岁生子，长子火你赤到迁葬父母时，已经 58 岁了，其发妻生育期过去多年，何来“第三个”呢？如果幼孙二十岁于 1320 年改姓，出生应在 1300 年(大德四年)，则《墓志铭》写作于此时之前，忙古带还在世，究竟谁敢给活人写不吉利的文字呢？只能归咎于现代人糊涂。

2. 官职不符。大理金齿等处宣慰司都元帅府辖境，有大理路军民总管府和金齿等处宣抚司，不包括行省直辖的鹤庆军民府。《元史》记载：“至元十一年(1274)，罢谋统千户，复为鹤州。二十年(1283)，为燕王分地，隶行省。二十三年，升为鹤庆府。”⑪元朝从未设

---

① 《墓志铭》，第 95 页。早夭无子，与同恕所写《墓志铭》记载“蚤卒”是一致的。

② 原大理国主后裔，曾在京城宿卫东宫，并娶“大长公主”为妻，与云南王有亲。大理出土的至大二年(1309)《加封圣诏碑》可以印证这一点。方龄贵《〈云南王藏经碑〉新探》，载《元史丛考》，民族出版社，2004 年，第 287 页。

③ 方慧《大理总管段氏世次年历及其与蒙元政权关系研究》，云南教育出版社，2001 年，第 29 页。据介绍，该碑存大理博物馆。

④ 《研究》，第 9 页。

⑤ 《研究》，第 195 页、第 43—44 页、第 61 页、第 9 页。

⑥ 《研究》，第 195 页、第 43—44 页、第 61 页、第 9 页。

⑦ 《墓志铭》，第 95 页。

⑧ 《墓志铭》，第 95 页。

⑨ 《墓志铭》，第 95 页。

⑩ 《研究》，第 61 页。

⑪ 《元史》卷六一《地理志四・鹤庆路军民府》，第 979 页。

置过鹤庆宣抚司,哪有“季子阿律成任鹤庆宣抚使”?

3. 法理不容。《研究》作者不明元朝有关改姓的法律,就轻率地断定忙古带裔孙在仁宗朝改姓,那是“苟引先贤,妄相假托”。当地人认为:“‘阿律’实际上是‘耶律’姓的继续,只是语音上作了点改变而已,我很赞同这个看法。”①这样缺乏证据的改姓,仅凭一呼一应的吆喝,实在感到突兀难明。按照元朝法律,改姓属“十恶”之中不孝罪:“祖父母、父母在,别籍异财,若供养有阙。”②延祐元年,毫无名望的小官臧荣“不依父姓”,将“臧”改用同音的“庄”,都被视同“供养有阙”罪,能惊动两级监察机构,③那么标榜忙古带裔孙的“阿姓三兄弟”该当何罪?

其实,滇西阿姓是云南固有的僰人群体中常见姓氏。他们早在蒙古宪宗朝降附,其首领阿八思还曾在世祖中统初年入朝觐见。④ 此次入朝有“偕来者八人”,其中有“曰阿吉者,捻迭部长阿列所遣”。⑤ 此人“髻发于项,裹之绛毡,复以白叠布盘绕其首。衣以皂缯,无衿领之制。膝以前裂而编之,如悬索然。眉额间涂丹墨为饰,金其齿,盖国俗之贱者也”。⑥ 这是僰人阿姓的形象,与契丹人迥然不同:其一,假设阿姓是“契丹后裔”,必然操契丹语、以契丹字写奏章,当时元廷中书令耶律铸、丞相祃祃(祖籍西辽哈喇鲁部)和通译都感到“言语侏离,重译而后通”。⑦ 其二,入朝僰人陈“来庭之意及国俗、地理等事”,自认“隶六诏焉”,⑧这正说明其部族世代土著,并非《研究》中所称:“原先是耶律姓,后以堂前始祖阿保机的名字作了阿姓。”⑨其三,僰酋阿八思统治之地,于至元十三年命名柔远路,与中统初忽必烈汗“命中山(今河北定州)人刘芳借职兵部郎中使其国”,并赐诏敕有关。诏曰:“嘉尔等跋涉修阻,怀德远来。首输事之大诚,克谨畏天之戒。转为宣畅皇猷,告谕邻附。俾知国家威灵,无远弗届之意。”⑩全文概括为“柔远”,十分准确。元柔远路,其地“自惠人桥至惠通桥沿怒江西岸狭长河谷”。⑪ 永昌、施甸两地与柔远隔河相望,东、西两岸的阿姓居民应为同一个族源,都是云南的土著民族。

三、永昌屠城、毁城事件与施甸设州安置流徙

《研究》认定:“元朝末期,阿律牙的长子阿凤为永昌万户,并任永昌府通判;次子阿苏

---

① 《研究》,第 61 页。

② 《元史》卷一〇二《刑法志一》,第 1731 页。“十恶”,《元典章》排列次序:不孝、不睦、谋反、大逆、谋叛、恶逆、不义、内乱、不道、大不敬。排序与《元史》不同,但条文更具体、细致。

③ “延祐元年(仁宗朝,1314)十一月 日,承奉江南行台札付:近据江西廉访司申:臧荣不依父姓,改作庄荣。”《大元圣政国朝典章》卷三《刑部·不孝》,祖生利、李崇兴点校,山西古籍出版社,2004 年,第 44 页。

④ 《元史》卷六一《地理志四·柔远路》、《地理志四·金齿等处宣抚司》,第 991 页。

⑤ [元] 王恽《中堂事记》(中),载《金元日记丛编》,第 111 页。

⑥ [元] 王恽《中堂事记》(中),载《金元日记丛编》,第 111 页。

⑦ [元] 王恽《中堂事记》(中),载《金元日记丛编》,第 111 页。

⑧ [元] 王恽《中堂事记》(中),载《金元日记丛编》,第 111 页。

⑨ 《研究》,第 61 页。

⑩ [元] 王恽《中堂事记》(中),载《金元日记丛编》,第 111 页。

⑪ 方国瑜《中国西南历史地理考释》(下册),中华书局,2012 年,第 865 页。

鲁(亦名阿干),也是万户,任石甸长官司正长官。"①这是缺乏证据的误读。1368年明朝建立,元顺帝退出大都,但云南在梁王把匝剌瓦尔密统治下,仍奉北元为正朔。直到洪武十四年(1381),明军攻入,梁王自缢,云南才部分归明朝管治,还有大理段氏、麓川思氏两个割据政权在顽抗。十五年"二月,进兵大理。……拔其城,擒段世,遂分兵取鹤庆,平丽江,破石门阙,下金齿"。② 因此,《研究》所指"元朝末期"的时间概念十分模糊,不同的理解可相差十五年。《徐霞客游记·永昌志略》记载:"洪武十五年平云南,前永昌万户阿凤率其众诣指挥王贞降附,仍置永昌府,立金齿卫。"③但《研究》作者将"前万户"理解为"故元万户"是错误的,也说明《研究》作者不了解麓川割据政权的形成和演变。

洪武十六年(1383)六月二十七日,明太祖谕旨:"近于六月中旬遣归车里使臣,遣官间问云南老人,皆说死可伐地方三十六路,元朝时都设官,后被蛮人专其地,已四十年已。近因云南、大理不和,其蛮又侵楚雄西南边远干、威远二府,梁王无力克复,至今蛮占。"④据《元史》记载:元末,死可伐在西南边疆起义,元廷于至正二年(1342)十二月"赐云南行省参知政事不老三珠虎符,以兵讨死可伐"。⑤ 从1342年至1383年正好四十年。但以云南都元帅述律杰为首的温和派极力主张谈判,导致不老(Bulau)讨伐麓川未成行。至正三年,述律杰接任云南参知政事,开始与死可伐进行谈判。但谈判并未达成和议,元廷遂于至正六年(1346)六月"诏以云南贼死可伐盗踞一方,侵夺路甸,命亦秃浑为云南行省平章政事讨之"。⑥ 然而在农民起义遍及全国之时,元朝对西南边疆动乱已无能为力,只有接受现实,退回到赛典赤行省云南之前的羁縻政策,即在麓川政权奉蒙元为正朔的前提下,朝廷承认割据的既成事实,置平缅宣抚司,取代金齿等处宣抚司原有的建制。⑦ 因此,山西两路新军于至正十五、六年间就从永昌撤退到大理,而在洪武十五年降明的"前永昌万户阿凤"与忙古带在成宗朝统率入滇的军队没有关联。

在元军撤退之后,麓川思氏政权"遂乘胜并吞诸路而有之。乃罢土官,以各甸赏有功者"。⑧ 钱古训指出,元朝官制被摧毁,命官被悉废,而另立名目:"称思伦发曰昭,犹中国称君主也。其属则置叨孟,以总统政事,兼领军民;昭录,领万余人;昭纲,领千余人;昭伯,领百人;领一五者为昭哈斯;领一十者为昭准;皆属于叨孟。又有昭录令,遇有征调,亦与叨孟统军以行。"⑨毛奇龄也指出:"把事诸目为昭录、昭纲、昭百、昭哈斯、昭准,以次臣属。"⑩故把事为属吏的通称。阿凤、阿苏鲁两兄弟在《明史》中被记入"土司传"。可见,阿姓两兄弟在降明之前无疑是麓川思氏政权的把事。今天,位于施甸县的阿苏鲁墓碑有两

---

① 《研究》,第9页。

② [明]方孔炤《全边略记·蜀滇黔略》卷七,王雄点校,载《明代蒙古汉籍史料汇编》(第三辑),内蒙古大学出版社,2006年,第238页。

③ [明]徐弘祖《徐霞客游记·永昌志略》,朱惠荣整理,中华书局,2012年,第621页。

④ [明]张紞《云南机务抄黄》,载《明代蒙古汉籍史料汇编》(第一辑),薄音湖、王雄点校,内蒙古大学出版社,2006年,第20页。

⑤ 《元史》卷四十《顺帝纪三》,第584页;卷四一《顺帝纪四》,第592页。

⑥ 《元史》卷四十《顺帝纪三》,第584页;卷四一《顺帝纪四》,第592页。

⑦ 《元史》卷九二《百官志八》,第1553—1554页。

⑧ [明]钱古训《百夷传》,转引方国瑜《中国西南历史地理考释》(下册),第860页.

⑨ [明]钱古训《百夷传》,转引方国瑜《中国西南历史地理考释》(下册),第1084页。

⑩ [清]毛奇龄《蛮司志》,均转引方国瑜《中国西南历史地理考释》(下册),第1084页。

个契丹字(汉译:"长官"),经专家现场观察:"却发现碑上的汉字颜色都有点发深,而碑上的契丹字颜色都发浅。"①仅凭墓碑两个字,不能更改《明史·土司传》认定为"土酋"的结论。

阿凤降明后,授永昌府通判。但《研究》误认:"万户阿凤在率众降附王真之前,曾是元末在任的永昌府通判。"②通判是明朝设置的佐治官,或称辅贰官,而"本朝府佐同知、通判无定员",属"一时权宜"③的职务。元朝没有通判的职衔,而《研究》为求证其有,不惜添改《徐霞客游记·永昌志略》:"则分兵徇金齿者为王真,而阿凤官永昌府土通判也。"④经核对原文,并无此段文字,也未注明出自何版本,其真实性存疑。

明朝平定大理时,故元行省蒙古官吏有的不甘心退出历史舞台,逃窜到北部金沙江两岸各府州,据险顽抗,蓄谋复辟,矛头指向驻防明军和已投降的阿凤部众。洪武十六年春,"附近诸夷忿王真立卫镇守不恤众,乃共推已退土官知府高某(高大惠),引麓川思可发夷兵数万来攻,生擒王真,尽夷其城而去"。⑤ 但《研究》对永昌大屠杀讳莫如深,将永昌府描述为人烟稀少的"遐荒"之地,以回避永昌府屠城和征南将军傅友德第二次入滇平叛的历史,并断言"至此(指明洪武十五年二月),元朝(应称北元)在云南的统治告以结束了"。⑥让被麓川政权屠杀的降明原辖部众起死回生,成为撰写《族谱》颂扬阿保机的"契丹后裔",这是《研究》最严重的错误。

麓川政权屠城、夷城的后果,十分严重。永昌平定后,居民鲜少,明军将士"粮不及俸"。⑦ 为解脱困境,明廷发送两批囚徒到永昌充军。洪武十七年三月初三圣旨:"恁去说与云南、大理等处守御卫所,有发到的有罪断发军人编入伍,着他种田。把关去处盘获有罪断发,但是曾刺字不刺的,刺旗不刺旗的逃囚军人,拏住发与原卫所收,将为首逃的废了示众。又各卫所上紧屯种,尽问军人每,若是有粮,便差内官送将家小来。钦此。"⑧到洪武二十年,永昌府已成汉人驻留之地,且多为淮江浙籍居民,此外"所发不才之人集数不下万余,皆奸儒猾吏,累犯不悛之徒,非易治制者也。况所发军官,指挥、千百户、镇抚到者数亦不少"。⑨

洪武二十三年(1390),卫府合并,裁减冗官,实施军转民,过万汉人因军多附籍施甸。⑩ 胡渊执行诏敕的动作很大:"却将永昌府之民,并入永昌、金齿(今保山的辛街)二千户所。尚有附府良民无田,编立东、西太和、六军等里(一里居民约百户),径属本卫。原本府所属等县续立镇夷等州,俱革为长官司、百夫长等衙门。惟永平一县,乃古博南县,民不

---

① 张力《追寻远逝的民族》,第77页。

② 《研究》,第65页。

③ [明]沈德符《万历野获编》(中册)卷二二《县府》,中华书局,2004年,第576页。

④ 《研究》,第65页。

⑤ [明]何孟春《复永昌府治疏》,载《钦定四库全书·云南通志》,史部第570册,上海古籍出版社影印本,1987年,第330页。

⑥ 《研究》,第64页。

⑦ [明]何孟春《复永昌府治疏》,载《钦定四库全书·云南通志》,史部第570册,第330页。

⑧ [明]何孟春《复永昌府治疏》,载《钦定四库全书·云南通志》,史部第570册,第331页。

⑨ [明]张紞《云南机抄黄》,载《明代蒙古汉籍史料汇编》(第一辑),第25页。

⑩ "罢永昌府,改金齿卫为军民指挥使司。时西平侯沐英言,永昌居民鲜少,宜以府卫合为军民使司。从之。"《明史》卷三一四《云南土司传二》,中华书局,1979年,第8103页。

可革，遂概隶指挥司统属。”①《研究》虽引证《明史》罢府改卫为金齿军民指挥使的原文，但没有涉及施甸行政体制变迁和过万汉人囚军下落，成为盲点。元末，在中庆梁王与大理段氏交恶而兵戎相见之时，原本境属麓川政权的施甸僰人头目阿凤，统领部族军占据境属大理路的永昌府。明征南将军撤离云南之际，永昌惨遭报复性屠城，导致僰人群体消亡、所剩无几，施甸成为“居民鲜少”之地。李观当政期间，施甸曾升级为州，已经安置过万汉人囚军，加上监押流囚将士和家小，人口达到设州条件，即所谓“镇夷州”，是以流官为主体的行政建制。因此，《研究》引证：“（洪武）十八年二月，始祖自备马匹，赴京进贡。蒙兵部官引奏，钦准始祖阿苏鲁除授施甸长官司正长官职事，领诰命一道，颁赐钤印一颗，到任理事。”②这与州的体制相矛盾，并不可靠。到二十三年，囚军才转变为民户，而胡渊在府城设里编户仅收良民，永平县保留回民原制，只有施甸承接囚民，按照“十户一甲，十甲一里”混编，纳入民政轨道，成为流囚聚居区。

落籍施甸的流囚，是洪武十三年发生的“胡惟庸党案”幸存者，也是“契丹后裔”说的始作俑者。持续十四年之久的“胡党案”，共诛杀三万余人，而流放施甸的京城囚徒，都是差点进鬼门关之人，属于残酷的宫廷斗争幸存者，与《研究》编造的“元世祖忽必烈时期落籍云南的契丹族”③无关。到洪武二十六年(1393)，京城又发生“蓝玉党案”，诛杀二万余人，其中三征云南将领除西平侯沐英以外全部在劫，计二公十四侯。这场残酷的政治风暴，对施甸囚民的心灵冲击巨大。他们怕生前旧帐新算，又怕身后子孙受牵连，惟有撰写所谓的《家谱》，将祖先推给死去四个多世纪、与汉族无关的阿保机，才能既在情急之下用于蒙混追捕、侥幸过关，又给子孙后代留下“护身符”。如此《家谱》，经不起历史检验，没有史料价值可言。《研究》引证和抄录在滇西出现的明、清和近代才撰写出来的《家谱》、《族谱》、《碑记》，甚至宗祠《门联》有关辽朝和阿保机的文字，都是明洪武朝流囚作品的继续和延伸。

四、结　　论

总之，《研究》中大量引用在沉重的政治压力之下撰写的“家谱”，可信度极低。《研究》对“家谱”的利用只是单纯地寻章摘句，而忽视了对于“家谱”本身真伪的考辨。

明、清和近代在滇西出现的私人家谱、碑记，若真是忙古带后裔所作，怎么会只知道远祖阿保机，反而对担任元朝永昌府宣抚使、云南招讨使、船桥万户府达鲁花赤和大理、金齿等处宣慰使都元帅的三代近祖都一无所记？相反，明朝右都督府已经认定阿干(即阿苏鲁)为“土酋”，是归属于世代居住永昌、施甸等地的黑僰民族首领，而非契丹、女真等外来民族。因此，云南阿姓与元朝太傅家族没有关系，更谈不上“是辽国皇族的部分遗裔”。④

用族谱、家谱“妄相托附”，古已有之，并非新鲜。唐朝人颜师古注释《汉书・萧望之传》，揭露流俗学者：“近代谱牒妄相托附，乃云望之萧何之后，追次昭穆，流俗学者共祖述

---

① ［明］何孟春《复永昌府治疏》，载《钦定四库全书・云南通志》，史部570册，第331页。

② 《研究》，第65—66页。

③ 《研究》，第49页。

④ 《研究》，第45页。

焉。但鄚侯汉室宗臣,功高位重,子孙嗣绪具详表、传。……若其实承何后,史传宁得弗详?《汉书》既不叙论,后人焉所取信?不然之事,断可识矣。”云南阿姓为忙古带裔孙说,与唐代流俗学者“望之萧何之后”说何其相似,当然属“不然之事,断可识矣”。

(本文作者系珠海市计划委员会退休干部)

日本学界元代江南社会史研究述评

于　磊

一

1206年成吉思汗所创建的大蒙古国(Yeke Mongol Ulus)迅速地扩大为横贯欧亚大陆的草原帝国。至第五代忽必烈时期的至元十三年(1276),灭亡南宋,将江南地区置于其统治之下。同时,忽必烈又降服高丽王室,继而跨越海洋对日本和东南亚各地实施军事征伐。由此,蒙古帝国即逐步演变成控制陆地和海洋的世界帝国。①

而江南地区,自魏晋南北朝以来即在经济、文化方面取得了较大的发展。在蒙古帝国之前的隋、唐、宋朝,通过对江南版图的整合,其王朝自身的性质也发生了重要的转变。特别是随着大运河的开通及其与此相伴的经济、物流系统的发展,由于科举的实施所导致的大量知识人阶层的出现,等等,皆是明证。如此一来,元朝所实施的江南政策便也毫无疑问成为左右其王朝性质的重要因素。

1980年代以来,随着新研究视角的导入及史料的充分利用,日本蒙古帝国史、元代史研究获得较大发展。杉山正明曾对此新的研究潮流加以概括,并提示了今后的研究动向。② 他在介绍竺沙雅章关于中国史研究中北宋—金—元(北流)、北宋—南宋—元(南流)两种视角③的基础上,指出了华北社会研究中的空白及南宋至元代江南研究的薄弱性问题。④

其中,关于华北社会的研究,近年来由于石刻史料的发掘、利用,以及新研究视角和问题意识的探索,相关研究成果引人瞩目。例如饭山知保在对金元时代华北社会研究成果汇集整理的基础上,进一步提出该领域研究的问题展望,⑤就科举社会变迁条件下地方知识人及其家族的发展发表了系列研究成果。⑥

而关于江南社会的研究,长期以来多偏重于南宋以来的"遗民"与地方社会关系以及

---

① 杉山正明《大モンゴルの世界　陸と海の巨大帝国》,东京:角川书店,1992年,第245—256页。

② 杉山正明《日本におけるモンゴル(Mongol)時代史研究》,《中国史学》1,1991年;同《モンゴル時代史研究の現状と課題》,宋元时代史基本问题编集委员会《宋元時代史の基本問題》,东京:汲古书院,1996年;同《日本における遼金元時代史研究》,《中国——社会と文化》12,1997年。

③ 竺沙雅章《征服王朝の時代》,东京:讲谈社,1977年。

④ 杉山正明《モンゴル時代史研究の現状と課題》,第505—506页;同《日本における遼金元時代史研究》,第333、341—342页。

⑤ 饭山知保《金元代華北社会研究の現状と展望》,《史滴》23,2001年。

⑥ 其相关研究结集为:饭山知保《金元時代の華北社会と科挙制度——もう一つの「士人層」》,东京:早稲田大学出版部,2011年。

所谓“征服王朝”视角下所展开的相关研究。① 前者倾向于论述南宋“遗民”对旧政权的忠诚以及对“异民族王朝”的反感等问题,而后者尽管对“征服王朝”统治下江南社会研究有所推进,但如杉山正明所指出,站在北族政权的立场上力图揭示江南社会“半蒙半汉”性质的研究仍为主流,而以中国史的视角兼顾前后时代对元代中国的独特性研究尚有进一步开拓的空间。②

如后所述,近年日本江南社会研究也出现了新的倾向,但与内亚史研究相比,其整体上较为薄弱的现状仍未有大的改观。在此状况下,杉山正明所倡导的“同时兼顾南宋和明代而贯通宋、元、明各个时期的江南社会史研究”至今仍值得注意。③ 而这恰好同欧美学界所尝试的“宋元明转型期”④(Song - Yuan - Ming transition)研究不谋而合。该问题由西方学者在于 1997 年 6 月美国加州大学洛杉矶分校召开的 The Song - Yuan - Ming Transition: A Turning Point of Chinese History 国际会议上所提出。他们强调宋、元、明各时代之间的连续性,同时亦涉及到了元代在宋代和明清之间所处的地位问题。⑤ 但亦如近藤一成所指出,关于“宋元明变革期”的讨论,目前仍处于问题提出的阶段,⑥尚缺乏具体而深入的研究。国内李治安亦批判了这一概念,认为从元代至明初期的发展不能以单一的范式去把握,必须顾及在经济、文化、民族方面南北之间地域的整合问题。⑦

在此研究背景之下,笔者尝试对元代江南社会史研究的相关问题加以重新梳理,以期展现近年日本学界研究的基本脉络。

二

本节将着重介绍不同于内陆亚洲史研究视角的元代史研究的整体状况。深受本田实信的一系列研究的影响,日本学界多倾向将 13、14 世纪“蒙古所重新整合起来的大约 150 年的世界历史”称之为“蒙古时代史”。⑧ 而与此同时,櫻井智美则认为,在蒙古时代的崭新背景之下,将中国王朝的历史置于世界史的视野中重新加以考察,并进一步探究其中的

---

① 爱宕松男曾指出,不同于华北社会,对生活于江南社会的人们来说,蒙古政权的统治是他们所初次体验到的异民族政权统治。“这给江南社会的民众所带来的违和感是远非金朝遗民所能够想象的。”(愛宕松男、寺田隆信《モンゴルと大明帝国》,东京:讲谈社,1998 年,第 141—142 页)其实,爱宕松男所揭示的这一蒙古政权统治下的江南社会形象无疑是“征服王朝”研究视角的进一步扩大。此前有关元代江南社会的研究也基本是在这一视角下展开的。相关研究可参见藤枝晃《征服王朝》,大阪:秋田屋,1948 年;田村实造《中国征服王朝の研究　中》,京都:东洋史研究会,1971 年;大岛立子《モンゴルの征服王朝》,东京:大东出版社,1992 年等。对此,杉山正明认为,“征服王朝”视角其实带有强烈的“中华主义”色彩(《日本における遼金元時代史研究》,《中国——社会と文化》12,1997 年)。而近年来,已有学者开始有意识地超越“征服—被征服”这种二元对立的视角,特别注意到地方官僚、民众的情况以此来深入探究元代江南社会的历史。参见植松正《元代江南政治社会史研究》,东京:汲古书院,1997 年。

② 杉山正明《モンゴル時代史研究の現状と課題》,第 508—509 页。

③ 杉山正明《モンゴル時代史研究の現状と課題》,第 507 页。

④ 中島楽章《宋元明移行期論をめぐって》,《中国——社会と文化》20,2005 年。

⑤ Smith, Paul J. and von Glahn, Richard (eds.). The Song - Yuan - Ming Transition in Chinese History. Cambridge: Harvard University Asia Center.2003.

⑥ 近藤一成《宋代中国科挙社会の研究》前言,汲古书院,2009 年。

⑦ 李治安《元和明前期南北差异的博弈与整合发展》,《历史研究》2011 年第 5 期。

⑧ 杉山正明《モンゴル時代史研究の現状と課題》,第 497 页。

新要素和新变化,"元代史"这一称谓其实具有新的意义。①

首先,关于蒙古政权的文化政策方面,森田宪司和宫纪子注意到元朝对孔子后代所谓"圣贤之家"的优待和对孔子加封等问题。自窝阔台时期既已对孔子后代开始优待,②南宋灭亡后,忽必烈即对金朝统治华北时期南徙至浙江衢州的孔洙授以国子祭酒。其后,在成宗铁穆耳即位前数月的至元三十一年七月,也正式发布保护儒学的圣旨。③ 继而,武宗海山即位之时,亦正式向各地路府州县传达"加封孔子制诰",并刻碑立石以示纪念。宫纪子将其视为中国王朝历史上首次施行的大工程。④ 不仅如此,作为祝贺皇帝即位的国家出版工程,《孝经》、《直说通略》等书籍开始逐步大量出版发行。这一儒学书籍由官方大规模出版的现象背后,当与蒙古朝廷有意识地积极推动密切相关。宫纪子关于元代书籍的一系列研究,非常全面地展示出了蒙古政权在文化政策方面极为积极的一面,可以说这同既往研究中所呈现出的认识是大为不同的。⑤ 特别是一定程度上刷新了向来所认为蒙古政权统治下江南知识人备受冷遇的形象。

其次,关于所谓元代"四等人制"的问题。一般认为,元朝有意识地将其统治下的人群区分为蒙古人、色目人、汉人、南人,并逐步确立为以蒙古人为最高等级的金字塔式的身份等级制度,蒙古人、色目人在任官、刑罚、赋税、科举等方面享有特权。⑥ 近年来,舩田善之通过对色目人的研究认为,色目人群体在元代集中出现本身其实不过是汉人在其认知框架下所产生的独自认知,而"四等人制"作为制度设计在元代其实是不存在的。⑦ 由此,便有必要重新探讨蒙古政权对中原、汉地的统治方式问题。

对此,越来越多的研究开始认识到,蒙古政权对其治下各民族集团的统治方式,并非所谓的"四等人制",而是以"集团主义"的方式来实现其治理的。⑧ "集团主义"即是指,蒙古政权对其治下各类政治、宗教、社会群体往往以各集团的形式加以控制,进而依据其集团内部自身的规范来具体处理相关事务。一旦各集团间出现矛盾和争端,则以"约会"制度由各集团分别选派代表相互协商处理。

上述蒙古政权统治下新的文化政策和对各民族集团统治方式的相关研究,无疑对重

---

① 櫻井智美《日本における最近の元代史研究——文化政策をめぐる研究を中心に——》,《中国史学》12,2002年。

② 森田宪司《〈大朝崇褒祖廟之碑〉再考——丁酉年における"聖人の家"への優免——》,《奈良史学》12,1994年。

③ 森田宪司《至元三十一年崇奉儒学聖旨碑——石刻・〈廟学典礼〉・〈元典章〉》,梅原郁编《中国近世の法制と社会》,京都:京都大学人文科学研究所,1993年。

④ 宫纪子《大徳十一年「加封孔子制誥」をめぐる諸問題》,《中国——社会と文化》14,1999年。

⑤ 宫纪子《モンゴル時代の出版文化》,名古屋:名古屋大学出版会,2006年。对宫纪子研究的详细评介参见櫻井智美《日本における最近の元代史研究——文化政策をめぐる研究を中心に》,《中国史学》12,2002年。

⑥ 箭内亘《元代社会の三階級》,《滿鮮地理歴史研究報告》3,1916年;羽田亨《元朝の漢文明に対する態度》,《狩野教授還暦記念支那学論叢》,京都:弘文堂书房,1928年等。对此研究的相关梳理参见舩田善之《元朝治下の色目人について》,《史学雑誌》108—109,1999年。

⑦ 舩田善之《元朝治下の色目人について》,第58—59页。

⑧ 杉山正明《大モンゴルの世界　陸と海の巨大帝国》,东京:角川书店,1992年;森田宪司《モンゴルの支配と中国社会》,松丸道雄、池田温、斯波义信、神田信夫、濱下武志编《世界歴史大系　中国史3》,东京:山川出版社,1997年。

新深入探究江南社会史研究提供了良好的基础。

三

本节将简单梳理与元代江南社会史研究密切相关的日本江南地域社会史研究潮流，并进一步同中国、西方学界对比分析，以期进一步展现世界范围内江南社会史研究的整体特征。

如前所述及，长期以来，日本学界对蒙古政权统治下江南社会的研究多受“征服王朝”论的影响，以简单的二元论方式以北族政权视角所展开。他们认为，蒙古政权“对江南的态度，采取类似对待身体的肿瘤一般极为慎重的态度”①由此产生了所谓“蒙古江南支配的脆弱性”之论。② 对此，植松正通过分析元代前期蒙元政权在江南所实施的赋税政策，认为对于元朝的江南统治，不能武断地以一种方式去认识，必须注意到地方社会中官员、士人等不同阶层所表现出的积极性的一面。“江南支配的强弱并不能一言而断之”。③ 换句话说，在批判“征服王朝论”的基础上，植松正已经开始试图重新探讨元朝江南支配的实际状况。进而他考察了南宋灭亡后江南士人的动向问题，并将该问题同元代的官制改革联系起来，认为新王朝蒙元政权的出现其实也给江南社会带来了新鲜的刺激，并使得江南社会以及文人整体呈现出了积极性的特征。④ 植松正的这一系列研究与既往的研究视角完全不同，开始纠正既往蒙元史研究中极端负面化蒙古政权的统治，尤其是征服者—被征服者二元论的研究趋向，进而重视蒙古政权统治给元代江南社会所带来的积极性因素。

而另一方面，日本明清史学界则针对长期流行的“乡绅论”提出了“地域社会论”的研究视角。1981年夏，名古屋大学文学部东洋史研究室主持召开了题为《地域社会の視点—地域社会とリーダー》(《地域社会的视角—地域社会及其指导者》)的学术研讨会，森正夫在主题报告中正式阐述了作为实体概念和方法概念的“地域社会论”。他认为，所谓地域社会，并不仅仅对应于行政区划、村落、市场圈等实体概念，更重要的应是作为人类日常活动场所的方法论概念。⑤ 亦即，地域社会乃是个体在共通的社会秩序和指导者的领导之下所统合起来的场所。在此基础上，他进而强调作为地域社会领导者的知识人群体在地方社会秩序构建中所发挥的作用。这一研究思路在日本的中国史学界，尤其对明清史的研究产生了重大的影响。岸本美绪、伊藤正彦等一批学者即接续森正夫的思路开展了具体的研究。岸本美绪关注明清交替之际江南地方社会秩序的重建问题，⑥而伊藤正彦则以明初里甲制的形成为契机，追溯及南宋和元代。⑦ 受此影响，森田宪司广泛利用地方碑刻资料研究元代江南知识人在地方社会中的活动及其同地方政府之间的关系，不论

① 安部健夫《元時代の包銀制の考究》,《東方学報》,京都24,1954年。

② 愛宕松男《元の中国支配と漢民族社会》,《岩波講座世界歴史　9　中世3》,东京:岩波书店,1970年。

③ 植松正《元初江南における徴税体制について》,《东洋史研究》32—1,1974年。

④ 植松正《元代江南の地方官任用について》,《法制史研究》38,1989年。

⑤ 森正夫《中国前近代史研究における地域社会の視点—中国史シンポジウム〈地域社会の視点—地域社会とリーダー〉基調報告》,《名古屋大学文学部研究论集》83,1982年。

⑥ 岸本美緒《明清交替と江南社会　17世紀中国の秩序問題》,东京:东京大学出版会,1999年。

⑦ 伊藤正彦《宋元郷村社会史論——明初里甲制体制の形成過程》,东京:汲古书院,2010年。

是在史料的运用还是问题意识的深化上都取得了较大进展。①

其实，日本学界的"地域社会论"同华南学者所提倡的"区域社会史研究"亦殊途同归。如所周知，20世纪90年代以前，以傅衣凌先生为代表的一批学者即比较关注区域社会经济史的研究，他们对福建、徽州及江南地区的社会经济史多有探讨，以期解决中国传统社会结构问题。② 其后，陈春声、刘志伟、郑振满等学者进行大量的实地调查，利用族谱、文书、碑刻等资料研究江南地区的宗族、庙宇以及地方祭祀等问题，将区域社会史研究的相关问题深化、具体化。近年来，他们进一步突破作为行政区划实体的区域范围，以活跃于区域社会中人的活动为中心，有意识地关注区域社会中的流动性，试图构筑社会历史的整体图景。③ 尽管杨念群等学者批评其"进村找庙，进庙找碑"的"村落研究取向"，④但强调研究的问题意识及其注重实地调查的研究方法仍颇为值得借鉴。

除却上述日本、中国学界传统的问题、方法研究，西方学界的社会精英理论以及地域社会研究模式的影响亦不可忽视。西方学者所关注的乃是处于"国家"和"社会"之间的知识人群体，他们多将其称之为"地方精英"(Local Elite)阶层。一般认为该研究思路直接来自于郝若贝(Robert M. Hartwell)的影响。他认为11世纪晚期至12世纪早期，有着密切的关系网络而专门从事政府管理的"职业精英"(Professional Elite)阶层为"地方士绅家族"(Local Gentry Lineage)所取代，而后者仅将出仕视作维持其政治及社会地位的策略之一。⑤ 他的研究为其弟子韩明士(Robert P. Hymes)所继承。韩明士通过分析江西抚州知识人群体的婚姻策略及其在地方上的防卫、救济、祠庙及宗教生活等方面发挥的作用，提出宋代知识人群体在北宋、南宋之间发生了重要转变(Transformation)，亦即，精英的地方主义策略。⑥ 尽管该论点长期以来受到了较多的批评和质疑，但宋代以来知识人群体对地方社会愈加关注，乃至出现某种程度上的地方化倾向确是符合事实的。其实，这其中科举社会的成熟无疑起到了关键的作用。科举社会下产生了较多及第者的同时，落第知识人群体的数量也是极为可观的。这些人往往推动着地方社会的秩序建设，也是科举社会中值得重点关注的群体。⑦

四

通过上述梳理可知，唐宋变革以来日本学界在元代江南社会的研究方面不论是在研究方法还是问题意识上都取得了长足的进步。特别是在植松正、森田宪司、宫纪子、樱井智美等学者的引领之下，研究面貌可谓依然焕然一新。但是，随着日本元代史研究者整体

---

① 森田宪司《碑記の撰述から見た宋元交替期の慶元における士大夫》，《奈良史学》17，1999年。

② 赵世瑜、邓庆平《二十世纪中国社会史研究的回顾与思考》，《历史研究》2001年第6期。

③ 刘志伟《引论：区域史研究的人本主义取向》，载姜伯勤著《石濂大汕与澳门禅史——清初岭南禅学史研究初编》，学林出版社，1999年。

④ 杨念群《"地方性知识"、"地方感"与"跨区域研究"的前景》，《天津社会科学》2004年第6期。

⑤ Robert M. Hartwell Demographic, Political, and Social Transformations of China, 750－1550, *Harvard Journal of Asiatic Studies* 42.2(1982).

⑥ Robert P. Hymes Statesmen and Gentlemen: The Elite of Fu-Chou Chiang-Hsi, in Northern and Southern Sung, Cambridge University Press, 1987.

⑦ 近藤一成《宋代中国科挙社会の研究》。

性的减少,相关问题的深入研究便呈现出后继乏力的局面。

首先,如所周知,“科举社会”是研究中国近世社会的重要关键词。尽管饭山知保以此为突破口详细研究了辽、金、元华北地方士人及其家族的动向问题,①但科举社会在宋代和明清之间的非连续性对元代江南知识人群体产生了何种影响仍有深入探讨的必要。特别是与此密切相关的元代数量庞大的中下层知识人动向及其与地方社会的互动关系仍值得重视。特别是着眼于宋朝、明朝江南社会发展的连续性上,元代江南社会中的地方知识人群体到底呈现出何种面貌,他们对明代江南士绅阶层的崛起到底起到何种作用,都是需要具体明确的重要问题。

其次,就科举社会本身来说,作为维系传统社会体制运行的重要机制,科举社会在元代已经发生了较大的变化。尽管元代皇庆、延祐间科举重新实施,但在元代官僚总数中科举及第者所占的比重②可谓微乎其微。就此而言,元代科举在国家政治、社会中所起到的作用远远无法同宋、明相比。那么由此而来的元代江南社会的地方秩序与宋代相比其实应该有着较为明显的差异,对此差异性具体而微的分析研究也就显得极为必要了。

最后,就史料状况而言,1980 年代以来,金元时代华北社会的研究中,石刻史料所发挥的作用亦众所周知,相关石刻史料的整理、研究也取得了较大进展。③ 但元代江南社会研究中石刻史料的运用则相对要薄弱得多,甚至对于其石刻大致存在的状况亦不甚明确。④ 对此,就江南石刻史料状况进行全面调查,整体把握便是首要解决的问题。从而在此基础上,利用文献著录以及实地现存的石刻史料来开展拓展新的研究方向,进一步丰富元代江南社会的细部认知。

(本文作者系南京大学历史学院助理研究员)

---

① 饭山知保《金元時代の華北社会と科挙制度——もう一つの「士人層」》。

② 关于元代历科进士的复原,以及相关史料的汇集、辨析等集大成的研究,参见沈仁国《元朝进士集证》,中华书局,2016 年。

③ 船田善之《石刻史料が拓くモンゴル帝国史研究——華北地域を中心として》,吉田顺一监修、早稻田大学モンゴル研究所编《モンゴル史研究——現状と展望》,东京:明石书店,2011 年。

④ 近年来,随着南方各地新的开发、建设,在不断出土、发现新的碑刻同时,各地方也在积极对所存碑刻、拓片调查并影印出版。森田宪司多年持续关注中国出版的相关资料集,并持续对其中元代相关的石刻目录加以辑录。森田宪司《可见元代石刻拓影目录稿(一、二、三、四、五、六、七)》,《奈良大学総合研究所所報》17—23,2009—2015 年。

图书在版编目(CIP)数据

元史及民族与边疆研究集刊. 第三十五辑 / 刘迎胜主编. —上海：上海古籍出版社，2018.6
ISBN 978-7-5325-9172-5

Ⅰ. ①元… Ⅱ. ①刘… Ⅲ. ①中国历史—研究—元代—丛刊②边疆地区—民族历史—研究—中国—丛刊 Ⅳ. ①K247.07-55②K28-55

中国版本图书馆 CIP 数据核字(2019)第 060278 号

元史及民族与边疆研究集刊(第三十五辑)

刘迎胜 主编

上海古籍出版社出版发行

(上海瑞金二路 272 号 邮政编码 200020)

(1) 网址：www.guji.com.cn

(2) E-mail：guji1@guji.com.cn

(3) 易文网网址：www.ewen.co

上海惠敦印务科技有限公司印刷

开本 787×1092 1/16 印张 23.5 插页 4 字数 557,000

2018 年 6 月第 1 版 2018 年 6 月第 1 次印刷

ISBN 978-7-5325-9172-5

K·2627 定价：78.00 元

如有质量问题，请与承印公司联系